# 蓮都年鑒

# LIANDU YEARBOOK

## 2020

《莲都年鉴》编纂委员会 编

方志出版社
Publishing House of Local Records

图书在版编目(CIP)数据

莲都年鉴. 2020 /《莲都年鉴》编纂委员会编. --
北京:方志出版社, 2020.12
ISBN 978-7-5144-4484-1

Ⅰ.①莲… Ⅱ.①莲… Ⅲ.①区(城市)—丽水—
2020—年鉴 Ⅳ.①Z525.53

中国版本图书馆CIP数据核字(2020)第208480号

# 莲都年鉴(2020)

编　　者:《莲都年鉴》编纂委员会
责任编辑:刘方圆

出 版 者:方志出版社
地址　北京市朝阳区潘家园东里9号(国家方志馆4层)
邮编　100021
网址　http://www.fzph.org
发　　行:方志出版社图书经销中心
电话(010)67110500
经　　销:各地新华书店
印　　刷:丽水市新时代教育印刷有限公司

开　　本:889×1194　　1/16
印　　张:32.75
字　　数:893千字
版　　次:2020年12月第1版　2020年12月第1次印刷
印　　数:0001～1000册

ISBN 978-7-5144-4484-1　　定价:150.00元

LIANDU YEARBOOK

## 《莲都年鉴》编纂委员会

主　任：陈　豪

副主任：胡伟华　蔡毓良

委　员：王东华　胡　军　郭晓波　蒋　嫵
施海勇　陈江涛　陈海波　吴日清
徐屈霞　留红伟　徐建波

## 《莲都年鉴》编辑部

主　　审：王东华　郭晓波

主　　编：吴日清

副 主 编：黄　芳

编　　辑：周晶琳　蓝　芳

封面题字：邱旭平

# 编辑说明 EXPLAIN

一、本年鉴以马克思列宁主义、毛泽东思想、邓小平理论、“三个代表”重要思想、科学发展观、习近平新时代中国特色社会主义思想为指导，坚持辨证唯物主义和历史唯物主义的立场、观点和方法，客观、真实、准确地记述丽水市莲都区经济、政治、文化、社会、生态文明建设的基本情况，充分发挥资政、咨询、教化、媒介、存史的作用。

二、本年鉴分类编辑，框架结构由卷首、百科、卷尾三个部分组成。除特载、文件选编为综合性文献外，其他栏目均采用条目体。百科部分设类目、分目、条目三个层次。条目是记述信息的基本形式，标题反映条目的内容实质。

三、本年鉴共设29个类目，依次是：特载、大事记、莲都概览、中国共产党丽水市莲都区委员会、丽水市莲都区人民代表大会·人大常委会、丽水市莲都区人民政府、政协丽水市莲都区委员会、中共丽水市莲都区纪委·区监委、民主党派、人民团体、人力资源和社会保障、外事·侨务·台湾事务、法治、军事、农村建设、林业、工业·经济·商贸、交通、网络·电信、城建·城管·征迁·环保、经济管理、文化·旅游·体育、财政·税务·金融、教育、科学技术、卫生·红十字会、社会生活、乡镇·街道、文件选编。

四、本年鉴记述时限从2019年1月1日至12月31日；特载类目收录在区委十四届八次全体（扩大）会议上的报告、莲都区第十六届人民代表大会第四次会议上区政府工作报告、莲都区第十六届人民代表大会第四次会议上区人大常委会工作报告、政协第十五届丽水市莲都区委员会第四次会议上区政协常务委员会工作报告、莲都区第十六届人民代表大会第四次会议上区人民检察院工作报告、莲都区第十六届人民代表大会第四次会议上区人民法院工作报告、区发改局关于莲都区2019年国民经济和社会发展计划执行情况与2020年国民经济和社会发展计划草案的报告、莲都区第十六届人民代表大会第四次会议上区财政局关于莲都区2019年预算执行情况和2020年预算草案的报告。

五、本年鉴收入的区直部门和乡镇、街道机构及负责人名录均系担任实职的副科级以上领导干部。

六、本年鉴由承编任务单位提供初稿，经年鉴编辑部修改完稿，主编汇总审查后报区年鉴编纂委员会批准，方志出版社审核后出版。主要数据以区统计局公布的数据为准。

2019年9月10日，丽水市委常委、莲都区委书记徐光文（中）到街道调研经常化创建全国文明城市和国家卫生城市巩固工作

（区委办提供）

2019年11月12日，莲都区委副书记、区长陈豪（左二）调研海潮河治理工作

（区府办提供）

2019年6月27日，莲都区人大常委会主任陈元龙（左四）到太平乡调研灵康杏福小镇项目

（区人大办提供）

2019年9月10日，莲都区政协主席谷江南（左一）到学校、幼儿园走访慰问一线教师

（区政协办提供）

# 目录

## 特 载



## 大 事 记



## 莲都概览

## 中国共产党丽水市莲都区委员会

## 丽水市莲都区人民代表大会·人大常委会



## 丽水市莲都区人民政府

## 政协丽水市莲都区委员会

## 中共丽水市莲都区纪委·区监委



## 民主党派

## 人民团体



## 人力资源和社会保障

## 外事·侨务·台湾事务



## 法　治

## 军　事



## 农村建设

## 林 业



## 工业·经济·商贸

## 交 通



## 网络·电信



## 城建·城管·征收·环保

## 经济管理

## 文化·旅游·体育

## 财政·税务·金融

## 教 育



## 科学技术

## 卫生·红十字会



## 社会生活

## 乡镇·街道

## 文件选编

# 特　载

## 解放思想　加快发展　狠抓落实
## 努力开创高质量发展高速度增长新局面

### ——在区委十四届八次全体(扩大)会议上的报告

徐光文

这次区委全会是在高水平全面建成小康社会收官之年召开的一次重要会议。会议的主要任务是:以习近平新时代中国特色社会主义思想为指导,认真学习贯彻党的十九届四中全会、中央经济工作会议、省委十四届六次全会、省委经济工作会议、市委四届七次全会、市委经济工作会议精神,回顾总结2019年工作,研究部署2020年工作,审议通过《中共丽水市莲都区委关于认真学习贯彻党的十九届四中全会精神高水平推进县域治理现代化的决定》,努力开创莲都高质量发展高速度增长新局面。

今年的春节很不一般。面对来势汹汹的新冠肺炎疫情,全区上下团结一心、众志成城、风雨同舟,全力以赴投入到这场没有硝烟的战役中。截至目前,全区累计报告确诊病例1例,已于2月11日治愈出院,复工复产有序推进,疫情防控工作取得阶段性成效,党旗在防疫一线高高飘扬。主要体现在"五个心":一是信心。信心比黄金更重要。这个信心,既来源于中央、省、市的科学领导,来源于"全国一盘棋""集中力量办大事"的制度优势,也来源于全区上下紧紧抱在一起,心往一处想、劲往一处使的坚强定力。我们相信,我们不仅能打赢疫情防控的人民战争、总体战、阻击战,也必将取得全年经济社会发展的胜利。二是齐心。疫情面前,每个人都是战士。我们以守护美丽家园和百姓平安为己任,区领导带头实地督导,市直单位540位干部火线支援,全区8200余名党员、干部、志愿者沉在一线,黄丽央、王倩等2名最美"逆行者"驰援湖北,乡贤侨胞踊跃捐款捐物,人民群众全力支持配合,齐心汇聚起抗击疫情的强大合力。三是用心。我们在全市率先全员取消休假状态,第一时间对全区208个村、233个小区实行封闭式管理,严把高铁站、高速、国省道卡口,抓实集中硬隔离、居家硬管控,特别是在境外疫情输入风险不断加大的情况下,我们不松劲、不懈怠、不动摇,主动担负起全市境外返丽人员集中隔离工作,坚决守住疫情防控的关键防线。四是精心。我们因地制宜、精准施策,建立居家留观干部"劝返热线",在确诊病例所在小区开展集"隔空美食节""宅家也精彩”“说说心里话”为一体的“绿洲一家亲”行动，出台应对疫情支持企业健康发展的十条意见、进一步激励关爱党员干部和医务工作者在疫情防控中担当作为的十二条举措、激励关爱城市专职社区工作者的十条举措等，于细微处出实招、办实事、求实效。五是恒心。我们不怕艰险、不怕困难、不怕疲劳，有些同志已经连续作战60多天，有些同志舍小家顾大家，有些同志轻伤不下火线，涌现出一批先进典型，为“两手硬、两战赢”奠定了坚实基础。事实证明，只要有这样的精气神，就没有登不上的山，没有跨不过的坎儿，没有克服不了的困难。借此机会，我代表区委区政府，向同志们致以最诚挚的问候和最崇高的敬意！

下面，我代表区委常委会向全会报告工作。

**一、2019年的主要工作**

过去的这一年，区委常委会认真贯彻落实上级党委重大决策部署，坚持以“莲都作为”落实“丽水之干”担纲“丽水之赞”，推动各项事业取得新的进展。全年实现地区生产总值389.63亿元，同比增长7.2%，增速为近7年新高；区属一般公共预算收入17.29亿元，同比增长9.2%，增速全市第二；区属固定资产投资同比增长13.5%，增速全市第一；区属规上工业增加值12.74亿元，同比增长16.6%，增速全市第二；城镇居民人均可支配收入49730元，农村居民人均可支配收入28220元，分别同比增长9.0%、9.8%。在丽水市2019年度县（市、区）综合考核中，我区勇夺全市第一，连续9年获得优秀等次，基层党建考核综合评议全市第一。至目前，在2019年度全市各系统综合考核中，有9家单位获得全市第一，还有许多部门、乡镇（街道）、村（社区）和个人受到上级的表彰。总的来看，莲都经济社会发展总体平稳、稳中有进、稳中向好，高质量发展的态势正在形成。

主要抓了以下几方面工作：

*（一）精心开展主题教育，推动初心使命扎根铸魂。*区委常委会认为，莲都作为习近平总书记“两山”理念特别是“尤为如此”重要嘱托的先行实践地、中国革命老根据地，必须精心谋划、精心组织、精心开展主题教育，努力走在全市前列。

我们按照中央、省委、市委统一部署，制定工作方案，召开工作会议，下发实施意见，派出10个巡回指导组加强督导指导。区委常委会率先作出“六个始终”“六个带头”集体承诺，带头围绕八大专题开展调查研究、集中研讨，集体赴中共丽水县委旧址（岱后）开展初心之行，赴丽水工业园区开展使命之行，推出“我的初心我的党”系列访谈，体悟初心，坚定使命。各级党组织和广大党员干部聚焦“守初心、担使命、找差距、抓落实”总要求，采用书记专题党课、领导干部专题读书班、支部书记轮训班等形式开展集中学习研讨，深入一线调查研究，刀刃向内查摆问题，真刀真枪狠抓整改，高标准召开专题民主生活会和组织生活会。各级党组织书记累计上专题党课1389场次，870个基层党组织为群众办好事实事1658件，“8+1”专项整治60项任务全部完成整改。

在此期间，我们研究出台了深化“三服务”、“区乡村三级联动办实事”、乡镇（街道）“住村联心、组团下访”、“一线巡查、现场办公”、区领导干部“一联十”等“五大工作制度”，以此巩固深化主题教育成果，实现了主题教育高质量、有特色、见成效，凸显了“莲都味”。我区主题教育得到中央巡回督导组、省委巡回指导组的充分肯定。2019年12月27日，《人民日报》头版“今日谈”专栏刊发评论文章，点赞“浙江丽水莲都区完善‘一线巡查、现场办公’制度，推动领导干部深入基层、为民办实事”。

*（二）聚焦聚力实体经济，推动高质量绿色发展行稳致远。*区委常委会认为，要有效应对经济下行带来的压力，根本在于振兴实体经济，关键在于办好自己的事。

我们坚持“项目为王”，千方百计扩大有效投资。安排基本建设项目投资104.12亿元，连续两年超百亿元。5个项目列入省

“六个千亿”投资计划。超额完成省市县长工程目标。丽龙高速南山互通至丽新项目一期全线贯通。全省最大的专业装修垃圾处理项目——务岭根垃圾填埋场(三期)开工建设。成功举办第二届世界丽水人大会莲都分会场活动,签约项目12个,总投资196.3亿元。“丽水山耕”数字化平台建设项目入围省乡村振兴产业发展示范建设名单,首批奖补资金4000万元到位,“跑部进厅”争取项目有进步。

我们着力加快培育生态产业。针对生态工业未经充分培育发展问题,出台进一步提振生态工业发展的意见,为企业减负降本超5亿元,新增亿元企业5家、规上企业17家,2家小微企业园通过省级认定。加快传统产业改造,完成“低散乱”企业整治25家。加快工业平台建设,万洋小镇开工总建筑面积超85万㎡,结顶厂房93幢,投产企业21家。全年区属工业投资同比增长12.4%,其中制造业投资同比增长10.6%。针对农业“百果园”“百菜园”、全而不精、大而不强的现状,推行“一个专班、一个规划、一个政策、一个品牌、一个专家团队”的“五个一”工作机制,新建海拔600米以上绿色有机农林产品基地6.39万亩,“丽水枇杷”“处州白莲”成为国家农产品地理标志登记产品。我区入选省农业绿色发展先行县。大力发展全域旅游,在丽水(上海)周推介活动期间发布品牌LOGO、“莲都有艺思”口号、“莲仔”IP等全域旅游品牌新形象。高水平办好丽水巴比松国际研讨会、古堰画乡小镇艺术节等活动,莲都登上《中国推介》栏目。我区创成省级全域旅游示范区。

我们坚持向改革开放要活力、要动力。全面深化“最多跑一次”改革,在全市率先实现“出生一件事”一次都不用跑,机关内部事项办理提速率平均达到47.8%,企业开办实现全流程“一日办结”。万洋二期从拿地到开工,仅用时6小时。新批工业用地“标准地”供地率达100%。大港头镇、丽新乡列入全市生态产品价值实现机制试点。积极接轨上海,与黄浦区建立紧密型合作关系,与长三角创意经济合作专委会签订战略合作框架协议。聚力山海协作升级版,启动建设在义乌的莲都大厦“飞楼”项目、消薄园“飞地”项目。深化莲都—剑阁东西部扶贫协作,助力剑阁县脱贫摘帽,两地电商合作入选国务院扶贫办《携手奔小康行动案例选编》。

我们积极推进浙西南科创中心建设。与浙江清华长三角研究院确立全面合作关系,3个项目落户莲都。与浙江农科院合作建立农业技术创新中心。成立莲都—义乌科技创新研究院。丽水“人才·科技”峰会莲都分会场现场签约合作项目5个,平台项目1个。新建省级博士后工作站、市级院士专家工作站各1家,柔性引进院士3名。入选市“绿谷精英”人才项目8个,落地7个,入选和落地项目数均居全市第一。新增国家高新技术企业8家,创历史新高。高层次人才俞昌博士创立的安派科公司,于1月30日在美国纳斯达克成功上市。

(三)全面建设美丽莲都,推动城乡一体化融合发展。区委常委会认为,生态是莲都发展的最大优势,必须在护美绿水青山的基础上,以城带乡、以乡促城,助力建设诗画浙江大花园最美核心区。

我们召开美丽莲都建设推进会,认真抓好中央、省环保督察反馈意见整改落实。第一轮中央环保督察交办的26件信访件已销号验收25件,省级105件已销号验收92件。打好蓝天、碧水、净土、清废“四大战役”,莲都入选“中国天然氧吧”名单,大溪、老竹溪入选省级美丽河湖,城市生活垃圾分类收集覆盖面达85%。高标准完成“大棚房”清理整治任务。

我们坚持服务市区,着力提升城市品位,“市区一家”的意识进一步增强,干事的氛围更加浓厚。持续推进市区城中村改造,18个城中村改造项目签约率99.9%、腾空率95.3%,拆除总量达63.3万平方米,为中心城市发展腾出了空间。推进经常化创建文明城市工作,持续开展万人志愿服务和“小荷”志愿服务，助力丽水通过文明城市省级测评。灵山社区成为全省首批未来社区试点创建项目，已正式开工。

我们积极推进首批部省共建乡村振兴示范省先行创建区建设。古堰画乡小镇成功获评第三批省级特色小镇和省级乡村旅游产业集聚区，均为全市唯一。小城镇环境综合整治圆满收官，累计创成省级样板乡镇3个。改造提升“四好农村路”144公里，农村饮用水达标提标工程惠及4.2万人。大港头村入选中国美丽休闲乡村名单，全市唯一。区领导牵头谋划“消薄”项目24个，基本消除集体经济薄弱村。召开莲都超市发展大会，成立全市首个超市产业农合联。我区创成省级美丽乡村示范县。

（四）持续深化社会建设，推动民生福祉稳步提升。区委常委会认为，民之所望，施政所向，必须聚力兜底线、保基本，补短板、强弱项，在发展中持续增进民生福祉。

我们召开全区平安政法信访工作会议和公安工作会议。积极防范财政金融风险，化解政府隐性债务1.36亿元。深入推进扫黑除恶专项斗争，共打掉黑恶团伙9个，立案查处党员干部、公职人员涉黑恶腐败16人，其中“保护伞”5人。全年共化解信访积案113件，我区首次创成省级无信访积案区。全省防控重大动物疫情应急演习在莲都举办。我区入选省级首批禁毒示范县。安全生产、防汛防台、食品药品、道路交通、消防等领域安全工作有效加强。

我们积极推动新时代为民办实事新实践，省、市、区十方面民生实事全面完成。推进“大搬快聚富民安居”工程，全区最大的搬迁安置小区瓯碧园提前竣工验收并交付使用。实施就业优先政策和全民参保计划，健全农村留守儿童、妇女、老年人、残疾人关爱服务体系，创成省级“无欠薪”区。推进教育提质行动，高分通过省教育基本现代化区评估认定。推进“健康莲都”建设，在第四批全国健康促进区建设项目中获省级技术评估第一。推进文化惠民工程，2020年全国乡村春晚集中展示活动启动仪式在莲都举行。此外，关心下一代、老龄、慈善、红十字、史志、档案、移民等工作进一步加强。

我们坚持发扬新时代“枫桥经验”，积极推进社会治理创新。“村级事务阳光票决制”被写入省委《决定》，成为全市唯一的全省法治乡村实践优秀案例，“阳光评廉会”获《浙江日报》头版关注。成立社会矛盾纠纷调处化解中心（信访超市）。“基层治理四平台”和“全科网格”建设进一步加强。乡镇（街道）乡贤组织实现全覆盖。大港头派出所获全省首批“枫桥式公安派出所”称号。我区获评全国“七五”普法中期法治宣传教育先进区，全市唯一。

（五）着力加强党的建设，推动基层基础更加牢固。区委常委会认为，事业成败，关键在党，必须以自我革命的精神推动全面从严治党向纵深发展、向基层延伸。

我们突出抓好党的政治建设这个根本性建设。认真贯彻落实党中央关于加强党的政治建设的意见和省委若干措施，推动全区党员干部增强“四个意识”、坚定“四个自信”、做到“两个维护”。区委常委会专题听取区人大常委会、区政府、区政协、区法院、区检察院党组工作汇报。严格执行新形势下党内政治生活若干准则和重大事项请示报告制度。

我们坚持和加强党的全面领导。召开区委人大工作会议，出台关于高水平推进新时代人大工作和建设的意见。召开区委政协工作会议，制定关于新时代加强和改进人民政协工作的实施意见。严格落实意识形态工作主体责任，支持区融媒体中心建设，精心组织庆祝新中国成立70周年主题宣传。召开区委统一战线工作领导小组会议，认真做好民族、宗教、侨务、台务、工商联等工作。出台关于加强和改进新时代党校工作的实施方案。召开区委改革委、区委依法治区委、区委财经委、区委编委、区委审计委、区委外事委、区委国安委、区委网信委等系列会议，把党的领导落实到各领域各方面。完成党政机构改革，推进事业单位改革，深化群团改革。召开区委议军会议、区委退役军人事务工作领导小组会议，推动军民深度融合发展。

我们着力锻造忠诚干净担当的高素质干部队伍。出台关于贯彻落实市委四届六次全会决定的实施意见，推动浙西南革命精神弘扬践行落细落地，引领党员干部"忠诚使命、求是挺进、植根人民"。坚持凭实绩用干部，新提任或转任重要领导岗位48人中，有34人参与了城中村改造等重点工作。坚持为担当者担当，健全完善容错免责和澄清保护机制，为11名党员干部作了澄清正名。稳妥实施公务员职务与职级并行制度，在全市率先完成两次晋升，共计974人次。

我们深入实施组织力提升工程。持续抓好"整乡推进、整县提升"工作，高质量抓好村级班子整固提升、村级集体经济"消薄"攻坚提升和村级活动场所建设提升，完成20个后进村（社区）党组织整转任务。在全市率先出台村（社区）党组织书记备案管理办法，调整、免职村干部74人。出台进一步提高发展党员质量的实施意见，建立乡村优秀青年人才库。

我们召开区纪委十四届五次全会，对建设清廉莲都作出新的部署。省委巡视组巡视丽水反馈意见中点到莲都的6个具体问题全部整改到位。强化正风肃纪，深化形式主义、官僚主义专项整治，共发现问题61个，给予组织处理13人。深化纪检监察体制改革，乡镇（街道）监察办规范化建设实现全覆盖。高标准开展2轮区委巡察，开展"警示教育月"活动，一体推进不敢腐、不能腐、不想腐。

区委常委会高度重视加强自身建设，带头履行管党治党主体责任；带头落实加强和维护党中央集中统一领导若干规定，贯彻民主集中制；带头参加主题教育和"三服务"活动，弘扬践行浙西南革命精神；带头发扬斗争精神，妥善应对各种风险挑战；带头执行中央八项规定精神和廉洁自律准则，争做"从严要求、廉洁从政"的表率。

同志们，以上报告的是过去一年区委常委会的主要工作。这些工作的开展和成效的取得，离不开上级党委、政府的正确领导、区级班子的密切配合、全区广大党员干部群众的共同努力，也离不开所有离退休老同志和各民主党派、工商联、无党派人士、社会各界、驻莲部队的大力支持。在此，我代表区委常委会，向大家表示衷心的感谢！

在总结成绩的同时，区委常委会分析了面临的挑战和存在的问题。比如，面对严峻复杂的宏观形势和经济下行压力，一些领域潜在风险还在加大，经济发展中的困难和挑战仍在增多，尤其是受疫情影响，一些企业经营成本较高、资金流比较紧张，小微企业压力更大；区本级经济总量偏小、产业结构不优、主导产业不明晰等情况还未根本扭转，区本级10亿元以上企业、100亿元以上产业集群还未实现"零"的突破；创新资源特别是高端科技人才和创新平台仍然匮乏，创新能力短板比较突出；优质公共服务供给仍然不足，基层社会治理体系和能力还需进一步提升；有的党员干部干劲和闯劲还不够强，"跑部进厅"争项目、争资金做得不够；有的党员干部作风还不够严实，整治形式主义、官僚主义的力度还需要进一步加大，等等。对这些问题，我们一定要高度重视，切实加以解决，也希望同志们对区委常委会工作提出宝贵意见和建议。

**二、2020年工作的总体要求**

今年是高水平全面建成小康社会和"十三五"规划的收官之年，做好全年各项工作意义十分重大。区委常委会反复研究，确定2020年为"加快发展年"。主要基于三方面考虑：

（一）发展是第一要务。千道理，万道理，发展是硬道理。千任务，万任务，发展是第一要务。当下，丽水已然站在了大建设、大发展、大跨越的重要历史关口。反观莲都，现阶段最大的问题是发展"不够快、不够好、不够充分"。没有实力，就没有底气，百姓就没有福气。我们必须牢牢扭住发展第一要务不动摇，全面客观分析把握我区经济发展的“形”与“势”，做大经济“蛋糕”，提高居民收入，让高质量绿色发展成果更多更好地惠及人民群众。

（二）加快发展是当务之急。过去，我区未能实现相当一段时间内的高速度增长，在发展的规模和速度上，形成了历史欠账。现如今，如果仍不能在高质量发展的同时，实现并保持必要适度的高速度增长，尽力弥补历史欠账，则未来势必与其他地方的差距越拉越大。作为全省26个“加快发展县”之一，我们必须克服发展唯条件论、唯政策论、唯经验论等思维，加满油、把稳舵、鼓足劲，推动发展快一点、快一点、再快一点，让加快发展永远成为莲都的最强音、主旋律。

（三）首善之区必须加快发展。发展是解决一切问题的基础和关键。莲都作为丽水唯一的市辖区、首善之区，在全市地位特殊，是丽水的窗口、龙头和形象；在全市作用特殊，必须当好高质量绿色发展的领头雁；在全市责任特殊，担负着建设全市政治、经济、文化、科创“四个中心”的重任。我们如果还是小步慢跑，对不起首善之区，对不起上级关怀，更对不起莲都人民。必须跳出莲都看莲都，放眼全局开新局，推动高质量发展与高速度增长齐头并进，从而真正走在全市前列。

基于以上分析，今年工作的指导思想是：坚持以习近平新时代中国特色社会主义思想为指导，全面贯彻落实党的十九大和十九届二中、三中、四中全会、中央经济工作会议、省委十四届六次全会、省委经济工作会议、市委四届七次全会、市委经济工作会议精神，围绕高质量绿色发展历史使命和市委、市政府赋予莲都的新期待新要求，坚持新发展理念，坚持加快构建现代化生态经济体系，坚持稳企业、增动能、补短板、保平安，扎实做好“加快发展年”各项工作，推动经济在高质量发展前提下实现必要适度的高速度增长，确保与全省同步高水平全面建成小康社会和“十三五”规划圆满收官，为开启高水平推进社会主义现代化建设新征程奠定坚实基础。

区委常委会建议，今年经济社会发展的主要预期目标是：地区生产总值同比增长7.5%左右、能快则快，区本级规上工业增加值同比增长15%，市区服务业增加值同比增长8.0%，区属固定资产投资同比增长12%，市区社会消费品零售总额同比增长8.5%，一般公共预算收入同比增长7.5%，城镇居民人均可支配收入同比增长8.5%，农村居民人均可支配收入同比增长10%左右，各项约束性指标达到上级要求。这些指标是预期性、指导性的，随着形势的发展变化，区委常委会将适时对相关指标作出必要调整，充分体现“加快发展年”的要求。在具体工作中，要做到五个坚持：

（一）坚持“发展莲都、服务市区”的工作定位。没有自身发展，一切都是空谈。莲都强，则市区强；莲都兴，则市区兴。我们必须解放思想，实事求是，坚持以发展莲都为基础，在发展中服务，在服务中发展，以更大力度冲破思想障碍、破除观念藩篱，引导全区上下一心一意谋发展、聚精会神搞建设、齐心协力抓工作。

（二）坚持“自我加压、跳起来摘桃子”的工作理念。井无压力不出油，人无压力轻飘飘。桃子虽然好吃，但是它在树上，谁跳得高，谁才能摘到桃子。必须以更大的勇气和气魄想事、干事、成事，在谋划今年工作以及“十四五”发展时，把各方面工作目标尤其是经济指标定得再高一些，更加主动、更加超前、更加进取，努力让发展速度快起来、发展质量提上来。

（三）坚持“担当作为、务实苦干”的工作主基调。在其位，谋其政，担其责。有多大担当才能干多大事业，尽多大责任才会有多大成就。无论什么时候，我们都要始终强调“干”的导向，弘扬“干”的精神，吹响“干”的号角，少说“不行”、多说“我行”，少说“不能办”、多说“我能干”，担当在前、冲锋在前、奋斗在前，在担当作为中彰显形象、体现价值。

（四）坚持“服务群众、增进福祉”的工作落脚点。小康不小康，关键看老乡。必须始终坚持以人民为中心的发展思想，始终强化“办实事就是抓发展、抓民生、抓落实”的意识，多问民生之需、多谋民生之利、多解民生之忧，一件接着一件办，一年接着一年干，在发展中不断增进民生福祉，切实提升人民群众的幸福感、获得感和安全感。

（五）坚持“走在前列、以结果论英雄”的工作要求。这是莲都在全市必须有的价值追求。加快发展，绝不是轻轻松松、敲锣打鼓就能实现的。必须强化走在前列的意识，高举发展的行动旗帜，争先进位，争创一流。要坚持以结果论英雄，发挥好考核指挥棒的作用，以此倒逼各项工作推进，确保各级重大决策部署在莲都落地、落细、落实。

**三、“加快发展年”的主要任务**

发展如逆水行舟，不进则退，慢进也是退。现在已是三月下旬，时间不等人，机遇不等人，发展不等人。我们要认真贯彻落实中央、省、市重大决策部署，尽最大努力战胜疫情负面影响，全力提振发展信心，全力提高发展质量，全力提速发展步伐。着重要抓好十方面工作：

（一）致力党建引领。党的领导是推动各项事业不断前进的根本保证。要始终抓好党的政治建设这个根本。坚持以习近平新时代中国特色社会主义思想武装头脑、指导实践，构建不忘初心、牢记使命长效机制，严肃政治纪律和政治规矩，全力配合做好省委巡视各项工作，切实增强“四个意识”、坚定“四个自信”、做到“两个维护”，确保各项事业始终沿着正确方向前进。要始终抓实基层组织这个基础。突出政治性、聚焦高质量，深入实施“组织力提升工程”，抓好基层党建“整乡推进、整县提升”，认真落实省“百县（集聚区）争创、千乡晋位、万村过硬”工程，持续整顿后进基层党组织。认真做好新一轮村（社区）组织换届工作，全面推行村党组织书记、村委会主任、村经济合作社负责人“一肩挑”，落实基层党建各项制度，做到有人管事、有钱办事、有章理事。探索县域层面抓城市基层党建新路子，突出抓好国企、公立医院、两新等党建工作。要始终抓住干部队伍这个关键。认真落实加强领导班子政治建设规划纲要和若干意见，常态化开展政治素质考察和调研分析。树立正确选人用人导向，加大年轻干部培养力度，改善班子年龄、专业结构。健全干部为事业担当、组织为干部担当的“两个担当”良性互动机制，做好“及时澄清问题，支持干部干事创业”相关工作。深入治理“为官不为”，推进干部能上能下。要始终抓牢意识形态这个阵地。落实党委（党组）意识形态工作责任制实施办法，加强新闻媒体、网络、学校、基层等意识形态阵地的建设和管理，实施网络生态“瞭望哨”工程，牢牢掌握意识形态工作的领导权管理权话语权。要始终抓严廉政建设这个重点。压紧压实党风廉政建设“两个责任”，完善纪律监督、监察监督、派驻监督、巡察监督“四个全覆盖”的监督网络和工作机制，深化运用监督执纪“四种形态”，构建新时代干部大监督格局。持续加大正风肃纪反腐力度，深化整治形式主义、官僚主义，落实行贿行为惩戒机制，深入整治涉黑涉恶腐败及其“保护伞”，推动警示教育活动常态化制度化，涵养“能干事、会干事、干成事、不出事”的好生态。

（二）致力产业升级。产业是发展的根基。要坚持不争论、不动摇、不松懈，坚定不移发展壮大生态工业。加快生态工业平台建设，把万洋低碳智造小镇打造成为体量最大、质量最高、标准管控最严的产业集聚平台，力争早日体现产值、税收等实际指标贡献。抢抓经济补偿性恢复的契机，大力实施凤凰行动、雄鹰行动、雏鹰行动，提升小微企业园建设水平，加快企业上云、机器换人、物联网建设，实行工业企业绩效综合评价制度，推动优质企业向资本市场进军，推动制造业向高端环节发展。要坚持“五个一”工作机制，久久为功做强生态农业。以工业化理念推动农业发展标准化、规模化、产业化，发展茶叶、蔬菜、精品水果三大主导产业和莲鸭共生、畜牧业等特色产业。推行“企业+基地+农户”“企业+合作社+农户”发展模式，深化从“菜园子”直通“菜盘子”线上销售模式，提高农业品牌影响力和农产品竞争力。推进国家农产品质量安全示范区、国家有机产品认证示范区、省级农业高新园区、省级水产健康养殖示范区建设。加快华统畜禽产业链智能化项目建设。要围绕争创国家全域旅游示范区，不遗余力发展生态旅游业。聚焦瓯江文化创意产业带和瓯江山水诗之路黄金旅游带建设，锚定古堰画乡创5A目标，全力创建丽水瓯江风情国家级旅游度假区，大力推进小镇品质化提升行动，推动油画全产业链发展，引导沿瓯江片区发展高品质民宿产业。以农文旅融合理念发展休闲农业、乡村旅游、红色旅游、森林康养旅游，加快灵康-杏福康旅小镇、郎奇-白桥康旅小镇、瓯江高端康养商务区项目建设。加大全域旅游新形象推介力度，不断提升“秀山丽水·画乡莲都”的知名度和美誉度。同时，我们要深刻认识到企业是最重要的市场主体，要坚持“像爱护眼睛一样爱护企业、像善待亲人一样善待企业家”，深化“精准服务企业、振兴实体经济”专项行动。当前要重点落实应对疫情支持企业健康发展的十条意见，执行驻企服务员机制，深入实施融资畅通工程，为企业减负、活血、赋能。

（三）致力动能培育。坚持改革、开放、创新、人才“四轮驱动”，不断提高发展的速度、质量和可持续性。要精准发力抓改革。强化党委（党组）书记抓改革工作责任。加快实现个人和企业全生命周期“一件事”全流程“最多跑一次”，建好企业投资项目绿色通道，实行专业化代办服务，确保审批全流程“最多跑一次、最多80天”。深化优化营商环境“10+N”行动，开展“证照分离”全覆盖改革，打造一流营商环境。推进政府数字化转型，打造“互联网+政务服务”新优势。深化生态产品价值实现机制建设，争取大港头镇、丽新乡试点取得更大突破。持续深化“亩均论英雄”改革和“标准地”改革，推动资源要素向优势领域和行业倾斜。深化国资国企改革、事业单位改革和群团改革。要问海借力抓开放。健全接轨上海工作机制，实质性推进与黄浦区的紧密合作、与长三角创意经济专业委员会的深度合作，加入长三角公共创业服务联盟。深化与义乌市、江北区的山海协作，加快“飞楼”“飞地”建设，打造山海协作工程升级版。持续深化东西部扶贫协作。要开足马力抓创新。围绕打造浙西南科创中心，实施数字经济五年行动计划，出台落实市科技新政的补充意见，持续加强与之江实验室、浙江清华长三角研究院的合作交流，积极承接上海高校、科研院所科技成果在莲都转化。推进省级知识产权示范区创建。要深处着力抓人才。出台落实市人才新政的补充意见，实施“千人计划”“绿谷精英”“莲都精英”等人才项目，推进院士专家工作站、博士后工作站、校企合作研究所建设，让更多人才选择莲都、集聚莲都、扎根莲都。

（四）致力项目建设。牢固树立“抓发展就要抓项目、抓经济更要抓项目”的理念，一切围绕项目转，一切围绕项目干。谋项目要敢想、敢为。没有想法就没有思路，没有思路就不会有出路。要按照“干着今年、备着明年、看着后年、想着未来十年”的思路，学习借鉴谋项目、群策群力谋项目、无中生有谋项目，全力谋划百亿以上项目。要围绕优化产业结构特别是加快发展先进制造业，抢抓政策机遇，加强项目包装，争取更多项目进入省、市总盘子，争取“十四五”期间项目总投资突破千亿元。引项目要敢闯、敢争。只有落后的企业，没有落后的产业。要坚持生态绿色标准，瞄准“大项目—产业链—现代集群—未来基地”的基本框架，加强产业链、价值链全链条招商。要加大“跑部进厅”力度，千方百计争取更多的好项目、大项目。要聚焦“莲商回归”“莲都超市人”，打好亲情、乡情、友情“三张牌”，构建大招商格局。推项目要敢拼、敢战。坚持领导联系重大项目机制，挂帅领战、挂图作战、挂牌督战，强化攻坚态势，确保重大项目无障碍施工。突破土地要素瓶颈，盘活存量、用好增量，争取符合条件的重大项目列入省重大产业项目、省市县长工程，优先保障用地，力戒招商、落地“两张皮”。举行全区扩大有效投资重大项目集中开工活动，以大项目带动大投资、实现大发展。

（五）致力服务市区。服务市区是莲都工作永恒的主题。要一以贯之做好市区重点项目征收工作。健全完善市区征收工作体制机制，进一步增强市区合力、区内合力。加强政策研究，提高征收工作的计划性、协调性。坚持阳光征收、和谐征收、依法征收、常态征收、块状征收，全力攻坚遗留项目，完成年度市区城中村改造任务。做好房源安置分配工作。要持续巩固和提升城市创建成果。推进新时代文明实践中心建设，培育和践行社会主义核心价值观，完善经常化创建文明城市工作机制，深化“小荷”志愿服务、最美莲都好人学习教育，擦亮处州小巷等一批创建特色品牌，狠抓薄弱环节，逐一查漏补缺，全面整改落实，助力圆满完成全国文明城市复评工作。提升市区环卫保洁一体化水平，巩固提升国家卫生城市创建成果。要精致细腻抓好城市建设管理。持续推进市区雨污混排区块改造，完成北城区块住宅小区截污纳管整治工程。积极推进省级高标准生活垃圾分类示范小区建设，城区生活垃圾分类覆盖率达到90%以上。加快推进采桑区块未来社区项目建设。持续增强“96345”服务功能和服务水平。

（六）致力乡村振兴。坚持农业农村优先发展，推动部省共建乡村振兴示范省先行创建区建设走在前列。要加快建设“古堰小镇、碧湖新区”。强化体制机制、人财物保障，注重制度和政策创新，吸引各类资源向碧湖倾斜，做足通济堰文章，做实产业基础，让碧湖重现千年古镇、江南水乡的美丽风韵，将其打造成为宜居宜业宜游的产业新城、科创新城、文旅新城和诗画浙江大花园最美核心区的一张金名片。要推进美丽城镇、美丽乡村建设。抓好省“千村精品、万村景区”和“百镇样板、千镇美丽”工程落地，融入丽水国家公园、美丽城市、美丽城镇、美丽乡村和美丽河湖、美丽林相、美丽田园等“1+3+N”建设工程，将碧湖镇、大港头镇打造成省美丽城镇样板。全面整治提升城乡人居环境，深化垃圾、污水、厕所“三大革命”，推进“无违建”创建。开展传统村落风貌保护提升，推进通景公路、四好农村路、水利等基础设施建设。要深化农村各项改革。建立健全“科技进乡村、资金进乡村、青年回农村、乡贤回乡村”长效机制，深化农村集体产权制度、林权制度、农村金融体制、“三位一体”农合联等改革，撬动乡村“二次开发”，让农村发展活力竞相迸发。

（七）致力生态建设。围绕争创省级生态文明建设示范区，强化生态担当，擦亮生态底色。要认真抓好中央和省级环保督察整改工作。严格对照整改标准和时间节点，保质保量完成第一轮中央和省级环保督察反馈问题和交办信访件整改工作，主动做好第二轮中央环保督察配合工作，高标准完成整改任务。健全跨部门联合“双随机”抽查机制，加大环境执法力度，健全源头预防、过程控制、损害赔偿、责任追究的生态环境保护体系，推动生态环境保护工作常态化、长效化。要坚决打赢污染防治攻坚战。认真实施大气污染防治行动，加强工业企业大气污染综合治理，统筹推进燃气锅炉低氮改造、秸秆焚烧管控、施工工地及拆迁地块扬尘管控。深入实施水污染防治行动计划，持之以恒抓好“五水共治”，开展“千吨万人”饮用水源保护区划分工作。组织实施重点污染地块治理修复，实行固体废物全过程闭环管理，开展“无废城市”建设。要探索创新生态保护机制。严守“生态保护红线、环境质量底线、资源利用上线”三条红线，严格落实环境功能区规划、产业负面清单，强化属地环境监管执法。积极探索市场化的生态保护体系，构建政府、市场、社会三位一体的多元生态补偿机制。深化领导干部自然资源资产离任审计。完善能源“双控”制度。加强市场监管，坚决取缔和严厉打击非法野生动物市场和贸易。

（八）致力民生改善。金杯银杯不如老百姓的口碑，金奖银奖不如老百姓的夸奖。要拓宽富民“路子”。深入实施低收入农户高水平全面小康计划和“八个万元”富民增收行动，力争农民收入增速全市领先。开展消除集体经济薄弱村攻坚提升行动，积极化解村级债务。推进“大搬快聚富民安居”工程，做好“后半篇”文章，让搬迁群众“搬得出、稳得住、能致富”。积极发展农村电商、民宿、来料加工“新三宝”，推进国家第二批结合新型城镇化支持农民工等人员返乡创业试点，突出抓好重点群体就业工作，不断提升群众自我增收能力。要做实惠民“里子”。坚持“政府过紧日子、百姓过好日子”，加大民生财政支出保障力度，完善民生实事项目人大代表票决制，认真办好省、市、区十方面民生实事，深入开展区乡村三级联动办实事活动，把实事办实办好。深入开展教育提质行动，加快补齐教育短板，启动国家义务教育优质均衡区创建工作，办好人民满意的教育。深化全国健康促进区创建，加快区人民医院改扩建项目进度，开展城市医联体建设试点，完善区疾控中心运行体系，为人民群众提供全方位的优质健康服务。完善新型社会保障体系，做好困难人群的基本生活保障。推进全国无障碍环境区创建。统筹做好退役军人、妇女儿童、养老、慈善、红十字、生猪保供等工作。要唱响乐民“曲子”。做好庆祝中国共产党成立100周年的筹备工作，认真谋划主题活动和文艺精品创作项目。精心组织高水平全面建成小康社会主题宣传教育工作，开展庆祝撤市设区20周年系列活动，充分展示莲都发展新成就。完善弘扬践行浙西南革命精神机制。全域推广智慧农村文化礼堂建设，加快基本公共文化服务均等化发展。

（九）致力基层治理。基层治理是国家治理的重要基石。要推进社会治理领域“最多跑一地”。发挥好社会矛盾纠纷调处化解中心（信访超市）作用，提升群众初信初访、网上信访的办理质效，完善人民调解、行政调解、司法调解“三位一体”联动体系，促进社会矛盾及时有效化解。探索信访信用体系建设。完善“基层治理四平台”协同联动机制，推进“全科网格”建设规范提升。要防范化解重大风险。建立健全社会风险预警体系和联防联控工作机制，增强应对突发事件和抗风险的能力，确保新冠肺炎疫情防控取得彻底胜利。完善防范化解和处置金融风险的长效机制，实施防范化解地方政府隐性债务风险专项行动，守住不发生区域性金融风险底线。深入实施“一十百千万”行动，确保全面完成扫黑除恶专项斗争三年目标。扎实做好安全生产、食药品安全、森林防火、防汛防台、地质灾害治理等工作。要强化自治法治德治融合。坚持“民事民议、民事民办、民事民管”，完善群众参与基层治理的制度化渠道，加大“村级事务阳光票决制”“阳光评廉会”“自联会”推广力度。深入开展“枫桥式”公安派出所、司法所等建设活动，推进“雪亮工程”“智安小区”建设，构建立体化、法治化、专业化、智能化社会治安防控体系。完善村规民约，推进移风易俗，发挥乡贤作用，培育良好的乡风文明。

（十）致力制度保障。制度管根本，管长远。莲都要加快发展，需要“五大工作制度”保驾护航。深化“三服务”工作制度方面，要坚持始于需求、见于行动、终于满意，深入园区、服务企业，深入村社、服务群众，深入一线、服务基层，常态化开展区领导班子成员包乡走村，把服务更加高效、精准地落到企业、群众、基层的急需处。“区乡村三级联动办实事”工作制度方面，每年3月份前，区级层面确定十方面民生实事，乡级层面确定十件以上实事，村级层面确定三件以上实事，办理结果对外公布，接受监督。乡镇（街道）“住村联心、组团下访”工作制度方面，乡镇住村干部每周住乡镇两夜，住村团队每年走遍农户；乡镇（街道）每月安排一次以上“组团下访”，每年赴各村（社区）“组团下访”一次以上。“一线巡查、现场办公”工作制度方面，要坚持情况在一线掌握、问题在一线解决、措施在一线落实、成效在一线体现、形象在一线树立，引导激励广大党员干部深入践行“一线工作法”。区领导干部“一联十”工作制度方面，通过区领导以上率下、率先垂范，形成“带头干、跟我上，一级做给一级看、一级带着一级干”的好氛围。区委明确，要把“五大工作制度”落实情况纳入年度综合考核，并评选十大优秀案例。各级各部门要以“一分部署、九分落实”“抓铁有痕、踏石留印”的高度自觉，多动脑子、多想法子、多找路子，创造性地落实好“五大工作制度”，踏实干好每项工作。

同志们，岁月不居，时节如流。奋斗的号角已经吹响。全区上下要迅速行动起来，把“加快发展年”的部署要求，转化为明确的工作目标、扎实的工作举措，高效的工作作风，解放思想，加快发展，狠抓落实，努力开创莲都高质量发展高速度增长新局面。

# 政府工作报告

## ——在莲都区第十六届人民代表大会第四次会议上

陈 豪

各位代表：

现在，我代表莲都区人民政府向大会报告工作，请予审议，并请各位政协委员和其他列席人员提出意见。

**一、2019年主要工作**

2019年是新中国成立70周年，是高水平全面建成小康社会和完成“十三五”规划目标任务的关键之年。一年来，全区上下深入学习贯彻习近平新时代中国特色社会主义思想，认真贯彻落实中央、省、市和区委重大决策部署，大力弘扬践行浙西南革命精神，以“莲都作为”落实“丽水之干”担纲“丽水之赞”，统筹做好稳增长、促改革、调结构、惠民生、防风险、保稳定各项工作，在高质量绿色发展之路上迈出了坚实步伐。全年实现地区生产总值389.63亿元，增长7.2%；实现一般公共预算收入17.29亿元，同比增长9.2%；城乡居民人均可支配收入分别为49730元、28220元，分别同比增长9.0%、9.8%；省、市、区十方面民生实事全面完成；年度综合考核全市第一，连续九年获优秀等次，26县发展实绩考核首次进入全省第一档。

一年来，我们聚力项目提速，发展动能进一步增强。

有效投资持续扩大。全年安排基本建设项目年度投资104.12亿元。谋划灵康-杏福康旅小镇等省市县长工程5个，开工3个。万洋低碳智造小镇累计完成投资23.3亿元，开工总建筑面积超85万平方米，结顶厂房93幢，签约准入企业147家、投产23家。华统畜禽产业链智能化项目加快建设。区属固定资产投资同比增长13.6%，增速全市第一，交通投资、高新技术产业投资分别增长35.5%、12.2%。

招商项目质量更优。全年引进大项目13个，实际利用内资37.32亿元，实际利用外资600万美元，招商引资工作目标责任制考核全市优秀。深化与浙江清华长三角研究院合作，签约落地药用植物开发及多肽类药物研发、“帮邦行”专项基金平台、网约出行服务平台等项目3个。浙江茗宝茶叶深加工项目成功落地，有望推动区域茶产业高质量发展。君澜集团入驻石牛温泉，着力打造我区第一家五星级温泉度假酒店。古堰画乡业态招引实现新突破，新入驻画家和艺术创作企业96家。成功举办第二届世界丽水人大会莲都分会，大会签约项目12个。

要素保障更加有力。全年共筹措基本建设项目资金15亿元，争取省财政新增地方政府债券5亿元，再融资债券2.2亿元，省级以上补助资金10.94亿元，统筹整合、盘活各类财政性资金4.39亿元。争取到规划调整指标1130亩、新增建设用地计划指标847.7亩。完成农村建设用地复垦335.88亩，垦造水田360亩、旱地185亩，出让土地1309.78亩、划拨土地477.27亩、收储土地1574亩。

一年来，我们聚力产业提质，实体经济进一步壮大。

生态工业发展迅速。全年实现区本级规上工业增加值12.74亿元，增长16.6%，增速排名全市第二。战略性新兴产业增加值、高新技术产业增加值、装备制造业增加值分别增长24.1%、14.0%、10.9%。深入推进“精准服务企业、振兴实体经济”专项行动，为企业减负降本超5亿元。安派科生物医学科技公司在美国纳斯达克上市，新增省股交中心挂牌企业10家、亿元企业5家、"小升规"企业17家。乾麟缝制公司入选全省"隐形冠军"企业，欧意阀门公司入选省创新型示范中小企业。新增工业机器人37台，累计实现上云企业1050家。完成"低散乱"企业整治25家，淘汰落后产能企业9家。丽水工业园区荣获全市经济开发区（工业园区）综合考核二等奖，首次进入全市前四行列。

生态农业提质增效。入选全省首批部省共建乡村振兴示范省先行创建区、省级乡村振兴产业发展示范建设县，创成省农业绿色发展先行县。全年实现农林牧渔业增加值20.8亿元，同比增长3.1%。粮食生产保持稳定，实施粮食生产功能区提标改造项目5个、面积6416亩，建成高标准基本农田1.3万亩。农旅融合势头强劲，新建成海拔600米以上绿色有机农林产品基地6.39万亩、"丽水山耕"示范基地5个，新培育"丽水山居"示范项目9个，实现农产品旅游地商品销售额7.1亿元、"丽水山耕"农产品销售额9.8亿元。积极创建"莲都仙桃"区域公共品牌，"丽水枇杷""处州白莲"成为国家农产品地理标志产品，"梅峰红茶"入选国家首批森林生态标志产品建设工程、系全省唯一。碧湖农业园获评省级"最美田园"。创新重大动物疫情应急处置"96349"工作法，承办全省防控重大动物疫情应急演习，重大动物疫情防控成效明显，市区猪肉市场供给量足价稳。

全域旅游亮点纷呈。全年实现旅游收入114.76亿元，同比增长18.7%。高标准推进古堰画乡小镇品质化提升行动，成功获评第三批省级特色小镇和省级乡村旅游产业集聚区，均为全市唯一。新增A级景区村21个，新建旅游厕所15座，大港头镇、黄村乡分别被评为省AAAA级、AAA级景区乡镇，岩泉街道陈寮村、太平乡留龙村成功入选全省第一批100个避暑气候胜地名单，和隐酒店被评为省金树叶级绿色旅游饭店，驻85民宿入选首批浙江文艺创作采风基地，鱼跃酿造公司获评省级工业旅游示范基地和省级研学基地，丽水安邦山耕文化园被评为金果级"省采摘旅游体验基地"。"画乡莲都"登上《中国推介》栏目，成功举办丽水巴比松国际研讨会暨2019古堰画乡小镇艺术节、2020年全国乡村春晚集中展示活动启动仪式、上海周莲都旅游品牌发布会暨全域旅游产品推介会、"莲都100"越野赛等高品质文体活动，打响了"秀山丽水·画乡莲都"品牌。创成省级全域旅游示范区。

一年来，我们聚力美丽环境，城乡品质进一步提档。

生态环境愈加优良。全面落实环保督察问题整改，坚决打好污染防治攻坚战。市区细颗粒物（PM2.5）平均浓度为25微克/立方米，空气质量优良天数达到358天，比上年度增加11天，市区环境空气质量在全国168个重点城市中排名第七。成功入选全国第四批"中国天然氧吧"。完成碧湖污水处理厂提标改造和大港头镇"污水零直排区"建设，"水十条"国控断面水质、交接断面水质、县级以上集中式饮用水水源水质、15个地表水断面水质达标率均为100%。大溪（莲都段）、老竹溪（沙溪至宣平溪汇合口）入选省级美丽河湖，百兴菇业公司创成省级生态文明教育基地。

城镇环境不断改善。持续推进经常化创建全国文明城市，省城市文明程度指数测评再夺全省第一。大力推进城市有机更新，市区城中村改造完成拆除63.3万平方米，交付净地3933.7亩。完成市区首个模拟征收项目碧湖采桑区块征收。完成老旧社区雨污分流改造项目（二期）5个，改造面积7万平方米。推进旧住宅区、老旧小区截污纳管改造区块59个，完成基础改造面积6.9万平方米。灵山社区入选全省首批未来社区试点创建项目。积极推进城乡生活垃圾分类，新创成高标准垃圾分类示范小区、定时定点投放示范小区、示范商业街12个（条），全省最大的装修垃圾处理项目——务岭根垃圾填埋场（三期）开工建设。深入推进"三改一拆"和"无违建"创建，完成拆违103.3万平方米、"三改"72.9万平方米。高标准推进大棚房和违建别墅整治。小城镇环境综合整治圆满收官，累计创成省级样板乡镇3个。

乡村环境美丽蝶变。创成省新时代美丽乡村示范区。高品质完成桃碧线和S328省道通景公路景观提升工程，圆满完成全省山海协作工程推进会、2019丽水超级马拉松等大型活动环境整治任务。新建美丽乡村重点村3个，新建农村生活污水治理设施6座，完成农村生活污水处理设施标准化运维14个、农村公厕改造40座，农村饮用水提升改造惠及4.2万人。碧湖镇联济村、老竹镇梁村村、仙渡乡梅田村、峰源乡西坑村被列入第五批中国传统村落名录，大港头镇大港头村被评为中国美丽休闲乡村，丽新乡咸宜村被评为中国少数民族特色村寨。南山互通至丽新公路（南山至高溪段）建成通车，新建和改造提升农村公路194公里，建成大花园（国家公园）样板示范路23.5公里。新建"美丽林相"15.15万亩，新增省级"一村万树"示范村6个。

一年来，我们聚力深化改革，内生动能进一步迸发。

深化改革全面推进。持续深入推进"最多跑一次"改革，政务服务事项跑零次率、即办率、掌上办实现率分别达到97.79%、87.87%、96.43%。企业开办实现全流程"一日办结"，一般企业投资项目竣工验收前审批实现"最多90天"。全区新批工业用地100%实现"标准地"出让。积极探索生态产品价值实现机制，大港头镇、丽新乡列入全市生态产品价值实现机制试点。"亩均论英雄"改革成效显著，实现规上工业亩均税收14.07万元、亩均增加值83.07万元，分别增长27.2%、6.8%。入选全省首批"五优联动"试点、系全市唯一。

创新实力显著增强。大力推进浙西南科创中心建设，深度对接浙江清华长三角研究院，与省农科院共建农业技术创新中心，与义乌市共建科技创新研究院。新增国家高新技术企业8家，创历史新高，新增省科技型中小企业19家、省高成长科技型中小企业5家。新建省级博士后工作站、市级院士工作站各1家，入选市"绿谷精英550引才计划"8个，超历年总和。全年财政科技支出1.04亿元、增长21.2%，规上企业技术研发经费支出2.54亿元，增长75.1%。新增专利授权量1701件，增长26.9%。省级电商创新发展试点项目落户莲都。全年实现电子商务网络零售额53.9亿元，增长25.6%，丽水·莲都电子商务创业创新综合体成功入选省电子商务产业基地。圆满承办全国科普日浙江主场活动暨莲都科普艺术节。全年新增市场主体10798户、新设企业2277户，分别同比增长24.5%、8.6%。

区域协作不断升级。主动融入长三角一体化发展，分别与上海市黄浦区、长三角创意经济专委会签订合作协议。持续深化与义乌市、宁波市江北区山海协作，启动义乌莲都大厦和山海协作义乌"消薄园"项目建设，引进义乌商城集团入驻古堰画乡小镇。大力推进莲都-剑阁东西部扶贫协作，助力剑阁县实现脱贫摘帽，两地电商合作入选国务院扶贫办《携手奔小康行动案例选编》。不断扩大对外开放，与意大利奥拉市缔结友好城市关系，成立"卡拉拉美术学院古堰画乡实习基地"，莲都的国内外"朋友圈"进一步扩大。

一年来，我们聚力美好生活，民生福祉进一步增进。

增收富民强力推进。脱贫攻坚有力有效，低收入农户人均可支配收入达11079元、增长11.3%，农村低保标准达到每人每月770元。强化区乡村三级书记抓"消薄"，全区208个村全部实现年总收入10万元以上且经营性收入5万元以上，村集体经济总收入首次突破1亿元。"大搬快聚富民安居"工程扎实推进，全区最大的搬迁安置小区瓯碧园提前竣工验收并交付使用。

社会保障不断加强。新增城镇就业8460人，失业人员再就业5396人，困难人员再就业1587人，城镇登记失业率2.18%。发放创业担保贷款1510万元，创成省级"无欠薪"区。基本养老保险、基本医疗保险参保率分别达97.78%、99.16%。新增乡镇（街道）级居家养老服务中心6个、社区嵌入式养老护理机构4家、养老床位384张。新增星级"残疾人之家"14家，新建

“儿童之家”10所。城乡适龄妇女免费“两癌”筛查率达70.72%。

公共事业长足发展。全年民生类支出42.4亿元，占一般公共预算支出的82.1%。创成省教育基本现代化区、省区域推进语言文字规范化区，在“国家义务教育质量监测结果应用实验区”考核中名列第一档，进入全国前列。东港小学、城中公寓幼儿园、碧湖中心幼儿园建成并投入使用，新增小学学位2160个、幼儿园学位420个，空调进教室覆盖率达80%，“一蛋一奶”营养餐惠及贫困学生3279人。在全市率先推行校内托管服务。以全省第一的成绩通过全国健康促进区省级技术评估，市区“医联体”建设实现基层医疗机构全覆盖，新增国家卫生乡镇5个。 区文化馆通过全国首批数字文化馆试点项目验收，“婺剧进校园”入选全国“非遗进校园”优秀实践案例，新建文化礼堂24个，送戏下乡285场，送书下乡1.3万册。

平安建设稳步推进。安全生产形势稳定，应急救援体系和能力不断加强，成功处置紫金街道水岭根村滑坡险情和雅溪镇下坑山塘水库山洪险情。扫黑除恶成效明显，新立“九类案件”89起，成功打掉黑社会性质组织2个、恶势力犯罪团伙2个，破获全市首起“套路贷”案件。化解信访积案113件，瓯碧园、宜和雅园信访问题得到平稳处置，创成省级“无信访积案区”。地方政府债务余额31.06亿元，控制在省财政厅核定的债务限额以内。市区银行不良贷款率0.66%，金融环境平稳可控。“一线巡查、现场办公”制度被《人民日报》头版“今日谈”专栏点赞，“村级事务阳光票决制”被写入省委《决定》，“阳光评廉会”获浙江日报头版关注，大港头派出所入选全省首批“枫桥式”公安派出所。平安建设实现“十四连冠”。

一年来，我们聚力自身建设，行政效能进一步提升。

认真学习贯彻习近平新时代中国特色社会主义思想，高标准开展“不忘初心、牢记使命”主题教育。大力推进政府系统“两强三提高”建设，创新推进重点工作“五个十”工程，深化“大督查”工作机制，促使130项重点事项完成率达88.5%，推动改革发展政策落地落实。深入推进法治政府建设，入选全国“七五”普法中期法治宣传教育先进区。莲都人民调解委员会莲心工作室获司法部“坚持发展枫桥经验，实现矛盾不上交试点工作表现突出集体”荣誉称号。狠抓“基层减负年”各项任务落实，大力整治“文山会海”，政府系统“三类文件”精简60%、会议压减30%。强化审计监督，完成审计项目79个，核减工程造价4125.7万元，审计发现问题整改率达94.6%，为历年最高。强化国有资产管理，闲置和经营性资产清查处置率达96%。全区“三公经费”同比下降5.4%，一般性支出压减6.0%。自觉接受人大依法监督和政协民主监督，共办理人大建议和政协提案321件，满意率98.1%。

同时，民族、宗教、慈善、老龄、妇女、儿童、红十字等事业取得新进展，粮食、物价、统计、档案、侨台、外事等工作取得新成效，国防动员、“双拥”工作和国防后备力量建设得到新加强！

各位代表，这些成绩的取得，得益于市委市政府和区委的坚强领导，得益于区人大、区政协的有效监督和鼎力支持，得益于各民主党派、工商联、无党派人士、人民团体、港澳台同胞以及广大侨胞、社会各界人士和驻莲部队的大力支持，得益于全区广大党员干部群众的共同努力。在此，我谨代表区人民政府，向大家致以衷心的感谢！

在肯定成绩的同时，我们也清醒地认识到，我区经济社会发展还存在不少困难和问题，主要表现在：经济发展方面，经济总量还不够大，发展速度还不够快，产业结构还不够优，土地、资金、人才等要素制约矛盾没有根本缓解；生态环境方面，城乡环境还有不少短板，污染防治攻坚战还存在不少问题，生态文明建设任重道远；民生保障方面，城乡居民持续较快增收压力加大，教育、医疗、文化、养老等公共服务供给同人民群众日益增长的美好生活需要还有差距；同时，少数干部担当精神、创新精神和加快发展的意识还不够强，党风廉政和政府自身建设仍需进一步加强。对这些困难和问题，我们将高度重视，采取更加有效措施，努力加以改进。

## 二、2020年工作总体要求

2020年是全面建成小康社会和“十三五”规划收官之年，既是决胜期，也是攻坚期，做好各项工作十分重要。今年工作的总体要求是：以习近平新时代中国特色社会主义思想为指导，全面贯彻党的十九大和历次全会以及习近平总书记考察浙江重要讲话精神，按照省委全面对标“努力成为新时代全面展示中国特色社会主义制度优越性的重要窗口”新目标新定位、市委推进高质量绿色发展的战略部署和区委“发展莲都、服务市区”的工作定位，紧盯市委、市政府赋予莲都的新期待新要求，以浙西南革命精神注魂赋能立根，坚持稳中求进工作总基调，坚持新发展理念，坚持以供给侧结构性改革为主线，持续用好跨山统筹、创新引领、问海借力三把“金钥匙”，深入贯彻区委“加快发展年”系列要求，统筹推进新冠肺炎疫情防控和经济社会发展工作，奋力实现全年经济社会发展目标任务，确保与全省同步高水平全面建成小康社会和“十三五”规划圆满收官。

建议2020年全区经济社会发展的主要预期目标为：地区生产总值增长7.5%左右，区本级规上工业增加值增长15%左右，市区服务业增加值增长8%，区属固定资产投资增长12%左右，研发经费支出（R&D）占GDP比重达到2%，市区社会消费品零售总额增长8.5%，区本级出口总额保持适度增长，一般公共预算收入增长7.5%，城镇居民人均可支配收入增长8.5%左右，农村居民人均可支配收入增长10%左右，各项约束性指标达到上级要求。

今年以来，面对突如其来的新冠肺炎疫情，在区委坚强领导和统一指挥下，全区上下万众一心、众志成城、同舟共济、科学防治，全力以赴打好疫情防控人民战争，有力有序推进复工复产，“两手硬、两战赢”取得阶段性重要成效。特别是广大党员干部、医务工作者、公安民警、社区工作者和志愿者坚守一线，海外华侨、在外莲商千里驰援、捐资捐物，齐心汇聚起了共同战“疫”的最强合力。在此，我代表区政府，向大家致以最崇高的敬意！

做好今年工作，我们必须把“两手都要硬、两战都要赢”的总体要求，转化为明确的工作目标、扎实的工作举措、高效的工作作风，把发展的潜力和动能充分释放出来，尽最大努力把疫情的影响降到最低，努力开创莲都高质量发展高速度增长新局面。具体做好以下工作：

### （一）致力于打好“两战”，化危为机赢得加快发展主动权

坚持“外防输入、内防反弹”，常态化抓好疫情防控。主动适应疫情防控新形势、新常态、新要求，慎终如始、毫不放松落实各项防疫措施。充分运用“一库一码一平台一指数”精密智控体系，持续做好境外疫情防输入工作，落实从“国门”到“家门”的全闭环管控，尽最大努力安侨稳侨援侨。推行分类管控，严格实行“健康码+测体温”管理，突出抓好无症状感染者的筛查防控，牢牢守住村社、厂区、商区等各道“小门”。稳妥有序推进开学复课，以极端负责的态度筑牢校园安全防线。健全公共卫生应急管理体系，加快启动区疾控中心新建项目。扩大社区防控工作群众参与，不断增强群众防疫意识和抗疫信心，全力夺取疫情防控阻击战更大胜利。

坚持“抢时间、补增量”，全面扩大有效投资。牢固树立“项目建设就是发展的生命线”理念，打好扩大有效投资攻坚战，以稳投资促进稳增长。抢抓“窗口期”机遇，争取一批战略性、引领性及补短板重大项目列入省“2+6”项目清单，全力争取中央专项债、预算内资金补助，争取省财政新增地方政府债券5亿元以上，力争发行企业债券5亿元。强化“能上尽上”“创造条件提前上”导向，滚动实施“四个一批”投资计划，力争区属交通投资、生态环境和公共设施投资、高新技术产业投资、民间投资分别增长12%以上，实现省市县长项目开工2个以上。对接省“六个千亿”产业投资工程，确保3个省重点项目、4个省“4+1”重大项目完

成年度投资目标，加快推进32个区重点项目。结合“一带三区”发展规划，高质量编制“十四五”规划和国土空间规划。强化审批服务、项目资金、土地等要素保障，做到“资金跟着项目走、土地跟着项目走、能耗跟着项目走”。积极向上争取土地指标，有序推进土地征收和供应，力争新增垦造水田500亩、旱地1000亩，出让土地1500亩以上。争取碧湖镇全域土地综合整治与生态修复工程列入国家试点。

坚持不懈扶企稳企兴企，有力推动实体经济稳中向好。秉持“像爱护眼睛一样爱护企业，像善待亲人一样善待企业家”理念，持续深化“三服务”和区领导干部联系企业工作制度，推进“一车四员四到位”服务机制常态化。贯彻执行全省民营企业发展促进条例，大力实施企业主体提质行动，建立健全示范企业培育机制，帮助企业破解困局、化危为机、做大做强。大力开展“助农旅、促消费”活动，落实促进文旅消费八条措施，加快回暖旅游市场。大力实施政银企协同“五减”共克时艰行动，及时兑现惠企政策，提振企业发展信心。大力实施融资畅通工程，引导金融机构创新更多个性化、差异化、定制化金融产品，更好缓解民营企业和中小微企业融资难、融资贵、融资慢、融资烦问题。充分发挥政策性融资担保平台作用，增加制造业中长期融资，引导更多社会和金融资金投向实体经济。

（二）致力于转型升级，不断提升发展质效

全力以赴招引优质项目。坚持招商引资“一把手”工程不动摇，完善“区领导带头、全员招商”和“政府主导、政企联动”招商机制。进一步拓宽招商视野，紧盯长三角、珠三角和环首都圈等发达地区，发挥丽水长三角招商中心莲都招商部作用，聚焦“莲商回归”“莲都超人”，打好亲情、乡情、友情“三张牌”，大力开展专业招商、以商招商、产业链招商和总部招商。完善招商工作服务体系，切实提高招商项目落地率。全年力争实际利用内资20亿元以上，实际利用外资600万美元，引进大项目9个。

久久为功做强生态农业。高标准推进省级现代农业园区建设，争创省级农业高新技术产业示范区。以工业化理念推动农业发展标准化、规模化、产业化，积极发展茶叶、蔬菜、精品水果三大主导产业。全面启动“丽水山耕”数字化平台项目建设，打造以碧湖平原为核心的数字农业产业集群。加快推进种植业“五园”建设，创建茶叶、食用菌、蔬菜产业标准化示范园区各1个。完善农产品质量安全追溯体系，保护好5万亩粮食生产功能区，主要农产品“三品一标”率达60%。强化生猪增产保供，建成年出栏万头以上生猪养殖场3家。实施老竹畲族国家农业产业强镇项目建设。全力创建省级水产健康养殖示范区。

坚定不移壮大生态工业。深入贯彻平台“二次创业”十字方针，大力实施生态工业“32615”五年培育行动计划，重点培育先进装备制造、绿色食品、生物医药、时尚轻工等主导产业，着力构建绿色、循环、低碳的生态工业体系。高质量推进万洋低碳智造小镇建设，争取完成年度投资20亿元，累计开工面积105万平方米，累计投产企业60家以上。谋划推进郎奇工业区莲都科创园建设。大力推进制造业转型升级，支持规模以上阀门制造企业开展智能化改造，培育省级企业技术中心1家，完成“低散乱”整治25家。深入实施“凤凰行动”“雏鹰行动”，积极培育细分市场的“专精特新”“隐形冠军”“小巨人”企业，全年培育亿元企业3家以上、规上企业20家以上，力争新上市企业1家、新三板挂牌企业1家。加快实施数字经济“一号工程”，积极推广绿色智能制造新模式、工业互联网新应用以及数字化新产品新服务应用，实施智能化技术改造项目10个，创建一批“无人车间”“无人工厂”，新增工业机器人30台、“企业上云”140家。

不遗余力发展生态旅游业。大力实施全域景区化建设，全方位融入“诗画浙江”大花园最美核心区、瓯江文创产业带、瓯江山水诗之路黄金旅游带。锚定古堰画乡创5A目标，持续推进品质化提升行动，加快旅游项目建设和业态培育。推动东西岩景区由观光型向互动体验型转变，加快景区提档升级。积极推进九龙湿地生态修复，着力打造萤火虫小镇。全面启动瓯江风情国家级旅游度假区创建和丽甬生态旅游文化产业园建设。全年力争新引进五星级度假酒店2家。深化“旅游+”文章，打造一批农旅示范基地，培育一批工旅特色企业，提升旅游业态吸引力。深入实施“百城千镇万村”景区化工程，新增A级景区乡镇2个、A级景区村18个。依托周末“上海—丽水”旅游专列，精准实施“莲都有艺思”和“莲仔”IP营销。对接承办长三角世界创意经济峰会，高水平举办古堰画乡小镇艺术节，视情举办“巴比松”国际研讨会、“农民丰收节”等特色农文旅活动，进一步提升“秀山丽水·画乡莲都”品牌影响力。

（三）致力于生态宜居，不断提升美丽莲都能级品位

巩固生态环境优势。坚决打好污染防治攻坚战，高标准完成第二轮中央环保督察整改任务。深入推进蓝天行动，严格实行全域“禁燃”，加强扬尘污染和工业企业大气污染等综合治理。启动“万亩国土绿化五年行动”，建设“美丽林相”9.35万亩，全域森林覆盖率稳定在76%以上，有效遏制松材线虫病扩散蔓延。市区细颗粒物（PM2.5）平均浓度保持30微克/立方米以下，空气质量优良天数比率达95%以上。深入实施碧水行动，“水十条”国家考核断面全面达标，市控以上地表水监测断面、县级以上饮用水水源地水质和跨行政区域河流交接断面水质100%达标。全面推进净土行动，实现耕地和重点工业园区（产业集聚区）土壤环境监测网络基本覆盖，受污染耕地和污染地块安全利用率达92%以上。市区合力创建“无废城市”。积极争创省级生态文明建设示范区。

提升美丽城乡品质。市区合力深化经常化创建全国文明城市和国家卫生城市，确保以优异成绩通过全国文明城市创建复核。保持劲不松、力不减，全力打好市区城中村改造三年行动计划收官战，确保完成改造面积36.3万平方米以上。推进蓝天花苑、新建小区等15个区块改造，改造面积39.15万平方米，完成市区北城区块住宅小区截污纳管整治工程。启动美丽城镇建设，确保大港头镇创成美丽城镇样板镇，太平乡、黄村乡创成美丽城镇。加强传统村落和历史文化村落保护利用。适时启动撤村建（并）居工作。高起点谋划推进碧湖新区建设，加快推进采桑区块未来社区项目。深入推进“三改一拆”和“无违建”创建，加强乡村建房管控，创成全省“基本无违建区”。深入实施“千村示范、万村整治”工程，打造新时代美丽乡村精品村14个、达标村43个。

夯实基础设施建设。加快洪渡互通至黄村（仙渡至黄村段）公路、北埠至堰后农村道路改造提升工程建设，打好“四好农村路”三年行动收官战。高标准建设大花园绿道网，新建、提升改造绿道、古道96.5公里，争创省级最美绿道。加快推进碧湖第二污水处理厂、老竹—丽新污水处理厂项目，完成农村生活污水治理新建和改造工程，力争完成联城街道、老竹镇“污水零直排区”建设，实现日处理能力30吨以上农村生活污水处理设施标准化运维全覆盖。完成67个行政村惠及7万人的农村饮用水达标提标工程建设。建成综合供能服务站4座。持续深化垃圾分类，务岭根垃圾填埋场（三期）、水南垃圾中转站建成并投入使用，力争实现城区垃圾分类清运全覆盖。全力配合丽水机场、衢丽铁路、灵山未来社区等重大项目建设。

（四）致力于创新驱动，不断增强高质量绿色发展活力

持续深化“最多跑一次”改革。深入推进政府数字化转型，不断推动“一件事”改革，大力推进“掌上办”，加快实现政务服务网接入长三角“一网通办”，推动非涉密事项100%接入浙政钉平台，完成市大数据平台莲都分平台建设，实现市域内数据共享。推进一般企业投资项目竣工验收前审批“最多80天”改革，小型项目审批压减至45天内实现100%。持续深化商事制度改革，着力抓好“信用十联动”，推

进信用评价结果政务应用。继续深化机关内部“最多跑一次”改革,不断提升政府办事效率。

加快推进重点领域改革。抢抓丽水创建国家生态产品价值实现机制试点市机遇,全面启动大港头镇、丽新乡生态产品价值实现典型示范乡镇建设。深化“亩均论英雄”改革,完成全区用地面积3亩(含)以上的工业企业亩均效益综合评价,力争规模以上工业亩均增加值、亩均税收、全员劳动生产率增速均高于全市平均水平。持续推进绿色发展综合改革创新区建设。深入开展全国农民专业合作社质量提升整县推进试点,培育典型示范社10家以上。深化全国农村集体产权制度、林权制度、农村金融、“三位一体”农合联等改革。深化国有企业市场化改革,加快用工、人事、薪酬等制度改革,着力构建现代化企业经营机制,加快推动三大国有公司做大做强。

全面深化对外开放。牢牢把握“一带一路”战略、长三角一体化战略和山海协作的重大机遇,积极融入大湾区大花园大通道大都市区建设,构建全方位开放合作新格局,不断增强内生动力。更加主动接轨上海,全面推动与上海黄浦区合作。深化与义乌市、江北区山海协作,加快推进莲都—义乌山海协作产业园、“消薄园”和莲都大厦建设,谋划推进江北区电商飞地园区建设,力争山海协作产业项目到位资金18亿元以上,合作推进山海协作乡村振兴示范点3个。加强莲都-剑阁东西部扶贫协作,持续巩固脱贫成效,实现携手奔小康。深化与意大利萨尔扎纳市、奥拉市、法国巴比松市、葡萄牙帕库什日费雷拉市等国际友城的交流合作。

不断提升科创能力。全面加快浙西南科创中心建设。推进与浙江清华长三角研究院的深度合作,共建天然药物联合研发中心,加快药用植物开发及多肽类药物研发。加强与省农科院、丽水学院等高校院所的合作交流,加快科研成果转化落地。启动建设莲都义乌科技创新研究院。优化升级人才政策,继续实施“绿谷精英550引才计划”,力争新增院士工作站、博士后工作站各1家。落实科技新政,加大财政科技投入,力争企业研发经费支出增长15%以上。深入实施科技型企业“双倍增”计划,培育壮大创新主体,新增国家高新技术企业5家、省科技型中小企业20家,实现高新技术产业增加值增长10%以上。持续加强知识产权保护,新申请专利3400件、授权1700件以上。持续推进“三强一制造”建设,新增国家标准1项、地方标准和“浙江制造”标准3项,通过“浙江制造”认证产品1个。

(五)致力于民生幸福,不断满足人民群众对美好生活的向往

更好推进精准脱贫。深入实施低收入农户高水平全面小康计划和“八个万元”富民增收行动,推进省级扶贫综合改革试点,确保低收入农户人均可支配收入增速高于全区农民平均水平,力争农民收入在全省26县中排名前列。开展消除集体经济薄弱村攻坚提升行动,确保年收入达到15万元且年经营性收入达到8万元以上的村占比达到30%。积极化解村级债务。扎实推进“大搬快聚富民安居”工程,加快花街安置小区、魏村区块安置房建设,确保文一楼安置房项目如期完工。推进科技进乡村、资金进乡村、青年回乡村、乡贤回乡村“两进两回”行动,撬动乡村“二次开发”。

更好保障基本民生。积极落实就业创业帮扶政策,新增城镇就业3600人,城镇登记失业率控制在3%以内。推进根治欠薪行动,健全防范处置欠薪长效机制。大力推进全民医保,创新推行城乡居民基本医疗保险政保合作管理模式。完善住房保障制度,推进困难群众住房救助,加快推进危旧房治理。开展养老服务全国试点工程,探索推进“康养联合体”建设,建成“丽水居养”综合养老服务平台并投入运行。加快底金弄生态公墓、桑垟三期安置公墓建设,加强乡村公益性墓地规范管理。完善社会救助、公益慈善、优抚安置制度,保障妇女儿童权益,推进儿童福利院改造项目,新建“儿童之家”10所。市区共创“全国双

拥模范城”和“全国无障碍环境区”。

更好优化公共服务。深入实施教育提质行动，启动刘英小学扩建工程，建成长岗背小学和接官亭、瓯碧园、留香园幼儿园，新增小学学位1620个、幼儿园学位900个。启动“国家义务教育优质均衡发展区”创建，加快薄弱民办学校和农村小规模学校提升改造。稳妥有序推进教育招生新政。大力推进“健康莲都”建设，深入推进城市医联体建设，扩大乡村流动医院巡回诊疗覆盖面，完善基层医疗卫生机构补偿机制改革，推进0—3岁婴幼儿托育服务。区人民医院医疗综合楼、丽云卫生院迁建项目投入使用。巩固省级慢性病综合防控示范区成果。深化新时代文明实践中心（所、站、点）四级网络建设。实施体育小康村提升工程11个，新建农村文化礼堂24个。全年文化下乡200场，送书下乡1万册。

更好推进社会治理。推进“基层治理四平台”规范化建设。深入推广“村级事务阳光票决制”“自联会”“阳光评廉会”“五联六和”等基层治理模式，建成“黄泥墩经验”示范点17个。发挥社会矛盾纠纷调处化解中心作用，推进社会治理领域“只进一扇门”“最多跑一地”，巩固省级“无信访积案区”创建成果。推进安全生产综合治理，加强风险管控，统筹推进国防动员后备力量和应急管理体系建设。巩固省食品安全区创建成果，创建放心商店、放心餐饮、放心工厂1500家以上。加强金融风险预警监控和化解处置，严厉打击套路贷、非法集资和非法网络借贷。深入实施防范化解地方政府隐性债务风险专项行动，科学安排政府投融资规模，确保政府债务安全可控。健全扫黑除恶长效机制，大力推进“枫桥式”公安派出所、司法所创建。

（六）致力于担当作为，切实打造阳光高效廉洁政府

坚定政治站位，不断提高科学施政本领。不断巩固“不忘初心、牢记使命”主题教育成果，树牢“四个意识”，坚定“四个自信”，坚决做到“两个维护”，以“为民干事是天职，不干是失职”的理念，深入实施“两强三提高”建设行动，把“大学习、大调研、大抓落实”活动落到实处、引向深入，切实提高行政质量、行政效率和政府公信力。

坚持务实担当，不断提高狠抓落实本领。坚持“担当作为、务实苦干”的工作主基调，深入践行“三服务”“区乡村三级联动办实事”、乡镇（街道）“住村联心、组团下访”“一线巡查，现场办公”和区领导干部“一联十”五大工作制度，引导全区党员干部勇挑重担、克难攻坚。继续深化“大督查”制度，重拳整治“庸懒散”“中梗阻”等现象，确保重大决策部署落地落实。

坚决厉行法治，不断提高依法行政本领。牢固树立法治意识，自觉运用法治思维和法治方式推动工作。严格落实重大行政决策法定程序，加强行政决策合法性审查和风险评估。完善“一府两院”联动机制，加强行政争议预防化解。全力抓好行政执法、行政执法监督和行政复议规范化建设。自觉接受人大依法监督和政协民主监督，让权力在阳光下运行。

坚守廉政底线，不断提高拒腐防变本领。始终把纪律和规矩挺在前面，严格落实中央八项规定精神、省委“28条办法”和“六个严禁”等有关要求。坚持政府过“紧日子”，全年非刚性、非重点项目支出压减10%以上，日常公用经费支出压减5%以上，会议经费预算下降10%以上。发挥审计监督“利剑”作用，加强公共资金使用、权力运行等关键环节审计，大力推进审计发现问题的整改。全力打造清廉政府。

各位代表，新时代孕育新希望，新目标引领新征程！让我们更加紧密地团结在以习近平同志为核心的党中央周围，高举习近平新时代中国特色社会主义思想伟大旗帜，在上级党委政府和区委坚强领导下，振奋精神、勇于担当、真抓实干，努力在更高起点上推进莲都高质量绿色发展，为决胜高水平全面建成小康社会、高水平全面建设社会主义现代化而努力奋斗！

## 名 词 解 释

1.省市县长工程：省政府为加强产业项目谋划盯引，要求省、市、县三级政府有关领导，每年分别牵头谋划推进若干总投资100亿元、50亿元、20亿元以上重大产业项目。

2.隐形冠军：在某个细分行业或市场占据领先地位、拥有核心竞争力和明确战略、产品、服务，难以被超越和模仿的中小型企业。

3.重大动物疫情应急处置“96349”工作法：区农业农村局概括提炼的非洲猪瘟疫情应急处置流程，即疫情发现9步骤，可疑疫情6级报告，可疑疫情临时控制3大步骤，疫情确认4级响应，应急处置9个环节。

4.省金树叶级绿色旅游饭店：绿色旅游饭店分“金树叶级”和“银树叶级”两个档次。其中，金树叶级是国家绿色旅游饭店标准中的最高等级，在饭店的管理机构、分区域水电气计量、除尘设备、污水处理、空气质量等必备条件上有很高的要求。

5.省采摘旅游体验基地：省旅游标准化技术委员会将“浙江省采摘旅游体验基地”分为钻果级、金果级、银果级三个档次。

6.未来社区：浙江省城市建设的重大创新举措，指围绕社区全

生活链服务需求，以人本化、生态化、数字化为价值导向，以未来邻里、教育、健康、创业、建筑、交通、能源、物业和治理九大场景创新为引领，打造新型城市功能单元。

7.省级“一村万树”示范村：在一个行政村范围内，新植以珍贵树、乡土树为主的绿化美化树种1万株以上或者人均10株以上，形成一村一品、一路一景、一树一业的乡村绿化美化和林业产业发展格局，为乡村振兴提供绿化美化示范的村庄。

8.标准地：土地出让时明确每块建设用地的规划建设、能耗、污染排放、产业导向、单位产出等标准。

9.五优联动：优粮优产、优粮优购、优粮优储、优粮优加、优粮优销，从而减少低质、普通产品供给，增加优质、绿色产品供给。

10.“大搬快聚富民安居”工程：为提升农村人居环境，让群众彻底摆脱地质、气象等灾害威胁，摆脱地理条件对农民增收致富的制约，市委市政府提出，2019年到2023年力争实现15万人下山脱贫、集聚发展。

11.残疾人之家：以日间照料为主，主要为智力、精神和其他重度残疾人提供生活照料等服务的专门机构。

12.儿童之家：依托村（社区）、中小学校等设施资源，建立为留守儿童提供临时照料、课后托管等服务的综合性服务设施。

13.“一蛋一奶”营养餐：从2019年起，向城乡义务教育家庭经济困难学生提供营养餐的基础上，每人每天再免费提供一杯牛奶和一个鸡蛋，采取正餐或课间餐等加餐形式供学生食用。

14.市区“医联体”：市、区级医院与区22家基层医疗机构通过创新人才培养、建立双向转诊、落实专家下沉、推进优质资源下沉等举措，实现优质医疗资源的区域共享。

15.九类案件：聚众斗殴、强迫交易、寻衅滋事、敲诈勒索、非法拘禁、组织卖淫、强迫卖淫、开设赌场、故意毁坏财物等涉恶案件。

16.套路贷：以非法占有为目的，假借民间借贷之名实施的违法犯罪活动。

17.村级事务阳光票决制：黄泥墩村首创的农村基层组织议事制度，以党建引领、阳光自治为核心，明确村级重大事项均通过村民代表大会无记名投票表决，被写入省委《关于认真学习贯彻党的十九届四中全会精神高水平推进省域治理现代化的决定》。

18.阳光评廉会：碧湖镇探索建立的以村民现场问廉，村干部现场答廉的形式，回应群众关切，督促基层村干部廉洁履职的农村治理模式。

19. 两强三提高："两强"即强谋划、强执行；"三提高"即提高行政质量、提高行政效率、提高政府公信力。

20."五个十"工程：区委区政府开展的"十大重点工作推进指挥部""十大攻坚克难""十大示范工程""十大重点培育示范企业"和"大督查"工作，作为推进落实各项重点工作的总载体和总抓手。

21. 三类文件：规范性文件、议事协调机构成员类文件、通报类文件。

22. 三公经费：因公出国（境）经费、公车购置及运行费、公务招待费。

23. 两手硬、两战赢：一手抓疫情防控，一手抓经济社会发展，坚决打赢防控阻击战和发展总体战。

24. 一库一码一平台一指数："一库"即重点人员和联系人数据库；"一码"即健康码；"一平台"即海外侨胞回国健康信息预申报平台；"一指数"即精密智控指数。

25. 省"2+6"项目清单："2"即抢抓窗口期争取国家支持重大项目清单、抢抓实物量提速推进重点项目清单；"6"即中央预算内投资项目清单、政府专项债项目清单、企业债发行项目清单、重大产业项目清单、数字浙江基础设施建设项目清单、央企合作重大项目清单。

26. 省"六个千亿"产业投资工程：千亿数字经济工程、千亿生命健康工程、千亿高端装备工程、千亿文化旅游工程、千亿能源环保投资工程、千亿技术改造工程。

27. 省"4+1"重大项目："4+1"投资类别中项目规模一般在10亿元以上的项目。"4"即交通投资，生态环保、城市更新和水利设施投资，高新技术产业投资，民间项目投资四大类别；"1"即省市县长项目工程。

28. 三服务：服务企业、服务群众、服务基层。

29."一车四员四到位"服务机制："一车"即战"疫"助企直通车；"四员"即政策宣讲员、驻企服务员、健康服务指导员、复产督导员；"四到位"即政策宣讲到位，驻企服务到位，防疫指导到位，督导落实到位。

30. 五减：减税、减费、减租、减息、减支。

31. 莲都超人：在外经营超市的莲都籍创业人员群体。

32. 种植业"五园"：生态茶园、精品果园、放心菜园、特色菌园、道地药园。

33. 三品一标：无公害农产品、绿色食品、有机农产品和农产品地理标志。

34. 生态工业"32615"五年培育行动计划：莲都区2017年启动实施的特色生态工业体系的专项行动，力争到2021年，区属规模以上工业增加值达到30亿元；先进装备制造、时尚轻工、健康制造三大产业产值达到200亿元；区属产值超五亿元骨干龙头企业达6家；五年累计引进亿元以上工业大项目10个；区属"新三板"上市企业达5家。

35. 凤凰行动：浙江省实施的以促进企业上市和并购重组为核心的行动计划，力争到2020年，全省上市公司数量较2017年实现倍增。

36. 雏鹰行动：浙江省实施的中小微企业梯度培育行动计划，旨在培育发展一批细分产业细分市场细分领域的"隐形冠军"。

37."专精特新"企业：符合国家产业政策、成长性好且具有专业化、精细化、特色化、创新型等特征的企业。

38."百城千镇万村"景区化工程：围绕国家全域旅游示范区创建，目标是到2022年，全省培育创建100座A级景区城，1000个A级景区镇、10000个A级景区村庄。

39. 无废城市：固废产生量最小、资源化利用充分、处置安全的城市发展模式。

40."千村示范、万村整治"工程：2003年，时任浙江省委书记的习近平同志亲自调研、亲自部署、亲自推动，启动实施"千村示范、万村整治"工程，目标是花5年时间，从全省4万个村庄中选择1万个左右的行政村进行全面整治，把其中1000个左右的中心村建成全面小康示范村。2012年，在村庄整治实现全覆盖后，我省持续推动"深化千万工程、全面推进美丽乡村建设"，2019

年启动“深化千万工程、高水平建设新时代美丽乡村”。

41.四好农村路：建好、管好、护好、运营好农村公路。

42.信用十联动：“信用+行政审批”“信用+执法监管”“信用+公共服务”“信用+公共资源交易”“信用+其他政务事务”“信用+行业监管”“信用+社会治理”“信用+风险监控”“信用+融资服务”“信用+政府自身建设”等十大场景应用。

43.“三位一体”农合联：通过一定的利益机制、组织机制，把农民专业合作、供销合作、信用合作三类组织有机地融合在一起，促成农民生产主体“生产、供销、信用”三大服务功能从零散到块状的有机整合。

44.科技型企业“双倍增”计划：我省实施的以提升企业研发能力为核心的行动计划，目标是到2020年，全省高新技术企业和科技型中小微企业数量分别达到1.5万家和5万家，均较2015年翻一番。

45.三强一制造：标准强区、质量强区、品牌强区、浙江制造。

46.浙江制造：以“标准+认证”为主要方式，集质量、技术、

服务、信誉为一体，代表浙江制造业先进性的区域品牌。

47.八个万元：“一亩山万元钱”“十箱蜂万元钱”“百斤鱼万元钱”“千斤粮万元钱”“万袋菌万元钱”“新三宝万元钱”“农合联万元钱”“活产权万元钱”。

48.康养联合体：有效整合区域内康养资源，推动政府、医疗机构、社会组织与老年人康养服务、家庭成员照护能力提升需求有效对接，形成政府引导、多方共举、服务多元、资源共享的康养服务体系和管理模式。

49.“丽水居养”综合养老服务平台：通过智慧养老服务平台，打造智能派单、规范服务、跟踪回访等流程闭环式管理为特点的智慧养老服务系统，为老年人提供“菜单式”多元养老服务，实现政府审批监管、企业服务操作和社会供需对接的一网服务。

50.乡村流动医院：为破解偏远山区看病难，以巡回诊疗服务车为基础，进村入户开展医疗健康服务的一项举措。

51.自联会：雅溪镇探索建立的“联合自治、跨村理事”农村社会管理新模式。

53.五联六和：联城街道探索建立的“党建统领+模块治理+集成管理”模块化基层治理体系。“五联”即力量联合、工作联动、品牌联创、家园联治、服务联心；“六和”即党建聚和、经济顺和、环境畅和、社会安和、民生丰和、文化润和。

53.最多跑一地：按照“最多跑一次”理念，在县级社会矛盾纠纷调处化解中心（信访超市）设立无差别受理窗口，“一个窗口”受理群众提出的各类纠纷化解、信访诉求和投诉举报事项。

# 莲都区人大常委会工作报告

## ——在莲都区第十六届人民代表大会第四次会议上

陈元龙

各位代表：

我受丽水市莲都区人民代表大会常务委员会的委托，向大会报告工作，请予审议。

### 一、过去一年主要工作

2019年是新中国成立70周年，是地方人大设立常委会40周年。一年来，在中共丽水市莲都区委的坚强领导下，常委会以习近平新时代中国特色社会主义思想为指导，深入学习贯彻习近平总书记关于坚持和完善人民代表大会制度的重要思想，围绕中央和省、市、区委的决策部署，坚持党的领导、人民当家作主、依法治国的有机统一，聚焦中心工作、民生关切和厉行法治，凝心聚力、担当有为，为推进我区的改革发展稳定和高质量绿色发展作出了积极贡献。

一年来，共召开常委会会议10次、主任会议22次，听取和审议专项工作报告13项，作出决议决定11个，审查规范性文件8件，任免国家机关工作人员76人次，完成了区十六届人大三次会议确定的目标任务。

（一）牢记初心使命，丰富制度实践

扎实开展主题教育工作。按照“守初心、担使命，找差距、抓落实”总要求，把学习教育、调查研究、检视问题、整改落实贯穿主题教育全过程。坚持读原著、学原文、悟原理，把学习贯彻习近平新时代中国特色社会主义思想作为根本任务，通过常委会领导集中自学、带头上党课，以开展讨论交流、宣讲四中全会精神、初心使命之行、召开民主（组织）生活会等形式，推动学习往深里走、往心里走、往实里走。坚持奔着问题去，盯着问题改，结合“三服务”活动，收集问题意见300多条，形成调研报告15篇，通过梳理交办、部门会办、跟踪督办，为民办实事65件。按照“四个对照”和“四个找一找”的要求，认真查找剖析问题，共查找出常委会自身存在的36个问题，制订19条整改措施，修订相关制度4项。在新冠肺炎疫情防控工作中，常委会践行初心使命，主动靠前参与疫情防控，认真推动中央和省委、市委、区委的决策部署，以及省、市人大常委会关于依法全力做好新型冠状病毒感染肺炎疫情防控工作决定的贯彻落实，及时向全区人大干部和各级人大代表发出倡议；广大代表和人大干部纷纷以参加社区巡查、卡点值守、巡查督促、捐款捐物、组织复工复产等方式投身到疫情防控、经济社会发展中，尤其是担任乡镇（街道）、社区（村）负责人和从事医疗卫生工作的人大代表，更是直接在一线指挥调度、组织协调、昼夜奋战，涌现了许多可歌可泣的感人事迹。

认真落实省市区委人大工作会议精神。常委会采取强化政治建设、密切群众关系、夯实基层基础、不断拓宽基层工作平台等有力举措，积极落实省委、市委人大工作会议精神。配合区委召开人大工作会议，出台《中共丽水市莲都区委关于高水平推进新时代人大工作和建设的意见》，制定“切实增强人民代表大会制度自信、加强党对人大工作的全面领导、增强监督刚性和实效、推进讨论决定重大事项工作常态化、保障人大依法行使选举权和任免权、加强和规范街道人大工作、强化代表履职服务保障和管理”等17条具体举措。新设立了区人大常委会社会建设工作委员会。

强化人大制度学习和宣传。

把习近平总书记关于坚持和完善人民代表大会制度的重要思想、人大制度理论、宪法及相关法律知识作为机关理论中心组重要学习内容，并推动列入区委党校主体班次教学计划，进一步增强国家根本政治制度自信。认真学习习近平对地方人大及其常委会工作的重要批示精神，召开地方人大常委会设立40周年暨新中国成立70周年座谈会。与区委宣传部联合出台《关于加强和改进新时代人大新闻宣传工作的方案》，主动借力省市人大媒体，综合运用区级网站、微信公众号等宣传平台，有200余篇信息通讯在省市媒体平台上发表，进一步展现代表履职风采、讲好人大故事。

（二）聚焦中心大局，强化履职尽责

聚焦高质量绿色发展。与省、市人大联动深入区内50多家企业，围绕“优化减负降本政策，缓解民营企业融资难融资贵情况，优化创新资源配置，营造公平竞争环境、保护民营企业合法权益情况”等开展调研，形成了《关于莲都区民营经济高质量发展情况的调研报告》。听取和审议区政府关于推进民营企业高质量发展专项工作报告，督促政府加快破解民营经济发展资源要素制约、完善工业园区服务体系、强化财源培育意识、出台扶持政策，推动亲清新型政商关系构建和民营经济发展环境的不断优化。开展莲都区农业产业培育和发展情况工作调研。常委会听取和审议区政府关于全区农业产业（茶叶）培育和发展情况，提出“完善产业政策、强化产业基础建设、引领产业发展、坚持做优做新”等审议意见，推动农业龙头企业培育，深化农业供给侧改革。开展了国家生态文明建设示范区、全区水利设施建设与维护运营情况、科创中心建设和莲湖水库项目可行性等调研，组织全体代表听取了政府上半年经济社会运行情况汇报。常委会领导积极领办重点项目、落实河长制、推进后进村整转等工作，通过督促落实、带队攻坚、协调推动，促成了2个区重点项目如期完成，7条河段完成年度保护目标，2个后进村顺利转化。

聚焦国有资产管理和金融风险防范。把防范财政金融重大风险作为重要监督议题，进一步落实对财政资金和国有资产管理的监督责任。常委会通过听取和审议2018年财政决算和上半年财政预算执行情况，作出批准上年度财政决算和本年度预算调整的决议；出台《莲都区预算审查监督制度》；在区教育局、农业农村局等部门开展实施预算绩效管理试点；听取审计查出问题整改落实情况报告等举措，加强民对财政资金的监督管理。5月出台了区人民政府向区人大常委会报告国有资产管理情况制度。8月听取和审议了全区国有资产管理情况专项工作报告，并开展专题询问；询问现场播放问题短片，常委会组成人员和列席人员围绕资产保值增值、防止资产流失、完善管理制度等方面，指出工作中存在的23项短板，要求政府切实推进解决；询问会后常委会制作问题清单进行交办，持续督查整改落实情况，推动政府有关部门进一步摸清家底，完善相关管理制度，提高国有资产管理水平。11月出台了《关于建立莲都区人民政府向区人大常委会报告国有资产管理情况制度的五年规划（2018—2022）》。12月常委会听取了事业单位国有资产管理情况专项报告，并审查国有资产年度综合报告，进一步强化人大常委会的国有资产监督职能。

聚焦城乡环境品质提升。常委会在深入征求物业企业、社区居委会及居民的意见和外出考察借鉴的基础上，听取和审议政府关于我区生活垃圾分类专项工作报告，要求重视“基础设施建设滞后、工作成效不明显、法律政策执行不到位、回收利用体系不健全”等问题，推动政府部门强化源头分类和终端处置工作，推进全区垃圾减量化、资源化和无害化。关注小城镇和农村村庄环境综合整治工作，组织代表实地查看相关点位整治情况，助力破解整治不平衡、长效机制不健全、资金保障不充分等问题，推动有关乡镇、村居加快整治工作进度，美化乡村生活环境。

助推干部监督管理。常委

会坚持党管干部和人大依法行使任免权相统一，认真开展任前法律知识考试、任职表态发言、颁发任命书、宪法宣誓等工作。国家工作人员就职时进行宪法宣誓的制度得到较好落实，全区共有213名国家工作人员进行了宪法宣誓。把“宪法学习贯彻情况”纳入述职述法内容，书面审查政府组成部门局长、法院副院长、检察院副检察长年度履职情况，进一步提升了任命干部的宪法法律意识和自觉接受人大监督的意识。将上级政府垂直管理部门纳入监督范围，主任会议听取市自然资源和规划局莲都分局工作汇报，要求其更加注重优化国土空间规划、加强地方经济社会发展的土地要素保障工作。

（三）重视民生关切，强化依法监督

推进各级民生实事项目顺利完成。落实项目监督责任，对省市区人代会确定的民生实事项目，明确由相关专门委员会和工作委员会实时跟进项目进度，动态掌握情况。常委会年中、年末分别听取政府关于年度民生实事项目落实进度和完成情况汇报，确保项目扎实开展、落地见效。10月协同区政府出台民生实事项目资金补助办法，单列资金1000万元保障乡镇（街道）民生实事项目实施，助力乡镇（街道）把民生实事项目谋深做实。各乡镇街道通过组织辖区人大代表以调研视察、会商座谈、监督跟进等方式落实项目监督责任，保障了乡（镇、街道）级民生实事项目的顺利完成。

推进社会事业持续进步。一是助推殡葬事业改革。听取和审议区级公墓及乡村公益性墓地建设情况专项工作报告，结合调研中发现的“公墓建设规划与社会需求不匹配、区级公墓项目建设滞后、乡村公益性墓地管理不规范”等工作短板，要求政府加快规划实施和区级公墓项目建设进度、提高公益性墓地的规范管理水平、完善政策和考核机制，推动《浙江省殡葬管理条例》落实，进一步形成节俭办丧事、厚养薄葬的社会风气。二是助推学前教育现代化。听取区政府关于《莲都区贯彻实施〈浙江省学前教育条例〉情况报告的审议意见》落实情况汇报，提出“加快公办园和普惠园发展、加强幼师队伍建设、加大财政资金扶持”等意见建议，助力在2020年全面建成城乡全覆盖、高质量的学前教育公共服务体系。三是关注《浙江省残疾人保障条例》贯彻落实情况。调研组实地走访市残疾人康复中心、重度残疾人托养中心、特殊教育学校以及部分社区，深入了解市区在推进残疾人康复、残疾人托养、落实特殊群体义务教育政策、社区残障人士权益保障等方面的情况，听取了区政府及相关部门工作情况汇报，督促政府及有关部门进一步健全残疾人帮扶制度，保障残疾人更好就业。此外，相关工委还开展了医疗卫生人才队伍建设、华侨创业就业及新生代华侨资源涵养、少数民族特色村寨建设等工作调研，为推进相关工作出主意、想办法。

推进依法治区富有成效。一是常委会听取区监察委员会关于《中华人民共和国监察法》在我区的贯彻实施情况汇报，推动监察机关进一步强化监察队伍建设、加大廉政教育力度、严查违法违纪案件。二是跟踪监督《关于加强区人民检察院开展公益诉讼工作的决定》落实情况，针对案件线索来源不广、政府部门配合不够、制度机制不够健全等短板，提出“加强沟通协调、提升案件质效、加强宣传力度”等工作要求。三是开展公安工作调研。深入岩泉、老竹派出所和公安分局办案中心视察，了解办公环境、警力配备、软硬件基础设施等情况，要求区公安分局进一步加强队伍建设、健全体制机制、践行新时代“枫桥经验”、加大对违法犯罪行为打击力度。四是常委会组织代表旁听法院涉黑涉恶典型案件庭审，现场观摩法院集中强制执行等工作。五是认真做好信访工作，严格执行接访、转办和督办等制度，共受理群众来信来访45件次，其中来信19件，来访26件次；省市人大交办2件。常委会领导牵头成功化解信访积案7件。

（四）激发代表活力，强化主体作用

代表建议办理成效进一步

提高。区十六届人大三次会议共收到代表议案建议163件(19件事权不在莲都区的通过其他途径办理),其中14件列为重点建议件。闭会期间收到代表建议3件。坚持区人大常委会领导督办、区政府领导领办重点建议机制,通过集中交办、部门会办、面商和网上督办、强化承办责任等措施,许多代表和群众关心的问题得到解决。目前,全部代表建议已答复完毕。从答复和办理情况看,建议所提问题得到解决或基本解决48件,正在解决或已列入计划解决86件,留作参考13件。代表对办理工作满意的144件,基本满意的3件;对办理结果满意的138件,基本满意的7件,不满意的2件。

履职平台建设进一步拓展。常委会着力把联络站打造成为基层人大工作的重要阵地和联系服务群众的重要平台,以规范化建设为抓手,不断推进实体代表联络站和网上代表联络站规范化建设。截至目前,已建成规范化人大代表联络站8家,示范型人大代表联络站2家。岩泉、雅溪、碧湖、南明山等人大代表联络站在部分社区(村)设立了代表联络室,为代表更好地联系群众,听取群众意见提供了便利。各级人大代表进站活动成为常态,担任代表职务的省市区领导带头开展密切联系群众活动,促成S328省道沙溪至大港头路灯安装、丽云卫生院门口道路修建、碧湖镇天然气输送等项目启动。全面推进区人大代表履职"一人一档"动态管理,将代表出席会议、审议发言、提出建议,以及闭会期间参与视察调研、联络站活动、接待选民、向选民述职等情况录入履职档案,并通过在微信工作群晒履职"成绩单"、履职积分上墙公布等方式,进行积分制管理。

代表履职活力进一步增强。在强化人大理论和业务知识培训的同时,常委会把政治理论、廉政党课、弘扬浙西南革命精神、推进乡村振兴等作为代表学习培训的重要内容。各代表中心组开展了习近平总书记关于坚持和完善人民代表大会制度重要思想、党的十九届四中全会精神和贯彻实施宪法等专题学习,开展了"最多跑一次"改革、民生实事项目推进、小城镇环境综合整治、宪法日等主题活动。一些联络站结合自身实际,围绕群众关切问题进行履职,富有特色。如:联城街道人大助推省级美丽乡村示范区创建,仙渡人大助力农民建房审批,雅溪人大与电力部门联动保障菇农用电等履职成效受到群众点赞。常委会认真做好在莲的全国、省、市人大代表履职服务工作。专门出台代表履职经费管理使用意见,进一步提升服务保障水平。

(五)持续固本强基,强化自身建设

制度机制更加完善。强化政治建设,党组会议、主任会议、常委会会议把及时传达学习习近平总书记重要讲话,中央和省委、市委、区委重要会议、重要文件精神作为当然议程。出台常委会党组、机关党组运行议事规则,不断强化常委会机关党的建设。开展了常委会组成人员、专委会成员和乡镇人大负责人的履职培训。注重工作创新和经验总结,2019年8月和12月分别在省人大各级常委会主任读书会、市委人大工作会议作交流发言。

机关工作更加有效。坚持党建引领,机关通过深入开展"三会一课"、主题党日,落实党风廉政季度例会、廉政谈话、"三重一大"讨论决定等制度,压实全面从严治党和意识形态主体责任,进一步强化政治机关建设;认真落实中央八项规定精神,驰而不息纠"四风",主动查找和纠正形式主义、官僚主义,进一步提升了机关工作效能;机关围绕服务人代会、常委会、主任会议和服务代表履职等职责,加强制度和服务能力建设,较好地保障了常委会、各专门委员会及人大代表依法履职。

基层基础更加扎实。通过组织业务培训、召开半年工作例会、开展年度考核评比、落实常委会领导和专(工)委联系乡镇街道人大等举措,进一步提升了基层人大工作水平。乡镇年初和年中依法召开人代会。乡镇人代会和街道民主议政会上听取综合性环境报告、开展代表票决(票荐)民生实事项目等工作要求得到了较好落实。5个街道成立了居民议事组织，搭建了民主议事平台，为街道人大工作注入了新活力。人大街道工委工作力量得到加强，全部配备了工委副主任。乡镇街道积极探索创新，基层人大工作亮点纷呈。如：碧湖镇人大推动设立宪法主题公园，老竹镇人大探索镇级代表建议领办机制，太平乡人大开展基层站所工作评议，丽新乡人大助推衢丽铁路建设，人大岩泉街道工委在代表联络站和居民议事组织建设方面受到上级人大充分肯定，并在市委人大工作会议上作典型交流等，基层人大履职风采得到进一步展现。

各位代表，区人大常委会一年来所取得的成绩，是区委正确领导、常委会组成人员和全体代表共同努力的结果，是区人民政府及所属部门，区监察委员会、区人民法院、区人民检察院和各乡镇人大主席团（人大街道工委）支持配合的结果，是区政协、各民主党派、人民团体和社会各界热情帮助的结果。在此，我谨代表区人大常委会，表示衷心的感谢！

在看到成绩的同时，我们也要清醒地看到存在的问题和不足，主要是：对法律法规实施监督的计划性、系统性还不够，精准监督和有效监督需进一步强化；常委会审议意见和代表建议跟踪督办力度还不够，代表建议的落实解决率需进一步提高；接地气、察民情、聚民智工作还需进一步加强；常委会机关的服务能力需进一步提升，一些制度机制需进一步完善等。对于存在的问题，常委会将虚心听取各位代表和各方面的意见，认真加以改进。

## 二、2020年主要工作

2020年是高水平全面建成小康社会和“十三五”规划收官之年，是莲都区“加快发展年”。区人大常委会工作的总体要求是：高举习近平新时代中国特色社会主义思想伟大旗帜，深入学习贯彻习近平总书记关于坚持和完善人民代表大会制度的重要思想，坚持党的领导、人民当家作主、依法治国有机统一，全面对标“努力成为新时代全面展示中国特色社会主义制度优越性的重要窗口”的新目标新定位，紧扣中央和省委、市委、区委决策部署，坚持“发展莲都、服务市区”工作定位，坚持“自我加压、跳起来摘桃子”的工作理念，持续聚焦中心工作、聚情民生关切、聚力依法履职、聚合代表力量，担当有为、务实苦干、开拓进取，为全区加快高质量绿色发展、推进县域治理现代化提供有力法治保障。

### （一）以政治建设为统领，切实加强思想理论武装

进一步强化政治理论学习。人民代表大会制度是坚持党的领导、人民当家作主、依法治国有机统一的根本政治制度安排，是支持国家治理体系和治理能力现代化的根本政治制度。要把持续深入学习习近平新时代中国特色社会主义思想和党的十九大，十九届二中、三中、四中全会精神作为重要政治任务。按照学懂弄通做实的要求，统一思想、凝聚共识，通过大学习、大调研、大抓落实，深化“三服务”、乡镇（街道）“住村联心、组团下访”“一线巡查，现场办公”、区领导干部“一联十”等工作制度的落实，持续巩固“不忘初心、牢记使命”主题教育成果，进一步增强“四个意识”、坚定“四个自信”、做到“两个维护”。

进一步发挥党组核心作用。常委会党组要自觉把坚持党的领导贯穿到人大工作各领域各方面各环节。严格执行向区委请示报告制度，不折不扣贯彻落实区委的决策部署。要切实履行全面从严治党和意识形态主体责任，严格执行中央八项规定精神和党风廉政建设的要求，牢牢掌握意识形态工作主动权。坚持党管干部和人大依法行使选举任免权相统一，认真落实区委人事安排意图，确保党组织推荐人选经法定程序成为国家机关工作人员。修订区人大常委会任免国家机关工作人员办法，进一步做好选举与任免工作。要健全常委会讨论决定重大事项常态化机制，适时审议“一府一委两院”提请的重大事项。

### （二）以服务中心大局为应有担当，推进高质量绿色发展

推动全区重点工作落实。紧盯市委赋予莲都“四个中心”

和“一带三区”火车头的新期待新要求和区委的决策部署，积极发挥人大职能作用，全力推进疫情防控和经济社会发展，主动服务和推动“三大攻坚战”“大花园”建设、“五水共治”、城中村改造、重大项目推进、文明城市创建成果巩固、平安建设等，扎实推进“加快发展年”各项工作。常委会将听取和审议关于数字经济发展情况、莲都区国土空间总体规划情况、新冠肺炎疫情防控和复工复产情况、“十三五”规划纲要执行情况和“十四五”规划纲要编制情况等专项工作报告。坚持区、乡两级人大听取和审议环境状况和环境保护目标完成情况报告的制度，开展国家级生态区创建工作调研，落实河长制各项要求，持续守护好全区绿色生态底色。

推进乡村振兴战略实施。常委会听取和审议我区农村饮用水达标提标工作实施情况，进一步保障农村饮用水安全。组织区人大代表视察全区农业支柱产业培育情况，调研全区“大搬快聚”工作进展、低收入农户增收、集体经济薄弱村消除与巩固、莲都区国家农业综合开发现代农业园区建设等工作，助推新农村建设，确保我区与全省同步高水平全面建成小康社会。

（三）以“盯住法、管好钱、把牢图”为监督重点，增强监督刚性和实效

紧扣保障宪法法律实施。深入开展宪法法律学习宣传活动，严格执行宪法宣誓制度，增强全社会宪法意识。开展《浙江省华侨权益保护条例》执法检查，对贯彻实施《浙江省少数民族权益保障条例》情况进行“回头看”，与省市人大联动开展《中华人民共和国动物防疫法》《浙江省动物防疫条例》贯彻执行情况的执法检查，调研《中华人民共和国大气污染防治法》《浙江省大气污染防治条例》贯彻实施情况，推动生态环境质量持续提升。配合上级人大做好立法工作调研，及时反映群众的呼声与基层的意见。

紧扣监察和司法体制改革。认真贯彻落实监察法，适时听取和审议区监察委员会专项工作报告。开展区检察院员额检察官评议。主任会议听取区公安分局关于扫黑除恶专项斗争开展情况汇报。组织抽查区法院案件执行情况，旁听法院庭审。完善公检法司重大事项向人大报告制度。

紧扣“六稳”服务发展。要按照“稳就业、稳金融、稳外贸、稳外资、稳投资、稳预期”的经济工作要求，听取和审议2020年上半年国民经济和社会发展计划执行、预算执行情况、企业国有资产管理情况等专项工作报告，以及上年度国有资产管理综合报告；审查和批准2019年度区财政决算，批准年度预算调整方案，并作出决定。听取和审议2019年度预算执行和其他财政收支的审计工作报告，听取审计查出问题的整改落实情况汇报。深入做好《浙江省民营企业发展促进条例》学习宣传工作，配合上级人大开展该条例贯彻落实情况的执法检查。

紧扣法治政府建设。依法履行备案审查职责，坚持有件必备、有备必审、有错必纠，推进规范性文件合法性审查。主任会议将听取区发改局、审计局、环境卫生服务中心、科学技术局、退役军人事务局等部门工作汇报。与省市人大联动开展矛盾纠纷调处“最多跑一地”专项监督，助力提升社会治理法治化、智能化、专业化水平。

（四）以“群众利益无小事”为工作理念，推进解决群众操心事烦心事

推动票决项目做实。认真落实“区乡村三级联动办实事”等制度，发挥好政府专项补助资金效益，进一步做实民生实事项目代表票决工作。实时跟进2020年度省市区乡四级民生实事项目实施情况，建立相应民生实事项目工作监督小组，于年中和年底听取区政府民生实事项目实施进度和完成情况汇报，并对民生实事项目完成情况进行满意度测评。

推动城市管理提质。跟踪监督《区人大常委会关于全区生活垃圾分类专项工作报告的审议意见》落实情况，推动城乡生活垃圾分类覆盖率进一步提升。常委会听取和审议《区政府关于区本级土地储备工作的专项报

告》，推动提高建设用地保障能力。

推动社会事业提效。跟踪监督《全区公墓及乡村公益性墓地建设管理情况专项工作报告审议意见》落实情况，并开展全区公墓建设和管理情况专题询问。对全区安全生产工作、养老保险工作、中小学生在校用餐、医保工作、公共卫生服务体系建设等开展调研，配合市人大开展《公共文化服务保障法》执法检查，推动相关工作。

（五）以“接地气、察民情、聚民智”为着力点，更好发挥代表主体作用

基层组织建设再加强。认真落实《浙江省乡镇人民代表大会工作条例》《浙江省街道人大工作条例》，建立常委会听取人大街道工委工作报告等制度。完善街道居民议事组织运行制度，在6月底前六个街道全部建立居民议事组织。加强代表联络站建设，力争提前一年完成人大代表联络站规范化建设目标。坚持常委会领导和专（工）委联系乡镇（街道）人大工作，乡镇（街道）人大负责人、专委会委员列席常委会，年度工作考核考评，优秀代表建议和承办工作先进单位评选表彰等制度。

代表履职服务再加强。深化常委会组成人员联系代表、代表联系人民群众制度的落实。完善代表向选民述职和代表履职登记等工作，不断提高代表履职意识和能力。拓宽履职渠道、丰富联络站活动内容和形式，并进一步发挥网上联络站作用。继续以代表中心组为单位，组织代表开展视察调研、听取经济运行情况通报、参加居民议事组织等活动。

建议办理力度再加强。要把尊重民意、汇集民智、凝聚民力、改善民生的要求贯穿于建议办理全过程。加大大会议案、代表建议的督办力度，运用好代表建议办理系统和人大代表履职服务平台，常态化开展建议督办工作，继续实行常委会领导督办和政府领导领办重点建议制度，切实提升代表建议的落实解决率。

（六）以加强自身建设为永恒课题，不断提升履职能力

提高学习本领强素质。深入贯彻落实省市区委人大工作会议精神，推进《中共丽水市莲都区委关于高水平推进新时代人大工作和建设的意见》各项举措落到实处。以提高学习能力、调查研究能力、守正创新能力为导向，深化政治理论、宪法法律和业务知识的学习，把握人大工作的特点和规律，及时补齐工作短板、推进工作创新，使人大工作始终保持生机活力。加强人大宣传和理论研究，讲好人大故事、展现代表风采。

深化作风建设保本色。坚持密切联系群众，认真组织开展“三会一课”“主题党日”，推进“两学一做”常态化制度化，一以贯之落实中央八项规定及其实施细则精神，力戒形式主义和官僚主义，传承忠诚使命、求是挺进、植根人民的红色基因，永葆队伍忠诚干净担当的革命本色，推进政治机关、工作机关、代表机关建设。

各位代表，时代赋予重托，奋斗成就梦想。让我们紧密团结在以习近平同志为核心的党中央周围，在中共丽水市莲都区委的坚强领导下，勠力同心、奋发有为、锐意进取，为加快高质量绿色发展、推进县域治理现代化作出应有贡献。

# 中国人民政治协商会议第十五届丽水市莲都区委员会常务委员会工作报告

## ——在政协第十五届丽水市莲都区委员会第四次会议上

虞为粮

各位委员：

我受政协第十五届丽水市莲都区委员会常务委员会的委托，向大会报告工作，请予审议。

**一、工作回顾**

2019年以来，在中共莲都区委的坚强领导下，常委会以习近平新时代中国特色社会主义思想为指导，认真贯彻落实中央、省委、市委政协工作会议精神，积极引导委员履行职能。一年来，共召开常委会议5次、主席会议9次，完成常委会议、主席会议课题6个，交办集体和个人提案174件，开展“请你来协商”活动13次，反映社情民意信息143期，意见建议被有关党政领导批示38人次，连续20年获评“全市政协反映社情民意信息工作先进单位”，连续7年荣获全市社情民意信息工作第1名。

（一）坚守初心，始终坚持党对政协工作的领导

常委会把握性质定位，旗帜鲜明讲政治，坚定不移跟党走。

“不忘初心、牢记使命”主题教育深入，团结奋斗的思想政治基础更加巩固。组织撰写学习《习近平新时代中国特色社会主义思想学习纲要》等体会文章34篇，到政协界别工作支部、联系的农村党支部上党课17节，撰写调研报告21篇，梳理整改问题近150个，为民办实事100余件。开展“新时代人民政协的新样子”专题讨论，先后组织界别活动组、参加单位、专委会、主席会议开展讨论31场，征集到金点子76个、笔谈文章9篇，《树立政协专委会的新样子》等多篇笔谈文章被省政协录用。开展理论研究，《优化成本：基层政协民主监督创新的关键》《从“协商选题制”到“强制清单制”的探析》分获全省政协理论征文一、二等奖。

政协系统党的建设再上新台阶，实现党的组织对党员委员的全覆盖、党的工作对政协委员的全覆盖。政协党组向区委汇报中央和省委、市委政协工作会议精神、省委“请你来协商”平台建设意见、区政协全会筹备工作等内容共9次。建立4个界别工作支部，把全体党员委员按界别编入各个工作支部；制定了界别工作支部制度、党员委员联系党外委员等八项制度，为“两个全覆盖”补齐了组织和制度的短板。

（二）忠诚使命，充分发挥人民政协专门协商机构作用

常委会以“请你来协商”平台建设为“牛鼻子”，完善协商议政格局。

提高全会质效，协商履职的作用得以集中充分发挥。整理全会期间委员对“一府两院”工作报告的协商意见建议435条，被区长会议和法、检会议研究交办。30篇大会发言，经区领导批示，交由部门办理，大部分建议得到落实。

开展13次“请你来协商”活动，打造富有莲都特色的问政、助民新平台。出台区政协“请你来协商”平台建设实施意见，围绕“碧湖副中心城市建设”等13个专题开展“请你来协商”活动，邀请区委区政府主要领导、部门主要负责同志，与教师、医生、农业合作社负责人等面对面协商。主席会议成员牵头专项调研，提出意见建议128条，通过“商”后

回访，落实1个月内反馈办理情况的要求，现大部分协商意见已经落地。

开展提案协商，立案“减量提质”和办理“提质增效”良性互动。加强与参加单位、界别活动组的联系沟通，加大团体提案征集力度，征集到团体提案60件。开展协商式审查，经过提案组、提案委两级协商审查，共撤并提案81件，减少32%。突出提案办理协商，18件重点提案均开展区委区政府和区政协领导参加的“三见面”协商，对区农业农村局、区教育局、区建设局提案办理工作开展协商式评议。《推进古堰画乡文创旅游融合发展的建议》《关于助推万洋发展的几点建议》等一大批提案被部门办理落实。立案的174件提案，办理结果为A类B类的占94.8%，委员对提案办理工作的满意率99.4%；对提案办理结果的满意率97.7%。

（三）求是挺进，全力助推“四个中心”建设

积极助力体制优化。聚焦机构改革后责权分配和行政运行情况，提出厘清乡镇（街道）与部门的职能划分、优化新部门内部运行机制、科学配备行政公共资源等4个方面的建议。聚焦碧湖副中心城市建设，建议将碧湖划分成两个功能区块，建设“四个新城”。聚焦峰源省级自然保护区建设，建议加快推进峰源片区大搬快聚步伐，提升自然保护区机构级别，尽快行使保护管理职能。

积极助力经济发展。聚焦农业产业发展，提出做大做强产业和基地等4个方面9条建议，把我区打造成市区的“花园、菜园、果园”。建议发挥政府主导作用，在保定圩打造石水共美、林草共茂、农渔共生三个体系，使之成为“山水林田湖草”和谐共生、以GEP拉升GDP的典范。

积极助力文化繁荣。提出打响红色文化品牌、构建红色教育平台等5个方面12条建议，建议酌情提高老游击队员、老交通员的福利待遇，建立常态化、持续性的关怀关爱体系。关注民办教育问题，提出落实民办学校收费自主权、加强薄弱学校软硬件建设等14条建议。关注市区医联体建设，提出强化基层医保政策支持、培育特色等3个方面10条建议。

积极助力科技创新。通过市政协莲都联络组，在市政协全体会议上作《加速推进浙西南科创中心建设》的大会发言，建议为打造浙西南科创中心提供基础、制度和平台保障，被市委主要领导批示。大会发言建议，加强科技创新人才队伍建设、建设农业科技示范基地等，打造“农业科创中心”；建议加强青少年科技创新教育。专题调研建议，加强森林康养人才队伍建设，利用森林生态的优势，搭建大健康产业发展平台，建成浙西南康养中心。

（四）植根人民，顺应人民群众对美好生活的新期待

常委会始终把关注民生、履职为民作为工作的出发点和落脚点。

打好抗击疫情助力战，与各界群众和衷共济。在新冠肺炎疫情面前，率先发出抗击疫情“心连心、同行动”倡议和“七要七不要”行动指南，发动委员捐款20多万元，捐赠物资价值30多万元，参与联防联控1000多人次，反映社情民意信息50余篇。进一步响应全区复工复产工作部署，组织“三服务”活动，开展“凝心聚力 助力疫情防控和复工复产”专题协商，宣传我区防控、助企政策和战疫典型事迹，帮助解决招工、运输等困难，助力企业坚定信心，率先复工复产。

建好“省政协直报点”，精准反映社情民意。被市政协采用80篇，省政协采用20篇，全国政协采用8篇，部分问题已纳入决策部署。“建议更新完善职业技能鉴定国家题库”“建议‘模拟政协’增容至大学校园”等被全国政协采用并转送。“将丽水市城市规划展览馆打造成‘两山’实践展示基地”“挖掘湘师抗战期间南迁丽水的独特历史”“尽快修复通济堰导航墙”等建议被市、区领导批示交办。

用好“随手拍、快捷报”，有力监督民生热点问题。制定年度监督工作方案，以界别轮流安排和委员随机报送相结合的方式开展民主监督，编报“随手拍、快捷报”专报20期，反映问题128个，多期问题被区政府主要

领导批示，反映的全部问题都已整改到位。

做好文史资料征编工作，发挥存史、资政作用。征编出版《亲历莲都教育》文史专辑，共收录文章89篇，主要反映新中国成立70年来，特别是1978年改革开放以来莲都教育发展的历史。征集到“新中国成立暨人民政协成立70周年”等文史资料32篇，为编辑出版《历程追忆之二》奠定基础。《我把反映社情民意当作公益事业做》成功入选《70年70人——浙江省政协庆祝中华人民共和国、人民政协70华诞史料专辑》。完成省市政协“文化印记”“教育印记”“卫生印记”等文史资料征集工作。

（五）同心筑梦，广泛凝聚社会共识和力量

常委会把广泛凝聚共识作为履职工作的中心环节，牢牢把握团结和民主两大主题，凝聚人心、凝聚共识、汇聚合力。

做好参加政协的各党派团体、各族各界代表人士凝聚共识工作。组织开展弘扬践行“浙西南革命精神”界别月活动，各界别和女委员联谊会重走红军路，重温革命历史，接受红色洗礼。组织“庆祝中华人民共和国成立70周年暨人民政协成立70周年”系列活动，女委员联谊会牵头组织“挺进新时代　彰显新样子”文艺演出，书画会、摄影之友社举办书画摄影联展，团结引领政协委员和各族各界人士感受70年的巨大历史性成就。组建工业经济界别委员工作室和社会保障界别委员工作室，与市政协共建委员工作室6个。

广泛汇聚高质量绿色发展正能量。召开参加单位工作交流会，引导各参加单位用好政协平台，提高履职积极性。参加单位的大会发言、社情民意信息和理论征文数量分别占73%、75%、64%。发动参加单位开展调查研究，农工党区委会、民进区委会、区台联会撰写的调研报告被区委区政府主要领导批示交办；走访民族村、台侨资企业、民营企业、异地商会，宣传十九届四中全会精神和区委十四届七次会议精神，解疑释惑、引导预期、提振信心、凝聚共识。

向社会各界传递政协好声音。加强政协网站、政协微信号工作，发布政协要闻、履职动态、党派团体工作等405条，比上年增长37%。刊印《新时代政协委员新样子》，宣传19位委员的先进事迹。编印《莲都政协》2期。扩大对外宣传力度，在区政府门户网站、《莲都新闻》、省政协同心苑、《联谊报》上发表政协新闻127篇。《区委书记提出希望打造富有莲都特色的“请你来协商”平台》《莲都政协设立提案和协商工作委员会》等在《联谊报》头版刊登。

（六）固本强基，持续加强政协自身建设

完善政协机构体系，解决“两个薄弱”问题。经区委同意，拆分经济委为经济委、农业和农村委、人口资源环境委，政协机关“1办7委”增至“1办9委”，更好发挥组织协调作用。在全国首个将“提案委”更名为“提案和协商工委”，突出协商主业，加快推进政协协商专业化。首次明确乡镇（街道）党（工）委副书记联系政协工作，弥补了短板，为政协工作向基层延伸提供了组织保障。

完善队伍管理机制，增强政协人的责任担当。开展政协委员履职评价，计评所有委员的年度履职得分，评出委员履职先进个人20名。开展委员队伍调整，调出调入委员29人次。完善机关学习、人事、财务等制度，提高机关干部参谋服务、综合文字、组织协调、执行落实本领，提高办文、办会、办事水平。

各位委员！常委会过去一年所取得的成绩，是中共莲都区委坚强领导的结果，是区人民政府以及各部门各单位大力支持的结果，是政协各参加单位和广大政协委员积极履职的结果，也是区政协历届老领导、老同志和老委员关心帮助的结果。在此，我代表区政协常委会表示衷心的感谢！

各位委员！我们也清醒认识到工作中存在的问题。一是委员履职的体制机制和全区治理体系治理能力现代化的要求有差距；二是存在重建言资政、轻凝聚共识的现象，凝聚共识的着力点和办法不多，效果还不够明显；三是存在建言资政的质量不高、效率不高问题等等。我们真诚希望各位委员对常委会工作提出意见和建议，常委会将高度重视，认真研究，积极采纳。

**二、工作任务**

2020年是高水平全面建成小康社会和“十三五”规划的收官之年，也是莲都“加快发展年”。区政协工作的总体要求是：高举习近平新时代中国特色社会主义思想伟大旗帜，弘扬践行“浙西南革命精神”，持续巩固和拓展主题教育成果，以推动新时代政协工作提质增效为主线，以完善落实政协工作制度、推进政协工作体系和能力现代化为抓手，推进建言资政和凝聚共识双向发力，当好“重要窗口”建设的参与者、实践者、推动者，为莲都高质量发展高速度增长贡献智慧和力量。

（一）坚持党建引领，以新思想指导政协工作

进一步学习习近平总书记关于加强和改进人民政协工作的重要思想，落实“不忘初心、牢记使命”长效机制，更好地坚持党对政协工作的全面领导。进一步发挥党组把方向、管大局、保落实的作用，执行重大问题请示报告制度，支持派驻政协机关纪检监察组履职，制定年度协商工作计划，用好“请你来协商”平台。进一步推进机关党组、界别工作支部、机关党支部和临时党组织建设，深入政协理论的学习、研究与实践，进一步鼓励探索创新，积极融入“重要窗口”建设，切实把党的决策部署贯彻到政协工作的全过程和各方面。

（二）坚持围绕中心，以新作为展现履职担当

聚焦新冠疫情，深入开展“三服务”活动，助力疫情防控和复工复产；聚焦全面小康，参与“全面建成小康社会补短板”三级政协联动监督；聚焦加快发展，调研“康养600”小镇规划、国家级旅游度假区创建和工业、农业主导产业，视察特色小镇项目和“超市经济”发展情况，参与“十四五”规划协商；聚焦社会治理，探索基层协商民主“协治会堂”模式，与省、市政协同步开展“最多跑一地”改革专项民主监督；聚焦民生实事，调研“国家义务教育优质均衡区创建”工作和农村饮用水提质增效情况；聚焦生态提标，调研城乡生活垃圾分类处理情况，视察大港头镇、丽新乡生态产品价值实现机制试点工作。

（三）坚持团结奋斗，以新使命凝聚各方力量

推进参加单位工作，为各民主党派、工商联、有关人民团体课题调研、大会发言、团体提案和反映社情民意信息创造更好条件。推进提案“减量提质”，加强重点提案督办，落实提案办理民主评议，组织提案办理“回头看”，进一步形成提案办理工作合力。推进省政协社情民意直报点建设，深化信息工作“纵横联系”，倾听群众心声，汇聚各界智慧。推进“随手拍、快捷报”工作，为巩固文明创建成果等工作添助力。推进走访委员和界别月活动，组织送文化、送教育、送医药、送科技下乡，加强联系少数民族群众、宗教界人士、台胞、侨胞和莲商，庆祝撤市设区20周年。推进《走进太平》文史资料征编工作，复刊《莲都文史》。推进女委员联谊会、书画会和摄影之友社工作。

（四）坚持队伍建设，以新样子推进事业发展

深化委员队伍建设，推进委员履职培训，加强对委员工作室的指导，完善委员履职评价制度，进一步强化委员的责任担当。深化专委会履职能力建设，制定农业和农村委、人口资源环境委、提案和协商工委工作职责，完善各专委会对口党委政府部门和联系界别工作机制。深化政协履职信息化工作，用好委员管理服务系统和提案管理系统，健全网上宣传平台，探索网络议政、远程协商。深化机关作风建设，汇编政协工作制度，优化干部组合，重视老干部工作，更好发挥服务保障作用。

各位委员！让我们紧密团结在以习近平同志为核心的党中央周围，在中共莲都区委的坚强领导下，不忘初心、牢记使命，只争朝夕、不负韶华，切实把人民政协制度优势转化为治理优势，奋力谱写新时代莲都政协工作新篇章，为我区与全省同步高水平全面建成小康社会和“十三五”规划圆满收官作出积极贡献！

# 莲都区人民检察院工作报告

## ——在莲都区第十六届人民代表大会第四次会议上

蔡建彧

各位代表：

现在，我代表莲都区人民检察院向大会报告工作，请予审议，并请区政协委员和其他列席人员提出意见。

### 2019年工作回顾

过去的一年，是检察职能转型发展的重要之年。莲都区检察院坚持以习近平新时代中国特色社会主义思想为指导，认真贯彻区委和上级检察院决策部署和区十六届人大三次会议决议，以“深化法律监督、彰显司法权威、维护公平正义”为工作主线，全力服务中心大局，强化法律监督，推进检察改革，全面从严治检，着力提升检察工作法治化、现代化水平，各项工作取得新成效。

**一、牢记职责使命，服务保障大局**

坚持把服务发展作为第一要务，立足检察职能深度参与党委政府中心工作，全力护航经济社会持续健康发展。

深入推进扫黑除恶专项斗争。坚持“是黑恶犯罪一个不放过，不是黑恶犯罪一个不凑数”原则，加强与区扫黑除恶领导小组其他成员单位的协作配合，形成打击合力，依法严惩了一批“地下赌场”“套路贷”等黑恶势力犯罪团伙，批捕黑恶势力犯罪嫌疑人37人，起诉80人，其中全市首例涉黑案件主犯朱春法被判处有期徒刑二十年。强化“破网打伞”断根，对黑恶势力背后“保护伞”提起公诉5人。注重“打财断血”断后，在办理朱春法涉黑案件过程中，引导侦查机关追加认定涉案赌资227万元。自行排查并移送涉黑涉恶或“保护伞”线索21条，已成案6件。

深化生态环境司法保护。聚焦“美丽莲都”“健康莲都”战略部署，围绕打好蓝天、碧水、净土、清废四场“战役”，依法从严打击严重破坏生态环境犯罪，批捕、起诉7人，办理生态环境和资源保护公益诉讼案件31件。健全完善司法修复办案机制，新建2处生态修复警示教育基地，督促犯罪嫌疑人赔偿生态修复费用33万余元。办理的市区一公司及其法定代表人违规堆放18000余吨污泥污染环境案，通过综合履行立案监督、提起公诉、公益诉讼诉前程序、提起刑事附带民事公益诉讼等多项职能，有力指控犯罪，涉案公司及其法定代表人均因污染环境罪被判处相应刑罚。

打造优质高效营商环境。牢固树立平等保护、谦抑审慎、主动服务的理念，依法为民营企业发展提供平等、全方位的司法保障。坚持惩治与保护并重，对侵害民营企业犯罪的，依法批捕4人，起诉13人；对民营企业及企业家涉嫌犯罪的，依法做到能不捕的不捕、能不诉的不诉。依法严惩非法吸收公众存款、集资诈骗等涉众型经济犯罪，批捕8人，起诉47人，办理了涉案被害人数众多、涉案金额巨大的“中青网投”“绿谷贷”P2P平台非法吸收公众存款案，以及全市首例非法集资类洗钱案，以实际行动守护老百姓的“钱袋子”。

着力保障民生民利。出台“三服务”实施方案，明确开展调研走访、便民利民志愿者服务等8项举措，把检察服务落实到企业、群众、基层的急需处。深化司法救助与脱贫衔接，用“暖心钱”传递司法温度，办理司法救助案件8件，发放救助金15万元。开展保障舌尖安全专项监督，起诉生产、销售不符合安全标准食品犯罪3人，办理食品药品领域公益诉讼案件3件。针对非洲猪瘟疫情期间一商户擅自从省外调运生猪肉至丽水市区的情况发送检察建议，督促有关部门依法查处18吨猪头肉，助推猪肉市场规范管理。打造检察环节"最多跑一次"升级版，优化"12309"检察服务中心"一站式"、清单式服务，努力让群众少跑腿、易办事。

**二、坚持惩防并举，维护社会稳定**

坚持把维护稳定作为第一责任，以人民群众平安需求为导向，充分发挥检察职能作用，为建设更高水平的平安莲都贡献检察力量。

严厉打击严重多发刑事犯罪。认真履行批捕、起诉职责，受理提请逮捕犯罪案件400件594人，受理移送审查起诉犯罪案件818件1296人。经审查，依法批准或决定逮捕294件433人，提起公诉733件1191人。其中，批准逮捕故意杀人、绑架、强奸等严重暴力犯罪72件94人，提起公诉113件160人；批准逮捕"两抢一盗"、诈骗等多发性侵财犯罪87件120人，提起公诉194件243人。完善与监察委办案衔接，协力推进反腐工作，依法起诉职务犯罪嫌疑人10人。

深化检察环节社会治理。深入践行新时代"枫桥经验"，积极推进诉源治理工作。全面适用认罪认罚从宽制度，依法对539名认罪认罚犯罪嫌疑人程序上从简或实体上从宽处理，至2019年底单月认罪认罚适用率达87.5%，量刑建议采纳率97.2%。以刑事和解、"少捕慎诉"等为抓手，全力化解社会矛盾，依法不批捕159人、不起诉112人。结合办案制发加强社会治理检察建议13件次，推动了相关行业、领域的源头治理。落实"群众来信来访件件有回复"，受理群众来信来访34件，全部做到七日内程序性答复、三个月内办理过程或结果答复，尽心尽力帮助群众解决实际问题。

依法保障未成年人合法权益。依法从严从快惩处侵害未成年人犯罪，批捕17人，起诉23人。强化未成年被害人综合救助，努力构筑"法律援助有保障、司法救助和心理救助相结合、社会救助来补充"的多元化救助体系。深化教育、感化、挽救工作，依法对未成年犯罪嫌疑人不批捕5人，不起诉9人。与各相关部门联动，对罪错未成年人、涉案未成年被害人落实帮教措施50余人次。积极落实检察长兼任法治副校长制度，抓好最高检"一号检察建议"的督促落实，积极开展"法治进校园"巡讲，促进学校、家庭、社会等多方共同发力，共筑安全校园。

**三、聚焦法律监督，守护公平正义**

认真贯彻落实省委《进一步加强检察机关法律监督工作的若干意见》，努力做优刑事检察、做强民事检察、做实行政检察、做好公益诉讼，着力推进"四大检察"全面协调充分发展。

着力优化刑事检察。坚持"在办案中监督、监督中办案"，全面落实监督事项案件化办理、"监督事项清单制"，在刑事立案、侦查、审判等环节严格把关，当好犯罪的追诉者、无辜的保护者。严格立案监督，对该立案而不立案的及时督促立案，对不该立案而立案的及时督促撤案，监督立案的犯罪嫌疑人经法院审理均作有罪判决。严格侦查监督，依法对重特大敏感案件提前介入、引导侦查12件次，发出纠正违法通知书3件，纠正漏捕1人，追诉漏罪漏犯30人。严格审判监督，提出或提请刑事抗诉10件，已经法院改判或发回重审7件。加强刑事执行和监管活动监督，开展羁押必要性审查，提出变更强制措施建议并被采纳15人，监督社区矫正对象收监执行10人，监督执行财产刑案件22件。

着力强化民事行政检察。强化民事生效裁判监督，审查民事申诉案件54件，提请市检察院抗诉2件，发出再审检察建议12件。对申诉无理的，做好息诉服判工作，维护公正裁判权威。严查虚假诉讼案件48件，让打假官司谋取非法利益者吃上真官司。加强民事执行监督，发出检察建议7件均被采纳，以检察监督支持人民法院破解"执行难"。努力做实行政检察，办理行政生效裁判监督案件1件，行政审判程序监督案件8件；开展"裁执分离"非诉行政执行专项监督活动，排查案件334件，对怠于履职的执行主体或程序不到位情况开展检察监督，立案办理41件。

着力深化公益诉讼检察。坚持诉前程序与提起诉讼并重、保护公益与促进发展并重、治标与治本并重，当好"公共利益的代表"。立案公益诉讼案件86件，向行政机关发出诉前检察建议80件，向法院提起公益诉讼案件4件，95%的案件通过诉前程序有效解决，以最小司法投入获得最佳公益保护效果。积极开展"守古树、护名木""蓝天保卫战""践行浙西南革命精神"等专项监督活动。针对城区唯一的原生态古樟树群因道路施工面临整体迁移、遭遇生存危机的情况，在市检察院的领导下启动公益诉讼诉前程序，推动市政府改变原规划设计，将樟树群所在区域2.7万余平方米土地调整为城市绿化用地，实现原生态樟树群原址原状保护。

**四、加强自身建设，厚植检察根基**

坚持全面从严治党、从严治检不动摇，从严管思想、管工作、管作风、管纪律，努力保持自身正、自身净、自身硬的良好形象。

强化思想政治引领。坚持党对检察工作的绝对领导，深入学习贯彻习近平新时代中国特色社会主义思想和党的十九届四中全会精神，自觉把树牢"四个意识"，坚定"四个自信"，做到"两个维护"融入检察工作始终，确保正确政治方向。扎实开展"不忘初心、牢记使命"主题教育，抓实抓细学习教育、调查研究、检视问题、整改落实四项重点措施，深化浙西南革命精神弘扬践行活动，引导干警在学思践悟中铭记从检初心、践行从检使命。

注重队伍能力建设。积极适应人员分类管理、"捕诉一体"办案模式、"四大检察""十大业务"布局的新形势新要求，着力提高检察干警把握大局、法律适用、群众工作、科技应用、社会沟通等能力。坚持以勤学"修业"，分层分类组织干警参加各类培训146人次。坚持以实战"厉兵"，积极组织干警参加上级院举办的各类业务技能竞赛、岗位练兵和实务研讨，不断增强工作本领。坚持以法纪"铸魂"，切实加强党风廉政建设和纪律作风建设，自觉接受派驻纪检监察组监督，让铁的纪律成为检察干警的行动自觉。

推进检察改革落地落实。推进内设机构系统性、重构性改革，进一步优化人员机构和职能配置。认真落实捕诉一体、认罪认罚从宽、虚假诉讼监督、行政争议实质性化解等重大改革部署，刑事、民事、行政、公益诉讼"四大检察"工作总体布局有力推进。全面落实司法责任制，坚持"谁办案谁负责，谁决定谁负责"，实行办案过程全程留痕。健全案件质量评查、同步审查等内控机制，确保案件质量。坚持入额院领导带头办理重大疑难复杂案件，发挥示范引领作用。持续牵头做好政法机关"一体化办案系统"提质扩面工作，案件一体化逮捕协同、起诉协同、审判协同率均达100%。积极探索现代科技与检察工作的深度融合，被省检察院确定为全省智慧检务创新及应用第一批试点单位。

各位代表，一年来，我们坚信"阳光是最好的防腐剂"，坚持"监督者更应接受监督"理念，自觉把检察权置于阳光下运行，努力让公平正义可触可感可信。我们主动在人大监督、政协民主监督下强化检察工作，主动向区人大常委会专题报告司法责任制改革、公益诉讼和扫黑除恶专项斗争等工作情况，通过举办检察开放日、邀请视察、走访联络、赠阅检察报刊等方式，与代表、委员加强沟通，增进了解，认真听取意见建议并及时整改反馈；我们主动在内部监督下改进检察工作，强化办案流程监控和案件质量评查，倒逼办案人员落实司法责任制，确保规范公正司法；我们主动在社会监督下提升检察效果，公开案件程序性信息1182条，终结性法律文书791份，发布检察工作动态和重要案件信息107条，积极在各级媒体上报道检察工作，切实保障人民群众对检察工作的知情权、参与权、表达权和监督权。

各位代表，过去的一年是检

察机关落实改革新要求、适应办案新机制、推进转型新发展的关键一年。全体莲都检察人以坚定的政治信念、饱满的工作热情、务实的工作举措，努力书写检察答卷。一年来有8个案件被评为省、市级精品或优秀案事例，有24个集体和个人受到区级以上表彰，刑事抗诉、公益诉讼、司法救助等多项工作走在全市前列。检察工作的点滴进步，是区委和上级检察院坚强领导的结果，得益于人大的有力监督，得益于政府大力支持、政协民主监督和社会各界的关心帮助，也得益于审判机关、公安机关、各行政执法机关的理解支持。在此，我代表莲都区检察院表示衷心的感谢并致以崇高的敬意！

我们同样也清醒地认识到，检察工作还存在一些问题和不足：一是对标发展大局需求，立足职能提供的服务和保障还不够精准，保障的力度、服务的效果还有差距；二是对标法治建设要求，实现“四大检察”全面协调充分发展任重道远，补齐民事、行政检察短板更显紧迫；三是对标形势任务要求，执法办案的理念转变还不够到位，在监督中实现双赢多赢共赢的举措尚需改进；四是对标承担的职责使命，法律监督本领、智慧检务应用等检察履职能力建设有待加强。对于存在的问题，我们将采取务实有效的措施，努力加以解决。

## 2020年主要工作

2020年是全面建成小康社会和“十三五”规划的收官之年，是全面贯彻党的十九届四中全会精神、推动县域治理现代化的开局之年，也是检察机关抓落实、促跨越的关键一年。莲都检察工作的总体要求是：高举习近平新时代中国特色社会主义思想伟大旗帜，认真贯彻落实区委和上级检察院重大决策部署，紧紧围绕县域治理现代化，坚持“深化法律监督、彰显司法权威、维护公平正义”工作主线，认真贯彻落实区委《进一步加强检察机关法律监督工作的若干意见重点任务分工方案》（下称《方案》），持续深化“法律监督行动年、检察业务建设年、智慧检务提升年”活动，全力以赴把检察工作做得更实更强更优，为高水平推进县域治理现代会提供强有力的司法保障。重点做好以下工作：

一是以更精准的服务护航发展大局。认真贯彻党的十九届四中全会精神，把检察工作放在推进国家治理体系和治理能力现代化进程的坐标系中去谋划。持续服务打好三大攻坚战。深入推进生态检察，以更严实的举措保护生态环境资源、服务生态经济发展。积极参与“法治营商环境优化年”活动，着力在“法治风险防范、专业法律服务、优化法治环境”三个方面下功夫，以更有力的举措推动营商环境不断优化。持续深化扫黑除恶专项斗争，按照“不放过、不凑数”的要求严把案件质量关，持续在深挖线索、破网打伞、打财断血、行业治理、固本强基等方面发力，推动专项斗争再深化。

二是以更优质的法治产品、检察产品守护民生。聚焦人民群众的操心事、烦心事、揪心事，深入开展服务企业、服务群众、服务基层活动，努力把工作做到群众心坎上。加强民生司法保障，持续开展专项监督，严惩电信网络诈骗、涉众型经济犯罪、危害食药安全和生态环境等民生领域犯罪。创新发展新时代“枫桥经验”，深化“少捕慎诉”，做好释法说理、群众来信件件有回复、司法救助等工作，协同推进诉源治理，推动矛盾纠纷调处化解“最多跑一地”改革。深化未成年人检察保护，推动社会支持体系建设。加强“12309”检察服务中心建设，提高为民服务水平。

三是以更有力的举措全面推进“四大检察”。以落实区委《方案》为契机，主动加强沟通协调，最大程度凝聚共识，着力提升监督质效。以全面提质增效为重点做优刑事检察工作，客观公正惩治犯罪，促进社会矛盾化解。以增强监督精准性为导向做强民事检察工作，加大对虚假诉讼、执行难等问题的监督力度。以典型案件监督、开展行政争议实质性化解专项活动为抓手做实行政检察工作，着力破解行政检察总体上仍是“弱项中的弱项”的问题。聚焦“五大”领域做好公益诉讼检察工作，积极稳妥开展“等”外领域探索，坚持数量、质量并重的办案导向，推动公益诉讼检察工作提档升级。

四是以更坚定的决心推进检察改革创新。深化司法体制综合配套改革，全面落实司法责任制，健全权责明晰、激励有效、约束有力的检察运行新机制，提升改革集成水平。充分发挥检察官主导作用，大力推进认罪认罚从宽制度落地。提升科技应用水平，落实政法一体化办案要求，完善智慧检务辅助办案体系，着力为检察官减负，为司法公正加分。提升检察创新水平，培养首创精神，为检察工作转型发展提供持续动力。深化检察环节“最多跑一次”改革，让司法更亲民便民利民。

五是以更高的标准打造政治过硬、本领高强的检察队伍。 始终坚持把政治建设摆在首位，加强思想理论武装、党建引领、组织生活制度落实等工作，确保党对检察工作的绝对领导。积极推进高质量业务培训，培养专业能力、提升专业素养。大力弘扬浙西南革命精神，教育引导干警把红色基因融入检察血脉。狠抓全面从严治党全面从严治检不动摇，真正做到严管厚爱。自觉把派驻纪检监察组的监督落实落细，更走心、更真诚地接受人民监督，确保检察权始终在法治轨道上公正行使。

不忘初心再扬帆，砥砺奋进谱新篇。各位代表，新的一年，莲都区检察院将在区委和上级检察院的坚强领导下，认真落实本次大会决议，不忘初心、牢记使命，勇于担当，实干奋进，不断开创新时代莲都检察工作新局面，努力为莲都高质量绿色发展作出新的更大贡献！

## 用语说明

认罪认罚从宽制度：是修改后刑事诉讼法确立的一项重要制度，犯罪嫌疑人、被告人自愿如实供述自己的犯罪，对于指控犯罪事实没有异议，同意检察机关的量刑意见并签署具结书的案件，可以依法给予程序上从简或者实体上从宽的处理，实现有效惩治犯罪、强化人权司法保障、提升诉讼效率等目的。

一号检察建议：2018 年 10 月 19 日，针对校园安全管理规定执行不严格、教职员工队伍管理不到位，以及儿童和学生法治教育、预防性侵害教育缺位等问题，高检院向教育部发送了检察建议，因这是高检院首次直接向国务院组成部门发送检察建议，也是高检院首次发出的社会治理创新方面的检察建议书，编号为一号，故称为“一号检察建议”。

公益诉讼“等”外领域：目前民事诉讼法、行政诉讼法确定检察机关提起公益诉讼的范围包括：生态环境和资源保护、食品药品安全、国有财产保护、国有土地使用权出让、英烈名誉荣誉保护等。除列举的五大领域外，有一个“等”字。根据最高人民检察院统一部署，检察机关将积极稳妥进行“等”外领域案件办理尝试。

# 莲都区人民法院工作报告

## ——在丽水市莲都区第十六届人民代表大会第四次会议上

李美顺

各位代表：

现在，我代表丽水市莲都区人民法院向大会报告工作，请予审议，并请区政协委员和其他列席会议的同志提出意见。

### 2019年工作回顾

2019年是新中国成立70周年，是高水平全面建成小康社会和完成“十三五”规划目标任务的关键之年。我院坚持以习近平新时代中国特色社会主义思想为指导，全面贯彻落实党的十九大和十九届二中、三中、四中全会精神，以“不忘初心、牢记使命”主题教育为引领，牢牢把握司法为民、公正司法工作主线，以思想建设年、质量建设年、作风建设年活动为载体，忠实履行宪法法律赋予的职责，积极回应群众关切，各项工作取得新进展。全年共受理各类案件16760件，办结17469件（含旧存，下同），同比分别下降15.57%和4.23%，同期结案率104.23%，收、结案数均居全市法院首位，一线法官人均结案346.95件，比全市均值多65.94件。

**一、主动服务，融入大局，倾力保障经济社会发展**

主动融入中心工作。坚持新发展理念，紧紧围绕区委的决策部署和中心工作，积极发挥司法职能作用，保障市区“城中村改造”“生态文明建设”“三服务”等重点工作依法推进。落实《莲都区人民法院关于为依法推进城中村改造工作提供司法保障的若干意见》，全年妥善处理涉城中村改造案件74件，促进城市功能区块转型升级发展。坚决服从区委统筹安排，抽调52名干警赴一线参与疫情防控。印发《莲都区人民法院“走亲联心三服务”活动实施方案》，建立“莲都法院‘三服务’我承诺”服务团队，以“送服务、解民忧、破难题”为重点，推动“三服务”活动做实做细。推动环境资源审判中心实质化运作，依法审结涉环境资源案件41件，严厉打击环境资源犯罪。坚持生态修复性司法理念，在九龙湿地公园设立增殖放流司法教育基地，在大港头、老竹新设两个生态修复司法教育实践基地。探索补植复绿、增殖放流机制，责令被告人缴纳补植复绿修复费140余万元，放养鱼苗1万余尾。依托旅游巡回审判法庭，有效预防和化解旅游服务纠纷，助推我区全域旅游发展。

助力优化营商环境。积极回应一流营商环境建设的司法需求，出台《莲都区人民法院关于为进一步优化营商环境提供司法保障的若干意见》，将多维度优化营商环境制度化、常态化。开展“精准服务企业”活动，走访企业45家，帮助企业防范风险、规范经营。发布《防疫复工期间常见涉企法律问题指引》，开辟疫情期间涉企案件“绿色通道”，依法高效化解涉企民商事纠纷，助力企业有序复工复产。依法审结涉公司治理和股东权利纠纷案件38件，积极引导市场主体信守法治规则，建立适应现代企业制度要求的公司法人治理结构，促进民营企业做大做强。妥善审结破产案件8件，引导“僵尸企业”有序退出市场，盘活土地、厂房等生产要素，助推供给侧结构性改革。发挥司法裁判对公平竞争市场环境的维护和引导作用，审结各类合同案件7601件。执结涉企业执行案件780件，保障企业胜诉权益及时实现。加快推进司法信用监督、警示和惩戒机制建设，严厉打击恶意逃废债行为，审结金融纠纷1763件，为持续优化营商环境提供良好的司法保障。

能动参与社会治理。发挥法治在平安莲都建设中的引领与保障作用,有效防范化解重大风险,营造安定有序的法治环境。加强与乡镇和有关基层组织协调配合,促进矛盾纠纷在基层妥善化解。积极参与社区服刑人员、刑满释放人员的帮教,预防和减少重新犯罪。健全未成年人案件审理机制,通过社会调查、回访教育等教育、感化、挽救犯罪的未成年人。强化社会风险预警,针对审判实践中发现的社会治理隐患,及时向有关单位发送司法建议6份。延伸司法职能,就非法集资案件审判情况、执行工作长效机制等展开调研,并形成调研成果16项,有力促进公共决策和社会治理的不断优化。加强法制宣传教育,组织新闻发布会、公众开放日、法律四进等活动25次,邀请2000余名社会各界人士"零距离"接触法院,推动全社会树立法治意识。

**二、牢记使命,依法履职,全力维护社会公平正义**

依法惩治刑事犯罪。全年共受理刑事案件727件,审结729件,同比分别上升3.12%和7.68%,判处罪犯1027人,同比上升6.20%,其中判处五年以上有期徒刑102人。推动"扫黑除恶"专项斗争向纵深发展,精准打击黑恶势力犯罪,审结省扫黑办挂牌督办涉黑案、全市首例黑社会性质保护伞案等涉黑恶案件18件91人。依法严惩危害人民群众生命和财产安全的犯罪,审结故意杀人、故意伤害、强奸、抢劫等暴力犯罪案件69件96人,审结盗窃、抢夺、诈骗等多发性侵财型犯罪案件184件209人。严厉打击"套路贷"等违法犯罪,审结非法吸收公众存款、集资诈骗等涉众型经济犯罪案件11件20人。保持惩治腐败犯罪高压态势,审结贪污贿赂、渎职等职务犯罪案件5件5人。落实宽严相济刑事政策,对277名初犯、偶犯、从犯、未成年犯依法适用非监禁刑。注重保障被告人辩护权利,可能判处三年以上辩护率达100%。

妥善化解民商纠纷。全年共受理民商事案件8715件,审结7825件,同比分别下降19.40%和24.86%,结案标的21.9亿元。坚持协调化解矛盾纠纷,共调解撤诉案件3027件,诉前化解和民事可调撤率78.06%。高度重视涉案民生保障,审结交通事故责任纠纷、劳动争议纠纷、医疗损害责任纠纷等案件1199件。注重保护妇女、儿童、老年人合法权益,审结婚姻、继承、抚养等家事纠纷案件807件。筑起反家暴坚实盾牌,发出人身安全保护令2份。保护市场交易秩序,审结买卖、承揽、租赁合同纠纷等案件888件。规范民间借贷行为,共审结民间借贷纠纷案件1905件。妥善回应涉农领域群众诉求,审结农村土地承包、宅基地使用权纠纷等案件22件。保障房地产市场健康发展,审结涉房屋买卖、租赁、建设工程纠纷等案件663件。平等保护中外当事人合法权益,审结涉外、涉港澳台商事案件10件。

监督促进依法行政。全年共受理行政诉讼案件113件,审结102件,同比分别上升61.43%和161.54%,其中判决行政机关败诉16件,败诉率为15.68%,同比上升6.16%。受理行政非诉案件51件,办结51件,同比下降50.96%,其中裁定准予执行33件,撤回申请17件,裁定不准予执行1件。完善行政争议调解中心建设,促进行政争议实质性化解,协调促成原告自愿撤诉50件。推动102名行政机关负责人出庭应诉,出庭应诉率100%。充分发挥府院联席会议平台作用,与区政府联合召开2019年度法治政府建设推进会,就行政审判和依法行政相关问题进行研讨,推进行政审判和法治政府建设。将支持寓于司法监督之中,综合运用为行政机关工作人员培训授课、邀请行政执法人员旁听庭审、确认违法判决、发送司法建议等方式积极监督促进行政机关依法行政。

**三、不忘宗旨,为民司法,努力满足群众司法需求**

持续优化诉讼服务。推进司法领域"最多跑一次"改革,拓展诉讼服务中心功能,为群众提供智能导诉、文书送达、评估鉴定、诉讼保全等多元化诉讼服务。发布《疫情期间诉讼指南》,

引导当事人线上“不接触”化解矛盾纠纷，保障当事人人身安全和诉讼权益。推广网上立案、跨域立案，全年共网上立案5190件，网上立案率达59.92%，跨域立案66件。推广应用“在线矛盾纠纷多元化解平台”和“移动微法院”，促进矛盾纠纷线上化解，努力实现让群众纠纷化解“一次也不用跑”，共在线调解纠纷2524件，调解成功2486件。坚持乡镇巡回审判制度，为群众在“家门口”化解纠纷33起。完善延伸立案工作机制，充分利用设置在全区14个司法所的诉讼服务网点，为群众就近提供调解、立案等诉讼服务。完善诉讼财产保全信用担保制度，推出现场保函出具业务，有效降低当事人财产保全的诉讼成本。继续坚持“公开网拍优先”，网拍率保持100%，共网拍成交237件，成交总额4.37亿元，平均溢价率56%，为竞买人节省佣金1100万元。不断加大司法救助力度，为符合条件的被害人和困难当事人发放救助金23.4万元，缓、减、免诉讼费9.86万元。

纵深推进诉源治理。积极构建党政主导、非诉为主、诉调衔接、专业审判为基本体系的诉源治理模式，全力推进诉源治理工作，全年民商事收案同比减少2100件。有效整合人民调解、行业协会等资源，建立物业纠纷调解委员会、保险行业调解委员会等专业调解组织，全省首家银行保险业人民调解委员会入驻我院，引导当事人优先选择非诉讼程序解决纠纷。全年共通过诉前引导委托调解2646件，司法确认调解协议952件。实行职业放贷人名录制度，从严防控职业放贷人和“高危放贷人”的诉讼活动。严格区分民间借贷与“套路贷”诈骗、非法集资等犯罪行为，加大对虚假诉讼行为的摸排打击力度，全年共因虚假诉讼裁定驳回起诉、移送公安机关侦查案件14件。2019年，民间借贷收案1897件，同比下降44.89%。建立诉讼中当事人主动履行引导机制、判后自动履行和拒不执行生效裁判风险及责任告知制度，从源头上减少执行案件数量。积极完善源头预防机制，充分发挥基层群众主体作用，通过加强基层法治宣传教育、推动基层依法民主管理、加强纠纷科学防控，筑牢源头防控体系。

保障胜诉权益兑现。全年共收各类执行案件6713件，执结7419件，同比分别下降16.77%和上升7.05%，执行到位金额8.77亿元。冻结款项1.09亿元，查封房产661处，车辆2319辆，依法限制高消费9977人次，限制出境7054人次，罚款538万元。司法拘留358人次，审结拒执罪案件4件4人。深化“市区一体、公证参与”的执行体制机制改革，全国首创“公证对终本案件实行单独管理”经验被最高院、司法部联合发文在全国推广。创新建立“执行专业法官会议”制度，入选最高法院第6批司法改革典型案例，并在全国法院推行。全国首创“影院映前播放快闪和老赖曝光机制”，发布“复联4映前曝光老赖被执行人”公益宣传广告，网络阅读量2.9亿人次，破中国法院记录。不断强化内部管理，完善“终本”案件复查机制，严格“终本”案件审查标准和审批流程。严格落实“十日罚”“三十日移”机制，有效规范和约束执行行为。设立办案业绩实战榜，对各执行干警的执行质效进行量化排名，营造比学赶超氛围。

**四、厚植根基，凝力行远，强力打造过硬干部队伍**

扎实开展主题教育。坚持高标准、严要求，扎实开展“不忘初心、牢记使命”主题教育，围绕“守初心、担使命、找差距、抓落实”12字总要求，通过深入开展学习教育、调查研究、检视问题、整改落实，努力实现“理论学习有收获、思想政治受洗礼、干事创业敢担当、为民服务解难题、清正廉洁作表率”的具体目标。主题教育期间，共检视“两张清单”问题319条，目前已基本解决。深入群众征求意见建议，解决群众困难，为群众办实事好事213件。坚持把主题教育和审判执行工作统筹推进，把主题教育成果转化为服务大局、司法为民、公正司法的生动实践，全年共获评区级以上先进个人22名。同时，以主题教育活动为契机，深入推进“思想建设年”活动，认真组织开展政治大学习、理论大培训、思想大讲堂、认识大讨论和弘扬践行“浙西南革命精神”活动，不断增强“四个意识”，坚定“四个自信”，做到“两个维护”。提高政治站位，旗帜鲜明地做好意识形态工作，坚持党对法院工作的绝对领导。

注重司法能力提升。深化完善教育培训体系，联合高等院校建立干警素质提升培训机制，落实每月集中夜学机制，积极组织干警参加上级法院的各类业务培训，不断提升干警业务素质。结合“质量建设年”活动，集中开展质量监督大检查、质量提升专项行动、业务竞赛等活动，促进干警执法能力提升。入额院领导深入办案一线，主动承办疑难复杂、重大群体性、矛盾易激化等类型案件，全年院庭长共办案1869件。积极开展岗位练兵、裁判文书评比、卷宗评查等活动，不断提升法官驾驭庭审、认定事实、适用法律、化解矛盾的能力。注重学术调研，共承担最高院、省高院重点调研课题5个，承担市级调研课题3个，报送学术论文28 篇，其中有13篇次论文在国家级、省级比赛获奖。

强化纪律作风建设。落实从严治党责任，深化“清廉法院”建设，自觉接受派驻纪检组监察监督，坚持从严教育、从严管理、从严监督。结合“作风建设年”活动，积极开展作风问题大排查、大整改、大提高活动，突出解决司法作风不正、“四风”变异等影响司法公信和法院形象的问题。强化审务督查和院风院纪巡查力度，抓早抓小，对发现的问题及时指出并通报批评，杜绝慵懒散作风。强化廉政风险预警，定期开展廉洁司法集中教育，每周发送廉洁提醒短信，切实增强全体干警的廉洁司法意识。通过向干警家属发送家庭助廉信延伸监督触角，加强“八小时”以外监督，坚决杜绝“酒局”“牌局”等严重影响司法形象的行为。

**五、主动接受，积极改进，着力提升法院司法公信**

自觉接受人大、政协监督。自觉将法院工作置于人大、政协的监督之下，主动汇报、通报法院重要工作和重大案件审执情况。认真落实区人大及其常委会的各项决议，高度重视建议提案办理工作，及时办结区“两会”建议提案3件。邀请代表委员到法院视察、旁听庭审、监督执行等105人次，进一步丰富监督形式、拓宽监督范围。继续加强与人大代表、政协委员的联系，对代表、委员提出的意见、建议，专题研究落实并及时反馈。

依法接受检察机关监督。支持配合检察机关履行法律监督职责，认真办理检察建议，高度重视检察机关对生效裁判提起的抗诉，严格依照法律程序公正审理各类抗诉案件，正确把握依法纠正错误与维护生效裁判既判力的关系，努力维护司法公正。主动拓展和延伸检察机关法律监督权，积极邀请检察长列席审判委员会会议，进一步增强审判委员会工作透明度，共同促进司法公正。

广泛接受社会各界监督。创新开展法官与律师互评工作，合力推进法律职业共同体建设。加强陪审员队伍建设，注重陪审员司法能力提升，陪审员全年共参审案件1889件，陪审率达99.95%。建立司法与媒体的良性互动，通过电视、报纸、官方微信等平台向社会通报法院工作进展，在各类媒体发表新闻宣传稿件155篇次，广泛接受社会各界监督。

各位代表，过去一年，我院各项工作取得了一定成效。成绩的取得，离不开区委的坚强领导、区人大的监督和区政府、区政协以及社会各界的关心和支持。在此，我代表区法院，向长期支持法院工作的人大代表、政协委员及社会各界人士，致以崇高的敬意和衷心的感谢!

在看到成绩的同时，我们也清醒地认识到，法院工作还存在一些不足和困难:一是办案任务和压力依然繁重，诉源治理工作机制仍需进一步完善。二是服务大局、审判执行、司法为民等工作成效与人民群众期待尚有距离，提质增效力度仍需进一步加大。三是个别法官思想观念、司法能力尚不能完全适应新形势，队伍建设有待进一步加强。对此，我们将紧紧依靠区委的领导和社会各界的支持，通过不断深化改革，切实加以解决。

## 2020年工作思路

各位代表，2020年是与全省同步高水平全面建成小康社会和“十三五”规划的收官之年，是实现“第一个百年”奋斗目标的冲刺之年。我院总体工作思路是：高举习近平新时代中国特色社会主义思想伟大旗帜，全面贯彻党的十九大和十九届二中、三中、四中全会精神，坚持稳中求进工作总基调，以“不忘初心，牢记使命”主题教育为新的起点，紧紧围绕区委的决策部署和中心工作，聚焦区域治理现代化，坚持司法为民、公正司法工作主线，深入开展“三个建设年”活动，全面深化“四项建设”，不断提升法院工作核心战斗力，勇当新时代司法排头兵，切实履行宪法和法律赋予的职责，为我区落实“加快发展年”目标要求，奋力谱写高质量绿色发展新篇章，决胜高水平全面建成小康社会和“十三五”规划圆满收官提供更加有力的司法保障。

一要在服务大局上有新担当。始终坚持围绕中心、服务大局，充分发挥审判职能作用，深入贯彻区委“加快发展年”系列要求，全力保障市区重大决策部署的贯彻落实，助推高质量绿色发展。充分发挥司法优势，为维护我区防疫秩序提供有力支持。为政府依法征迁提供高效便捷的法律服务，促进城市功能区块转型升级。纵深推进“扫黑除恶”专项斗争，确保取得压倒性胜利。深化依法精准服务企业活动，积极保障企业复工复产，助力实体经济转型升级。完善破产审判工作机制，推进落后产能淘汰，助推供给侧结构性改革。不断加强生态司法工作，为绿色发展赋能提质。

二要在公正司法上有新作为。切实抓好审判执行第一要务，努力满足人民群众对公平正义的新要求、新期待。高标准高质量开展司法规范化水平提升年活动暨执行不力问题专项治理，进一步提升司法规范化水平。深化司法体制综合配套改革，健全新型审判监督体系，完善审判委员会和专业法官会议工作机制，不断推进审判体系和审判能力现代化。加快“智慧法院”建设，进一步拓展智能化服务，最大限度减轻法官事务性负担。强化办案流程和节点管控，完善并落实审判管理机制，不断提高审判质效和司法公信力。

三要在司法为民上有新举措。深化司法领域“最多跑一次”改革，切实提升人民群众的司法获得感。持续推进现代化诉讼服务体系建设，全面推进无纸化办案办公，为人民群众提供更加优质高效便捷的司法服务。健全执行工作机制，加大执行力度，更好保障当事人胜诉权益兑现。创新发展枫桥经验，纵深推进诉源治理，及时高效化解矛盾纠纷。深化“分调裁审”机制改革，努力满足群众司法需求。

四要在区域治理上有新贡献。坚持改革创新，能动参与社会治理，加快推进区域治理现代化。深度运用司法大数据，服务党委政府科学决策和社会治理，保障高水平推进区域治理。深化“市区一体、公证参与”的执行体制机制改革，构建切实解决执行难长效工作机制。积极打造“融媒体”中心，增强“全媒体”法治宣传教育和舆论引导能力，充分发挥规范社会行为、引领主流价值观念的积极作用。

五要在队伍建设上有新成效。巩固深化“不忘初心、牢记使命”主题教育成果，学深悟透做实习近平新时代中国特色社会主义思想和十九届四中全会精神。旗帜鲜明地做好意识形态工作，坚持党对法院工作的绝对领导。完善司法人员培养、管理和职业保障制度，进一步激发改革创新、干事创业的动力，提升司法为民、公正司法的执法办案硬实力。推动全面从严治党不断向纵深发展，保持正风肃纪高压态势，提升法院铁军核心战斗力，努力打造一支信念坚定、执法为民、敢于担当、清正廉洁的新时代法院队伍。

各位代表，新的一年，我们将在区委的坚强领导和区人大及其常委会的有力监督下，以更加强烈的责任感和使命感，忠实履行宪法和法律赋予的职责，充分发挥审判职能作用，不忘初心、牢记使命，忠诚履职、砥砺奋进，为我区奋力谱写区域治理现代化和高质量绿色发展新篇章提供更加有力的司法保障。

# 关于莲都区2019年国民经济和社会发展计划执行情况与2020年国民经济和社会发展计划草案的报告

## ——在莲都区第十六届人民代表大会第四次会议上

莲都区发展和改革局

各位代表：

受莲都区人民政府委托，现将莲都区2019年国民经济和社会发展计划执行情况、2020年国民经济和社会发展计划草案以书面报告形式提请各位代表审议，并请各位政协委员和其他列席人员提出意见。

### 一、2019年国民经济和社会发展计划执行情况

2019年以来，面对复杂多变的国内外发展环境，莲都区上下深入贯彻党中央国务院、省委省政府和市委市政府各项决策部署，认真执行区十六届人大三次会议决议，坚持稳中求进工作总基调，弘扬践行浙西南革命精神，克难攻坚，奋力拼搏，全区经济实现平稳较快发展，较好地完成了年初确定的各项目标任务，高质量绿色发展取得新进展。

#### （一）坚持高质量发展，经济运行平稳向好。

全年实现地区生产总值389.63亿元，增长7.2%，增速高于年初预期目标（7%）0.2个百分点，达到近7年来最高增速。年初计划报告提出的四大类33项指标中，3项数据未出，剩余30项指标中，有24项指标总体符合或好于预期，6项指标较预期有差距，计划执行情况总体良好（见附件1）。

三次产业协同发展。一产实现增加值20.57亿元，增长3%；二产实现增加值123.4亿元，增长6%；三产实现增加值245.66亿元，增长8.2%。三次产业结构达到5.3∶31.7∶63，第三产业比重较上年提高0.7个百分点。区本级工业加快回升，实现规上工业增加值12.74亿元，增长16.6%，增速较上年提升11.2个百分点。全年新增亿元企业5家，新增规上企业17家。

三大需求协调拉动。区属固定资产投资增长13.6%，排名全市第1。其中建安工程投资、交通投资、高新技术投资实现较快增长，增速分别达到45.1%、35.5%、12.2%；项目民间投资、生态环保和公共设施投资增速有所放缓，分别增长8.7%、4%。消费平稳增长，实现社会消费品零售总额222.3亿元，增长6.6%。外贸出口较快增长，实现出口总额10.51亿元，增长24.8%。

三大收入稳步提升。完成一般公共预算收入17.29亿元，增长9.2%，实现税收收入13.14亿元，增长10%。城镇、农村常住居民人均可支配收入分别达到49730元和28220元，分别增长9%和9.8%。低收入农户收入达到11079元，增长11.3%。企业收入稳步提升。区属规上工业企业主营业务收入同比增长18.2%，利润总额同比增长33.8%，利税总额同比增长15.2%。莲都区规上工业和规上服务业人均薪酬分别达到6.26万元、8.84万元，分别增长14.7%、9.8%。

#### （二）坚持项目引领，大花园建设全速推进

加强前期谋划。启动“十四五”规划编制，聚焦“一带三区”中市域发展核心带之核心区和浙西南科创中心的定位，完成“十四五”规划重大前期课题31个。围绕产业转型、旅游康养、科技创新、文化创意、基础设施等重点领域，初步谋划“十四五”时期重大项目80个，总投资近千

亿元。2019年，郎奇白桥康养旅游项目等5个项目列入省“六个千亿”产业投资工程，灵康杏福康旅小镇等5个项目列入省市县长工程。

加快项目建设。34个大花园建设项目完成投资34.51亿元，3个省重点建设项目和15个市重点建设项目分别完成投资11.2亿元、30亿元。完成绿道建设166.7公里，投资3.07亿元。丽龙高速南山互通至丽新项目一期全线贯通。碧湖西生活区块开发项目、万洋低碳智造小镇等一批项目加快推进。万洋低碳智造小镇项目开工总建筑面积超85万平方米，结顶厂房93幢。

提升招商质量。全年新引进项目29个，其中大项目（亿元以上）13个。在第二次世界丽水人大会上共签约项目12个，项目总投资达到196.3亿元。古堰画乡小镇签约96家画家及企业入驻，引入猫的天空之城、深圳九九艺术品等多个高品质项目。万洋低碳智造小镇签约准入企业147家，投产23家。

（三）坚持创新驱动，转型升级步伐加快。

生态产业加快发展。全年实现旅游综合收入114.76亿元，增长18.7%。乡村旅游持续增长，农家乐民宿游客数达到283.23万人次，增长20.48%；农家乐民宿营业总收入达到2.35亿元，增长25%。古堰画乡成功创成第三批省级特色小镇，实现全市省级特色小镇零突破。成功举办丽水巴比松国际研讨会暨2019古堰画乡小镇艺术节、“莲都100”越野赛等高品质文体活动，打响“秀山丽水、画乡莲都”品牌。农旅融合势头强劲，新建成海拔600米以上绿色有机农林产品基地6.39万亩、“丽水山耕”示范基地5个，转化农产品旅游地商品35个、实现农产品旅游地商品销售额7.1亿元，“丽水山耕”农产品销售额9.8亿元。

新旧动能加快转换。高新技术产业、装备制造业、战略性新兴产业增加值分别增长14.0%、10.9%、24.1%，规上工业新产品产值同比增长35.4%，推广工业机器人应用37台。整治“低散乱”企业25家，淘汰落后产能企业9家，完成园区内亩均税收低于2万元/亩企业出清。新增“个转企”企业99家，新设企业2277家，增长8.6%。电子商务加快发展，实现网络零售额53.87亿元，增长25.6%。

科技创新加快推进。加快推进浙西南科创中心建设。与浙江清华长三角研究院确立全面合作关系，引进药用植物开发及多肽类药物研发等3个项目。成立莲都义乌科技创新研究院，与省农科院、丽水学院开展战略合作。全年新增国家高新技术企业8家、省科技型中小企业19家，企业技术研发经费支出2.54亿元，增长75.1%。入选市“绿谷精英550引才计划”8个，入选项目数居全市第1，新建省级博士后工作站、市级院士工作站各1家。省级电商创新发展试点项目落户莲都，系全市唯一。

（四）坚持开放合作，改革创新纵深推进。

营商环境不断优化。制定出台深化“亩均论英雄”改革、提振生态工业发展、促进总部经济发展等系列扶持政策。推进政府数字化转型，政务服务事项跑零次率、即办率、掌上办实现率分别达到97.79%、87.87%、96.43%。企业开办实现全流程“一日办结”，一般企业投资项目竣工验收前审批时限“最多90天”实现率达100%，新批工业用地“标准地”供地率达到100%。推进减税降费政策落地见效，全年累计新增减税4.04亿元。

重大改革加快推进。主动融入丽水生态产品价值实现机制全国试点，编制完成大港头镇、丽新乡生态产品价值实现机制试点方案，开展典型示范乡镇GEP核算工作。召开莲都超市发展大会，成立全市首个超市产业农合联。稳步推进部省共建乡村振兴示范省先行创建区、全国基层农技推广体系创新、全国农村集体产权制度改革等一批国家和省市试点。

区域合作加快推进。主动融入长三角、接轨大上海，与上海市黄浦区、长三角创意经济专委会签订合作协议。举办莲都旅游品牌发布暨全域旅游产品推介会，精准实施“莲都有艺思”和“莲仔”IP营销。持续深化与义乌市、宁波江北区山海协作，启动义乌莲都大厦和山海协作义乌“消薄园”项目建设，引进义乌商城集团入驻古堰画乡小镇。大力推进莲都-剑阁东西部扶贫协作，助力剑阁县实现脱贫摘帽。

（五）坚持民生优先，社会事业全面进步。

生态质量持续领先。水环境质量总体向好。国控“水十条”考核断面水质达到考核目标要求，交接断面水质和县级以上集中式饮用水水源水质达标率均达到100%。空气质量持续领先。市区环境空气质量综合指数为3.06，排名全省第2，AQI优良率为98.1%，排名全省第1，PM2.5平均浓度为25微克/立方米，较去年同期下降10.7个百分点，排名全省第2。

民生保障持续加强。全年民生类支出42.39亿元，占一般公共预算支出比重达到82.15%。基本养老保险和医疗保险参保率分别达到97.78%和99.16%。就业形势总体稳定。新增城镇就业8460人，失业人员再就业5396人。城镇登记失业率2.18%，控制在3.5%以内。发放创业担保贷款1510万元，成功创成省级“无欠薪”区。全区208个村全部完成“消薄”任务。“大搬快聚富民安居”工程扎实推进，全区最大的安置小区瓯碧园提前竣工并交付使用。

社会事业加快发展。以全省第一的成绩通过全国健康促进区省级技术评估，市区“医联体”建设实现基层医疗机构全覆盖，新增国家卫生乡镇5个。创成省教育基本现代化区。东港小学、碧湖中心幼儿园、城中公寓幼儿园建成并投入使用，新增小学学位2160个、幼儿园学位420个。“天天乐”“三月三”“欢乐莲城”等文化品牌活动深入推进。区文化馆顺利通过全省首批数字文化馆试点项目验收。莲都区老年服务中心、莲都区人民医院改扩建等一批社会事业项目加快推进。

总体来看，2019年我区经济社会发展各项工作取得了新成效，成绩的取得来之不易。同时，在计划执行过程中我们也清醒看到，全区经济社会发展仍面临许多困难和挑战，主要表现在：经济总量小，生态农业层次较低，生态工业基础薄弱，生态服务业发展核心竞争力不强，与中心城区首位度不相符；科技创新、文化产业发展较为滞后，与实现高质量全面小康仍有差距；大项目偏少，投资可持续增长面临困难。对于存在的问题和困难，我们要深入研究，精准施策，着力加以解决。

## 二、2020年国民经济和社会发展主要预期目标

2020年是全面建成小康社会和“十三五”规划收官之年。总体看，世界经济增长势头依然脆弱。国内经济运行保持在合理区间，但是发展不平衡不充分问题依旧存在，经济下行压力有所加大。特别是新冠肺炎疫情短期内对经济社会造成较大冲击，但是经济长期向好的基本面没有改变。从我区看，面对生态文明地位提升带来的新机遇，我区生态环境优势不断凸显，区位交通条件不断优化，基础设施更加完善，特别是市委赋予莲都全市政治、经济、文化、科创“四个中心”和“一带三区”市域发展核心带之核心区的新定位，莲都发展机遇前所未有。根据中央、省委、市委经济工作会议精神，提出2020年全区经济社会发展主要目标建议。在追求一定速度和规模的同时，更加强调高质量和结构效益。全年指标安排在衔接省、市计划指标和“十三五”规划收官要求的基础上，指标体系与上年保持一致，由四大类28项指标，32个细分指标构成（见附件2）。建议如下：

——关于经济发展类目标（8个）。地区生产总值（GDP）增长7.5%左右；区本级规模以上工业增加值增长15%左右；服务业增加值增长8%；一般公共预算收入增长7.5%；农业增加值增长3%左右；区属固定资产投资增长12%左右，其中交通投资、生态环保、城市更新和水利设施投资、高新技术产业投资、项目民间投资均增长12%以上；社会消费品零售总额增长8.5%；出口总额保持适度增长。

——关于质量效益类目标（7个）。全员劳动生产率稳步提升；研究与试验发展经费占GDP

比重达到2.0%；不良贷款率控制在1.3%以内；数字经济增加值增长15%；文化产业增加值、旅游产业增加值和高端装备制造业增加值增速高于GDP增速。

——关于生态文明类目标（8个）。单位生产总值能耗、单位生产总值二氧化碳排放、化学需氧量排放量、二氧化硫排放量、氮氧化物排放量、氨氮排放量等六大约束性指标均按省定目标要求严格执行；空气质量指数（AQI）优良率95%以上；地表水Ⅰ—Ⅲ 类水比例100%。

——关于民生福祉类目标（5个）。城镇常住居民人均可支配收入、农村常住居民人均可支配收入和低收入农户收入分别增长8.5%左右、10%左右和10%以上；城镇新增就业人数3600人，城镇登记失业率控制在3%以内。

为了完成上述计划目标，必须坚持以习近平新时代中国特色社会主义思想为指导，全面贯彻党的十九大和历次全会以及习近平总书记考察浙江重要讲话精神，按照省委全面对标"努力成为新时代全面展示中国特色社会主义制度优越性的重要窗口"新目标新定位、市委推进高质量绿色发展的战略部署和区委"发展莲都、服务市区"的工作定位，紧盯市委、市政府赋予莲都的新期待新要求，以浙西南革命精神注魂赋能立根，坚持稳中求进工作总基调，坚持新发展理念，坚持以供给侧结构性改革为主线，持续用好跨山统筹、创新引领、问海借力三把"金钥匙"，深入贯彻区委"加快发展年"系列要求，统筹推进新冠肺炎疫情防控和经济社会发展工作，奋力实现全年经济社会发展目标任务，确保与全省同步高水平全面建成小康社会和"十三五"规划圆满收官。着重抓好五个方面重点工作：

（一）突出规划引领，着力扩大有效投资。

强化规划引领。聚焦"一带三区"市域发展核心带之核心区和浙西南科创中心的定位，高质量推进"十四五"规划编制和国土空间规划编制。突出碧湖新区高能级平台建设，打造古堰画乡新经济产业园、通济堰保护利用开发平台和瓯江高端康养商务区等重大平台。围绕科技创新、产业转型、旅游康养、文化创意、基础设施等重点领域，研究推出一批"十四五"重大工程和项目，力争有更多项目纳入国家、省、市总体规划及相关专项规划盘子。

强化项目推进。以超常规力度全面扩大有效投资，抢时间、补增量，争取一批战略性、引领性及补短板项目列入省"2+6"项目清单。围绕"4+1"投资导向，确保区属交通投资、高新技术产业投资、民间投资、生态环保、城市更新和水利设施投资分别增长12%以上。坚持领导联系重大项目机制，通过集中开工、百日攻坚、挂帅领战、挂图作战、挂牌督战等方式，促进项目快建设、早见效。加快推进丽水万洋低碳智造小镇、灵康杏福小镇、郎奇白桥康养小镇等32个重点建设项目和新青林小学、莲都区公共医疗卫生设施提升项目等30个重大前期类项目。

强化精准招商。围绕国际与国内两个市场和长三角、珠三角、环首都圈三大重点区域，制定招商地图，开展精准招商、敲门招商、定点招商。重点引进数字经济、高端装备、新材料、生物医药等产业大项目。加快现有园区的更新和传统工业用地的改造，加快培植引进总部经济和税源型企业，促进产业集聚。2020年力争实际利用内资20亿元，实际利用外资600万美元，引进大项目9个。

（二）突出生态产品价值，着力推进产业升级。

以生态工业为龙头抓实体经济。以"生态低碳、提质增效"为中心，着力培育先进装备制造、时尚轻工、绿色生态健康三大主导产业。加快万洋低碳智造小镇生态工业主平台建设，争取完成投资20亿元，累计投产企业60家以上。谋划实施传统制造业改造提升2.0版，实施智能化技术改造项目10个，新增工业机器人30台。完成低散乱整治25家，全年培育新上规企业20家以上，亿元企业3家以上，力争新上市企业1家，新三板挂牌企业1家。

以融合发展为方向抓产业

培育。积极发展茶叶、蔬菜、精品水果三大主导产业和莲鸭共生、畜牧业等特色产业。保护好5万亩粮食生产功能区，巩固省级“放心粮油示范县”创建成果。推进“丽水山耕”数字化平台建设项目，推进国家农产品质量安全示范区、国家有机产品认证示范区、全国畜牧业绿色发展示范区、省级水产健康养殖示范区建设，完成华统畜禽产业智能化项目主体建设。谋划推进国家级旅游度假区创建，加快推进古堰画乡创5A，持续推进小镇品质化提升行动，加快推进江滨休闲街区、通济堰展示馆等一批项目。推进农旅、工旅、文旅融合发展。加快推进万洋低碳智造小镇箱包产业集聚发展，发挥百兴菇业、鱼跃酿造企业示范作用，培育一批工旅融合特色企业。办好古堰画乡小镇艺术节、“莲都100越野赛”、农民丰收节等特色文旅活动，全面提升“秀山丽水画乡莲都”品牌。

以创新驱动发展抓动能培育。全力推进数字经济“一号工程”。力争数字经济核心产业增加值增长15%。加快培育数字产业，积极发展平台经济、共享经济、体验经济和快递经济，加快各行业各领域数字化改造。制定实施数字生活新服务行动，推进生活性服务业数字化、传统零售企业数字化、夜间经济数字化，推进街区（商圈）数字化改造。加快推进浙西南科创中心建设。深化与清华长三角研究院、省农科院、宁波大学等高校院所合作，深入推进莲都义乌科技创新研究院建设，引进高端人才和项目。加大科创扶持力度，推进规模以上工业企业研发机构、科技活动全覆盖，新增国家高新技术企业5家、省科技型中小企业20家，确保R&D 经费支出占 GDP 比重达到2%。

（三）突出改革开放，着力接轨长三角一体化。

全力优化营商环境。精准有效服务企业，持续深化“三服务”和区领导干部联系企业工作制度，推进“一车四员四到位”服务机制常态化，确保减税减费减息减租减支“五减”政策落地成效。深化“最多跑一次”改革，推进一般企业投资项目竣工验收前审批“最多80天”改革，低风险小型项目审批减压至45天。深化“标准地”制度改革，新批工业用地全面推行“标准地”。推进数字政府建设，深入推进“机关”内部最多跑一次改革。打造政府服务2.0平台，实现政务服务网接入长三角“一网通办”。推进公共信用信息应用联动，完善守信联合激励和失信联合惩戒机制，推进信用评价结果政务应用。

深化重点领域改革。加快推进生态产品价值实现机制建设。推进大港头镇和丽新乡典型示范乡镇创建，GEP向GDP转化率达到40%以上。深化“亩均论英雄改革”，力争规上工业亩均增加值、亩均税收、全员劳动生产率增速均高于全市平均水平。完善落实市区财政体制改革及相关配套改革，深化国有企业市场化改革，推进政保合作改革。推进部省共建乡村振兴示范区试点、农民专业合作社质量提升整县试点、率先基本实现农业农村现代化试点，深化全国农村集体产权制度、林权制度、农村金融、“三位一体”农合联等改革。

推动区域开放发展。坚持以更加开放的理念融入区域合作交流，积极接轨上海，融入长三角一体化建设。实质性推进与上海市黄浦区的友好协作，加强与长三角创意经济专业委员会的深度合作。推进文旅互动、生态产品推介等十一大平台建设，畅通双方合作交流渠道。全面深化与义乌市、宁波江北区山海协作，打造山海协作工程升级版。加快推进莲都—义乌“消薄飞地”和“科创金融”（莲都大厦）项目建设，形成“问海借力”新格局。

（四）突出生态保护，着力推进大花园建设。

不断提升环境质量。统筹抓好美丽莲都建设各项任务落实，力争创成省级生态文明建设示范区。高标准打赢蓝天保卫战，加强大气污染综合治理，推进燃气锅炉低氮改造、秸秆焚烧管控、施工工地及拆迁地块扬尘管控等工作，市区空气质量优良天数比率达到95%以上。打好碧水保卫战，深入实施水污染防治行动计划，持之以恒抓好“五水共治”，积极创建“污水零直排区”。推进净土保卫战，深入开展土壤污染状况详查，实施固体废物全过程闭环管理。

不断提升美丽城乡品质。继续推进城市有机更新，完成市区城中村改造目标任务。推进新建小区、蓝天花苑等15个老旧社区改造。加快完善城镇给排水、能源保障等基础设施，加快推进碧湖第二污水处理厂、综合供能服务站等项目建设。全面启动美丽城镇创建行动，扎实推进农村人居环境整治，打造新时代美丽乡村精品村14个，达标村43个。建立切实有效的垃圾分类长效运行机制，城区和农村生活垃圾分类覆盖率分别达到90%以上、80%以上。

不断加大能源“双控”力度。严格落实高能耗行业项目区域缓批限批措施，限制高能耗行业项目准入。严格执行质量、环保、能耗、安全等法规标准，强化政策倒逼、市场调节，坚决淘汰落后产能、腾出用能空间。推进重点领域节能等措施，实现能源预算、增量、转换、使用、结构、数据、宣传等环节全过程节能管理，坚决控制能源消费强度和能源消费总量，打好能源“双控”攻坚战。

（五）突出民生保障，着力提高全面小康成色。

提高社会保障水平。不断完善社会保障制度，以全民参保为目标，基本养老保险和医疗保险参保率分别达到98%以上和99%以上。大力推进创业创新，加强高校毕业生、就业困难群体、退役士兵、进城务工人员等重点群体就业服务，新增城镇就业3600人，城镇登记失业率控制在3%以内。打好促农增收组合拳，持续抓好种植业、养殖业、外出务工“老三宝”，以及农家乐（民宿）、电子商务、来料加工“新三宝”，深入实施低收入农户高水平全面小康计划和“八个万元”富民增收模式，推进省级扶贫综合改革试点，低收入农户增速达到10%以上。推进“大搬快聚富民安居”工程，建设一批返乡创业园和农创客基地，培育农民可持续增收的内生动力。

加强公共服务普惠性。坚持教育优先发展，启动“国家义务教育优质均衡发展区”创建。深入推进“健康莲都”建设，扎实开展城市医联体建设试点，扩大乡村流动医院巡回诊疗覆盖面，完善基层医疗卫生机构补偿机制改革。完善文化设施建设，优化文化服务供给，推进文化基层站所及图书馆、文化馆分馆建设，实施11个体育小康村提升工程。加快推进莲都区人民医院改扩建、长岗背小学、瓯碧园幼儿园等一批民生项目。

加强社会综合治理。发挥社会矛盾纠纷调处化解中心作用，健全依法维护信访秩序工作机制，巩固省级“无信访积案区”创建成果。推进安全生产综合治理，加强应急体系和能力建设。加强金融风险预警监控和化解处置，严厉打击套路贷、非法集资和非法网络借贷。深入实施防范化解地方政府隐性债务风险专项行动，科学安排政府投融资规模，确保政府债务安全可控。

**三、2020年投资计划及重点领域**

抢抓扩大有效投资“窗口期”机遇，进一步聚焦“4+1”重大项目、“六个千亿”工程、“大花园”建设等重点领域，进一步优化投资结构，激发民间投资活力，推动全区投资质量和效益持续提升，打好高水平全面建成小康社会收官战。建议2020年区属固定资产投资和区本级固定资产投资增速目标均为12%左右；重点突出4个结构性指标，交通基础设施投资、高新技术产业投资、项目民间投资、生态环保、城市更新和水利设施投资增速目标均为12%以上。

投资（区本级）重点领域主要有：

在交通基础设施建设领域，重点安排了莲都区洪渡互通至黄村农村道路改造提升工程（仙渡至黄村段）（年度计划投资1亿元）、2020年“四好农村路”项目（年度计划投资6250万元）、莲都区北埠至堰后农村道路改造提升工程（年度计划投资4000万元）、莲都区丽龙高速公路南山互通至丽新建设工程二期（年度计划投资5000万元）、丽武公路至东西岩公路工程（年度计划投资3000万元)等。

在水利基础设施建设领域，重点安排了莲都区2020年农村饮用水达标工程(年度计划投资1.01亿元)、莲都区小安溪流域综合治理工程(岩蒙至洪渡段)(年度计划投资1570万元)、莲都区小安溪流域综合治理工程(凤鸣段)(年度计划投资1587万元)等。

在城镇建设领域，重点安排了万洋低碳智造小镇基础设施PPP项目(年度计划投资1.4亿元)、碧湖第二污水处理厂(年度计划投资1.5亿元)、碧湖西生活区块道路网(年度计划投资1.6亿元)、莲都区老竹—丽新污水处理厂项目(年度计划投资5500万元)、市区北城区块住宅小区截污纳管整治工程(3073幢房屋截污纳管不到位整治)(二期)(年度计划投资5450万元)、莲都区碧湖镇给排水提升改造工程(年度计划投资4300万元)等。

在社会事业领域，重点安排了长岗背小学新建工程(年度计划投资8903万元)、莲都区人民医院改扩建项目(年度计划投资8000万元)、碧湖三小新建工程(年度计划投资7000万元)、天宁中学扩建工程(年度计划投资1500万元)、丽水钭氏医院新建项目(年度计划投资4800万元)等。

在生态工业领域，重点安排了丽水万洋低碳智造小镇企业投资项目(一期年度计划投资11亿元，二期年度计划投资7.6亿元)、山海协作项目(年度计划投资2.14亿元)、莲都区丽新乡咸宜玄武玢岩建筑石料矿及安全整治区矿产资源开发项目(年度计划投资4414万元)等。

在旅游和特色小镇领域，重点安排了灵康杏福康旅小镇项目(年度计划投资5亿元)、郎奇白桥康养旅游项目(年度计划投资6亿元)、江滨休闲街区建设项目(年度计划投资1.4亿元)、丽水城市花园石牛度假区—莲都区碧湖镇养生休闲养老基地(御泉湾)建设项目(年度计划投资5000万元)等。

各位代表，做好2020年我区经济社会发展各项工作，任务繁重、责任重大、使命光荣。让我们紧密团结在以习近平同志为核心的党中央周围，高举习近平新时代中国特色社会主义思想伟大旗帜，在中共莲都区委的坚强领导下，全面落实区十六届人大四次会议确定的各项目标任务，自觉接受区人大及其常委会的监督，虚心听取区政协的意见和建议，奋发有为，积极进取，扎实推进“加快发展年”各项工作，高质量编制好“十四五”规划《纲要》，完成全年经济社会发展的各项目标任务，打赢高水平全面建成小康社会和“十三五”规划收官战。

附件1

**莲都区 2019年国民经济和社会发展主要目标完成情况**

| 类别 | 序号 | 指标 | 单位 | 目标 | 绝对值(亿元) | 实际增长 | 全市排名 | 完成情况 |
|---|---|---|---|---|---|---|---|---|
| 经济发展 | 1 | 地区生产总值(GDP) | % | 7左右 | 389.63 | 7.2 | 9 | √ |
| | 2 | 区本级规模以上工业增加值 | % | 8 | 12.74 | 16.6 | 2 | √ |
| | 3 | 服务业增加值(市区) | % | 7.5左右 | 245.66 | 8.2 | 6 | √ |
| | 4 | 农业增加值 | % | 3左右 | 20.80 | 3.1 | 2 | √ |
| | 5 | 区属固定资产投资 | % | 12 | — | 13.6 | 1 | √ |
| | ① | 交通基础设施投资 | % | 12 | — | 35.5 | 4 | √ |
| | ② | 生态环境和公共设施投资 | % | 12 | — | 4.0 | 7 | 未完成 |
| | ③ | 高新技术产业投资 | % | 12 | — | 12.2 | 8 | √ |

| 类别 | 序号 | 指 标 | 单位 | 目 标 | 绝对值(亿元) | 实际增长 | 全市排名 | 完成情况 |
|---|---|---|---|---|---|---|---|---|
| | ④ | 项目民间投资 | % | 12 | — | 8.7 | 6 | 未完成 |
| | ⑤ | 省市县长项目工程落地率 | % | 50 | 50 | — | — | √ |
| | 6 | 社会消费品零售总额(市区) | % | 9 | 222.30 | 6.6 | 9 | 未完成 |
| | 7 | 出口总额 | % | 适度增长 | 10.51 | 24.8 | 5 | √ |
| | 8 | 一般公共预算收入 | % | 7.5 | 17.29 | 9.2 | 2 | √ |
| 质量效益 | 9 | 全员劳动生产率 | % | 稳步提高 | — | 稳步提高 | — | √ |
| | 10 | 研究与试验发展经费支出占GDP比重 | % | 1.7 | — | 预计1.7 | — | √ |
| | 11 | 不良贷款率 | % | 1.3以内 | 0.66% | — | 4 | √ |
| | 12 | 高端装备制造业增加值 | % | 8左右 | 3.94 | 11.4 | — | √ |
| | 13 | 数字经济增加值 | % | 12 | 数据未出 | 数据未出 | — | — |
| | 14 | 旅游产业增加值 | % | 10左右 | 数据未出 | 数据未出 | — | — |
| | 15 | 文化产业增加值 | % | 12左右 | 数据未出 | 数据未出 | — | — |
| 生态文明 | 16 | 单位生产总值综合能耗 | % | –5.2 | — | –2.6 | — | 未完成 |
| | 17 | 单位生产总值二氧化碳排放量 | % | 按市要求 | 完成 | — | — | √ |
| | 18 | 化学需氧量消减率 | % | | | | | |
| | 19 | 二氧化硫排放量消减率 | % | | | | | |
| | 20 | 氮氧化物排放量消减率 | % | | | | | |
| | 21 | 氨氮排放量消减率 | % | | | | | |
| | 22 | 空气质量优良率 | % | 90以上 | 98.1 | — | 市区排名全省第 1 | √ |
| | 23 | 地表水Ⅰ—Ⅲ类水比例 | % | 94 | 93.3 | — | 9 | 未完成 |
| 民生福祉 | 24 | 城镇居民人均可支配收入(市区) | % | 8.5 | 49730元 | 9.0 | 7 | √ |
| | 25 | 农村居民人均可支配收入(市区) | % | 10左右 | 28220元 | 9.8 | 8 | 未完成 |
| | 26 | 低收入农户收入 | % | 10以上 | 11079元 | 11.3 | 8 | √ |
| | 27 | 城镇新增就业岗位 | 人 | 按市要求 | 8460人 | — | 1 | √ |
| | 28 | 城镇登记失业率 | % | 3.5以内 | 2.18 | — | — | √ |

注：①地区生产总值增幅按可比价格计算；②城镇居民人均可支配收入和农村居民人均可支配收入增幅为名义增长速度。

附件2

## 莲都区 2020年国民经济和社会发展主要目标初步建议

| 类别 | 序号 | 指标 | 单位 | 莲都区2020年建议目标 | 丽水市2020年建议目标 | 莲都区“十三五”规划目标 | 指标属性 | 责任单位 |
|---|---|---|---|---|---|---|---|---|
| 经济发展 | 1 | 地区生产总值(市区) | % | 7.5左右 | 7.5左右 | 年均7.5 | 预期性 | 区发改局 |
| | 2 | 区本级规模以上工业增加值 | % | 15左右 | 8以上 | 年均6 | 预期性 | 区经商局 |
| | 3 | 服务业增加值(市区) | % | 8 | 8 | — | 预期性 | 区发改局 |
| | 4 | 农业增加值 | % | 3.5左右 | — | 年均3.5 | 预期性 | 区农业农村局 |
| | 5 | 区属固定资产投资 | % | 12左右 | 10以上 | 年均10 | 预期性 | 区发改局 |
| | ① | 交通基础设施投资 | % | 12以上 | 12以上 | — | 预期性 | 区交通局 |
| | ② | 生态环保、城市更新和水利设施投资 | % | 12以上 | 12以上 | — | 预期性 | 市生态环境局莲都分局、区建设局、区水利局 |
| | ③ | 高新技术产业投资 | % | 12以上 | 12以上 | — | 预期性 | 区科技局、区经商局、工业园区管委会 |
| | ④ | 项目民间投资 | % | 12以上 | 12以上 | — | 预期性 | 区发改局、区经商局、区建设局、区文广旅体局 |
| | 6 | 社会消费品零售总额(市区) | % | 8.5 | 8.5 | 年均8 | 预期性 | 区经商局 |
| | 7 | 出口总额 | % | 适度增长 | 适度增长 | — | 预期性 | 区经商局 |
| | 8 | 一般公共预算收入 | % | 7.5 | 7.5 | 年均7.5 | 预期性 | 区财政局 |
| 质量效益 | 9 | 全员劳动生产率 | % | 稳步提高 | 稳步提高 | 12.5 | 预期性 | 区发改局 |
| | 10 | 研究与试验发展经费支出占GDP比重 | % | 2.0 | 2.0 | 2.0 | 预期性 | 区科技局 |
| | 11 | 不良贷款率 | % | 1.3以内 | 1.3以内 | — | 预期性 | 区金融办 |
| | 12 | 高端装备制造业增加值 | % | 高于GDP增速 | 高于GDP增速 | — | 预期性 | 区经商局 |
| | 13 | 数字经济增加值 | % | 15 | 15 | — | 预期性 | 区经商局 |
| | 14 | 旅游产业增加值 | % | 高于GDP增速 | 高于GDP增速 | — | 预期性 | 区文广旅体局 |
| | 15 | 文化产业增加值 | % | 高于GDP增速 | 高于GDP增速 | — | 预期性 | 区委宣传部 |

| 类别 | 序号 | 指标 | 单位 | 莲都区2020年建议目标 | 丽水市2020年建议目标 | 莲都区“十三五”规划目标 | 指标属性 | 责任单位 |
|---|---|---|---|---|---|---|---|---|
| 生态文明 | 16 | 单位生产总值综合能耗 | % | 按市要求 | 省下达 | 累计下降15.5 | 约束性 | 区发改局 |
| | 17 | 单位生产总值二氧化碳排放量 | % | | | 上级下达 | | 市生态环境局莲都分局 |
| | 18 | 化学需氧量消减率 | % | | | | | 市生态环境局莲都分局 |
| | 19 | 二氧化硫排放量消减率 | % | | | | | 市生态环境局莲都分局 |
| | 20 | 氮氧化物排放量消减率 | % | | | | | 市生态环境局莲都分局 |
| | 21 | 氨氮排放量消减率 | % | | | | | 市生态环境局莲都分局 |
| | 22 | 空气质量优良率 | % | 95以上 | 95以上 | 90 | 约束性 | 市生态环境局莲都分局 |
| | 23 | 地表水Ⅰ—Ⅲ类水比例 | % | 100 | 98以上 | 100 | 约束性 | 市生态环境局莲都分局 |
| 民生福祉 | 24 | 城镇居民人均可支配收入（市区） | % | 8.5左右 | 8.5左右 | 年均7.5 | 预期性 | 区人力社保局 |
| | 25 | 农村居民人均可支配收入（市区） | % | 10左右 | 10左右 | 年均10 | 预期性 | 区农业农村局 |
| | 26 | 低收入农户收入 | % | 10以上 | 10以上 | — | 预期性 | 区农业农村局 |
| | 27 | 城镇新增就业岗位 | 人 | 3600人 | 2.5万 | 累计7000人 | 预期性 | 区人力社保局 |
| | 28 | 城镇登记失业率 | % | 3以内 | 3以内 | 4 | 预期性 | 区人力社保局 |

注：①地区生产总值增幅按可比价格计算；②城镇居民人均可支配收入和农村居民人均可支配收入增幅为名义增长速度。

# 关于莲都区2019年预算执行情况和2020年预算草案的报告

## ——在莲都区第十六届人民代表大会第四次会议上

莲都区财政局

各位代表：

受莲都区人民政府委托，现将莲都区2019年预算执行情况和2020年预算草案提请各位代表审议，并请区政协委员和其他列席会议的同志提出意见。

### 一、2019年预算执行情况

2019年，全区以习近平新时代中国特色社会主义思想为指导，全面贯彻党的十九大和十九届二中、三中、四中全会精神，在市委、市政府和区委的坚强领导下，在区人大常委会的监督指导下，以“莲都作为”落实“丽水之干”，担纲“丽水之赞”，严格落实《预算法》，聚焦高质量绿色发展，优化制度供给，强化政策保障，扎实推进稳企业增动能保平安等各项工作。全区财政预算执行情况良好，促进了全区经济社会持续健康发展。

（一）一般公共预算执行情况

1.收支预算执行情况

2019年，全区实现一般公共预算收入172940万元，完成预算的101.6%，增长9.2%。其中：税收收入131159万元，完成预算的103.8%，增长10%；非税收入41781万元，完成预算的95.4%，增长6.9%（见表1）。

2019年，全区实现一般公共预算支出515996万元，完成调整预算的100.6%，增长19.5%，其中：当年省专项支出27611万元，上年结转支出8296万元。剔除省专项和上年结转后支出478813万元，同比增长26.5%（见表2）。一般公共预算支出中实行权责发生制核算支出的执行数为45459万元。

按照现行分税制和市区财政新体制测算，2019年一般公共预算收入加上税收返还收入、上年结转收入、省市财政转移性收入、债务转贷收入以及调入资金，预计一般公共预算收支平衡。由于2019年省与市、市与区之间的财力结算有一个过程，最后的平衡结果待全省决算会审后，依照法律的规定程序，再专题向区人大常委会报告。

2.收支具体执行情况

（1）税收收入主要科目完成情况

增值税71116万元，完成预算的99.5%，增长4.3%；企业所得税18839万元，完成预算的127.7%，增长38.2%；个人所得税7312万元，完成预算的104.5%，增长7.4%；城建税5145万元，完成预算的105.2%，增长10.4%；契税14958万元，完成预算的101.8%，增长2.3%。

（2）支出主要科目完成情况

教育支出72834万元，完成调整预算的97%，增长17.3%；科学技术支出10360万元，完成调整预算的118%，增长21.2%；文化旅游体育与传媒支出10066万元，完成调整预算的90.2%，增长1.1%；社会保障和就业支出80780万元，完成调整预算的109.4%，增长17.2%；卫生健康支出65566万元，完成调整预算的100.3%，增长8.4%；城乡社区支出73121万元，完成调整预算的97.2%，增长62.1%；农林水支出60858万元，完成调整预算的141.3%，增长1.2%。

（二）政府性基金预算执行情况

2019年政府性基金预算收入73279万元，完成预算的

80.8%，下降33.3%，加上转移性收入32989万元(其中：上级补助收入1753万元、地方政府专项债券转贷收入27000万元、使用结转资金4236万元)，收入合计106268万元，下降19.7%（见表5）。

2019年政府性基金预算支出63775万元，完成预算的73.1%，下降36.9%，加上转移性支出42493万元(其中:调出资金24679万元、地方政府专项债务还本支出17526万元、结转下年支出288万元），支出合计106268万元，下降19.7%（见表6）。收支相抵，全区政府性基金收支平衡。

（三）国有资本经营预算执行情况

2019年实现国有资本经营预算收入3143万元，完成调整预算的124.7%，其中：利润收入69万元，产权转让收入3074万元。实现国有资本经营预算支出3143万元，完成调整预算的124.7%，其中：其他国有资本经营支出943万元，其他国有企业资本金注入2200万元。收支相抵，国有资本经营预算收支平衡（见表9、表10）。

（四）社会保险基金预算执行情况

2019年，全区实现社会保险基金预算收入84895万元，完成预算的99.7%，增长0.9%，实现社会保险基金预算支出80330万元，完成预算的95.2%，增长9.1%，当年收支结余4565万元，年终滚存结余30866万元（见表13、表14）。

（五）政府债务情况

2019年省财政厅核定我区地方政府债务限额为311200万元，其中：一般债务限额249500万元、专项债务限额61700万元。截至2019年底，全区地方政府债务余额310578万元，其中：一般债务余额249404万元，占80.3%；专项债务余额61174万元，占19.7%，均控制在省财政厅核定的债务限额以内。2019年地方政府债务余额比2018年净增加49429万元，其中：新增一般债券资金40000万元、专项债券10000万元，偿还到期债券22571万元，新增再融资债券22000万元。

（六）落实区十六届人大三次会议预算决议情况

1.坚持增收入控支出，着力增强财政平衡能力

一是全力以赴聚财力。围绕年初预算收入目标，积极组织收入，合力争取省市财力补助。全年实现一般公共预算收入17.29亿元，圆满完成预算目标，迈上17亿元新台阶。二是齐心协力节支出。进一步强化预算刚性约束，严格落实“政府要过紧日子”的要求，严控一般性支出，2019年一般性支出实现5%以上压减；严控“三公”经费支出，“三公”经费决算上报数为1475万元，下降5.4%。三是千方百计盘资源。加大结余结转资金定期清理和统筹使用力度，全年共盘活各项结余资金2.94亿元，不断增加平衡能力，提升资金使用效益；全力清理整合国有资产，累计处置盘活存量闲置资产450处，有效发挥国有资产作用。

2.坚持稳企业强动能，着力助推实体经济发展

一是积极落实新一轮减税降费政策。以落实减税降费政策为主抓手，优化提升全区营商环境，服务扶持民营经济发展壮大。下发《关于贯彻落实小微企业普惠性减税降费政策的通知》，全面深入贯彻党中央、国务院决策部署，落实好小微企业普惠性减税、增值税大规模减税、个人所得税改革、社保费减负等各项减税降费政策，进一步支持企业发展，全年减免各类税费约3.8亿元。积极深入开展“三服务”工作，走访企业100多家，解读财政政策，解决企业困难。二是助力经济发展高质量。及时做好政策兑现，全年兑现各类企业奖补2.21亿元，充分发挥财政资金的引导和撬动作用，精准扶持优秀企业做大做精做强；制定落实地方综合贡献奖励和自用办公用房支持等政策，促进我区总部经济发展；大力推进“亩均论英雄”改革，以“亩均效益”相关指标为评定标准，通过扶持资金、政策等要素的差异化配置，加快推动经济发展质量变革、效率变革、动力变革，优化我区收入结构，实现实体经济高质量发展。引导丽水市生态产业基金

3000万元注资区瓯宝安防科技股份有限公司，助力更快发展。

3.坚持保重点优环境，财政保障更加有效

认真做好项目谋划，积极向上争取项目和资金支持，争取到省财政新增地方政府债券资金5亿元。强化财政资金统筹，支持重点建设，安排7000万元用于碧湖镇区提升改造工程建设，安排11500万元用于桃碧线提升工程建设，安排5060万元用于“四好”农村公路建设，安排5000万元用于碧湖平原绿道网建设，小城镇环境综合整治、农民新社区安置小区、土地整治等重点项目资金需求得到有效保障。坚持“绿色发展”，助力乡村振兴，全面落实各项支农惠农政策，安排资金6.09亿元，支持农林水建设，推动农业农村加快发展。落实村干部报酬正常增长机制，安排村干部报酬资金3233万元；投入4500万元开展农村饮用水达标提标行动；安排专项资金1800万元，扎实推进松材线虫病等林业有害生物综合防控；争取到省级乡村振兴产业发展示范建设资金4000万元，助推“丽水山耕”项目；争取到一事一议美丽乡村省级扶持资金2000万元，助推岱后村红色研学基地、括苍古道修复与开发等6个项目建设；强化扶贫资金保障，扶贫攻坚不放松，统筹安排专项扶贫资金2407万元。

4.坚持保基本补短板，不断促进民生事业发展

聚焦民生福祉，持续加大民生投入，2019年全区民生支出42.39亿元，比上年增长17.7%，占一般公共预算支出的82.1%，切实保障新增财力三分之二以上用于民生。一是支持教育事业发展。安排教育支出7.28亿元，增长17.3%，助力我区成功创建教育基本现代化区，切实推进我区教育事业快速健康发展；全力推进“空调进教室”，为我区教育事业发展提供优质的硬件保障，已完成投入3622万元、44所学校1904台空调的安装；投入29704万元建设长岗背小学新建等工程；投入150万元为2254名义务教育阶段家庭经济困难学生每人每天再增加一杯牛奶、一个鸡蛋；重视教师培训，安排师训经费284万元，用于全区中小学在职专任教师和校长全员培训，提高教育教学水平；稳步提升教师保障力度，切实维护教师权益，不断提高教师待遇。二是支持卫生健康事业发展。安排卫生健康支出6.56亿元，增长8.4%，健全医疗保障体系，出台新的《莲都区基层医疗卫生机构财政补偿机制实施办法》，进一步完善基层医疗卫生机构补偿机制，切实提高基本医疗卫生服务质量和效率；2019年城乡居民基本医疗保险筹资标准从每人每年1420元提高到1500元（其中：财政补贴1100元，个人缴纳400元），城乡居民基本公共卫生服务人均补助标准由55元提高到60元。三是支持社会保障事业发展。安排社会保障和就业支出8.08亿元，增长17.2%，扎实做好社会救助和社会福利工作，保障好困难群众的基本生活，拨付最低生活保障和特困人员救助供养资金6333万元、城乡困难居民临时救助生活补助资金368万元、医疗救助资金2283万元、残疾人补助资金4218万元；安排城乡照料中心示范点及居家养老服务照料中心建设经费170万元，助力构建多层次、立体化的养老服务体系；安排资金624万元，保障市政府民生实事项目顺利完成。四是支持文化建设。全年投入资金1.01亿元，建立健全公共文化财政投入保障机制，支持基层宣传文化、基本公共文化、文物保护等，着力提高文化软实力。

5.坚持改革创新发展，不断深化财政体制改革

一是稳妥有序完成机构改革。根据改革方案，下发《关于做好党政机关机构改革财务管理相关事项和部门预算调整工作的通知》，做好有效衔接，确保党政机关机构改革工作顺利进行和机构正常有序运转。二是深入推进财政管理改革。巩固预算管理、国库集中支付、政府采购、投资评审等领域“放管服”改革成果。制定《莲都区政府投资项目工程价款结算评审操作规程（试行）》，正式上线财政投资评审管理系统，优化评审流程，强化内部管理，全年累计办理政府投资项目概（预、结、决）

算等事项627件，累计涉及造价19.86亿元。深化财政“最多跑一次”改革，深入推进统一公共支付平台建设，上线24小时公共支付，落实医疗收费电子票据管理改革试点。推进国库集中支付电子化管理改革，印发《莲都区财政国库集中支付电子化管理暂行办法》，实现预算单位国库实拨、集中支付清算等业务电子化操作。着力健全政采云平台建设，助推本地供应商加入莲都区政采云平台“全省一张网”。三是积极促进平台公司转型。整合国有资产、国有资本、预算资金，通过财政安排、依法注入、存量盘活等方式，支持平台公司改革创新，做实资本做优资产，增强平台公司的资信和融资能力。四是全力集中财力办大事。系统谋划、充分规划，编制形成《丽水市莲都区集中财力办大事财政政策体系方案（2019—2022年）》，形成纵贯全区的政策合力、资金合力和工作合力，推动党委政府各项决策部署落地生根、开花结果。

6.坚持建制度强监管，提升财政服务管理水平

一是加强财政收支管理。强化收支形势分析研判，确保财政收支在合理区间平稳健康运行；建立“三保”预算编制事前审核机制，从源头防范财政运行风险，确保不发生“三保”支出风险。二是着力绩效管理。制定莲都区《关于全面实施预算绩效管理的意见》和《全面实施预算绩效管理三年行动计划（2019—2021年）》，推进“全方位、全过程、全覆盖”的预算绩效管理体系建设；推进部门整体绩效预算改革，积极配合做好人大预算联网监督工作，推动预算监督逐步向“互联网+全周期监督”转变。三是强化债务管理。牢固树立底线思维，压实责任，统筹各渠道财政资金，确保隐性债务化解任务保质保量完成，2019年化解隐性债务1.36亿元；下发《关于印发丽水市莲都区地方政府性债务风险应急处置预案的通知》，完善政府性债务风险应急处置措施；对行政事业单位、国有控股企业、融资平台公司等实施全口径债务动态监测、穿透性审查，切实防范隐性债务风险。四是强化乡财管理。新增4个乡镇（街道）为省级规范化财政所，实现所有乡镇（街道）财政所规范化建设全覆盖；持续推进乡镇公共财政服务平台规范化建设，61个项目纳入平台管理，实行“一卡通”涉农补贴发放，全年累计发放农户57.98万人次、金额2.4亿元。

在肯定成绩同时，我们也清醒地看到，我区财政收支矛盾非常突出，预算平衡压力很大，收入结构问题突显，财政增收后劲不足；在财政管理过程中还存在预算编制还不够细化、绩效目标编制还不够规范、预算执行约束力度不够、财政支出绩效有待提升、财政监管还需进一步加强等一系列问题。对此，我们高度重视，将通过支持实体经济发展、完善财政制度、严格规范管理等一系列扎实有效的措施切实加以解决。

## 二、2020年预算草案

### （一）2020年财政经济形势

2020年是高水平全面建成小康社会和“十三五”规划的收官之年，既是决胜年，又是攻坚年。当前，我区经济运行呈总体平稳、稳中求进的发展态势，但预计2020年发展环境比2019年更为复杂严峻，在市区新财政体制下，我区财政运行面临着较多不稳定性和不确定性因素。从收入上看，我区经济基础薄弱，总量偏小，一般公共预算收入结构不优、可持续增长的基础不稳固等问题依然存在；同时，今年减税降费政策将进一步实施，特别是受“新冠疫情”影响后期支持复工复产等政策的落实，减收效应持续释放，预计2020年财政收入增长将继续放缓。从支出上看，财政支出刚性增长的趋势没有改变，收入增长跟不上刚性支出需求的增长，特别是高质量绿色发展和民生福祉等刚性支出日益增加，财政收支矛盾将进一步加剧。这些都对财政支出保障提出了更高要求，我们将进一步强化政府带头过“紧日子”的思想，勤俭办事，压减一般性支出，切实将有限财政资金用到保障经济社会发展的刀刃上，强化绩效，集中财力办大事。

### （二）财政预算编制的指导思想

深入贯彻习近平新时代中

国特色社会主义思想和党的十九大及十九届二中、三中、四中全会精神，紧扣高水平全面建成小康社会目标任务，提高政治站位，强化政治担当，紧紧围绕区委、区政府确定的工作目标，遵循“划清边界、厘清事权、做好‘蛋糕’、集中财力办大事”和“保基本、守底线、促均衡、提质量”的理财思路，以财政新作为推动实现全区经济社会高质量绿色发展。落实政府过“紧日子”要求，坚持“以收定支”原则，厉行节约，反对浪费，调整优化支出结构，将“财为政服务”落实到财政工作全过程，不断提高人民群众的获得感、幸福感和安全感。

（三）一般公共预算草案

1. 收入预算。按照当前的财政经济形势及上述指导思想，参考2020年市区生产总值增长预期以及市本级一般公共预算收入增长预期，根据莲都区收入结构实际，2020年莲都区一般公共预算收入预期为185900万元，增长7.5%，其中：税收收入144300万元，增长10%，占77.6%；非税收入41600万元，下降0.4%，占22.4%（见表3）。税收收入主要项目情况如下：增值税81000万元，增长13.9%；企业所得税19000万元，增长0.9%；个人所得税8900万元，增长21.7%；城建税6100万元，增长18.6%；契税15800万元，增长5.6%。

2020年一般公共预算收入预期185900万元，加上转移性收入401160万元（其中：税收收入返还收入9593万元，省市财政结算补助收入109121万元，省一般性转移支付49547万元，省专项转移支付收入17302万元，上年结转收入12416万元，动用预算稳定调节基金9000万元，调入资金159181万元，地方政府一般债务转贷收入35000万元），预计上解支出34460万元，减去市区新体制企业扶持政策兑现约10000万元，收入合计542600万元。

2. 支出预算。拟安排2020年一般公共预算支出542600万元，比上年预算数453800万元，增长19.6%，比上年调整预算执行数515996万元，增长5.2%（见表4），收支相抵，一般公共预算收支平衡。2019年安排预备费6000万元，占支出预算的1.1%，符合《预算法》的规定。一般公共预算重点支出安排情况为：教育支出75037万元，增长3.0%；科学技术支出10886万元，增长5.1%；社会保障和就业支出87807万元，增长8.7%；卫生健康支出73481万元，增长12.1%；城乡社区支出52593万元，下降28.1%；农林水支出61323万元，增长0.8%。

（四）政府性基金预算草案

1. 收入预算。2020年政府性基金预算收入预期171772万元，其中：国有土地出让收入152874万元、耕地占补指标收入1亿元，比上年执行数73279万元，增长134.4%，加上转移性收入2135万元（其中：上级补助收入1847万元，上年结余288万元），收入合计173907万元（见表7）。

2. 支出预算。2020年政府性基金预算支出拟安排83434万元，其中：安排征地和拆迁补偿支出32784万元、补助被征地农民支出15000万元、国有土地收益基金支出6971万元、其他国有土地使用权出让收入安排的支出18509万元，比上年执行数63775万元，增长30.8%，加上转移性支出90473万元，其中：安排调出资金65000万元、债务还本支出25000万元，支出合计173907万元（见表8）。收支相抵，政府性基金预算收支平衡。

（五）国有资本经营预算草案

1. 收入预算。按照“量入为出，以收定支”的原则编制预算。国有资本经营预算收入预期116万元，使用上年结转资金0万元，收入合计116万元(见表11)。

2. 支出预算。国有资本经营支出预算拟安排35万元，调出资金81万元，支出合计116万元（见表12）。收支相抵，国有资本经营预算收支平衡。

（六）社会保险基金预算草案

2020年，莲都区社会保险基金预算包括城乡居民基本养老保险、城乡居民基本医疗保险和机关事业单位基本养老保险三项。

1. 收入预算。社会保险基金收入预期87818万元，增长3.4%（见表15）。

2. 支出预算。社会保险基金支出预算拟安排89644万元，增长11.6%（见表16）。收支相抵，当年收支结余-1826万元（其中：机关事业养老基金结余359万元，城乡养老基金结余945万元，城乡医疗基金结余-3130万元），年末滚存结余29039万元。

（七）2020年地方政府债务预算管理情况

2020年地方政府债务按照省财政厅核定的政府债务限额控制，已提前下达2020年莲都区新增一般债券额度3.5亿元，已列入一般公共预算；2020年需偿还到期债券1250万元，其中：一般债券1250万元，已申请债券再融资1000万元。新增债券待省财政厅正式下达后，如有变动，依法编制调整预算（草案）并提交区人大常委会审议批准。2020年地方政府一般债券和专项债券的利息支出分别列入一般公共预算和政府性基金预算。

**三、完成2020年预算任务的主要措施**

2020年，我们将认真贯彻区委的决策部署，全面落实区人大有关决议，更加精准把握财政服务经济社会发展的切入点，把依法理财、深化改革、提高效能贯穿始终，努力完成全年各项预算目标任务。

（一）着力抓好组织收入，确保财政收支平稳运行

密切关注宏观形势和具体政策变化对财政收支的影响，不断健全工作机制，加强精准分析研判。持续高度关注收支矛盾突出的严峻形势，多管齐下积极做好收入组织工作；抓好重点财源培育建设，努力夯实财政增收基础，着力改善收入结构不合理状况；强化收入征管和分析，挖掘现有财源，加快土地出让。研究制定新一轮乡镇财政管理体制，进一步激发乡镇政府发展经济培植财源的动力。加强“三保”监控管理，从源头防范财政运行风险。积极争取上级财政的支持，全力做好全年收支平衡工作。

（二）着力集中财力办大事，提高财政资金使用绩效

坚持政府带头过“紧日子”和“集中财力办大事”的原则，2020年对一般性支出和“三公”经费等非民生、非重点支出一律“从严从紧、能减尽减、能压尽压”，确保非刚性、非重点项目支出压减不低于15%，日常公用经费支出压减不低于5%；大幅压减办展办会经费，严禁使用财政资金举办年会、庆典，腾出更多资金用于落实惠民惠企政策；继续坚持把全区财政支出增量的三分之二以上用于民生。深入实施全区预算绩效管理三年行动计划，加快推进预算与绩效管理一体化建设，夯实预算标准体系建设基础，推动集中财力办大事财政政策体系落地生效，探索部门整体绩效预算改革试点，进一步完善“全方位、全过程、全覆盖”预算绩效管理体系。

（三）着力提升营商环境，助力实体经济发展壮大

坚持贯彻新发展理念，认真落实一系列减税降费政策，优化提升全区营商环境，服务扶持民营经济发展壮大。切实发挥财政资金激励和引导作用，不断提高财政支持民营经济发展的针对性、精准性和有效性，及时兑现区级各项扶持企业资金，激发企业活力，推动企业转型升级，增强竞争力。引导金融机构加大对实体经济的支持力度，助力营造更加健康紧密融洽的银企关系，壮大实体经济，增强全区经济发展动力。着力落实政策和资金，支持新冠肺炎疫情期间和解除后的企业复工复产。

（四）着力强化财政管理，确保经济社会稳健发展

深化预算管理，提高预算编制的科学性和准确性，提高年初预算到位率。建立支出进度考核通报机制，加强支出执行进度管理，充分发挥资金效益。进一步盘活财政存量资金，结余资金及连续结转两年的省转移支付资金，按规定一律收回财政统筹使用。深化预算信息公开工作，全力建设“阳光财政”。持续提升财政管理效能，狠抓制度建设和执行，切实管好用好财政资金和国有资产。进一步加强债务管理，严格落实还款责任，积极防范稳妥化解债务风险。坚持“守住风险底线，服务发展主线”两线管理意识，坚决防范财政领域重大风险，促进经济社会平稳

健康发展。

(五)着力深化改革创新,提升财政治理能力水平

深化部门预算管理改革,完善支出标准体系,规范政府购买服务预算管理。进一步加强公款竞争性存放管理,推进国库集中支付和权责发生制政府综合财务报告改革,确保财政资金安全规范。持续推动电子化改革实拨业务上线,深入推进电子化改革。持续扩大授权支付资金面,推动预算单位强化主体意识,落实主体责任,提高财务管理水平。继续做好政采云平台推广工作,扩大纳入统一公共支付平台的项目数量。持续加强投资评审工作,完善评审指标标准化框架体系,推动评审工作规范化建设。持续加强绩效评价管理,及时开展财政支持脱贫攻坚政策落实情况和重点项目绩效评价等监督检查工作,强化绩效评价结果运用。深化机关内部"最多跑一次"改革,优化业务流程。深化"上门服务至少一次"活动,在巩固上一年活动成效的基础上,以更精准更务实更创新的改革举措,推进更具成效的上门服务。

各位代表,2020年财政改革发展任务艰巨、责任重大,我们将在市委、市政府和区委的坚强领导下,严格按照区十六届人大四次会议的决议和要求,自觉接受人大代表的监督,虚心听取政协委员的意见,认真贯彻市委、市政府和区委的各项决策部署,不忘初心、牢记使命,坚定信心、奋发有为,以过硬的作风、过硬的业绩,圆满完成"加快发展年"各项财政工作任务!

## 莲都区2019年一般公共预算收入执行情况表(草案)

表1　　　　单位:万元

| 项　目 | 2018年决算数 | 2019年预算数 | 2019年执行数 | 完成预算的 | 比上年决算数+、- |
|---|---|---|---|---|---|
| 一、税收收入 | 119233 | 126390 | 131159 | 103.8% | 10.0% |
| 增值税 | 68162 | 71500 | 71116 | 99.5% | 4.3% |
| 企业所得税 | 13635 | 14750 | 18839 | 127.7% | 38.2% |
| 个人所得税 | 6807 | 7000 | 7312 | 104.5% | 7.4% |
| 资源税 | 225 | 250 | 400 | 160.0% | 77.8% |
| 城市维护建设税 | 4659 | 4890 | 5145 | 105.2% | 10.4% |
| 房产税 | 2936 | 3300 | 2906 | 88.1% | -1.0% |
| 印花税 | 1247 | 1300 | 1268 | 97.5% | 1.7% |
| 城镇土地使用税 | 1654 | 1900 | 1354 | 71.3% | -18.1% |
| 土地增值税 | 2432 | 2900 | 1889 | 65.1% | -22.3% |
| 车船税 | 2585 | 2870 | 2683 | 93.5% | 3.8% |
| 耕地占用税 | 249 | 1000 | 3262 | 326.2% | 1210.0% |
| 契税 | 14616 | 14700 | 14958 | 101.8% | 2.3% |
| 环境保护税 | 26 | 30 | 27 | 90.0% | 3.8% |
| 二、非税收入 | 39079 | 43810 | 41781 | 95.4% | 6.9% |

续表1

| 项　目 | 2018年决算数 | 2019年预算数 | 2019年执行数 | 完成预算的 | 比上年决算数+、- |
|---|---|---|---|---|---|
| 专项收入 | 15137 | 16470 | 18135 | 110.1% | 19.8% |
| 行政事业性收费收入 | 2605 | 4800 | 2112 | 44.0% | -18.9% |
| 罚没收入 | 12539 | 13940 | 13786 | 98.9% | 9.9% |
| 国有资源(资产)有偿使用收入 | 8798 | 8600 | 7748 | 90.1% | -11.9% |
| 一般公共预算收入合计 | 158312 | 170200 | 172940 | 101.6% | 9.2% |

注：1.企业所得税增长38.2%，主要是纳爱斯公司增收3951万元。

2.资源税增长77.8%，主要是新增一家丽水程翔矿业有限公司开始纳税。

3.土地增值税下降22.3%，主要是房地产行业和土地交易减少减收。

4.耕地占用税增长1210%，主要是一次性集中入库因素。

## 莲都区2019年一般公共预算支出执行情况表(草案)

表2　　单位：万元

| 科目名称 | 2018年决算数 | 2019年预算数 | 2019年调整预算数 | 2019年执行数 | 完成调整预算的 | 比上年决算数增长+、- |
|---|---|---|---|---|---|---|
| 一般公共预算支出合计 | 431969 | 453,800 | 512,800 | 515996 | 100.6% | 19.5% |
| 一般公共服务支出 | 42346 | 39,691 | 43,451 | 50357 | 115.9% | 18.9% |
| 人大事务 | 1361 | 1,429 | 1,576 | 1516 | 96.2% | 11.4% |
| 行政运行 | 1088 | 1,089 | 1,236 | 1251 | 101.2% | — |
| 一般行政管理事务 | 49 | 25 | 25 | 16 | 64.0% | — |
| 人大会议 | 74 | 113 | 113 | 76 | 67.3% | — |
| 人大监督 | 24 | 32 | 32 | 29 | 90.6% | — |
| 人大代表履职能力提升 | 35 | 50 | 50 | 39 | 78.0% | — |
| 代表工作 | 71 | 120 | 120 | 104 | 86.7% | — |
| 其他人大事务支出 | 20 | — | — | 1 | — | — |
| 政协事务 | 653 | 684 | 881 | 772 | 87.6% | 18.2% |
| 行政运行 | 484 | 470 | 660 | 572 | 86.7% | — |
| 政协会议 | 54 | 97 | 97 | 74 | 76.3% | — |
| 委员视察 | 12 | 40 | 40 | 35 | 87.5% | — |
| 参政议政 | 18 | 20 | 20 | 18 | 90.0% | — |
| 事业运行 | 29 | 15 | 22 | 37 | 168.2% | — |
| 其他政协事务支出 | 56 | 42 | 42 | 36 | 85.7% | — |

续表2

| 科目名称 | 2018年决算数 | 2019年预算数 | 2019年调整预算数 | 2019年执行数 | 完成调整预算的 | 比上年决算数增长+、- |
|---|---|---|---|---|---|---|
| 政府办公厅(室)及相关机构事务 | 20583 | 14,631 | 15,867 | 22923 | 144.5% | 11.4% |
| 行政运行 | 14985 | 9,041 | 10,149 | 16781 | 165.4% | — |
| 一般行政管理事务 | 499 | 8 | 8 | 87 | 1087.5% | — |
| 机关服务 | — | 8 | 8 | 304 | 3800.0% | — |
| 专项服务 | — | 404 | 404 | 356 | 88.1% | — |
| 专项业务活动 | 307 | 78 | 78 | 78 | 100.0% | — |
| 政务公开审批 | 345 | 698 | 698 | 567 | 81.2% | — |
| 法制建设 | 55 | — | 260 | 0 | 0.0% | — |
| 信访事务 | 232 | 260 | 1,036 | 365 | 35.2% | — |
| 事业运行 | 839 | 848 | 3,226 | 985 | 30.5% | — |
| 其他政府办公厅(室)及相关机构事务支出 | 3321 | 3,226 | 15,867 | 3400 | 21.4% | — |
| 发展与改革事务 | 1015 | 1,517 | 1,784 | 1659 | 93.0% | 63.5% |
| 行政运行 | 607 | 597 | 789 | 680 | 86.2% | — |
| 社会事业发展规划 | 10 | 10 | 10 | 2 | 20.0% | — |
| 经济体制改革研究 | 11 | 15 | 15 | 10 | 66.7% | — |
| 物价管理 | 49 | — | — | 6 | — | — |
| 事业运行 | 253 | 254 | 329 | 330 | 100.3% | — |
| 其他发展与改革事务支出 | 85 | 641 | 641 | 631 | 98.4% | — |
| 统计信息事务 | 944 | 739 | 835 | 806 | 96.5% | -14.6% |
| 行政运行 | 435 | 313 | 371 | 353 | 95.2% | — |
| 专项统计业务 | 89 | 70 | 70 | 41 | 58.6% | — |
| 专项普查活动 | 109 | 100 | 100 | 101 | 101.0% | — |
| 统计抽样调查 | 15 | 15 | 15 | 15 | 100.0% | — |
| 事业运行 | 256 | 241 | 279 | 296 | 106.1% | — |
| 其他统计信息事务支出 | 40 | — | — | — | — | — |
| 财政事务 | 2155 | 2,434 | 2,697 | 2654 | 98.4% | 23.2% |
| 行政运行 | 1210 | 1,149 | 1,341 | 1352 | 100.8% | — |
| 一般行政管理事务 | 15 | 24 | 24 | 180 | 750.0% | — |
| 信息化建设 | 58 | 10 | 10 | 7 | 70.0% | — |
| 财政委托业务支出 | 339 | 587 | 587 | 436 | 74.3% | — |

续表2

| 科目名称 | 2018年决算数 | 2019年预算数 | 2019年调整预算数 | 2019年执行数 | 完成调整预算的 | 比上年决算数增长+、- |
|---|---|---|---|---|---|---|
| 事业运行 | 326 | 373 | 444 | 452 | 101.8% | — |
| 其他财政事务支出 | 207 | 291 | 291 | 227 | 78.0% | — |
| 税收事务 | 920 | 2,485 | 2,485 | 2584 | 104.0% | 180.9% |
| 行政运行 | | 1,685 | 1,685 | 1784 | 105.9% | — |
| 其他税收事务支出 | 920 | 800 | 800 | 800 | 100.0% | — |
| 审计事务 | 603 | 564 | 639 | 635 | 99.4% | 5.3% |
| 行政运行 | 299 | 287 | 346 | 325 | 93.9% | — |
| 审计业务 | 182 | 135 | 135 | 149 | 110.4% | — |
| 事业运行 | 122 | 142 | 158 | 161 | 101.9% | — |
| 人力资源事务 | 348 | 359 | 397 | 391 | 98.5% | 12.4% |
| 行政运行 | 231 | 234 | 271 | 267 | 98.5% | — |
| 事业运行 | 38 | 44 | 48 | 47 | 97.9% | — |
| 其他人力资源事务支出 | 79 | 81 | 78 | 77 | 98.7% | — |
| 纪检监察事务 | 1112 | 1,221 | 1,385 | 1405 | 101.4% | 26.4% |
| 行政运行 | 949 | 973 | 1,131 | 1098 | 97.1% | — |
| 事业运行 | 27 | 27 | 33 | 30 | 90.9% | — |
| 其他纪检监察事务支出 | 136 | 221 | 221 | 277 | 125.3% | — |
| 商贸事务 | 1098 | 1,192 | 1,346 | 1300 | 96.6% | 18.4% |
| 行政运行 | 663 | 646 | 750 | 729 | 97.2% | — |
| 招商引资 | 109 | 125 | 125 | 97 | 77.6% | — |
| 事业运行 | 249 | 235 | 285 | 282 | 99.0% | — |
| 其他商贸事务支出 | 77 | 186 | 186 | 192 | 103.2% | — |
| 民族事务 | 119 | 309 | 309 | 159 | 51.5% | 33.6% |
| 行政运行 | 4 | 39 | 39 | 37 | 94.9% | — |
| 民族工作专项 | 115 | 265 | 265 | 115 | 43.4% | — |
| 事业运行 | — | 5 | 5 | 7 | 140.0% | — |
| 港澳台事务 | 109 | 117 | 117 | 98 | 83.8% | -10.1% |
| 行政运行 | 34 | 41 | 41 | 40 | 97.6% | — |
| 港澳事务 | — | 20 | 20 | 20 | 100.0% | — |
| 台湾事务 | 34 | 35 | 35 | 11 | 31.4% | — |

续表2

| 科目名称 | 2018年决算数 | 2019年预算数 | 2019年调整预算数 | 2019年执行数 | 完成调整预算的 | 比上年决算数增长+、- |
|---|---|---|---|---|---|---|
| 其他港澳台事务支出 | 41 | 21 | 21 | 27 | 128.6% | — |
| 档案事务 | 385 | 364 | 387 | 380 | 98.2% | -1.3% |
| 行政运行 | 223 | 196 | 219 | 223 | 101.8% | — |
| 档案馆 | 162 | 168 | 168 | 157 | 93.5% | — |
| 民主党派及工商联事务 | 230 | 221 | 234 | 187 | 79.9% | -18.7% |
| 行政运行 | 153 | 149 | 162 | 146 | 90.1% | — |
| 其他民主党派及工商联事务支出 | 77 | 72 | 72 | 41 | 56.9% | — |
| 群众团体事务 | 1119 | 1,078 | 1,191 | 1183 | 99.3% | 5.7% |
| 行政运行 | 464 | 486 | 598 | 574 | 96.0% | — |
| 厂务公开 | 4 | — | — | — | — | — |
| 工会疗养休养 | 21 | — | — | — | — | — |
| 事业运行 | 41 | 50 | 51 | 54 | 105.9% | — |
| 其他群众团体事务支出 | 589 | 542 | 542 | 555 | 102.4% | — |
| 党委办公厅(室)及相关机构事务 | 2694 | 2,573 | 2,661 | 2714 | 102.0% | 0.7% |
| 行政运行 | 2229 | 2,242 | 2,189 | 2214 | 101.1% | — |
| 专项业务 | 1 | — | — | — | — | — |
| 事业运行 | 425 | 331 | 472 | 478 | 101.3% | — |
| 其他党委办公厅(室)及相关机构事务支出 | 39 | — | — | 22 | — | — |
| 组织事务 | 2117 | 2,164 | 2,287 | 2766 | 120.9% | 30.7% |
| 行政运行 | 528 | 504 | 614 | 648 | 105.5% | — |
| 事业运行 | 59 | 55 | 68 | 70 | 102.9% | — |
| 其他组织事务支出 | 1530 | 1,605 | 1,605 | 2048 | 127.6% | — |
| 宣传事务 | 482 | 543 | 628 | 633 | 100.8% | 31.3% |
| 一般行政管理事务 | — | — | — | 6 | — | — |
| 行政运行 | 354 | 354 | 421 | 412 | 97.9% | — |
| 事业运行 | 113 | 146 | 164 | 163 | 99.4% | — |
| 其他宣传事务支出 | 15 | 43 | 43 | 52 | 120.9% | — |
| 统战事务 | 427 | 277 | 363 | 376 | 103.6% | -11.9% |
| 行政运行 | 230 | 171 | 255 | 272 | 106.7% | — |
| 一般行政管理事务 | 25 | 20 | 20 | 20 | 100.0% | — |

续表2

| 科目名称 | 2018年决算数 | 2019年预算数 | 2019年调整预算数 | 2019年执行数 | 完成调整预算的 | 比上年决算数增长+、- |
|---|---|---|---|---|---|---|
| 宗教事务 | 20 | 41 | 41 | 39 | 95.1% | — |
| 事业运行 | 14 | — | 2 | — | 0.0% | — |
| 其他统战事务支出 | 138 | 45 | 45 | 45 | 100.0% | — |
| 其他共产党事务支出 | 944 | 1,143 | 1,284 | 1298 | 101.1% | 37.5% |
| 行政运行 | 553 | 727 | 853 | 867 | 101.6% | — |
| 事业运行 | 96 | 83 | 98 | 101 | 103.1% | — |
| 其他共产党事务支出 | 295 | 333 | 333 | 330 | 99.1% | — |
| 市场监督管理事务 | 3195 | 3,587 | 4,038 | 3858 | 95.5% | 20.8% |
| 行政运行 | 2292 | 2,295 | 2,685 | 2622 | 97.7% | — |
| 一般行政管理事务 | 155 | 43 | 43 | 40 | 93.0% | — |
| 市场监督管理专项 | 311 | 452 | 452 | 300 | 66.4% | — |
| 市场监管执法 | 40 | 70 | 70 | 34 | 48.6% | — |
| 消费者权益保护 | 7 | 7 | 7 | 7 | 100.0% | — |
| 信息化建设 | 8 | 35 | 35 | 30 | 85.7% | — |
| 认证认可监督管理 | — | 43 | 43 | — | 0.0% | — |
| 标准化管理 | — | 15 | 15 | — | 0.0% | — |
| 化妆品事务 | — | 8 | 8 | 8 | 100.0% | — |
| 事业运行 | 255 | 257 | 318 | 301 | 94.7% | — |
| 其他市场监督管理事务 | 127 | 362 | 362 | 516 | 142.5% | — |
| 其他一般公共服务支出 | 153 | 60 | 60 | 60 | 100.0% | -60.8% |
| 其他一般公共服务支出 | 153 | 60 | 60 | 60 | 100.0% | — |
| 公共安全支出 | 24457 | 26,584 | 28918 | 28798 | 99.6% | 17.8% |
| 教育支出 | 62079 | 59,851 | 75,106 | 72834 | 97.0% | 17.3% |
| 教育管理事务 | 3156 | 12,520 | 12,918 | 4626 | 35.8% | 46.6% |
| 行政运行 | 405 | 406 | 458 | 423 | 92.4% | — |
| 其他教育管理事务支出 | 2751 | 12,114 | 12,460 | 4203 | 33.7% | — |
| 普通教育 | 57865 | 43,924 | 58,689 | 67153 | 114.4% | 16.1% |
| 学前教育 | 7649 | 5,534 | 6,215 | 5496 | 88.4% | — |
| 小学教育 | 33530 | 25,590 | 37,006 | 42308 | 114.3% | — |
| 初中教育 | 16338 | 12,216 | 14,884 | 18434 | 123.9% | — |

续表2

| 科目名称 | 2018年决算数 | 2019年预算数 | 2019年调整预算数 | 2019年执行数 | 完成调整预算的 | 比上年决算数增长+、- |
|---|---|---|---|---|---|---|
| 其他普通教育支出 | 348 | 584 | 584 | 915 | 156.7% | — |
| 职业教育 | — | 12 | 12 | 12 | 100.0% | — |
| 其他职业教育支出 | — | 12 | 12 | 12 | 100.0% | — |
| 成人教育 | 48 | 39 | 39 | 38 | 97.4% | -20.8% |
| 其他成人教育支出 | 48 | 39 | 39 | 38 | 97.4% | — |
| 特殊教育 | 19 | 19 | 19 | 19 | 100.0% | 0.0% |
| 其他特殊教育支出 | 19 | 19 | 19 | 19 | 100.0% | — |
| 进修及培训 | 917 | 3,307 | 3,399 | 948 | 27.9% | 3.4% |
| 教师进修 | 552 | 2,958 | 2,998 | 519 | 17.3% | — |
| 干部教育 | 365 | 349 | 401 | 429 | 107.0% | — |
| 教育费附加安排的支出 | 59 | — | — | — | — | — |
| 其他教育费附加安排的支出 | 59 | — | — | — | — | — |
| 其他教育支出(款) | 15 | 30 | 30 | 38 | 126.7% | 153.3% |
| 其他教育支出(项) | 15 | 30 | 30 | 38 | 126.7% | — |
| 科学技术支出 | 8546 | 8,684 | 8,778 | 10360 | 118.0% | 21.2% |
| 科学技术管理事务 | 381 | 343 | 412 | 400 | 97.1% | 5.0% |
| 行政运行 | 176 | 202 | 246 | 250 | 101.6% | — |
| 一般行政管理事务 | 19 | — | — | — | — | — |
| 其他科学技术管理事务支出 | 186 | 141 | 166 | 150 | 90.4% | — |
| 技术研究与开发 | 7949 | 8,135 | 8,135 | 8587 | 105.6% | 8.0% |
| 应用技术研究与开发 | 499 | — | — | 70 | — | — |
| 科技成果转化与扩散 | 450 | 915 | 915 | 815 | 89.1% | — |
| 其他技术研究与开发支出 | 7000 | 7,220 | 7,220 | 7702 | 106.7% | — |
| 社会科学 | 2 | 0 | — | — | — | — |
| 社会科学研究 | 2 | — | — | — | — | — |
| 科学技术普及 | 186 | 178 | 203 | 325 | 160.1% | 74.7% |
| 机构运行 | 108 | 109 | 134 | 133 | 99.3% | — |
| 科普活动 | 57 | 55 | 55 | 179 | 325.5% | — |
| 青少年科技活动 | 2 | 4 | 4 | 3 | 75.0% | — |
| 其他科学技术普及支出 | 19 | 10 | 10 | 10 | 100.0% | — |

续表2

| 科目名称 | 2018年决算数 | 2019年预算数 | 2019年调整预算数 | 2019年执行数 | 完成调整预算的 | 比上年决算数增长+、- |
|---|---|---|---|---|---|---|
| 其他科学技术支出 | 28 | 28 | 28 | 1048 | 3742.9% | 3642.9% |
| 其他科学技术支出 | 28 | 28 | 28 | 1048 | 3742.9% | — |
| 文化旅游体育与传媒支出 | 9955 | 10,597 | 11,156 | 10066 | 90.2% | 1.1% |
| 文化和旅游 | 3750 | 4,290 | 4,772 | 7781 | 163.1% | 107.5% |
| 行政运行 | 461 | 818 | 906 | 930 | 102.7% | — |
| 一般行政管理事务 | — | 43 | 43 | 97 | 225.6% | — |
| 图书馆 | 559 | 483 | 493 | 532 | 107.9% | — |
| 文化活动 | 68 | 127 | 127 | 129 | 101.6% | — |
| 群众文化 | 2147 | 2,067 | 2,406 | 2405 | 100.0% | — |
| 文化创作与保护 | 64 | 92 | 92 | 92 | 100.0% | — |
| 文化和旅游市场管理 | 25 | 20 | 20 | 18 | 90.0% | — |
| 旅游行业业务管理 | — | 20 | 20 | 20 | 100.0% | — |
| 其他文化和旅游支出 | 420 | 620 | 665 | 3558 | 535.0% | — |
| 文物 | 152 | 1,302 | 1,320 | 188 | 14.2% | 23.7% |
| 文物保护 | 152 | 1,302 | 1,320 | 188 | 14.2% | |
| 体育 | 188 | 113 | 113 | 113 | 100.0% | -39.9% |
| 群众体育 | 128 | 58 | 58 | 58 | 100.0% | — |
| 其他体育支出 | 60 | 55 | 55 | 55 | 100.0% | — |
| 新闻出版电影 | 893 | 24 | 24 | — | 0.0% | — |
| 其他新闻出版电影支出 | 893 | 24 | 24 | — | 0.0% | — |
| 广播电视 | 33 | 962 | 1,021 | 1099 | 107.6% | 3230.3% |
| 机关服务 | — | 8 | 8 | 42 | 525.0% | — |
| 广播 | 33 | 8 | 8 | 7 | 87.5% | — |
| 其他广播电视支出 | — | 946 | 1,005 | 1050 | 104.5% | — |
| 其他文化体育与传媒支出 | 4945 | 3,906 | 3,906 | 885 | 22.7% | -82.1% |
| 宣传文化发展专项支出 | | 628 | 628 | 604 | 96.2% | — |
| 文化产业发展专项支出 | 33 | 50 | 50 | 50 | 100.0% | — |
| 其他文化体育与传媒支出(项) | 4912 | 3,228 | 3,228 | 231 | 7.2% | — |
| 社会保障和就业支出 | 68682 | 84,164 | 73,869 | 80780 | 109.4% | 17.6% |
| 人力资源和社会保障管理事务 | 2450 | 2,796 | 3,025 | 2654 | 87.7% | 8.3% |

续表2

| 科目名称 | 2018年决算数 | 2019年预算数 | 2019年调整预算数 | 2019年执行数 | 完成调整预算的 | 比上年决算数增长+、- |
| --- | --- | --- | --- | --- | --- | --- |
| 行政运行 | 880 | 847 | 991 | 982 | 99.1% | — |
| 劳动保障监察 | 30 | 18 | 18 | 17 | 94.4% | — |
| 信息化建设 | 2 | 5 | 5 | 13 | 260.0% | — |
| 社会保险经办机构 | 402 | 429 | 509 | 460 | 90.4% | — |
| 劳动关系和维权 | 91 | 98 | 95 | 92 | 96.8% | — |
| 劳动人事争议调解仲裁 | 36 | 15 | 15 | 11 | 73.3% | — |
| 其他人力资源和社会保障管理事务支出 | 1009 | 1,384 | 1,392 | 890 | 63.9% | — |
| 民政管理事务 | 947 | 725 | 806 | 687 | 85.2% | -27.5% |
| 行政运行 | 248 | 241 | 288 | 276 | 95.8% | — |
| 民间组织管理 | 8 | 5 | 5 | 2 | 40.0% | — |
| 行政区划和地名管理 | 2 | 2 | 2 | — | 0.0% | — |
| 基层政权和社区建设 | 77 | 76 | 76 | 17 | 22.4% | — |
| 其他民政管理事务支出 | 612 | 401 | 435 | 392 | 90.1% | — |
| 行政事业单位离退休 | 19547 | 19,567 | 20,708 | 27457 | 132.6% | 40.5% |
| 归口管理的行政单位离退休 | 118 | 108 | 108 | 117 | 108.3% |  |
| 事业单位离退休 | — | — | — | 10 | — | — |
| 机关事业单位基本养老保险缴费支出 | 9784 | 9,965 | 10,044 | 8979 | 89.4% | — |
| 机关事业单位职业年金缴费支出 | 3871 | 3,963 | 3,995 | 3938 | 98.6% | — |
| 对机关事业单位基本养老保险基金的补助 | — | — | — | 7000 | — | — |
| 其他行政事业单位离退休支出 | 5774 | 5,531 | 6,561 | 7413 | 113.0% | — |
| 就业补助 | 1713 | 741 | 741 | 1576 | 212.7% | -8.0% |
| 就业创业服务补贴 | 247 | 50 | 50 | 385 | 770.0% | — |
| 职业培训补贴 | 295 | 100 | 100 | 250 | 250.0% | — |
| 社会保险补贴 | 959 | 292 | 292 | 472 | 161.6% | — |
| 公益性岗位补贴 | 120 | 150 | 150 | 300 | 200.0% | — |
| 就业见习补贴 | 34 | 100 | 100 | 20 | 20.0% | — |
| 求职创业补贴 | 1 | 4 | 4 | 4 | 100.0% | — |
| 其他就业补助支出 | 57 | 45 | 45 | 45 | 100.0% | — |
| 抚恤 | 2874 | 3,208 | 3,208 | 3126 | 97.4% | 8.8% |

续表2

| 科目名称 | 2018年决算数 | 2019年预算数 | 2019年调整预算数 | 2019年执行数 | 完成调整预算的 | 比上年决算数增长+、- |
|---|---|---|---|---|---|---|
| 死亡抚恤 | 118 | 182 | 182 | 42 | 23.1% | — |
| 伤残抚恤 | 478 | 565 | 565 | — | 0.0% | — |
| 在乡复员、退伍军人生活补助 | 536 | 563 | 563 | — | 0.0% | — |
| 优抚事业单位支出 | 2 | 2 | 2 | — | 0.0% | — |
| 义务兵优待 | 732 | 992 | 992 | 742 | 74.8% | — |
| 农村籍退役士兵老年生活补助 | 346 | 410 | 410 | 411 | 100.2% | — |
| 其他优抚支出 | 662 | 494 | 494 | 1931 | 390.9% | — |
| 退役安置 | 891 | 1,255 | 1,265 | 1086 | 85.9% | 21.9% |
| 退役士兵安置 | 478 | 604 | 604 | 426 | 70.5% | — |
| 军队移交政府的离退休人员安置 | 265 | 440 | 450 | 449 | 99.8% | — |
| 军队移交政府离退休干部管理机构 | 82 | 171 | 171 | 171 | 100.0% | — |
| 退役士兵管理教育 | 66 | 40 | 40 | 40 | 100.0% | — |
| 社会福利 | 1385 | 1,626 | 1,712 | 2087 | 121.9% | 50.7% |
| 儿童福利 | 549 | 588 | 633 | 690 | 109.0% | — |
| 老年福利 | 725 | 910 | 940 | 772 | 82.1% | — |
| 殡葬 | 111 | 128 | 139 | 130 | 93.5% | — |
| 其他社会福利支出 | — | — | — | 495 | — | — |
| 残疾人事业 | 3790 | 3,956 | 3,996 | 4663 | 116.7% | 23.0% |
| 行政运行 | 140 | 152 | 181 | 181 | 100.0% | — |
| 残疾人康复 | 149 | 33 | 33 | 31 | 93.9% | — |
| 残疾人就业和扶贫 | 216 | 200 | 200 | 200 | 100.0% | — |
| 残疾人体育 | 14 | 20 | 20 | 16 | 80.0% | — |
| 残疾人生活和护理补贴 | 2401 | 2,636 | 2,636 | 2621 | 99.4% | — |
| 其他残疾人事业支出 | 870 | 915 | 926 | 1614 | 174.3% | — |
| 红十字事业 | 121 | 112 | 122 | 130 | 106.6% | 7.4% |
| 行政运行 | 86 | 87 | 97 | 104 | 107.2% | — |
| 其他红十字事业支出 | 35 | 25 | 25 | 26 | 104.0% | — |
| 最低生活保障 | 4481 | 5,851 | 5,851 | 5538 | 94.7% | 23.6% |
| 城市最低生活保障金支出 | 419 | 480 | 480 | 459 | 95.6% | — |
| 农村最低生活保障金支出 | 4062 | 5,371 | 5,371 | 5079 | 94.6% | — |

续表2

| 科目名称 | 2018年决算数 | 2019年预算数 | 2019年调整预算数 | 2019年执行数 | 完成调整预算的 | 比上年决算数增长+、- |
|---|---|---|---|---|---|---|
| 临时救助 | 320 | 381 | 381 | 551 | 144.6% | 72.2% |
| 临时救助支出 | 320 | 376 | 376 | 551 | 146.5% | — |
| 流浪乞讨人员救助支出 | — | 5 | 5 | — | 0.0% | — |
| 特困人员救助供养 | 488 | 726 | 726 | 723 | 99.6% | 48.2% |
| 农村特困人员救助供养支出 | 488 | 726 | 726 | 723 | 99.6% | — |
| 其他生活救助 | 189 | 216 | 216 | 215 | 99.5% | 13.8% |
| 其他城市生活救助 | — | — | — | — | — | — |
| 其他农村生活救助 | 189 | 216 | 216 | 215 | 99.5% | |
| 财政对基本养老保险基金的补助 | 21058 | 23,004 | 23,004 | 23004 | 100.0% | 9.2% |
| 财政对城乡居民基本养老保险基金的补助 | 8428 | 8,905 | 8,905 | 8905 | 100.0% | — |
| 财政对其他基本养老保险基金的补助 | 12630 | 14,099 | 14,099 | 14099 | 100.0% | — |
| 退役军人管理事务 | 42 | 124 | 142 | 282 | 198.6% | 571.4% |
| 行政运行 | — | — | 7 | 65 | 928.6% | — |
| 一般行政管理事务 | — | — | — | 11 | — | — |
| 拥军优属 | 42 | 93 | 93 | 165 | 177.4% | — |
| 事业运行 | — | 31 | 42 | 21 | 50.0% | — |
| 其他退役军人事务管理支出 | — | — | — | 20 | — | — |
| 其他社会保障和就业支出(款) | 8313 | 19,876 | 7,966 | 7190 | 90.3% | -13.5% |
| 其他社会保障和就业支出(项) | 8313 | 19,876 | 7,966 | 7190 | 90.3% | — |
| 卫生健康支出 | 60701 | 63,710 | 65,352 | 65566 | 100.3% | 8.0% |
| 卫生健康管理事务 | 1010 | 1,219 | 1,412 | 1318 | 93.3% | 30.5% |
| 行政运行 | 658 | 713 | 879 | 805 | 91.6% | — |
| 其他卫生健康管理事务支出 | 352 | 506 | 533 | 513 | 96.3% | — |
| 公立医院 | 1331 | 2,454 | 2,453 | 2506 | 102.2% | 88.3% |
| 综合医院 | 1331 | 2,454 | 2,453 | 2506 | 102.2% | — |
| 基层医疗卫生机构 | 5848 | 5,592 | 6,810 | 7065 | 103.7% | 20.8% |
| 城市社区卫生机构 | 2147 | 2,150 | 2,150 | 2683 | 124.8% | — |
| 乡镇卫生院 | 3649 | 3,442 | 4,660 | 4379 | 94.0% | — |
| 其他基层医疗卫生机构支出 | 52 | — | — | 3 | — | — |

续表2

| 科目名称 | 2018年决算数 | 2019年预算数 | 2019年调整预算数 | 2019年执行数 | 完成调整预算的 | 比上年决算数增长+、- |
|---|---|---|---|---|---|---|
| 公共卫生 | 3394 | 3,827 | 3,875 | 4360 | 112.5% | 28.5% |
| 卫生监督机构 | 18 | 15 | 15 | 15 | 100.0% | — |
| 基本公共卫生服务 | 2170 | 2,399 | 2,399 | 2369 | 98.8% | — |
| 重大公共卫生专项 | 552 | 686 | 686 | 655 | 95.5% | — |
| 突发公共卫生事件应急处理 | 22 | 1 | 1 | 1 | 100.0% | — |
| 其他公共卫生支出 | 632 | 726 | 774 | 1320 | 170.5% | — |
| 中医药 | 53 | 80 | 80 | 70 | 87.5% | 32.1% |
| 中医(民族医)药专项 | 53 | 80 | 80 | 70 | 87.5% | — |
| 计划生育事务 | 1740 | 1,612 | 1,695 | 1590 | 93.8% | -8.6% |
| 计划生育服务 | 442 | 417 | 417 | 417 | 100.0% | — |
| 其他计划生育事务支出 | 1298 | 1,195 | 1,278 | 1173 | 91.8% | — |
| 行政事业单位医疗 | 9252 | 11,678 | 11,764 | 11204 | 95.2% | 21.1% |
| 行政单位医疗 | 3524 | 5,751 | 5,729 | 5590 | 97.6% | — |
| 事业单位医疗 | 5728 | 5,927 | 6,035 | 5614 | 93.0% | — |
| 财政对基本医疗保险基金的补助 | 33708 | 33,103 | 33,103 | 33103 | 100.0% | -1.8% |
| 财政对城乡居民基本医疗保险基金的补助 | 33483 | 33,103 | 33,103 | 33103 | 100.0% | — |
| 财政对其他基本医疗保险基金的补助 | 225 | — | — | — | — | — |
| 医疗救助 | 3000 | 2,987 | 2,987 | 2987 | 100.0% | -0.4% |
| 城乡医疗救助 | 3000 | 2,984 | 2,984 | 2984 | 100.0% | — |
| 其他医疗救助支出 | — | 3 | 3 | 3 | 100.0% | — |
| 优抚对象医疗 | 110 | 315 | 315 | 300 | 95.2% | 172.7% |
| 优抚对象医疗补助 | 110 | 315 | 315 | 296 | 94.0% | — |
| 其他医疗救助支出 | — | — | — | 3 | — | — |
| 医疗保障管理事务 | — | — | 7 | 169 | 2414.3% | — |
| 行政运行 | — | — | 7 | 93 | 1328.6% | — |
| 一般行政管理事务 | — | — | — | 54 | — | — |
| 事业运行 | — | — | — | 22 | — | — |
| 老龄卫生健康支出 | 214 | 164 | 172 | 188 | 109.3% | -12.2% |
| 老龄卫生健康支出 | 214 | 164 | 172 | 188 | 109.3% | — |
| 其他医疗卫生与计划生育支出 | 621 | 679 | 679 | 706 | 104.0% | 13.7% |

续表2

| 科目名称 | 2018年决算数 | 2019年预算数 | 2019年调整预算数 | 2019年执行数 | 完成调整预算的 | 比上年决算数增长+、- |
|---|---|---|---|---|---|---|
| 其他医疗卫生与计划生育支出 | 621 | 679 | 679 | 706 | 104.0% | — |
| 节能环保支出 | 8700 | 7,559 | 7,559 | 10309 | 136.4% | 18.5% |
| 环境监测与监察 | 10 | 510 | 510 | 86 | 16.9% | 760.0% |
| 建设项目环评审查与监督 | 10 | 10 | 10 | 10 | 100.0% | — |
| 其他环境监测与监察支出 |  | 500 | 500 | 76 | 15.2% | — |
| 污染防治 | 644 | 640 | 640 | 1049 | 163.9% | 62.9% |
| 水体 | 500 | 640 | 640 | 1049 | 163.9% | — |
| 其他污染防治支出 | 144 | — | — | — | — | — |
| 自然生态保护 | 2430 | 40 | 40 | 20 | 50.0% | –99.2% |
| 生态保护 | 20 | 20 | 20 | 20 | 100.0% | — |
| 农村环境保护 | 2400 | — | — | — | — | — |
| 其他自然生态保护支出 | 10 | 20 | 20 | — | 0.0% | — |
| 天然林保护 | 133 | 158 | 158 | 259 | 163.9% | 94.7% |
| 停伐补助 | 133 | 158 | 158 | 259 | 163.9% | — |
| 污染减排 | 136 | 70 | 70 | 70 | 100.0% | –48.5% |
| 减排专项支出 | 20 | 20 | 20 | 20 | 100.0% | — |
| 其他污染减排支出 | 116 | 50 | 50 | 50 | 100.0% | — |
| 可再生能源(款) | 40 | 0 | — | 23 | — | –42.5% |
| 可再生能源(项) | 40 | — | — | 23 | — | — |
| 能源管理事务 | — | — | — | 13 | — | — |
| 其他能源管理事务支出 | — | — | — | 13 | — | — |
| 其他节能环保支出(款) | 5307 | 6,141 | 6,141 | 8789 | 143.1% | 65.6% |
| 其他节能环保支出(项) | 5307 | 6,141 | 6,141 | 8789 | 143.1% | — |
| 城乡社区支出 | 45111 | 43,736 | 75,212 | 73121 | 97.2% | 62.1% |
| 城乡社区管理事务 | 5362 | 4,923 | 5,133 | 4865 | 94.8% | –9.3% |
| 行政运行 | 2951 | 1,281 | 1,352 | 1369 | 101.3% | — |
| 一般行政管理事务 | 42 | 15 | 15 | 15 | 100.0% | — |
| 城管执法 | 669 | 143 | 143 | 169 | 118.2% | — |
| 住宅建设与房地产市场监管 | 52 | 747 | 757 | 58 | 7.7% | — |
| 其他城乡社区管理事务支出 | 1648 | 2,737 | 2,866 | 3254 | 113.5% | — |

续表2

| 科目名称 | 2018年决算数 | 2019年预算数 | 2019年调整预算数 | 2019年执行数 | 完成调整预算的 | 比上年决算数增长+、- |
|---|---|---|---|---|---|---|
| 城乡社区规划与管理(款) | 3409 | 1,277 | 1,372 | 1336 | 97.4% | -60.8% |
| 城乡社区规划与管理(项) | 3409 | 1,277 | 1,372 | 1336 | 97.4% | — |
| 城乡社区公共设施 | 66 | 0 | — | 72 | — | 9.1% |
| 其他城乡社区公共设施支出 | 66 | — | — | 72 | — | — |
| 城乡社区环境卫生(款) | 8194 | 17,794 | 17,993 | 12530 | 69.6% | 52.9% |
| 城乡社区环境卫生(项) | 8194 | 17,794 | 17,993 | 12530 | 69.6% | — |
| 建设市场管理与监督(款) | 188 | 161 | 133 | 164 | 123.3% | -12.8% |
| 建设市场管理与监督(项) | 188 | 161 | 133 | 164 | 123.3% | — |
| 其他城乡社区支出(款) | 27892 | 19,581 | 50,581 | 54154 | 107.1% | 94.2% |
| 其他城乡社区支出(项) | 27892 | 19,581 | 50,581 | 54154 | 107.1% | — |
| 农林水支出 | 60108 | 41,208 | 43,055 | 60858 | 141.4% | 1.3% |
| 农业 | 13600 | 16,588 | 17,815 | 20835 | 117.0% | 53.2% |
| 行政运行 | 1151 | 1,311 | 1,543 | 1556 | 100.8% | — |
| 事业运行 | 3832 | 3,679 | 4,683 | 4641 | 99.1% | — |
| 科技转化与推广服务 | 40 | 64 | 64 | 59 | 92.2% | — |
| 病虫害控制 | 549 | 2,026 | 2,026 | 2036 | 100.5% | — |
| 农产品质量安全 | 85 | 483 | 483 | 483 | 100.0% | — |
| 执法监管 | — | 15 | 15 | 15 | 100.0% | — |
| 统计监测与信息服务 | — | 15 | 15 | 15 | 100.0% | — |
| 农业行业业务管理 | 44 | 83 | 83 | 68 | 81.9% | — |
| 防灾救灾 | 35 | 88 | 88 | 28 | 31.8% | — |
| 农业生产支持补贴 | 214 | 824 | 824 | 537 | 65.2% | — |
| 农产品加工与促销 | 122 | 135 | 135 | 135 | 100.0% | — |
| 农村公益事业 | 1064 | 882 | 882 | 420 | 47.6% | — |
| 农业资源保护修复与利用 | 333 | 151 | 151 | 319 | 211.3% | — |
| 成品油价格改革对渔业的补贴 | 282 | 45 | 45 | 45 | 100.0% | — |
| 对高校毕业生到基层任职补助 | 114 | 53 | 44 | 38 | 86.4% | — |
| 其他农业支出 | 5735 | 6,734 | 6,734 | 10440 | 155.0% | — |
| 林业和草原 | 8100 | 8,639 | 9,009 | 9774 | 108.5% | 20.7% |
| 行政运行 | 629 | 618 | 715 | 799 | 111.8% | — |

续表2

| 科目名称 | 2018年决算数 | 2019年预算数 | 2019年调整预算数 | 2019年执行数 | 完成调整预算的 | 比上年决算数增长+、- |
|---|---|---|---|---|---|---|
| 一般行政管理事务 | 25 | 2 | 2 | 2 | 100.0% | — |
| 事业机构 | 1512 | 1,528 | 1,801 | 1753 | 97.3% | — |
| 森林培育 | 441 | 289 | 289 | 247 | 85.5% | — |
| 技术推广与转化 | 8 | 13 | 13 | 13 | 100.0% | — |
| 森林资源管理 | 14 | 66 | 66 | 57 | 86.4% | — |
| 森林资源监测 | 36 | — | — | — | — | — |
| 森林生态效益补偿 | 3078 | 3,073 | 3,073 | 3073 | 100.0% | — |
| 自然保护区等管理 | 22 | 30 | 30 | — | 0.0% | — |
| 动植物保护 | 27 | — | — | — | — | — |
| 执法与监督 | 14 | 53 | 53 | 53 | 100.0% | — |
| 产业化管理 | 3 | — | — | — | — | — |
| 林区公共支出 | — | 300 | 300 | 260 | 86.7% | — |
| 贷款贴息 | 3 | — | — | — | — | — |
| 防灾减灾 | 1131 | 1,160 | 1,160 | 1745 | 150.4% | — |
| 其他林业和草原支出 | 1157 | 1,507 | 1,507 | 1772 | 117.6% | — |
| 水利 | 13725 | 6,615 | 6,865 | 8236 | 120.0% | -40.0% |
| 行政运行 | 712 | 712 | 814 | 785 | 96.4% | — |
| 水利行业业务管理 | 14 | — | — | 76 | — | — |
| 水资源节约管理与保护 | — | — | — | 2 | — | — |
| 水利工程建设 | 3434 | — | — | — | — | — |
| 水利工程运行与维护 | 50 | — | — | — | — | — |
| 水利前期工作 | 6 | — | — | — | — | — |
| 水文测报 | 198 | 272 | 304 | 291 | 95.7% | — |
| 防汛 | 457 | 100 | 100 | 71 | 71.0% | — |
| 水利技术推广 | 691 | 648 | 764 | 740 | 96.9% | — |
| 水利建设移民支出 | 615 | 668 | 668 | 843 | 126.2% | — |
| 其他水利支出 | 7548 | 4,215 | 4,215 | 5428 | 128.8% | — |
| 扶贫 | 10957 | 2,021 | 2,021 | 4796 | 237.3% | -56.2% |
| 农村基础设施建设 | 1111 | — | — | — | — | — |
| 社会发展 | 650 | 400 | 400 | 400 | 100.0% | — |

续表2

| 科目名称 | 2018年决算数 | 2019年预算数 | 2019年调整预算数 | 2019年执行数 | 完成调整预算的 | 比上年决算数增长+、- |
|---|---|---|---|---|---|---|
| 其他扶贫支出 | 9196 | 1,621 | 1,621 | 4396 | 271.2% | — |
| 农业综合开发 | 1762 | 73 | 73 | 51 | 69.9% | -97.1% |
| 机构运行 | 89 | 73 | 73 | 51 | 69.9% | — |
| 土地治理 | 200 | — | — | — | — | — |
| 产业化发展 | 15 | — | — | — | — | — |
| 其他农业综合开发支出 | 1458 | — | — | — | — | — |
| 农村综合改革 | 9439 | 6,032 | 6,032 | 7287 | 120.8% | -22.8% |
| 对村级一事一议的补助 | 3450 | 2,341 | 2,341 | 2715 | 116.0% | — |
| 对村民委员会和村党支部的补助 | 3481 | 3,661 | 3,661 | 4040 | 110.4% | — |
| 其他农村综合改革支出 | 2508 | 30 | 30 | 532 | 1773.3% | — |
| 普惠金融发展支出 | — | — | — | 63 | — | — |
| 农业保险保费补贴 | — | — | — | 63 | — | — |
| 其他农林水支出 | 2525 | 1,240 | 1,240 | 9816 | 791.6% | 288.8% |
| 其他农林水支出 | 2525 | 1,240 | 1,240 | 9816 | 791.6% | — |
| 交通运输支出 | 8083 | 10,412 | 17,560 | 18238 | 103.9% | 125.6% |
| 公路水路运输 | 5555 | 7,891 | 15,005 | 15663 | 104.4% | 182.0% |
| 行政运行 | 333 | 319 | 370 | 342 | 92.4% | — |
| 公路建设 | — | — | — | 7312 | — | — |
| 公路养护 | — | — | 7,000 | 928 | 13.3% | — |
| 其他公路水路运输支出 | 5222 | 7,572 | 7,635 | 7081 | 92.7% | — |
| 铁路运输 | 318 | 444 | 478 | 458 | 95.8% | 44.0% |
| 其他铁路运输支出 | 318 | 444 | 478 | 458 | 95.8% | — |
| 车辆购置税支出 | 1204 | 2,077 | 2,077 | 2077 | 100.0% | 72.5% |
| 车辆购置税用于公路等基础设施建设支出 | 1204 | — | — | 276 | — | — |
| 车辆购置税用于农村公路建设支出 | — | 2,077 | 2,077 | 1801 | 86.7% | — |
| 其他交通运输支出(款) | 1006 | 0 | — | 40 | — | -96.0% |
| 其他交通运输支出(项) | 1006 | — | — | 40 | — | — |
| 资源勘探信息等支出 | 6339 | 6,239 | 6,245 | 4116 | 65.9% | -35.1% |
| 工业和信息产业监管 | — | 24 | 24 | 81 | 337.5% | — |
| 工业和信息产业支持 | — | 24 | 24 | 75 | 312.5% | — |

续表2

| 科目名称 | 2018年决算数 | 2019年预算数 | 2019年调整预算数 | 2019年执行数 | 完成调整预算的 | 比上年决算数增长+、- |
| --- | --- | --- | --- | --- | --- | --- |
| 其他工业和信息产业监管支出 | — | — | — | 6 | — | — |
| 国有资产监管 | — | — | 6 | 53 | 883.3% | — |
| 行政运行 | — | — | — | 51 | — | — |
| 其他国有资产监管支出 | — | — | 6 | 2 | 33.3% | — |
| 支持中小企业发展和管理支出 | 5608 | 6,215 | 6,215 | 3982 | 64.1% | -29.0% |
| 中小企业发展专项 | 5608 | 6,215 | 6,215 | 3982 | 64.1% | — |
| 商业服务业等支出 | 4172 | 467 | 556 | 537 | 96.6% | -87.1% |
| 商业流通事务 | 609 | 427 | 516 | 513 | 99.4% | -15.8% |
| 行政运行 | 239 | 217 | 306 | 303 | 99.0% | — |
| 其他商业流通事务支出 | 370 | 210 | 210 | 210 | 100.0% | — |
| 旅游业管理与服务支出 | 2862 | — | — | — | — | — |
| 行政运行 | 217 | — | — | — | — | — |
| 其他旅游业管理与服务支出 | 2645 | — | — | — | — | — |
| 涉外发展服务支出 | 401 | 40 | 40 | 24 | 60.0% | -94.0% |
| 其他涉外发展服务支出 | 401 | 40 | 40 | 24 | 60.0% | — |
| 其他商业服务业等支出 | 300 | 0 | — | — | — | — |
| 服务业基础设施建设 | — | — | — | — | — | — |
| 其他商业服务业等支出 | 300 | — | — | — | — | — |
| 金融支出 | 60 | 30 | 30 | 30 | 100.0% | -50.0% |
| 金融部门监管支出 | 60 | 30 | 30 | 30 | 100.0% | -50.0% |
| 金融部门其他监管支出 | 60 | 30 | 30 | 30 | 100.0% | — |
| 自然资源海洋气象等支出 | 3324 | 6,524 | 6,609 | 5660 | 85.6% | 70.3% |
| 自然资源事务 | 3324 | 6,524 | 6,609 | 5660 | 85.6% | 70.3% |
| 行政运行 | — | — | — | 3 | — | — |
| 土地资源利用与保护 | 2025 | 6,077 | 6,077 | 5173 | 85.1% | — |
| 国土资源社会公益服务 | — | 447 | 447 | — | 0.0% | — |
| 地质灾害防治 | 964 | — | — | — | — | — |
| 事业运行 | 329 | — | 85 | 464 | 545.9% | — |
| 其他自然资源事务支出 | 6 | — | — | 20 | — | — |
| 住房保障支出 | 10763 | 12,012 | 12,113 | 11184 | 92.3% | 3.9% |

续表2

| 科目名称 | 2018年决算数 | 2019年预算数 | 2019年调整预算数 | 2019年执行数 | 完成调整预算的 | 比上年决算数增长+、- |
|---|---|---|---|---|---|---|
| 保障性安居工程支出 | — | 1,039 | 1,039 | 187 | 18.0% | — |
| 农村危房改造 | — | 599 | 599 | — | 0.0% | — |
| 其他保障性安居工程支出 | — | 440 | 440 | 187 | 42.5% | — |
| 住房改革支出 | 10694 | 10,903 | 11,004 | 10938 | 99.4% | 2.3% |
| 住房公积金 | 10694 | 10,903 | 11,004 | 10938 | 99.4% | — |
| 城乡社区住宅 | 69 | 70 | 70 | 59 | 84.3% | -14.5% |
| 其他城乡社区住宅支出 | 69 | 70 | 70 | 59 | 84.3% | — |
| 粮油物资储备支出 | 180 | 547 | 547 | 558 | 102.0% | 210.0% |
| 粮油事务 | — | 16 | 16 | 28 | 175.0% | — |
| 粮食财务挂账利息补贴 | — | 16 | 16 | 28 | 175.0% | — |
| 粮油储备 | 180 | 500 | 500 | 500 | 100.0% | 177.8% |
| 储备粮油差价补贴 | 180 | 500 | 500 | 500 | 100.0% | — |
| 重要商品储备 | — | 31 | 31 | 30 | 96.8% | — |
| 肉类储备 | — | 31 | 31 | 30 | 96.8% | — |
| 灾害防治及应急管理支出 | 1929 | 2,004 | 2,241 | 3728 | 166.4% | 93.3% |
| 应急管理事务 | 731 | 689 | 868 | 1232 | 141.9% | 68.5% |
| 行政运行 | 472 | 339 | 502 | 603 | 120.1% | — |
| 安全监管 | 109 | 140 | 140 | 95 | 67.9% | — |
| 安全生产基础 | — | — | — | 13 | — | — |
| 事业运行 | — | 170 | 186 | 181 | 97.3% | — |
| 其他应急管理支出 | 150 | 40 | 40 | 340 | 850.0% | — |
| 消防事务 | 1125 | 1,098 | 1,156 | 1175 | 101.6% | 4.4% |
| 行政运行 | — | 788 | 846 | 846 | 100.0% | — |
| 一般行政管理事务 | — | 10 | 10 | 10 | 100.0% | — |
| 消防应急救援 | — | 132 | 132 | 132 | 100.0% | — |
| 其他消防事务支出 | 1125 | 168 | 168 | 187 | 111.3% | — |
| 自然灾害防治 | — | 138 | 138 | 953 | 690.6% | — |
| 地质灾害防治 | — | — | — | 875 | — | — |
| 其他自然灾害防治支出 | — | 138 | 138 | 78 | 56.5% | — |
| 自然灾害救灾及恢复重建支出 | 73 | 79 | 79 | 368 | 465.8% | 404.1% |

续表2

| 科目名称 | 2018年决算数 | 2019年预算数 | 2019年调整预算数 | 2019年执行数 | 完成调整预算的 | 比上年决算数增长+、- |
|---|---|---|---|---|---|---|
| 中央自然灾害生活补助 | 21 | — | — | — | — | — |
| 地方自然灾害生活补助 | 50 | 79 | 79 | 58 | 73.4% | — |
| 自然灾害救灾补助 | — | — | — | 291 | — | — |
| 自然灾害灾后重建补助 | — | — | — | 19 | — | — |
| 其他自然灾害生活补助支出 | 2 | — | — | — | — | — |
| 预备费 | — | 4,600 | 4600 | — | 0.0% | — |
| 其他支出(类) | 931 | 17,919 | 22,581 | 956 | 4.2% | 2.7% |
| 其他支出(款) | 931 | 9,330 | 9,330 | 956 | 10.3% | 2.7% |
| 其他支出(项) | 931 | 9,330 | 13,992 | 956 | 6.8% | — |
| 年初预留 | — | 8,589 | 8589 | — | 0.0% | — |
| 债务付息支出 | 6027 | 7,251 | 7,251 | 7890 | 108.8% | 30.9% |
| 地方政府一般债务付息支出 | 6027 | 7,251 | 7,251 | 7890 | 108.8% | 30.9% |
| 地方政府一般债券付息支出 | 6027 | 7,251 | 7,251 | 7890 | 108.8% | — |
| 债务发行费用支出 | 41 | 11 | 11 | 50 | 454.6% | 22.0% |
| 地方政府一般债务发行费用支出 | 41 | 11 | 11 | 50 | 454.6% | 22.0% |

注:1.科学技术支出增长21.2 %,主要是优化财政科技资金配置,列支科技创新活动事后扶持资金600.6万元,“浙江省2019年全国科普日主场活动暨2019年丽水(莲都)科普艺术节”专项经费120万元,区校战略合作专项资金200万元。

2.城乡社区支出增长62.1%,主要是新增债券支出增加。

3.交通运输支出增长125.6%,主要是新增债券支出增加。

4.资源勘探信息等支出下降35.1%,主要是上年企业扶持政策变化,部分资金需在2020年初兑付。

5.商业服务业等支出下降87.1%,主要是旅游业管理与服务支出科目2019年在文化旅游体育与传媒支出中反映。

6.金融支出下降50%,主要是基数较小,绝对值变化不大。

7.自然资源海洋气象等支出增加70.3%,主要是上年省专结转增加。

8.粮油物资储备支出增长210%,主要是增加冻猪肉储备费用。

9.灾害防治及应急管理支出增长93.3%,主要是增加“利奇马”台风救灾及补助支出。

10.债务付息支出增长30.9%,原因是新增债券增加。

11.债券发行费用支出增长22%,原因是新增债券增加。

## 莲都区2020年一般公共预算收入表(草案)

表3　　单位:万元

| 项　目 | 2019年执行数 | 2020年预算数 | 预算数比执行数+、- |
|---|---|---|---|
| (一)税收收入 | 131159 | 144300 | 10.0% |
| 增值税 | 71116 | 81000 | 13.9% |
| 企业所得税 | 18839 | 19000 | 0.9% |
| 个人所得税 | 7312 | 8900 | 21.7% |
| 资源税 | 400 | 350 | -12.5% |
| 城市维护建设税 | 5145 | 6100 | 18.6% |
| 房产税 | 2906 | 3900 | 34.2% |
| 印花税 | 1268 | 1400 | 10.4% |
| 城镇土地使用税 | 1354 | 1900 | 40.3% |
| 土地增值税 | 1889 | 1900 | 0.6% |
| 车船税 | 2683 | 3000 | 11.8% |
| 耕地占用税 | 3262 | 1000 | -69.3% |
| 契税 | 14958 | 15800 | 5.6% |
| 环境保护税 | 27 | 50 | 85.2% |
| (二)非税收入 | 41781 | 41600 | -0.4% |
| 专项收入 | 18135 | 15200 | -16.2% |
| 行政事业性收费收入 | 2112 | 3200 | 51.5% |
| 罚没收入 | 13786 | 20000 | 45.1% |
| 国有资源(资产)有偿使用收入 | 7748 | 3200 | -58.7% |
| 一般公共预算收入合计 | 172940 | 185900 | 7.5% |

注:1.个人所得税预算增长21.7%,主要是企业分红增收。

2.房产税预算增长34.2%,主要是2019年度办理2018年和2019年两年的税收减免退库。

3.城镇土地使用税预算增长40.3%,主要是2019年度办理2018年和2019年两年的税收减免退库。

4.耕地占用税预算下降69.3%,主要是上年一次性入库因素。

5.环境保护税预算增长85.2%,主要是上年基数小,增幅较大。

6.行政事业性收费收入预算增长51.5%,主要是法院诉讼费等较上年增加。

7.罚没收入预算增长45.1%,主要是案件罚没收入较上年增加。

8.国有资源(资产)有偿使用收入预算下降58.7%,主要是资产拍卖和处罚收入较上年减少。

## 莲都区2020年一般公共预算支出表(草案)

表4　　　　单位:万元

| 支出科目 | 2019年执行数 | 2020年预算数 | 比上年执行数增长+、- |
|---|---|---|---|
| 一般公共服务支出 | 50357 | 49009 | -2.7% |
| 人大事务 | 1516 | 1019 | -32.8% |
| 行政运行 | 1251 | 784 | — |
| 一般行政管理事务 | 16 | 15 | — |
| 人大会议 | 76 | 80 | — |
| 人大监督 | 29 | 25 | — |
| 人大代表履职能力提升 | 39 | 15 | — |
| 代表工作 | 104 | 70 | — |
| 其他人大事务支出 | 1 | 30 | — |
| 政协事务 | 772 | 744 | -3.7% |
| 行政运行 | 572 | 534 | — |
| 政协会议 | 74 | 80 | — |
| 委员视察 | 35 | 35 | — |
| 参政议政 | 18 | 20 | — |
| 事业运行 | 37 | 37 | — |
| 其他政协事务支出 | 36 | 37 | — |
| 政府办公厅(室)及相关机构事务 | 22923 | 19990 | -12.8% |
| 行政运行 | 16781 | 12202 | — |
| 一般行政管理事务 | 87 | 12 | — |
| 机关服务 | 304 | 8 | — |
| 专项服务 | 356 | 404 | — |
| 专项业务活动 | 78 | 8 | — |
| 政务公开审批 | 567 | 596 | — |
| 信访事务 | 365 | 271 | — |
| 事业运行 | 985 | 3411 | — |
| 其他政府办公厅(室)及相关机构事务支出 | 3400 | 3078 | — |
| 发展与改革事务 | 1659 | 1642 | -1.0% |
| 行政运行 | 680 | 551 | — |
| 社会事业发展规划 | 2 | 20 | — |
| 经济体制改革研究 | 10 | 10 | — |
| 物价管理 | 6 | — | — |

续表4

| 支出科目 | 2019年执行数 | 2020年预算数 | 比上年执行数增长+、- |
| --- | --- | --- | --- |
| 事业运行 | 330 | 306 | — |
| 其他发展与改革事务支出 | 631 | 754 | — |
| 统计信息事务 | 806 | 923 | 14.5% |
| 行政运行 | 353 | 303 | — |
| 专项统计业务 | 41 | 10 | — |
| 统计管理 | — | 2 | — |
| 专项普查活动 | 101 | 205 | — |
| 统计抽样调查 | 15 | 65 | — |
| 事业运行 | 296 | 261 | — |
| 其他统计信息事务支出 | — | 77 | — |
| 财政事务 | 2654 | 2168 | -18.3% |
| 行政运行 | 1352 | 1203 | — |
| 一般行政管理事务 | 180 | 45 | — |
| 信息化建设 | 7 | 129 | — |
| 财政委托业务支出 | 436 | 345 | — |
| 事业运行 | 452 | 334 | — |
| 其他财政事务支出 | 227 | 113 | — |
| 税收事务 | 2584 | 2667 | 3.2% |
| 行政运行 | 1784 | 1667 | — |
| 其他税收事务支出 | 800 | 1000 | — |
| 审计事务 | 635 | 535 | -15.8% |
| 行政运行 | 325 | 279 | — |
| 审计业务 | 149 | 85 | — |
| 事业运行 | 161 | 171 | — |
| 人力资源事务 | 391 | 398 | 1.9% |
| 行政运行 | 267 | 276 | — |
| 事业运行 | 47 | 51 | — |
| 其他人力资源事务支出 | 77 | 71 | — |
| 纪检监察事务 | 1405 | 1290 | -8.2% |
| 行政运行 | 1098 | 1031 | — |
| 事业运行 | 30 | 33 | — |
| 其他纪检监察事务支出 | 277 | 226 | — |

续表4

| 支出科目 | 2019年执行数 | 2020年预算数 | 比上年执行数增长+、- |
|---|---|---|---|
| 商贸事务 | 1300 | 1094 | -15.9% |
| 行政运行 | 729 | 575 | — |
| 招商引资 | 192 | 100 | — |
| 事业运行 | 97 | 273 | — |
| 其他商贸事务支出 | 282 | 146 | — |
| 民族事务 | 159 | 313 | 96.9% |
| 行政运行 | 37 | 51 | — |
| 民族工作专项 | 115 | 235 | — |
| 事业运行 | 7 | 12 | — |
| 其他民族事务支出 | — | 15 | — |
| 港澳台侨事务 | 98 | 118 | 20.4% |
| 行政运行 | 40 | 47 | — |
| 港澳事务 | 20 | 25 | — |
| 台湾事务 | 11 | 25 | — |
| 其他港澳台事务支出 | 27 | 21 | — |
| 档案事务 | 380 | 337 | -11.4% |
| 行政运行 | 223 | 195 | — |
| 档案馆 | 157 | 142 | — |
| 民主党派及工商联事务 | 187 | 210 | 12.3% |
| 行政运行 | 146 | 143 | — |
| 其他民主党派及工商联事务支出 | 41 | 67 | — |
| 群众团体事务 | 1183 | 1027 | -13.2% |
| 行政运行 | 574 | 352 | — |
| 事业运行 | 555 | 73 | — |
| 其他群众团体事务支出 | 54 | 602 | — |
| 党委办公厅(室)及相关机构事务 | 2714 | 1258 | -53.7% |
| 行政运行 | 2214 | 880 | — |
| 事业运行 | 478 | 378 | — |
| 其他党委办公厅(室)及相关机构事务支出 | 22 | — | — |
| 组织事务 | 2766 | 3566 | 28.9% |
| 行政运行 | 648 | 756 | — |
| 事业运行 | 70 | 68 | — |

续表4

| 支出科目 | 2019年执行数 | 2020年预算数 | 比上年执行数增长+、- |
| --- | --- | --- | --- |
| 其他组织事务支出 | 2048 | 2743 | — |
| 宣传事务 | 633 | 637 | 0.7% |
| 行政运行 | 412 | 419 | — |
| 一般行政管理事务 | 6 | — | — |
| 事业运行 | 163 | 175 | — |
| 其他宣传事务支出 | 52 | 43 | — |
| 统战事务 | 376 | 314 | -16.5% |
| 行政运行 | 272 | 217 | — |
| 一般行政管理事务 | 20 | 20 | — |
| 宗教事务 | 39 | 26 | — |
| 其他统战事务支出 | 45 | 51 | — |
| 其他共产党事务支出 | 1298 | 1553 | 19.6% |
| 行政运行 | 867 | 985 | — |
| 事业运行 | 101 | 102 | — |
| 其他共产党事务支出 | 330 | 466 | — |
| 市场监督管理事务 | 3858 | 3946 | 2.3% |
| 行政运行 | 2622 | 2674 | — |
| 一般行政管理事务 | 40 | — | — |
| 市场主体管理 | 300 | 224 | — |
| 市场秩序执法 | 34 | 30 | — |
| 信息化建设 | 30 | 45 | — |
| 化妆品事务 | 8 | — | — |
| 消费者权益保护 | 7 | — | — |
| 事业运行 | 301 | 330 | — |
| 其他市场监督管理事务 | 516 | 644 | — |
| 其他一般公共服务支出 | 60 | 3261 | 5334.2% |
| 其他一般公共服务支出 | 60 | 3261 | — |
| 公共安全支出 | 28798 | 29271 | 1.6% |
| 教育支出 | 72834 | 75038 | 3.0% |
| 教育管理事务 | 4626 | 5951 | 28.6% |
| 行政运行 | 423 | 377 | — |
| 其他教育管理事务支出 | 4203 | 5574 | — |

续表4

| 支出科目 | 2019年执行数 | 2020年预算数 | 比上年执行数增长+、- |
|---|---|---|---|
| 普通教育 | 67153 | 67609 | 0.7% |
| 学前教育 | 5496 | 6678 | — |
| 小学教育 | 42308 | 31170 | — |
| 初中教育 | 18434 | 18491 | — |
| 其他普通教育支出 | 915 | 11269 | — |
| 职业教育 | 12 | — | — |
| 职业教育 | 12 | — | — |
| 成人教育 | 38 | 48 | 26.8% |
| 其他成人教育支出 | 38 | 48 | — |
| 特殊教育 | 19 | — | — |
| 其他特殊教育 | 19 | — | — |
| 进修及培训 | 948 | 946 | -0.2% |
| 教师进修 | 429 | 511 | — |
| 干部教育 | 519 | 435 | — |
| 其他教育支出 | 38 | 484 | 1172.9% |
| 其他教育支出 | 38 | 484 | — |
| 科学技术支出 | 10360 | 10886 | 5.1% |
| 科学技术管理事务 | 400 | 483 | 20.6% |
| 行政运行 | 250 | 168 | — |
| 其他科学技术管理事务支出 | 150 | 315 | — |
| 技术研究与开发 | 8587 | 7766 | -9.6% |
| 应用技术研究与开发 | 70 | — | — |
| 科技成果转化与扩散 | 815 | 2766 | — |
| 其他技术研究与开发支出 | 7702 | 5000 | — |
| 社会科学 | — | 10 | — |
| 社会科学研究 | — | 10 | — |
| 科学技术普及 | 325 | 208 | -36.0% |
| 机构运行 | 133 | 129 | — |
| 科普活动 | 179 | 31 | — |
| 青少年科技活动 | 3 | 4 | — |
| 其他科学技术普及支出 | 10 | 44 | — |
| 其他科学技术支出 | 1048 | 2420 | 130.9% |

续表4

| 支出科目 | 2019年执行数 | 2020年预算数 | 比上年执行数增长+、- |
|---|---|---|---|
| 其他科学技术支出 | 1048 | 2420 | — |
| 文化旅游体育与传媒支出 | 10066 | 11298 | 12.2% |
| 文化和旅游 | 7781 | 7767 | -0.2% |
| 行政运行 | 930 | 907 | — |
| 一般行政管理事务 | 97 | 37 | — |
| 图书馆 | 532 | 496 | — |
| 文化活动 | 129 | 121 | — |
| 群众文化 | 2405 | 2041 | — |
| 文化创作与保护 | 92 | 69 | — |
| 文化和旅游市场管理 | 18 | 20 | — |
| 旅游行业业务管理 | 20 | — | — |
| 其他文化和旅游支出 | 3558 | 4076 | — |
| 文物 | 188 | 321 | 70.8% |
| 文物保护 | 188 | 248 | — |
| 历史名城与古迹 | — | 73 | — |
| 体育 | 113 | 64 | -43.5% |
| 群众体育 | 58 | 19 | — |
| 其他体育支出 | 55 | 45 | — |
| 广播电视 | 1099 | 930 | -15.4% |
| 机关服务 | 42 | 66 | — |
| 广播 | 7 | 56 | — |
| 其他广播电视支出 | 1050 | 807 | — |
| 其他文化旅游体育与传媒支出 | 885 | 2216 | 150.4% |
| 宣传文化发展专项支出 | 604 | 417 | — |
| 文化产业发展专项支出 | 50 | 200 | — |
| 其他文化旅游体育与传媒支出 | 231 | 1599 | — |
| 社会保障和就业支出 | 80780 | 87807 | 8.7% |
| 人力资源和社会保障管理事务 | 2654 | 1895 | -28.6% |
| 行政运行 | 982 | 1069 | — |
| 劳动保障监察 | 17 | 45 | — |
| 信息化建设 | 13 | — | — |
| 社会保险经办机构 | 460 | 351 | — |

续表4

| 支出科目 | 2019年执行数 | 2020年预算数 | 比上年执行数增长+、- |
| --- | --- | --- | --- |
| 劳动关系和维权 | 92 | — | — |
| 劳动人事争议调解仲裁 | 11 | 11 | — |
| 其他人力资源和社会保障管理事务支出 | 890 | 418 | — |
| 民政管理事务 | 687 | 1026 | 49.3% |
| 行政运行 | 276 | 383 | — |
| 社会组织管理 | 2 | 42 | — |
| 行政区划和地名管理 | — | 1 | — |
| 基层政权建设和社区治理 | 17 | 15 | — |
| 其他民政管理事务支出 | 392 | 585 | — |
| 行政事业单位养老支出 | 27457 | 40889 | 48.9% |
| 行政单位离退休 | — | 157 | — |
| 事业单位离退休 | 10 | — | — |
| 归口管理的行政单位离退休 | 117 | — | — |
| 机关事业单位基本养老保险缴费支出 | 8979 | 8413 | — |
| 机关事业单位职业年金缴费支出 | 3938 | 4221 | — |
| 对机关事业单位基本养老保险基金的补助 | 7000 | 15827 | — |
| 其他行政事业单位养老支出 | 7413 | 12272 | — |
| 就业补助 | 1576 | 610 | -61.3% |
| 就业创业服务补贴 | 385 | 50 | — |
| 职业培训补贴 | 250 | 50 | — |
| 社会保险补贴 | 472 | 100 | — |
| 公益性岗位补贴 | 300 | 27 | — |
| 职业技能鉴定补贴 | 20 | — | — |
| 就业见习补贴 | 100 | — | — |
| 求职创业补贴 | 4 | 383 | — |
| 其他就业补助支出 | 45 | — | — |
| 抚恤 | 3126 | 3238 | 3.6% |
| 死亡抚恤 | 42 | 52 | — |
| 义务兵优待 | 742 | 841 | — |
| 农村籍退役士兵老年生活补助 | 411 | — | — |
| 其他优抚支出 | 1931 | 2345 | — |
| 退役安置 | 1086 | 1048 | -3.5% |

续表4

| 支出科目 | 2019年执行数 | 2020年预算数 | 比上年执行数增长+、- |
|---|---|---|---|
| 退役士兵安置 | 426 | 500 | -17.4% |
| 军队移交政府的离退休人员安置 | 449 | 369 | -17.8% |
| 军队移交政府离退休干部管理机构 | 171 | 91 | -46.8 |
| 退役士兵管理教育 | 40 | 64 | 60% |
| 军队转业干部安置 | — | 2 | — |
| 其他退役安置支出 | — | 22 | — |
| 社会福利 | 2087 | 1416 | -32.1% |
| 儿童福利 | 690 | 712 | — |
| 老年福利 | 772 | 620 | — |
| 殡葬 | 130 | 69 | — |
| 其他社会福利支出 | 495 | 15 | — |
| 残疾人事业 | 4663 | 3359 | -28.0% |
| 行政运行 | 181 | 163 | — |
| 残疾人康复 | 31 | 75 | — |
| 残疾人就业和扶贫 | 200 | 105 | — |
| 残疾人体育 | 16 | 20 | — |
| 残疾人生活和护理补贴 | 2621 | 2420 | — |
| 其他残疾人事业支出 | 1614 | 576 | — |
| 红十字事业 | 130 | 129 | -1.0% |
| 行政运行 | 104 | 103 | — |
| 其他红十字事业支出 | 26 | 26 | — |
| 最低生活保障 | 5538 | 6204 | 12.0% |
| 城市最低生活保障金支出 | 459 | 564 | — |
| 农村最低生活保障金支出 | 5079 | 5640 | — |
| 临时救助 | 551 | 705 | 27.9% |
| 临时救助支出 | 551 | 700 | — |
| 流浪乞讨人员救助支出 | — | 5 | — |
| 特困人员救助供养 | 723 | 885 | 22.4% |
| 农村特困人员救助供养支出 | 723 | 885 | — |
| 其他生活救助 | 215 | 204 | -5.1% |
| 其他生活救助 | 215 | 204 | — |
| 财政对基本养老保险基金的补助 | 23004 | 17212 | -25.2% |

续表4

| 支出科目 | 2019年执行数 | 2020年预算数 | 比上年执行数增长+、- |
|---|---|---|---|
| 财政对城乡居民基本养老保险基金的补助 | 8905 | 9100 | — |
| 财政对其他基本养老保险基金的补助 | 14099 | 8112 | — |
| 退役军人管理事务 | 282 | 799 | 183.4% |
| 行政运行 | 65 | 121 | — |
| 一般行政管理事务 | 11 | — | — |
| 拥军优属 | 165 | 218 | — |
| 事业运行 | 21 | 59 | — |
| 其他退役军人事务管理支出 | 20 | 401 | — |
| 财政代缴社会保险费支出 | — | 1914 | — |
| 财政代缴城乡居民基本养老保险费支出 | — | 61 | — |
| 财政代缴其他社会保险费支出 | — | 1853 | — |
| 其他社会保障和就业支出 | 7190 | 6275 | -12.7% |
| 其他社会保障和就业支出 | 7190 | 6275 | — |
| 卫生健康支出 | 65566 | 73481 | — |
| 卫生健康管理事务 | 1318 | 1149 | -12.8% |
| 行政运行 | 805 | 726 | — |
| 其他卫生健康管理事务支出 | 513 | 424 | — |
| 公立医院 | 2506 | 1261 | -49.7% |
| 综合医院 | 2506 | 1161 | — |
| 中医(民族)医院 | — | 100 | — |
| 基层医疗卫生机构 | 7065 | 8689 | 23.0% |
| 城市社区卫生机构 | 2683 | 3450 | — |
| 乡镇卫生院 | 4379 | 5240 | — |
| 其他基层医疗卫生机构支出 | 3 | — | — |
| 公共卫生 | 4360 | 11264 | 158.3% |
| 疾病预防控制机构 | — | 325 | — |
| 卫生监督机构 | 15 | 15 | — |
| 基本公共卫生服务 | 2369 | 3144 | — |
| 重大公共卫生服务 | 655 | 289 | — |
| 突发公共卫生事件应急处理 | 1 | 30 | — |
| 其他公共卫生支出 | 1320 | 7462 | — |
| 中医药 | 70 | 30 | -57.1% |

续表4

| 支出科目 | 2019年执行数 | 2020年预算数 | 比上年执行数增长+、- |
|---|---|---|---|
| 其他中医药支出 | 70 | 30 | — |
| 计划生育事务 | 1590 | 1142 | -28.2% |
| 计划生育机构 | — | 2 | — |
| 计划生育服务 | 417 | 30 | — |
| 其他计划生育事务支出 | 1173 | 1110 | — |
| 行政事业单位医疗 | 11204 | 12338 | 10.1% |
| 行政单位医疗 | 5590 | 6054 | — |
| 事业单位医疗 | 5614 | 6285 | — |
| 财政对基本医疗保险基金的补助 | 33103 | 33533 | 1.3% |
| 财政对城乡居民基本医疗保险基金的补助 | 33103 | 33533 | — |
| 医疗救助 | 2987 | 2485 | -16.8% |
| 城乡医疗救助 | 2984 | 2485 | — |
| 其他医疗救助支出 | 3 | — | — |
| 优抚对象医疗 | 300 | 239 | -20.4% |
| 优抚对象医疗补助 | 296 | 239 | — |
| 其他优抚对象医疗支出 | 4 | — | — |
| 医疗保障管理事务 | 169 | 387 | 129.2% |
| 行政运行 | 93 | 195 | — |
| 一般行政管理事务 | 54 | 10 | — |
| 事业运行 | 22 | 83 | — |
| 其他医疗保障管理事务支出 | — | 100 | — |
| 老龄卫生健康事务 | 188 | 167 | -11.2% |
| 老龄卫生健康事务 | 188 | 167 | — |
| 其他卫生健康支出 | 706 | 795 | 12.7% |
| 其他卫生健康支出 | 706 | 795 | — |
| 节能环保支出 | 10309 | 12860 | 24.7% |
| 环境监测与监察 | 86 | 392 | 356.3% |
| 建设项目环评审查与监督 | 10 | 10 | — |
| 其他环境监测与监察支出 | 76 | 382 | — |
| 污染防治 | 1049 | 509 | -51.5% |
| 水体 | 1049 | 490 | — |
| 其他污染防治支出 | — | 19 | — |

续表4

| 支出科目 | 2019年执行数 | 2020年预算数 | 比上年执行数增长+、- |
|---|---|---|---|
| 自然生态保护 | 20 | 20 | 0.0% |
| 生态保护 | 20 | 20 | — |
| 天然林保护 | 259 | — | -100.0% |
| 停伐补助 | 259 | — | |
| 污染减排 | 70 | 470 | 571.4% |
| 减排专项支出 | 20 | 20 | — |
| 其他污染减排支出 | 50 | 450 | — |
| 可再生能源 | 23 | — | — |
| 可再生能源 | 23 | — | — |
| 能源管理事务 | 13 | — | — |
| 其他能源管理事务支出 | 13 | — | — |
| 其他节能环保支出 | 8789 | 11469 | 30.5% |
| 其他节能环保支出 | 8789 | 11469 | — |
| 城乡社区支出 | 73121 | 52593 | -28.1% |
| 城乡社区管理事务 | 4865 | 5815 | 19.5% |
| 行政运行 | 1369 | 1432 | — |
| 一般行政管理事务 | 15 | 37 | — |
| 城管执法 | 169 | 160 | — |
| 工程建设管理 | — | 29 | — |
| 住宅建设与房地产市场监管 | 58 | 756 | — |
| 其他城乡社区管理事务支出 | 3254 | 3401 | — |
| 城乡社区环境卫生 | 12530 | 25944 | 107.1% |
| 城乡社区环境卫生 | 12530 | 25944 | — |
| 其他城乡社区支出 | 54154 | 18831 | -65.2% |
| 其他城乡社区支出 | 54154 | 18831 | — |
| 城乡社区规划与管理 | 1336 | 1038 | -22.3% |
| 城乡社区规划与管理 | 1336 | 1038 | — |
| 城乡社区公共设施 | 72 | 791 | 998.6% |
| 其他城乡社区公共设施支出 | 72 | 791 | — |
| 建设市场管理与监督 | 164 | 175 | 6.5% |
| 建设市场管理与监督 | 164 | 175 | — |
| 农林水支出 | 60858 | 61323 | 0.8% |

续表4

| 支出科目 | 2019年执行数 | 2020年预算数 | 比上年执行数增长+、- |
|---|---|---|---|
| 农业农村 | 20835 | 23720 | 13.8% |
| 行政运行 | 1556 | 1812 | — |
| 机关服务 | — | 4 | — |
| 事业运行 | 4641 | 4103 | — |
| 科技转化与推广服务 | 59 | 185 | — |
| 病虫害控制 | 2036 | 21 | — |
| 农产品质量安全 | 483 | 85 | — |
| 执法监管 | 15 | 25 | — |
| 统计监测与信息服务 | 15 | — | — |
| 行业业务管理 | 68 | 304 | — |
| 对外交流与合作 | — | 20 | — |
| 防灾救灾 | 28 | 530 | — |
| 农业生产发展 | 537 | 2009 | — |
| 农村合作经济 | — | 794 | — |
| 农产品加工与促销 | 135 | 40 | — |
| 农村社会事业 | 420 | 9705 | — |
| 农业资源保护修复与利用 | 319 | 768 | — |
| 成品油价格改革对渔业的补贴 | 45 | — | — |
| 对高校毕业生到基层任职补助 | 38 | 19 | — |
| 其他农业农村支出 | 10440 | 3283 | — |
| 林业和草原 | 9774 | 8996 | -8.0% |
| 行政运行 | 799 | 596 | — |
| 一般行政管理事务 | 2 | — | — |
| 事业机构 | 1753 | 1341 | — |
| 森林资源培育 | 247 | 55 | — |
| 技术推广与转化 | 13 | 13 | — |
| 森林资源管理 | 57 | 597 | — |
| 森林生态效益补偿 | 3073 | 3227 | — |
| 执法与监督 | 53 | 15 | — |
| 林区公共支出 | 260 | 100 | — |
| 林业草原防灾减灾 | 1745 | 2550 | — |
| 其他林业和草原支出 | 1772 | 501 | — |

续表4

| 支出科目 | 2019年执行数 | 2020年预算数 | 比上年执行数增长+、- |
|---|---|---|---|
| 水利 | 8236 | 14989 | 82.0% |
| 行政运行 | 785 | 696 | — |
| 水利工程建设 | 76 | — | — |
| 水资源节约管理与保护 | 2 | — | — |
| 水文测报 | 291 | 829 | — |
| 防汛 | 71 | 24 | — |
| 农村水利 | — | 5 | — |
| 水利技术推广 | 740 | 638 | — |
| 大中型水库移民后期扶持专项支出 | — | 654 | — |
| 水利建设征地及移民支出 | 843 | 317 | — |
| 其他水利支出 | 5428 | 11826 | — |
| 扶贫 | 4796 | 1470 | -69.3% |
| 社会发展 | 400 | 400 | — |
| 其他扶贫支出 | 4396 | 1070 | — |
| 农业综合开发 | 51 | — | — |
| 机构运行 | 51 | — | — |
| 农村综合改革 | 7287 | 6903 | -5.3% |
| 对村级一事一议的补助 | 2715 | 2917 | — |
| 对村民委员会和村党支部的补助 | 4040 | 892 | — |
| 其他农村综合改革支出 | 532 | 3094 | — |
| 普惠金融发展支出 | 63 | — | — |
| 农业保险保费补贴 | 63 | — | — |
| 其他农林水事务支出 | 9816 | 5257 | -46.4% |
| 其他农林水支出 | 9816 | 5257 | — |
| 交通运输支出 | 18238 | 21035 | 15.3% |
| 公路水路运输 | 15663 | 16529 | 5.5% |
| 行政运行 | 342 | 224 | — |
| 公路建设 | 7312 | 10000 | — |
| 公路养护 | 928 | — | — |
| 其他公路水路运输支出 | 7081 | 6305 | — |
| 铁路运输 | 458 | 474 | 3.5% |
| 行政运行 | — | 1 | — |

续表4

| 支出科目 | 2019年执行数 | 2020年预算数 | 比上年执行数增长+、- |
|---|---|---|---|
| 其他铁路运输支出 | 458 | 474 | — |
| 车辆购置税支出 | 2077 | 1752 | -15.7% |
| 车辆购置税用于公路等基础设施建设支出 | 276 | 1752 | — |
| 车辆购置税用于农村公路建设支出 | 1801 | — | — |
| 其他交通运输支出 | 40 | 2280 | 5600.0% |
| 其他交通运输支出 | 40 | 2280 | — |
| 资源勘探工业信息等支出 | 4116 | 4557 | 10.7% |
| 工业和信息产业监管 | 81 | 103 | 26.5% |
| 工业和信息产业支持 | 75 | 103 | — |
| 其他工业和信息产业监管支出 | 6 | — | — |
| 国有资产监管 | 53 | 113 | 113.3% |
| 行政运行 | 51 | 88 | — |
| 其他国有资产监管支出 | 2 | 25 | — |
| 支持中小企业发展和管理支出 | 3982 | 4341 | 9.0% |
| 中小企业发展专项 | 3982 | 4341 | — |
| 商业服务业等支出 | 537 | 1463 | 172.5% |
| 商业流通事务 | 513 | 973 | 89.6% |
| 行政运行 | 303 | 318 | — |
| 其他商业流通事务支出 | 210 | 655 | — |
| 涉外发展服务支出 | 24 | 490 | 1943.6% |
| 其他涉外发展服务支出 | 24 | 490 | — |
| 金融支出 | 30 | 50 | 66.7% |
| 金融部门监管支出 | 30 | 50 | 66.7% |
| 金融部门其他监管支出 | 30 | 50 | — |
| 自然资源海洋气象等支出 | 5660 | 6374 | 12.6% |
| 自然资源事务 | 5660 | 6374 | 12.6% |
| 行政运行 | 3 | — | — |
| 自然资源规划及管理 | — | 850 | — |
| 自然资源利用与保护 | 5173 | 4911 | — |
| 事业运行 | 464 | 554 | — |
| 其他自然资源事务支出 | 20 | 59 | — |
| 住房保障支出 | 11184 | 13578 | 21.4% |

续表4

| 支出科目 | 2019年执行数 | 2020年预算数 | 比上年执行数增长+、- |
| --- | --- | --- | --- |
| 保障性安居工程支出 | 187 | 2324 | 1142.9% |
| 棚户区改造 | — | 464 | — |
| 农村危房改造 | — | 405 | — |
| 其他保障性安居工程支出 | 187 | 1455 | — |
| 住房改革支出 | 10938 | 11254 | 2.9% |
| 住房公积金 | 10938 | 11254 | — |
| 城乡社区住宅 | 59 | — | — |
| 其他城乡社区住宅支出 | 59 | — | — |
| 粮油物资储备支出 | 558 | 763 | 36.8% |
| 粮油事务 | 28 | 14 | -50.4% |
| 粮食财务挂账利息补贴 | 28 | 14 | — |
| 粮油储备 | 500 | 719 | 43.8% |
| 储备粮油差价补贴 | 500 | 719 | — |
| 重要商品储备 | 30 | 31 | 1.7% |
| 肉类储备 | 30 | 31 | — |
| 灾害防治及应急管理支出 | 3728 | 4204 | 12.8% |
| 应急管理事务 | 1232 | 1269 | 3.0% |
| 行政运行 | 603 | 572 | — |
| 一般行政管理事务 | — | 7 | — |
| 灾害风险防治 | — | 229 | — |
| 安全监管 | 95 | 30 | — |
| 安全生产基础 | 13 | 29 | — |
| 应急管理 | — | 335 | — |
| 事业运行 | 181 | 34 | — |
| 其他应急管理支出 | 340 | 34 | — |
| 消防事务 | 1175 | 1200 | 2.2% |
| 行政运行 | 846 | 923 | — |
| 一般行政管理事务 | 10 | — | — |
| 消防应急救援 | 132 | 177 | — |
| 其他消防事务支出 | 187 | 100 | — |
| 自然灾害防治 | 953 | 922 | -3.3% |
| 地质灾害防治 | 875 | 922 | — |

续表4

| 支出科目 | 2019年执行数 | 2020年预算数 | 比上年执行数增长+、- |
|---|---|---|---|
| 其他自然灾害支出 | 78 | — | — |
| 自然灾害救灾及恢复重建支出 | 368 | 13 | -96.4% |
| 地方自然灾害生活补助 | 58 | 12 | — |
| 自然灾害救灾补助 | 291 | — | — |
| 自然灾害灾后重建补助 | 19 | — | — |
| 其他自然灾害救灾及恢复重建支出 | — | 2 | — |
| 其他灾后防治及应急管理支出 | — | 800 | — |
| 预备费 | — | 6000 | — |
| 其他支出 | 956 | 11119 | 10630.8% |
| 其他支出 | 956 | 8769 | 8172.6% |
| 其他支出 | 956 | 8769 | — |
| 年初预留 | — | 2350 | — |
| 债务还本支出 | — | 1250 | — |
| 地方政府一般债务还本支出 | — | 1250 | — |
| 地府政府一般债券还本支出 | — | 1250 | — |
| 债务付息支出 | 7890 | 8580 | 8.7% |
| 地方政府一般债务付息支出 | 7890 | 8580 | 8.7% |
| 地方政府一般债券付息支出 | 7890 | 8580 | — |
| 债务发行费用支出 | 50 | 60 | 20.0% |
| 地方政府一般债务发行费用支出 | 50 | 60 | — |
| 支出总计 | 515996 | 542600 | 5.2% |

注：1.节能环保支出预算增长24.7%，主要是新增债券支出增加。

2.城乡社区支出预算下降28.1%，主要是2020年预算数只包括省财政提前下达数，2019年包括省财政全年实际下达数。

3.商业服务业等支出预算增长172.5%，主要是上年结转省专增加。

4.住房保障支出预算增长21.4%，主要是上年结转和省专提前下达增加。

5.粮油物资储备支出预算增长36.8%，主要是增加猪肉储备支出。

6.债务发行费用支出预算增长20%，主要是新增债券增加。

7.其他支出(类)包括了增人增支等需细化至相关支出功能科目的资金，在年度执行过程中根据规定将按支出项目列至对应的支出科目。

8.预备费6000万元，占预算支出的1.1%，符合《预算法》按预算支出的1%—3%比例安排预备费的规定。

## 莲都区2019年政府性基金预算收入执行情况表(草案)

表5　　　　单位:万元

| 项　目 | 2018年决算数 | 2019年预算数 | 2019年执行数 | 完成调整预算的 | 比上年决算数增长+、- |
|---|---|---|---|---|---|
| 一、政府性基金收入合计 | 109889 | 90708 | 73279 | 80.8% | -33.3% |
| (一)国有土地收益基金收入 | 5939 | — | 487 | — | -91.8% |
| (二)农业土地开发资金收入 | 739 | — | 57 | — | -92.3% |
| (三)国有土地使用权出让收入 | 89066 | 74870 | 56841 | 75.9% | -36.2% |
| 其中:1.土地出让价款收入 | 87479 | 69270 | 40393 | 58.3% | -53.8% |
| 2.划拨土地出让收入 | 1587 | 5600 | 18631 | 332.7% | 1074.0% |
| 3.缴纳新增建设用地土地有偿使用费 | — | — | -2183 | — | — |
| (四)其他政府性基金收入 | 14145 | 15838 | 15894 | 100.4% | 12.4% |
| 二、转移性收入 | 22491 | 14960 | 32989 | 220.5% | 46.7% |
| 其中:1.上级补助收入 | 4322 | 724 | 1753 | 242.1% | -59.4% |
| 2.上年结余收入 | 5869 | 4236 | 4236 | 100.0% | -27.8% |
| 3.地方政府专项债务转贷收入 | 8000 | 10000 | 27000 | 270.0% | 237.5% |
| 4.调入资金 | 4300 | — | — | — | — |
| 收入合计 | 132380 | 105668 | 106268 | 100.6% | -19.7% |

注:1.政府性基金收入合计下降33.3%,主要是土地出让收入下降较多。

2.国有土地收益基金收入下降91.8%,主要是土地出让金收入下降较多,计提相应减少。

3.农业土地开发资金收入下降92.3%,主要是土地出让金收入下降较多,计提相应减少。

4.国有土地使用权出让收入下降36.2%,主要是出让土地数量减少。

5.转移性收入增长46.7%,主要是专项债务转贷收入增加。

6.上级补助收入下降59.4%,主要是上级转移性收入减少。

7.上年结余收入下降27.8%,主要是上年结余收入减少。

8.收入合计下降19.7%,主要是出地出让收入下降较多。

## 莲都区2019年政府性基金预算支出执行情况表(草案)

表6　　　　单位:万元

| 项　目 | 2018年决算数 | 2019年预算数 | 2019年执行数 | 完成调整预算的 | 比上年增长+、- |
|---|---|---|---|---|---|
| 一、政府性基金支出合计 | 101144 | 87224 | 63775 | 73.1% | -36.9% |
| (一)文化体育与传媒支出 | — | — | — | — | — |
| 国家电影事业发展专项资金及对应专项债务收入安排的支出 | — | — | — | — | — |
| (二)社会保障和就业支出 | 1034 | 6 | 435 | 7250.0% | -57.9% |
| 大中型水库移民后期扶持基金支出 | 835 | 6 | 256 | 4266.7% | -69.3% |
| 其中:基础设施建设和经济发展 | 835 | — | 250 | — | -70.1% |
| 其他大中型水库移民后期扶持基金支出 | — | 6 | 6 | 100.0% | — |
| 小型水库移民扶助基金支出 | 199 | — | 179 | — | -10.1% |
| 其中:基础设施建设和经济发展 | 199 | — | 179 | — | -10.1% |
| 其他小型水库移民扶助基金支出 | — | — | — | — | — |
| (三)城乡社区支出 | 80386 | 77703 | 56681 | 72.9% | -29.5% |
| 国有土地使用权出让收入及对应专项债务收入安排的支出 | 76295 | 77703 | 56681 | 72.9% | -25.7% |
| 其中:征地和拆迁补偿支出 | 56100 | 51932 | 25061 | 48.3% | -55.3% |
| 土地开发支出 | — | — | — | — | — |
| 农村基础设施建设支出 | — | — | — | — | — |
| 补助被征地农民支出 | 16323 | 8000 | 16944 | 211.8% | 3.8% |
| 土地出让业务支出 | — | — | — | — | — |
| 其他国有土地使用权出让收入安排的支出 | 3872 | 17771 | 14676 | 82.6% | 279.0% |
| 国有土地收益基金及对应专项债务收入安排的支出 | 3438 | — | — | — | -100.0% |
| 农业土地开发资金及对应专项债务收入安排的支出 | 653 | — | — | — | -100.0% |
| (四)农林水支出 | 45 | — | 11 | — | -75.6% |
| 大中型水库库区基金及对应专项债务收入安排支出 | 45 | — | 11 | — | -75.6% |
| 其中:基础设施建设和经济发展 | 45 | — | 11 | — | -75.6% |
| 解决移民遗留问题 | — | — | — | — | — |
| 库区防护工程维护 | — | — | — | — | — |
| 其他大中型水库库区基金支出 | — | — | — | — | — |
| (五)商业服务业等支出 | 30 | — | 10 | — | -66.7% |
| 旅游发展基金支出 | 30 | — | 10 | — | -66.7% |

续表6

| 项　目 | 2018年决算数 | 2019年预算数 | 2019年执行数 | 完成调整预算的 | 比上年增长+、- |
|---|---|---|---|---|---|
| 其中:地方旅游开发项目补助 | 30 | — | 10 | — | -66.7% |
| (六)其他支出 | 18320 | 7874 | 4701 | 59.7% | -74.3% |
| 其他政府性基金支出 | 15526 | 5838 | 3284 | 56.3% | -78.8% |
| 彩票公益金及对应专项债务收入安排的支出 | 2794 | 943 | 1417 | 150.3% | -49.3% |
| 其中:用于社会福利的彩票公益金支出 | 2302 | 338 | 750 | 221.9% | -67.4% |
| 用于体育事业的彩票公益金支出 | 230 | 345 | 345 | 100.0% | 50.0% |
| 用于教育事业的彩票公益金支出 | 24 | — | 39 | — | 62.5% |
| 用于残疾人事业的彩票公益金支出 | 238 | 260 | 264 | 101.5% | 10.9% |
| 用于其他社会公益事业的彩票公益金支出 | — | — | 19 | — | — |
| 其他政府性基金及对应专项债务收入安排的支出 | — | 1093 | — | — | — |
| (七)债务付息支出 | 1329 | 1625 | 1907 | 117.4% | 43.5% |
| (八)债务发行费用支出 | — | 16 | 30 | 187.5% | — |
| 二、转移性支出 | 31236 | 18444 | 42493 | 138.2% | -18.4% |
| 其中:调出资金 | 27000 | 15000 | 24679 | 164.5% | -8.6% |
| 地方政府专项债务还本支出 | — | 526 | 17526 | 100.0% | — |
| 年终结余 | 4236 | 2918 | 288 | 9.9% | -93.2% |
| 支出合计 | 132380 | 105668 | 106268 | 84.5% | -32.6% |

注:1.征地和拆迁补偿支出下降55.3%,主要是土地出让收入较上年大幅下降。

2.其他政府性基金支出下降78.8%,主要上年有耕地占补指标收入调出。

3.债务付息支出增长43.5%,主要是新增专项债券增加。

4.年终结余下降93.2%,主要是年终结余较上年减少。

5.其他项目增长或下降较多的均与上级专项转移收入多少相关。

## 莲都区2020年政府性基金预算收入表(草案)

表7 单位:万元

| 项　目 | 2019年执行数 | 2020年预算数 | 比上年增长+、- |
|---|---|---|---|
| 一、政府性基金收入合计 | 73279 | 171772 | 134.4% |
| (一)国有土地收益基金收入 | 487 | 6971 | 1331.4% |
| (二)农业土地开发资金收入 | 57 | 445 | 680.7% |
| (三)国有土地使用权出让收入 | 56841 | 152874 | 169.0% |
| 其中:1.土地出让价款收入 | 40393 | 126837 | 214.0% |
| 2.划拨土地出让收入 | 18631 | 28570 | 53.3% |
| 3.缴纳新增建设用地土地有偿使用费 | -2183 | -2533 | — |
| (四)城市基础设施配套费收入 | — | 927 | — |
| (五)其他政府性基金收入 | 15894 | 10555 | -33.6% |
| 二、转移性收入 | 32989 | 2135 | -93.5% |
| 其中:1.上级补助收入 | 1753 | 1847 | 5.4% |
| 2.上年结余 | 4236 | 288 | -93.2% |
| 3.地方政府专项债务转贷收入 | 27000 | — | -100.0% |
| 4.调入资金 | — | — | — |
| 收入合计 | 106268 | 173907 | 63.6% |

注:1.国有土地收益基金和农业土地开发资金分别增长1331.4%和680.7%,主要是土地出让收入和土地出让面积计划较上年大幅增加。

2.国有土地出让价款预算收入增长214.0%,主要是土地出让价收入较上年增加。

3.国有划拨土地出让预算收入增长53.3%,主要是国有划拨土地出让较上年增加。

4.其他政府性基金收入预算收入下降33.6%,主要是去年耕地占补指标收入安排1.5亿元,今年安排1亿元。

5.上年结余预算下降93.2%,原因是比上年结余减少。

6.地方政府专项债务转贷收入下降100%,原因是专项债券今年尚未下达。

## 莲都区2020年政府性基金预算支出表(草案)

表8　　　　单位:万元

| 项　目 | 2019年执行数 | 2020年预算数 | 比上年增长+、- |
|---|---|---|---|
| 一、政府性基金支出合计 | 63775 | 83434 | 30.8% |
| (一)文化体育与传媒支出 | — | — | — |
| 国家电影事业发展专项资金及对应专项债务收入安排的支出 | — | — | — |
| (二)社会保障和就业支出 | 435 | 982 | 125.7% |
| 大中型水库移民后期扶持基金支出 | 256 | 957 | 273.8% |
| 其中:基础设施建设和经济发展 | 250 | 337 | 34.8% |
| 其他大中型水库移民后期扶持基金支出 | 6 | 620 | 10233.3% |
| 小型水库移民扶助基金支出 | 179 | 25 | -86.0% |
| 其中:基础设施建设和经济发展 | 179 | 25 | -86.0% |
| 其他小型水库移民扶助基金支出 | — | — | — |
| (三)城乡社区支出 | 56681 | 74636 | 31.7% |
| 国有土地使用权出让收入及对应专项债务收入安排的支出 | 56681 | 66293 | 17.0% |
| 其中:征地和拆迁补偿支出 | 25061 | 32784 | 30.8% |
| 土地开发支出 | — | — | — |
| 农村基础设施建设支出 | — | — | — |
| 补助被征地农民支出 | 16944 | 15000 | -11.5% |
| 土地出让业务支出 | — | — | — |
| 其他国有土地使用权出让收入安排的支出 | 14676 | 18509 | 26.1% |
| 国有土地收益基金及对应专项债务收入安排的支出 | — | 6971 | — |
| 农业土地开发资金及对应专项债务收入安排的支出 | — | 445 | — |
| 城市基础设施配套费安排的支出 | — | 927 | — |
| (四)农林水支出 | 11 | — | -100.0% |
| 大中型水库库区基金及对应专项债务收入安排支出 | 11 | — | -100.0% |
| 其中:基础设施建设和经济发展 | 11 | — | -100.0% |
| 解决移民遗留问题 | — | — | — |
| 库区防护工程维护 | — | — | — |
| 其他大中型水库库区基金支出 | — | — | — |
| (五)商业服务业等支出 | 10 | 3 | -70.0% |
| 旅游发展基金支出 | 10 | 3 | -70.0% |

续表8

| | | | |
|---|---|---|---|
| 其中：地方旅游开发项目补助 | 10 | 3 | -70.0% |
| (六)其他支出 | 4701 | 1417 | -69.9% |
| 其他政府性基金支出 | 3284 | 555 | -83.1% |
| 彩票公益金及对应专项债务收入安排的支出 | 1417 | 862 | -39.2% |
| 其中：用于社会福利的彩票公益金支出 | 750 | 472 | -37.1% |
| 用于体育事业的彩票公益金支出 | 345 | 289 | -16.2% |
| 用于教育事业的彩票公益金支出 | 39 | — | -100% |
| 用于残疾人事业的彩票公益金支出 | 264 | 86 | -67.4% |
| 用于其他社会公益事业的彩票公益金支出 | 19 | 15 | -21.1% |
| 其他政府性基金及对应专项债务收入安排的支出 | — | — | — |
| (七)债务付息支出 | 1907 | 6396 | 235.4% |
| (八)债务发行费用支出 | 30 | — | -100% |
| 二、转移性支出 | 42493 | 90473 | 112.9% |
| 其中：调出资金 | 24679 | 65000 | 163.4% |
| 地方政府专项债务还本支出 | 17526 | 25000 | 42.6% |
| 年终结余 | 288 | 473 | -64.2% |
| 支出合计 | 106268 | 173907 | 63.6% |

注：1.大中型水库移民后期扶持基金预算支出增长273.8%，主要是2020年提前下达省转移较上年增加。

2.征地和拆迁补偿支出增长30.8%，主要是2020年计划收储土地支出增加。

3.其他国有土地使用权出让收入安排的预算支出增长26.1%，主要是从此项中安排的项目支出较上年增加。

4.其他政府性基金预算支出下降83.1%，主要是上年有耕地占补指标收入。

5.债务付息支出增长235.4%，主要是2020年隐性债务付息在政府基金中列支。

6.调出资金支出增长163.4%，原因是比上年调出增加41500万元。

7.地方政府专项债务还本支出增长较大，原因是2020年隐性债务还本在政府基金中列支。

8.其他项目增长或下降较多的均与2020年提前下达上级转移收入多少相关。

## 莲都区2019年国有资本经营预算收入执行情况表(草案)

表9　　　　　　　　　　　　　　　　　　　　　　　　　　　　单位:万元

| 项　目 | 2018年决算数 | 2019年预算数 | 2019年调整预算数 | 2019年执行数 | 完成调整预算的 | 比上年决算数+、- |
|---|---|---|---|---|---|---|
| 一、国有资本经营预算收入 | 0 | 46 | 2521 | 3143 | 124.7% | — |
| (一)利润收入 | 0 | 46 | 46 | 69 | 150.0% | — |
| 1.电力企业利润收入 | — | — | — | — | — | — |
| 2.贸易企业利润收入 | — | — | — | — | — | — |
| 3.其他企业利润收入 | 0 | 46 | 46 | 69 | 150.0% | — |
| (二)产权转让收入 | — | — | 2475 | 3074 | 124.2% | — |
| 二、上年结余收入 | — | — | — | — | — | — |
| 收入合计 | 0 | 46 | 2521 | 3143 | 124.7% | — |

注:1.2018年国有资本经营利润收入39万元,被作为一般公共预算收入上交国库,未在国有资本经营预算收支中反映。

2.产权转让收入2019年执行数3074万元,主要是拆迁一次性收入用于国资公司注册资金和上缴社保风险金。

## 莲都区2019年国有资本经营预算支出执行情况表(草案)

表10　　　　　　　　　　　　　　　　　　　　　　　　　　　　单位:万元

| 科目名称 | 2018年决算数 | 2019年预算数 | 2019年调整预算数 | 2019年执行数 | 完成调整预算的 | 比上年决算数+、- |
|---|---|---|---|---|---|---|
| 一、国有资本经营预算支出 | 0 | 30 | 2230 | 3143 | 140.9% | — |
| 其中:其他国有资本经营支出 | — | 30 | 30 | 943 | — | — |
| 其他国有企业资本金注入 | — | — | 2200 | 2200 | 100.0% | — |
| 二、调出资金 | 0 | 16 | 291 | 0 | — | — |
| 三、结转下年支出 | — | — | — | — | — | — |
| 支出合计 | 0 | 46 | 2521 | 3143 | 124.7% | — |

注:1.2018年国有资本经营利润收入39万元,被作为一般公共预算收入上交国库,未在国有资本经营预算收支中反映。

2.其他国有资本经营支出2019年执行数943万元,主要是拆迁一次性收入用于上缴社保风险金。

3.其他国有企业资本金注入2019年执行数2000万元,主要是拆迁一次性收入用于国资公司注册资金。

## 莲都区2020年国有资本经营预算收入表（草案）

表11 单位：万元

| 项目 | 2019年执行数 | 2020年预算数 | 比上年执行数+、- |
|---|---|---|---|
| 一、国有资本经营预算收入 | 3143 | 116 | -96.3% |
| （一）利润收入 | 69 | 116 | 68.1% |
| 1.电力企业利润收入 | — | — | — |
| 2.贸易企业利润收入 | — | — | — |
| 3.其他企业利润收入 | 69 | 116 | 68.1% |
| （二）产权转让收入 | 3074 | — | — |
| 二、上年结余收入 | — | — | — |
| 收入合计 | 3143 | 116 | -96.3% |

注：1. 其他企业利润收入预算增长68.1，主要是企业利润上缴比例20%调整至30%。

2.产权转让收入2019年执行数3074万元，主要是拆迁一次性收入用于国资公司注册资金和上缴社保风险金。

## 莲都区2020年国有资本经营预算支出表（草案）

表12 单位：万元

| 科目名称 | 2019年执行数 | 2020年预算数 | 比上年执行数+、- |
|---|---|---|---|
| 一、国有资本经营预算支出 | 3143 | 35 | -98.9% |
| 其中：其他国有资本经营支出 | 943 | 35 | -96.3% |
| 其他国有企业资本金注入 | 2200 | — | -100% |
| 二、调出资金 | — | 81 | — |
| 三、结转下年支出 | — | — | — |
| 支出合计 | 3143 | 116 | -96.3% |

注：1.其他国有资本经营支出预算下降96.3%，主要是2019年一次性拆迁收入上缴社保风险金。

2.其他国有企业资本金注入预算下降100%，主要是上年拆迁一次性收入用于国资公司注册资金2200万元。

## 莲都区2019年社会保险基金预算收入执行情况表(草案)

表13

单位:万元

| 项 目 | 2018年决算数 | 2019年预算数 | 2019年执行数 | 完成预算的 | 比上年决算数增长+、- |
|---|---|---|---|---|---|
| 一、城乡居民社会养老保险基金收入 | 9331 | 9626 | 9696 | 100.7% | 3.9% |
| 其中:个人缴费收入 | 692 | 546 | 624 | 114.3% | -9.8% |
| 财政补贴收入 | 8428 | 8904 | 8904 | 100.0% | 5.6% |
| 利息收入 | 203 | 176 | 140 | 79.5% | -31.0% |
| 二、城乡居民医疗保险基金收入 | 46868 | 45335 | 46380 | 102.3% | -1.0% |
| 其中:个人缴费收入 | 14461 | 12037 | 11464 | 95.2% | -20.7% |
| 财政补贴收入 | 32234 | 33102 | 33103 | 100.0% | 2.7% |
| 利息收入 | 173 | 196 | 214 | 109.2% | 23.7% |
| 三、机关事业养老保险基金收入 | 27907 | 30153 | 28819 | 95.6% | 3.3% |
| 其中:个人缴费收入 | 14397 | 15379 | 13162 | 85.6% | -8.6% |
| 财政补贴收入 | 12630 | 14099 | 14949 | 106.0% | 18.4% |
| 利息收入 | 46 | 30 | 37 | 123.3% | -19.6% |
| 收入合计 | 84106 | 85114 | 84895 | 99.7% | 0.9% |

注:1.城乡居民社会养老保险利息收入下降31%,主要是缴费收入减少。

2.城乡居民医疗保险个人缴费收入下降20.7%,主要是2019年参保人数减少,缴费收入相应减少。

3.城乡居民医疗保险利息收入增长23.7%,主要是2018年结转到2019年结余较多,相应的利息收入增加。

## 莲都区2019年社会保险基金预算支出执行情况表(草案)

表14

单位:万元

| 项 目 | 2018年决算数 | 2019年预算数 | 2019年执行数 | 完成预算的 | 比上年决算数+、- |
|---|---|---|---|---|---|
| 一、城乡居民社会养老保险基金支出 | 9128 | 9339 | 9322 | 99.8% | 2.1% |
| 其中:城乡居民社会养老保险待遇支出 | 9127 | 9339 | 9321 | 99.8% | 2.1% |
| 二、城乡居民医疗保险基金支出 | 36813 | 45170 | 42333 | 93.7% | 15.0% |
| 其中:城乡居民医疗保险待遇支出 | 35267 | 42092 | 40229 | 95.6% | 14.1% |
| 三、机关事业养老保险基金支出 | 27683 | 29852 | 28675 | 96.1% | 3.6% |
| 其中:机关事业养老保险待遇支出 | 26597 | 29202 | 28311 | 96.9% | 6.4% |
| 支出合计 | 73624 | 84361 | 80330 | 95.2% | 9.1% |

注:城乡居民医疗保险基金支出增长15.0%,主要是提高慢性病门诊统筹支付限额及报销比例等待遇提高,支出相应增加。

## 莲都区2020年社会保险基金收入预算表(草案)

表15 单位:万元

| 项目 | 2019年预算数 | 2019年执行数 | 2020年预算数 | 比上年执行数+、- |
|---|---|---|---|---|
| 一、城乡居民社会养老保险基金收入 | 9626 | 9696 | 10502 | 8.3% |
| 其中:个人缴费收入 | 546 | 624 | 1202 | 92.6% |
| 财政补贴收入 | 8904 | 8904 | 9100 | 2.2% |
| 利息收入 | 176 | 140 | 200 | 42.9% |
| 二、城乡居民医疗保险基金收入 | 45335 | 46380 | 47117 | 1.6% |
| 其中:个人缴费收入 | 12037 | 11464 | 12019 | 4.8% |
| 财政补贴收入 | 33102 | 33103 | 33533 | 1.3% |
| 利息收入 | 196 | 214 | 230 | 7.5% |
| 三、机关事业养老保险基金收入 | 30153 | 28819 | 30199 | 4.8% |
| 其中:个人缴费收入 | 15379 | 13162 | 14030 | 6.6% |
| 财政补贴收入 | 14099 | 14949 | 15827 | 5.9% |
| 利息收入 | 30 | 37 | 40 | 8.1% |
| 收入合计 | 85114 | 84895 | 87818 | 3.4% |

注:1.城乡居民社会养老保险个人缴费收入预算增长92.6%,主要是缴费最低档从100元调整到300元,缴费收入增加。

2.城乡居民社会养老保险利息收入预算增长42.9%,原因缴费收入增加,相应利息收入增加。

## 莲都区2020年社会保险基金支出预算表(草案)

表16 单位:万元

| 项目 | 2019年预算数 | 2019年执行数 | 2020年预算数 | 比上年执行数+、- |
|---|---|---|---|---|
| 一、城乡居民社会养老保险基金支出 | 9339 | 9322 | 9557 | 2.5% |
| 其中:城乡居民社会养老保险待遇支出 | 9339 | 9321 | 9557 | 2.5% |
| 二、城乡居民医疗保险基金支出 | 45170 | 42333 | 50247 | 18.7% |
| 其中:城乡居民医疗保险待遇支出 | 42092 | 40229 | 47955 | 19.2% |
| 三、机关事业养老保险基金支出 | 29852 | 28675 | 29840 | 4.1% |
| 其中:机关事业养老保险待遇支出 | 29202 | 28311 | 29540 | 4.3% |
| 支出合计 | 84361 | 80330 | 89644 | 11.6% |

注:城乡居民医疗保险基金支出增长19.2%,主要是城居医保每人参保缴费标准从1500元提高到1580元,支出待遇相应提高。

# 大事记

## 1月

1月1日下午，召开区委十四届六次全体会议。

1月4日上午，举行莲都消防救援大队授衔和换装仪式，区长陈豪，区委常委、常务副区长王世强参加。

1月4日下午，全省防范处置企业拖欠工资工作电视电话会议召开，副区长俞丽威参加。

1月7日上午，召开全区领导干部会议。

1月7日下午，召开王光谦院士团队成员赴莲都合作洽谈会，副区长张玉洁参加。

1月7日晚上，全省“大棚房”问题专项清理整治行动视频会议召开，区委副书记胡伟华，区委常委、常务副区长王世强参加。

1月7日，义乌丽水（莲都）商会换届大会召开，区委常委、统战部部长翁伟标，区委常委、副区长斯基根参加。

1月8日下午，全省扫黑除恶专项斗争视频会召开，区委副书记胡伟华参加。

1月8日下午，召开区委常委（扩大）会议。

1月9日下午，全国安全生产电视电话会议召开，区委常委、常务副区长王世强参加。

1月9日下午，中共丽水市委全委会议召开，区长陈豪参加。

1月10日下午，召开区委全委会议。

1月10日下午，召开第8次“首善担当创一流”工作交流会，区领导参加。

1月11日上午，全市机构改革动员大会召开，区领导参加。

1月11日下午，莲都公安分局铁路丽水站警务区揭牌仪式举行，区委副书记胡伟华参加。

1月14日下午，丽水市创新区建设暨重大项目百日攻坚总结会召开，区长陈豪参加。

1月14日晚上，县（市、区）委书记工作交流会召开，区领导参加。

1月15日上午，召开全区春运工作部署会，副区长卢进参加。

1月15日下午，市委经济工作会议召开，市委常委、区委书记杜兴林，区长陈豪参加。

1月16日上午，召开区委常委会会议。

1月16日下午，巴比松油画专题研讨会在杭州召开，区委常委、宣传部长赵加慧参加。

1月17日上午，省纪委十四届四次全会第一次大会召开，市委常委、区委书记杜兴林，区长陈豪参加。

1月17日，开展建筑施工领域安全生产大检查，副区长敖正东参加。

1月18日上午，丽水市2018年度县（市、区）委书记抓基层党建和人才工作述职评议会召开，市委常委、区委书记杜兴林，区委常委、组织部部长周显荣参加。

1月18日下午，召开莲都区机构改革动员大会，区农业农村局、区文化和广电旅游体育局、区退役军人事务局、区医疗保障局、区应急管理局、区卫生健康局、区政府国有资产监督管理办公室、区住房和城乡建设局8家新组建单位挂牌成立，区领导参加。

1月17日至18日，浙江省第十四届纪律检查委员会第四次全体会议召开，区委常委、纪委书记、监委主任宋珍花参加。

1月20日，召开全区“大棚房”排查整治工作专题会议，区长陈豪、副区长卢进参加。

1月21日上午，召开第28次区政府常务会议。

1月21日下午，召开莲都区2018年度乡镇（街道）党（工）委书记抓基层党建和人才工作述职评议会，区领导参加。

1月22日，全省县级融媒体工作建设推进会召开，区委常委、宣传部部长赵加慧参加。

1月23日上午，召开区委常委会会议。

1月25日上午，环保督察整改工作会议召开，副区长蔡毓良参加。

1月25日上午，召开全区老干部情况通报会，市委常委、区委书记杜兴林，区委常委、组织部部长周显荣参加。

1月29日上午，与丽水市人民医院举行医疗合作协议签订仪式，副区长郭巧燕参加。

1月29日上午，召开全区农民增收工作会议，副区长卢进参加。

1月29日下午，开展岁末年初安全生产工作大检查，市委常委、区委书记杜兴林，副区长俞丽威参加。

1月30日上午，市区空气质量管控工作会议召开，副区长俞丽威参加。

1月30日晚上，举行2019年古堰画乡小镇春晚活动暨莲都区乡村春晚启动仪式，区长陈豪、副区长郭巧燕参加。

1月31日上午，召开全区各民主党派、工商联负责人和无党派代表人士情况通报会，区委常委、统战部部长翁伟标参加。

## 2月

2月1日上午，市委常委会会议召开，市委常委、区委书记杜兴林参加。

2月1日上午，召开全区空气质量管控工作推进会，副区长俞丽威参加。

2月1日下午，全省、全市安全生产暨消防工作电视电话会议召开，区长陈豪，副区长俞丽威参加。

2月2日上午，召开全区领导干部大会，区委、区政府2019年春节团拜会，区领导参加。

2月2日下午，全市领导干部会议，市委、市政府春节团拜会召开，市委常委、区委书记杜兴林，区长陈豪参加。

2月11日下午，举办“洁在莲都”莲都区新春志愿服务活动，区领导参加。

2月12日上午，召开全区干部大会。

2月12日下午，市政府第11次市长碰头会召开，区长陈豪，区委常委、副区长斯基根参加。

2月13日上午，全市“两山”发展大会召开，区领导参加。

2月14日上午，省委政法工作会议召开，市委常委、区委书记杜兴林，区长陈豪，区委副书记胡伟华参加。

2月14日上午，召开第29次区政府常务会议。

2月14日下午，召开区委常委会会议。

2月15日上午，市委常委、区委书记杜兴林陪同市委书记胡海峰调研重大项目。

2月17日下午，市委常委、区委书记杜兴林陪同之江实验室和浙江清华长三角研究院一行考察。

2月18日上午，第35次市政府常务会议召开，区长陈豪参加。

2月19日下午，举办2019“金猪纳福”古堰画乡元宵喜乐会，市委常委、区委书记杜兴林，区长陈豪，区委常委、宣传部部长赵加慧，区委常委、碧湖镇党委书记叶建光，副区长郭巧燕参加。

2月20日上午，召开一季度开门红工作推进会议，区领导参加。

2月20日至21日，全省组织部长会议暨新时代组织工作高质量发展研讨班举办，区委常委、组织部长周显荣参加。

2月21日下午，召开莲都区第四次经济普查领导小组第二次（扩大）会议，区委常委、副区长斯基根参加。

2月22日上午，市纪委第四届第四次全体会议第一次大会召开，区领导参加。

2月22日下午，召开区纪委第十四届第五次全体（扩大）会议，区领导参加。

2月24日下午，区长陈豪陪同市长吴晓东调研马拉松筹备情况。

2月25日上午，召开莲都区第三次全国国土调查动员大会，区长陈豪，副区长蔡毓良参加。

2月25日至28日，召开中国人民政治协商会议第十五届丽水市莲都区委员会第三次会议。

2月26日至3月2日，召开莲都区第十六届人民代表大会第三次会议。

2月26日上午，省委农村工作会议召开，区委副书记胡伟华，副区长卢进参加。

2月26日上午，全国清理拖欠民营企业中小企业账款工作电视电话会议召开，副区长孙蓓蕾参加。

2月26日下午，全市"浙西南革命精神"弘扬践行活动启动仪式举行，市委常委、区委书记杜兴林，区委常委、宣传部长赵加慧参加。

2月27日下午，市委常委会会议召开，市委常委、区委书记杜兴林，区长陈豪参加。

2月28日上午，全省扩大有效投资重大项目集中开工仪式举行，区长陈豪，区委常委、副区长斯基根参加。

2月28日上午，全市信访维稳专题工作会议视频会召开，区委副书记胡伟华、副区长孙蓓蕾参加。

2月28日下午，2019年省管领导干部经济责任审计和自然资源资产离任（任中）审计集中动员视频会议召开，区长陈豪参加。

## 3月

3月1日上午，国务院、省、市推进"大棚房"问题专项清理整治行动电视电话会议召开，区长陈豪，副区长卢进、蔡毓良参加。

3月4日下午，举行莲都区"浙西南革命精神"弘扬践行活动启动仪式，召开莲都区"浙西南革命精神"弘扬践行活动动员大会，区领导参加。

3月5日上午，开展"走亲联心三服务"活动，市委常委、区委书记杜兴林，区委常委、组织部部长周显荣，副区长俞丽威参加。

3月5日上午，举行莲都区餐饮业产业创新创业联盟三周年庆典，区委常委、副区长斯基根参加。

3月5日下午，召开区委常委会会议。

3月6日上午，举行莲都区2019年第一批扩大有效投资项目集中开工仪式，区领导参加。

3月7日下午，召开莲都区创建省教育基本现代化区工作推进会，区长陈豪，区委常委、宣传部部长赵加慧，副区长郭巧燕参加。

3月8日上午，召开莲都区委审计委员会第一次会议，市委常委、区委书记杜兴林，区长陈豪，区委常委、纪委书记、监委主任宋珍花，区委常委、组织部部长周显荣，区委常委、副区长斯基根参加。

3月8日下午，举行莲都区纪念"三八"妇女节109周年暨乡村振兴巾帼添彩展示活动，区委副书记胡伟华，区委常委、宣传部部长赵加慧，副区长卢进、张玉洁参加。

3月8日下午，全省宣传思想战线增强"四力"视频会议召开，区委常委、宣传部长赵加慧参加。

3月12日上午，开展义务植树活动，区领导参加。

3月12日至13日，区长陈豪、副区长郭巧燕陪同国家文物局副局长胡冰、省文物局局长柳河一行调研文物保护、传统村落保护工作。

3月13日下午，召开莲都区委第五轮巡察工作动员部署会，市委常委、区委书记杜兴林，区委常委、纪委书记、监委主任宋珍花参加。

3月14日下午，召开莲都区党政主要领导干部经济责任审计和自然资源资产离任（任中）审计工作部署会，市委常委、区委书记杜兴林，区长陈豪，区委常委、纪委书记、监委主任宋珍花参加。

3月15日上午，举行"3·15"消费者权益保护主题活动，区委常委、副区长斯基根参加。

3月18日上午，全市领导干

部会议召开，市委常委、区委书记杜兴林，区长陈豪参加。

3月18日下午，召开区委常委会扩大会议、区委常委会会议。

3月19日上午，召开2019年全区公安工作会议，市委常委、区委书记杜兴林，区长陈豪，区委副书记胡伟华参加。

3月19日下午，全市领导干部会议召开，市委常委、区委书记杜兴林，区长陈豪参加。

3月20日至25日，中国人民政治协商会议第四届丽水市委员会第三次会议、丽水市第四届人民代表大会第四次会议召开，市委常委、区委书记杜兴林，区长陈豪，区委副书记胡伟华，区委常委、纪委书记、监委主任宋珍花，区委常委、统战部部长翁伟标，副区长郭巧燕参加。

3月22日上午，全省教育大会（视频）召开，区长陈豪，区委副书记胡伟华，区委常委、纪委书记、监委主任宋珍花，副区长郭巧燕、孙蓓蕾参加。

3月22日下午，全市生产安全工作会议召开，区长陈豪参加。

3月25日下午，召开区委常委会扩大会议。

3月26日下午，市委常委、区委书记杜兴林，区委常委、统战部部长翁伟标陪同国家民族事务委员会党组副书记、副主任刘慧一行调研少数民族工作。

3月27日上午，处州讲台“浙西南革命精神”专题讲座举行，区领导参加。

3月27日，区长陈豪、副区长俞丽威赴浙江清华长三角研究院开展项目考察对接。

3月28日下午，全国工程项目建设审批制度改革工作会议召开，区长陈豪、副区长敖正东参加。

3月29日上午，全省建设平安浙江工作会议召开，市委常委、区委书记杜兴林，区长陈豪，区委副书记胡伟华参加。

3月29日下午，召开第30次区政府常务会议。

3月31日上午，“中广欧特斯”丽水超级马拉松开赛，市委常委、区委书记杜兴林，副区长郭巧燕、蔡毓良参加。

## 4月

4月1日上午，中央扫黑除恶第11督导组督导浙江省工作动员会召开，市委常委、区委书记杜兴林，区长陈豪，区委常委、纪委书记、监委主任宋珍花参加。

4月2日上午，市委常委、区委书记杜兴林陪同省政协副主席陈铁雄至丽新畲族乡调研民族乡村振兴示范带建设工作。

4月2日上午，召开全区应急管理、安全生产、消防和农村饮用水达标提标工作推进会，区长陈豪，副区长卢进参加。

4月2日下午，省属企业“千企结千村 消灭薄弱村”专项行动现场会在碧湖镇岩头村召开，区长陈豪，区委常委、碧湖镇党委书记叶建光，副区长卢进参加。

4月3日上午，中核央地合作新兴产业发展（浙江）投资基金签约仪式举行，区长陈豪，副区长俞丽威参加。

4月3日下午，区委常委会会议召开。

4月4日上午，召开区委党建工作会议，市委常委、区委书记杜兴林，区委副书记胡伟华，区委常委、宣传部部长赵加慧，区委常委、组织部部长周显荣，区委常委、统战部部长翁伟标参加。

4月9日上午，市委常委、区委书记杜兴林陪同省人大常委会副主任史济锡调研人大代表联络站建设工作。

4月9日下午，莲都区首部自主投资拍摄的院线电影《画乡萤火虫》开机仪式在古堰画乡举行，区委常委、宣传部部长赵加慧参加。

4月9日至10日，市委常委、区委书记杜兴林，区委副书记胡伟华，区委常委、碧湖镇党委书记叶建光，副区长张玉洁陪同陕西省宝鸡市凤县代表团考察交流。

4月10日下午，市委常委会会议召开，市委常委、区委书记杜兴林参加。

4月11日上午，召开全区平安政法信访工作会议暨扫黑除恶工作推进会，区领导参加。

4月11日下午，召开区委常委会会议。

4月12日上午，市委政法平安建设工作会议暨扫黑除恶专项斗争推进会召开，市委常委、区委书记杜兴林，区长陈豪，副区长孙蓓蕾参加。

4月13日，“丽水之赞—古堰画乡名家名作写生邀请展与丽水巴比松文献展”新闻发布会在北京举办，区委常委、宣传部部长赵加慧参加。

4月15日晚上，县市区委书记工作交流会召开，区领导参加。

4月16日上午，召开2019年城中村改造（重点项目征收）抽调干部动员会，市委常委、区委书记杜兴林，区委常委、纪委书记、监委主任宋珍花，区委常委、组织部部长周显荣，副区长蔡毓良参加。

4月18日上午，市委常委、区委书记杜兴林陪同省妇联王文娟主席调研党建带妇建、基层妇联改革、“三服务”等工作。

4月19日上午，市委常委会会议召开，市委常委、区委书记杜兴林，区长陈豪参加。

4月19日下午，召开区委常委会会议。

4月19日下午，“浙江省红色故事会”走进丽水走进莲都活动举行，区委常委、组织部部长周显荣参加。

4月22日上午，省委常委会会议召开，市委常委、区委书记杜兴林列席。

4月22日下午，市委常委、区委书记杜兴林，副区长孙蓓蕾陪同内蒙古土默特右旗旗委党政代表团考察交流。

4月23日上午，召开区委常委会会议。

4月23日上午，国务院第二次廉政工作会议和省政府第二次廉政工作会议召开，区领导参加。

4月23日下午，丽水市教育提质行动动员大会召开，区领导参加。

4月24日，省委十四届五次全体（扩大）会议召开，市委常委、区委书记杜兴林，区长陈豪参加。

4月26日下午，区长陈豪陪同农业农村部副部长张桃林一行调研农业农村工作。

4月28日上午，召开第31次区政府常务会议。

4月28日下午，召开区委常委会扩大会议暨区委理论学习中心组（扩大）会议，及区委常委会会议。

4月29日上午，丽水共青团纪念“五四”运动100周年主题团日活动举行，市委常委、区委书记杜兴林参加。

4月29日，全省产业创新服务综合体建设现场会在台州召开，区长陈豪参加。

4月30日上午，第38次市政府常务会（一季度经济形势分析会）召开，区长陈豪参加。

4月30日上午，莲都区“灵康杯”全国第四届“万步有约”健走激励大赛启动仪式举行，副区长郭巧燕参加。

4月30日下午，市区城中村改造部署会召开，区领导参加。

4月30日下午，全市防汛工作视频会议及全区防汛工作视频会召开，区长陈豪、副区长俞丽威参加。

## 5月

5月7日上午，市委常委、区委书记杜兴林陪同巴中市党政代表团考察古堰画乡。

5月7日下午，“丽水之赞—古堰画乡名家名作写生邀请展与丽水巴比松文献展”活动在古堰画乡开幕，市委常委、区委书记杜兴林，区长陈豪，区委常委、宣传部部长赵加慧参加。

5月9日下午，区长陈豪陪同山西省沁水县县长任彩虹一行考察特色小镇建设。

5月10日上午，市委“军事日”活动举行，市委常委、区委书记杜兴林参加。

5月11日上午，举行“莲都100”越野赛，区长陈豪、副区长郭巧燕参加。

5月13日上午，全市警示教育大会召开，市委常委、区委书记杜兴林参加。

5月13日上午，全国就业创业工作暨普通高校毕业生就业创业电视电话会议召开，副区长俞丽威参加。

5月13日下午，全省高质量建设美丽浙江暨高水平推进“五水共治”大会召开，市委常委、区委书记杜兴林，区长陈豪，区委副书记胡伟华，副区长俞丽威参加。

5月13日，全省深化高水平建设“四好农村路”工作推进会在天台召开，副区长卢进参加。

5月14日上午，全省科学技术奖励大会在杭州召开，区长陈豪参加。

5月13日至14日，全省食品安全工作会议暨“双安双创”工作现场会召开，区委常委、副区长斯基根参加。

5月16日上午，区长陈豪，区委常委、组织部部长周显荣陪同省组部两新处和湖州市委组织部调研“千企结千村、消灭薄弱村”工作。

5月15日—16日，第三届中国国际茶业博览会召开，区委常委、副区长斯基根，副区长张玉洁参加。

5月17日上午，召开莲都区警示教育大会，区领导参加。

5月17日下午，全国医改工作电视电话会议召开，市委常委、区委书记杜兴林参加。

5月22日上午，召开重大风险隐患排查化解工作专题会，区长陈豪，区委常委、统战部部长翁伟标，区委常委、区公安分局局长林峰，副区长孙蓓蕾参加。

5月23日上午，召开第32次区政府常务会议。

5月23日上午，市委常委、区委书记杜兴林，区委副书记胡伟华陪同河北省邯郸市峰峰矿区考察团考察调研。

5月23日下午，市委武装工作会议暨市国防动员委员会第二十一次全体会议召开，市委常委、区委书记杜兴林，区长陈豪参加。

5月23日下午至24日上午，市委常委会会议召开，市委常委、区委书记杜兴林参加。

5月28日上午，召开莲都区属局级事业单位改革部署会，区委常委、组织部部长周显荣，副区长俞丽威参加。

5月28日下午，区领导一行赴浙江之江监狱开展警示教育活动。

5月29日，我区通过省教育基本现代化区预评估。

5月31日晚上，2019“华为手机杯”中国围棋甲级联赛丽水莲都古堰画乡专场开幕式举行，区长陈豪参加。

## 6月

6月3日上午，中央扫黑除恶第11督导组督导浙江省情况反馈视频会召开，区长陈豪，区委副书记胡伟华，区委常委、纪委书记、监委主任宋珍花，区委常委、统战部部长翁伟标参加。

6月3日上午，全市党建带群建工作推进会召开，区委副书记胡伟华参加。

6月3日下午，召开莲都区农村饮用水提标达标工程点评会，区长陈豪、副区长卢进参加。

6月4日上午，丽水市“十四五”规划编制工作会议召开，区委常委、副区长斯基根参加。

6月4日下午，召开2018年市区城中村改造遗留问题清零行动专题会议，区长陈豪、副区长蔡毓良参加。

6月5日上午，区长陈豪，区委常委、副区长斯基根，副区长郭巧燕陪同义乌市代表团考察山海协作工作。

6月5日，全省工业互联网平台建设现场会暨丽水市工业互联网平台推广会在松阳县召开，副区长俞丽威参加。

6月6日上午，召开区领导领办重大项目暨大督查点评会，区领导参加。

6月6日下午，全省“不忘初心、牢记使命”主题教育工作会议召开，区长陈豪参加。

6月12日下午，全国党媒社长总编丽水行暨全国百家媒体“浙西南革命根据地”采风活动在丽水启动，区长陈豪参加。

6月12日至13日，全省民族乡村振兴示范建设动员会在金华市武义县召开，区委常委、统战部长翁伟标参加。

6月13日上午，召开区委常委会扩大会议。

6月14日上午，召开莲都区“美丽市场”建设工作现场会暨2019年经常化创建文明城市工作第一次点评会，区长陈豪，区委常委郭云强，副区长敖正东参加。

6月14日下午，全市对台工作领导小组会议召开，区长陈豪参加。

6月15日上午，举办第三届南山杨梅节暨首届南山杨梅产业发展论坛开幕活动，区委常委郭云强、副区长郭巧燕、阎维萍参加。

6月19日，区长陈豪，区委副书记胡伟华陪同国家扶贫宣教中心调研。

6月20日上午，市委专项督查人大工作会议召开，副书记胡伟华，区委常委、副区长斯基根参加。

6月21日上午，浙江省推进长三角一体化发展大会召开，区长陈豪，区委常委、副区长斯基根参加。

6月21日下午，区委对台工作领导小组（扩大）会议召开，区长陈豪，副书记胡伟华，区委常委、纪委书记、监委主任宋珍花，区委常委、统战部部长翁伟标参加。

6月24日下午，全市农村宅基地和住房确权登记发证工作集体约谈会召开，区长陈豪参加。

6月25日上午，全国、全省、全市深化“放管服”改革优化营商环境电视电话会议召开，区领导参加。

6月26日下午，区人民政府与蚂蚁金服集团就“普惠金融+智慧县域”项目举行签约仪式，副区长俞丽威参加。

6月27日上午，召开第33次区政府常务会议。

6月27日上午，2019年“扬帆·感恩”爱心献给老党员活动在仙渡乡启动，区委常委、组织部部长周显荣参加。

6月27日下午，召开区委常委会会议。

6月28日上午，召开区委农村工作会议暨省级美丽乡村示范区创建推进会，区长陈豪，区委常委郭云强，副区长卢进、蔡毓良参加。

6月28日下午，市政府党组会暨第41次常务会议召开，区长陈豪参加。

## 7月

7月1日上午，莲都区庆祝“七一”暨弘扬践行“浙西南革命精神”活动在老竹镇新陶村举行，区领导参加。

7月1日晚上，“浙西南革命精神”宣演会在丽水大剧院举行，区领导参加。

7月2日上午，举行浙江省农业科学院与区人民政府院地合作签约仪式，区长陈豪，副区长卢进、张玉洁参加。

7月2日上午，举行区建投公司与省机关后勤经济发展中心合作签约仪式，区长陈豪，区委常委、副区长斯基根参加。

7月4日上午，莲都区弘扬践行“浙西南革命精神”红色经典诵读活动在刘英小学举行，区委副书记胡伟华参加。

7月6日晚上，举行莲都区“灵康杯”2019男子职工篮球赛开幕式，区长陈豪，区委常委、区公安分局局长林峰，副区长郭巧燕参加。

7月9日上午，召开莲都区“基本无违建区”创建工作推进会，区长陈豪，区委副书记胡伟华，区委常委、纪委书记、监委主任宋珍花，副区长蔡毓良参加。

7月11日上午，举行莲都区“洁净家园共行动 文明形象再提升”万名小荷志愿服务活动，区长陈豪、副区长蔡毓良参加。

7月12日上午，召开区委全面依法治区委员会第一次会议，区长陈豪，区委副书记胡伟华，区委常委、组织部部长周显荣参加。

7月12日下午，市政府常务会议召开，区长陈豪参加。

7月17日上午，举办2019年“寻根之旅”夏令营—浙江丽水营开营仪式和召开莲都外国语学校侨联成立大会，区委常委、统战部部长翁伟标参加。

7月18日至20日，第一届中国天然氧吧文化旅游节在北京举行，莲都区生态优质农产品参展，副区长张玉洁参加。

7月22日上午，举行古堰画乡最美“诗画小镇”环境综合整治提升行动暨画乡小荷志愿服务活动启动仪式，副区长郭巧燕参加。

7月23日下午，区长陈豪陪同王文序副省长调研退役军人工作。

7月24日下午，全省山海协作工程推进会在丽水召开，区长陈豪，区委常委、副区长斯基根参加。

7月25日下午，浙江（丽水）生态产品价值实现机制试点建设推进会召开，区长陈豪参加。

7月25日下午，召开莲都—

江北山海协作联席会议，区长陈豪，副区长俞丽威参加。

7月25日下午，召开全区民族宗教工作推进会，区委副书记胡伟华，区委常委、统战部部长翁伟标参加。

7月26日上午，在丽新畲族乡举行“争做垃圾分类模范生 争创美丽乡村示范区”誓师活动，区长陈豪、副区长卢进参加。

7月26日上午，国务院安全生产工作电视电话会议召开，区长陈豪，副区长俞丽威参加。

7月26日上午，召开第34次区政府常务会议。

7月27日下午，第十六届世界低碳城市联盟大会暨低碳城市发展论坛召开，区长陈豪参加。

7月29日晚上，省直单位厅局长工作交流会召开，区领导参加。

7月30日上午，市委四届六次全体（扩大）会议召开，区长陈豪参加。

7月31日上午，区长陈豪陪同上海文旅考察团一行实地考察调研文旅资源和项目。

## 8月

8月1日下午，开展“八一”走访慰问活动，区领导参加。

8月2日上午，全市基层党建重点工作推进会暨“消薄”工作部署会召开，区长陈豪，区委常委、组织部部长周显荣参加。

8月5日上午，召开区委常委会扩大会议暨上半年经济形势分析会，区领导参加。

8月5日晚上，举行莲都区“灵康杯”2019男子职工篮球赛闭幕式，区长陈豪，区委常委、副区长斯基根，区委常委、区公安分局局长林峰，副区长郭巧燕，副区长张玉洁，副区长阎维萍参加。

8月6日上午，市委国家安全委员会第一次会议召开，区长陈豪参加。

8月6日上午，市委财经委员会第一次会议召开，区长陈豪参加。

8月6日，市委常委会会议召开，区长陈豪参加。

8月7日上午，全市深化机关内部“最多跑一次”改革推进会召开，区长陈豪参加。

8月8日上午，举行区中医院、区妇保院挂牌仪式，副区长郭巧燕参加。

8月8日下午，举行莲都区人民政府与浙江清华长三角研究院项目签约仪式暨大健康产业座谈会，区长陈豪，区委常委、统战部部长翁伟标，副区长俞丽威，副区长郭巧燕，副区长张玉洁参加。

8月8日下午，召开十四届区委第六轮巡察工作动员部署会，区委副书记胡伟华，区委常委、纪委书记、监委主任宋珍花参加。

8月9日下午，区委副书记胡伟华陪同省机要局局长许绍州一行调研。

8月12日上午，召开全区反邪教“雷霆行动”推进会暨“全能神”专项整治工作会议，区长陈豪，区委副书记胡伟华，区委常委、纪委书记、监委主任宋珍花参加。

8月12日上午，全市5个领域综合行政执法改革动员部署会召开，区委常委、组织部长周显荣参加。

8月12日下午，召开全区领导干部大会。

8月13日，省委人大工作会议召开，区长陈豪参加。

8月15日下午，召开全区基层党建重点工作推进会暨“消薄”工作部署会，区长陈豪，区委副书记胡伟华，区委常委、组织部部长周显荣，区委常委郭云强，副区长卢进参加。

8月16日，全市县（市、区）长“十四五”规划工作务虚会召开，区长陈豪参加。

8月19日下午，全省深化机构改革总结会议召开，区领导参加。

8月20日上午，区长陈豪陪同自然资源部上海督查局一行考察调研。

8月20日下午，全市领导干部会议召开，区长陈豪参加。

8月20日晚上，举行丽水巴比松国际研讨会暨2019古堰画乡小镇艺术节开幕式，区领导参加。

8月21日，举办丽水巴比松三十年国际研讨会主旨论坛及分论坛，区领导参加。

8月22日下午，央企名企走

进“四大建设”·携手共建未来社区专题对接会在省人民大会堂召开，区长陈豪参加。

8月27日至28日，区长陈豪，副区长卢进，副区长蔡毓良陪同省四项重点工作督查组就“三改一拆”“五水共治”及小城镇环境综合整治、生活垃圾分类工作进行督导。

8月29日下午，召开第35次区政府常务会议。

8月30日，上海世界创意经济峰会召开，区长陈豪，副区长郭巧燕参加。

## 9月

9月2日上午，召开莲都区深化经常化创建全国文明城市和国家卫生城市工作推进会，区领导参加。

9月3日上午，区长陈豪陪同财政部浙江监管局局长何振国一行考察。

9月3日下午，市委议军会议召开，区长陈豪参加。

9月5日下午，召开全区领导干部会议。

9月6日，全省美丽城镇建设工作会议召开，区长陈豪参加。

9月9日晚上，开展莲都区创建省级全域旅游示范区系列活动之“我为全域旅游出把力”主题活动，市委常委、区委书记徐光文，区委副书记胡伟华，区委常委、统战部部长翁伟标，区委常委、宣传部部长陶旭峰，副区长郭巧燕，副区长蔡毓良参加。

9月10日上午，市委常委、区委书记徐光文，区长陈豪，区委常委、宣传部部长陶旭峰，副区长郭巧燕到全区各学校、幼儿园走访慰问一线教师。

9月10日晚上，举行“星聚万洋 梦想启航”丽水万洋低碳智造小镇项目签约2周年暨丽水工业园区企业家主题分享活动，区长陈豪，区委常委、统战部部长翁伟标参加。

9月11日下午，市委常委会暨市委主题教育领导小组第一次会议召开，市委常委、区委书记徐光文参加。

9月11日晚上，召开区委常委会会议。

9月12日上午，全市“不忘初心、牢记使命”主题教育工作会议召开，市委常委、区委书记徐光文，区委常委、组织部部长陈永超参加。

9月12日下午，召开全区“不忘初心、牢记使命”主题教育工作会议，区领导参加。

9月12日下午，举行联城街道娄丰堰社区揭牌仪式，副区长郭巧燕参加。

9月16日，浙江·丽水(上海)周推介会启动，市委常委、区委书记徐光文，区长陈豪，区委常委、统战部部长翁伟标，区委常委、宣传部部长陶旭峰，副区长郭巧燕参加。

9月18日下午，召开经常化创建文明城市重点工作部署会，市委常委、区委书记徐光文，区委常委、宣传部部长陶旭峰参加。

9月19日上午，市委常委、区委书记徐光文，区长陈豪，常务副区长杨金跃，区委常委、宣传部部长陶旭峰，副区长阎维萍陪同剑阁县党政代表团考察并座谈。

9月19日下午，全市“平安护航新中国成立70周年大会战”信访维稳安保工作会议召开，市委常委、区委书记徐光文，区委副书记胡伟华，副区长俞丽威参加。

9月20日晚上，举办浙江省2019年全国科普日主场活动暨2019年丽水(莲都)科普艺术节，区领导参加。

9月22日上午，2019第二届世界丽水人大会主旨大会暨开幕式举行，市委常委、区委书记徐光文，区长陈豪参加。

9月22日下午，召开2019第二届世界丽水人大会莲都分会场主旨大会，区领导参加。

9月23日上午，举办2019丽水·莲都“中国农民丰收节”，市委常委、区委书记徐光文，区委副书记胡伟华，区委常委、碧湖镇党委书记郭云强，区委常委、宣传部部长陶旭峰，副区长卢进参加。

9月27日上午，区委全面深化改革委员会召开第一次会议，区领导参加。

9月27日上午，区委国家安全委员会召开第一次会议，市委常委、区委书记徐光文，区长陈豪，区委副书记胡伟华，区委常委、宣传部部长陶旭峰参加。

9月27日上午，区委外事工作委员会召开第一次会议，市委常委、区委书记徐光文，区长陈豪，常务副区长杨金跃，区委常委、宣传部部长陶旭峰参加。

9月27日下午，区委编委召开第一次会议，市委常委、区委书记徐光文，区长陈豪，区委常委、宣传部部长陶旭峰参加。

9月27日下午，召开区委议军会议，市委常委、区委书记徐光文，区委副书记胡伟华，区委常委、纪委书记、监委主任宋珍花，区委常委、人武部政委任万户，常务副区长杨金跃，区委常委、宣传部部长陶旭峰参加。

9月27日下午，区委退役军人事务工作领导小组召开第一次会议，市委常委、区委书记徐光文，区委副书记胡伟华，区委常委、人武部政委任万户，常务副区长杨金跃，区委常委、组织部部长陈永超，区委常委、宣传部部长陶旭峰参加。

9月28日下午，举行浙江农信丰收驿站省级旗舰店“丽水月”活动莲都专场活动，区长陈豪，区委常委、统战部部长翁伟标，副区长俞丽威参加。

9月29日上午，召开第36次区政府常务会议。

9月30日上午，举行丽龙高速公路南山互通至丽新公路建设工程（南山至高溪段）贯通仪式，市委常委、区委书记徐光文，区委常委、碧湖镇党委书记郭云强，副区长蔡毓良参加。

9月30日上午，老竹镇举行首届红色文化旅游节开幕式，市委常委、区委书记徐光文，区委常委、宣传部部长陶旭峰，副区长郭巧燕，副区长雷成参加。

## 10月

10月8日下午，召开区委常委会会议。

10月9日上午，区领导赴丽水工业园区开展“不忘初心、牢记使命”主题教育“使命之行”。

10月10日下午，区委常委、副区长斯基根陪同省药监局徐润龙局长一行调研。

10月11日，市委常委、区委书记徐光文，区委常委、碧湖镇党委书记郭云强，区委常委、常务副区长杨金跃，区委常委、宣传部部长陶旭峰，副区长俞丽威赴碧湖镇及丽水工业园区开展“不忘初心、牢记使命”主题教育调研活动。

10月11日上午，生态产品价值实现机制国际大会暨生态学闭门峰会召开，区长陈豪参加。

10月11日上午，多弗君澜温泉度假酒店签约仪式举行，副区长郭巧燕参加。

10月12日上午，召开区委十四届七次全体（扩大）会议暨区政府全会。

10月12日下午，区委常委、宣传部部长陶旭峰陪同锦州市代表团考察。

10月13日上午，召开区委“不忘初心、牢记使命”主题教育专题学习交流会，区领导参加。

10月14日上午，2019丽水“人才·科技”峰会开幕式举行，区长陈豪，区委常委、组织部部长陈永超，副区长张玉洁参加。

10月15日上午，召开2019丽水“人才·科技”峰会莲都分会，区委副书记胡伟华参加。

10月15日下午，区长陈豪，区委常委、组织部部长陈永超陪同省委组织部副部部长胡旭阳调研基层治理四平台干部考核管理相关工作。

10月14日至15日，区长陈豪陪同江西省抚州市党政代表团考察。

10月16日下午，区长陈豪陪同省援藏指挥部党委书记、指挥长苗伟伦一行考察丽水雾耕农业科技园。

10月17日上午，全省法治政府建设暨综合行政执法改革推进电视电话会议召开，区委副书记胡伟华，区委常委、常务副区长杨金跃，副区长蔡毓良参加。

10月17日下午至18日上午，省委政协工作会议召开，市委常委、区委书记徐光文参加。

10月18日晚上，全省县（市、区）委书记工作交流会召开，区领导参加。

10月21日上午，召开区扫黑除恶专项斗争推进会暨平安建设重点工作推进会，区委副书记胡伟华，区委常委、公安分局局长林峰，区委常委、碧湖镇党委书记郭云强参加。

10月21日下午，召开区委常委会会议。

10月22日上午，召开区委“不忘初心、牢记使命”主题教育专题党课暨“两优一先”表彰会议，区领导参加。

10月23日上午，召开区委“发展莲都、服务市区”专题研讨会暨区级领导调研成果交流会，区领导参加。

10月23日上午，全市护航大庆维稳安保工作总结会暨夺取“平安星级金鼎”推进会召开，区委副书记胡伟华、常务副区长杨金跃参加。

10月23日下午，市委“不忘初心、牢记使命”主题教育专题党课暨“丽水之干”担当作为好干部通报会召开，市委常委、区委书记徐光文参加。

10月24日上午，市委“不忘初心、牢记使命”主题教育调研成果交流会召开，市委常委、区委书记徐光文参加。

10月24日上午，召开第37次区政府常务会议。

10月24日晚上，“不忘初心、牢记使命”浙江微型党课全省巡讲活动(莲都站)举行，区领导参加。

10月24日至25日，市委常委、区委书记徐光文，区委副书记胡伟华陪同中央扫黑除恶第11督导组组长李智勇一行调研。

10月26日，“爱祖国，向前冲”诗画浙江青年景区定向赛子活动—2019东西岩大学生“红+绿”高校AR定向赛决赛举行，副区长郭巧燕参加。

10月28日，市政府常务会议暨第三季度经济形势分析会召开，区长陈豪参加。

10月29日上午，举行“七十年初心不忘 新时代使命传承”万人文明实践活动暨莲都区“小荷”志愿服务队成立四周年表彰活动，市委常委、区委书记徐光文，区委副书记胡伟华，区委常委、宣传部部长陶旭峰，副区长蔡毓良参加。

10月29日下午，丽水市生态环境局莲都分局生态环境保护综合行政执法队成立并举行挂牌仪式，副区长俞丽威参加。

10月30日，市委常委、区委书记徐光文陪同中央主题教育第二巡回督导组考察。

10月30日上午，浙江清华长三角研究院生物医药项目洽谈对接会暨签约仪式举行，副区长俞丽威参加。

10月30日下午，市区秸秆焚烧专项整治工作推进会议召开，副区长卢进参加。

10月31日上午，百将新时代新长征—支持丽水革命老区红色之旅公益行活动及“传承红色基因、弘扬红色精神”刘英小学教育基地揭牌仪式举行，市委常委、区委书记徐光文，区委常委、组织部部长陈永超，区委常委、宣传部部长陶旭峰参加。

10月31日上午，区委常委、统战部部长翁伟标陪同国家民委少数民族特色村寨调研组一行调研。

10月31日下午，市委常委会会议召开，市委常委、区委书记徐光文参加。

10月31日下午，全省事业单位改革部署推进会召开，区委常委、组织部部长陈永超参加。

## 11月

11月2日下午，区长陈豪陪同水利部副部长陆桂华考察。

11月4日上午，全市领导干部会议召开，市委常委、区委书记徐光文，区长陈豪参加。

11月4日下午，召开全区领导干部会议暨第三季度经济形势分析会，区领导参加。

11月6日下午，召开区委常委会暨区委“不忘初心、牢记使命”主题教育领导小组第三次会议。

11月7日下午，举行莲都区融媒体中心启用仪式，市委常委、区委书记徐光文，区委常委、宣传部部长陶旭峰参加。

11月7 日下午，全省传统制造业改造提升现场推进会在宁波召开，区长陈豪参加。

11月8日，全省深化“千万工程”建设新时代美丽乡村现场会在天台召开，区长陈豪参加。

11月8日至12日，召开区总商会四川分会成立大会，区委常委、统战部部长翁伟标参加。

11月11日，在四川成都举办“莲都超市”培训班开班仪式暨莲都籍超市经营者座谈会，副书记胡伟华参加。

11月13日上午，市委常委、区委书记徐光文，区委常委、宣传部部长陶旭峰陪同民革中央张伯军副主席一行考察调研乡村振兴、脱贫攻坚工作。

11月13日上午，第五届世界浙商大会在杭州召开，副区长郭巧燕参加。

11月14日上午，市政府第48次常务会议召开，区长陈豪参加。

11月14日上午，召开区委常委会十九届四中全会精神专题研讨会。

11月14日下午，全市高质量建设美丽丽水工作推进会暨第二轮中央生态环保督察迎检动员会召开，市委常委、区委书记徐光文参加。

11月15日下午，召开莲都区第二轮中央生态环保督察迎检动员会，市委常委、区委书记徐光文，区长陈豪，区委常委、常务副区长杨金跃，副区长俞丽威参加。

11月16日上午，举行健康浙江行（丽水站）启动仪式，副区长郭巧燕参加。

11月18日下午，市委常委、区委书记徐光文陪同四川省广元市党政代表团考察。

11月19日上午，市委常委、区委书记徐光文，区长陈豪陪同原国家发改委副主任、十二届人大财经委副主任、中国经济体制改革研究会会长彭森一行考察。

11月19日下午，全省民政会议暨第六届浙江慈善大会召开，区长陈豪参加区分会场，副区长郭巧燕参加杭州主会场。

11月20日上午，全省防控重大动物疫情应急演习在莲都举办，区长陈豪参加。

11月20日上午，全省见义勇为先进人物表彰暨见义勇为工作电视电话会议召开，区委常委、副区长斯基根参加。

11月21日至22日，省委十四届六次全体（扩大）会议召开，区长陈豪参加。

11月22日上午，全国安全生产电视电话会议召开，区委常委、常务副区长杨金跃参加。

11月25日上午，全国国土空间规划视频会议召开，区长陈豪，区委常委、常务副区长杨金跃参加。

11月25日下午，全国纪检监察系统检举举报平台推广部署工作视频会议召开，区委常委、纪委书记、监委主任宋珍花参加。

11月26日下午，市委常委会会议召开，市委常委、区委书记徐光文参加。

11月27日上午，丽水市法治政府建设推进会暨丽水市第十三次府院联席会议召开，区长陈豪参加。

11月27日上午，召开全区领导干部会议。

11月27日下午，第49次市政府常务会议召开，区长陈豪参加。

11月27日，全市乡村振兴暨深化“千万工程”建设新时代美丽乡村现场会在青田召开，副书记胡伟华，副区长卢进、蔡毓良参加。

11月28日上午，市委常委、区委书记徐光文，区委常委、宣传部部长陶旭峰陪同省政协主席葛慧君调研。

11月28日上午，全省退役军人工作视频会议召开，区长陈豪，区委常委、常务副区长杨金跃参加。

11月28日下午，召开“莲都超市”区域公共品牌培育工作领导小组成员第一次会议，副书记胡伟华，副区长卢进参加。

11月29日上午，召开第38次区政府常务会议。

11月29日下午，召开区委常委会会议。

11月29日下午，召开区委网络安全和信息化委员会第一次全体会议，市委常委、区委书记徐光文，区长陈豪，副书记胡伟华，区委常委、宣传部部长陶旭峰，副区长俞丽威参加。

11月29日下午，召开区委财经委员会第一次会议，市委常委、区委书记徐光文，区长陈豪，副书记胡伟华，区委常委、宣传部部长陶旭峰，副区长俞丽威参加。

## 12月

12月2日上午，召开莲都区“基本无违建区”创建工作攻坚会，区长陈豪，副区长蔡毓良参加。

12月3日上午，市委常委、

区委书记徐光文，区委常委、组织部部长陈永超，区委常委、宣传部部长陶旭峰赴仙渡乡和黄村乡，开展“不忘初心、牢记使命”主题教育专题调研。

12月3日下午，召开莲都区生态产品价值实现机制试点工作座谈会，市委常委、区委书记徐光文，区委常委、常务副区长杨金跃，区委常委、组织部部长陈永超，区委常委、宣传部部长陶旭峰参加。

12月4日下午，市委人大工作暨立法工作会议召开，市委常委、区委书记徐光文参加。

12月4日下午，市区城中村改造重点工作推进会召开，区长陈豪，副区长蔡毓良参加。

12月9日上午，全市领导干部会议召开，市委常委、区委书记徐光文，区长陈豪参加。

12月10日上午，召开第四批全国健康促进区建设省级技术评估汇报会，区长陈豪参加。

12月11日上午，召开莲都区农业产业座谈会，市委常委、区委书记徐光文，区委常委、碧湖镇党委书记郭云强，副区长卢进参加。

12月11日下午，市委常委、区委书记徐光文，区委常委、宣传部部长陶旭峰陪同上海市党政代表团调研农业产业工作。

12月12日下午，全市大花园瓯江绿道建设现场会召开，区长陈豪，区委常委、常务副区长杨金跃参加。

12月13日上午，开展区领导“军事日”活动。

12月13日下午，召开区委常委会会议。

12月16日下午，市委常委扩大会议、市委常委会会议召开，市委常委、区委书记徐光文，区长陈豪参加。

12月17日上午，召开美丽莲都建设暨五水共治工作专题推进会，副区长俞丽威参加。

12月17日，市委常委、区委书记徐光文率莲都区党政代表团赴义乌对接交流山海协作工作，区长陈豪，区委常委、副区长斯基根，区委常委、常务副区长杨金跃，区委常委、组织部部长陈永超，区委常委、宣传部部长陶旭峰参加。

12月18日，丽水市党政代表团赴宁波、嘉兴、湖州开展山海协作互访交流，区长陈豪参加。

12月20日上午，召开莲都区委人大工作会议，区领导参加。

12月20日下午，市委政协工作会议召开，市委常委、区委书记徐光文参加。

12月20日下午，召开莲都区府院联席会议，区委常委、常务副区长杨金跃参加。

12月21日，温州市丽水商会成立大会召开，区委常委、统战部部长翁伟标参加。

12月23日上午，召开浙江省教育基本现代化区评估认定汇报会，市委常委、区委书记徐光文，区委常委、宣传部部长陶旭峰，副区长郭巧燕参加。

12月24日上午，召开区委全委会。

12月25日上午，召开莲都区创建浙江省教育基本现代化区评估认定反馈会，区长陈豪，副区长郭巧燕参加。

12月26日，省委经济工作会议召开，市委常委、区委书记徐光文，区长陈豪参加。

12月27日上午，市委四届七次全会召开，市委常委、区委书记徐光文，区长陈豪，区委常委、纪委书记、监委主任宋珍花参加。

12月27日下午，全市退役军人工作暨全国双拥模范城创建部署会召开，区长陈豪，区委常委、常务副区长杨金跃参加。

12月27日下午，举行“垃圾分类进农村 文艺会演大比拼”暨“莲都五寻”颁奖晚会，副书记胡伟华，副区长蔡毓良参加。

12月28日上午，召开莲都区超市发展大会暨莲都超市产业农合联成立大会，市委常委、区委书记徐光文，副书记胡伟华，区委常委、统战部部长翁伟标，区委常委、碧湖镇党委书记郭云强，区委常委、宣传部部长陶旭峰，副区长卢进参加。

12月30日上午，市政府第51次常务会议召开，区长陈豪参加。

12月30日上午，召开区委常委会会议。

12月30日下午，召开第39次区政府常务会议。

12月30日晚上，举行“青青处州风 处州乱弹”莲都区新年音乐会，副书记胡伟华，区委常委、副区长斯基根，区委常委、宣传部部长陶旭峰参加。

12月31日上午，举行莲都区社会矛盾纠纷调处化解中心启用仪式，市委常委、区委书记徐光文，副书记胡伟华，区委常委、公安分局局长林峰参加。

12月31日下午，衢丽铁路建设动员会暨松阳站北干渠水利改造工程开工仪式举行，市委常委、区委书记徐光文参加。

12月31日，举行莲都区消防救援大队挂牌仪式，区委常委、常务副区长杨金跃参加。

# 莲都概览

## 自然环境

**【地理位置】** 莲都区位于浙江省西南部，瓯江中游，区境介于北纬28°06′—28°44′和东经119°32′—120°08′之间。东与青田县毗邻，南与云和县、景宁畲族自治县接壤，西与松阳县相连，西北与武义县交界，东北与缙云县连接。市人民政府驻地。

**【地形地貌】** 莲都区境处在括苍山、洞宫山、仙霞岭3座山脉之间。地形属浙南中山区，以丘陵山地为主，间有小块河谷平原。地势具有盆地格局，四周高山环抱，峰峦连绵高峻，海拔1000米以上山峰有30余座。境内最高处为南部八面湖山峰，海拔1389米，最低处是下风化村河漫滩，海拔40米。地形大势自西南向东北倾斜。

境内地形可分为河谷平原、丘陵、山地3种。其中：河谷平原海拔在100米以下，面积192.2平方千米，占总面积的12.8%，主要有碧湖平原和城郊平原。碧湖平原面积80.3平方千米，地势平坦，海拔60—70米，相对高差小于20米。城郊平原面积44.8平方千米，海拔50—80米，相对高差小于30米。丘陵可分为低丘和高丘，低丘海拔100—250米，面积364平方千米，25度以上陡坡面积占78.3%。高丘海拔250—500米，面积493.1平方千米，相对高差100—200米，25度以上陡坡面积占89.16%。低丘和高丘合计面积857.1平方千米，占全区总面积的57%。山地可分为低山、中山。低山海拔500—800米，面积319.3平方千米，相对高差200—300米，25度以上陡坡面积占67.9%。低山、中山合计面积452.8平方千米，占全区总面积的30.2%。

境内山脉位于大溪以南的属洞宫山北支，位于大溪以北的属仙霞岭支脉，位于好溪以东的属括苍山西端。洞宫山北支主脉，自龙泉市黄茅尖(1929米)向东北延伸，经云和县的鸡头尖(1127.9米)，至莲都云和界上有水苋湾(1069米)、李山坟(1062米)、朝头湾(814米)，入境经新砀山(1062米)、坳帅(1135米)至莲都、青田界上大路后(1071米)分为两支：一支续向东北，经石步尖、双尖炎、大山尖、大梁山至境内大溪边下端尖；一支向东南，经莲都、青田界上有葑垟湖(1059米)，延伸境内水牛相筑(1325米)，折往东北莲都、青田界上有草坳(1276米)、八面湖(1389米)。仙霞岭山脉呈西南—东北走向，西南接武义山，东北接大盘山脉、天台山脉。境内仙霞岭支脉有4支，千米以上山峰有千岗顶(1071米)、竹翠横栏尖(1082米)等。境内括苍山脉主要有2支，名山有天堂山(1010米)、连尖山(994米)等。

**【水系径流】** 莲都境内河流皆属瓯江水系。瓯江发源于庆元、龙泉两县市交界的锅帽尖北麓，上游段称龙泉溪，流经云和县进入莲都区大港头镇，与松阴溪会合后称大溪，再经碧湖、水阁、联城、富岭、万象、紫金等乡镇(街道)后入青田县境，与小溪会合后称瓯江，大溪干流在莲都境内长46千米，河道落差43米，流域面积1373.65平方千米。境内主要支流有好溪、小安溪、宣平溪、松阴溪4条。南部峰源一带溪流

（流域面积128.45平方千米）汇入瓯江支流——小溪。

江溪径流量多年平均年径流深850毫米，最大年径流深1585.5毫米，最小年径流深411.5毫米。多年平均年径流量12.76亿立方米，其中从大溪出境水量11.30亿立方米，从峰源乡汇入瓯江支流——小溪的水量1.46亿立方米。外县（市）流入莲都境多年平均年径流量69.37亿立方米，其中龙泉溪入境水量34.5亿立方米，松阴溪入境水量18.41亿立方米。全区年均出境总水量82.13亿立方米。径流在年内分配不均，5—9月汛期径流量约占全年2/3。大溪河底坡度较小。4条主要支流河床切割深度较大，均属山区性河流，源短流急，水位暴涨暴落，汛期保持一段时间中高水位，每年10月至次年2月，长期保持在低水位状态。

## 气　象

**【概　况】** 2019年平均气温19.3℃，极端最高气温38.8℃，极端最低气温-0.3℃；年高温日数55天，低温日数3天；年日照1456.2小时；年降水量1673.8毫米，雨日165天，暴雨日6天。气温明显偏高、高温日数偏多、低温日数明显偏少，降水偏多、暴雨日偏多较明显，日照偏少较明显。在厄尔尼诺事件大背景下，天气气候较异常，有冬季多雨寡照、春季暴雨和强对流、梅汛期暴雨、超强台风“利奇马”、秋台风“米娜”、秋季长时间干旱等灾害性天气。

**【气　温】** 年平均气温19.3℃，偏高0.9℃（要素偏高或偏低均为相对常年平均，即1981—2010年均值而言，下同）。各季平均气温均偏高，以夏季为最：冬季（2018年12月至2019年2月）9.2℃，偏高1.1℃；春季18.7℃，偏高0.9℃；夏季28℃，偏高0.1℃；秋季21.2℃，偏高1.4℃。极端最高气温38.8℃（8月27日）；极端最低气温-0.3℃（1月23日）。日平均气温滑动恒定≥10℃（入春）初日3月1日，终日（入冬）12月3日；恒定≥22℃初日（入夏）6月2日，终日（入秋）10月14日。气候学意义各季节的长度：春季93天，夏季135天，秋季49天，冬季84天（跨2018—2019年度）。日最高气温≥35℃的高温日数55天，偏多19.2天；日最低气温≤0℃的低温日数3天，偏少13.5天。

**【降　水】** 年降水量1673.8毫米，偏多19.1%；年雨日165天，偏多7.2天。各季降水量除秋季外均偏多，其中冬、夏季偏多明显：冬季雨量289.6毫米，偏多60.3%，雨日59天，偏多25.3天；春季雨量475.9毫米，偏多3.6%，雨日49天，偏少0.6天；夏季雨量780.3毫米，偏多46.1%，雨日48天，偏多3.4天；秋季雨量125.6毫米，偏少45%，雨日19天，偏少10.7天。年暴雨日数6天。最大日雨量为7月4日2时18分至5日2时17分的105.6毫米。年最长连续无降水为9月8日至30日，持续23天；年最长连续降水为2018年12月21日至2019年1月11日，持续12天，累计雨量82.5毫米。

**【日　照】** 年累计日照时数1456.2小时，较常年偏少168.3小时。四季日照较常年同期除冬秋季外均偏少：冬季121.6小时，偏少172.2小时；春季316.2小时，偏少42.9小时；夏季436.7小时，偏少126.8小时；秋季479.4小时，偏多73.6小时。

**【初、终霜】** 根据气温和天气现象监测，春季终霜1月24日；冬季初霜12月8日；无霜期318天。

**【雷　暴】** 年地闪（及地雷电）8341次，地闪次数≥5次的雷暴日79天，初雷2月26日，终雷10月16日；年地闪频次较高的有：6月30日1563次、6月20日1441次、4月24日876次、7月16日568次、7月27日511次、7月1日433次、6月19日405次。

**【重大天气气候事件】**

（1）气候持续偏暖，年平均气温居历年第3高，低温日数历年最少。

（2）2月长时间多雨寡照，月降水量持平历年最多，日照异常偏少。

（3）4月下旬降水异常偏多（历年第二），部分地方出现较春汛。

（4）春季强对流频繁，3月21

日碧湖岩头村、南明山街道出现冰雹，4月21日老竹强对流致镇政府内10余米高雪松拦腰折断，4月25日岩泉街道因大风受灾。

（5）主汛期降水集中期持续时间长，6月18日始，7月17日终，历时1月；暴雨过程多，有4次区域性暴雨和6次分散性暴雨过程；累计雨量大，达546.2毫米，为历年同期最多，其中6月21日22时至22日04时，城区雨量92.1毫米，致内涝。

（6）8月10日1时45分，1909号超强台风"利奇马"登陆台州市温岭城南镇沿海。为中华人民共和国成立以来登陆浙江省第三强，其风雨严重影响全区。

（7）自8月10日"利奇马"台风影响结束后至12月中旬，我市出现长达4个月的持续少雨天气。秋季降水异常偏少，气象干旱范围大，部分山区现饮水困难。

### 2019年逐月气象要素分布一览表

表1

| 月＼要素 | 平均气压（hpa） | 平均气温（℃） | 最高气温（℃） | 最低气温（℃） | 月雨量（mm） | 月雨日（天） | 月蒸发（mm） | 日照时数（h） |
|---|---|---|---|---|---|---|---|---|
| 1 | 窗体顶端 1019.6 | 窗体顶端 8.2 | 21.5 | 窗体顶端 –0.3 | 窗体顶端 85.3 | 18 | 窗体顶端 36.1 | 59.4 |
| 2 | 1015.9 | 9.6 | 28.5 | 3.7 | 146.5 | 22 | 37.1 | 25 |
| 3 | 1011.5 | 14.1 | 30.4 | 6.7 | 162.1 | 18 | 58.6 | 91.7 |
| 4 | 1006.8 | 19.4 | 34.7 | 10.2 | 244.9 | 17 | 68.3 | 107.2 |
| 5 | 1004.7 | 22.5 | 33.8 | 12 | 137.1 | 14 | 102.6 | 117.3 |
| 6 | 999.0 | 25.6 | 37.7 | 17.2 | 384.1 | 19 | 75.1 | 92.3 |
| 7 | 997.5 | 28.4 | 38.4 | 22.6 | 319.1 | 18 | 100.8 | 136.5 |
| 8 | 997.3 | 29.9 | 38.8 | 22.8 | 77.1 | 11 | 130 | 207.9 |
| 9 | 1005.6 | 26.3 | 37.4 | 15.2 | 84 | 6 | 129 | 189.4 |
| 10 | 1011.2 | 21.8 | 36.4 | 10.3 | 34.7 | 8 | 100.1 | 158.9 |
| 11 | 1015.5 | 15.6 | 30.5 | 6 | 6.9 | 5 | 66.8 | 131.1 |
| 12 | 1018.2 | 10.6 | 28.3 | –0.3 | 60.3 | 9 | 48.4 | 139.5 |

（邓霞君）

## 自然资源

**【概　况】** 莲都区自然资源较丰富，生态环境保持较好，为国家级生态示范区。

土地资源：全区土地面积15.02万公顷，合1502.1平方千米。其中山区占28.52%，丘陵占45.18%，平原占26.3%。人均土地面积0.4公顷，全区耕地11150.8公顷，人均耕地面积0.03公顷（0.45亩）。垦造耕地100.73公顷。

森林资源：1976年全区林木总蓄积量135.01万立方米，1989年201.42万立方米。2002年开始，实施生态公益林、绿色长廊、退耕还林建设。2005年全区林业用地面积12.034万公顷，林木总蓄积量227.79万立方米。森林覆盖率79%，森林资源特点以马尾松、杉木等针叶树最多。樟树、枫香、柏林、苦槠等散生各处，无成片林。1990年前油茶林分布较广，莲都区为全省3个油茶重点基地县（区）之一。1994年消灭宜林荒山，1999年实现绿化达标。

矿产资源：20世纪90年代前，境内发现矿产20多种，分布在170个点，其中金属矿有钛磁铁矿、铅锌矿、银矿等，非金属矿有萤石、花岗岩、泥煤、高岭土等。

水力资源：全区水力资源比较丰富，理论储藏量为28.5万千瓦，可开发26.5万千瓦，（其中瓯江干流为19.5万千瓦，属市管辖），莲都区实际可开发量为7.4万千瓦。

生物资源：境内动植物资源较为丰富。木本植物有93科278属655种，主要分布在山间、山脚坡地、溪坎路旁多被野草覆盖。列入国家重点保护的植物有11科12种，属二级重点保护植物有伯乐树（钟萼木）、香果树、银杏、鹅掌楸、华东黄杉、长叶榧等6种。属三级重点保护植物有银钟树、凹叶厚朴、黄山木兰、短萼黄连、短穗竹、中华水韭等6种。境内自然散生的古、珍、稀树种有南方红豆杉、樟、枫楮、漆、榕、罗汉松、槐等56个树种。动物种类较多，其中脊椎动物有5纲，37目，76科，400多种。哺乳纲有8目，19科，36属，44种，主要有山兔、松鼠、黄鼬、蝙蝠等。属国家一类保护的有黑麂；属国家二类保护的有穿山甲、大灵猫、水獭、猕猴、九江狸、野山羊等。爬行纲有3目，9科，25属，40种，属国家一类保护动物为鼋。两栖纲有2目，7科，13属，35种，属国家二类保护动物有大鲵。鸟纲有14目，22科，68属，200种，属国家二类保护的鸟类有鸳鸯、勺鸡、白鹇。鱼纲有10目，19科，61属，66种。节肢动物有多足、甲壳、蛛形、昆虫4纲，昆虫纲中天敌昆虫36种。

旅游资源：以“生态·休闲·养生”为主题，以瓯江流域和自然山水为主线，着力打造“绿色莲都”旅游品牌。国家AAAA级风景名胜区风情东西距市区28千米，景区属典型的丹霞地貌，东、西两岩对峙，险峰绝壁、穹隆崛起，宏奇壮观，并以民族风情为特色。省级风景名胜区南明山多象形怪石、石梁、飞瀑，寺阁古迹掩映于远眺如螃蟹形的山崖之中，景区有摩崖石刻58处，自然、人文景观独特。古堰画乡包括碧湖镇和大港头镇，核心区块包括大港头镇区、坪地、堰头、保定，有建于南朝梁天监年间的国家级文物保护单位通济堰、保定青瓷古窑址；有省内外著名的摄影、巴比松画派和专业美术写生创作基地，历史文化底蕴深厚，发展生态休闲度假中心具有独特优势。全区有省级森林公园白云山森林公园、大山峰森林公园2个；省级文物保护单位有南明山摩崖石刻、灵鹫寺石塔、谭宅古民居、沈家邸、花门楼、河桥、西溪村乡土建筑7处；国家级湿地公园有丽水九龙湿地公园1个；省级农家乐特色村有碧湖镇堰头村、老竹镇沙溪村2个。生态自然景观保持完好，正在组织开发或列入开发计划的旅游区有峰源猕猴峡、葑垟湖、西溪古民居、雅一电站库区、天堂山、石牛城市温泉度假中心、瓯江风情旅游度假中心等。全区有重要革命遗址、纪念地40多处，红色旅游点主要有中共浙江省委机关旧址、巨溪三岩寺红军洞、峰源小岭根村红军挺进师驻地、仙渡葛畈村北乡革命纪念馆、雅溪岱后村中共丽水县委旧址等。

## 历史沿革

**【概　况】** 置县（市、区）1400余年，莲都区名的由来是因丽水城依山傍溪，在环山之中，形如莲瓣，宋代以后别名莲城，丽水又特产“处州白莲”，定“莲都”为市辖区区名，意欲将美丽的莲都建成繁华的都市。此一区名系从全丽水地区2000多名参与区名征集者中精选所得。

隋开皇九年（589年），分松阳东乡置括苍县，置处州，治设括苍。开皇十二年（592），改处州为括州。大业三年（607），括州改称永嘉郡（隋代括苍县境包括今莲都区、云和县、景宁县、青田县大部，文成县、缙云县及武义县南部）。

唐武德四年（621），复为括州，括苍、丽水二县属括州。武德八年（625）省丽水入括苍。万岁登封元年（696）分括苍、永康两县地置缙云县。景云二年

(711)，析括苍置青田县。天宝元年(742)，改括州为缙云郡。乾元元年(758)复改郡为州，括苍属括州。大历十四年(779)，避德宗讳，改括州为处州，改括苍县为丽水县。《元和郡县志》："丽水本名恶溪，以其湍流阻险，九十里间五十六濑，名为大恶，隋开皇中，改为丽水，皇朝因之，以为县名。"《名胜志》："以县北七里有丽阳山，故以丽水为名。"《括苍汇记》："县北七里有丽阳山，下环清溪，县名丽水以此。"

五代十国，丽水县为吴越国地，属处州。宋太平兴国三年(978)，吴越归宋，州县沿前代。

元至元十三年(1276)，改州为路，丽水县属处州路。

明代改路为府，丽水县属处州府。景泰三年(1452)，分丽水浮云乡、元和乡之半置云和县；析宣慈乡、应和乡及懿德乡之半置宣平县。

清代丽水县属处州府，直至宣统三年(1911)七月，除丽水县，划归府兼理。自隋建州设县以来，丽水县历为州、郡、路、府治所。

1911年(清宣统三年)11月25日，浙江革命军攻克丽水，立处州军政分府，兼理丽水县政事，上隶浙江军政府。

中华民国3年(1914)行省、道、县三级制，丽水县属瓯海道。民国16年废道，行省、县二级制，丽水县直属省。民国19年省分设县政督察区，属第十一区，后改第二特区。民国24年，改设行政督察区，丽水县属第九行政督察区。民国37年4月，改第六区，7月改第七区。丽水县均为督察专员公署驻地。

1949年5月10日，丽水解放，属浙江省第七专区。

1949年10月1日，中华人民共和国成立，丽水县属丽水专区。1950年4月，县府迁驻碧湖镇。1952年1月，撤丽水专区，丽水县属温州专区。5月13日，县府迁返城关镇。1958年7月、1960年2月，云和、景宁两县先后并入。1961年6月1日，县府迁驻云和镇。1962年4月份县(国务院6月1日发文)，县府迁返城关镇。1963年5月，复设丽水专区，丽水县属丽水专区，仍为专署驻地。1968年11月专区改称地区，丽水县属丽水地区。1986年3月1日，国务院批准撤丽水县置丽水市，仍属丽水地区。2000年5月，撤丽水地区设地级丽水市，撤县级丽水市设市辖莲都区。7月18日莲都挂牌授印。

## 行政区划

**【概　况】** 2000年6月6日，省政府下发《关于撤销丽水地区设立地级丽水市的通知》，决定丽水撤市(县级)设区，莲都区的区划范围与县级丽水市相同。根据《浙江省人民政府关于丽水市莲都区部分乡镇行政区划调整的批复》(浙政函〔2006〕90号)和《丽水市人民政府关于莲都区部分行政区划调整的复函》(丽政函〔2006〕62号)精神，莲都区对部分行政区划做出调整：撤销郑地乡建制，与峰源乡合并；撤销严鸟乡建制，与黄村乡合并；撤销巨溪乡建制，与太平乡合并；撤销西溪乡、泄川乡、双溪镇建制，合并设立雅溪镇；撤销富岭乡建制，设立富岭街道办事处。2011年12月22日撤销联城镇建制，改设联城街道。2012年12月11日根据《浙江省人民政府关于丽水市莲都区部分行政区划调整的批复》(浙政函〔2012〕209号)和《丽水市人民政府关于莲都区部分行政区划调整的批复》(丽政函〔2012〕101号)精神，撤销高溪乡建制，其行政区域并入碧湖镇。撤销双黄乡建制，其行政区域改由莲都区政府直辖，并入岩泉街道。2014年6月20日，根据《丽水市人民政府关于莲都区部分行政区划调整的批复》(丽政函〔2014〕53号)精神，撤销水阁街道、富岭街道，合并设立南明山街道。2019年，莲都区辖峰源、太平、仙渡、丽新、黄村5个乡；碧湖、大港头、雅溪、老竹4个镇及岩泉、紫金、白云、万象、联城、南明山6个街道(其中南明山街道委托市经济开发区管委会管理)。是年，莲都区共有235个行政村(包括南明山街道)，共有28个社区。

## 2019年莲都区行政区划表

表2　　　　　　　　　　　　　　　　　　　　　　　　　　　　　　　　　　　　　　　单位：个

| 乡（镇、街道）名称 | 行政村 | 社区（居民区） | 行政村、社区（居民区）名称 |
|---|---|---|---|
| 峰源乡 | 8 | — | 赛源、庞山、夏庄、库坑垟、郑地、新砀、正岙门、毛山 |
| 太平乡 | 19 | — | 横岗、戴彰、玉田、下土夭、富源、吾古、太平、留龙、小安、富山头、大河、巨溪、大畈、城头、吴弄、长濑、竹舟、朱弄、长乐 |
| 仙渡乡 | 11 | — | 根竹园、梅田、董弄、仙里、何金富、葛畈、张山后、皂树、南源、滴水岩、芦村 |
| 丽新乡 | 9 | — | 畎岸、吾赤口、黄弄、上塘畈、山村、咸宜、马村、白岸口、黄岭上 |
| 黄村乡 | 11 | — | 黄村、郑村、严鸟、汇村、皂坑、黄泥墩、戈刮、和垟、天堂、池岭、金鸟 |
| 碧湖镇 | 43 | 3 | 镇区：一、二、三居委、河口、上街、古井、行口、下街、碧一、上赵、河东、沙岸；新合办事处：魏村、概头、保定、岩头、三峰、周巷、堰头；平原办事处：大陈、红圩、里河、上阁、九龙、章塘、下叶、同心；石牛办事处：郎奇、蒲塘、白桥、下赵、泉庄、石牛、白口；联合办事处：联济、中岙、南山、中溪、松坑口；高溪办事处：高溪、竹溪、南坑、龙岩、大吴山、缸窑、红南 |
| 大港头镇 | 10 | 1 | 一居委、大港头、河边、利山、西坑口、小山、均溪、北埠、石侯、西黄、小井 |
| 雅溪镇 | 19 | — | 双溪、莲房、洪渡、雅义、西溪、里东、库川、上金竹、上黄村、季岭根、周村、雅里、潘百、岩蒙、上陈、金竹、泄下、双源、岱后 |
| 老竹镇 | 12 | — | 曳岭脚、榴溪、新陶、沙溪、后坑、周坦、郑丰、徐庄、丁公、赤坑、老竹、梁村 |
| 岩泉街道 | 18 | 6 | 社区：朝阳、天宁、丽阳、正阳、北苑路、佳和；村委：里佳源、雨伞岗、余岭、枫树湾、下后弄、后甫、天宁寺、九里、凉塘、长岗背、岩泉、青林、社后、关下、冷水、秋塘、黄畈、琯头 |
| 紫金街道 | 19 | 8 | 社区：永晖、金苑、东银苑、西银苑、万丰、大洋河、东升、新湖；村委：大众、海潮、新建、厦河、城东、古城、水东、芦埠、塔下、黄垙井、河村、祝庄、杨坑、开潭、瀑泉、风化、湾岙、金东、水岭根 |
| 白云街道 | 4 | 6 | 社区：北郭桥、白云、后庆、灯塔、三岩寺、接官亭；村委：城北、灯塔、城西、丽光 |
| 万象街道 | 4 | 7 | 社区：丽阳门、夏河门、左渠门、大水门、府前、梅山、凤凰；村委：丽南、城南、水南、丽华 |
| 联城街道 | 21 | 1 | 社区：娄丰堰；村委：张村街、下林、坛峡、莲景、苏港、竹道、青岗、花街、金周、路湾、敏河、武村、白前、常宅、林宅口、凤鸣、官桥、坑口、苏埠、港口、瑶畈 |
| 南明山街道 | 27 | — | 水阁、张村、叶岙、吴垵、垟店、旭光、桐岭、余庄前、七百秧、白岩、龙石、丽沙、大源、山根、陈店、里坑、章巷、小木溪、中堂、叶村、大坑口、富岭、张垵、下仓、陶庄、前垟、下张 |

## 人口与民族

【人　口】 2019年，莲都区年终常住人口197589户，417224人，分别比2018年增加4473户和3337人，人口增加率为8.06‰全区总人口中：男性208616人，女性为208608人，那女比例基本持平。2019年城镇人口193269人，比2018年城镇人口190893人增加2376人。全区出生人数5022人，出生率为平均人口数的12.04‰,出生性别比108.64(女为100),死亡2523,死亡率为年平均人口数的6.05‰。全区共迁入7022人,迁出6076人。全年累计办理身份证34528张,全国异地身份证2652张,省内异地身份证5963张,临时身份证7388张,港澳台居住证18张。

(杨蕴)

【民　族】 丽水市莲都区是浙江省民族工作重点县(市、区)之一,有汉族和畲族、蒙古族、回族、藏族、维吾尔族、苗族、彝族、壮族、布依族、朝鲜族、满族、侗族、瑶族、白族、土家族、哈尼族、哈萨克族、傣族、黎族、傈僳族、佤族、高山族、拉祜族、水族、东乡族、纳西族、景颇族、土族、达斡尔族、仫佬族、羌族、布朗族、毛南族、仡佬族、普米族、塔吉克族、俄罗斯族、京族等39个民族。2019年年底,全区少数民族人口27839人(含南明山街道4341人)。其中畲族全市第一位有2.56万人,人口绝对数列全省第二位。辖区内有老竹、丽新两个畲族乡镇,少数民族人口在1000人以上的乡镇(街道)10个,分别是岩泉街道、紫金街道、白云街道、万象街道、联城街道、碧湖镇、大港头镇、老竹畲族镇、丽新畲族乡、南明山街道(水阁街道和富岭街道合并,由丽水市经济开发区管辖)。

## 2019年区和乡镇、街道机构及负责人名录

**【中国共产党丽水市莲都区委员会】**

书　记:杜兴林(—2019.5)
　　　　徐光文(2019.8—)
副书记:陈　豪
　　　　胡伟华
常　委:叶祖平
　　　　翁伟标
　　　　斯基根
　　　　任万户
　　　　林　峰(2019.1—)
　　　　叶建光(—2019.5)
　　　　郭云强(2019.5—　)
　　　　王世强(—2019.1)
　　　　杨金跃(2019.8—　)
　　　　周显荣(—2019.8)
　　　　陈永超(2019.8—　)
　　　　宋珍花(女)
　　　　赵加慧(女)(—2019.8)
　　　　陶旭峰(2019.8—　)

**【丽水市莲都区人民代表大会常务委员会】**

主　任:陈元龙
副主任:张继芳
　　　　雷勇军
　　　　江爱军
　　　　兰仁生(—2019.12)
　　　　陈鲁军
　　　　周贤华
党组书记:陈元龙
党组副书记:张继芳
　　　　　　雷勇军
办公室主任:胡　军(2019.1—)
副主任:吴丽友
　　　　王瑶鸿(2019.1—)
　　　　蓝晓芬(女)
　　　　吴理信
机关党组书记:胡　军
　　　　(2019.1—)
法工委主任:尚小林
农业农村工委
主　任:叶志军
代表工委主任:徐柳玉(女)
民侨工委主任:汤永华
教科文卫工委
主　任:傅瑗君(女)
财经工委主任:麻益民
　　　　(—2019.1)
　　　　赖志平
　　　　(2019.1—)
城乡建设与环境资源工委
主　任:陈晓宁
社会建设工委
主　任:
法制(内务司法)委员会
主任委员:江爱军(—2019.2)
副主任委员:尚小林(—2019.2)
　　　　夏宁炎(—2019.2)
　　　　徐　明(—2019.2)
法制(监察和司法)委员会
主任委员:江爱军(2019.2—)
副主任委员:尚小林(2019.2—)
　　　　夏宁炎(2019.2—)
　　　　胡菊萍(2019.2—)
财政经济委员会
主任委员:周贤华
副主任委员:赖志平(2019.2—)
　　　　蓝旭君(女)
　　　　(—2019.2)
　　　　麻益民
　　　　沈小聪(2019.2—)
　　　　王伟荣(2019.2—)
社会建设委员会
主任委员:张继芳(2019.2—)

副主任委员：汤永华（2019.2—）
徐　明（2019.2—）
蓝旭君（女）
（2019.2—）

**【丽水市莲都区人民政府】**

区　长：陈　豪
副区长：王世强（—2019.2）
杨金跃（2019.9—　）
斯基根
俞丽威
郭巧燕（女）
卢　进
雷　成
蔡毓良
张玉洁（女，挂职）
敖正东
孙蓓蕾（女，挂职）
（—2019.7）
阎维萍（女，挂职）
（—2019.12）

**【中国人民政治协商会议丽水市莲都区委员会】**

主　席：谷江南
副主席：虞为粮（女）
叶晓东
任文红（女）
沈建祖
虞海雄
党组书记：谷江南
党组副书记：虞为粮（女）
翁伟标（2019.12—）
秘书长：王金友
副秘书长：叶良成（—2019.12）
华俊林
王智勇
谢晓鹏
李顺富
蓝云仙（女）
梅焕根
翁阁谞（女）
办公室主任：王金友
副主任：赵军浩
机关党组书记：王金友
（—2019.12）
蒋　嫞（女）
（2019.12—）
提案委主任：周献贤（—2019.1）
叶春晓（女）
（2019.1—）
副主任：周献贤（2019.1—）
卢土法（—2019.1）
翁阁谞（女）
经济委主任：吴雯华
副主任：叶卫东
李顺富
李秀红（女）（—2019.1）
叶　旺
潘金发（2019.1—）
科教文卫体委主任：李美华（女）
副主任：瞿宗囡（女）
吕春耀
刘益民
叶青春
社会法制委主任：梁智伟
副主任：朱祖胜
吴蔚国
王　青（女）
叶伟春
港澳台侨民宗委主任：周奇星
副主任：朱瑞亮（2019.1—）
傅　华
张　艳（女）
文史委主任：黄建兵
副主任：任迎春（女）
梅焕根
委员工委主任：谢晓鹏
副主任：林　军
王伟平
桑小明（2019.1—）

**【中国共产党丽水市莲都区纪律检查委员会、丽水市莲都区监察委员会】**

区纪律检查委员会
书　记：宋珍花（女）
副书记：陈江涛
施海勇
常　委：田志萍（女）
钟勇军（—2019.1）
周陈亮
陈鲍军
区纪委正科级
纪检员：田志萍（女）
钟勇军（—2019.1）
办公室主任：郑超敏（—2019.10）
干部室主任：魏国华（女）
（—2019.10）
宣传教育室主任：叶小丽（女）
（—2019.10）
党风政风监督室（区政府纠正行业不正之风办公室）
主　任：李育虹（女）（—2019.10）
信访室主任：张旭标（—2019.10）
案件监督管理室
主　任：付国栋（—2019.10）
第一纪检监察室
主　任：
第二纪检监察室
主　任：吴　晨（—2019.10）
第三纪检监察室
主　任：徐　伟（—2019.10）
第四纪检监察室
主　任：王金炜（—2019.10）
案件审理室主任：何瑞芬（女）

（—2019.10）
区监察委员会主任：宋珍花（女）
副主任：陈江涛
施海勇
委　员：田志萍（女）
钟勇军（—2019.2）
周陈亮
汤杨伟

区纪律检查委员会、区监察委员会
办公室主任：郑超敏（2019.10—）
干部室主任：魏国华（女）
（2019.10—）
宣传教育室主任：叶小丽（女）
（2019.10—）
党风政风监督室（区政府纠正行业不正之风办公室）
主　任：李育虹（女）（2019.10—）
信访室主任：张旭标（2019.10—）
案件监督管理室
主　任：付国栋（2019.10—）
第一纪检监察室
主　任：
第二纪检监察室
主　任：吴　晨（2019.10—）
第三纪检监察室
主　任：徐　伟（2019.10—）
第四纪检监察室
主　任：王金炜（2019.10—）
案件审理室
主　任：何瑞芬（女）（2019.10—）
派驻纪检监察组派驻第一纪检监察组组长：郭跃伟
副组长：李　涛
叶　盈（女）
派驻第二纪检监察组
组　长：诸葛彬
副组长：何雪琴（女）
叶伟英（女）（—2019.6）
尚小军（2019.6—2019.12）
许晓燕（女）（2019.12—）
派驻第三纪检监察组
组　长：梁满云（—2019.6）
赵　颖（女）（2019.6—）
副组长：范红胜（—2019.1）
王华平（2019.6—）
派驻第四纪检监察组
组　长：赵　颖（女）（—2019.6）
张　霓（女）（2019.6—）
陈金多（2019.12—）
副组长：林　蓓（女）（—2019.6）
派驻第五纪检监察组
组　长：徐雪峰（—2019.6）
蒋华靖（2019.6—）
副组长：徐雪峰
（2019.6—2019.12）
林　蓓（女）（2019.6—）
周建荣（2019.12—）
派驻第六纪检监察组
组　长：张　杰（—2019.6）
陈君佐（2019.6—）
派驻第七纪检监察组
组　长：陈红敏（女）（—2019.6）
张　杰（2019.6—）
派驻第八纪检监察组
组　长：陈君佐（—2019.6）
派驻第九纪检监察组
组　长：张　霓（女）（—2019.6）
派驻第十纪检监察组
组　长：王华平（—2019.6）
派驻第十一纪检监察组
组　长：蒋华靖（—2019.6）
副组长：尚小军（—2019.6）
蓝丽美（女）（—2019.6）
派驻区法院纪检监察组
组　长：宋建中
派驻区检察院纪检监察组
组　长：吴喆文
派驻区委组织部纪检监察组（区直属机关纪检工委）
组　长：奚海峰（—2019.6）
副组长：梁玮珺（女）（—2019.1）
杨雪琼（女）（2019.1—2019.6）
派驻区委组织部纪检组（区委直属机关纪检监察工委）
组　长：奚海峰（2019.6—）
副组长：杨雪琼（女）（2019.6—）

**【丽水市莲都区人民法院】**
院　长：李美顺
副院长：魏建平（—2019.2）
施建伟（—2019.2）
熊　剑（2019.2—）
黄祖培
王庆文（女）
韦剑锋（挂职）
（—2019.9）
陈　波（2019.9—）
审判委员会专职委员：阎丽群
张叶伟
王燕芬（女）
执行一局局长：蓝小春
（—2019.9）
执行二局局长：厉子勇
（—2019.9）
执行局局长：厉子勇（2019.9—）
碧湖法庭庭长：朱益钦
南城法庭庭长：吴威丽（女）
党组书记：李美顺
党组副书记：魏建平（—2019.2）
熊　剑（2019.2—）
政治处主任：陈　波（—2019.8）
林杨勇（2019.8—）
审管办主任：周山丹（女）

**【丽水市莲都区人民检察院】**

检察长：王小刚（—2019.2）
　　蔡建彧（2019.3—）
代理检察长：蔡建彧
　　（2019.2—2019.3）
副检察长：蔡建彧
　　（2019.2—2019.3）
　　施建伟（2019.2—）
　　熊　剑（—2019.2）
　　卢建华
　　王韵俊（女）
　　郦元婷（女，挂职）
　　（—2019.7）
检察委员会专职委员：林宏伟
　　朱　乐（女）
　　傅金霞（女）
党组书记：王小刚（—2019.2）
　　蔡建彧（2019.2—）
党组副书记：赵金明
　　施建伟（2019.2—）
政治处主任：赵金明
碧湖检察室主任：汤　湧

**【丽水市莲都区人民武装部】**

部　长：骆美祥
政　委：任万户
副部长：江　勇

**【区委工作部门】**

区委办公室（区委政策研究室）
主　任：陶旭峰
副主任：潘金发（—2019.1）
　　赵建勇
　　吴蔚国
　　廖翊慧（—2019.1）
　　吴祥宇（—2019.12）
　　江慧霞（女）
　　汤　鑫
区委政策研究室副
主　任：吴蔚国
　　江慧霞（女）
　　洪盛林（—2019.1）
　　潘金发（—2019.1）
区委全面深化改革委员会办公室专职副主任：洪盛林
　　（2019.1—）
区全面深化改革服务中心
主　任：吴祥宇（2019.12—）
区委、区政府信访局
局　长：吴蔚国
副局长：王瑶鸿（—2019.1）
　　梁　健（—2019.12）
　　陈靖晶（女）
　　毛晓飞（2019.1—）
　　李　威（2019.12—）
党组书记：吴蔚国
区委防范和处理邪教问题领导小组办公室、区政府防范和处理邪教问题办公室
主　任：廖翊慧（—2019.1）
副主任：周建荣（—2019.1）
区委区政府督查室
主　任：田伟明
机要局（密码管理局）
局　长：纪正鸿（女）（—2019.1）
保密办（国家保密局）
主　任：龚丽丽（女）（—2019.1）
区委国家安全委员会办公室
专职副主任：纪正鸿
　　（2019.1—2019.12）
区委台湾工作办公室，区政府台湾事务办公室主任：陶旭峰
副主任：何惠丽（女）（—2019.12）
区委外事工作委员会办公室
副主任：龚丽丽（女）（2019.1—）
区委巡察工作领导小组办公室
主　任：周陈亮
副主任：邹青芬（女）
区委第一巡察组
组　长：叶　波（2019.1—）
副组长：何伯成（2019.1—）
区委第二巡察组
组　长：朱珈仪（女）（2019.1—）
副组长：吴志明（2019.1—）
区委第三巡察组
组　长：梁满云（2019.6—）
副组长：徐雪峰（2019.12—）
区委第三巡察组
组　长：陈红敏（2019.12—）
副组长：陈红敏
　　（2019.6—2019.12）
　　姚顺苗（2019.12—）
区委组织部
部　长：周显荣（—2019.9）
　　陈永超（2019.9—）
常务副部长：王东华
副部长：梁永光
　　赵礼成（—2019.12）
　　王伟平
　　叶玲娣（女）（—2019.1）
　　戴旭伟
　　魏　俊（2019.1—）
　　李桂元（2019.12—）
直属机关工作委员会
书　记：王伟平（—2019.12）
副书记：蓝煜斌（—2019.12）
纪工委书记：奚海峰（—2019.6）
纪工委副书记：梁玮珺（女）
　　（—2019.1）
　　杨雪琼（女）
　　（2019.1—2019.6）
区委直属机关工作委员会
书　记：陈永超（2019.12—）
纪检监察工委
书　记：奚海峰（2019.6—）

纪检监察工委
副书记：杨雪琼（女）（2019.6—）
新经济与新社会组织工作委员会
书　记：叶玲娣（女）（—2019.1）
副书记：罗文双
人才办主任：柳晓云（女）
老干部局
局　长：赵礼成（—2019.12）
　　　李桂元（2019.12—）
副局长：蓝池星
　　　樊秀娟（女）
党校：
校　长：周显荣（—2019.9）
　　　陈永超（2019.9—）
常务副校长：陆朝霞（女）
副校长：刘宏华（—2019.1）
　　　黄　庆
　　　叶青春（2019.1—）
宣传部
部　长：赵加慧（女）（—2019.9）
常务副部长：蒋　嬿（女）
　　　（—2019.1）
　　　陈海波（2019.12—）
副部长（分管日常工作）：
　　　留红伟
　　　（2019.1—2019.12）
副部长：留红伟（—2019.1）
　　　陈海波（—2019.12）
　　　陆湘阳（—2019.1）
　　　陈雯雯(女)(2019.1—)
　　　陈一娟（女）（2019.12—）
　　　徐　婧（女，挂职）
　　　（2019.10—）
精神文明建设委员会办公室
主　任：张　凌
区委外宣办（区政府新闻办）
主　任：留红伟（—2019.1）
专职副主任：许晓燕（女）
　　　（—2019.1）
区委网络安全和信息化委员会办公室
专职副主任：许晓燕（女）
　　　（2019.1—2019.12）
区文化创意产业办公室（丽水市莲都区文化传媒中心、中国莲都新闻网）
主　任：陈雯雯(女)(—2019.1)
　　　社科联
主　席：陈海波
副主席：任迎春（女）
融媒体中心
副主任：雷蕾（女）（2019.12—）
统一战线工作部
部　长：翁伟标
常务副部长：林　军
副部长：朱瑞亮（—2019.1）
　　　李顺富
　　　傅　华
　　　梁玮珺（女）（2019.1—）
政法委员会
书　记：胡伟华
副书记(分管日常工作)：徐伟乐
　　　（2019.1—）
副书记：管青林（—2019.1）
　　　毛利军
　　　林国友
　　　徐　敏（女，挂职）
　　　（2019.10—）
政治处主任：郑丽珍（女）
　　　（2019.1—）
专职委员：王文俊（—2019.1）
综治办主任：管青林（—2019.1）
副主任：毛晓飞（—2019.1）
维稳办主任：林国友（—2019.1）
副主任：郑丽珍（女）（—2019.1）
档案局局长：李桂元
副局长：夏伟文
　　　黄　芳（女）
党组书记：李桂元（—2019.12）
老龄工作委员会
主　任：郭巧燕
副主任：蓝军伟
　　　王东华
　　　留红伟
　　　梁永光
　　　赵礼成
　　　廖翊慧
　　　吴丽云
办公室主任：虞海勇
办公室副主任：卢春花（女）
关心下一代工作委员会
名誉主任：周显荣（—2019.9）
　　　卢　进
主　任：王国荣
副主任：刘宗林
　　　赵礼成
　　　张丽青（女）
　　　毛志富
　　　金献章
　　　潘金发
　　　廖翊慧
　　　吴耿王
　　　王东华
　　　蒋　嬿（女）
　　　李小富
　　　管青林
　　　桑小明
专职副主任：尚小军（2019.12—）
办公室主任：朱珈仪（女）
　　　（—2019.1）

**【区政府工作部门】**

区政府办公室
主　任：郭晓波
副主任：蓝军伟

曾　锋(—2019.2)
徐建波
杨娇云(女)
胡志成
吴耿王
叶刘军
党组书记:郭晓波
区机关事务管理局(区接待办)
局　长(主　任):周慧霞(女)
副局长(副主任):陈永春
徐叶艳(女)
党组书记:周慧霞(女)
区政府法制办公室
副主任:卢土法(—2019.2)
区政府应急办公室
主　任:胡仙红(女)(—2019.2)
区政府金融办公室
主　任:刘建斌
区政府行政审批中心
主　任:李冠武(—2019.2)
曾　锋(2019.2—)
副主任:朱丛伟
朱小勇
党组书记:王世强(—2019.1)
杨金跃(2019.9—)
党组副书记:李冠武(—2019.1)
发展和改革局
局　长:章金宝
副局长:何伯成(—2019.2)
吴为晨
洪　飞
蓝丽芬(女)
蓝炜琮
林珂杰(挂职)
党组书记:章金宝
重点前期办主任:潘春霞(女)
经济商务局
局　长:陈华君
副局长:周林茂
刘鹤林
杨忠根
吕少丽(女,挂职)
总经济师:叶卫东
党组书记:陈华君
经济合作办公室
主　任:张　濂(2019.2—)
副主任:李军舫(女)
杨作盈
叶　明(挂职)
党组书记:俞丽威(—2019.1)
张　濂(2019.1—)
教育局局长:李小富
副局长:吕春耀
王刘毅
陈真伟
邵　皓
鄢　锋(挂职)
党组书记:李小富
科学技术局
局　长:吴慧彬
副局长:雷光伟
吕旭勇
李斌洪(挂职)
陈良园(挂职)
(—2019.7)
党组书记:吴慧彬
民政局局长:桑小明(—2019.1)
廖翊慧(2019.1—)
副局长:蓝旭华
郑林土(—2019.2)
叶冠俊
熊鑫俊(—2019.2)
何祥权(2019.12—)
党组书记:桑小明(—2019.1)
廖翊慧(2019.1—)
司法局局长:徐伟群
副局长:华赴云(—2019.2)
林　慧(女)
纪跃华
党组书记:徐伟群
党组副书记:华赴云(—2019.1)
区委全面依法治区委员会办公室
专职副主任:卢土法(2019.1—)
财政局局长:赖志平(—2019.1)
徐屈霞(女)
(2019.1—)
副局长:黄于林
林　伟
党组书记:赖志平(—2019.1)
徐屈霞(女)
(2019.1—)
总会计师:吕焕祺
财政监督局局长:唐林军
预算执行局局长:李张芬(女)
预算编制局局长:史伟军
人力资源和社会保障局
局　长:梁永光
副局长:杨雪琼(女)(—2019.2)
蓝丽琴(女)
侯学峰
吴松妹(女)
党组书记:梁永光
社会保险事业服务中心
主　任:雷永兵(—2019.2)
质量技术监督局
局　长:王　弘(—2019.1)
副局长:吴君跃(—2019.2)
张小平(—2019.2)
党组书记:王　弘(—2019.1)
机构编制委员会办公室
主　任:戴旭伟(—2019.1)
副主任:江建东(—2019.1)
俞　洁(女)(—2019.1)
区委机构编制委员会办公室

主　任:戴旭伟(2019.1—)
副主任:江建东(2019.1—)
　　　俞　洁(女)(2019.1—)
交通运输局
局　长:章旭宇
副局长:蓝献土(—2019.2)
　　　周志方
　　　李海燕(女)
总工程师:吴　俊
党组书记:章旭宇
党组副书记:蓝献土(—2019.1)
公路管理局
局　长:刘　俊
农村工作办公室(扶贫办)
主　任:潘金发(—2019.1)
副主任:陈　军(—2019.1)
　　　尚佐方(—2019.1)
　　　李秀红(女)(—2019.1)
　　　季伟华(—2019.1)
党组书记:潘金发(—2019.1)
农业局局长:叶庆武(—2019.1)
副局长:陈雪清(—2019.2)
　　　朱爱琴(女)(—2019.2)
　　　李益平(—2019.2)
　　　刘成凯(挂职)
　　　(—2019.2)
总农艺师:程碧霞(女)
　　　(—2019.2)
党组书记:叶庆武(—2019.1)
农业农村局
局　长:叶庆武(2019.1—)
副局长:陈雪清(2019.2—)
　　　陈军(2019.2—)
　　　钟爱平(2019.2—)
　　　李益平(2019.2—)
　　　孔伟仙(女)(2019.2—)
　　　刘成凯(挂职)
　　　(2019.2—2019.8)
总农艺师:程碧霞(女)
　　　(2019.2—)
党组书记:叶庆武(2019.1—)
畜牧兽医局
局　长:舒跃军
农业特色产业办公室
主　任:章军伟
农村土地承包经营权流转服务中心
主　任:吴小梅(女)
区委、区政府农业和农村工作领导小组办公室
专职副主任:尚佐方
　　　(2019.1—2019.12)

现代农业园区管理委员会
主　任:陈金奎(—2019.2)
副主任:王路永
　　　孔伟仙(女)(—2019.2)
林业局局长:王君伟(—2019.1)
副局长:叶春晓(女)(—2019.2)
　　　钟爱平(—2019.2)
总工程师:俞加夫(—2019.2)
党组书记:王君伟(—2019.1)
水利局局长:蓝小华
副局长:陈礼聪(女)
　　　程晓东
总工程师:
党组书记:蓝小华
防汛抗旱指挥部办公室
主　任:程　涛(女)(—2019.2)
文化广电新闻出版局(体育局)
局　长:胡菊萍(女)(—2019.1)
副局长:叶青春(—2019.2)
　　　郑永忠(—2019.2)
　　　徐建梅(女)(—2019.2)
党组书记:胡菊萍(女)
　　　(—2019.1)
文化和广电旅游体育局
局　长:蒋　嫞(女)(2019.1—)
副局长:刘宏华(2019.2—)
　　　郑永忠(2019.2—)
　　　周永海(2019.2—)
　　　徐建梅(女)(2019.2—)
　　　喻友贞(女,挂职)
　　　(2019.2—)
党组书记:蒋　嫞
　　　(2019.1—2019.12)
　　　留红伟(2019.12—)
卫生和计划生育局
局　长:吴丽云(女)(—2019.1)
副局长:刘益民(—2019.2)
　　　郑雪君(女)(—2019.2)
　　　徐丽静(女)(—2019.2)
　　　虞海勇(—2019.2)
党组书记:吴丽云(女)
　　　(—2019.1)
卫生健康局
局　长:吴丽云(女)(2019.1—)
副局长:刘益民(2019.2—)
徐丽静(女)(2019.2—)
虞海勇(2019.2—)
党组书记:吴丽云(女)
　　　(2019.1—)
爱国卫生运动委员会办公室
主　任:孙　钧
退役军人事务局
局　长:李冠武(2019.1—)
副局长:潘秀华(2019.2—)
　　　范红胜(2019.2—)
　　　朱建勇(2019.12—)
党组书记:李冠武(2019.1—)
审计局
局　长:徐屈霞(女)(—2019.2)
　　　叶玲娣(女)(2019.2—)
副局长:李益彬

吴武贵(—2019.2)
范志伟(挂职)
(—2019.7)
刘朝晖(2019.2—)
总审计师:刘朝晖(—2019.2)
虞君芳(女)
(2019.9—)
经济责任审计联席会议办公室
主　任:李煜莹(女)(—2019.9)
党组书记:徐屈霞(女)
(—2019.2)
叶玲娣(女)
(2019.2—)
国有资产监督管理办公室
主　任:钟勇军(2019.1—)
副主任:王静(女)(2019.2—)
熊鑫俊(2019.2—)
党组书记:钟勇军(2019.1—)
红十字会会长:郭巧燕(女)
常务副会长:王品伟
统计局局长:吴日清
副局长:谢发贤
吕慧萍(女)(—2019.2)
吴武贵(2019.2—)
总统计师:上官潮涌
党组书记:吴日清
医疗保障局
局　长:管青林(2019.1—)
副局长:郑雪君(女)(2019.2—)
雷永兵(2019.2—)
党组书记:管青林(2019.1—)
安全生产监督管理局
局　长:王伟荣(—2019.1)
副局长:宋新魁(—2019.2)
姚顺苗(—2019.2)
总工程师:叶君龙(—2019.2)
安委办专职副主任:周慧军
(—2019.2)

党组书记:王伟荣(—2019.1)
应急管理局
局　长:钟海峰(2019.1—)
副局长:孙海波(2019.2—)
叶君龙(2019.2—)
姚顺苗(2019.2—)
胡仙红(女)(2019.2—)
总工程师:程　涛(女)
(2019.2—)
党组书记:钟海峰(2019.1—)
党组副书记:孙海波(2019.1—)
市场监督管理局
局　长:钟金亮
副局长:李如林(—2019.2)
霍跃胜(—2019.2)
王　弘(2019.2—)
张小平(2019.2—)
朱泽霞(女)
施慧锋
叶思敏(女)
稽查大队大队长:陈霞云(女)
岩泉所所长:陈　勖
紫金所所长:吴志明(—2019.2)
白云所所长:饶亚丽(女)
万象所所长:张　骊(女)
联城所所长:王碧军
碧湖所所长:施慧锋
党组书记:钟金亮
党组副书记:李如林(—2019.1)
王　弘(2019.1—)
民族宗教事务局
局　长:朱瑞亮(—2019.1)
副局长:雷岳莲(女)(—2019.2)
建设(城乡规划)分局
局　长:赵秀峰(—2019.2)
副局长:毛南维(—2019.2)
冯　远(—2019.2)
赵灵敏(女)(—2019.2)

总工程师:周连军(—2019.2)
党组书记:赵秀峰(—2019.1)
住房和城乡建设局
局　长:赵秀峰(2019.1—)
副局长:毛南维(2019.2—)
赵灵敏(女)(2019.2—)
总工程师:周连军(2019.2—)
党组书记:赵秀峰(2019.1—)
环境卫生管理局
局　长:蓝海霞(女)
副局长:吴海平
董永悦
章锦欧
党组书记:蓝海霞(女)
土地和房屋征收工作办公室
主　任:叶　东
副主任:高和平
王　一
苑桢子(女)
党组书记:叶　东
旅游委员会
主　任:刘海勇(—2019.2)
副主任:陶　琤(女)(—2019.2)
周永海(—2019.2)
喻友贞(女,挂职)(—2019.2)
党组书记:刘海勇(—2019.1)
生态休闲养生养老经济委员会办公室
专职副主任:周永海(—2019.2)
瓯江风情旅游度假区管委会
主　任:金伟君
副主任:尤恒芳(女)
熊夏敏(—2019.2)
雷建华
党组书记:金伟君
丽水生态产业集聚区莲都分区管委会(浙江丽水工业园区管委会)

主　任:管兴标
副主任:李丽革
陈雅云(女)
麻丽云(女)
总工程师:陈鹤驰
党组书记:管兴标
城管莲都分局(国土资源执法监察二大队)
局长(大队长):
副局长(副大队长):孙海波
(—2019.2)
王占祥
(—2019.2)
张伟杰
(—2019.2)
党组副书记:孙海波(—2019.1)
丽水市综合行政执法局莲都分局
局　长:陈金奎(2019.2—)
副局长:王占祥(2019.2—)
张伟杰(2019.2—)
党组书记:陈金奎(2019.1—)
移民工作办公室
主　任:余良富
党组书记:余良富

**【区级民主党派】**

中国国民党革命委员会莲都区委员会
主　委:虞海雄
副主委:华俊林
陈哈利
中国民主同盟莲都区委员会
主　委:周贤华
副主委:叶良成
洪万升
中国民主建国会莲都区委员会
主　委:任文红(女)
副主委:翁阁谓(女)(驻会)
程晓东
中国民主促进会莲都区委员会
主　委:李美华(女)
副主委:梅焕根(驻会)
张小平
中国农工民主党莲都区委员会
主　委:郭巧燕(女)
副主委:王智勇(驻会)
周文飞
九三学社莲都区委员会
主　委:瞿宗囡(女)
副主委:蓝云仙(女)(驻会)
季伟华
归国华侨联合会
主　席:陈海华
副主席:叶　红(女)
李和根
朱贤师
刘新水
陈小荣
余建栋
范春伟
周忠岳
郑叶勤
章声浩
黄锋勇
孙育来
吴永建
徐剑毅
邹晓园(女)
郑征波(女)
张　艳(专职)
秘 书 长:张　艳
副秘书长:陈　靖

**【部分群众团体】**

总工会主席:陈森云
副主席:王　琳(女)
洪万升
吴广英(女,挂职)
党组书记:陈森云
经费审查委员会主任:洪万升
团委书记:陈一娟(女)
(—2019.12)
张莲芬(女)
(2019.12—)
副书记:张莲芬(女)(—2019.12)
王　震
刘伟青(挂职)
秦艺峰(女,挂职)
妇联主席:傅佩珍(女)
副主席:王　青(女)
梁聪女(女)(—2019.2)
李秀红(女)(2019.2—)
蓝炜虹(女,挂职)
党组书记:傅佩珍(女)
工商业联合会(总商会)
主　席:周国强
副主席:李顺富
章　龙
王华文
王爱凤(女)
陈旭东
陈晓建
周仕真
梁　永
叶小凤(女)(—2019.11)
吕尚军
刘少宏
刘俊毅
江世平
李祖军
吴　伟
徐建华
谢亮亮
刘新水
党组书记:李顺富

文学艺术界联合会
主　席:陆湘阳
副主席:林　琳(女)
科学技术协会
主　席:瞿宗囡(女)
副主席:叶立钦
　　　叶雪军
　　　吴　丽(女,挂职)
党组书记:叶立钦(—2019.12)
　　　　吴　铭(2019.12—)
残疾人联合会
理事长:赵　涌
副理事长:阙伟华(女)
　　　朱伟勇(—2019.2)
　　　季伟华(2019.2—)
　　　任　斌(挂职)
　　　孙　佳(女,挂职)
党组书记:赵　涌
丽水高铁站综合管理办公室
主　任:陈岳波
副主任:曾群英(女)
　　　吴　铭
综合科科长:纪伟锋
执法监督科科长:王苍松
协调管理科科长:
党组书记:陈岳波
丽水高铁站综合管理中心
党组书记:陈岳波
计划生育协会
会　长:
常务副会长:吴丽云(女)
副会长:虞海勇
秘书长:

**【垂直管理部门】**

国土分局局长:程　炜
副局长:江南平
　　　谭　伟
　　　王肖健
党组书记:程　炜
纪检组长:王肖健
土地储备中心主任:季晓华
不动产登记中心主任:王　亮
市生态环境局莲都分局
局　长:高稔荣
副局长:张雪峰
　　　莫冠华(挂职)
总工程师:季立寿
莲都供电公司
执行董事、党委书记:林巧红(女)
总经理、党委副书记:杨育算
党委委员、副总经理:唐永庆
　　　　　　　　翁知颖
　　　　　　　　王荣根
纪委书记、监事:朱会军

莲都农村商业银行
董事长:陈胜珠(—2019.8)
宋武龙(2019.8—)
监事长:叶世瑞
行　长:刘俊毅
副行长:林小勇
　　　林剑英(女)
党委书记:陈胜珠(—2019.6)
宋武龙(2019.6—)
纪委书记:叶世瑞
公安分局
局　长:叶建利(—2019.1)
　　　林　峰(2019.1—)
政　委:尤晓剑
常务副局长:叶伟春
副局长:潘惠和(—2019.7)
　　　周德平
　　　马建伟
　　　施国平
　　　王时豪
副政委:宋国勇(—2019.5)
党委书记:叶建利(—2019.1)
　　　　林　峰(2019.1—)
党委副书记:尤晓剑
　　　　叶伟春
纪委书记:舒旭勇
政治处主任:王芳芳(女)
指挥中心主任:邱丽平
刑侦大队大队长:杨震宇
教导员:林跃儿
网络警察大队大队长:潘洁冰
治安大队大队长:章良旺
教导员:谢永多
经侦大队大队长:吴永标
禁毒大队大队长:应典霖
国保大队大队长:卢匀科
天宁派出所所长:傅作勤
教导员:任旭东
流动人口服务管理局局长:项巧军
警务保障室主任:余　军

**【部分事业企业单位】**

供销合作社联合社
理事会主任:沈小聪(—2019.2)
　　　　王君伟(2019.2—)
理事会副主任:叶良成
　　　　(—2019.2)
　　　　周　亮
　　　　华俊林
　　　　(2019.2—)
监事会主任:杨小华(—2019.2)
　　　　李朝铨(2019.2—)
党组书记:沈小聪(—2019.1)
　　　　王君伟(2019.1—)
城乡建设投资有限公司
董事长:叶向荣
总经理:卢　剑(2019.2—)
副总经理:叶达兵
　　　　刘　良

党委书记:叶向荣
党委副书记:卢　剑(2019.1—)
旅游投资发展有限公司
董事长:杨　杰
总经理:冯　远(2019.2—)
副总经理:王　迅
党委书记:杨　杰
党委副书记:冯　远(2019.1—)
国有资产投资经营公司
董事长:王　荷(女)
总经理:陈　杰(2019.2—)
副总经理:朱文卿(女)
党委副书记:陈　杰(2019.1—)

**【岩泉街道】**
中国共产党岩泉街道工作委员会
书　记:胡　军(—2019.1)
　　　　周亚军(2019.1—)
副书记:周亚军(—2019.1)
　　　　刘晓海(挂职)
　　　　陈　杰(—2019.1)
　　　　金益林(2019.1—)
　　　　徐旭芬(女)(2019.1—)
　　　　傅文强(—2019.11)
纪工委书记:陈黎霞
委　员:陈黎霞
　　　　叶超荣
　　　　兰立新
　　　　袁丽娟(女)
　　　　傅志伟
　　　　朱启东(—2019.12)
　　　　金益林(—2019.1)
　　　　洪心漪(女)(—2019.12)
　　　　尚佐方(2019.12—)
　　　　沈柳飞(2019.12—)
　　　　吕家珍(挂职)
　　　　(2019.7—)
正科级组织员:蓝林春
　　　　　　　周元进
副科级组织员:肖丽君(女)
区人大岩泉街道工作委员会
主　任:吴海霞(女)
岩泉街道办事处
主　任:周亚军(—2019.2)
　　　　徐旭芬(女)(2019.2—)
副主任:金益林(—2019.2)
　　　　周苍秀
　　　　尤会贤
　　　　吴建荣
　　　　陆云亮(挂职)
　　　　(2019.2—)

**【紫金街道】**
中国共产党紫金街道工作委员会
书　记:林伟群
副书记:李伟军
　　　　李朝铨(—2019.1)
　　　　杨海霞(女)(2019.1—)
纪工委书记:杨海霞(女)
　　　　(—2019.1)
委　员:杨海霞(女)(—2019.1)
　　　　吕君勇
　　　　夏根平
　　　　张田信
　　　　夏海伟
　　　　郑永波
　　　　金慧虹(女)(—2019.12)
　　　　刘伟华
　　　　洪心漪(女)(2019.12—)
　　　　吴志明(—2019.1)
副科级组织员:林根永(—2019.1)
　　　　　　　陈永铭(—2019.12)
　　　　　　　吴友平
区人大紫金街道工作委员会
主　任:叶　波(—2019.1)
　　　　麻伟明(2019.1—)
紫金街道办事处
主 任:李伟军
副主任:夏海伟
　　　　蓝友春
　　　　吴　胤
　　　　蓝龙军

**【白云街道】**
中国共产党白云街道工作委员会
书　记:钟海峰(—2019.1)
　　　　舒丽红(女)(2019.1—)
副书记:季乐天(—2019.11)
　　　　舒丽红(女)(—2019.1)
　　　　孙聪龙(2019.1—)
　　　　叶予序(—2019.1)
　　　　陶　琤(女)(2019.1—)
纪工委书记:蔡建辉(女)
委　员:蔡建辉(女)
　　　　章友华(—2019.1)
　　　　叶文波
　　　　沙　狄
　　　　张　武
　　　　麻和凤(女)
　　　　叶勇伟
　　　　陈卓文
正科级组织员:叶根平
副科级组织员:高岳云
　　　　(—2019.1)
区人大白云街道工作委员会
主　任:杨继义(—2019.1)
　　　　蓝春香(女)(2019.1—)
白云街道办事处
主　任:舒丽红(女)(—2019.2)
　　　　孙聪龙(2019.2—)
副主任:沙　狄
　　　　刘金平
　　　　李高祥(—2019.2)
　　　　刘文波

**【万象街道】**
中国共产党万象街道工作委员会

书　记：卜广富
副书记：刘建荣（—2019.11）
　　吴玉贞（女）
　　王　皓（—2019.1）
　　王永健（2019.1—）
纪工委书记：黄晓波
委　员：黄晓波
　　陈伟贤
　　陈岳平
　　张　骊（女）
　　雷秀云（女）
　　林伟俊
　　何卫芳（女）
　　周希仁
　　沈柳飞（—2019.12）
　　李春阳（2019.12—）
正科级组织员：朱明海
副科级组织员：陈林伟
　　陈国武（—2019.1）
区人大万象街道工作委员会
主　任：蓝林余
万象街道办事处
主　任：吴玉贞（女）
副主任：陈岳平
　　郑旭军
　　任文伟
　　王永健（—2019.2）

**【联城街道】**

中国共产党联城街道工作委员会
书　记：张　濂（—2019.1）
　　刘海勇（2019.1—）
副书记：陈金多（—2019.12）
　　卢　剑（—2019.1）
　　胡春杰
　　（2019.1—2019.12）
　　王育波（2019.12—）
纪工委书记：朱伟林
委　员：朱伟林
　　王良平
　　陆庶宽
　　吴朝勇
　　章官蔚
　　叶薛超（女）
　　熊余伟（—2019.1）
　　李　豪
正科级组织员：金昌伟
区委副科级组织员：饶连友
　　（—2019.1）
副科级组织员：蓝伟军
　　（—2019.1）
区人大联城街道工作委员会
主　任：蓝春香（女）（—2019.1）
　　齐国伟（2019.1—）
联城街道办事处
主　任：陈金多
副主任：熊余伟（—2019.2）
　　石伟明
　　黄礼义
　　罗益锋（—2019.12）

**【碧湖镇】**

中国共产党碧湖镇委员会
书　记：叶建光（—2019.5）
　　郭云强（2019.9—）
副书记：华官丽（—2019.12）
　　潘秀华（—2019.1）
　　吴　军（挂职）（—2019.10）
　　吴海霞（女）（2019.12—）
　　熊余伟（2019.1—）
　　张美英（女）
　　麻建清（挂职）
　　（2019.11—）
纪委书记：梁媛媛（女）
委　员：梁媛媛（女）
　　王贤戴
　　刘　渊
　　金凌海
　　周旺平
　　纪学敏（女）
　　陶晓华
碧湖镇人大主席团
主　席：麻伟明（—2019.2）
　　叶予序（2019.2—）
副主席：李海慧（2019.2—）
　　吴　昊
碧湖镇人民政府
镇　长：华官丽
副镇长：王贤戴
　　徐煜军
　　潘　波
　　戴黎明

**【大港头镇】**

中国共产党大港头镇委员会
书　记：金伟君
副书记：杨建贞（—2019.12）
　　胡春杰（—2019.1）
　　熊夏敏（2019.1—）
纪委书记：李亮德
委　员：李亮德
　　郭玉伟（—2019.12）
　　陈　靖（女）
　　蒋　超（—2019.1）
　　许力鹏
　　李春阳（—2019.12）
　　李江锋（挂职）
　　（—2019.7）
　　许广胜（2019.12—）
　　周眉初（女，挂职）
　　（2019.11—）
大港头镇人大主席团
主　席：叶祥根（—2019.2）
　　刘丽伟（2019.2—）
副主席：吕李媛（女）

李　丽(女)
大港头镇人民政府
镇　长:杨建贞
副镇长:郭玉伟
叶伟娟(女)
夏黎平
雷发元

**【峰源乡】**

中国共产党峰源乡委员会
书　记:杨建贞(2019.12—)
徐　清(—2019.12)
副书记:孙聪龙(—2019.1)
陈菁和
张晓波(2019.1—)
张　权(挂职)
(2019.2—)
纪委书记:陈静磊
委　员:陈静磊
郭起平
刘军武
雷国亮
刘彤彤(女)
峰源乡人大主席团
主　席:齐国伟(—2019.2)
张　挺(2019.2—)
副主席:饶钦茂
峰源乡人民政府
乡　长:孙聪龙(—2019.2)
陈菁和(2019.2—)
副乡长:翁小雯(女)
刘彤彤(女)(2019.2—)
郑旭军(—2019.2)
赵永昌
桑超迅

**【太平乡】**

中国共产党太平乡委员会
书　记:徐伟乐(—2019.1)
叶祥根(2019.1—)
副书记:王育波(—2019.12)
邱丽平(2019.12—)
刘丽伟(—2019.1)
张　城(2019.1—)
王宏武(挂职)
(2019.2—)
纪委书记:李栽慧
委　员:李栽慧
黄琮竣(女)
陈肖兰(女)
于伟宏
叶海波
太平乡人大主席团
主　席:唐　键(女)
副主席:徐雄伟
余子来
太平乡人民政府
乡　长:王育波
副乡长:于伟宏
张春华
叶泳梅(女)
汤伟波

**【雅溪镇】**

中国共产党雅溪镇委员会
书　记:周文林
副书记:吴小凯(—2019.9)
张　城(—2019.1)
蓝煜斌(2019.12—)
蒋　超(2019.1—)
周勇锋(挂职)
(2019.2—)
纪委书记:叶伟俊
委　员:叶伟俊
郭伟平
杨　丽(女)(—2019.12)
张　挺(—2019.1)
商彬彬(—2019.12)
徐广胜(—2019.12)
黄　杰(2019.12—)
雅溪镇人大主席团
主　席:徐旭芬(女)(—2019.2)
杨耀武(2019.2—)
副主席:金正武
朱泽斌
雅溪镇人民政府
镇　长:吴小凯(2019.2—2019.9)
副镇长:张　挺(—2019.2)
潘国龙
潘林强
褚俊俊

**【仙渡乡】**

中国共产党仙渡乡委员会
书　记:李勇军
副书记:胡春杰(2019.12—)
徐文杰(挂职)
(—2019.7)
叶志文
林　彬(挂职)
(2019.2—)
纪委书记:黄剑波
委　员:黄剑波
张晓波(—2019.1)
潘根明
陈婷莉(女)
张科科
仙渡乡人大主席团
主　席:李海慧(—2019.2)
刘黎明(2019.2—)
副主席:叶超红(女)
仙渡乡人民政府
乡　长:徐文杰(挂职)
(—2019.7)
副乡长:张晓波(—2019.2)
周炳翔
丁晓丽(女)

方　媛(女)

**【老竹畲族镇】**

中国共产党老竹畲族镇委员会

书　记:周建伟(—2019.12)

　　　　徐　清(2019.12—)

副书记:蓝伟军

　　　　杨耀武(—2019.1)

　　　　徐　科(2019.1—)

纪委书记:张　丽(女)

委　员:张　丽(女)

　　　　林伟伦

　　　　翁靖靖(女)

　　　　蓝　青(—2019.1)

　　　　王　盛

　　　　夏华飞

　　　　陈俊俊

副科级组织员:莫永勤

老竹畲族镇人大主席团

主　席:叶仙美(女)

副主席:雷金荣

　　　　章华祥

老竹畲族镇人民政府

镇　长:蓝伟军

副镇长:蓝　青(—2019.1)

　　　　叶伟权

　　　　钟文焕

　　　　蓝津燕(女)

**【丽新畲族乡】**

中国共产党丽新畲族乡委员会

书　记:徐根发

副书记:蓝　青(2019.1—)

　　　　王　静(女)(—2019.1)

　　　　傅永福(2019.1—)

　　　　王　忠(挂职)(2019.2—)

　　　　金　立(挂职)(2019.11—)

纪委书记:傅永福(—2019.1)

委　员:傅永福(—2019.1)

　　　　王晓飞

　　　　梁俊武

　　　　林　彬

　　　　刘丽娥(女)

副科级组织员:邹永红

丽新畲族乡人大主席团

主　席:应永生

副主席:张俊峰

丽新畲族乡人民政府

乡　长:蓝　青(2019.1—)

副乡长:梁俊武

　　　　黄莉蓉(女)

　　　　赵　健

　　　　叶　辉

**【黄村乡】**

中国共产党黄村乡委员会

书　记:魏　俊(—2019.1)

　　　　刘　华(女)(2019.1—)

副书记:刘　华(女)(—2019.1)

　　　　张　政

　　　　王　皓(2019.1—)

　　　　蔡尚宝(挂职)(2019.2—)

纪委书记:陈　超(女)

委　员:陈　超(女)

　　　　李高平

　　　　张力鹏

　　　　徐　科(—2019.1)

　　　　施　彦(女)

　　　　华　楠(2019.12—)

黄村乡人大主席团

主　席:赵　基

副主席:吴龙兴

黄村乡人民政府

乡　长:刘　华(女)(—2019.1)

　　　　王　皓(2019.1—)

副乡长:李高平

　　　　项庭武

　　　　杨裕斐

　　　　叶旭瑶(女)

（中共丽水市莲都区委组织部）

# 中国共产党丽水市莲都区委员会

## 综　述

2019年，莲都区实现地区生产总值389.63亿元，增长7.2%，增速为近7年新高；城乡居民人均可支配收入分别达到49730元、28220元，分别增长9.0%、9.8%。主题教育富有成效，坚持不忘初心、牢记使命，研究出台了深化“三服务”、“区乡村三级联动办实事”、“一线巡查、现场办公”、区领导干部“一联十”等“五大工作制度”，其中，“一线巡查、现场办公”制度获《人民日报》头版“今日谈”专栏点赞。项目建设势头良好，超额完成省市县长工程目标，成功举办第二届世界丽水人大会莲都分会场活动，签约项目12个，总投资196.3亿元，古堰画乡小镇被命名为第三批省级特色小镇、系全市唯一，区属固定资产投资同比增长13.5%，增速全市第一。生态产业加快发展，出台进一步提振生态工业发展的意见，为企业减负降本超5亿元，新增亿元企业5家、规上企业17家，2家小微企业园通过省级认定，万洋小镇开工总建筑面积超85万平方米，莲都入选省农业绿色发展先行县，创成省级全域旅游示范区。发展动能持续增强，在全市率先实现“出生一件事”一次都不用跑，大港头镇、丽新乡列入全市生态产品价值实现机制试点，与黄浦区建立紧密型合作关系，与浙江清华长三角研究院确立全面合作关系，启动在义乌的“飞楼”“飞地”项目建设，市“绿谷精英”入选和落地项目数均居全市第一。民生福祉稳步提升，生态环境质量公众满意度全省第八，入选“中国天然氧吧”名单，小城镇环境综合整治圆满收官，创成省级美丽乡村示范县，高分通过省教育基本现代化区评估认定，在第四批全国健康促进区建设项目中获省级技术评估第一，“村级事务阳光票决制”被写入省委决定，首次创成省级无信访积案区。

## 重要会议

**【区委常委会会议、区委常委会扩大会议】** 1月1日(周二)16:00，召开区委常委会议，传达学习全省巡视巡察工作现场推进会精神，研究我区贯彻意见。

1月8日(周二)14:15，召开区委常委会扩大会会议，传达学习省委书记车俊在丽水调研讲话精神；传达学习中央、省委经济工作会议精神，研究我区贯彻意见。

1月16日(周三)9:30，召开区委常委会会议，传达学习全省巡视巡察工作现场推进会精神，研究我区贯彻意见；听取区人大常委会党组关于召开区十六届人大三次会议有关情况汇报；听取2018年度区委常委会民主生活会建议方案汇报；审议《关于进一步加强专职社区工作者队伍建设的实施意见》；听取关于申报2019年度莲都区表彰奖励和通报表扬项目的情况说明；听取莲都区2018年第四季度社会稳定形势分析；听取莲都区2018年第四季度信访形势分析；传达学习领导干部个人有关事项报告“两项法规”等有关文件精神；区委常委四季度工作汇报；听取《关于改进区管干部任前公示意见》的有关情况汇报；研究干部人事工作。

1月23日(周三)9:00,召开区委常委会会议,听取区"两会"筹备情况汇报,审议区政府、法院、检察院工作报告;审议《莲都区2018年预算执行情况和2019年预算草案编制情况报告》《莲都区2018年国民经济和社会发展计划执行情况与2019年国民经济和社会发展计划(草案)》《莲都区2019年基本建设项目投资计划》;审议《莲都区2018年环境状况和环境保护目标完成情况报告》;听取区"大棚房"排查整治工作情况汇报;听取2018年度莲都区扫黑除恶工作情况及2019年工作思路汇报;听取关于表彰2018年度莲都区"最多跑一次"改革、扩大有效投资工作先进集体和先进个人的情况汇报;听取关于莲都区文明村镇评选工作情况汇报;听取莲都区2018年度创新项目评估情况汇报;听取区人大、政府、政协党组工作情况汇报;听取2018年法治宣传教育工作开展情况和2019年工作计划;研究干部人事工作。

1月23日(周三)下午14:00,召开区委常委会民主生活会,杜兴林书记通报2017年度区委常委会民主生活会整改措施落实情况、2018年区委常委会巡视整改专题民主生活会整改措施落实情况和2018年度民主生活会征求意见情况;杜兴林书记代表区委常委会作班子对照检查;区委常委逐一认领班子问题,进行个人对照检查发言,作自我批评,其他同志对其提出批评意见;杜兴林书记总结会议情况,提出整改要求。

2月14日(周四)14:30,召开区委常委会会议,传达学习十九届中央纪委三次全会、省纪委十四届四次全会精神,研究我区贯彻意见;审议区纪委十四届五次全会方案和工作报告;听取莲都区创建省教育基本现代化区工作情况汇报;听取关于我区"大搬快聚富民安居"工程情况汇报;听取区政协专门委员会设置情况的说明;审议莲都区2019年浙江省劳动模范和模范集体初选名单;审议《莲都区城中村改造(重点项目征收)个人三等功以及嘉奖建议名单》;传达学习习近平总书记在省部级主要领导干部坚持底线思维着力防范化解重大风险专题研讨班上的重要讲话、在中共中央政治局第十二次集体学习(全媒体时代和媒体融合发展集体学习)时的重要讲话精神,研究莲都区贯彻落实意见;传达学习全省宣传思想工作会议、全省县级融媒体中心建设推进会议精神,研究我区贯彻意见;传达学习全省扫黑除恶专项斗争视频会议精神,研究莲都区贯彻落实意见;传达学习全国、全省"扫黄打非"工作电视电话会议精神,研究我区贯彻落实意见;研究干部人事工作。

3月5日(周二)14:30,召开区委常委会会议,审议《2019年莲都区委巡察工作方案》《2019年莲都区农村基层作风巡查工作实施方案》;审议《莲都区"浙西南革命精神"弘扬践行活动实施方案》;听取2018年度乡镇(街道)、区直单位工作责任制考评情况汇报;审议《莲都区打造山海协作升级版实施方案(2018—2022年)》;传达学习省委农村工作会议精神,研究莲都区贯彻落实意见;传达学习省委政法工作会议精神,研究莲都区贯彻落实意见;传达学习全省组织部长会议暨新时代组织工作高质量发展研讨班精神,研究莲都区贯彻落实意见;传达学习全省统战部长会议、全省民族宗教工作会议精神,研究我区贯彻落实意见;传达学习丽水市"浙西南革命精神"弘扬践行活动动员大会精神,研究我区贯彻落实意见;传达学习市纪委全会精神,研究我区贯彻落实意见;听取纪委案件情况汇报;研究干部人事工作;集体观看长江经济带生态环境警示片。

3月18日(周一)14:15,召开区委常委会扩大会议,传达学习全国"两会"精神;传达学习《浙江省保障"最多跑一次"改革规定》。

3月18日(周一)15:15,召开区委常委会会议,审议《莲都区2018年度年终奖金发放方案》;审议《莲都区属局级事业单位改革方案(审议稿)》;审议《莲都区"浙江省担当作为好干部"建议人选名单》;听取2018年度工作责任制考评黄牌警告单位情况说明;传达学习全市组织部长会议精神研究莲都区贯彻落实意见；听取纪委案件情况汇报。

3月25日（周一）14:15，召开传达全市“两会”主要精神。

4月11日（周四）下午14:25，召开区委常委会会议，传达省委办公厅《关于县（市、区）政协开展“请你来协商”平台建设工作的指导意见》、全省工作推进会精神以及莲都区贯彻意见；审议2019年莲都区后进村党组织名单；审议《中央督导组下沉督导“扫黑除恶”工作迎检方案》；审议《中共丽水市莲都区委常委会2019年工作要点》；听取莲都区“走亲联心三服务”活动推进情况汇报；审议《中共丽水市莲都区委关于贯彻落实全市“两山”发展大会精神的实施意见》；审议《关于加强和改进党的新闻舆论工作的实施意见》；审议《莲都区关于强化实干担当，推进重点工作“五个十”工程的实施意见》；听取关于调整莲都区属局级事业单位设置的情况汇报；审议《共青团丽水市莲都区委员会关于召开第二十次代表大会的方案》；传达全市宣传思想工作会议精神及莲都区贯彻意见；传达全市统战部长会议精神及莲都区贯彻意见；学习《中共中央关于加强党的政治建设的意见》《中国共产党重大事项请示报告条例》；听取莲都区2019年第一季度信访形势分析；听取莲都区2019年第一季度社会稳定形势分析报告；听取区委常委一季度工作汇报；研究干部人事工作。

4月19日（周五）下午15:30，召开区委常委会会议，传达市委常委会会议精神。

4月23日（周二）上午8:45，召开区委常委会会议，传达学习习近平总书记在解决“两不愁三保障”突出问题座谈会上的重要讲话精神；传达省委常委会会议精神。

4月28日（周日）下午14:15，召开区委常委会扩大会议暨区委理论学习中心组（扩大）会议，传达贯彻省委十四届五次全体（扩大）会议精神；围绕习近平总书记关于“精准扶贫”工作重要论述作专题研讨发言。

4月28日（周日）下午17:00，召开区委常委会会议，听取莲都区异地搬迁人员后续帮扶工作情况汇报。

6月13日（周四）上午10:30，召开区委常委会扩大会议，传达全省“不忘初心、牢记使命”主题教育工作会议精神；传达中央扫黑除恶第11督导组督导浙江情况反馈会精神；集中收看“浙西南革命精神”研究成果新闻发布会。

6月27日（周四）14:30，召开区委常委会会议，审议《丽水市莲都区纪委区监委派驻（出）机构改革方案》《丽水市莲都区纪委区监委深化派驻机构改革的意见》；听取关于区委巡察组增设职数有关情况汇报；听取纪委案件情况汇报；研究干部人事工作；传达学习全国市县巡察工作推进会精神、省委书记车俊在省委常委会贯彻落实全国市县巡察工作推进会讲话精神，研究莲都区贯彻意见；传达学习十四届省委第六轮巡视工作动员部署会主要精神，研究莲都区贯彻意见；传达全国、全省公安工作会议精神及贯彻落实意见。

8月5日（周一）8:30，召开区委常委会扩大会议暨上半年经济形势分析会，第一阶段：区委常委会扩大会议，传达市委四届六次全体（扩大）会议精神；传达全省山海协作工程推进会精神；传达省委车俊书记在中央全面深化改革委员会办公室《改革情况交流》（第34期，总819期）上刊登的《部分地区统计造假问责追责不到位》上作出的批示精神；传达全市基层党建重点工作推进会暨“消薄”工作部署会精神，研究莲都区贯彻落实意见；传达全市“不忘初心、牢记使命”主题教育专项整治工作推进会精神，研究部署莲都区贯彻落实意见；第二阶段：上半年经济形势分析会，（一）相关单位汇报分析上半年经济运行情况：区发改局汇报上半年经济运行总体情况，并汇报GDP、服务业增加值增幅在全市排名靠后的原因和追赶的具体举措；区统计局汇报上半年十大核心指标在全市排名情况，并提出下步工作建议；区经济商务局汇报社会消费品零售总额、外贸出口总额增幅在全市排名靠后的原因和追赶的具体举措；区农业农村局汇报农村常住居民人均可支配收入增幅在全市排名靠后的原因和追赶的具体举措(5分钟)。(二)区委副书记、区长陈豪讲话。

9月11日(周三)19:10,召开区委常委会会议,研究干部人事工作;审议区委常委工作分工;召开区委常委会会议暨区委"不忘初心、牢记使命"主题教育领导小组第一次会议,传达学习中央、省委、市委开展"不忘初心、牢记使命"主题教育有关精神,听取莲都区总体安排建议的汇报;审议2018年度区管领导干部考核等次;审议《2019年度工作责任制考评实施意见》;审议《2019年莲都区党风廉政建设和反腐败工作组织领导与责任分工》《莲都区2019年度落实全面从严治党主体责任考核办法(审议稿)》《莲都区2019年度纪检监察扣分细则(审议稿)》;审议《中共丽水市莲都区委意识形态工作领导小组组成人员、主要职责、任务分工》《2019年意识形态工作组织领导与责任分工》《中共丽水市莲都区委2019年意识形态工作要点》《关于市委意识形态工作重点检查反馈意见整改落实情况的报告》;审议《2019第二届世界丽水人大会莲都分会场活动方案》;审议《2019第二届莲都区发展贡献杰出人物名单》;审议《莲都区2018年度"两优一先"建议名单》;审议2019年后进村(社区)党组织名单;听取纪委案件情况汇报;传达学习习近平总书记在解决"两不愁三保障"突出问题座谈会上的重要讲话精神;集体学习《中国共产党党组工作条例》《党政领导干部选拔任用工作条例》《公务员法》;传达学习贯彻《中国共产党宣传工作条例》;传达学习全省加强诉源治理工作部署会精神,研究莲都区贯彻意见;传达学习十四届省委第七轮巡视工作动员部署会精神,省巡视工作领导小组《关于萧山区等11个县(市、区)党委巡察工作开展专项检查的情况通报》文件精神,研究莲都区贯彻意见;传达丽水市纪委2019年二季度正风肃纪专项检查情况的通报;传达全市公安工作会议精神及贯彻落实意见;区委常委二季度工作情况汇报;莲都区2019年上半年社会稳定形势(平安莲都建设)分析报告;莲都区2019年第二季度信访形势分析。

10月8日(周二)14:45,召开区委常委会会议,传达学习市委胡海峰书记关于浙西南革命精神的批示精神;传达学习省委人大工作会议和全省各级人大常委会主任学习会精神,研究莲都区贯彻意见;传达学习全省政协主席暑期读书会暨市、县(市、区)政协工作经验交流会精神,研究莲都区贯彻落实意见;听取区委十四届七次全体(扩大)会议暨区政府全会有关情况汇报;审议《高标准打好污染防治攻坚战高质量建设美丽莲都的实施方案》《莲都区进一步提振生态工业发展意见》;听取2019年以来东西部扶贫协作工作汇报;听取2019年前三季度应急管理工作情况汇报;审议《关于撤销区处置办的建议方案》;审议2019丽水"人才·科技"峰会莲都分会场方案;研究干部人事工作;传达学习《浙江省重大决策社会风险评估实施办法》(浙委办发〔2019〕53号);传达学习习近平总书记在庆祝中华人民共和国成立70周年大会上的讲话。

10月21日(周一)14:45,召开区委常委会会议,传达学习省委政协工作会议精神,研究我区贯彻落实意见;审议《2018年度莲都区乡村振兴突出贡献集体和个人建议名单》《2018年度莲都区小城镇环境综合整治工作先进单位和先进个人通报表扬名单》;听取关于莲都区"12·27"和"7·5"专案及见义勇为人员行政奖励的情况汇报;听取2018年度招商引资工作先进单位和个人行政奖励的情况汇报;听取莲都区行政奖励申报有关情况汇报;审议《莲都区新时代文明实践中心工作实施意见》;听取关于追授吴小凯为"莲都区优秀共产党员"称号的情况汇报;区委常委三季度工作情况汇报。

11月6日(周三)14:20,召开区委常委会会议,审议《中共丽水市莲都区委关于印发〈重大事项请示报告清单〉的通知》;听取迎接第二轮中央生态环保督查情况汇报;听取关于构建莲都区集中财力办大事政策体系情况的汇报;听取2019年莲都区预算调整及预算缺口平衡情况的汇报;听取《关于落实农业农村优先发展总方针推动“三农”高质量绿色发展的实施意见》；听取莲都区关于做好2019年“中央一号”文件贯彻落实情况汇报；听取“8+1”专项整治行动推进情况汇报；听取区纪委有关案件情况的汇报；审议《莲都区教育提质行动工作方案(2019—2022年)》；传达学习全省美丽城镇建设现场会精神研究我区贯彻落实意见；传达学习《中国共产党党内法规制定条例》《中国共产党党内法规和规范性文件备案审查规定》《中国共产党党内法规执行责任制规定(试行)》。

11月29日(周五)14:10，召开区委常委会会议，学习习近平总书记关于宗教工作的重要论述精神；学习中央统一战线工作领导小组有关文件精神；传达学习全省县级社会矛盾纠纷调处化解中心建设现场推进会精神，研究贯彻落实意见；传达学习全省深化“千万工程”建设新时代美丽乡村现场会、全市乡村振兴暨美丽城镇和美丽乡村现场推进会精神，研究贯彻落实意见；听取关于将“区政协提案委员会”更名为“区政协提案和协商工作委员会”的建议；听取关于丽水市莲都区城乡建设投资有限公司与义乌丝路新区管理委员会签订莲都大厦项目合作协议的情况说明；听取“瓯碧园”信访问题处置进展情况汇报；审议莲都区深化“三服务”“区领导干部一联十”“区乡村三级联动办实事”“一线巡查、现场办公”“住村联心、组团下访”五项工作制度；审议《莲都区属局级事业单位机构编制框架》《莲都区属事业单位清理规范整合工作方案》，听取领导职数调整事项情况汇报；听取2019年1—10月法治莲都建设工作情况汇报；听取莲都区第六届道德模范评选推荐情况汇报；研究干部人事工作；传达学习中央纪委常委、中巡办主任王鸿津在全国县级巡察办主任培训班上的讲话精神和浙江省市县党委巡察办主任工作会议精神，研究贯彻落实意见；传达学习十四届省委第八轮巡视工作动员会精神，研究贯彻落实意见；学习《地方党政领导干部食品安全责任制规定》；听取区委常委会“不忘初心、牢记使命”主题教育专题民主生活会方案的汇报；听取关于莲都区2019年网络意识形态工作情况汇报；传达学习全省乡村产业高质量发展推进会精神，研究贯彻落实意见。

12月6日(周五)上午8:30，召开区委常委会“不忘初心、牢记使命”主题教育专题民主生活会，徐光文书记通报本次专题民主生活会征求意见情况，并代表区委常委会班子作检视剖析；徐光文书记对开展批评和自我批评提出要求，每位常委认领班子问题并逐一进行自我批评和相互批评，接受批评后作表态；市委第十一巡回指导组组长李炀德作点评；徐光文书记作整改工作表态发言。

12月13日(周五)14:50，召开区委常委会会议，传达学习市委人大工作会议精神，听取关于召开区委人大工作会议的建议方案，审议《中共丽水市莲都区委关于高水平推进新时代人大工作和建设的意见》；审议《关于莲都区全方位深度接轨上海、高质量融入长三角区域一体化发展行动方案》；审议《义乌-莲都山海协作消薄园项目合作协议》；审议《共建药用植物与生物医药开发平台合作协议》；审议《丽水市莲都区关于全面推进预算绩效管理的实施意见》《丽水市莲都区人民政府关于加强政府性债务管理实施意见》《丽水市莲都区地方政府性债务风险应急处置预案》；听取纪委案件情况汇报；审议《丽水市莲都区公务员职级晋升实施办法(试行)》；研究干部人事工作；学习《中国共产党农村工作条例》；传达学习《中国共产党党校(行政学院)工作条例》；听取2019年应急管理工作和岁末年初安全生产大检查方案汇报；莲都区2019年第三季度信访形势分析。

12月30日(周一)上午8:50，召开区委常委会会议，传达中央、省委经济工作会议精神；传达市委四届七次全体(扩大)会议精神；传达贯彻全省民政会议暨第六届浙江慈善大会精神及贯彻落实意见，听取区民政局工作情况汇报；传达学习市委政协工作会议精神，听取关于召开区委政协工作会议建议方案，审议

《中共丽水市莲都区委关于新时代加强和改进人民政协工作的实施意见》；审议《区委2019年度落实全面从严治党主体责任情况报告》《区委2019年度履行意识形态工作主体责任情况报告》；听取区人大、区政府、区政协、区法院、区检察院党组履行全面从严治党主体责任和意识形态工作情况汇报；听取区总工会、团区委、区妇联、区科协工作情况汇报；审议《莲都区文联深化改革实施方案》《莲都区侨联改革实施方案》《莲都区社科联深化改革实施方案》；听取区领导2020年元旦春节前后主要工作安排汇报；审议《中共丽水市莲都区关于加强和改进新时代党校工作的实施方案》；听取关于申报2020年度莲都区评比达标表彰和通报表扬项目的情况说明；研究干部人事工作；听取当前我区意识形态领域情况汇报；听取区委政法委反邪教工作情况汇报；听取史志工作情况汇报。

**【区委十四届七次全体（扩大）会议暨区政府全会】** 10月12日上午，莲都区委十四届七次全体（扩大）会议暨区政府全会召开。全会审议通过了《中共丽水市莲都区委关于贯彻落实市委四届六次全会决定的实施意见》。

市委常委、区委书记徐光文代表区委常委会作题为《大力弘扬践行浙西南革命精神　在更高起点上推动高质量绿色发展》工作报告，并作总结讲话。

区委副书记、区长陈豪作政府全会报告。区委副书记、政法委书记胡伟华及其他区委常委出席会议。

全会高举习近平新时代中国特色社会主义思想伟大旗帜，认真学习贯彻市委四届六次全体（扩大）会议精神，审议通过《中共丽水市莲都区委关于贯彻落实市委四届六次全会决定的实施意见》，锻造“忠诚使命”的坚强灵魂，高扬“求是挺进”的实干旗帜，站稳“植根人民”的根本立场，全面汇聚起创新实践“两山”理念、加快高质量绿色发展的磅礴伟力。

会议指出，市委四届六次全会回望历史、把脉现实、引领未来，在丽水发展史上具有重要的里程碑意义。全区上下一定要把弘扬践行浙西南革命精神工作往深里走、往实里做，提振“发展莲都、服务市区”的实干斗志和发展信心，在更高起点上推动莲都高质量绿色发展。

会议强调，要锻造“忠诚使命”的坚强灵魂，在更高起点上书写践行“两山”理念的新答卷。当前莲都挑战不容小觑，要清醒认识到还存在发展意识有待提高、区域竞争日趋激烈、发展动能不够强劲、公共服务供给不足、干部作风有待提升等挑战。同时，近年来，领导目光深度聚焦莲都、红色精神绽放光芒、发展后劲不断积蓄、区位优势更加凸显、生态价值迅速提升，莲都发展机遇前所未有，必须正确认识和把握“生态经济化”“经济生态化”的关系，聚力GDP、GEP“两个较快增长”，创新运用好三把“金钥匙”，更进一步坚定高质量绿色发展路径，坚定执着、久久为功。

要高扬“求是挺进”的实干旗帜，在高质量绿色发展道路上奋力奔跑。作为丽水“长子”，我们必须要强化勇于创新的求是意识，强化攻坚克难的挺进精神，坚持发展第一要务，高举发展的行动旗帜，奋力推动高质量绿色发展行稳致远。要致力生态经济，推动生态经济从资源型向资产型迈进、从数量型向质量型迈进、从传统产业向数字经济迈进，实现效益升级、质量升级、结构升级；要致力有效投资，坚持“项目为王”的理念，下好招商引资“先手棋”、扭住项目建设“牛鼻子”、当好要素保障“后勤部”，以项目支撑打造赶超新引擎；要致力改革引领，更大力度深化改革、更高标准推进创新、更加主动扩大开放，有效集聚发展新动能；要致力生态优先，全力推进污染防治、全面保护生态环境、全域打造美丽景区，开拓美丽新境界；要致力区域协同，以城市蝶变助推首位度提升，以乡村振兴促城乡均衡发展，推进市区、城乡一体化发展。

要站稳“植根人民”的根本立场，在尊重人民主体地位中更好地衡量评判发展成果。要始终保持党和人民的血肉联系，精准有效服务企业、以心换心服务群众、俯下身子服务基层;要始终秉持发展为了人民的价值导向,切实把富民、惠民、安民的责任扛在肩上,努力用干部的"辛苦指数"换取人民群众的"幸福指数";要始终坚持发展依靠人民的工作方法,坚持人民主体地位、尊重人民首创精神、让人民评判发展成果,始终与人民同心同德、同向同行、同力同为,努力让绿水青山这个"金饭碗"更富成色和暖色。

会议强调,加快莲都高质量绿色发展,各级领导干部关键要显担当、见行动、抓落实。要领会精神学在前,坚持把政治建设摆在首位、坚持把理论武装贯穿始终、坚持把人民至上落到实处,带头做到"真学真懂真信仰";要调查研究做在前,坚持目标导向、坚持问题导向、坚持结果导向,真正弄清楚莲都"有什么、缺什么";要理清思路谋在前,围绕市委赋予莲都要建设成为全市政治、经济、文化、科创"四个中心",共建成为"一带三区"市域发展核心带,永当全市协同发展"火车头"的工作要求,进一步明确"发展莲都,服务市区"的工作定位,树立"自我加压、跳起来摘桃子"的工作理念,进一步理清莲都"要什么、怎么干";要担当务实干在前,全面践行"担当作为、务实苦干"的工作主基调,完善健全深化"三服务""区乡村三级联动办实事""领导干部一联十""一线巡查、现场办公""住村联心、组团下访"等五大制度,引导各级干部勇挑重担、克难攻坚;要队伍建设抓在前,坚持正确选人用人导向,坚持严管和厚爱,争做"从严要求、廉洁从政"表率,努力营造心齐气顺劲足的浓厚氛围,为莲都加快高质量绿色发展提供坚强组织保障。

全会号召,全区上下要更加紧密地团结在以习近平同志为核心的党中央周围,在省委、市委的坚强领导下,忠诚使命、求是挺进、植根人民,在莲都高质量绿色发展的征程中展示新形象、干出新业绩、开创新局面。

针对2019年目标任务,会议要求,要聚力项目建设,不断扩大有效投资,大气魄谋划项目、大力度推进项目、大视野招引项目;要聚力产业升级,加快提升发展质效,精准培育企业、科创激发企业、真情呵护企业;要聚力生态宜居,加快建设美丽城乡,持续推进污染防治工作、坚决彻底整治城乡环境、奋力打好城市有机更新攻坚战、高品质全域化推进美丽景区创建;要聚力改革开放,加快推动动能转换,深化"最多跑一次改革"、深化国有企业改革、全面扩大对外开放;要聚力成果共享,加快改善民生福祉,抓好富民增收、抓好民生实事、抓好平安建设。

区委委员、候补委员、区纪委委员;区人大常委会、区政府、区政协领导,区法检两长,各乡镇(街道)党政主要负责人,区直各单位党委(党组)主要负责人等参加会议。

(孙斌　王秋蕊)

**【莲都区召开第八次"首善担当创一流"工作交流会】** 1月10日下午,莲都区召开"首善担当创一流"工作交流会。会议强调,新的一年,全区上下要不忘初心、牢记使命,以更加奋发有为的姿态,首善担当创一流,续写莲都绿色高质量发展新篇章。

受市委常委、区委书记杜兴林委托,区委副书记、区长陈豪作点评讲话。区领导陈元龙、谷江南等出席会议,区委副书记、政法委书记胡伟华主持会议。

会上,万象街道、大港头镇、区卫计局、区教育局、紫金街道星湖社区、碧湖镇岩头村6个单位代表,结合各自单位工作特点作了交流发言。区副处以上领导干部对交流发言情况进行书面推优评议。

陈豪在点评讲话时充分肯定了大家的发言和取得的成绩。他指出,2018年,全区工作成绩喜人、可圈可点,经济运行稳中有进,项目工作亮点纷呈,难题破解成果彰显,改革步伐持续加快,民生福祉持续增进,党的建设富有成效。这离不开区委的坚强领导和区四套班子的同心协力、狠抓落实,更离不开各级党员干部的上下同欲、凝心聚力、共同发展。

就做好岁末年初和一季度"开门红"工作,陈豪要求,要全力以赴做好工作扫尾和考核迎检工作。要查漏补缺,做好年末各项工作扫尾，特别是重点项目和重点工作要画圆句号。要紧盯考核目标，各单位“一把手”亲自负责，各部门群策群力、通力合作，全力做好考核迎检冲刺工作。

要深入开展“三服务”活动。要坚持问题导向，强化统筹，与岁末年初各项工作相结合开展“三服务”工作，实打实地为企业、群众和基层解决实际困难。

要驰而不息推进城乡环境整治。要紧盯桃碧线和S328省道两条通景公路景观提升工程，确保3月底前完成建设目标。紧盯“五水共治”，全力做好污水零直排创建、黑臭水体整治等迎检工作。紧盯全域禁燃，全方位做好秸秆禁烧、森林防火和禁放烟花爆竹各项工作，坚决打好污染防治攻坚战。紧盯“无违建”创建，全面加强新发违建管控。

要一刻不松抓好平安建设工作。要切实强化平安建设工作的主体责任和监管责任，全面开展道路交通、建设施工等各个行业领域安全生产工作的隐患排查和整治，全力保障老百姓“舌尖上的安全”，开展好农民工工资无欠薪行动，抓实信访维稳工作，切实维护社会和谐稳定。

要稳妥有序推进机构改革工作。各有关单位特别是党员领导干部要讲政治、讲规矩、讲纪律、讲服从，确保各项改革工作按时、有序、全面落实到位。

要全力以赴做好一季度“开门红”工作。要抓实项目建设，抓紧开工一批、持续推进一批、谋划落地一批项目。要抓实发展生产，全面掌握各企业的生产运行情况，做好经济运行、分析监测、科学调度等各项工作。要抓实金融风险防控，加大民营企业金融支持力度，帮助企业渡过难关，确保岁末年初全区金融稳定。

会议以视频形式召开，主会场设在莲都会议中心会堂，各乡镇、联城街道设分会场。

（孙斌　王秋蕊）

**【莲都区召开机构改革动员大会】**1月18日下午，莲都区召开机构改革动员大会，市委常委、区委书记杜兴林作动员讲话，他强调，要以“莲都作为”落实“丽水之干”，高质量完成机构改革各项任务，为“八八战略”再深化、改革开放再出发，再谋区域绿色高质量发展新篇章提供有力制度保障。区委副书记、区长陈豪主持，区领导陈元龙、谷江南、胡伟华等参加会议。

杜兴林指出，要准确把握机构改革的总体要求，地方机构改革是深化党和国家机构改革的重要组成部分，是推进国家治理体系和治理能力现代化的重要环节，是一项极为重要、极其严肃的政治任务。必须坚持把中央“六个坚持”、省委“三个突出”、市委“四个务必”等要求贯穿始终、全面落实，确保我区机构改革工作始终沿着正确的方向推进。要坚决贯彻中央、省委、市委的部署要求。牢牢把握加强党对各领域各方面工作的全面领导这个首要任务，提高党委把方向、谋大局、定政策、促改革的能力和定力，确保我区机构改革的方向不偏离；要突出“最多跑一次”改革牵引。既要优化机构设置和职能配置，推动业务流程再造，提高效率效能；又要解决制约“最多跑一次”改革的体制机制问题，使各类机构有机衔接、相互协调，各项改革相互促进、相得益彰，形成总体效应；要切实增强系统性、整体性、协同性。按照“五个统筹”的要求，坚持总体设计、重点突破，对所有机构改革统筹谋划、一同部署、整体推进，解决政出多门、职能分散、职责交叉、权责脱节等问题；要全面提升法治化、标准化、数字化水平。依法依规完善机构职能、履行机构职责、管理机构编制，推进机构权责和运行标准化，运用大数据提升治理现代化水平。

杜兴林强调，要扎实有序推进全区机构改革工作，全区各级各部门要把握政策标准，紧盯时间节点，抓住关键环节，扎实有序推进机构改革工作。要明确机构改革工作重点。抓实抓好党委机构，政府机构，人大、政协、群团组织，事业单位，“最多跑一次”，综合行政执法和乡镇（街道）这7项重点改革工作；要把握好组织实施总原则。把习近平总书记强调的“先立后破、不立不破”这“八个字”原则贯穿于机构改革组织实施全过程，全面贯彻、一体遵循，统筹安排、精准施策；要尽快完成转隶组建工作。会后，新组建部门要马上挂牌到位，新组建部门领导班子要担起责任，在一周内完成集中办公，在1月底前完成人员转隶工作；要科学依规制定"三定"规定。制定部门"三定"是机构改革组织实施的中心环节，要科学制定部门职责、整合优化内设机构、合理配置人员编制、明确"三定"工作程序。

杜兴林要求，要全力确保机构改革各项任务落到实处。全区各级各部门要把深化机构改革作为重大政治任务和重要政治责任，思想认识要再提升，工作责任要再落实，纪律规矩要再严明，改革氛围要再浓厚，全力以赴打好这场攻坚战。

陈豪在主持会议时要求，要坚定政治站位，强化改革担当，抓住关键环节，严把时间节点，明确工作责任，确保履职到位，高质量完成机构改革各项任务。

（孙斌　王秋蕊）

**【莲都区召开全区干部大会】**不负春光开新局，奋斗追梦正当时。2月12日上午，莲都区召开全区干部大会，市委常委、区委书记杜兴林作题为《奋力谱写绿色高质量发展新篇章》的报告。他强调，新的一年，要以"莲都作为"落实"丽水之干"担纲"丽水之赞"，勇当新时代奋斗者，奋力谱写绿色高质量发展新篇章。

会上，杜兴林历数了2018年莲都的奋斗足迹。他说，翻阅2018，"丽水之赞"催人奋进，营商环境持续改善，经济发展稳中有进、进中向好。纵观2018，服务市区不辱使命，乡村振兴务实推进，美丽城乡"颜值更高、气质更好"。盘点2018，民生实事温暖人心，发展成果全民共享，人民生活更加美好、更有质感。我们以求实务实的干劲，不断进步追赶，已连续8年获得全市综合考核优秀等次。

杜兴林强调，要审视自身应有的清醒姿态。自豪而不自满，自信而不自负，坚持经验，吸取教训，推动发展行稳致远。回顾工作经验，主要归纳为"五个坚持"：必须坚持服务市区。推动城市首位度持续提升；必须坚持发展为要。推动莲都发展步入"三个收入"同步提高的良性轨道；必须坚持项目引领。增强"大抓项目、抓大项目"的定力和韧劲；必须坚持协调发展。让"金饭碗"的特色更优、暖色更足，不断满足人民日益增长的美好生活需要；必须坚持首善担当。让示范引领成为常态，推动莲都各项事业发展再上新台阶。

杜兴林强调，2019年是新中国成立70周年，也是完成"十三五"规划目标任务的关键之年。区委常委会确定今年莲都工作的总体要求是：全面贯彻落实中共十九大和中央、省委、市委经济工作会议精神，高举习近平新时代中国特色社会主义思想伟大旗帜，以"八八战略"再深化、改革开放再出发为主题，以"大学习大调研大抓落实"活动为重要抓手，以"服务企业服务群众服务基层"活动为具体抓手，以"莲都作为"落实"丽水之干"担纲"丽水之赞"，以"发展高质量、全市挑大梁、区域走前列"为价值追求，坚持稳中求进工作总基调，坚持新发展理念，坚持推进绿色高质量发展，加快建设现代化生态经济体系，突出稳企业、增动能、保平安，统筹做好稳增长、促改革、调结构、惠民生、防风险工作，提高人民群众获得感、幸福感、安全感，保持经济持续健康发展和社会大局稳定，奋力高水平全面建成小康社会，以优异成绩迎接中华人民共和国成立70周年。具体来说，基本思路是："1+1+6"。"一个定位"，即围绕建设全市政治、经济、文化、科创"四个中心"的定位，强长板、补短板、筑底板；"一个抓手"，即以"服务企业服务群众服务基层"活动为具体抓手，开门红、季季红、全年红；"六大领域"，即聚焦发展、改革、生态、民生、平安、党建六大领域集中发力，抓重点、抓落实、抓成效。

区委副书记、区长陈豪主持会议，并就贯彻会议精神，重点就抓好一季度"开门红"工作作了部署。区人大常委会主任陈元龙、区政协主席谷江南，区委副书记、政法委书记胡伟华等区领导参加会议。

会议通报表彰了2018年度各类先进集体和先进个人。区领导依次上台领办了重点建设项目。

（王秋蕊　孙斌）

**【莲都区举行“浙西南革命精神”弘扬践行活动启动仪式】** 3月4日下午，莲都区举行“浙西南革命精神”弘扬践行活动启动仪式，市委常委、区委书记杜兴林出席活动并讲话，区委副书记、区长陈豪，区人大常委会主任陈元龙等领导出席活动，区委副书记、政法委书记胡伟华主持。

杜兴林带领参加启动仪式的党员领导干部集体重温入党誓词。

杜兴林指出，隆重举行莲都区“浙西南革命精神”弘扬践行活动启动仪式，是为了深入贯彻中共十九大和习近平总书记关于保护红色遗产、弘扬红色文化、传承红色基因的重要讲话精神，全面落实全市弘扬践行活动动员大会要求，将“浙西南革命精神”的强大动力转化为全面推动以“莲都作为”落实“丽水之干”担纲“丽水之赞”的思想自觉和行动自觉。

杜兴林强调，弘扬践行“浙西南革命精神”，前提是坚定理想信念。我们要把坚定理想信念作为加强自身精神修养的终生课题，作为党性锻炼的核心内容，铭记历史、不忘初心、矢志不渝，让信仰之花绽放得更加鲜艳。弘扬践行“浙西南革命精神”，关键是不畏艰难险阻。我们要拿出迎难而上、攻坚克难的勇气，拿出百折不挠、一往无前的韧劲，拿出敢于啃硬骨头、敢于涉险滩的魄力，披荆斩棘、劈波斩浪、勇往直前，在创新实践中践行“莲都作为”，用好“跨山统筹、创新引领、问海借力”三把金钥匙，不断开辟新时代“两山”发展新境界。弘扬践行“浙西南革命精神”，根本是凝聚党心民心。我们要充分调动人民群众干事创业的积极性、主动性、创造性，引导广大干部群众在书写“两山”时代答卷中施展才华、建功立业，在推进莲都高质量绿色发展之路上凝心聚力、奋勇前进。

仪式上，共青团员重温了入团誓词，少先队员重温了入队誓词。区领导为各方队代表授《“浙西南革命精神”学习读本》。党代表、青年代表、学生代表分别发言。

仪式结束后，参加活动人员参观了浙西南革命根据地纪念馆。重温了中国共产党成立前后浙西南人民反帝反封建斗争，浙西南建立中共地方组织、红十三军在浙西南开展的斗争、各地工农革命和武装暴动的历史；学习了红军北上抗日先遣队转战浙西南、开辟游击区，红军挺进师创建浙西南革命根据地和浴血斗争历程，以及抗日战争和解放战争时期浙西南的革命斗争历程。

（王亚成）

**【莲都区召开平安政法信访工作会议暨扫黑除恶工作推进会】** 4月11日上午，全区平安政法信访工作会议暨扫黑除恶工作推进会召开。市委常委、莲都区委书记杜兴林作重要讲话，区领导陈元龙、谷江南、胡伟华等出席会议。

杜兴林指出，近年来，我区平安建设成效显著，政法工作有力有为，信访生态持续优化，扫黑除恶纵深推进，基层治理亮点纷呈，平安政法信访工作取得的成绩值得充分肯定，为社会大局和谐稳定提供了有力保障。

杜兴林强调，要精准把握形势，突出抓好重大风险的防范和化解。面对新的形势和任务，我们要牢牢把握“稳定压倒一切”的总要求，增强忧患意识、坚持底线思维，稳扎稳打，稳中求进，坚决打赢防范和化解重大风险攻坚战。要坚决守住政治安全生命线，深入开展反恐怖斗争，做好政治防范工作，深化反邪教专项斗争；要稳妥推进矛盾风险防范化解，开展突出涉稳问题排摸化解工作，积极化解经济金融领域涉稳风险，扎实做好重大决策社会稳定风险评估工作；要加快推进基层治理现代化，创新发展新时代“枫桥经验”，推动群众信访“最多跑一次”，推动扫黑除恶专项斗争向纵深发展；要将政法领域改革进行到底，深化政法领域“最多跑一次”改革，把改革重点放到解决实际问题上，着力提升政法工作智能化水平。

杜兴林强调，要坚持党的领导，确保政法工作沿着正确方向前进。毫不动摇地坚持党对政法工作的绝对领导,确保坚定正确的政治方向,切实铸就绝对忠诚、绝对纯洁、绝对可靠的政治品格,坚决把党的绝对领导贯彻到政法工作的各方面全过程。要完善党委领导政法工作机制,区委将定期听取政法机关汇报,支持政法机关依法独立公正行使职权,及时研究解决政法工作中存在的重大问题,推动形成统筹协同联动、层层抓落实的大政法格局;要充分发挥党委政法委的职能作用,区委政法委要在区委领导下履行职责、开展工作,发挥牵头抓总、统筹协调、督办落实等作用。要完善党委政法委领导管理政法工作的各项机制,切实提升党委政法委的领导力、谋划力、执行力、督导力、创新力、约束力;要建设过硬政法队伍,要按照"革命化、正规化、专业化、职业化"要求,扎实开展"不忘初心、牢记使命"主题教育活动,要健全落实意识形态工作责任制,要加大正风肃纪力度,要突出实战、实用、实效导向,着力构建响应需求、适应实战、全面发展的政法队伍素质能力培养体系。

会上,区委副书记、政法委书记胡伟华作工作报告。

会议通报了前阶段全区扫黑除恶专项斗争工作情况,表彰了先进集体和个人,下发了信访积案交办单,还与平安建设成员单位签订了信访责任书。

(孙斌　王秋蕊)

**【莲都区召开深化经常化创建全国文明城市和国家卫生城市工作推进会】** 9月2日上午,莲都区召开深化经常化创建全国文明城市和国家卫生城市工作推进会,区委副书记、区长陈豪出席会议并讲话,他强调,要冲锋冲刺,精准发力,誓夺全胜,以"莲都作为"奏响新时代文明创建"最强音"。陈元龙、谷江南、胡伟华及全区副处以上领导参加会议。

陈豪指出,务必认清形势,切实增强经常化创建文明城市工作的紧迫感。从当前的测评体系看,2019年的范围更广、内容更细、标准更严;从考核要求看,全省竞争态势日趋激烈,莲都承担的任务重、责任大,市对区考核加分的难度进一步加大;从工作现状看,还存在创建氛围不够浓、创建基础不够牢等问题。各级各部门要迅速行动,以最坚定的信心、最饱满的精神、最有力的举措,一鼓作气、决战决胜。

陈豪要求,务必聚焦重点,切实提升经常化创建文明城市工作的精准度。要狠抓问题大整改。重点抓好去年"省测"扣分问题、市区专项检查发现问题和每日交办问题的整改,查漏补缺,对标补短,确保万无一失;要狠抓环境大提升。继续抓好巩固和提升前一阶段环境大整治行动,组织开展一次彻底的大整治、大清扫行动,确保环境整治不留死角;要狠抓秩序大整治。紧盯主次街道、背街小巷、市场及周边环境等重点区域,精心组织好交通秩序、市场秩序、社会秩序的集中整治;要狠抓特色大比拼。充分展示创建特色亮点,为创建"加分添彩"。同时,要结合弘扬践行"浙西南革命"精神活动,深入挖掘、设计一批精品化、特色化的创建载体,努力使创建工作的亮点更亮、特色更特;要狠抓群众大动员。进一步加大宣传引导力度,深化问卷调查走访,确保宣传到位、宣讲到位,切实激发市民参与创建的积极性;要狠抓国卫大巩固。积极做好公共场所控烟、病媒生物防治和健康教育和健康促进工作,切实高质量推进国卫巩固提升工作。

陈豪强调,务必实干担当,切实提升经常化创建文明城市工作的组织化水平。要加强组织领导。区领导要带头落实网格化联系帮扶街道、社区(城中村)制度,各单位主要领导要亲自研究、亲自部署、亲自抓落实、抓督查;要层层压实责任。各创建责任单位要对照各自承担的任务指标,进一步细化完善经常化创建文明城市工作方案,确保工作落实到位;要严明督查纪律。加强联合督查,及时发现问题、交办问题,盯牢问题整改。同时,要严明纪律,坚持以实绩论英雄,做到赏罚分明。

全区创建一类、二类、三类单位、相关街道、城区各物业企业、各中小学、幼儿园、各农贸市场、专业市场、部分餐饮单位等参加会议。

会议以视频会议形式召开，主会场设莲都会议中心会堂、莲都厅，联城街道和各乡镇设分会场。

（王亚成）

**【莲都区委召开“不忘初心、牢记使命”主题教育专题党课暨“两优一先”表彰会议】** 10月22日上午，莲都区委召开“不忘初心、牢记使命”主题教育专题党课暨“两优一先”表彰会议，徐光文出席会议并作专题党课。

会上，徐光文以《践行初心使命　勇于担当作为　奋力走在前列》为题，为全区党员干部上了一堂精彩生动的专题党课，他围绕习近平新时代中国特色社会主义思想，特别是习近平总书记关于“不忘初心、牢记使命”重要论述，从莲都发展实际出发，结合自身工作经历，深入阐述“五个深刻领悟”，激励全区党员干部不忘初心、牢记使命，担当作为、务实苦干。

徐光文强调，要深刻领悟“从哪里来、到哪里去”，更加坚定走好新时代长征路。要以“莲都作为”落实“丽水之干”担纲“丽水之赞”，坚定“发展莲都，服务市区”的工作定位，加快高质量绿色发展。要深刻反思“五个够不够”。“发展意识、发展氛围”够不够？“发展质量、发展水平”够不够？“发展动能、发展后劲”够不够？“发展要素、发展保障”够不够？“干部作风、干事能力”够不够？认真对照初心使命，翻箱倒柜再查摆、全面彻底再剖析，立查立改、即知即改、能改全改，努力把改出的成效转化为加快发展的强大动力。

徐光文强调，要深刻领悟“举什么旗、走什么路”，争当学懂弄通做实习近平新时代中国特色社会主义思想的排头兵。全区各级领导干部要坚持主动学习，掌握方法学习，务必静下心来读原著、学原文、悟原理，进一步增强“四个意识”，坚定“四个自信”，做到“两个维护”，特别是要坚持理论与实践相结合，强化问题导向、实践导向、需求导向，更加自觉地用党的创新理论武装头脑、指导实践、推动工作。

徐光文强调，深刻领悟“为了谁、依靠谁”，始终保持同人民群众的血肉联系。必须坚持以人民为中心的发展思想，始终保持同人民群众的血肉联系。具体到莲都，要完善健全“五大制度”。深化“三服务”制度。重点要“像爱护眼睛一样爱护企业，像善待亲人一样善待企业家”，帮助企业坚守实业、做大做强；“区乡村三级联动办实事”制度。办实事就是抓落实，就是抓民生。区乡村三级要相互配合，共同发力，做到件件有回应、事事有成效；“领导干部一联十”制度。四套班子每位领导要敢于喊响“带头干、跟我上”，沉下一线，深入联系乡镇、行政村、农户、企业和项目，经常性指导工作，协调解决问题；“一线巡查、现场办公”制度。尤其要盯紧看牢重大产业类项目建设以及招商项目，积极破解难题，加快莲都发展；“住村连心、组团下访”制度。切实与群众走在一起，提供更多的村社订制服务，全面推动村社发展与和谐。

徐光文强调，深刻领悟“为什么能、为什么强”，坚定不移全面从严治党。必须扛起管党治党的主体责任，推动全面从严治党向纵深发展、向基层延伸。要树立“五大理念”。要坚持把政治建设摆在首位，严明政治纪律和政治规矩；要树立“自我加压、跳起来摘桃子”的理念，以更大气魄、更高标准谋划好明年工作思路以及“十四五”规划，努力开创高质量绿色发展新局面；要践行“担当作为、务实苦干”的工作主基调，少说“干不了”，多想“怎么干”，领导带头干，锤炼敢担当、能干事、善作为的莲都干部队伍；要营造心齐、气顺、劲足的浓厚氛围，形成千斤重担大家挑的强大合力；要争做“从严要求、廉洁从政”的表率，常怀感恩之心、敬畏之心、善良之心，廉洁自律，严管队伍，涵养风清气正的政治生态。

徐光文强调，要深刻领悟“为什么要奋斗、怎么样去奋斗”，矢志不渝争做新时代追梦人。莲都要建设成为全市“四个中心”，共建“一带三区”市域发展核心带，永当全市协同发展“火车头”，需要我们以永不懈怠的精神状态和一往无前的奋斗姿态，在更高起点上谱写高质量绿色发展的莲都篇章。当前，重点要大力开展产业升级、项目攻坚、城乡共美、福祉增进、固本强基“五大行动”。大家要把主题教育激发出来的热情和激情转化为推动莲都高质量绿色发展的强劲动力，在践行初心使命中干出走在前列的新业绩，当好新时代答卷人。

会上，还对2018年度区级“两优一先”进行了表彰。

市主题教育第十一巡回指导组组长李炀德出席会议。区委副书记、区长陈豪主持会议。陈元龙、谷江南、胡伟华等副处级以上领导干部、区直各单位党委（党组）主要负责同志、各乡镇（街道）党（工）委书记等参加会议。

（王秋蕊）

**【莲都区召开三季度经济形势分析会暨重点项目集中攻坚推进会】** 11月4日下午，莲都区召开三季度经济形势分析会暨重点项目集中攻坚推进会，总结分析前三季度全区经济运行和重点项目推进情况，研究部署“决胜四季度”重点项目、重点指标、重点任务、重点措施，奋力夺取2019年各项目标任务“全年红”。

市委常委、区委书记徐光文出席会议并讲话，区委副书记、区长陈豪主持会议。陈元龙、谷江南、胡伟华等副处级以上领导干部，区直各单位、各乡镇（街道）主要负责人等出席会议。

徐光文充分肯定了前三季度取得的成绩，认为全区经济运行总体平稳、稳中有进。针对下步工作，徐光文强调，要坚持发展第一要务。要将“发展莲都”放在首位，加快推动三次产业协调发展，做大二产，做优一产，做特三产，夯实高质量绿色发展根基。要全力壮大生态工业第一经济，态度要十分坚定、路径要十分清晰、服务要十分有力。要着力发展生态精品现代农业，按照标准化、规模化、工业化的理念，围绕打造长三角最安全农产品生产地、创建省级农业绿色发展先行区等目标，质量兴农、品牌强农，最大限度地挖掘农业的增收潜力。要大力培育生态旅游战略支柱产业，以古堰画乡、九龙湿地为重点，围绕打造瓯江山水诗之路黄金旅游带、瓯江文创产业带等目标，推动农、文、旅融合发展。

徐光文强调，要坚持项目第一抓手。必须坚持“项目为王”的理念不动摇。谋项目要敢想、敢为。谋深、谋细、谋实、谋远、谋大项目前期，尤其要大力度“跑部进厅”，千方百计向上争取到更多更好的项目。引项目要敢闯、敢争。要发扬“五皮”招商精神，打好亲情、乡情、友情“三张牌”，同时加大投入，切实增强对优质项目的政策引力。推项目要敢拼、敢战。强化攻坚态势，坚持领导领办重大项目机制，优化营商环境，让企业进得来、留得住、发展得好。

徐光文强调，要坚持作风第一保障。抓作风也是抓发展，莲都发展迫切需要想干事、会干事、干成事、不出事的干部。全区上下要努力践行“担当作为、务实苦干”的工作主基调，时刻保持奋发图强、斗志昂扬的精神面貌，强化借鉴学习，增强破难攻坚能力，提升干事效率。要锤炼干部的过硬作风。大力整治慵、懒、散问题。坚持德才兼备，凭实绩用人的导向，在一线识别干部，营造干事创业的良好生态；精准用好考核指挥棒，让想干事者有机会，能干事者有舞台、干成事者有地位。

就贯彻落实会议精神，陈豪强调，要统一思想，明确目标抓攻坚；要比学赶超，细化举措抓攻坚；要以上率下，压实责任抓攻坚。全区广大党员干部把思想和行动统一到区委的决策部署上来，围绕高质量绿色发展要求，全力以赴抓好各项工作。

会上，区发改局、区经济商务局、区农业农村局等7家单位围绕前三季度经济运行情况及重点建设项目完成情况先后作了发言，区委常委、常务副区长杨金跃对下步重点建设项目集中攻坚、经济指标冲刺“全年红”等事项作了具体部署。

（王秋蕊　孙斌）

**【莲都区召开全区领导干部会议】** 1月10日上午，莲都区召开全区领导干部会议，开展区级领导班子和领导干部年度考核，以及干部选拔任用“一报告两评议”工作。会上，市委常委、区委书记徐光文代表党委班子作总结报告并作个人述职。市委第十一巡回指导组组长李炀德、副组长陈红龙作为考核组成员参加会议，区委副书记、区长陈豪主持会议，区领导陈元龙、胡伟华出席会议。

徐光文代表党委班子作总结报告时说，一年来，区委常委会认真贯彻落实中央、省、市重大决策部署，坚持以“莲都作为”落实“丽水之干”担纲“丽水之赞”，推动各项事业取得新的进展。精心开展主题教育，推动初心使命扎根铸魂；聚焦聚力实体经济，推动高质量绿色发展行稳致远；全面建设美丽莲都，推动城乡一体化融合发展；持续深化社会建设，推动民生福祉稳步提升；着力加强党的建设，推动基层基础更加牢固。

徐光文指出，区委常委会确定2020年为莲都区“加快发展年”。莲都将紧扣高水平全面建成小康社会目标任务，紧盯市委、市政府赋予莲都的新期待新要求，坚持“发展莲都、服务市区”的工作定位，坚持“自我加压、跳起来摘桃子”的工作理念，坚持“担当作为、务实苦干”的工作主基调，扎实推进“加快发展年”各项工作，全力加快高质量绿色发展，确保高水平全面建成小康社会和“十三五”规划圆满收官，得到人民认可、经得起历史检验。

据了解，2019年，莲都前三季度，实现地区生产总值275.57亿元，增长7.2%；全年一般公共预算收入17.29亿元，增长9.2%；1—11月，区属固定资产投资增长13.9%，全市排名第1；前三季度，城乡居民人均可支配收入分别为38719元、19019元，分别增长9.5%、9.7%。

针对岁末年初的各项工作，徐光文最后强调，要扎实认真、精准精细地做好岁末年初目标考核、安全生产、信访维稳的各项工作，确保2019年圆满收官；要科学分析、精心谋划2020年经济社会发展等各项工作，确保明年稳步开局；要不折不扣严格执行中央八项规定和党风廉政建设各项规定和要求，确保风清气正过新年开新局。

会议还进行了民主测评（评议）和民主推荐。

全区副处级以上领导干部等参加会议。

（王秋蕊　孙斌）

## 办公室工作

**【文字工作】** 开展针对性调研、对策性调研、决策性调研和经验性调研，全年共确定区级领导调研课题34个。按照工作职责，准确把握上级方针政策和要求，全年共完成汇报材料、讲话材料、报刊约稿等文字材料230多个。充分发挥党委、政府信息工作的主渠道作用，及时采编各类紧急信息、经验信息和上报信息，未发生紧急信息迟报漏报事件。全年共向省、市上报信息2265条，被录用1330条，做到及时准确上传基层声音和建议。全年共编发本级信息188期，其中获区领导批示43条、市委领导批示2条。做好宣传报道工作，全年在人民网、新华网、中新网等国家级、省级网站发表稿件共30余篇（条），在《浙江日报》上刊发新闻稿件11篇（条），在新媒体《浙江新闻客户端》上刊发稿件200余篇（条），在《丽水日报》上发表稿件170余篇（头版头条9个）。区委报道组被授予2019年度浙江日报“最佳报道组”称号，是丽水市唯一获此殊荣的单位。推进生态文明建设、法治政府建设。将生态文明建设、法治政府建设摆在工作全局的重要位置的情况，以室务会议，理论学习中心组、办公室夜学等方式，贯彻落实中央、省、市、区生态文明建设、年度法治建设工作要点及重大决策部署。在12月初召开室务会议，专题研究部署法治建设工作，强调机关行政依法依规决策、依法行政，组织机要保密科、档案执法监督科、法规科等相关科室业务培训，落实“谁执法谁普法”普法责任制，加强委机关法治建设宣传教育工作，推进“三项制度”、重大行政决策目录编制、规范性文件管理等。

**【督查考评工作】** 围绕区委工作的重点、难点和堵点，充分发挥督查考评核心作用，确保区委科学决策得到有效落实。督查方面，着眼于维护区委权威、确保政令畅通，做好督查工作。截至12月底，全年共下发督查通知

23期，督查会风会纪4次，下发《督查通报》53期，交办《重要事项交办单》10件，编发《督查专报》5期，交办《“三服务”问题清单》7件，办理议案、建议、提案322件，上级交办事项按时办结率100%，有效推动了重点工作、重点项目的落实。其中，“大督查”、机构牌子和上墙制度清理工作督查、民生实事督查调研等工作获得市委常委、区委书记徐光文批示肯定，也获得区委副书记、区长陈豪的多次表扬肯定。考评方面，为确保莲都区年终考核继续走在全市前列，积极回应广大基层干部对减负的期盼，在不降低工作质量的前提下，通过多次对接、汇报、征求意见，合并、删减多个考核项目，乡镇(街道)综合考核项目由上年的36项删减至32项，区直单位综合考核项目由上年的24项删减至19项，有效调动各方积极性，切实提升考核效能。同时，结合机构改革变化，将所有单位纳入区考评体系，并首次将三大国资营运公司纳入考核，年终要求拉开考核差距，确保干多干少不一样。

**【综合协调工作】** 发挥办公室“总枢纽”的职能，主动做好与市委办公室、基层各部门及区四套班子之间的联系。回应瓯碧园安置小区信访问题，做好统筹协调，成立工作专班，全面走访核查，建立“一人一档”，快速稳妥化解处置，并推动后续整改落实走深走实。文秘服务工作高效推进，制定并下发莲都区《关于整治形式主义突出问题切实减轻基层负担的三十五条措施》的通知，推动各项减负工作稳步推进。规范发文程序，严格控制发文规格、文件数量，截至12月底，全区重点精简的三类文件发文307件，同比减少45%。统筹安排会议活动，以区委区政府名义召开的全区性会议47次，同比减少约33.8%。机要保密工作有序推进，较好完成紧急重要电报办理、涉密会议保障、安全保密、区委区政府总值班室、国家安全及安可替代等工作职责。截至12月底，传输办理明电2367份，密电887份。处理紧急值班信息370多份，发送值班信息5000多条。对台外事工作深化推进，坚持以情感为纽带，强化服务意识，完善服务举措，持续深耕对台交流、友城联谊和国际研讨等工作。全年共接待台湾来访团组21个批次，525人次，同比分别增长了75%和191%，莲台交流迎来历史高峰。市区台湾居民居住证办件量达31件，居全市第一。审核审批因公出国(境)8批15人次，实际出访5批次6人次，协助企业办理外国人来华签证8批次14人次，完成外事接待任务4批30人次。党史档案工作常态推进，弘扬践行浙西南革命精神，编写发放《莲都革命简史学习读本》及浙西南革命斗争史，组织党史宣讲11场次。完成档案工作行政职能划转，开展“双随机、一公开”抽查监管，强化机构改革档案业务指导和培训，完成6个乡村档案室规范化建设。深化改革工作创新推进，推进机关内部“最多跑一次”改革，莲都区编制的《“部门间”最多跑一次服务指南编写规范》地方标准，被市委改革办采用，上升为市级标准。莲都区推行的村级事务阳光票决制被写入省委《决定》。

**【队伍建设】** 着眼于建设一流班子、打造一流队伍、创建一流环境，以“不忘初心，牢记使命”主题教育活动为载体，教育引导干部深学笃行、务实担当，展示良好的新形象。严格按照“不忘初心、牢记使命”主题教育活动要求，组织科级领导干部和普通干部集中学习，做到熟读“两书一章”，提高运用党的创新理论指导实践、推动工作的能力。科级干部带头开展“八大专题”学习交流、带头上好专题党课等。实践能力进一步提升，组织全体办公室干部开展“红色拓展”“初心之行”“使命之行”等活动，通过走一线、跑基层、查民生，帮助群众解决问题33个，办理实事56件。在活动中，干部的实践能力和综合素养得到进一步提升。机构改革进一步深化，组织实施办公室机构改革相关事宜，原区机要局、区保密局、区外事办的职责以及区档案局行政管理职能、区发改局的城乡和社会体制改革相关职责、区行政审批中心的行政审批制度改革协调职责分别划转并入区委办公室，完成办公室“三定”方案编制和人员转隶工作。有序推进办公室下属事业单位改革，完成清理规范整合方案上报工作。干部作风进一步改善，营造“人人争先进，事事争一流”的良好工作氛围，优化办公室内部考核办法，做好监督考核，严肃工作纪律，奖优罚劣，激励督促干部进一步改善工作作风。执行民主集中制原则，涉及办公室的重大事情和重大工作，都通过领导班子会议或民主生活会来集中决策，不搞“一言堂”和个人英雄主义。高度重视党风廉政和意识形态工作，坚持一把手负总责，班子成员各司其职，与业务工作同研究、同部署、同检查、同落实，定期开展干部廉政谈话，强化干部防腐拒变的定力和能力；定期分析研判意识形态工作，坚定正确导向，增强干部自信，旗帜鲜明反对和抵制各种错误观点。开展清廉机关建设，对所有正式在编在岗干部及编外人员开展风险隐患排查工作，梳理排摸风险隐患点51个，针对性提出防范措施51条，制定15个科室（局、办）岗位职责近100条。组织干部赴老竹、缙云等红色革命基地学习廉政文化，聘请专业人员讲解廉政知识，以案明纪、以案促廉，切实做到警钟长鸣，防微杜渐，廉洁从政。

## 组织工作

**【“不忘初心、牢记使命”主题教育】** 根据中央、省委和市委统一部署，2019年9月12日，莲都区委召开“不忘初心、牢记使命”主题教育工作会议进行动员部署，全区59个部门、14个乡镇（街道）、236个村(社区)、128个两新组织全面投入到主题教育中，涉及县处级领导干部35人，党员20891名，基层党组织870个。通过为民服务大实践健全完善深化“三服务”“区乡村三级联动办实事”“区领导干部一联十”等五大工作制度，帮助群众办理实事2.6万多件；通过清正廉洁大锤炼引领全区上下进一步涵养风清气正的政治生态。10月30日，中央第二巡回督导组赴莲都区调研督导主题教育，陈际瓦组长及督导组予以充分肯定和高度评价，认为莲都区主题教育工作抓得实、有特色、质量高。12月27日，莲都区主题教育中建立健全的五大工作制度之“一线巡查，现场办公”制度获《人民日报》头版“今日谈”专栏肯定。

（蓝煜斌）

**【发展党员和党员管理】** 2019年，全区共发展党员254名，其中女党员97名，占发展党员总数的38.19%；少数民族党员19名。年龄结构：25岁及以下34名，占13.39%；26—30岁67名，占26.38%；31—35岁62名，占24.41%；36—40岁42名，占16.53%；41—45岁22名，占8.66%；46—60岁27名，占10%；61岁及以上0名。学历结构：大专及以上的党员148名，占58.26%；中专、高中中技的党员70名，占27.56%；初中及以下的党员36名，占14.17%。职业分布：在岗职工发展党员数为115名，比重为45.28%，其中公有制单位职工71名，非公企业36名，社会组织8名。农牧渔民131名，比重51.57%。其他（包括个体劳动者、自由职业人员等）8名。2019年，先锋指数考评实现农村基层、机关、企事业单位、社区、两新组织等领域全覆盖，每半年评定一次，年末开展总体评价。2019年，全区20854名党员参与先锋指数考评，评出年度先锋党员1636名、警示党员156名。

（周黎燕）

**【基层服务型党组织星级管理评定】** 根据省委组织部《关于推行五星级管理深化基层服务型党组织建设的指导意见》（浙组〔2012〕45号）、《关于全面实行底线管理深化推进后进基层党组织整顿转化工作的通知》（浙组通〔2018〕12号）和区委组织部《关于推行五星级管理深化基层服务型党组织建设的实施意见（试行）》（莲组〔2013〕22号）的文件要求，在全区基层党组织中开展2018年度基层服务型党组织星级评定工作，全区共836个党组织参与评级，有324个党组织被评为五星，有304个党组织被评为四星，有190个党组织被评为三星，有12个党组织被评为二星，有5个党组织被评为一星及以下。按照中组部制定的整顿后进村党组织标准，确定 19个村党组织和1个社区党组织为后进基层党组织，采取“一村（社区)一策”的办法,研究制定整顿方案,提出整改措施,明确目标、时限和责任人,落实区四套班子主要领导及区委常委班子成员挂点联系,按时完成整顿工作。

(周黎燕)

【大学生村官管理】 2019年离岗大学生村官5名,其中考录公务员及事业单位3名、招录为国企工作人员1人、社区工作者1人。

(王宁)

【农村第一书记】 根据《2019年区派农村工作组和村第一书记(农村工作指导员)派驻方案》(莲农[2019]190号)文件,共确定农村工作组33组,其中每组含村第一书记(农村工作指导员)1人。

(王宁)

【党内统计】 2019年,全区共有基层党组织1041个,其中党委62个、总支部109个、支部870个。行政村党委6个、总支部96个、支部339个;城镇社区及居民委员会党委27个、支部116个;机关党委15个、总支部8个、支部162个;事业单位党委2个、总支部3个、支部127个;国有企业党委3个、支部11个;两新组织总支部2个、支部98个;其他党组织26个。党员21060人,其中预备党员315名,少数民族党员1120名,妇女党员6475名,农村党员11083名。

(叶毅)

【党内先进评比】 开展2018年度优秀共产党员、优秀党务工作者和区级先进基层党组织评比活动,2018年度优秀共产党员92名,优秀党务工作者56名,先进基层党组织43个。

优秀共产党员92名:兰立新(岩泉街道党工委委员、政法书记)、柯欢素(岩泉街道办事处党政办干部)、厉朝武(岩泉街道长岗背村党总支书记)、余丽祥(岩泉街道枫树湾村党总支书记)、陈旭东(丽水市鱼跃酿造食品有限公司党支部书记)、蓝龙军(紫金街道办事处副主任)、蓝霞(紫金街道纪工委委员、团工委书记)、杨静(紫金街道综合信息指挥室负责人)、杨柳成(紫金街道芦埠村党支部委员)、吴建伟(紫金街道水东村党总支副书记)、杜有雷(紫金街道金苑社区党委书记)、杨园园(中航混凝土有限公司党支部书记)、朱晓军(区市场监管局白云街道市场管理所主任科员)、杨丽平(白云街道灯塔村党委书记)、郑丽虹(白云街道绿谷明珠大酒店党支部书记)、林伟俊(万象街道党工委委员、政法书记)、周艳玫(万象街道组织干事)、周丽芳(万象街道城南村村民主任)、蓝儿(万象街道府前社区党委书记)、林彤(万象街道梅山社区党委书记)、陈家民(幸民健身中心联合党支部书记)、叶建敏(联城街道办事处会计)、艾云东(联城街道官桥村党支部书记)、华官丽(碧湖镇党委副书记、镇长)、陈皓(碧湖镇团委书记)、朱晓锋(碧湖镇社会事务管理办公室主任)、王琦(碧湖镇组织干事)、张松生(碧湖镇城区办事处工作人员)、倪剑强(碧湖镇松坑口村党总支书记)、张伟武(碧湖镇堰头村党总支书记)、陈跃方(碧湖镇碧一村党总支书记)、周水达(碧湖镇古井村党总支书记)、管云龙(碧湖镇上阁村党支部书记)、余俊(碧湖镇竹溪村党总支书记)、王永林(大港头镇小山村党支部书记)、蓝小清(大港头镇河边村党总支临时负责人)、祁晓翔(大港头镇团委副书记)、聂涵(峰源乡政府会计、新砀村党总支书记)、毛叶峰(峰源乡正岙门村党支部委员)、陈肖兰[太平乡党委委员(宣统)]、刘松春(太平乡长濑村党支部书记)、邹伟杰(太平乡巨溪村党总支书记)、蓝毅(太平乡富山头村村民主任)、潘林强(雅溪镇副镇长)、吴逢游(雅溪镇组织干事、整转教育支部书记)、陈建东(雅溪镇上陈村党支部书记)、钟明光(雅溪镇上金竹村党支部书记)、朱国来(雅溪镇潘百村党支部书记)、周益龙(仙渡乡根竹园村党支部书记)、翁国勇(仙渡乡仙里村村民主任)、陈俊俊[老竹畲族镇党委委员(宣传)]、张荣(老竹畲族镇外出创业人员党支部委员)、戴丽英(老竹畲族镇曳岭脚村网格员)、刘丽娥[丽新畲族乡党委委员(组织)]、蓝有贞(丽新畲族乡山村村党支部书记)、施彦[黄村乡党委委员(宣统)]、周宏伟(黄村乡黄泥墩村党支部书记）、刘武（黄村乡戈割村党支部书记）、汤丽芳（浙江航星电机有限公司采购部经理）、华楠（莲都区人大综合科长、第一党支部委员）、翁俊飞（莲都区府办副主任科员、综合四科副科长）、王伟平（莲都区委组织部副部长、区委直属机关党工委书记）、魏佳莹（莲都区总工会党支部副书记）、周高飞（莲都区文广旅体局机关党委副书记）、盛勇（莲都区图书馆党支部书记、馆长）、樊颖（莲都区文化创意产业办公室副主任）、徐丽静（莲都区卫生健康局党组成员、副局长）、刘伟仙（莲都区天宁中学教师）、朱雅青（莲都区莲都小学办公室主任）、陈琳（莲都区花园中学党总支委员）、张莉（莲都区老竹幼儿园党支部书记）、黄东英（莲都区民办幼儿园联合党支部书记）、郑鹤翔（莲都区委政法委办公室主任）、朱燕红（莲都区人民法院第五党支部委员）、夏巍（莲都区人民检察院干部）、王时豪（莲都区公安分局党委委员、副局长）、胡小向（莲都区公安分局民警）、郑忠华（莲都区财政局主任科员）、史博浩（莲都区会计核算中心副主任）、胡颖丽（莲都区审计局机关党支部副书记、办公室主要负责人）、钟婷婷（莲都区发改局发展规划科科长）、杨志伟（莲都区统计局办公室主要负责人）、雷磊（莲都区交通运输局运安法制科主要负责人）、赵文贤（莲都区环境卫生管理局紫金环境卫生管理所考核组长）、梁波（莲都区人力社保局人才处处长）、朱小波（丽水工业园区管委会党组成员、机关党支部副书记、办公室主任）、常诗静（莲都区经合办招商投资服务中心副主任）、陈晓峰（莲都区市场监督管理局特种设备科主要负责人）、陈德松（莲都区农业局干部）、雷霏霏（莲都区土地流转中心副主任）、陈虹（莲都区“96345”市民服务中心党支部书记）、单吴滨（莲都区移民办党组成员、综合科科长）、

优秀党务工作者56名：林红霞（岩泉街道机关党支部委员）、叶寿庭（岩泉街道关下村党支部书记）、谢金南（岩泉街道秋塘村党支部书记）、周伟青（浙南蓄电池隔板有限公司党支部书记）、杨海霞（紫金街道党工委副书记）、何卓（紫金街道办事处党政办主要负责人）、王维君（紫金街道厦河村党总支书记）、陈晓丽（紫金街道永晖社区党委书记）、陈夏辉（浙江建航工程咨询有限公司党支部书记）、赵璟（白云街道机关第一党支部委员）、卢君红（白云街道白云社区党委书记）、黄晓波（万象街道党工委委员、纪工委书记）、何卫芳（万象街道党工委委员、党员教育整转党支部书记）、蓝杨瑾娜（万象街道丽华村党委书记）、郑征波（正源水利水电勘测设计院联合党支部书记）、吴军俊（联城街道纪工委委员、安监员）、郑伟才（联城街道敏河村党支部书记）、张美英（碧湖镇党委副书记）、叶春丽（碧湖镇国土建设和城市管理中心工作人员）、林伟芬（碧湖镇南山村党总支书记）、梁满花（碧湖镇岩头村党总支书记）、郑松贵（碧湖镇大陈村党支部书记）、周永军（碧湖镇泉庄村党支部书记）、马溶声（大港头镇组织干事）、何联顺（大港头镇大港头村党总支委员）、徐建恩（峰源乡四个平台综合党支部书记）、王朝福（峰源乡赛源村党总支书记）、刘国平（太平乡社会治理办干部、调解员）、李红法（太平乡玉田村党支部书记）、周文林（雅溪镇党委书记）、周苏云（雅溪镇上黄村党支部书记）、李勇军（仙渡乡党委书记）、周炳林（仙渡乡梅田村党总支书记）、翁靖靖[老竹畲族镇党委委员（组织）]、朱岩火（老竹畲族镇梁村村党支部委员）、雷丽娟（丽新畲族乡党政办主任）、陈新宏（丽新畲族乡畎岸村党总支书记）、郑心怡（黄村乡机关党支部副书记）、蔡子祥（黄村乡严鸟村党总支委员）、刘小杰（瓯宝安防科技股份有限公司行政主管）、田伟明（莲都区委办机关党支部书记、莲都区委区政府督查室主任）、余洋（莲都区纪委监委机关支部副书记、莲都区纪委案管室副主任）、练开友（莲都区委编办机关党支部委员、监督检查科科长）、蒋嬿（莲都区文广旅体局党组书记、局长）、陈雪峰（莲都区人民医院党总支副书记、副院长）、徐益南（碧湖二小党支部书记）、潘伟明（莲都区外国语学校党总支委员）、徐伟群

（莲都区司法局党组书记、局长）、虞亦圣（莲都区人民法院第七党支部委员）、李昱宣（莲都区公安分局民警）、周叶蓓（莲都区供销社机关党委委员、机关党支部书记）、吕松效（莲都区建设局干部）、王红（莲都区经商局机关党委副书记）、李永波（莲都区应急管理局安全监管科科长）、谢琴（莲都区水利局机关党支部书记、局机关纪委委员、规划建设科科长）、阙伟华（莲都区残联党支部书记）。

先进基层党组织43个：岩泉街道社后村党支部、岩泉街道天宁寺村党委、岩泉街道余岭村党支部、紫金街道海潮村党总支、紫金街道祝庄村党总支、紫金街道东升社区党委、西奥电梯有限公司党支部、白云街道接官亭社区党委、白云街道北郭桥社区党委、万象街道丽华村党委、万象街道凤凰社区党委、万象街道大水门社区党委、万象街道丽阳门社区党委、联城街道花街村党支部、联城街道官桥村党支部、联城街道港口村党支部、碧湖镇红圩村党总支、碧湖镇南坑村党总支、碧湖镇白桥村党总支、碧湖镇沙岸村党总支、大港头镇石侯村党支部、大港头镇利山村党总支、峰源乡夏庄村党总支、雅溪镇周村村党支部、雅溪镇洪渡村党总支、老竹畲族镇老竹村党总支、老竹畲族镇曳岭中心卫生院党支部、丽新畲族乡马村村党支部、莲都区委老干部局党支部、莲都区政府行政审批中心机关党支部、莲都区文化市场行政执法大队党支部、莲都区卫生健康局机关党支部、紫金街道社区卫生服务中心党支部、大洋路小学教育集团党总支、莲都区人民检察院机关第一党支部、莲都区万象派出所党支部、莲都区税务局第四党支部、莲都区征收办党支部、莲都区经商局机关第一党支部、莲都区人力社保局机关党支部、原莲都区农业局机关第四党支部、莲都区水利局机关党支部、莲都区96345市民服务中心党支部。

（周黎燕）

**【党代表联络】** 2019年，全区共有省党代表3人、市党代表32人、区党代表277人、乡镇党代表566人。以党代表工作室为平台，在村（社区）便民服务中心设立党代表联络站点，延伸乡镇（街道）党代表工作室服务触角，每周定期派驻乡镇党代表到联络站点收集党员群众意见。在矛盾处理方面，以党代表为主体的理事会共受理群众要求调解矛盾纠纷的申请28件，已成功调解23件（其中5起是时间跨度超过3年的陈年旧案），另外5件正在化解之中；在推进重点工作方面，针对“三改一拆”“五水共治”和“文明创建”等工作，理事会在党代表为组长的带领下全面宣传上级政策，有力监督，助推各项工作顺利完成。结合党内的重大活动，发挥党代表在党内重大活动、中心工作中的作用，分批次地组织党代表开展调研视察，为党委提供决策参考。全年共全区已组织75名区、乡两级党代表开展集中调研视察15次，对党的代表大会精神贯彻落实、区委重大决策的执行情况、城中村改造、乡村振兴、党员志愿服务活动等热点难点问题进行组团调研巡查，提出书面意见和建议116条，提交调研报告14篇。同时，实行党代表列席全委会制度，全委会讨论决定经济社会发展重大问题时，根据议题每次安排5—10名党代表列席。组织85名区党代表列席区委全委会、区纪委全委会、全区组织工作会议、“七一”表彰大会等各类重要会议15个。邀请部分党代表担任莲都区“大督查”体制督查项目推进组成员、全区基层党建巡查员、审计监督员和重大决策社会评估风险评估专家等。采取分级培训、小班化教学和外训研讨等多种形式，由区委组织部牵头，各乡镇（街道）和区委党校共组织了626人次的培训，针对党史、基层党务工作、党代表履职、党代会等业务知识进行专业辅导和授课，提高党代表素质，增强党代表履职能力和水平。开展委员联系党代表、党代表联系党员活动，建立“区委委员—党代表—党员—群众”四级党群联系链，全区784名省、市、区、乡四级党代表按照属地原则，全部派驻14个乡镇（街道）党代表工作室，规定每月15日（节假日顺延）为党代表接待日，定期轮流驻室开展接待群众活动，根据工作需要，安排党代表通过集中走访、专题走访、应约走访等形式，拓宽联系群众渠道。2019年，各工作室已接待党员群众615名，听取意见建议183条，交办129件；走访群众282人次，听取意见建议184件，交办154件；开展组团惠民50余次，为党员群众解决实际困难143件。

（周黎燕）

**【“两新”组织党建】** 2019年，莲都区委两新工委将两新党建纳入基层党建总体布局，压实各成员单位党建责任，提升“双覆盖”质量，推动两新组织健康发展。开展“联企送服务”“克难攻坚当先锋”等专项行动，服务企业健康发展。推进“三整一全”活动，新建莲都电子商务创业创新综合体联合党支部、万地广场工作支部、金汇广场工作支部等，打造10个两新党建示范点。组织开展“两新党建好故事”活动，宣传展示“两新好故事”13个，弘扬红色正能量。截至2019年年底，全区共有两新党组织100个，其中，企业党组织数88个，党员总数729名，含流动党员数352名；社会组织党组织数12个，党员180名，含流动党员数98名；建立工作支部数66个。

（曾王栋）

**【党员远程教育】** 2019年，从党员政治理论、农业适用技术到生活常识和疾病防治，开展全区党员群众远程教育培训学习，均与本地生活、生产实际需求相结合，并及时挖掘典型人物、优秀事迹、先进做法等。做好莲都区党建工作新闻片、专题片的拍摄制作和报道工作，做到重要会议、重点工作、重大活动的全程记录。全年制作《十年利“剑”》等精品专题片4部，精心拍摄制作莲都区首部系统反映莲都红色革命历史内容专题片《括苍烽火》。省级党建电视媒体录用莲都区党建电视新闻稿近20条，其中《不忘党员初心　牢记奉献使命》在浙江卫视《时代先锋》栏目专题形式播出。另外，坚持示范点推进到哪里电教工作就到哪里，结合2019年远教站点、延伸站点设备更新升级和仙渡党建示范乡打造工作，以岩泉街道、黄村乡、仙渡乡、雅溪镇为主线新建一条省级远教示范带——红色风景线［其中建设标杆站点（远教广场）4个，示范站点20个，全面提升沿线广大党员群众学习环境］，与2018年已经建立的“绿色山水线”交相辉映。同时，做好电教与居家养老、文化礼堂等的结合，使电教远教场所成为有温度的“暖心屋”。

（舒怡然）

**【推进党员志愿服务制度化常态化】** 深化城乡党建结对“走亲联心”工作机制，推进机关党组织、机关党员参加社区“大党委制”活动，推行在职党员“两报到一注册”和家门口“亮身份”。开展文明劝导、政策宣传、“微心愿”认领等党员志愿服务活动，继续推行每月9日、19日、29日党员志愿服务活动，唱响“小荷”党员志愿服务品牌。2019年，组织开展党员志愿服务12次，参与党员6000余人次，与市直机关工委联合开展市区党员志愿服务一条街活动3场次。

**【启动区直机关基层党组织换届选举工作】** 根据《中国共产党章程》《中国共产党党和国家机关基层组织工作条例》和《中国共产党支部工作条例（试行）》的规定，2019年，对任期已经届满的区直单位基层党组织（含机关纪委）启动换届选举。至年底，完成换届选举的有30家单位，其余单位因疫情防控和事业单位改革等原因而延期。根据《关于切实做好机构改革涉改部门机关党建工作的通知》（莲机党〔2019〕2号）要求，同步调整组建涉改单位机关党组织，区委办、区府办、区纪委监委、区委组织部、区退役军人事务局、区农业农村局、区文广旅体局等7家单位党组织升格为机关党委，核定11家涉改单位的机关党委专职副书记职数，配齐配强机关党务工作力量。至年底，莲都区党组织关系在区委直属机关工委的59家区直单位中，党委建制的23家，党总支建制的8家，党支部建制的28家。

**【深化党建基础建设】** 编印《莲都区直机关党建资料汇编》，主要包括机关党组织工作、党员教育管理、发展党员工作、党费收缴和党员活动经费使用工作、党组织换届选举流程等，为机关党建业务工作的开展提供指导。2019年，共发展党员59名，转正党员47名。组织举办2期入党积极分子培训班，162名区直各单位的入党积极分子参加。突出机关党建工作实务实操，举办区直机关党务干部培训班，共有220余人参加。

【开展机关党建研究工作】 围绕"如何进一步压实管党治党责任""如何全面提高机关党建质量"两大课题，组织50余个单位完成研究课题文章100篇，共评出10篇优秀调研文章，上报市直机关工委参评。《基层检察机关党建工作与业务工作深度融合的路径初探》等3篇调研文章获得市三等奖。

（杨勇）

【领导班子和干部队伍建设】 坚持以习近平新时代中国特色社会主义思想为指导，坚持党管干部原则，全面贯彻落实中央、省、市组织部长会议精神，围绕"高质量发展"这一主题，严把政治首关、鲜明用人导向、优化梯队建设，稳步开展机构改革，扎实推进干部工作"五个体系"建设，打造"担当作为、务实苦干"的高素质专业化"莲都铁军"队伍。在改革过程中把领导班子配备作为首要的政治任务，通过提早谋划、科学研判，统筹考虑、合理配备，快速推进、精细操作，在省市统一部署下，顺利完成35个党政机构的干部转隶及班子配备工作。2019年以来，区委常委会共讨论研究干部任免7批263人次，提拔任用48人次（正科21人，副科7人，转任重要岗位20人次，其中优秀年轻干部18人次），轮岗交流110人次，免职37人次，其他68人次。严格实行《领导干部政治表现考察考核实施办法》，全方位、多角度、立体式考准考实干部政治表现，坚决把政治上的"两面人"排除在外，48名提拔使用的领导干部均通过政治理论测试。结合主题教育，对乡镇（街道）和区直部门领导班子政治建设和关键岗位领导干部政治素质进行全面体检，重点分析班子情况和掌握"两头"干部。树立实干实绩，选派干部参与区委区政府中心工作，参与城中村改造等重点工作和基层服务群众第一线表现突出干部，提拔使用人数占70.83%。同时，坚决将那些担当能力弱、工作实绩差的领导干部调整下来，对30名不适宜担任现职的领导干部进行岗位调整或免去职务。建立不实信访举报澄清保护机制，会同纪检监察机关对11名受不实信访举报的干部进行澄清正名，有效推动形成"两个担当"良好氛围。实施《大力发现培养选拔优秀年轻干部的实施意见》，开展年轻干部专题调研和定期分析研判，分层分类摸清年轻干部"家底"，落实选育并举举措。年轻干部各类指标明显增长，35岁左右及以下的乡镇（街道）党政正职达到总数的21.43%，其中党（工）委书记占50%，14个乡镇（街道）均配备"85后"领导干部。

（叶晓青）

【干部教育】 围绕区委区政府2019年工作重点，科学制定《2019年度干部教育培训主体班次办班计划》和《2019年度区直单位举办干部专业化素质提升培训班计划》，确定主体班次和部门班次共119个。其中主体班次37个，分进修培训类、专题研讨类、其他培训类三种类别，涵盖科级领导干部、中青年干部、村主要干部等培训对象，同时还涉及创新实践"两山"发展、"智能制造"创新发展、优化营商环境等专题研讨班。部门班次82个，涉及各单位相关业务培训。在主体班次上，党的理论教育和党性教育课程的比重占总课时的72%左右。贯彻落实全省和全市扶贫开发工作会议精神，帮扶对口地区打赢脱贫攻坚战，切实加强与剑阁县干部教育培训工作互动交流，全年共帮扶开展党政干部培训班4期，帮扶开展专技人员培训班8期，合计1107人次。及时做好上级调训，调训率达100%，科级领导干部参加网络学院学习完成80学分的人数达到100%。全年举办8期"周末讲堂"，参学人数近900余人次。

（孙春燕）

【公务员管理】 2019年招录37名公务员：面向社会公开考录公

务员27名，其中区直部门17名、乡镇机关公务员9名、专职人民武装干部1名；面向北京电子学院定向考录公务员2名；面向全国“双一流”和省内12所重点建设本科院校择优选调应届毕业生8名。2019年，安置军转干部9名，其中副科领导2名，一般干部7名。完成13名公务员登记报批工作，其中乡镇选任制公务员3名、调任制公务员5名、军转安置干部5名。完成2018年度录用试用期满的34名公务员考核和任职定级工作。完成2019年度一般干部年度考核1022人。2019年6月前，开展县以下职务与职级并行制度相关工作，审批晋升正处级2人、副处级18人、正科级25人、副科级29人。对“三类人员”进行任职年限确认8人。2019年6月完成综合管理类公务员职务职级并行套转973人，2019年12月底完成综合管理类公务员职务职级晋升974人次，其中晋升三级调研员49人次，晋升四级调研员60人次，晋升一级主任科员223人次，晋升二级主任科员98人次，晋升三级主任科员334人次，晋升四级主任科员210人次。一般公务员行政警告4人。完成2019年新录用公务员培训25人，完成2019年莲都区公务员“学法用法三年轮训行动”培训403人。完成67名公务员机构改革后转隶手续办理工作。做好公务员日常调动调配工作，全年调配一般干部6批次16人。完成公务员正常退休审批47人，提前退休2人。

（汤燕、卓柳军）

**【干部人事档案】** 做好《干部人事档案工作条例》学习贯彻落实工作，条例颁发后，及时召开专题学习会组织开展学习，及时把条例纳入全区主题党日学习内容，并通过微信、办公群等方式积极转发各单位学习。集中开展干部人事档案专项审核“回头看”和专项审核全覆盖工作，共审核干部人事档案2100余卷，核定和重新核定档案信息500余人。开展在职公务员档案缺失材料补集工作，共督促补充材料2500余份。集中对事业身份新提任副科领导干部档案进行整理和专项审核。有序开展干部人事档案数字化工作，共完成区管领导和优秀年轻干部档案数字化630卷。做好材料分类、整理、目录打印、装订工作，共计整理归档年度考核、工资、学历、奖惩、挂职等材料7000余份，完成80余卷档案目录的打印装订工作。审核整理调入和新录用公务员档案50卷，转出干部档案8卷，整理退休、死亡干部档案76卷。加大资金投入，完善基础设施齐备，做到库房、阅览室、办公室“三室”分开，存放、阅览、办公属地明确，更新干部档案管理专用打印机、复印机等设备，在档案室工作区域安装6个高清监控摄像头，实时备份监控数据，实现档案室工作区域24小时监控。做好干部档案查借阅工作，全年共接待日常查档和干部任前查档451人次，1194卷次。

（王抒）

**【干部监督管理】** 严格执行干部选拔任用工作四项监督制度，对68个区直单位和乡镇（街道）开展“一报告两评议”工作，对18位党委（党组）书记开展“离任检查”。结合区委巡察，对17个单位开展基层选人用人和干部因私出国（境）管理专项检查。从严落实中央、省、市关于严肃干部人事纪律确保机构改革顺利进行的相关要求，实行股级干部预审机制，严把股级干部选拔任用审核关口，维护干部人事纪律严肃性，全年共审核备案股级干部任免296人次。从严落实“凡提四必”，实行领导干部报告个人有关事项制度，运用干部大监督工作机制，进一步加强干部监督信息收集整合、分析研判、成果运用、平台建设，提升监督效能。运用提醒函询诫勉，有效管控领导干部“小微问题”，全年共提醒65人次，函询23人次，诫勉13人次。贯彻区委关于激励担当作为、容错纠错等举措，建立不实信访举报澄清保护机制，会同纪检监察机关对11名受不实信访举报的干部进行澄清正名，有效推动形成“组织为干部担当，干部为事业担当”良好氛围。全面开展干部因私出国（境）违规问题专项整治，聚焦登记备案、证照管理、审核审批、违规查处等环节全面开展专项检查，共查核违规因私出国（境）问题15条，诫勉12人次、函询23人次、提醒6人次,组织约谈4人次,并对发现的问题进行书面通报。

(武立恒)

**【人才工作】** 以深入学习贯彻习近平新时代中国特色社会主义思想和省、市人才工作会议精神为主线,陆伟、李旭辉等8位博士领衔的项目入选市"绿谷精英"人才项目,成功签约落地6个。成功举办2019年丽水"人才·科技"峰会莲都分会场活动,邀请50位海内外高层次人才及专家,其中带项目高层次人才23人。举办第二届"高质量绿色发展"论坛,小约翰·柯布院士第三次带领团队与中国专家学者展开对话交流。完成刘南祥等5位博士与太山白猕猴桃专业合作社等五家企业"百名博士进百家企业人才引领计划"项目签约工作。到外地开展人才招聘活动共8场,引进硕士以上高学历人才15名(其中博士1名),引进技能型人才68人(其中急需紧缺人才39人)。新增正高职称8人,新增高技能人才451人,新增大学生807人,新增市级技能大师工作室1家,8人获得"五养技能大师"和"丽水市技术能手"称号,省级及以上重要媒体报道数4篇。发布国家标准1项、省地方标准1项、市级地方标准6项,其中为主制定2项、参与制定4项。汉宝科技责任有限公司、红点智能科技股份有限公司柔性引进卢秉恒、董石麟两位院士。建立省级博士后工作站1个、农业技术创新中心1个、水生物研究所1家。举办首届"绿谷社会工作人才"评选活动,评选出精英社工师4人,优秀社工师10人,社工之星25人。先后举办第二届拔尖人才及名技师培训班、"智能制造"创新发展研讨班和智慧商业体系建设培训班等,共计培训1399人次。区领导走访慰问21位高层次人才,开展高层次人才联合会活动20场。

(孙春燕)

## 宣传工作

**【概　况】** 2019年,以深入学习中国特色社会主义理论体系为首要任务,结合全国、全省"两会"精神、全市"两山"发展大会精神、浙西南革命精神、"不忘初心、牢记使命"主题教育、十九届四中全会精神等开展专题学习。重点抓好区委理论学习中心组学习,组织集中学习24次,合计14天时间。举办"莲都论坛"9场,参与党员干部达4000余人次。成立莲都区"学习强国"学习平台工作领导小组,建立工作落实情况通报制度。开展"七进"宣讲活动,组织区领导带头宣讲,求是、青春、苍松等11支基层宣讲团开展集中宣讲、各乡镇(街道)进村(社区)入户宣讲,实现理论宣讲全覆盖,共开展主题宣讲500余场,受众3万余人次。成立丽水市首个"社科之家",开设"莲城讲堂·莲都社科讲座"5场,命名岩泉街道丽阳社区文化家园等3个单位为莲都区第四批社会科学普及基地。组织开展"弘扬浙西南革命精神·谱写丽水新时代篇章"乡愁故事征集大赛活动。开展"弘扬浙西南革命精神·谱写莲都新时代篇章"网络微信知识竞赛活动,参与人数达2万多。开展"不忘初心、牢记使命"主题教育,组织开展2场"不忘初心、牢记使命"浙江省微型党课巡讲活动(莲都站)。开展集中学习、调查研究,完成调研报告,与群众谈心谈话征求意见、梳理两张问题清单、"8+1"专项整治等合计检视问题33个,广泛征求意见建议20余条次。在莲都发布微信公众号、电视专栏《莲都新闻》、浙江新闻客户端、中国蓝新闻客户端等平台,同步推出莲都区"不忘初心、牢记使命"主题教育系列访谈——"我的初心我的党"12期。

**【红色引领】** 全面开展浙西南革命精神弘扬践行活动,在全区开展学习教育、宣传弘扬、史料丰富、党建提升、"红+绿"融合发展等五大行动,并融入文明城市创建和新时代文明实践中心建设。开展浙西南革命精神大学习大讨论活动;在"莲都宣传"微信公众号开展弘扬践行"浙西南革命精神"主题宣传活动,引导大家读原文、谈感受、悟内涵,推出"大家读""听书""浙西南革命故事"等专栏百余期;开展红色资源普查,编撰《莲都革命简史》《红色岱后》《热土新陶》等有关文献。开展中小学生浙西南革命精神主题教育、中青年干部重温革命斗争年代的艰辛历程、

“与莲都同行”青年演说比赛、“光荣啊，中国共青团”青春快闪、红色经典万人诵读等活动；配合开展百将新时代新长征—支持丽水革命老区红色之旅公益行活动，举行百将“星火计划”教育和百将“薪火计划”医疗等公益项目签约仪式，并授予刘英小学红色教育基地，推动丽水革命老区经济、教育、卫生等事业发展。

**【宣传引导】** 围绕中央、省市区重大决策部署、重要会议活动，组织策划形势宣传、成就宣传、典型宣传。在莲都新闻、莲都新闻网、莲都发布等平台开设“‘不忘初心、牢记使命’主题教育”“弘扬践行浙西南革命精神”“我和我的祖国”“扫黑除恶莲都亮剑”“走亲联心三服务”等重大主题宣传专栏16个。创新宣传方式，全媒推出《扫黑除恶小短剧》《垃圾分类小视频》等短视频、首档汉英双语Vlog专栏《小康和外国友人打卡最火网红点》、首档自制谈话类直播节目《艳艳的圆桌派》收获粉丝7.7万、庆祝新中国成立70周年《莲都快闪：我和我的祖国》点击率破100万人次。通过邀请中央、省级主流媒体来莲取景拍摄“清明·乡愁”主题公益广告、纪录片《长江之恋》、电视剧《麦香》，提升画乡莲都品牌知名度和美誉度，其中，《中国推介》节目《画乡莲都——喧嚣世界里的泊心天堂》，以多语种短视频形式在海内外100多家媒体播出，传播总量达到15亿人次，点赞超过3亿人次。借上海推介周莲都旅游品牌发布暨全域旅游产品推介会推出《Q萌“莲仔”在沪上发出邀请：世界很大　先来丽水莲都看看》《莲都区长真够拼，上海推介会化身旅游推介师，还自带神秘推介道具！》等系列报道。策划丽水“巴比松”国际研讨会暨2019古堰画乡小镇艺术节活动宣传，在《人民日报》、光明网、新华网等重点媒体陆续推出《丽水“巴比松”油画“添笔”古堰画乡小镇》《丽水“巴比松”名不虚传　古堰画乡声名远扬》等报道。策划“外媒看莲都　美丽乡村行”采风活动，围绕莲都美丽乡村建设主题，在国家级、省级重点媒体上刊发《“浙”里的美丽乡村有了“莲都样板”》《浙江莲都古村复活破茧成蝶　村民乐享幸福生活》等报道30余篇。组织开展“2019‘莲都100’越野赛新闻发布会”等4次大型新闻发布会。组织莲都区第六期新闻发言人培训班，提高新闻发言人队伍素质。建成“中央厨房”，上线融媒体平台，坚持“移动优先”，打造以“两微一端一抖”为重点的全媒体宣传平台和新媒体产品，组建了以“莲连看”APP、微莲都抖音号、微莲都官方微博、今日头条、莲都发布等为主体的“7+N”传播模式，用户总量突破25万，推出全市首个AI主播。2019年融媒改革以来，共打造了24个阅读量破10万＋爆款作品，184个阅读量破万作品，抖音短视频最高阅读量破3100万，视频直播最高观看量破42.8万人次，引领九县市政务新媒体制作潮流。坚持施行网络舆情季度研判例会制，利用技术平台及人工搜索方式加强舆情监控，做好新中国成立70周年等重要敏感期间网络舆情管控，发现并处置涉莲敏感网络舆情140余件。开设“2019莲都100越野赛”“2019古堰画乡小镇艺术节”“莲都70年”等微博话题、组织网评员开展“浙西南革命精神”网络评论文章撰写和微博宣传。全面推进网络综合治理，落实网站内容主体责任，提升网络舆情处置能力。

**【文化事业】** 启动新建46个农村文化礼堂，把握文化礼堂建设标准，内涵挖掘注重地方特色，培育村落文化。优化“菜单式”服务内容，常态化开展文化礼堂“星期日活动”2300余场，其中部门送服务500余场，参与人次逾万。开展以“文明”为主题的敬老礼仪系列活动，举办“我最喜爱的习总书记的一句话”微宣讲、故事会、村歌教唱、“最美媳妇”“最美婆婆”等各种“孝德达人”评选表彰等活动。做好参评四星级以上文化礼堂的提升指导和申报工作，新增市级评定四星级文化礼堂7个、省级评定五星级文化礼堂2个。新建佳和社区、大洋河社区2个社区文化家园和鱼跃酿造、瓯宝安防2个企业文化俱乐部。通过《浙江省公共文化服务标准（2015—2020年）》第二批全省认定及“十百千"工程验收。全面推进乡镇文化站建设项目，新建丽新乡、太平乡文化站，丽新畲族乡综合文化站新建综合文化站。大力推进文化惠民工程，开展乡村春晚、元宵活动、"天天乐"等各级文化活动1170场，组织送文化下乡活动，持续开展送戏下乡、送书下乡、公益展览、民俗活动、戏曲专场演出、大型春节文艺等活动。承办丽水市第十二届乡村艺术节开幕式暨"我要上村晚"启动仪式、举办2019年古堰画乡小镇艺术节、"欢乐莲城"第八届社区文化艺术节等大型文艺活动。出台《莲都区文化产业专项资金管理办法》，围绕文化产业发展重点，推进"文化+"各项工作稳步开展。古堰画乡文化特色小镇"一带一路"交流之旅——走进法国活动入选第十五届中国(深圳)国际文化产业博览交易会浙江馆；组织在水一方、鱼跃酿造等企业代表参展2019年四省边际城市群文化产业博览会；综合文创领域产品参展2019年长三角文博会；组织参加文博会、文交会、创意经济峰会。扶持和培育文化产业项目、文化产业与相关产业融合项目。通过对规上文化企业、浙江省成长型文化企业、丽水市重点文化企业走访，着力帮扶文化企业发展问题。着力建设"莲都文艺家之家"。深化新闻出版(电影)领域"最多跑一次"改革，推动监管工作标准化、规范化、精准化，受理办结各类审批服务事项24件。加强"扫黄打非"工作，统筹网上清理与网下打击、专项行动与日常监管，大力推进五大专项行动和"剑网"行动，办结"扫黄打非"案件15起。推进"扫黄打非"联络站标准化、规范化建设。做好农村电影公益放映工作，做好农家书屋免费开放工作，提供出版物补充更新及宽带服务，提升农家书屋服务效能。

**【精神文明建设】** 打造老竹镇南乡革命纪念馆、鱼跃1919文化产业园和碧湖镇利山红色教育体验基地等莲都区新一批爱国主义教育基地。开展莲都区第六届道德模范评选推荐工作和市级道德模范推荐工作，常态开展"莲都身边好人"选树、宣传工作。组织开展2019年文明单位创评和复评工作。结合"我们的节日"主题活动、"新中国成立70周年"、志愿服务活动、文明城市创建活动，举办社区(村)邻居节活动200余场。开展区级实践中心建设，打造新时代文明实践站98家，实践点10家。打造"社区家长学校""青少年帮扶""少年警校"等未成年人工作品牌。组织全区27个社区组织开展以"核心价值观践行、浙西南革命弘扬、传统文化教育"等为主题的暑期未成年人进社区活动，参与未成年人5000余人次。举办莲都区第八届未成年人道德文化节和首届未成年人思想道德建设项目大赛。文明校园创建成效突出，区级文明校园创评率达到100%。常态化推进经常化创建文明城市工作，顺利通过浙江省城市文明程度指数测评。部署"美丽小区、美丽楼道、美丽庭院、美丽市场"等重点示范点位创建，点面结合，推进文明城市创建成果巩固提升。发挥莲都"小荷"志愿服务品牌的社会影响力，133支分队21279名小荷志愿服务队伍坚持每月逢九开展"文明劝导""文明排队""文明交通""文明巡查""我们的节日""逢九志愿""周末志愿""碎片志愿"等志愿服务活动280余场，参与志愿者13万余人次。持续开展"洁在莲都　美在丽水""洁净家园共行动　文明形象再提升""七十年初心不忘　新时代使命传承"等系列万人志愿服务活动。

## 统战工作

**【概　况】** 2019年，全区共有畲族、回族等38个少数民族，人口2.78万人(含南明山街道，其中畲族2.57万人)，2019年度少数民族农民可支配收入26703元，同比增长10.9%。2019年争取安排落实民族发展资金共1132万元。全区科级及以上少数民族干部35人，其中县处级3人，1000以上乡镇街道班子至少配备了1名少数民族干部。区内有佛教、道教、伊斯兰教、天主教、基督教五大宗教，教职人员30人，信教群众约1.5万人，宗教场所53处，民间信仰场所58处。现有民革、民盟、民建、民进、农工党、九三学社6个民主党派区委会，下属24个支部（支社），成员426人。华侨华人5.9万余人，归侨侨眷3万余人，外出创业人员 7.2万人，区工商联（总商会）基层商会8个，异地分会16个，异地商会2个。港澳同胞200余人。

**【举办各类活动】** 举办2019莲都统战系统庆祝新中国成立70周年暨新春文艺晚会，各民主党派、统战团体成员等近600人观看演出。引导各统战团体以合唱、诗歌朗诵和“红旗飘扬迎国庆”宗教团体升旗仪式等多种方式，迎接新中国成立70周年。在莲都民族村、景区摄制了莲都籍畲族歌手兰兰演唱的《彩带献北京》音乐电视片礼赞祖国，在浙江电视台滚动播出，登上学习强国平台。举办统一战线同心大讲堂4期，贯彻市“两山”发展大会精神等，共有800多名统战成员参加。举办区党外和少数民族中青年干部座谈会、在外创业精英研修班等多个班次。通过重走红军路、演讲比赛、运动会等多种形式弘扬践行浙西南革命精神，共组织50多批2000多人次参加。

**【服务中心大局】** 牵头举办2019第二届世界丽水人大会莲都分会场活动，完成各项工作任务。共签约灵康杏福康旅小镇、丽水华夏眼科医院、丽水万洋低碳智造项目二期等12个项目，项目总投资达196.3亿元。聘请李玲蔚、陈民、吴立群、斯金平、谭伟东、徐龙砂等6位为莲都区人民政府特聘专家。举行莲都区发展贡献杰出人物命名仪式，表彰5名“莲都区发展贡献杰出人物”。牵头做好剑阁县东西扶贫募捐活动，组织社会力量捐款254万元；做好对口四个省就业帮扶，均超额完成年度目标任务。助推招商引资工作，牵线搭桥华侨意向总投资2.6亿元。配合做好村企结对、消薄后续工作，帮助对接33家企业和莲都区29个村结对帮扶，落实项目19个，资金891万元。

**【巩固和完善新型政党制度】** 协助区委召开各民主党派、工商联负责人和无党派代表人士情况通报会，召开2次专题政党协商会议。出版《莲都区纪念中共中央发布“五一口号”70周年特刊》。加强民主党派梯队建设，制定民主党派班子成员培养计划。完成首批71名人员的无党派人士认定工作。连续四年开展统战团体人士到党政机关挂职锻炼工作，6个统战团体的13名代表人士到区教育局等13个单位挂职。开展全区党外代表人士队伍建设调研。

**【推进少数民族特色村寨建设】** 2019年，争取和下达各级少数民族发展资金和帮扶资金共1611万元，推动项目落地17个。推进少数民族特色村寨建设，先后投入650余万元，对丽新乡咸宜村进行特色畲寨建设。丽新乡咸宜村被评为“中国少数民族特色村寨命名挂牌名录”村寨。老竹镇沙溪村入选第二批“浙江省少数民族十佳特色村寨培育名录”。做好国家民族委员会副主任刘慧一行到大港头镇利山村、古堰画乡等地调研接待工作。成功举办莲都区第十五届畲族“三月三”文化节。莲都区编排和选送的《畲竹情》舞蹈获得全省优秀作品奖，并在全市参加展演。组织区畲研会编排畲族山歌节目参加全市首届畲族原生态山歌大赛，获得2个金奖和1个银奖。

**【宗教领域工作】** 抓好中央宗教工作督查整改落实。坚持宗教中国化方向，推进宗教工作法治化建设，联合公安等部门，坚决打击非法宗教活动及利用宗教进行的各类渗透活动。坚决遏制宗教极端思想在莲都区的传播和蔓延。持续推进全区平安宗教活动场所创建工作。开展宗教领域“四治”、佛道教活动场所人员信息双核查等专项工作。推进“十百千万”普法工作，将东城基督教堂列入省级宗教法治宣传教育基地培育对象，组织举办宗教普法宣传26场，信教群众1993人次。实现莲都区宗教活动场所“五进”全覆盖。

**【非公领域统战工作】** 多次组织非公经济代表人士、新生代企业家学习习近平总书记在民营企业座谈会上的重要讲话精神等内容。开展“走企问需强信心”活动，深入调研非公企业经营状况，及时向有关部门反映、协调解决问题。开展“走亲联心三服务”活动，召集职能部门和企业家代表召开“精准服务非公企业”座谈会，面对面做好政策解读和问题答复解释工作。加强商会组织建设，成立区总商会四川分会，指导上海分会完成换届工作。12月，成立了莲都区超市产业农民合作经济组织联合会，是全市首个超市产业农合联，引领“莲都超市人”为家乡经济社会发展贡献力量。指导区新联会完成换届工作。

**【港澳及海外联络联谊工作】** 区侨联连续9年举办以“侨缘侨心”为主题的联谊活动，汇聚了60多个国家和地区返乡探亲的海外华人华侨、港澳台同胞、留学人员和归侨侨眷300多人。古堰画乡小镇和莲都外国语学校被确认为第一批“浙江省华侨国际文化交流基地”。引导香港丽水莲都同乡会组织莲籍乡亲，积极参与“同舟共济、守护香港”“反暴力、救香港”等大游行，为香港警队捐款，购置急需物资。加强与香港爱国爱港力量的联络，完成香港丽水同乡会丽水行莲都站接待任务。指导侨联组织开展“侨爱童心　寻根之旅”夏令营等公益活动，送出慰问金40多万元。指导区海联会完成换届工作。

**【新时代乡贤工作】** 实现全区14个乡镇街道乡贤组织全覆盖，村级乡贤联谊会覆盖率达到45%以上，吸纳乡、村两级乡贤2450人，7个乡镇街道建有乡级乡贤馆，开展联谊、乡贤文化进校园等各类活动300余场次，捐赠资金1200余万元。共签订乡贤回归项目39个，投资43.23亿元，乡贤推介引进项目16个，投资14.78亿元。打造“乡贤贷”升级版“统战贷”，区委统战部与莲都农商银行签订战略合作协议，争取金融扶持优惠政策。莲都农商银行向非公经济代表人士等统战成员提供总额45亿元的融资授信额度，量身定制乡贤贷、创业贷、留学贷、华侨贷等金融产品，最低可享受基准利率。累计向各类统战成员发放贷款户数7670户，贷款金额25.2亿元。

（张艳）

## 机构编制工作

**【概　况】** 2019年，莲都区委编办贯彻中共十九大会议精神，秉持区委区政府以“莲都作为”落实“丽水之干”担纲“丽水之赞”总要求，统筹行政体制改革创新和体制内外事业单位改革，执行机构编制管理，为推进高质量绿色发展提供体制机制保障。

**【党政机构改革】** 按照省委规定的时间进度要求压茬推进，高质量完成省市部署的改革任务。有序推进工作部署、组织实施，先后召开机构改革动员会、人员转隶和部门“三定”工作培训会，推进办公用房安排、新机构挂牌、人事干部调整、档案移交、国有资产清查等工作。全面贯彻先立后破、不立不破原则，做好人员转隶工作，平稳转隶1153人。按照“三上三下”的工作步骤推进“三定”工作，3月底按时完成部门、乡镇（街道）“三定”规定印发。通过此次深化机构改革，全区组织机构体系更加健全，机构职能配置更加优化，改革整体效应更加凸显。

**【机构改革“后半篇文章”】** 开展职责划转落实工作，要求部门对划入职责的落实情况和职责划出情况进行逐项排查，检查职责划转和工作移交是否到位。开展机构改革“回头看”工作，主要检查部门、乡镇（街道）“三定”规定履职、部门职责划转、工作移交、人员转隶以及职责分工、机构标识标牌调整、权力清单调整等情况。在部门、乡镇（街道）自查的基础上，检查组以实地走访、听取汇报、查阅资料等方式督查，促进机构改革相关工作落到实处。开展部门权力清单调整规范工作。完成权力清单事项调整，事项调整涉及部门9家，共203项，权力清单规范调整后，确保机构改革后事项移交到位、权力清单与职能配置相一致。配合加快推进浙江政务服务网办事事项梳理工作，各部门梳理上报事项经区委编办审核全区共纳入本地区不行使事项清单1520项。完成机关部门职能职责培训。自8月初始，通过“梳理一份履职清单、开展一次专题培训、组织一个专题访谈、建立一项考学机制、开展一轮专题宣传”“五个一”活动，推进机构改革后机关部门职能职责培训工作，实现领导干部增强履行职能意识，提高履职能力水平。

**【事业单位分类改革】** 2019年，全面启动区属局级事业单位改革。5月28日召开部署会，公布涉改事业单位名单，并对改革的任务目标、主要内容和时间节点进行部署。改革后，莲都区属局级事业单位共22家，其中副处级事业单位1家，正科级事业单位14家，副科级事业单位7家。年底前，基本完成22家涉改单位“三定”规定草案起草。启动区属股级事业单位改革。按照推进国家治理体系和治理能力现代化要求，加快推进政事分开、事企分开、管办分离，优化事业单位布局结构，全面清理事业单位职责，推进事业单位整合优化，规范事业单位机构编制。通过改革，进一步调整职能配置，完善制度机制，强化公益属性，促进公益事业更加平衡充分高质量发展。另外，配合开展五大领域综合行政执法改革。按市委编办要求，全力配合市里做好涉改单位职责、机构、编制、人员等事项的划转工作，并配合建立部门间协作配合机制。

**【机构编制管理工作】** 遵守“财政供养人员只减不增”工作要求，坚守行政编制和事业编制“两个总量”不突破，保障重点、民生领域机构编制需求。落实空编使用核准制度，根据单位的编制数、实有人数、领导职数设置等情况，2019年共审核审批编制使用计划116批次，进编登记663人次，出编登记620人次，股级干部职数审核审批347人次。

**【机构编制监督检查】** 2019年，组织开展违规问题整改和实名制管理专项督查，完善机构编制政策执行与区内巡查、选人用人检查、审计的工作结合，形成机构编制监督合力。召开全区机构编制实名制管理工作业务培训会，对机构编制实名制系统操作规范进行了系统的培训和讲解。同时，狠抓实名制系统数据质量。依托实名制管理“月查”和“专项维护”工作机制，做好“实”字文章，全面提升实名制系统数据质量,提升全区实名制系统数据信息的全面性、规范性、准确性和时效性,运用好区委巡察、选人用人检查，经济责任审计三大平台。

**【事业单位登记管理】** 2019年，完成全区244家事业单位2018年度事业单位法人年度报告公示工作。教育等8个主管部门下属的169家事业单位网上审核，集中收受应提交的纸质年度报告材料，实现“零上门”，其他事业单位实现跑一次办结。进一步对事业单位法人设立、变更、注销审批提速增效，将法定30日办结的承诺件提速为即办件，完善政务网上办事指南等相关资料，完成事业单位法人变更21家，注销4家，遗失补领3家。共办理统一社会信用代码新赋码10家，信息变更14家，撤销10家；遗失补领1家。

**【乡镇（街道）工作人员专题培训】** 加强机构改革后乡镇（街道）工作人员履职能力建设，推进基层治理体系和治理能力现代化。集中开展专题培训20场，通过专题讲座、学习研讨、现场观摩等培训方式，实现乡镇（街道）工作人员培训全覆盖，培训人次3400人。

**【生产经营类事业单位改革】** 自2018年10月始，倒排时间节点，分批分类，推进生产经营类事业单位改革，全面完成莲城宾馆、区国资服务中心、区交通工程设计室、区农场、区文化事业服务中心和区民兵训练基地6家生产经营类事业单位改革。

**【区乡职责事项清单梳理】** 根据“不忘初心、牢记使命”主题教育工作要求，为明晰县乡职责边界，划清乡镇(街道)“属地管理”范围，理顺县级部门与乡镇（街道）关系。按照市委组织部、市委编办印发《关于进一步加强和规范县乡职责边界管理的通知》（丽编办〔2019〕38　号）文件要求，市县联动、分工负责，完成梳理《丽水市县乡职责事项清单参考目录（试行）》。结合莲都实际，经征求意见，修改完善形成《莲都区区乡职责事项清单目录》,经区委、区政府批准后,已公布试行。

(朱梅苑)

## 信访工作

【概　况】 2019年,全区信访总量4920件(人次),其中来访1365人次、来信356件、网上投诉件3199件。接到市12345平台转交办来电事项10578件,同比下降8.57%(主要原因为城管职能划归市级管理),平均办理时长3.07天。全区贯彻落实上级信访维稳工作要求,着眼人员稳控有效、积案化解有力、重点时段有序的工作目标,通过压实信访工作责任、推进信访积案"歼灭战"、规范信访业务基础等系列举措,工作成效得到明显提升。

【信访工作责任落实机制建设】 区委、区政府始终高度重视信访工作,通过领导接访、督察督办、信访代办等机制建设把责任压力传导到神经末梢。值班接访制压实领导责任。坚持随机接访和重点约访相结合,进一步将副处以上领导在区信访局值班接访工作落到实处。全区副处以上领导在区信访局轮值接访52批　166人次、组织召集各类协调会187次,成功化解信访疑难案件68件,将坐班接访制度延伸至乡镇、街道、部门领导。督查督办制压实部门(乡镇街道)责任。坚持把信访督查作为推动信访工作落实的关键环节,将其列入区委区政府年度督查工作计划。信访联席会议办公室建立常态化督查机制,每半年开展一次以上联合督查并通报。今年以来,共发出督查通报13期,区主要领导约谈6名乡镇(街道)党(工)委书记、1名乡镇长。信访代办制压实村级责任。通过村级信访代办制,延伸信访工作触角,制定《莲都区村级信访代办制工作实施意见》,全区各乡镇(街道)确定村(社区)级代办员,选取2至3个中心村(社区)设立村级"信访代办"示范服务点。全区共新增信访村级代办员341名,服务点237个,构建全覆盖、全领域、全流程的信访代办格局。

【"信访积案歼灭战"活动】 2019年,莲都区共排查出各级信访积案103件,其中重大疑难积案由37名区领导进行领办。全区103件信访积案共化解83件,化解初信初访等疑难信访事项30件。针对国家信访局交办的瓯碧园安置小区问题信访件,以"大走访"活动为契机,根据127名信访人的不同情况,建立结对帮扶小组建立"一人一档"帮扶数据库,落实专人疏导化解情绪,通过四轮大走访最终所有信访人签订息访承诺书。

【信访秩序整治专项行动】 联合六部门发布《关于依法打击进京扰序缠访闹访以及越级上访行为的通告》,建立专项行动常态化宣传机制,逢单月在全区范围内展开集中宣传,深入各村(社区)张贴通告5000余张,在市、区接访窗口发放通告2000余份,通过微信公众号等新媒体转发通告上万次,宣传成效明显。自信访秩序专项整治行动开展以来,经政法、信访、公安等部门反复调查和研判,锁定一批违法信访对象开展"专案"工作。2019年,累计依法处置32人次,其中行政拘留26人次,追究刑事责任5人次,教育训诫1人次,树立了依法信访的正确导向。

【推进莲都区社会矛盾纠纷调处化解中心建设】 区矛盾纠纷调处化解中心的建设,打造整体入驻、团队入驻和机制入驻相结合的建设模式。整合公共法律服务中心、人民来访接待中心、基层治理综合指挥中心、诉讼服务中心、社会心理服务指导中心、黄泥墩经验宣传推广中心6个中心为1个社会矛盾纠纷调处化解中心。区建设局、区征地拆迁办、区综合执法局、区农业农村局、区法院、区公安局、区信访局7个重点单位常驻,区自然资源局、区教育局、区人社局、区民政局、区卫健局、区市场监督管理局、区环保局、区经商局、区文化和广电旅游体育局、区发改等10个单位轮驻,涉事部门采取随叫随到的动态入驻模式。推动打造多形式入驻、一站式服务工作平台,实现多部门集中办公,让基层社会问题矛盾纠纷化解"只进一扇门、最多跑一地"。

**【围绕平稳平和抓重点时段】** 全区上下把做好重点时段的信访稳定工作作为重要的政治任务来抓，提前谋划、及时研判、掌握动向、预知预防，采取了一系列管用有力的措施，确保社会面平稳有序。充分发挥铁路公安机关资源优势，与丽水铁路站派出所探索建立“路地合作”，建立规范化、制度化、高效率的安保协作机制。尤其是全国“两会”与“70周年大庆”期间，在高铁站卡点劝返拟进京信访人28批31人次，协助兄弟县市劝返21批27人次，如期实现“一少三无”的预期目标。各级“两会”、进出口博览会、亚洲文明对话、“新中国成立70周年大庆”等系列重大活动期间区委、区政府主要领导亲自批阅每日信访专报信息，区领导每天在信访局值守接待来访群众，倾听群众诉求，解决群众困难。各乡镇（街道）主要领导坚持审阅每日信访信息，真正落实了“一把手”责任。

（麻莹莹）

## 党校工作

**【概　况】** 中共丽水市莲都区委党校行政学校的前身系中共丽水县委干校，创建于1957年1月4日，1960年改为丽水县委党校，1986年建市改为中共丽水市委党校。2000年7月撤市建区，更名为中共丽水市莲都区委党校。2008年6月，区政府成立丽水市莲都区行政学校，与区委党校合署办公。莲都区委党校行政学校内设办公室、教务科、行政科、教研室4个科室，核定编制数19名，实有教职工17人，其中教研人员10人，研究生学历6人。

**【干部队伍建设工作】** 区委党校开展弘扬践行“浙西南革命精神”、“不忘初心、牢记使命”主题教育，履行党风廉政建设、意识形态工作主体责任，不断增强“用学术讲政治”的本领。采用“请进来，走出去”的方式，创造机会让教师多学习、多培训。按照“缺什么补什么”的原则，邀请专家来校作专题辅导；充分利用主体班开设和外出带班的机会，要求教师随堂听课；组织学习分享会，做到“一人培训、全校受益”。制定《全员教学实施方案》，对课堂教学、现场教学和班主任工作进行量化，2019年，校领导、教师、公务员均走上了讲台。推行集体备课、磨课制度，全面提升教学能力和质量，党校2名教师在全市党校系统“浙西南革命精神”精品课评选中分获一等奖、二等奖。

**【教学培训工作】** 2019年，区委党校突出主业主课，充分发挥干部培训的主渠道作用，共举办各类培训班37期近4000人次。做好“三库”建设，扩充了师资库，初步建立以全市各级领导、党校系统教师、高等院校专家、知名社会人士为主体的师资库，并为36名兼职教师颁发聘书；更新课程库，确保“课课有”“课课新”；完善基地库，在规范“两山”理念、党建引领乡村振兴教学路线的基础上，新开发“刘英纪念馆—新陶—岱后”红色基因线、“鱼跃酿造—不知服饰—百兴菇业—万洋低碳小镇”生态工业线等现场教学路线，确立12个干部教育培训基地，予以正式发文挂牌。创建示范教学，不断强化党的理论教育和党性教育，将习近平新时代中国特色社会主义思想作为干部培训的必修课，把弘扬践行“浙西南革命精神”作为党性教育的核心内容。教学安排中，党的理论教育和党性教育课程占总课时的74.5%。突出创新实践“两山”理念和“红色基因”党性教育现场教学，实行“四个一”运行机制，促进“红+绿”教学互动融合。2019年以来，共承接社会培训班次9期，培训学员694人次。创新教学方式，“微党课”“微分享”换位式教学方式日趋成熟，异地教学、“岱后红军营”情景教学等体验式教学不断拓宽，“I-课堂”等新型教学方式开始尝试，实践教学进一步完善，将以往集中一周社会实践改为每周与理论学习穿插进行，并采用无领导小组形式进行课题论文答辩，全面提升社会实践的实效性。今年互动教学课程比重达32%。规范教务管理，制定出台《班主任工作职责》《学员学分管理办法》《优秀学员评选办法》等制度，并在教室增设手机袋，严肃课堂纪律，做到从严治教，从严治学。

【科研资政工作】 2019年，区委党校修订《科研管理考核办法》，加大对高层次科研成果的奖励比重，提高科研成果的档次。全年共完成省级课题7个，市区各类课题12个，新获批省级课题8个，立项数刷新历史纪录。发表文章20余篇，其中核心期刊2篇，省级期刊6篇、市级期刊8篇，文章层次提高，且实现国家核心期刊发表量零的突破。13篇文章在省、市各类理论研讨会中获奖。撰写、指导修改的调研报告获正处级以上领导批示9人次。创办校刊《知与行》，全年共刊发5期，得到区领导批示3个。2019年，获全省党校科研工作进步奖，考核分数排名位列全省十一位。

【理论宣讲工作】 2019年，区委党校组建求是宣讲团，全年共宣讲50余场。突出弘扬践行浙西南革命精神、“不忘初心、牢记使命”主题教育、中共十九届四中全会精神等主题，把最新理论传播到基层。警示教育月期间选派教师赴市、区各部门开展反腐倡廉专题报告共21场。在全国230多家党报媒体采风活动、巴比松国际研讨会暨古堰画乡小镇艺术节和世界丽水人大会上担任政务讲解，受到上级领导的点赞和与会人员的一致好评。党校多位教师在国家、省、市等重要会议召开及重大活动举办后，接受电视采访；在“浙西南革命精神”内涵表述语公布后，3名教师作为专家学者应邀发表观点。

【后勤保障工作】 2019年，区委党校做好区委巡察整改工作，针对23个问题制定整改措施82条，现反馈问题均已办结，并以此为契机，进一步做好内控制度建设，修订、出台制度20余个并汇编成册，从严从紧规范各项工作。实行周例会制度，做好领导班子间和科室之间的交流沟通；制定年度工作任务分解书，明确责任领导、责任科室、责任人和完成时限，提高工作效率；推行教职工绩效考核，完善教职工外出授课报备制度，严格教学内容的政治性把关；做好后勤管理监督工作，在主体班次办学测评中增加后勤工作满意度测评。做好事业单位机构改革工作，重新起草党校三定方案并上报区委编办审核。校园迁建项目稳步推进，截至年底，项目处于设计招标阶段。

（练珊丽）

## 老干部工作

【概　况】 2019年，全区归口于区委老干部局服务和管理的离休干部共73人，按单位性质分：行政机关42人，事业单位16人，企业15人；按年龄分：80—90岁有26人，90岁以上47人。按参加革命工作时间分：抗日战争后期的有2人，解放战争时期的有71人；按享受级别待遇分：享受副地（厅、司、局）级待遇的1人，享受副县（处）级待遇的29人，享受正、副乡（科）级待遇的43人，享受其他待遇的0人，其中生活不能自理的10人，本年度去世9人。此外，易地安置在莲都的离休干部共15人。

【党建引领】 组织引导老干部坚定“四个自信”、增强“四个意识”，坚决做到“两个维护”，保持老干部知识储备更新、保持时事政治知晓、了解情况与时俱进，每季度将最新政策法规、上级文件精神、重要领导讲话整理汇编成《学习资料》，及时发放给老干部、离退休党支部书记学习。继续为老干部征订浙江老年报、丽水日报，及时关注时事政治、老年人新鲜事。发挥利用好老干部活动中心作为红色资源遗址优势，因地制宜建设老干部党群服务中心和老党员驿站，打造“求实苍松”333党建品牌，党群服务中心、老干部品牌推广中心、银龄宣讲中心这三大中心；树立先锋带头人、模范践行者、正能量传播者三大形象。结合省、市、区重要学习，精心组织离退休干部开展走、看、促活动。3月，组织离退休支部书记到缙云县黄弄口村学习浙西南革命斗争史；4月，组织离休党支部书记到三岩寺红军洞，学习红军顽强不屈的战斗历史；8月，组织支部党员到北乡革命纪念馆学习。

【服务老干部】 结合省委老干部局打造的“五百工程”，开展最美系列评选，评选推送最美老干部、最美共和国同龄人、最美离退休党支部和最美志愿者等活动。6月24日，组织老干部到青田县千峡湖开展为期5天的疗休养活动，区委副书记、区长陈豪，原区委常委、组织部长周显荣亲赴现场慰问老干部。举行“风雨当年”—莲都区离休干部风采集启动仪式，主要记录莲都区离休干部参与革命、参加建设、不懈奋斗的一生。截至年底，完成离休干部书稿70余篇。为莲都区85岁及90岁以上的离休干部举行祝寿会，区委常委、组织部长周显荣到场致辞。继续与市民服务热线“96345”合作，以购买服务的方式为老干部居家养老提供生活帮助，每位老干部每年享受800元的服务额度。妇女节，组织离休妇女干部到电影院观看3D电影《流浪地球》。7月，按期开展夏送清凉活动。

**【“两个阵地”工作】** 建设内涵丰富的活动中心，每月一次举办好离休干部活动比赛。通过简单易操作的小游戏、棋牌类比赛丰富老干部的生活品质。统筹发展好活动中心下属协会，活动中心共有集邮协会、诗词协会、书画协会、老干部文艺爱好者四个协会。打造课程优质的老年大学。7月，老年大学共有参演节目40余个，为本月要举办的庆祝新中国成立70周年文艺会演提供丰富的节目基础。老年大学共设17个专业23个班级，学习人数730人，报名课程870课次。继续发挥好苍松讲堂作用，依托苍松讲堂平台，成立苍松宣讲团，发挥好程蔼玲老师、102岁离休干部李恒丰等老干部的品牌效应。

（叶建伟）

## 史志工作

**【《中共莲都历史》（第二卷）编纂工作】** 在2018年率先完成《丽水市莲都区志》出版发行工作后，区史志办针对莲都党史二卷编写工作落后全市的现状，2019年年初，调整主攻方向，精心组织力量，对党史二卷进行梳理、增补和精改。至年底，已形成初审稿，全书共4编，20章，约40万字，已送部分老干部审读。

**【《莲都年鉴（2019）》编纂、出版工作】** 从2006年开始，《莲都年鉴》坚持一年一鉴，至2019年1月已编纂出版12部，由方志出版社出版发行。2019年8月，完成《莲都年鉴（2019）》稿件催收工作，9月组织力量对稿件从结构、内容、体例、文字方面进行三轮统稿工作，12月送至方志出版社进行审稿，计划年后完成出版发行工作。

**【《栝苍史志》出刊两期】** 围绕庆祝新中国成立70周年等重大事件，精心策划，组织稿源，突出本土人文特色，打造红色历史专题，完成两期《栝苍史志》刊印。《括苍史志》已成为史志研究方面具有一定影响力的文史刊物。

**【编写《莲都革命简史学习读本》】** 浙西南革命精神弘扬践行活动开展以来，区史志办克服人员少、力量弱等困难，主动发挥自身业务特长，协助区委宣传部制订活动方案、参与活动推进。2019年4月，区史志办组织部分老干部，用一个月时间，以莲都党史第一卷为基础，编写刊印2万字篇幅的《莲都革命简史学习读本》1万册，作为莲都区浙西南革命精神弘扬践行活动的重要学习材料，下发全区各单位、乡镇（街道）和社区，有力配合了全区红色主题教育。

**【红色宣讲活动】** 2019年，区史志办组织老干部到区委党校、区委统战部、区文化馆、区图书馆、百货公司、区供销社、区妇联等地，开展《浙西南革命斗争史及其精神标识》等主题党史讲座11次，并联手区委党校，制作精品红色课件，受教育干部群众2000余人。

**【史志资政工作】** 2019年，区史志办秉承“党有所需、史有所为、志有所用”的原则，立足“红+绿”融合发展的客观需要，运用史志资源开展资政育人工作。提供史志基础服务，主动配合区活动办工作，为各乡镇（街道）、部门等单位审阅、把关文字和图片资料约20万字，配合区委宣传部、新媒体中心通过莲都宣传、莲都发布等平台审核发送浙西南革命精神主题宣传文章近百篇。持续为有关单位提供史料查询服务工作，配合区民政局为“三老”人员的身份认定提供资料佐证，参与莲都区雅溪镇岱后村红色营地规划布展、仙渡乡红色旅游区规划、区文联重走红军路等多项工作，为活动主题和执行出谋划策，并提供了翔实的红色资料。配合市党史办开展第二次全市红色资源普查工作，重新梳理全区各类红色革命遗址10处，其中重要历史事件、机构旧址7个，重要历史事件及任务活动纪念地1个，升级文物保护单位3个，市级文物保护单位3个。推荐南乡革命纪念馆成为丽水市第二批党史教育基地。开展史志资政工作，参加市区委党校召开的"浙西南革命精神内涵表述语论证"会议，并向市里报送内涵表述语50多条。配合省、市、区新闻媒体，制作新闻节目和丽水解放70周年新闻版面共计8次。

## 档案工作

**【概　况】** 2019年，莲都区档案局在区委、区政府的正确领导和省、市档案局的精心指导下，认真贯彻落实中共十九大精神，不断提升档案服务水平，共接待档案利用者5019人次，查阅档案10604卷(件)，复印档案11992页。为经济活动、城市建设，办理房产权，山林权属界定，编史修志，落实政策以及干部调配、调资，职称评聘，职工退休，解决婚姻家庭纠纷，开展诉讼、公证等活动提供了大量可靠的依据，充分发挥了档案的作用，取得了较好的社会和经济效益。

**【"五老"人员口述档案建档】** 弘扬践行"浙西南革命精神"，2019年区档案局组织开展"五老"人员口述档案采编工作。积极与区委组织部、区民政局、区老干部局和区老促会联系沟通和走访调研，充分摸清莲都区"五老"的人员情况，认真物色预备采访对象，梳理了200多位采访对象名单。与每位采访对象进行联系和沟通，从中挑选30位对莲都革命历史有亲历，对历史记忆清晰、思维敏捷、表达能力强的"五老"人员作为采访对象，确保口述访谈准确真实。顺利完成了30位建档对象的口述历史采集成果。主要内容包括个人资料、授权书、采访提纲、采访整理稿、口述实录影像、采访现场照片以及征集档案资料等，共整理采访文字20万字，拍摄照片196张，征集档案资料14件。出版编研成果《括苍烽火》。

**【档案馆业务建设评价】** 2019年，区档案局全力以赴开展争创档案业务建设测评示范综合档案馆工作，按照《浙江省市县国家综合档案馆业务建设评价标准》的62项验收标准，开展馆藏档案全宗卷整理，组织人员完成所有馆藏档案共计161个全宗全宗卷的补充、整理工作，共整理形成全宗卷材料400多盒，并完成《档案馆指南》《全宗指南》等内部检索资料的编研工作；推动档案质量检查，历时两个月，完成对馆藏81个全宗20367卷档案的质量检查、病档检查和档案密级检查工作。通过逐字逐页对档案的全宗号、全宗名称、年度、档号编制、卷(盒)标识、装订、页号编制、卷内目录、备考表规范、不耐久、褪色、霉变、虫蛀、破损等进行检查、填表、汇总，形成区档案馆馆藏破损档案抢救统计表、区档案馆档案质量检查统计表、区档案馆档案密级统计表等。最终区档案局顺利通过国家综合档案馆业务建设评价工作，达到示范档案馆标准。

**【档案资源建设】** 2019年，继续选取区域内典型石刻石碑进行拓片采集工作，完成以莲都括苍古道为重点区域的市级文保单位碑刻拓片36件，其中包括《阮元括苍古道题字》等。加强馆藏档案规范化管理，完成全区32家机关和乡镇2006—2010年的到期档案接收进馆工作，共计接收到期应进馆档案29364件。同时，组织工作人员对破产企业丽水市建筑工程公司档案进行接收、清点、移交和入库，共计接收档案4348卷。

**【"千村档案"建设工作】** 2019年，区档案局继续开展"千村档案"采集建档工作，对最新被列入"全省历史文化村落保有数量和名单库"的12个村进行数据库采集建档工作。并开展"千村档案"相关22个村的档案整理工作。该项工作已于2019年12月初通过市档案馆专家验收。

**【"最多跑一次"改革】** 莲都区"最多跑一次"电子文件归档和

利用系统2018年完成建设并正式启用。由于系统开发使用了全新的架构模式，系统的参数配置灵活，对管理员的要求较高，2019年，区档案局及时根据不同的业务需求对相应的参数进行调整配置，对相关的人员进行业务指导，以确保业务稳定推进。继续抓好每月“最多跑一次”事项电子化在线归档工作。每月月底对各部门行政许可事项归档情况进行统计，对办结件归档不及时的，督促相关部门落实及时归档制度。

**【档案宣传工作】** 2019年，区档案局紧扣“新中国的记忆”积极弘扬践行“浙西南革命精神”开展集中宣传活动，走出档案馆，举办莲都红色故事、红色遗址、红色问答等红色经典图文展和发放红色档案征集倡议书。共计发放宣传资料、档案文化宣传品和档案图册800余份。结合“三服务”工作，组织“兰台志愿者”深入农村基层和档案中介企业提供各类档案咨询服务，普及档案知识和档案法律法规等。

**【爱国主义教育基地】** 2019年，档案馆区级爱国主义教育基地完成扩容提升，增加了大量“浙西南革命精神”宣传教育内容，积极与区教育局、辖区学校、社区等共建单位沟通和联系，组织青少年学生和市民参观基地，开展多种爱国教育活动。积极申报第六批市级爱国主义教育基地，已通过考评验收。

# 丽水市莲都区人民代表大会·人大常委会

## 综　述

**【概　况】** 2019年，常委会配合区委召开人大工作会议，出台《中共丽水市莲都区委关于高水平推进新时代人大工作和建设的意见》，制定"切实增强人民代表大会制度自信、加强党对人大工作的全面领导、增强监督刚性和实效、推进讨论决定重大事项工作常态化、保障人大依法行使选举权和任免权、加强和规范街道人大工作、强化代表履职服务保障和管理"等17条具体举措。新设立区人大常委会社会建设工作委员会。

**【区人大代表选举工作】** 区十六届人大三次会议以来，有17名区人大代表因工作岗位变动辞去代表职务。常委会按照《中华人民共和国全国人民代表大会和地方各级人民代表大会选举法》《浙江省县、乡两级人民代表大会代表选举实施细则》的有关规定，制定选举（补选）工作方案，安排相应选区进行选举，共选举产生区十六届人民代表大会代表15名。

**【开展"不忘初心、牢记使命"主题教育工作】** 区人大常委会按照"守初心、担使命，找差距、抓落实"总要求，把学习教育、调查研究、检视问题、整改落实贯穿主题教育全过程。坚持读原著、学原文、悟原理，把学习贯彻习近平新时代中国特色社会主义思想作为根本任务，通过常委会领导集中自学、带头上党课，以开展讨论交流、宣讲四中全会精神、初心使命之行、召开民主（组织）生活会等形式，推动学习往深里走、往心里走、往实里走。结合"三服务"活动，收集问题意见300多条，形成调研报告15篇，通过梳理交办、部门会办、跟踪督办，为民办实事65件。按照"四个对照"和"四个找一找"的要求，查找剖析问题，共查找出常委会自身存在的36个问题，制订19条整改措施，修订相关制度4项。

**【人大制度学习和宣传工作】** 2019年，区人大常委会把习近平总书记关于坚持和完善人民代表大会制度的重要思想、人大制度理论、宪法及相关法律知识作为机关理论中心组重要学习内容，并推动列入区委党校主体班次教学计划，增强国家根本政治制度自信。召开地方人大常委会设立40周年暨新中国成立70周年座谈会。与区委宣传部联合出台《关于加强和改进新时代人大新闻宣传工作的方案》，有200余篇信息通讯在省市媒体平台上发表。

**【街道民主议政会建设工作】** 2019年，在岩泉街道、紫金街道、白云街道、万象街道、联城街道等5个街道成立居民议事组织，搭建民主议事平台。

## 重要会议

**【莲都区第十六届人民代表大会第三次会议】** 2月26日至3月2日在莲都区会议中心举行。出席会议的代表204名，列席人员173名。会议听取和审议了区长陈豪所作的《政府工作报告》、区人大常委会主任陈元龙所作的《区人大常委会工作报告》、区人民法院院长李美顺所作的《区人民法院工作报告》、区人民检察院代理检察长蔡建彧所作的《区人民检察院工作报告》。会议决定批准以上报告，并作出相应决议。会议听取和审议了《莲都区2018年国民经济和社会发展计划执行情况与2019年国民经济和社会发展计划草案的报告》《莲都区2018年财政预算执行情况及2019年财政预算草案的报告》。会议批准区国民经济和社会发展计划、财政预算，并通过相应决议。会议采用无记名投票方式产生10件民生实事项目交由政府办理。会议共收到代表10人以上联名提出的议案6件，涉及红色旅游资源开发、耕地保护利用、推进地方法规实施、加快通景公路建设、强化社会事务管理等方面。根据《中华人民共和国地方各级人民代表大会和地方各级人民政府组织法》《中华人民共和国全国人民代表大会和地方各级人民代表大会代表法》和《莲都区人民代表大会议事规则》的有关规定，经议案审查委员会审议讨论，建议将邹日平代表领衔提出的《关于要求加快"红色梦想莲都"元素挖掘、保护和开发，弘扬浙西南革命精神的议案》列为本次大会议案，其余5件议案拟作为建议，与大会收到的其他128件代表建议、批评、意见，会后一并交由有关机关、组织研究办理，并负责答复代表。对事权不在莲都区的意见、建议，将通过其他途径提交市级有关单位处理。

**【区十六届人大常委会会议】** 2019年，区十六届人大常委会共举行10次会议，作出决议决定11个。

1月17日召开区十六届人大常委会第十七次会议。会议学习十九届中央纪委三次全会精神暨习近平总书记在全会上的讲话精神；学习车俊书记在第六次县(市、区)委书记工作交流会上的讲话精神。审议通过《莲都区人大常委会关于召开区第十六届人民代表大会第三次会议的决定》。听取了区政府关于2018年度民生实事项目落实情况的汇报；审议了部分区人大代表辞职案；通报《莲都区区、乡(镇)人大代表选举(补选)工作方案》；书面审查2018年度区政府组成部门局长、法院副院长、检察院副检察长年终述职报告；审议通过了相关人事任免事项。

2月18日召开区十六届人大常委会第十八次会议。会议传达学习了"2·13"丽水市"两山"发展大会暨市委书记胡海峰的讲话精神，听取和审议了《区人大常委会代表资格审查委员会关于莲都区十六届人大三次会议代表资格的审查报告》，审议通过区十六届人大三次会议有关事项，听取和审议区人大常委会工作报告稿、区人大法制(内务司法)委员会工作报告稿、区人大财政经济委员会工作报告稿，听取了区十六届人大三次会议筹备情况的汇报，决定莲都区2018年度区人大代表优秀建议，审议个别市人大代表辞职事项、相关人事任免事项。听取和审议区政府关于2019年民生实事候选项目的议案、区政府关于2018年莲都区环境状况和环境保护目标完成情况的报告、区政府关于《莲都区2018年国民经济和社会发展计划完成情况及2019年国民经济和社会发展计划草案的报告》、区政府关于《莲都区2019年基本建设项目投资计划草案的报告》、区政府关于2018年预算执行情况和2019年预算草案编制情况以及2019年部门预算项目支出安排的汇报，听取区统计局、科技局2019年度财政预算报告。

3月6日召开区十六届人大常委会第十九次会议。会议集体学习了习近平总书记在2019年春季学期中央党校(国家行政学院)中青年干部培训班上的讲话，习近平总书记关于加强党对全面依法治国的领导的重要论述；补选丽水市第四届人民代表大会代表；审议了区人大常委会主任会议《关于提请免去蓝旭君财经委副主任委员职务的议案》；审议了个别区人大代表辞职事项；书面通报了区人大常委会2019年主要工作安排。

5月28日召开区十六届人大常委会第二十次会议。会议集体学习了省委书记、省人大常委会主任车俊在部分省人大代表座谈会上的讲话；审议了区法院、区检察院人事免职事项；审议通过了区人大代表任万户辞职事项；听取区监委关于莲都区贯彻实施《中华人民共和国监察法》情况的报告。听取和审议区政府关于农业产业(茶业)培育和发展情况专项工作报告、区政府关于推进民营经济高质量发展专项工作报告。

7月30日召开区十六届人大常委会第二十一次会议。会议听取区政府贯彻落实区人大常委会关于《浙江省学前教育条例》审议意见,并围绕省人大常委会执法检查重点开展自查情况的汇报;听取了区政府关于推进2019年民生实事项目情况汇报;审议了区公安分局关于提请对丽水市莲都区第十六届人大代表瞿小明采取取保候审强制措施的报告;审议通过区人大代表应松贤辞职事项;审议相关人事免职事项。

8月26—27日召开区十六届人大常委会第二十二次会议。会议传达学习了相关会议和文件精神,审议了区政府关于2019年上半年莲都区国民经济和社会发展计划执行情况的报告,听取和审查区政府关于2018年区财政决算草案及2019年上半年预算执行情况的报告、关于2018年度区财政预算执行和其他财政收支的审计工作报告,听取了区人大财经委关于莲都区2018年财政决算草案审查结果的报告,批准莲都区2018年度财政决算,听取和审议了区检察院公益诉讼专项工作报告、国有资产管理及"百日攻坚"情况汇报,并开展专题询问。

9月26日召开区十六届人大常委会第二十三次会议。会议集体学习相关重要讲话和会议精神,通过盛荣林提请辞去区十六届人大代表职务事项,通过相关人事任免事项。

10月29日召开区十六届人大常委会第二十四次会议。会议传达学习区委十四届七次全体(扩大)会议暨区政府全会精神,听取和审议区人民政府关于垃圾分类情况专项工作报告,审查通过《区人民政府关于2019年预算调整的议案》,审议通过《莲都区预算审查监督制度》,通过区人民法院关于提请王思允等职务任免的议案。

12月31日召开区十六届人大常委会第二十五次会议。会议传达学习了相关会议精神;听取和审议了区人民政府关于全区公墓及乡村公益性墓地建设管理情况的专项工作报告、关于区十六届人大三次会议代表建议办理情况的报告、关于2018年审计查出问题的整改落实情况报告、关于2018年度全区行政事业单位国有资产管理情况专项工作报告,书面审议区人民政府关于国有资产管理情况综合报告;审议相关人事辞职(免职)事项;通报《莲都区区、乡(镇)人大代表选举(补选)工作方案》。

**【区十六届人大常委会主任会议】** 2019年共举行22次主任会议。

1月10日召开区十六届人大常委会第34次主任会议。会议讨论了关于召开区十六届人大三次会议的建议;通过关于区十六届人大二次会议代表建议办理情况报告的审议意见;集体讨论了区人大常委会工作报告(讨论稿)。

1月16日召开区十六届人大常委会第35次主任会议。会议听取关于召开区十六届人大常委会第17次会议时间、地点和建议议程的汇报,听取区政府关于提请林峰等职务任免议案的情况介绍;提出关于胡军等职务任免的议案;听取部分区十六届人大代表辞职的情况汇报;讨论通过关于召开区十六届人大三次会议的决定草案;听取莲都区区、乡(镇)人大代表选举(补选)工作方案审议稿。

1月22日召开区十六届人大常委会第36次主任会议。会议听取和讨论《莲都区2018年国民经济和社会发展计划完成情况及2019年国民经济和社会发展计划草案的报告》;听取和讨论《莲都区2019年基本建设项目投资计划草案的报告》;听取和讨论2018年预算执行情况和2019年预算草案编制情况以及2019年部门预算项目支出安排的汇报。

2月12日召开区十六届人大常委会第37次主任会议。会议讨论通过召开区十六届人大常委会第18次会议时间、地点和建议议程的建议;集体学习习近平1月21日在省部级主要领导干部坚持底线思维着力防范化解重大风险专题研讨班上的讲话精神；听取相关人事任免提名情况介绍；讨论区十六届人大三次会议有关事项；听取区十六届人大三次会议筹备情况汇报；讨论区人大常委会常委会报告稿、区人大法制（内务司法）委员会工作报告稿、区人大财政经济委员会工作报告稿；听取区十六届三次会议选举办法草案起草情况；听取关于设立丽水市莲都区第十六届人民代表大会社会建设委员会及法制（内务司法）委员会更名的决定（草案）起草情况；讨论丽水市莲都区第十六届人民代表大会监察和司法委员会、社会建设委员会组成人员人选通过办法；听取区十六届三次会议民生实事项目代表票决办法草案起草情况；听取六个决议草案的起草情况。

3月4日召开区十六届人大常委会第38次主任会议。讨论通过召开区十六届人大常委会第19次会议时间、地点和建议议程的建议；提出《关于提名余志忠为丽水市第四届人民代表大会代表候选人的议案》；提出《关于提请免去蓝旭君财经委副主任职务的议案》；讨论丽水市公安局关于提请对莲都区人大代表梁勇明采取取保候审强制措施的相关情况；书面通报区人大常委会2019年主要工作安排。

3月11日召开区十六届人大常委会第39次主任会议。会议学习习近平同志在中央政治局第十二次集体学习时的讲话；集体讨论《关于听取和审议莲都区促进民营经济高质量发展情况专项工作报告的工作方案》。

4月29日召开区十六届人大常委会第40次主任会议。会议学习习近平总书记系列讲话；听取调研组关于调研促进莲都区民营经济高质量发展情况的情况汇报；讨论通过成立2019年区级民生实事项目监督小组事宜。

5月14日召开区十六届人大常委会第41次主任会议。会议听取市自然资源和规划局莲都分局工作汇报，以及2019年规划区外土地出让计划推进情况；学习车俊在部分省人大代表座谈会上的讲话精神。

5月21日召开区十六届人大常委会第42次主任会议。会议讨论通过召开区十六届人大常委会第20次会议时间、地点和建议议程的建议；听取区人大代表任万户辞职事项汇报；听取区法院、区检察院人事免职事项汇报；听取调研组关于莲都区农业产业（茶业）培育和发展工作的调研情况汇报；讨论《莲都区人大机关宣传信息工作考评细则（审议稿）》。

6月12日召开区十六届人大常委会第43次主任会议。会议集体学习“不忘初心、牢记使命”主题教育工作会议暨习近平总书记重要讲话精神。讨论通过关于全区农业产业（茶业）培育和发展情况专项工作报告的审议意见。讨论通过关于全区推进民营经济高质量发展专项工作报告的审议意见。

7月24日召开区十六届人大常委会第44次主任会议。会议讨论通过了召开区十六届人大常委会第21次会议时间、地点和建议议程的建议；集体学习习近平对地方人大及其常委会工作论述；讨论区人大代表应松贤辞职事项；讨论区政府关于提请免去孙蓓蕾副区长职务事项；讨论区检察院关于提请免去郦元婷职务事项的汇报；听取区公安分局提请的对区人大代表瞿小明采取刑事强制措施的情况汇报；听取调研组关于开展全区国有资产管理及“百日攻坚”专题询问的情况汇报。

8月20日召开区十六届人大常委会第45次主任会议。会议传达了省委人大工作会议、全省各级人大常委会主任读书会精神；确定区十六届人大常委会第22次会议的时间、地点和建议议程；听取区政府关于2019年上半年莲都区国民经济和社会发展计划执行情况的报告；听取区政府关于2018年区财政决算草案及2019年上半年预算执行情况的报告；听取区政府关于2018年度区财政预算执行和其他财政收支的审计工作报告；听取调研组关于检察机关开展公益诉讼情况汇报。

9月6日召开区十六届人大常委会第46次主任会议。会议听取区人力社保局工作汇报；讨论通过关于莲都区2019年上半年国民经济和社会发展计划及

2019年上半年预算执行情况工作报告的审议意见;讨论通过关于莲都区2018年财政预算执行和其他财政收支审计工作报告的审议意见;讨论关于年终听取区人民政府国有资产管理情况的工作方案;讨论通过关于区人民检察院公益诉讼专项工作报告的审议意见,听取区水利局工作汇报。

9月19日召开区十六届人大常委会第47次主任会议。会议传达学习有关会议精神;听取和讨论相关人事任免事项;听取和讨论关于盛荣林提请辞去区人大代表职务事项;确定区十六届人大常委会第23次会议的时间、地点和建议议程;听取财经工委关于《莲都区预算审查监督制度》起草修改情况汇报;

10月24日召开区十六届人大常委会第48次主任会议。会议集体学习相关理论知识和文件;听取区人民法院关于提请王思允等职务任免的情况汇报。确定区十六届人大常委会第24次会议的时间、地点和建议议程。听取莲都区生活垃圾分类工作推进的调研情况汇报。讨论通过《关于建立莲都区人民政府向区人大常委会报告国有资产管理情况制度的五年规划(2018—2022)》。听取了区财政局关于区财政预算调整方案的情况汇报。

11月11日召开区十六届人大常委会第49次主任会议。会议集体学习《中共中央关于坚持和完善中国特色社会主义制度 推进国家治理体系和治理能力现代化若干重大问题的决定》;讨论通过《关于莲都区人大代表活动经费管理使用的意见(审议稿)》;通过《区人大常委会关于全区生活垃圾分类专项工作报告的审议意见》。

12月3日召开区十六届人大常委会第50次主任会议。会议集体传达学习了相关讲话和会议精神;讨论关于2018年度全区行政事业单位国有资产管理情况的调研意见汇总。

12月26日召开区十六届人大常委会第51次主任会议。会议集体传达学习区委人大工作会议精神;听取区委组织部关于提请免去阎维萍副区长职务的情况介绍。听取市、区人大代表辞职事项的汇报。讨论通过《莲都区区、乡(镇)人大代表选举(补选)工作方案》;确定区十六届人大常委会第25次会议的时间、地点和建议议程;听取调研组关于全区公墓及乡村公益性墓地建设管理情况的调研情况汇报;听取调研组关于区十六届人大三次会议代表建议办理情况的调研情况汇报;听取关于区级行政事业单位国有资产管理情况的调研情况汇报。

## 法律监督

**【保障宪法法律实施】** 常委会把学习宣传贯彻落实宪法作为工作重点,作为机关理论中心组重要学习内容,并推动列入区委党校主体班次教学计划,进一步增强国家根本政治制度自信。坚持党管干部和人大依法行使任免权相统一,开展任前法律知识考试、宪法宣誓等工作。国家工作人员就职时进行宪法宣誓的制度得到较好落实,全区共有213名国家工作人员进行宪法宣誓。常委会还通过开展调研、听取和审议专项工作报告等方式,推动《浙江省殡葬管理条例》《浙江省学前教育条例》《浙江省残疾人保障条例》等法律法规进一步落实。

**【监督“一委两院”履职】** 听取区监察委员会关于《中华人民共和国监察法》在莲都区的贯彻实施情况汇报,推动监察机关进一步强化监察队伍建设、加大廉政教育力度、严查违法违纪案件。跟踪监督《关于加强区人民检察院开展公益诉讼工作的决定》落实情况,针对案件线索来源不广、政府部门配合不够、制度机制不够健全等短板,提出“加强沟通协调、提升案件质效、加强宣传力度”等工作要求。组织代表旁听法院涉黑涉恶典型案件庭审,现场观摩法院集中强制执行等工作。

**【推动政府依法行政】** 开展公安工作调研。做好岩泉、老竹派出所和公安分局办案中心视察工作,了解办公环境、警力配备、软硬件基础设施等情况,要求区公安分局进一步加强队伍建设、健全体制机制、践行新时代“枫桥经验”、加大对违法犯罪行为打击力度。

【备案审查规范性文件】 依法履行备案审查职责，坚持有件必备、有备必审、有错必纠，推进规范性文件合法性审查。全年共审查区政府规范性文件9个。

## 工作监督

【听取和审议计划、预算等执行情况报告】 常委会听取和审议2018年财政决算和上半年财政预算执行情况，作出批准上年度财政决算和本年度预算调整的决议；出台《莲都区预算审查监督制度》，在区教育局、农业农村局等部门开展实施预算绩效管理试点；听取和审议区政府关于推进民营企业高质量发展专项工作报告，推动亲清新型政商关系构建和民营经济发展环境的不断优化；听取和审议区政府关于全区农业产业（茶叶）培育和发展情况，推动农业龙头企业培育，深化农业供给侧改革。听取和审议政府关于莲都区生活垃圾分类专项工作报告，推进全区垃圾减量化、资源化和无害化。听取审计查出问题整改落实情况报告等举措，加强人民对财政资金的监督管理。

【开展专题询问】 推动专题询问监督常态化，在听取和审议全区国有资产管理情况专项工作报告基础上，开展专题询问。询问现场播放问题短片，常委会组成人员和列席人员围绕资产保值增值、防止资产流失、完善管理制度等方面，指出工作中存在的23项短板，要求政府切实推进解决；询问会后常委会制作问题清单进行交办，持续督查整改落实情况，推动政府有关部门进一步摸清家底，完善相关管理制度，提高国有资产管理水平。11月，出台《关于建立莲都区人民政府向区人大常委会报告国有资产管理情况制度的五年规划（2018—2022）》。12月，常委会听取事业单位国有资产管理情况专项报告，并审查国有资产年度综合报告，进一步强化人大常委会的国有资产监督职能。

【开展民生领域监督】 关注区级公墓及乡村公益性墓地建设、生活垃圾分类工作、小城镇和农村村庄环境综合整治工作、全区学前教育现代化、《浙江省残疾人保障条例》贯彻落实情况、医疗卫生人才队伍建设、华侨创业就业及新生代华侨资源涵养、少数民族特色村寨建设等民生领域，通过开展视察调研、听取专项工作报告、出台意见建议、跟踪督促落实，推动社会事业持续进步。

## 决定重大事项

【作出年度预算调整决定】 常委会第二十四次会议审查批准《区人民政府关于2019年预算调整的议案》，并作出决定。要求区政府着力做好收入征管，按照一般公共预算“量入为出、收支平衡”的编制原则，确保调整后一般公共预算和政府性基金预算收入目标的完成，加快预算执行进度，充分发挥财政资金效益，促进各项工作的全面落实。

【开展区、乡两级民生实事项目代表票决工作】 区人代会票决2019年十件民生实事后，每个项目都设立了监督小组，紧盯项目办理进度和落实情况。常委会年中和年末分别听取政府民生实事项目办理进度情况汇报，有力推进了民生实事项目落地落实。10月，协同区政府出台民生实事项目资金补助办法，单列资金1000万元保障乡镇（街道）民生实事项目实施，助力乡镇（街道）把民生实事项目谋深做实。各乡镇街道通过组织辖区人大代表以调研视察、会商座谈、监督跟进等方式落实项目监督责任，保障乡（镇、街道）级民生实事项目的顺利完成。

## 人事任免和对任命干部的监督

【人事任免】 坚持党管干部和人大依法行使任免权的有机统一，进一步落实干部任前法律知识考试、任前表态、颁发任命书、宪法宣誓等制度，严格按照法定程序落实区委的人事安排意图。及时任免区政府部分组成部门主要负责人，为莲都区国家机关有效运转提供组织保障。全年共任免国家机关干部43人。

**【对任命干部的监督】** 把"宪法学习贯彻情况"纳入述职述法内容，书面审查政府组成部门局长、法院副院长、检察院副检察长年度履职情况，进一步提升了任命干部的宪法法律意识和自觉接受人大监督的意识。将上级政府垂直管理部门纳入监督范围，主任会议听取市自然资源和规划局莲都分局工作汇报，要求其更加注重优化国土空间规划、加强地方经济社会发展的土地要素保障工作。坚持主任扩大会议听取部门工作汇报制度，听取区人力社保局、区水利局工作汇报。年末开展了政府组成部门局长（主任）、"两院"副职年度述职工作，增强了被任命干部主动接受监督的意识。

## 联系人大代表和人民群众

**【代表建议、批评和意见督办工作】** 区十六届人大三次会议共收到代表议案建议163件（19件事权不在莲都区的通过其他途径办理），其中14件列为重点建议件。闭会期间收到代表建议3件。坚持区人大常委会领导督办、区政府领导领办重点建议机制，通过集中交办、部门会办、面商和网上督办、承办责任等措施，全部代表建议已答复完毕。建议所提问题得到解决或基本解决48件，正在解决或已列入计划解决86件，留作参考13件。代表对办理工作满意的144件，基本满意的3件；对办理结果满意的138件，基本满意的7件，不满意的2件。

**【人民来信来访工作】** 做好信访工作，执行接访、转办和督办等制度，全年共受理群众来信来访45件次，其中来信19件，来访26件次；省市人大交办2件。常委会领导牵头成功化解信访积案7件。

# 丽水市莲都区人民政府

## 综　述

2019年是新中国成立70周年，是高水平全面建成小康社会和完成“十三五”规划目标任务的关键之年。一年来，全区上下深入学习贯彻习近平新时代中国特色社会主义思想，贯彻落实中央、省、市和区委重大决策部署，弘扬践行浙西南革命精神，以“莲都作为”落实“丽水之干”担纲“丽水之赞”，统筹做好稳增长、促改革、调结构、惠民生、防风险、保稳定各项工作，在高质量绿色发展之路上迈出坚实步伐。全年实现地区生产总值389.63亿元，增长7.2%；实现一般公共预算收入17.29亿元，同比增长9.2%；城乡居民人均可支配收入分别为49730元、28220元，分别同比增长9%、9.8%；省、市、区十方面民生实事全面完成；年度综合考核全市第一，连续9年获优秀等次，26个县发展实绩考核首次进入全省第一档。

## 区政府主要工作

【农业经济】　入选全省首批部省共建乡村振兴示范省先行创建区、省级乡村振兴产业发展示范建设县，创成省农业绿色发展先行县。全年实现农林牧渔业增加值20.8亿元，同比增长3.1%。粮食生产保持稳定，实施粮食生产功能区提标改造项目5个、面积427.73公顷，建成高标准基本农田866.67公顷。农旅融合势头强劲，新建成海拔600米以上绿色有机农林产品基地4260公顷、“丽水山耕”示范基地5个，新培育“丽水山居”示范项目9个，实现农产品旅游地商品销售额7.1亿元、“丽水山耕”农产品销售额9.8亿元。创建“莲都仙桃”区域公共品牌，“丽水枇杷”“处州白莲”成为国家农产品地理标志产品，“梅峰红茶”入选国家首批森林生态标志产品建设工程、系全省唯一。碧湖农业园获评省级“最美田园”。创新重大动物疫情应急处置“96349”工作法，承办全省防控重大动物疫情应急演习，重大动物疫情防控成效明显，市区猪肉市场供给量足价稳。

【工业商贸】　全年实现区本级规上工业增加值12.74亿元，增长16.6%，增速排名全市第二。战略性新兴产业增加值、高新技术产业增加值、装备制造业增加值分别增长24.1%、14.0%、10.9%。推进“精准服务企业、振兴实体经济”专项行动，为企业减负降本超5亿元。安派科生物医学科技公司在美国纳斯达克上市，新增省股交中心挂牌企业10家、亿元企业5家、“小升规”企业17家。乾麟缝制公司入选全省“隐形冠军”企业，欧意阀门公司入选省创新型示范中小企业。新增工业机器人37台，累计实现上云企业1050家。完成“低散乱”企业整治25家，淘汰落后产能企业9家。丽水工业园区荣获全市经济开发区（工业园区）综合考核二等奖，首次进入全市前四行列。

【旅游经济】　全年实现旅游收入114.76亿元，同比增长18.7%。高标准推进古堰画乡小镇品质化提升行动，成功获评第三批省级特色小镇和省级乡村旅游产业集聚区，均为全市唯一。新增A级景区村21个，新建旅游厕所15座，大港头镇、黄村乡分别被评为省AAAA级、AAA级景区乡镇，岩泉街道陈寮村、太平乡留龙村成功入选全省第一批100个避暑气候胜地名单，和隐酒店被评为省金树叶级绿色旅游饭店，驻85民宿入选首批浙江文艺创作采风基地，鱼跃酿造公司获评省级工业旅游示范基地和省级研学基地，丽水安邦山耕文化园被评为金果级“省采摘旅游体验基地”。“画乡莲都”登上《中国推介》栏目，成功举办丽水巴比松国际研讨会暨2019古堰画乡小镇艺术节、2020年全国乡村春晚集中展示活动启动仪式、上海周莲都旅游品牌发布会暨全域旅游产品推介会、“莲都100”越野赛等高品质文体活动，打响“秀山丽水·画乡莲都”品牌。创成省级全域旅游示范区。

**【项目建设】** 全年安排基本建设项目年度投资104.12亿元。谋划灵康-杏福康旅小镇等省市县长工程5个，开工3个。万洋低碳智造小镇累计完成投资23.3亿元，开工总建筑面积超85万平方米，结顶厂房93幢，签约准入企业147家、投产23家。华统畜禽产业链智能化项目加快建设。区属固定资产投资同比增长13.6%，增速全市第一，交通投资、高新技术产业投资分别增长35.5%、12.2%。

**【招商引资】** 全年引进大项目13个，实际利用内资37.32亿元，实际利用外资600万美元，招商引资工作目标责任制考核全市优秀。深化与浙江清华长三角研究院合作，签约落地药用植物开发及多肽类药物研发、“帮邦行”专项基金平台、网约出行服务平台等项目3个。浙江茗宝茶叶深加工项目成功落地，有望推动区域茶产业高质量发展。君澜集团入驻石牛温泉，着力打造莲都区第一家五星级温泉度假酒店。古堰画乡业态招引实现新突破，新入驻画家和艺术创作企业96家。成功举办第二届世界丽水人大会莲都分会，大会签约项目12个。

**【要素保障】** 全年共筹措基本建设项目资金15亿元，争取省财政新增地方政府债券5亿元，再融资债券2.2亿元，省级以上补助资金10.94亿元，统筹整合、盘活各类财政性资金4.39亿元。争取到规划调整指标75.33公顷、新增建设用地计划指标56.51公顷。完成农村建设用地复垦22.39公顷，垦造水田24公顷、旱地12.33公顷，出让土地87.32公顷、划拨土地31.82公顷、收储土地104.93公顷。

**【生态环境】** 全面落实环保督察问题整改，坚决打好污染防治攻坚战。市区细颗粒物(PM2.5)平均浓度为25微克/立方米，空气质量优良天数达到358天，比上年度增加11天，市区环境空气质量在全国168个重点城市中排名第七。成功入选全国第四批“中国天然氧吧”。完成碧湖污水处理厂提标改造和大港头镇“污水零直排区”建设，“水十条”国控断面水质、交接断面水质、县级以上集中式饮用水水源水质、15个地表水断面水质达标率均为100%。大溪(莲都段)、老竹溪(沙溪至宣平溪汇合口)入选省级美丽河湖，百兴菇业公司创成省级生态文明教育基地。

**【城乡建设】** 持续推进经常化创建全国文明城市，省城市文明程度指数测评再夺全省第一。大力推进城市有机更新，市区城中村改造完成拆除63.3万平方米，交付净地262.25公顷。完成市区首个模拟征收项目碧湖采桑区块征收。完成老旧社区雨污分流改造项目(二期)5个，改造面积7万平方米。推进旧住宅区、老旧小区截污纳管改造区块59个，完成基础改造面积6.9万平方米。灵山社区入选全省首批未来社区试点创建项目。推进城乡生活垃圾分类，新创成高标准垃圾分类示范小区、定时定点投放示范小区、示范商业街12个(条)，全省最大的装修垃圾处理项目——务岭根垃圾填埋场(三期)开工建设。深入推进“三改一拆”和“无违建”创建，完成拆违103.3万平方米、“三改”72.9万平方米。高标准推进大棚房和违建别墅整治。小城镇环境综合整治圆满收官，累计创成省级样板乡镇3个。创成省新时代美丽乡村示范区。高品质完成桃碧线和S328省道通景公路景观提升工程，圆满完成全省山海协作工程推进会、2019丽水超级马拉松等大型活动环境整治任务。新建美丽乡村重点村3个，新建农村生活污水治理设施6座，完成农村生活污水处理设施标准化运维14个、农村公厕改造40座，农村饮用水提升改造惠及4.2万人。碧湖镇联济村、老竹镇梁村村、仙渡乡梅田村、峰源乡西坑村被列入第五批中国传统村落名录，大港头镇大港头村被评为中国美丽休闲乡村，丽新乡咸宜村被评为中国少数民族特色村寨。南山互通至丽新公路（南山至高溪段）建成通车，新建和改造提升农村公路194千米，建成大花园（国家公园）样板示范路23.5千米。新建"美丽林相"10100公顷，新增省级"一村万树"示范村6个。

**【深化改革】** 持续深入推进"最多跑一次"改革，政务服务事项跑零次率、即办率、掌上办实现率分别达到97.79%、87.87%、96.43%。企业开办实现全流程"一日办结"，一般企业投资项目竣工验收前审批实现"最多90天"。全区新批工业用地100%实现"标准地"出让。积极探索生态产品价值实现机制，大港头镇、丽新乡列入全市生态产品价值实现机制试点。"亩均论英雄"改革成效显著，实现规上工业亩均税收14.07万元，亩均增加值83.07万元，分别增长27.2%、6.8%。入选全省首批"五优联动"试点、系全市唯一。

**【科技创新】** 推进浙西南科创中心建设，深度对接浙江清华长三角研究院，与省农科院共建农业技术创新中心，与义乌市共建科技创新研究院。新增国家高新技术企业8家，创历史新高，新增省科技型中小企业19家、省高成长科技型中小企业5家。新建省级博士后工作站、市级院士工作站各1家，入选市"绿谷精英550引才计划"8个，超历年总和。全年财政科技支出1.04亿元，增长21.2%，规上企业技术研发经费支出2.54亿元，增长75.1%。新增专利授权量1701件，增长26.9%。省级电商创新发展试点项目落户莲都。全年实现电子商务网络零售额53.9亿元，增长25.6%，丽水·莲都电子商务创业创新综合体成功入选省电子商务产业基地。圆满承办全国科普日浙江主场活动暨莲都科普艺术节。全年新增市场主体10798户、新设企业2277户，分别同比增长24.5%、8.6%。

**【区域协作】** 主动融入长三角一体化发展，分别与上海市黄浦区、长三角创意经济专委会签订合作协议。持续深化与义乌市、宁波市江北区山海协作，启动义乌莲都大厦和山海协作义乌"消薄园"项目建设，引进义乌商城集团入驻古堰画乡小镇。推进莲都–剑阁东西部扶贫协作，助力剑阁县实现脱贫摘帽，两地电商合作入选国务院扶贫办《携手奔小康行动案例选编》。不断扩大对外开放，与意大利奥拉市缔结友好城市关系，成立"卡拉拉美术学院古堰画乡实习基地"，莲都的国内外"朋友圈"进一步扩大。

**【农民增收】** 脱贫攻坚有力有效，低收入农户人均可支配收入达11079元、增长11.3%，农村低保标准达到每人每月770元。强化区乡村三级书记抓"消薄"，全区208个村全部实现年总收入10万元以上且经营性收入5万元以上，村集体经济总收入首次突破1亿元。"大搬快聚富民安居"工程扎实推进，全区最大的搬迁安置小区瓯碧园提前竣工验收并交付使用。

**【社会保障】** 新增城镇就业8460人，失业人员再就业5396人，困难人员再就业1587人，城镇登记失业率2.18%。发放创业担保贷款1510万元，创成省级"无欠薪"区。基本养老保险、基本医疗保险参保率分别达97.78%、99.16%。新增乡镇（街道）级居家养老服务中心6个、社区嵌入式养老护理机构4家、养老床位384张。新增星级"残疾人之家"14家，新建"儿童之家"10所。城乡适龄妇女免费"两癌"筛查率达70.72%。

**【公共事业】** 全年民生类支出42.4亿元，占一般公共预算支出的82.1%。创成省教育基本现代化区、省区域推进语言文字规范化区，在"国家义务教育质量监测结果应用实验区"考核中名列第一档，进入全国前列。东港小学、城中公寓幼儿园、碧湖中心幼儿园建成并投入使用，新增小学学位2160个、幼儿园学位420个，空调进教室覆盖率达80%，“一蛋一奶”营养餐惠及贫困学生3279人。在全市率先推行校内托管服务。以全省第一的成绩通过全国健康促进区省级技术评估，市区“医联体”建设实现基层医疗机构全覆盖，新增国家卫生乡镇5个。区文化馆通过全国首批数字文化馆试点项目验收，“婺剧进校园”入选全国“非遗进校园”优秀实践案例，新建文化礼堂24个，送戏下乡285场，送书下乡1.3万册。

**【平安建设】** 安全生产形势稳定，应急救援体系和能力不断加强，成功处置紫金街道水岭根村滑坡险情和雅溪镇下坑山塘水库山洪险情。扫黑除恶成效明显，新立“九类案件”89起，成功打掉黑社会性质组织2个、恶势力犯罪团伙2个，破获全市首起“套路贷”案件。化解信访积案113件，瓯碧园、宜和雅园信访问题得到平稳处置，创成省级“无信访积案区”。地方政府债务余额31.06亿元，控制在省财政厅核定的债务限额以内。市区银行不良贷款率0.66%，金融环境平稳可控。“一线巡查、现场办公”制度被《人民日报》头版“今日谈”专栏点赞，“村级事务阳光票决制”被写入省委《决定》，“阳光评廉会”获浙江日报头版关注，大港头派出所入选全省首批“枫桥式”公安派出所。平安建设实现“十四连冠”。

**【自身建设】** 学习贯彻习近平新时代中国特色社会主义思想，高标准开展“不忘初心、牢记使命”主题教育。推进政府系统“两强三提高”建设，创新推进重点工作“五个十”工程，深化“大督查”工作机制，促使130项重点事项完成率达88.5%，推动改革发展政策落地落实。深入推进法治政府建设，入选全国“七五”普法中期法治宣传教育先进区。莲都人民调解委员会莲心工作室获司法部“坚持发展枫桥经验，实现矛盾不上交试点工作表现突出集体”荣誉称号。做好“基层减负年”各项任务落实，整治“文山会海”，政府系统“三类文件”精简60%、会议压减30%。做好审计监督，完成审计项目79个，核减工程造价4125.7万元，审计发现问题整改率达94.6%，为历年最高。做好国有资产管理，闲置和经营性资产清查处置率达96%。全区“三公经费”同比下降5.4%，一般性支出压减6.0%。自觉接受人大依法监督和政协民主监督，共办理人大建议和政协提案321件，满意率98.1%。

## 区政府常务会议

**【概　况】** 2019年召开政府常务会议12次。

**【第十六届政府常务会议】** 第28次区政府常务会议于1月21日召开，审议《莲都区打造山海协作升级版实施方案（2018—2022年）》，审议《关于规范非工招商项目准入评估机制的实施意见》，审议《古堰画乡业态扶持政策（试行）》，审议《莲都区人民政府与丽水市人民医院合作协议书》，传达吴晓东市长调研市区教育提质工作时的讲话精神并审议《莲都区财政扶持民办教育发展实施办法》，审议《莲都区政府投资项目管理办法》，审议《莲都区2019年基本建设项目投资计划》，审议《莲都区2018年国民经济和社会发展计划执行情况与2019年国民经济和社会发展计划报告（草案）》，审议《莲都区2019年度土地（收储）出让和土地整治工作计划》，听取关于莲都区农村小额保险财政补助保费的建议汇报，听取关于2018年度莲都区文明村镇评选工作的情况汇报，听取关于2018年度莲都区“最多跑一次”改革表彰奖励、扩大有效投资工作通报表扬先进集体和先进个人的情况汇报，审议《丽水市莲都区人民政府2018年预算执行情况和2019年预算草案的报告》，审议《政府工作报告（审议稿）》，学习了《中华人民共和国公务员法》。

第29次区政府常务会议于2月14日召开，审议《莲都区农村饮用水达标提标专项行动计划（2018—2020年）》，审议《2018年度莲都区城中村改造（重点项目征收）工作行政奖励》，审议《莲都区2019年浙江省劳动模范和模范集体初选名单》，听取关于莲都区城区保洁市场化招标工作情况的汇报，审议“2019年莲都区十方面民生实事”“十大攻坚克难”“十大典型示范”等候选事项，传达学习市长碰头会关于一季度“开门红”工作有关精神。

第30次区政府常务会议于3月29日召开，听取关于中核军民融合产业发展（浙江）基金投资情况的汇报，听取关于区融媒体中心项目建设情况的汇报，听取关于桃碧线景观提升工程推进情况和丽水绿园种禽开发有限公司港口种鸡场搬迁补助相关工作情况的汇报，审议《莲都区关于强化实干担当，推进重点工作“五个十”工程的实施意见》，听取关于一季度“开门红”工作情况的汇报，学习了《中华人民共和国统计法实施条例》《“浙西南革命精神”学习活动方案》《市纪委关于进一步加强廉政风险防控的通知》。

第31次区政府常务会议于4月28日召开，传达学习国务院、省政府第二次廉政工作会议及市政府廉政工作会议精神并部署区政府廉政工作，传达学习省、市和区委关于瓯碧园信访事件有关会议精神并研究信访问题整改和异地搬迁安置帮扶工作，听取关于莲都区“走亲联心三服务”活动推进情况的汇报并研究部署服务企业工作，听取关于2019年市民生实事教育相关情况的汇报，审议《博兰文化艺术项目招引入驻协议》《深圳久久招商协议》《猫空投资协议》，听取关于部省开展补充耕地项目核查工作的情况汇报，听取关于丽水万洋低碳智造项目建设情况的汇报，听取关于莲都区发放专项考核奖金建议的汇报，听取关于“7·5”“12·27”专案等行政奖励的情况汇报，审议《2018年度莲都区乡村振兴突出贡献集体和贡献个人建议名单》和《小城镇环境综合整治工作先进单位和先进个人建议名单》，听取关于莲都区国有企业账户招标方案的情况汇报，听取关于2018年金融机构考核结果的情况汇报，审议《政府工作报告责任分解表》《省市区十方面民生实事责任分解表》，学习了《中华人民共和国国家安全法》《台湾问题与国家统一》《中共浙江省委办公厅　浙江省人民政府办公厅关于整治形式主义突出问题切实减轻基层负担的若干意见》《中共丽水市委办公室　丽水市人民政府办公室关于整治形式主义突出问题切实减轻基层负担的三十条措施》《中共丽水市委办公室关于“三治三强比实干”作风建设专项活动的实施方案》等。

第32次区政府常务会议于5月23日召开，审议《莲都区水务发展投资有限公司组建方案》，审议《关于开展村级便民服务代办点提升试点工作的通知》，审议《灯塔村北郭桥弄城中村改造项目房屋征收决定》《丽东一村区块城中村改造项目房屋征收决定》，听取关于莲都区行政奖励申报有关事项说明的情况汇报，听取关于给予2018年度招商引资工作先进单位和个人行政奖励的建议，审议《关于莲都区机关事业单位编外用工人员薪酬管理的修订意见》，传达学习《浙江省道路交通伤亡事故领导干部到场暂行规定》，学习《习近平总书记在中央政治局第十四次集体学习时的讲话》《中共浙江省委关于坚持底线思维着力防范化解重大风险的意见》《法治政府建设与责任落实督察工作规定》。

第33次区政府常务会议于6月27日召开，传达学习全国、省市深化“放管服”改革优化营商环境电视电话会议精神，学习贯彻习近平总书记关于垃圾分类重要指示，听取关于2019年上半年垃圾分类工作的情况汇报，审议《莲都区深化“亩均论英雄”改革的实施意见》，听取关于招商引资工作情况汇报及审议《莲都区加快总部经济发展的若干意见》，听取关于规模猪场防控重大动物疫病维持性生产和预防性应急处置经费的情况汇报，听取关于儿童青少年近视综合防控工作的情况汇报，听取关于2019年上半年应急管理工作的情况汇报，学习《习近平总书记在“不忘初心、牢记使命”主题教育工作会上的讲话》《李智勇同志在中央扫黑除恶第11督导组督导浙江省情况反馈会上的讲话》《车俊同志在中央扫黑除恶第11督导组浙江省情况反馈会上的表态讲话》《市纪委关于5起违反中央八项规定精神问题的通报》《丽水市市容和环境卫生管理条例》。

第34次区政府常务会议于7月26日召开，听取环保督察整改和环境风险隐患排查有关工作情况的汇报，审议《莲都区专职社区工作者管理办法》，审议《莲都区老竹敬老院公建民营方案》，听取莲都区广播电视网络传输中心有关情况的汇报，听取胡海峰书记赴莲都暗访督查“消薄”工作情况及2019年上半年“消薄”工作推进情况汇报，审议《2019年度莲都区兴村集体经济发展有限公司分红方案》，审议《莲都区农村饮用水区级统管实施方案》《莲都区农村供水工程运行管理办法》，听取丽水产业集聚区—生态产业低丘缓坡开发项目(莲都组团1)“十二五”开发区块道路网及配套设施工程—供水加压泵站工程概算调整事宜的汇报，传达学习浙江(丽水)生态产品价值实现机制建设推进会精神并听取我区生态产品价值实现机制工作推进情况汇报，听取“在水一方”写生创作中心历史遗留未批先建事宜处置相关情况汇报，审议《2019年莲都区人民政府重大行政决策事项目录》，听取“排隐患、补短板、破难题”专项排查工作整改完成情况的汇报，听取莲都区紫金街道水岭根村梅溪岭新村滑坡应急抢险相关情况汇报，听取半年度“大督查”工作情况的汇报，听取上半年法治政府建设情况的汇报并审议通过2019年法治政府建设工作要点，学习《中共浙江省委办公厅　浙江省人民政府办公厅关于加强发文管理切实精简文件的通知》《浙江省实施〈中华人民共和国反恐怖主义法〉办法》。

第35次区政府常务会议于8月29日召开，审议《高标准打好污染防治攻坚战高质量建设美丽莲都的实施方案》，审议《莲都区城市生活垃圾分类督导员方案》，审议《关于划定莲都区市容和环境卫生管理区域的决定》，审议《莲都区碧湖镇采桑村区块土地和房屋征收工作方案》，听取关于莲都区建投公司与省机关后勤经济发展中心成立浙江恒玖置业有限公司的情况汇报，听取关于莲都区农民新社区建设发展有限公司与丽水恒鑫房地产开发有限公司签订瓯碧园小区项目进度重奖重罚《补充合同》的情况汇报，听取关于莲都区2018年工业企业“亩均论英雄”综合评价结果的情况汇报，听取关于入股“帮邦行”项目基金的情况汇报，听取关于长三角研究院李旭辉博士团队项目落户莲都的情况汇报，听取关于签署“赋能丽水莲都文创，树长三角一体化示范精品”战略合作框架协议的情况汇报，听取关于丽水万洋低碳智造小镇基础设施PPP项目合同协商谈判情况的汇报，审议《莲都区基层医疗卫生机构补偿机制改革实施意见》，传达全省第9号超强台风抢险救灾和灾后重建工作视频会议精神，学习《丽水市物业管理条例》。

第36次区政府常务会议于9月29日召开，听取关于莲都区“平安护航新中国成立70周年大会战”维稳安保工作的情况汇报，传达学习全省重大项目暨特色小镇建设现场推进会精神并听取全区重大项目建设情况汇报，听取关于区属国有企业出资人及股权变更方案的情况汇报，听取关于莲都区与金华义乌市、宁波市江北区、邯郸市峰峰矿区等合作协议的情况汇报，审议《丽水市莲城宾馆改革方案》，听取关于签订《丽水市莲都区人民政府　浙江旅游职业学院　校地战略合作补充协议》的情况汇报，审议《莲都区进一步提振生态工业发展意见》，审议《莲都区2018年十强工业企业和优秀外贸企业评选奖励方案》，听取关于建立莲都—义乌科技创新研究院的情况汇报，听取关于建议聘请李玲蔚等6人为“莲都区政府特聘专家”的情况汇报，审议《莲都区新增耕地后续耕种验收办法》，审议《莲都区落实生猪政策性保险+商业保险“双保险”实施方案》，听取关于建议给予陈伟波同志个人嘉奖的情况汇报，听取关于莲都区深化创建省食品安全区进展情况的汇报，学习《中华人民共和国保守国家秘密法》《丽水市党政领导干部安全生产责任制实施办法》。

第37次区政府常务会议于10月24日召开，传达学习全省美丽城镇建设现场会精神并听取区建设局贯彻落实情况汇报，听取关于莲都区2019年预算调整情况的汇报，听取关于构建莲都区集中财力办大事政策体系工作情况的汇报，听取关于莲都区城乡建设投资有限公司注册资本金认缴情况的汇报，审议《莲都区数字经济发展五年行动计划》，听取关于莲都区清理拖欠民营企业中小企业账款工作进展情况汇报，审议《上海市黄浦区人民政府　丽水市莲都区人民政府　经济合作框架协议》，审议《莲都区教育提质行动工作方案(2019—2022年)》，审议《丽水市莲都区2019—2020年度松材线虫病防治方案》，审议《关于推进莲都区特色农业产业发展的实施意见》，审议《关于落实农业农村优先发展总方针推动“三农”高质量绿色发展的实施意见》，审议《莲都区乡村振兴战略规划(2018—2022年)》，审议《区政府党组“不忘初心、牢记使命”主题教育“问题清单”》，学习《习近平在庆祝中华人民共和国成立70周年大会上的讲话》《中华人民共和国环保法》《中华人民共和国森林法》《重大行政决策程序暂行条例》《浙江省重大行政决策程序规定》。

第38次区政府常务会议于11月29日召开，审议《丽水万洋低碳智造小镇基础设施PPP项目补充协议》，审议《杭州茗宝生物科技有限公司招商引资协议》，听取关于南明山街道村规模调整工作情况汇报，审议《关于确定2020年度城乡居民基本医疗保险筹资标准的通知》，审议《丽水市莲都区关于全面推进预算绩效管理的实施意见》，审议《莲都区人民政府关于加强政府性债务管理实施意见》，审议《丽水市莲都区地方政府性债务风险应急处置预案》，审议《莲都区工业土地差别化供应管理的实施细则》，审议《关于莲都区全方位深度接轨上海、高质量融入长三角区域一体化发展行动方案》，审议《共建药用植物与生物医药开发平台合作协议》，审议《义乌—莲都山海协作消薄园项目合作协议》，审议《丽水市莲都区城乡建设投资有限公司与义乌丝路新区管理委员会莲都大厦项目合作协议》，审议《丽水市莲都区金港公寓安置房申购和管理办法》，听取关于莲都区第六届道德模范评选推荐工作的汇报，听取1—10月莲都区法治政府建设工作情况汇报，学习《优化营商环境条例》《地方党政领导干部食品安全责任制规定》。

第39次区政府常务会议于12月30日召开，审议《莲都区新增耕地后续耕种验收办法》，审议《莲都区落实生猪政策性保险+商业保险“双保险”实施方案》，审议《大港头镇、丽新乡生态产品价值实现机制试点方案》，听取关于莲都区国土空间总体规划工作方案的汇报，听取关于健康莲都建设工作情况汇报，传达全市退役军人工作暨全国双拥模范城创建部署会精神并听取2019年退役军人工作汇报，传达全省民政会议精神暨第六届浙江慈善大会精神并听取2019年度民政工作汇报，学习习近平总书记关于应急管理工作重要论述精神。

## 区政府工作会议

**【召开“大棚房”排查整治工作专题会议】** 1月20日上午，莲都区召开“大棚房”排查整治工作专题会议，区委副书记、区长陈豪出席会议并讲话，他强调，要深化认识，全面排查，落实措施，严肃纪律，确保排查整治工作取得实效。卢进、蔡毓良等区领导参加会议。

**【召开科技创新工作汇报会】** 1月31日上午，莲都区召开科技创新工作汇报会，区委副书记、区长陈豪出席会议，他强调：要实施科技强区、创新驱动战略，坚持市区共建，锚定打造“浙西南科技创新中心”目标，加大科技投入、项目招引、人才培育、平台建设、主体培育力度，切实提升我区科技创新能力、贡献力和区域影响力。副区长张玉洁参加会议。

**【召开2019年一季度开门红工作督查汇报会】** 2月20日上午，莲都区召开2019年一季度开门红工作督查汇报会，区委副书记、区长陈豪出席会议并讲话，他强调，要深入贯彻落实全市“两山”发展大会精神，进一步提高政治站位，以高度的政治责任感、发展紧迫感和担当精神，锁定目标不动摇，确保一季度实现“开门红”。俞丽威、郭巧燕、卢进、蔡毓良、张玉洁、敖正东、管兴标等区领导参加会议。

**【召开第三次全国国土调查动员会】** 2月25日上午，莲都区召开第三次全国国土调查动员会，区委副书记、区长陈豪出席会议并讲话，他强调，要提高思想认识，明确职责任务，落实落细，确保高标准、高质量、高效率完成各项调查任务，市自然资源和规划局副局长周乐均、副区长蔡毓良等参加会议。周乐均对第三次全国国土调查工作作了具体部署。会议还邀请市自然资源和规划局、市国土勘察测绘规划院专家作了业务指导。

**【召开创建省教育基本现代化区工作推进会】** 3月7日下午，莲都区召开创建省教育基本现代化区工作推进会，区委副书记、区长陈豪出席会议并讲话，他强调，要以教育现代化创建为抓手，坚持硬件投入和素质提升两手抓，对标补短板，不断推动莲都教育事业高质量发展。赵加慧、兰仁生、郭巧燕、虞海雄等区领导参加会议。会议还对下一步“创现”工作作了具体部署，并现场交办“创现”工作任务清单，相关单位进行表态发言。

**【召开全区应急管理、安全生产、消防和农村饮用水达标提标工作推进会】** 4月2日上午，莲都区召开全区应急管理、安全生产、消防和农村饮用水达标提标工作推进会。区委副书记、区长陈豪出席会议并讲话，他强调，要深入学习贯彻习近平总书记近日对安全生产工作的重要指示精神，按照省委省政府、市委市政府和区委的部署要求，进一步牢固树立安全发展理念，紧守安全发展的底线、红线，全力保障人民群众生命财产安全，为高质量绿色发展创造安全稳定的社会环境。副区长卢进主持会议。

**【召开2019年一季度全区经济运行情况分析会】** 5月5日上午，莲都区召开2019年一季度全区经济运行情况分析会，会议总结分析我区2019年一季度经济运行情况，部署下一阶段经济工作。区委副书记、区长陈豪出席会议并讲话，他强调，要坚定信心、抢抓机遇、唯实务实，奋力夺取“全年红”。斯基根、俞丽威、卢进、蔡毓良、敖正东、管兴标等区领导参加会议。

**【召开“大督查”工作领导小组第一次会议】** 5月6日上午，2019年莲都区“大督查”工作领导小组召开第一次会议，陈豪强调：要充分发挥督查工作在抓落实中的“助推器”作用，重视督查，严督实查，着力推动党委政府决策部署落地见效。区领导陈鲁军、张玉洁、沈建祖参加会议。会上，各参会区领导作交流发言。综合督查组介绍了2019年大督查工作思路、任务目标等情况。7个专项督查组介绍了工作计划、存在问题和下步建议等。

**【召开政银企对接会暨金融精准服务企业专项行动推进会】** 5月8日上午，莲都区召开政银企对接会暨金融精准服务企业专项行动推进会，全面贯彻中央经济工作会议“六稳”决策、省委“三服务”活动和“融资畅通工程”要求，通过政府搭台、银企唱戏，着力构建政银企三方互通共享、供求无缝对接的信息通道，大力拓宽企业融资渠道，全力助推实体经济健康发展。区委副书记、区长陈豪出席会议并讲话，区领导俞丽威、管兴标等参加会议。会上，各参会企业踊跃发言，详细介绍企业的发展状况、发展前景和需求情况。针对企业实际情况，各金融机构也详细介绍了相关金融服务产品和金融助力企业发展相关具体举措。区发改局和区国资公司等国有企业介绍了项目融资需求信息；会上还举行了银企授信签约仪式。

**【召开重大风险隐患排查化解工作专题会】** 5月22日上午，莲都区召开重大风险隐患排查化解工作专题会，区领导陈豪、翁伟标、林峰、孙蓓蕾等出席会议。会议要求，要坚持结果导向，努力夺取攻坚战全面胜利。要强化组织领导，确保重大风险防范化解工作高效推进。要层层压实责任，形成防范化解重大风险工作合力。要严督实查，积极借助“大督查”机制优势，对重大风险隐患整改情况开展明察暗访，切实解决工作中存在的问题。会议还传达学习了全省防范化解重大风险专题培训班有关精神。

**【召开农村饮用水提标达标工程点评会】** 6月3日下午，莲都区召开农村饮用水提标达标工程点评会，区委副书记、区长陈豪出席会议并讲话。他强调，要明确目标、抓好项目、健全机制、加强管理，真正把这项民生工程、民心工程抓实办好，让老百姓喝上干净水。副区长卢进参加会议。会上，区水利局（农饮办）汇报饮用水达标提标工程总体进展情况，区建投公司汇报区级统管进展情况，各参会单位先后发言。

**【召开市区城中村改造遗留问题清零行动专题会议】** 6月4日下午，2018年市区城中村改造遗留问题清零行动专题会议召开，区委副书记、区长陈豪出席会议并讲话。他强调，要高度重视，乘势而上，克难攻坚，坚决打赢“清零”攻坚战，确保圆满完成年度目标任务。杨晓春、蔡通友、程晓东、蔡毓良等市、区城中村改造指挥部领导参加会议。会上，各征收小组汇报2018年市区城中村改造遗留问题清零行动攻坚进展情况，相关部门、乡镇（街道）先后发言。

**【召开区领导领办重大项目暨大督查点评会】** 6月6日上午，莲都区召开区领导领办重大项目暨大督查点评会，区委副书记、区长陈豪出席会议并讲话。他强调，全区上下要进一步总结经验，找准差距，精准对标，严实举措，奋力夺取“全年红”。区人大常委会主任陈元龙，区政协主席谷江南，区委副书记、政法委书记胡伟华等领导参加会议。会上，陈豪还对“不忘初心、牢记使命”主题教育活动谋划等重点工作进行了部署。会议通报了全区一季度经济运行情况、区领导领办重大项目进展情况和5月大督查工作有关情况，对二季度经济运行情况进行了预判分析，相关区领导介绍了领办项目进展情况。

**【召开“美丽市场”建设工作现场会暨经常化创建文明城市工作点评会】** 6月14日上午，莲都区召开“美丽市场”建设工作现场会暨2019年经常化创建文明城市工作第一次点评会，区委副书记、区长陈豪出席会议并讲话。他强调，要进一步提高思想认识，把持续文明创建水平作为“两山”发展和高质量绿色发展水平的重要标志，作为“秀山丽水”的第一张金名片，作为以“丽水之干”担纲“丽水之赞”的重要实践，以最高站位推进经常化文明城市创建走在前列。郭云强、敖正东等区领导参加会议。会议还通报了莲都区经常化创建工作，并对下一步工作进行了部署。会前，参会人员还实地参观了九里菜市场和灯塔菜市场，了解农贸市场信用管理、“美丽市场”建设等工作。

**【召开防汛工作紧急会议】** 6月22日上午，莲都区召开防汛工作会议，区委副书记、区长陈豪出席会议并讲话，他强调，要高度重视，坚决铲除麻痹思想和侥幸心理，采取有力措施，加大防控力度，确保全区安全度汛。俞丽威、卢进、蔡毓良等区领导参加会议。会前，陈豪一行还深入丽新等地，实地查看指导防汛救灾相关工作。

**【召开省级美丽乡村示范区创建暨农房确权登记和违建别墅排查推进会】** 6月28日上午，莲都区召开省级美丽乡村示范区创建暨农房确权登记和违建别墅排查推进会，区委副书记、区长陈豪出席会议并讲话，他强调，要着眼高质量绿色发展，主动担当、奋发有为，自觉践行“忠诚使命、求是挺进、植根人民”的浙西南革命精神，以“莲都作为”落实“丽水之干”担纲“丽水之赞”，奋力开创我区农业农村工作新局面，以优异成绩迎接新中国成立70周年。区领导郭云强、陈鲁军、卢进、蔡毓良等参加会议。会议还部署了省级美丽乡村示范区创建工作和农房确权登记及违建别墅排查工作。

**【召开2019年区重点项目政策处理工作专题会议】** 7月2日

下午，莲都区召开2019年区重点项目政策处理工作专题会议，区委副书记、区长陈豪出席会议并讲话，他强调，要认清形势，进一步增强责任感和紧迫感，乘势而上，按照既定目标任务，切实加快重点项目政策处理工作。副区长蔡毓良参加会议。会上，区征收办通报了2019年区重点项目政策处理工作情况，各相关部门、乡镇（街道）先后发言。

**【召开“基本无违建区”创建工作推进会】** 7月9日上午，莲都区召开“基本无违建区”创建工作推进会，区委副书记、区长陈豪出席会议并讲话，他强调，各级各部门要切实提高政治站位，坚持问题导向，突出创建重点，健全工作机制，全力以赴赶超进度，确保2019年创成“基本无违建区”创建。区领导胡伟华、宋珍花、蔡毓良及市综合行政执法局相关领导参加会议。会议还对“基本无违建区”创建工作进行部署。会议以视频会议形式召开，各乡镇（街道）设分会场。

**【召开莲都—剑阁东西部扶贫协作联席会议】** 7月16日上午，莲都—剑阁东西部扶贫协作联席会议在剑阁县召开，区委副书记、区长陈豪，四川省广元市剑阁县委副书记、县长张世忠，剑阁县委副书记、县人大常委会主任张大勇等两地领导参加会议。周建明、何超、雷成、张晓军、梁赛、阎维萍等两地领导，及剑阁县东西部扶贫协作领导小组成员单位负责人、莲都区代表团、莲都区挂职干部、剑阁县消费扶贫供货企业代表等参加会议。会上，两地还共同签订了《莲都—剑阁东西部扶贫协作共建产业园协议书》《剑阁农特产品购销长期战略合作协议书》，莲都还向剑阁县捐赠了社会帮扶资金。

**【召开莲都—江北山海协作联席会议】** 7月25日下午，莲都—江北山海协作联席会议在莲都召开，会议指出，双方要发挥山海资源优势，深挖合作潜力，高质量谱写山海协作新篇章，共同打造莲都与江北山海协作的升级版。宁波市江北区委副书记、区长傅贵荣，莲都区委副书记、区长陈豪出席会议并讲话，莲都区副区长俞丽威参加会议。

**【召开数字经济发展专题政党协商会】** 8月8日上午，莲都区召开数字经济发展专题政党协商会，听取各民主党派、工商联和无党派人士对全区数字经济发展的意见建议。区委副书记、区长陈豪主持会议并讲话，区领导翁伟标、斯基根、虞海雄等参加会议。会上，各民主党派、工商联、无党派人士代表根据前期调研情况，围绕数字经济发展规划、人才支撑、招商引资等方面提出了许多建设性意见。

**【召开莲都区人民政府与浙江清华长三角研究院项目签约仪式暨大健康产业座谈会】** 8月8日下午，丽水市莲都区人民政府与浙江清华长三角研究院项目签约仪式暨大健康产业座谈会在莲都会议中心举行。会上，药用植物与生物医药开发项目和“帮邦行”网约出行服务平台项目签约落地莲都。丽水市委常委、统战部长王小荣，浙江清华长三角研究院副院长杨向东，区委副书记、区长陈豪及区领导翁伟标、俞丽威、郭巧燕、张玉洁等参加活动。会议还听取了“长三院”在大健康领域的研究成果介绍和莲都区康养产业规划及现状、招商政策和康养旅游项目介绍等，并进行交流互动。会上，合作双方成功签约药用植物开发及多肽类药物研发项目和“帮邦行”网约出行服务平台项目。

**【召开基层党建重点工作推进会暨“消薄”工作部署会】** 8月15日，莲都区召开基层党建重点工作推进会暨“消薄”工作部署会，区委副书记、区长陈豪出席会议并讲话，他强调，推动基层党建提质增效，实现村集体全面“消薄”，既是一场攻坚战，更是一场持久战。全区各级各部门要深化思想认识，责任落实要到位、本领提升要到位、要素保障要到位，全力以赴推动各项重点任务落地生根、开花结果。区委副书记、政法委书记胡伟华以及区领导周显荣、郭云强、卢进出席会议。会上，周显荣通报了基层党建上半年调研情况，部署了下阶段全区基层党建重点任务；卢进通报了全区“消薄”工作有关情况，部署了全区集体经济薄弱村“清零”和“攻坚提升”计划。会前，参会人员实地查看了太平乡下岙村枇杷园、光伏项目，碧湖镇河东村蔬菜分解中心项目、小城镇综合治理及“消薄”联建项目。

**【召开深化经常化创建全国文明城市和国家卫生城市工作推进会】** 9月2日上午，莲都区召开深化经常化创建全国文明城市和国家卫生城市工作推进会，区委副书记、区长陈豪出席会议并讲话，他强调，要冲锋冲刺，精准发力，誓夺全胜，以“莲都作为”奏响新时代文明创建“最强音”。陈元龙、谷江南、胡伟华及全区副处以上领导参加会议。会上，陈豪还对美丽乡村示范区创建工作进行研判分析和具体部署。经常化创建全国文明城市相关重点单位先后表态发言。会议以视频会议形式召开，主会场设莲都会议中心会堂、莲都厅，联城街道和各乡镇设分会场。全区创建一类、二类、三类单位、相关街道、城区各物业企业、各中小学、幼儿园、各农贸市场、专业市场、部分餐饮单位等参加会议。

**【召开区政府党组暨政府办公室“不忘初心，牢记使命”主题教育工作动员会】** 9月12日下午，在全区“不忘初心、牢记使命”主题教育工作会议结束之后，莲都区政府第一时间召开党组暨政府办公室“不忘初心，牢记使命”主题教育工作动员会，深入学习贯彻中央、省、市、区委“不忘初心、牢记使命”主题教育工作会议精神，对主题教育工作进行动员部署。区委副书记、区长陈豪主持会议并讲话。会上，区委第四巡回指导组相关负责人对相关主题教育开展工作作了指导讲话。

**【召开“平安护航新中国成立70周年大会战”维稳安保会商研判会】** 9月25日下午，莲都区召开“平安护航新中国成立70周年大会战”维稳安保会商研判会，区委副书记、区长陈豪出席会议并讲话。他强调，要增强忧患意识，坚持底线思维，常态化分析研判面临的风险问题，以强烈的政治责任感和使命感做好当前各项安全维稳工作。区领导郭云强、卢进参加会议。会上，各相关单位就相关职能工作进行汇报，会议以视频形式召开，各乡镇、街道设分会场。

**【召开集中财力办大事工作会议】** 10月10日上午，区委副书记、区长陈豪专题听取集中财力办大事工作汇报，他强调，要精准测算可用财力，足额保障基本支出，集中财力办好实事。区委常委、常务副区长杨金跃参加会议。

**【召开美丽莲都建设推进会暨第二轮中央环保督察迎检工作专题部署会】** 10月11日下午，莲都区召开美丽莲都建设推进会暨第二轮中央环保督察迎检工作专题部署会。区委副书记、区长陈豪在会上强调，生态文明建设是新时代的重要政治任务，美丽莲都建设是生态文明建设的具体实践，全区上下务必以最大决心和最强力度，高标准高质量做好环保督察迎检和美丽莲都建设各项工作，开创美丽莲都建设新局面。区领导俞丽威、虞海雄出席会议。

**【召开领办重点提案“三见面”协商会】** 根据重点提案领办制度安排，区政协十五届三次会议第89号提案《关于推进古堰画乡文创旅游融合发展的建议》由区委副书记、区长陈豪领办。10月23日下午，陈豪就领办的第89号提案召开“三见面”协商会，他强调，各界别委员提案选题精准、调研深入、建议可行。发展谋划要国际化。要对标国际及国内著名艺术街区，以国际化视野，全面优化景区发展规划、空间布局，持续引入国际化的大项目、好项目，高标准谋划打造古堰画乡小镇。区政协主席谷江南及各提案人参加会议。会上，提案主办单位汇报了提案办理情况，各提案人围绕提案办理情况进行了精准提问，参会单位针对问题进行逐一答复。

**【区政府党组召开对照党章党规找差距专题会议】** 11月6日上午，区政府党组召开对照党章党规找差距专题会议，围绕“守初心、担使命，找差距、抓落实”的总要求，对照党章党规逐一查摆存在的问题。区委副书记、区长陈豪主持会议并讲话，他强调，要进一步强化责任担当，在抓好主题教育的同时，对标区人代会确定的目标任务、市对区考核、省26个县发展实绩考核等，全力以赴完成各项指标任务，力争实现“全年红”。市委第十一巡回指导组到会指导。区政府党组成员参加会议。

**【召开“使保定圩成为‘山水林田湖草’和谐共生　以GEP拉升GDP的典范”专题协商会议】** 11月27日下午，莲都区召开“使保定圩成为‘山水林田湖草’和谐共生，以GEP拉升GDP的典范”专题协商会议，区委副书记、区长出席会议并讲话，他强调，“保定圩的保护与利用”课题选题精准、调研深入、定位科学、建议新颖，各相关部门要认真研究，将课题中的建议吸纳到具体的工作中。区政协主席谷江南主持会议，区领导郭云强、郭巧燕等参加会议。

**【召开莲都区“基本无违建区”创建工作攻坚会】** 12月2日上午，莲都区“基本无违建区”创建工作攻坚会召开，区委副书记、区长陈豪出席会议并讲话，他强调，要以更大的担当、更实的举措全力攻坚冲刺，市区合力确保一举创成“基本无违建区”，市综合行政执法局相关负责人及区领导蔡毓良参加会议。会议还对“基本无违建区”创建攻坚工作进行了部署。

**【召开2019年市区城中村改造重点工作推进会】** 12月4日下午，2019年市区城中村改造重点工作推进会在莲都会议中心莲都厅召开，区委副书记、区长陈豪出席会议并讲话。他强调，要准确把握形势，善作善成，坚决打赢今年市区城中村改造收官之战。市区城中村改造工作指挥部领导杨晓春、蔡毓良及各征收小组组长参加会议。

**【召开第四批全国健康促进区建设评估汇报会】** 12月10日上午，第四批全国健康促进区建设省级技术评估组到莲都，就创建全国健康促进区进行评估。区委副书记、区长陈豪出席评估汇报会并详细介绍了莲都建设全国健康促进区情况，市卫计委相关工作负责人及区领导兰仁生、虞海雄等参加汇报会。会后，评估组通过实地走访、查台账等方式对莲都区全国健康促进区建设工作进行评估。

**【专题协调会】** 2019年1月2日晚上，区委常委、常务副区长王世强在区建投公司1806会议室召开桃碧线景观提升工程联席会议。

1月3日上午，受区政府副区长郭巧燕委托，区政府办公室副主任曾锋在莲都会议中心黄村厅，牵头召开民办幼儿园申请享受政府扶持政策相关事宜专题协调会议。

1月3日上午，受区政府副区长郭巧燕的委托，区府办副主任曾锋在莲都会议中心黄村厅牵头召开雅溪中心卫生院拆扩建等项目工程变更相关事项协调会。

1月8日下午，区政府副区长敖正东在莲都会议中心丽云厅主持召开长岗背小学项目建设和碧湖等自来水厂移交相关事宜专题会议。

1月9日上午，受副区长蔡毓良委托，区府办副主任徐建波在莲都会议中心雅溪厅召开丽新乡吾赤口村叶淑伟户建房行政许可注销相关问题专题协调会。

1月10日上午，区政府副区长俞丽威在莲都会议中心黄村厅主持召开雅溪镇萤石矿浮选厂项目临时用地土地复垦有关问题协调会议。

1月14日上午，区委副书记、区长陈豪在区政府七楼会议室召开专题会议，听取堰头村生活污水治理设施建设方案的汇报，听取编制巨溪三岩寺和栝苍古道区块旅游总规和详规的汇报，听取古堰画乡景区旅游接待中心设计委托情况汇报，听取古堰画乡艺境画苑、画乡风情苑商业街回租情况汇报。

1月21日下午，受副区长蔡毓良委托，区府办副主任徐建波在区自然资源与规划分局会议室主持召开莲都区太平乡太平村、吾古村拟收储地块土地预征收工作相关问题专题协调会议。

1月24日下午，受副区长蔡毓良委托，区府办副主任徐建波在区政府727办公室主持召开莲都区老竹镇风情一条街地块规划指标调整相关问题专题协调会。

2月21日下午，区委常委、副区长斯基根在莲都会议中心雅溪厅召开莲都区新治河绿道工程相关问题专题协调会议。

2月21日下午，受副区长蔡毓良委托，区府办副主任徐建波在莲都会议中心联城厅主持召开丽水工业园区南山园A7地块土地挂牌竞得人资格复核及竞买保证金处置问题专题协调会议。

3月1日下午，区委副书记、区长陈豪在区政府七楼会议室召开莲都区推行小学放学后校内托管服务工作专题会议。

3月1日下午，区委副书记、区长陈豪在区政府七楼会议室召开莲都区国资公司发行企业债券增信事宜专题会议。

3月4日上午，受副区长蔡毓良委托，区府办副主任徐建波在莲都会议中心雅溪厅主持召开莲都区1000千伏特高压浙南站项目所涉联城街道坑口村行政大楼迁建国有建设用地划拨相关问题专题协调会。

3月5日上午，区委常委、副区长斯基根召集相关部门在莲都区政府826办公室召开莲都区桃碧线景观提升工程相关问题专题会议。

3月13日下午，区委副书记、区长陈豪在区政府七楼会议室主持召开财政专项扶贫结转结余资金化解工作专题会议。

3月21日上午，受区政府副区长卢进委托，区府办副主任吴耿王在莲都区政府7楼717会议室召开了枯死木清理采伐有关问题协调会议。

4月2日下午，受副区长蔡毓良委托，区府办副主任徐建波在莲都会议中心黄村厅主持召开莲都区人民医院改扩建工程等项目房屋征收工作专题协调会。

4月4日上午，副区长、丽水万洋低碳智造小镇项目副总指挥俞丽威和丽水工业园区管委会主任、丽水万洋低碳智造小镇项目常务副总指挥管兴标在丽水万洋低碳智造小镇项目展示厅二楼会议室共同主持召开丽水万洋低碳智造小镇项目（以下简称万洋项目）建设有关问题专题协调会。

4月11日上午，受副区长蔡毓良委托，区府办副主任徐建波在莲都会议中心黄村厅主持召开碧湖镇潘丽勇、潘利成户和大港头镇颜夏章户安置房结算相关问题协调会。

4月15日上午，受区委常委、副区长斯基根委托，区府办副主任胡志成在莲都会议中心丽云厅召开解放街11-13号（区政府宿舍）第10幢及附属用房加固修缮项目装修等相关问题专题协调会。

4月15日下午，区委副书记、区长陈豪在区政府七楼会议室召开瓯碧园安置房申购相关事项专题会议。

4月17日上午，受蔡毓良副区长委托，区府办副主任徐建波在莲都会议中心联城厅主持召开丽新乡玄武岩矿场、太平乡天师楼项目土地利用规划局部调整工作专题协调会。

4月17日下午，区政府副区长郭巧燕在莲都会议中心联城厅主持召开莲都区中小学空调进教室项目实施有关问题协调会。

4月22日下午，区委副书记、区长陈豪在区政府七楼会议室召开农民异地搬迁安置小区建设专题会议。

4月25日下午，区政府副区长蔡毓良在区政府7楼会议室主持召开丽水灵康杏福康旅小镇项目政策处理相关问题专题协调会。

5月8日上午，受副区长蔡毓良委托，区府办副主任徐建波在莲都会议中心联城厅主持召开坑口村苏埠圩安置小区安置公寓相关问题专题协调会。

5月13日下午，莲都区政府副区长敖正东在区信访局二楼会议室主持召开丽水中心城区给水管网建设模式相关事宜专题协调会。

5月20日下午，受副区长蔡毓良委托，区府办副主任徐建波在莲都会议中心丽云厅主持召开农村垃圾中转站建设用地审批相关事项专题协调会。

5月27日下午，区政府副区长卢进在莲都会议中心联城厅召开了碧湖镇文一路和人民街交叉口地块项目建设有关事项专题协调会议。

5月29日上午，区委常委、区政府副区长斯基根在莲都会议中心联城厅召开区国资公司部分到期房产采用协议出租方式续租相关事宜专题协调会议。

5月29日上午，受区委常委、副区长斯基根委托，区府办副主任胡志成在莲都会议中心联城厅召开莲都区综合供能服务站项目建设推进专题协调会。

5月31日下午，受蔡毓良副区长委托，区府办副主任徐建波在莲都会议中心联城厅主持召开莲都区六合供销合作社中心社白前村社属企业资产征收相关问题专题协调会。

6月4日下午，受莲都区政府副区长敖正东委托，区府办副主任叶刘军在莲都会议中心联城厅召开碧湖镇小城镇环境综合整治建设项目相关事宜专题会议。

6月5日，市自然资源和规划局副局长陈喜民、莲都区政府副区长蔡毓良在莲都区政府七楼会议室召开2019年度中心城区征收项目涉及的农民无房户（住房困难户）房源分配相关问题协调会议。

6月12日下午，区政府副区长俞丽威在莲都会议中心联城厅主持召开莲都区老旧小区消防安全整治工作有关问题协调会。

6月13日上午，莲都区政府副区长敖正东在莲都会议中心碧湖厅召开丽水市区北城区块截污纳管整治长效机制相关事宜专题会议。

6月13日下午，区委副书记、区长陈豪带队调研碧湖镇下南山村景观提升项目，并在下南山村古民居会议室召开专题协调会。

6月18日上午，受副区长蔡毓良委托，区府办副主任徐建波在区政府717会议室主持召开区人民医院改扩建项目粮食系统职工宿舍住户腾空事项专题协调会。

6月21日下午，受区委常委、副区长斯基根委托，区府办副主任胡志成在莲都会议中心联城厅召开城西小学新建工程结算评审等相关问题专题协调会。

6月28日，受卢进副区长委托，区府办副主任吴耿王在区政府九楼会议室召开了碧湖产业区块排涝工程相关事项协调会。

6月28日下午，受副区长蔡毓良委托，区府办副主任徐建波在区征收办三楼会议室主持召开丽水市华宸金属制品有限公司（以下简称华宸公司）搬迁安置相关问题专题协调会。

7月5日下午，受副区长蔡毓良委托，区府办副主任徐建波在莲都区会议中心黄村厅主持召开碧湖镇三峰出让地块征收款补差事项相关问题协调会议。

7月5日下午，受副区长蔡毓良委托，区府办副主任徐建波在莲都会议中心黄村厅主持召开大港头镇至碧湖污水处理厂污水主管工程相关问题专题协调会议。

7月9日下午，受副区长蔡毓良委托，区府办副主任徐建波在区自然资源和规划分局二楼会议室主持召开紫金街道水岭根村梅溪岭新村边坡应急排险处置专题协调会议。

7月10日下午，受副区长蔡毓良委托，区府办副主任徐建波在莲都会议中心黄村厅主持召开会议，专题研究东银苑社区办公用房调拨有关事项。

7月18日上午，受副区长蔡毓良委托，区府办副主任徐建波在莲都会议中心联城厅主持召开了新建衢丽铁路（莲都段）工程社会稳定风险评估评审会。

8月1日上午，莲都区政府副区长蔡毓良在区政府七楼会议室主持召开雅溪镇自来水厂工程相关事宜协调会。

8月6日下午，受副区长蔡毓良委托，区府办副主任徐建波在莲都会议中心联城厅召开碧湖镇郎奇—白桥安置小区剩余地块农民建房相关问题专题协调会。

8月12日晚上，副区长俞丽威、卢进在省、市第9号超强台风“利奇马”抢险救灾和灾后重建工作视频会议后，在区政府七楼会议室召集相关部门召开了雅溪镇道路应急抢通和修复工程专题协调会议。

8月19日下午，副区长卢进在莲都会议中心联城厅主持召开莲都区农村饮用水单村供水工程运维管理相关事项专题协调会。

8月22日上午，副区长俞丽威在莲都会议中心黄村厅召开万洋低碳智造小镇项目部分地块审批件变更等有关问题协调会。

8月22日上午，副区长俞丽威在莲都会议中心黄村厅主持召开高溪低丘缓坡重点区块16号A地块土地出让工作有关问题协调会议。

8月27日下午，副区长卢进在莲都会议中心联城厅主持召开丽水市大溪治理工程（莲都段）三标段、四标段工程结算相关事宜专题协调会。

9月3日下午，受副区长蔡毓良委托，区府办副主任徐建波在莲都区会议中心黄村厅主持召开区人民医院改扩建项目及碧湖西郊廊香东侧商住用地土地储备项目相关问题协调会议。

9月3日上午、9月6日上午，受副区长蔡毓良委托，区府办副主任徐建波先后在莲都会议中心黄村厅、曳岭厅，召开太平乡天师楼项目大棚房问题处置工作相关事项专题协调会。

9月11日上午，受区政府副区长蔡毓良委托，区府办副主任叶刘军在曳岭厅召开粮油批发市场外墙脱落修缮工作相关问题协调会议。

9月11日下午，副区长卢进在莲都区会议中心联城厅召集相关部门召开了莲都区光伏小康工程—公建屋顶分布式光伏项目建设协调会。

9月26日晚上，莲都区委常委、常务副区长杨金跃在区政府七楼会议室召开浙江丽水城市花园温泉度假中心项目专题协调会。

10月16日上午，受副区长蔡毓良委托，区府办副主任徐建波在莲都会议中心联城厅主持召开雅溪镇自来水厂工程和老竹-丽新污水处理厂项目相关问题专题协调会议。

10月21日下午，受莲都区委常委、常务副区长杨金跃委托，区府办副主任胡志成在区政府717会议室召开武警莲都中队信息化项目建设专题协调会。

10月22日上午，受副区长蔡毓良委托，区府办副主任徐建波在莲都会议中心联城厅召开坑口村苏埠圩安置小区相关问题协调会。

10月25日，受副区长卢进委托，区府办副主任吴耿王召集相关单位在莲都会议中心曳岭厅主持召开了大港头镇污水“零直排区” 整改项目相关事项专题协调会。

10月28日中午，区委副书记、区长陈豪，副区长卢进在区政府七楼会议室召开了莲都区松材线虫病疫木清理及除害处理工作专题协调会议。

10月31日下午，区政府副区长郭巧燕在莲都会议中心联城厅召开古堰画乡景区执法体制历史遗留问题专题会议。

11月1日上午，受副区长蔡毓良委托，区府办副主任徐建波在莲都会议中心联城厅召开市区老旧住宅外墙脱落修缮工作专题协调会议。

11月12日下午，受副区长蔡毓良委托，区府办副主任徐建波主持召开330国道莲都段改建工程青林、弄和安置点部分迁建安置房地基移位相关问题协调会。

11月15日下午，受副区长俞丽威委托，区金融办主任刘建斌在莲都会议中心黄村厅主持召开江苏力海科技有限公司高端军工装备制造项目立项有关问题协调会。

11月20日下午，受副区长俞丽威委托，区金融办主任刘建斌在莲都会议中心曳岭厅主持召开碧湖产业区块北区块D12地块土地出让工作有关问题协调会议。

11月21日上午，受莲都区委常委、常务副区长杨金跃委托，区府办副主任胡志成在区政府 9楼会议室召开莲都区社会矛盾纠纷调处化解中心建设项目相关事宜专题协调会。

12月2日上午，受副区长蔡毓良委托，区府办副主任徐建波在莲都会议中心联城厅主持召开丽水灵康杏福康旅小镇项目太平电站征收工作相关事宜专题协调会。

12月4日下午，受副区长俞丽威委托，区金融办主任刘建斌在莲都会议中心联城厅主持召开城区区属机关事业单位食堂餐饮油烟整治工作有关问题协调会。

12月6日下午，受区委常委、常务副区长杨金跃委托，区府办副主任胡志成在区政府717会议室召开大港头镇丽云路外立面提升改造项目相关事项专题协调会。

12月20日上午，受副区长蔡毓良委托，区府办副主任徐建波在莲都会议中心黄村厅主持召开莲都区小城镇环境综合整治项目相关事宜协调会。

12月23日上午，受区委常委、常务副区长杨金跃委托，区府办副主任胡志成在区政府717会议室召开大港头镇综合信息指挥室采购项目遗留问题专题协调会。

12月25日上午，区政府副区长俞丽威在区政府710会议室主持召开县道南保线和桃碧线部分路段产权移交事项专题协调会。

12月30日上午，受莲都区委常委、常务副区长杨金跃委托，区府办副主任胡志成在莲都会议中心黄村厅召开大港头派出所及专职消防队业务用房工程结算评审等相关事宜专题协调会。

## 区政府重大活动

**【莲都区消防救援大队举行授衔和换装仪式】** 1月4日上午，莲都区消防救援大队举行授衔和换装仪式，区委副书记、区长陈豪出席仪式并讲话，他强调，要坚定信仰，严明纪律，锤炼本领，牢记初心，永远做党和人民的忠诚卫士。王世强、江爱军、任文红、任万户等区领导参加仪式。

**【专题开展岁末年初安全生产大检查和“三服务”活动】** 1月9日上午，区委副书记、区长陈豪开展岁末年初安全生产大检查和“三服务”活动。他强调，要以“服务企业服务群众服务基层”活动为抓手，有针对性地研究落实帮扶措施，切实帮助解决企业、群众和基层解决困难和问题，不断提升企业、群众和基层的获得感。副区长俞丽威参加活动。

**【专题督查重点项目建设和谋划一季度“开门红”工作】** 1月10日上午，区委副书记、区长陈豪专题督查全区重点项目建设和谋划一季度“开门红”工作，他强调，要以省委书记车俊点赞为动力，乘势而上、驰而不息，全力打好有效投资攻坚战，确保实现“开门红”。区委常委、常务副区长王世强参加督查调研。

**【专题调研东西岩景区和绿道建设工作】** 1月15日上午，区委副书记、区长陈豪专题调研东西岩景区和绿道建设工作，他强调，要加快详规编制，谋好投资项目，强化内部管理，丰富文化活动，加速推进东西岩景区提档升级。郭巧燕、蔡毓良等区领导参加调研。

**【春节前走访慰问特殊群体】** 1月29日下午，区委副书记、区长陈豪走访看望了老党员、高层次人才、退伍军人、困难群众、低收入农户等特殊群体，把党和政府的关怀送进群众心坎。

**【举办2019古堰画乡小镇春晚】** 1月30日晚，“福满画乡 情传四海” 2019年古堰画乡小镇春晚在景区“艺境巴比松”广场举行。区委副书记、区长陈豪，市文化和广电旅游体育局副局长许卫东，区委常委、宣传部部长赵加慧，区人大常委会副主任兰仁生，副区长郭巧燕，区政协副主席虞海雄出席现场观看演出。

**【专题开展春节前食品安全和市容环境检查工作】** 2月1日上午，区委副书记、区长陈豪专题开展春节前食品安全和市容环境检查工作，他强调，要不断改善市容环境卫生面貌，持续加强食品安全监督检查力度，确保群众度过一个欢乐祥和的春节。副区长敖正东参加检查活动。陈豪一行还实地检查海潮旧货市场环境整治及市区部分道路、河道保洁等情况。

**【专题专题调研桃碧线和S328省道景观提升工程】** 2月19日下午，区委副书记、区长陈豪专题调研桃碧线和S328省道景观提升工程，他强调，要树立精品意识，着眼细处、着手细节，精准、精细、精致打造景观节点。

**【举办2019年第一批扩大有效投资项目集中开工活动】** 3月6日上午，莲都区2019年第一批扩大有效投资项目集中开工，市委常委、区委书记杜兴林，区委副书记、区长陈豪，区人大常委会陈元龙，以及区领导宋珍花、周显荣、翁伟标、斯基根、叶建光、林峰出席活动。本次集中开工项目共21个，总投资68.05亿元，年度计划投资16.27亿元。集中开工仪式上，区发改局介绍莲都区2019年第一批扩大有效投资项目集中开工情况，碧湖镇、丽水工业园区管委会、长岗背小学新建工程项目EPC总承包单位作表态发言。

**【陈豪带队赴浙江清华长三角研究院开展项目考察对接】** 3月27日，区委副书记、区长陈豪带队赴浙江清华长三角研究院开展项目考察对接，浙江清华长三角研究院党委副书记吴云达、副院长杨向东等研究院领导会见了考察团一行，并就双方合作事宜进行座谈交流。副区长俞丽威参加考察活动。会前，陈豪一行还实地考察了浙江清华长三角研究院的柔性电子技术研究院、未来技术研究院、精准医学中心和健康睡眠大数据展厅等。会上，区经合办、瓯度委、丽水工业园区管委会还分别进行了招商引资项目推介，双方就具体项目和合作事宜进行了互动交流。

**【专题督查调研重大项目建设】** 4月1日下午，区委副书记、区长陈豪专题督查调研重大项目建设，他强调，要加大项目推进力度，发挥投资主体作用，强化要素保障，优化工作机制，切实保障项目顺利推进。斯基根、管兴标等区领导参加督查调研。

**【专题调研市区城中村改造工作】** 5月10日上午，区委副书记、区长陈豪专题调研市区城中村改造工作，他强调，要狠抓责任落实，细化分解任务，圆满完成市区城中村改造和重点项目政策处理任务，副区长蔡毓良参加调研。

**【举办2019“莲都100”越野赛】** 5月11日，2019“莲都100”越野赛在古堰画乡开跑。区委副书记，区长陈豪致辞。区领导陈元龙、斯基根、郭巧燕、张玉洁、虞海雄等出席起跑仪式。

**【专题调研碧湖城镇规划建设管理工作】** 5月24日下午，区委副书记、区长陈豪专题调研碧湖城镇规划建设管理工作，他强调，要高标准谋好城市规划，大力度推进城市建设，精细化提升城市管理。周显荣、叶建光、蔡毓良、敖正东等区领导参加调研。

**【义乌市代表团赴莲都区开展山海协作】** 6月5日，金华市副市长、义乌市市长王健率义乌市代表团赴莲都区交流山海协作工作。莲都区委副书记、区长陈豪，区领导斯基根、郭巧燕、管兴标，义乌市领导董士虎、郭济环等参加有关活动。会上，双方签订了义乌商城集团入驻古堰画乡一号艺术区合作协议，义乌-莲都山海协作展贸经济合作协议。会前，义乌市代表团一行考察了古堰画乡特色小镇、万洋低碳智造小镇。

**【“七一”建党节走访慰问】** 7月1日下午，区委副书记、区长陈豪走访慰问了离任村干部、因公牺牲党员家属、中华人民共和国成立前老党员等，向他们致以节日的问候和诚挚的祝福，送去党和政府的关怀和温暖。区委常委、组织部部长周显荣参加慰问。

**【专题调研指导防汛工作】** 7月9日至10日，区委副书记、区长陈豪通过暗访检查、实地调研等方式，对全区相关职能部门、乡镇（街道）防汛工作责任制落实情况进行检查。他强调，要坚决克服麻痹思想，严格值班值守，全面落实防汛工作责任，确保人民群众生命财产安全。副区长卢进参加暗访检查。

**【举行莲都-剑阁东西部扶贫协作共建产业园揭牌仪式】** 7月16日上午，莲都-剑阁东西部扶贫协作共建产业园揭牌仪式在剑阁举行，标志着两地扶贫协作拉开新的序幕。四川省广元市政府副秘书长、浙江援川广元片区工作组组长林强，区委副书记、区长陈豪，广元市剑阁县委副书记、县长张世忠及县委副书记、县人大常委会主任张大勇等出席揭牌仪式。

**【赴剑阁县开展东西部扶贫协作工作】** 7月15日到16日，由区委副书记、区长陈豪带队的莲都区考察团赴四川省广元市剑阁县开展东西部扶贫协作工作。考察期间，陈豪一行实地考察了农业产业帮扶、来料加工车间、电商扶贫等项目的进展情况，并慰问了剑阁县困难群众和莲都区挂职干部。剑阁县委副书记、县长张世忠及相关县领导一同参加扶贫协作项目考察。

**【举行“争做垃圾分类模范生 争创美丽乡村示范区”誓师活动】** 7月26日上午，莲都区“争做垃圾分类模范生 争创美丽乡村示范区”誓师活动在丽新畲族乡举行。区委副书记、区长陈豪出席活动并讲话，区领导雷勇军、卢 进、任文红等参加活动。仪式还为各乡镇(街道)授旗，乡镇(街道)代表分别以一句话表达了“争做垃圾分类模范生 争创美丽乡村示范区”的决心。丽新畲族乡作交流发言，农村生活垃圾分类宣讲员宣读了倡议书。主会场全体人员在签名墙上签名留念。仪式结束后，与会人员实地查看了丽新畲族乡垃圾分类工作开展情况。

**【专题调研今年第9号超强台风抢险救灾和灾后重建工作】**8月14日下午，区委副书记、区长陈豪专题调研2019年第9号超强台风抢险救灾和灾后重建工作，他强调，要深入做好救灾和灾后重建工作，全力夺取抗台救灾的全面胜利，副区长卢进参加调研。

**【举办丽水巴比松国际研讨会暨2019古堰画乡小镇艺术节】**8月20日晚，由丽水市人民政府主办，浙江省美术家协会、莲都区人民政府承办的丽水“巴比松”国际研讨会暨2019古堰画乡小镇艺术节在古堰画乡开幕。意大利卢尼加纳大区市长联合会主席兼奥拉市市长罗伯特·瓦兰蒂尼，前法国经济和财政部新闻和媒体关系办公室主任、法国国家旅游局前秘书长让·路易·巴兰朵，意大利卡拉拉国立美术学院院长马萨里·卢西亚诺，亚洲美术家协会主席、马来西亚森洲艺术协会会长杨六南等国外友人和艺术家，以及浙江省文学艺术界联合会党组书记、副主席、书记处常务书记陈瑶，浙江省中国特色社会主义理论体系研究中心主任胡坚等国内领导和嘉宾出席开幕仪式。丽水市委副书记、市长吴晓东致欢迎词，莲都区委副书记、区长陈豪主持。

**【举办丽水巴比松国际研讨会暨2019古堰画乡小镇艺术节主旨论坛举】** 8月21日上午，丽水巴比松国际研讨会暨2019古堰画乡小镇艺术节主旨论坛举行，意大利卢尼加纳大区市长联合会主席兼奥拉市市长罗伯特·瓦兰蒂尼，前法国经济和财政部新闻和媒体关系办公室主任、法国国家旅游局前秘书长让·路易·巴兰朵，意大利卡拉拉国立美术学院院长马萨里·卢西亚诺，亚洲美术家协会主席、马来西亚森洲艺术协会会长杨六南等国外友人和艺术家，以及中国文联副主席、中国美术学院院长、中国美术家协会副主席许江，浙江省文学艺术界联合会党组书记、副主席、书记处常务书记陈瑶，浙江省中国特色社会主义理论体系研究中心主任胡坚，市委常委、常务副市长杜兴林，中国美协理事、水彩艺委会主任陈坚等国内领导和嘉宾参加主旨论坛。区委副书记、区长陈豪主持主旨论坛。在主旨论坛上，莲都区与意大利奥拉市签订了友好合作意向书，丽水瓯江风情旅游度假区管委会与意大利卡拉拉美术学院签订意向合作协议并进行“卡拉拉美术学院古堰画乡实习基地”授牌。活动还进行长江三角洲地区油画发展战略合作签约、莲都区与华东地区各大院校绘画艺术战略联盟签约。

**【专题调研碧湖镇“十四五”规划工作】** 8月23日下午，区委副书记、区长陈豪专题调研碧湖镇“十四五”规划工作，他强调，要明确定位和规划要素，积极谋划六大系统，准确把握“十四五”规划前期研究重点，为下一步启动规划编制做好准备。区领导郭云强、俞丽威、蔡毓良等参加调研。

**【陈豪带队参加上海世界创意经济峰会活动】** 8月30日上午，区委副书记、区长陈豪带队赴上海参加长三角创意资源对接会暨2019第五届上海世界创意经济峰会活动，进一步助推莲都文创产业提质升级与城市的更新发展。副区长郭巧燕参加活动。开幕式上，陈豪代表莲都区人民政府与主办方长江三角洲城市经济协调会创意经济合作专业委员会就全面融入长三角一体化建设签署战略合作框架协议。

**【专题调研经常化创建文明城市和国家卫生城市巩固工作】**9月9日上午，区委副书记、区长陈豪专题调研经常化创建文明城市和国家卫生城市巩固工作，他强调，要进一步提高认识，强化市区协作，抓好问题整改，全面细致推进经常化创建文明城市和国卫巩固各项工作。

**【举办“高质量绿色发展”研讨会】** 9月21日上午，莲都区“高质量绿色发展”研讨会在丽水学院音乐厅召开，区委副书记、区长陈豪出席会议并现场致辞，中央社会主义学院特聘教授、美国国家人文与科学院院士小约翰·柯布及其团队，美国中美后现代发展研究院常务副院长王治河博士，中国（丽水）两山学院执行院长刘克勤等中外专家及区领导陈永超、张玉洁等参加研讨会。研讨会上，小约翰·柯布作了主题为《生态文明与乡村振兴》的主旨演讲。王治河博士和刘克勤院长还分别在研讨会上作了主题为《美在生态文明建设和高质量绿色发展中的作用》《两山之路：生态文明教育的丽水样本》的主旨演讲。

**【开展“不忘初心、牢记使命”主题教育党建领域专题调研】**9月26日下午，区委副书记、区长陈豪赴紫金街道开展“不忘初心、牢记使命”主题教育专题调研，聚焦党建领域突出问题，深入联系村水东村听建议、解难题，他强调，要进一步加强基层基础和村级功德文化建设，积极发展村集体经济，客观面对敏感复杂问题，努力使“后进村”变“先进村”。

**【专题调研全区综合交通发展情况】** 10月16日上午，区委副书记、区长陈豪专题调研全区综合交通发展情况。他强调，要锚定“两个中心”，积极对标上位规划，积极做好“三个联动”，着力提升道路标准和品质，切实加快全区交通网建设步伐。副区长蔡毓良参加调研。

**【开展“走乡入村深化三服务”活动】** 10月24日下午，区委副书记、区长陈豪一行深入大港头镇西黄村，开展“不忘初心、牢记使命”主题教育走乡入村深化“三服务”活动，深入基层调研村情村貌，为村居发展排忧解难。市主题教育第十一巡回指导组组长李炀德参加走访活动。

**【专题调研2019年市区城中村改造和重点项目征收工作】** 11月1日上午，区委副书记、区长陈豪专题调研2019年市区城中村改造和重点项目征收工作，他强调，要持续加大攻坚力度，加快推进速度，确保圆满完成市区城中村改造和重点项目征收年度目标任务。市区城中村改造指挥部领导林开武、杨晓春、蔡毓良等参加调研。

**【专题调研海潮河治理工作、长岗背小学新建工程】** 11月12日下午，区委副书记、区长陈豪专题调研海潮河治理、长岗背小学新建工程建设等工作，实地了解民生难点、热点工作，现场协调解决工作推进过程中的遇到的难题。区领导俞丽威、卢进、虞海雄等分别参加调研。

**【专题督查“南明山庄”违建别墅拆除工作】** 11月30日上午，区委副书记、区长陈豪专题督查“南明山庄”违建别墅拆除工作，他强调，要一鼓作气，乘势而上，进一步加快进度，确保在时间节点内彻底完成所有拆除工作。区领导杨金跃参加督查。

**【专题开展“三服务”活动和安全生产大检查】** 12月11日下午，区委副书记、区长陈豪深入企业、重点项目现场，实地调研重点项目建设情况，查找安全生产薄弱环节，帮助企业解决实际困难，切实加快项目推进速度。

## 区政府合作签约

2019年1月10日，丽水市莲都区人民政府与丽水市人民医院签订合作框架协议。

5月7日，丽水市莲都区人民政府与浙江省文学艺术界联合会签订共建古堰画乡艺术小镇协议。

7月2日，丽水市莲都区人民政府与浙江省农业科学院签订全面合作框架协议。

7月16日，丽水市莲都区人民政府与广元市剑阁县人民政府签订莲都—剑阁东西部扶贫协作共建产业园协议书。

7月25日，中共丽水市莲都区委、丽水市莲都区人民政府与中共义乌市委、义乌市人民政府签订义乌市—莲都区共建古堰画乡生态旅游文化创意园合作框架协议。

7月25日，丽水市莲都区人民政府与宁波市江北区人民政府签订2019年度江北—莲都山海协作工程合作协议。

8月30日，丽水市莲都区人民政府与长江三角洲城市经济协调会创意经济合作专业委员会签订"赋能丽水莲都文创，树长三角一体化示范精品"战略合作框架协议。

11月20日，丽水市莲都区人民政府与上海市黄浦区人民政府签订友好合作框架协议。

12月13日，丽水市莲都区人民政府与云和县人民政府签订瓯江流域上下游横向生态补偿协议、瓯江上下游水生态产品采购协议书。

12月13日，丽水市莲都区人民政府与松阳县人民政府签订瓯江流域上下游横向生态补偿协议、瓯江上下游水生态产品采购协议书。

## 办公室工作

**【统筹协调】** 严格落实政府系统"两强三提高"建设要求，做好各项工作落实，持续提高行政质量、效率和政府公信力。围绕高质量绿色发展，主动参与区委区政府中心工作，充分发挥政府办公室联系领导、服务基层、协调部门的桥梁枢纽作用，围绕生态文明建设、"最多跑一次"改革、重大项目建设、乡村振兴、古堰画乡品质化提升、民生实事推进等重点工作开展统筹协调，当高参、设大谋、出精品，为领导决策提供了第一手资料和一系列对策建议，推动区委区政府目标任务的有效落实。

**【办文办会】** 在"办文"上，严格按照行政机关公文处理相关规定，严把政策关、时效关和校核关，实现公文办理无错传、无泄密、无漏办、无积压。全年共印发区政府（办公室）文件960个，处理各级来文9400多件。在"办会"上，严格执行会议审批制度，做好区政府常务会议、全区性大会、各类专题会议等会务工作，全年办会215次。在"减文减会"上，贯彻上级党委"基层减负年"工作要求，突出精、简、准、实的原则，稳步推进各项减负工作，重点精简的"三类文件"精简率为60%。

**【督查督办】** 加大省市区民生实事、建议提案办理及领导交办事项的督查力度，全年办理人大建议147件，政协委员提案174件，办结率100%。深化"大督查"工作机制，突出经济建设和民生实事，将130项重要事项整合成深化改革、项目推进、基层党建等7个组，整合四套班子领导、两代表一委员、职能部门人员力量，以历年最大力度推进事项。开展省市区政府工作报告重点任务、区政府全会责任分解、重点项目攻坚、全面深化改革、松材料线虫整治、秸秆禁烧、基层减负等专项督查，有效推动重点工作、重点项目的落实。全年共下发督查通知23件，《督查通报》53期，《重要事项交办单》10件，《"三服务"问题清单》7件，编发《督查专报》5期。

**【政务信息】** 坚持将服务市、区领导重大决策作为信息工作的重中之重，编写"选领导所需、补领导所缺、释领导所疑"的高层次信息，为区领导决策提供了优质精准的信息服务。全年共编发《专报信息》61期、《莲都信息》121期。及时总结上报莲都重要和特色工作，共上报各类信息950条，获省级领导批示25个、市级领导批示9个、区级领导批示36个。全市政务信息考核评比的录用得分首次破万，排名全市前三。健全紧急信息沟通协调机制，全年完成20余起紧急突发事件的信息报送，未出现一起重大紧急信息瞒报、漏报、迟报、错报的事故。召开全区政务信息工作会议，并挑选文字能力较强的信息员到信息科顶岗轮训，切实促进全区信息工作的整体提升。

【电子政务】 推进“互联网+政务服务”应用，群众办事从“最多跑一次”向“一次都不用跑、即办、掌上办”的理念迈进，零跑实现率为97.79%，即办率为87.87%，网上办实现率为96.52%，掌上办完成率96.43%，均达到省定目标。有序推进“互联网+监管”工作，全区执法人员470人均已开通账户。加快政府数字化转型，政务移动“浙政钉”激活率达100%，全年平均活跃度达60%。开展政务新媒体清理整治，面向群众办事类APP统一整合到“浙里办”，政务办公类APP统一整合到“浙政钉”，注销关停微信公众号13个、整改23个。坚决落实信息安全保障责任，区政务外网系统通过二级信息安全等级保护测评，全年未发生重大信息安全事件。

【政务公开】 健全完善政策解读工作机制，政策性文件与政策解读同步发布，并采用图表、数据、漫画等平实易懂便于公众理解的方式，全年解读规范性文件及政策性文件20个，有效增强政策解读的传播力和影响力。开展重大建设项目批准实施领域及公共资源配置领域政府信息公开工作，督促各责任部门网上公开17个区重大建设项目的批准服务、批准结果、招标投标、土地征收等8类信息，并按照“全生命周期”全流程系统发布。完善重点领域信息公开目录、民网互动等栏目，深入推进要求公开的各项指标。区政府门户网站主动公开信息1.5万余条，其中信息公开平台7300余条。指导、答复政府信息依申请公开件51件，依法依规及时办理率达100%，全年无因政府信息公开引起的行政败诉件。

【金融工作】 实施“凤凰行动”计划，助推优质企业在境内外资本市场多渠道融资，完成新增股份公司3家，省股交中心挂牌8家。召开银企对接大会暨金融精准服务企业专项行动会，现场达成银企授信1.6亿元。开展“三服务”活动，协调“三服务”办交办件5件。推动政保合作，做好农村小额保险工作。顺利与蚂蚁金服集团签约“普惠金融+智慧县域”项目，并于9月正式上线运营，将为莲都区农民群体提供免担保、无抵押的纯信用贷款，助力莲都区乡村振兴和三农发展。开展农村金融改革，实现“三权抵押”贷款新增1.38亿元，超额完成年度目标任务。深入开展农村信用体系建设，累计创成信用乡镇1个、信用村77个。防范化解金融风险，做好非法集资宣传排查，加大不良资产处置和“两链”风险化解，持续推进P2P网络借贷风险化解。2019年，不良贷款余额6.68亿元，较年初减少1.2亿元。

【法制保障】 顺利完成区法制办和司法局的职责整合，为统筹推进全区法治政府建设提供机制保障。落实重大行政决策程序，制定《莲都区重大行政决定合法性审核规定》，推行重大行政决策事项清单化管理。全面实施行政规范性文件“三把关”和“三统一”制度，行政规范性文件和重大行政合同合法性审核率达100%。坚持邀请区人大、区政协领导参加区政府常务会议制度，区政府所有重大决策事项在决策前均经过合法性审查，全年所有区政府常务会议审议议题法制机构负责人全程列席，部分议题邀请法律顾问到场参与决策咨询，确保决策合法。依法有效化解社会矛盾纠纷，高度重视行政应诉工作，提高行政负责人出庭应诉率，妥善处理行政争议。

【数字城管】 依托数字管理平台，按照快捷高效原则，保障城市整洁有序和正常运行。数字城管全年共处置案卷2.2万余件，累计结案率达98.68%，城市管理中如暴露垃圾、乱堆物料、下水道污水外溢等的11个大类152个小类问题得到及时解决，为城市正常运行和整洁有序提供有力保障。合理有序开展小区、城中村新增停车位施划项目，共施划小车位1200余个，电瓶车位近3600个，进一步规范了小区、城中村车辆停放秩序，巩固文明城市创建成果。

【思想政治建设】 高质量开展主题教育，区府办在全区主题教育应知应会知晓率督查中获第1名。认真履行意识形态工作主体责任，定期研究意识形态工作。办理区政府主要领导关于网络舆情的批示12件，群众来信批示74件，及时交办相关部门并要求反馈进展情况，有效应对可能出现的负面舆情突发情况。

【党风廉政建设】 严格执行民主集中制，进一步健全内部管理机制。配合派驻纪检监察组开展执纪监督，对于涉及“三重一大”的会议，主动邀请纪检监察组参加，吸收整改纪检监察组提出的意见；对于应当汇报的事项，做到应报尽报。及时传达上级党委和纪委党风廉政建设精神，加强廉政风险防控机制建设，排查风险点99条，出台防范措施102条。14名党员干部参加廉政知识考试，均获得满分。组织干部参与莲都区“改革开放40周年.清廉莲都故事”征文活动，并获一等奖。

【干部队伍建设】 创新工作机制，绘制条理清晰、流程规范、体现个性的《工作思维导图》，得到市区两级政府主要领导充分肯定。坚持常态化开展办公室夜学，提升干部理论素养和政策水平。引导党员干部自觉增强“四个意识”，围绕工作岗位职责，以强烈的事业心、责任感和一丝不苟的工作作风，建设一支有作为、有担当、有规矩的干部队伍。严格按照有关规定及程序，提拔任用优秀干部，共任免干部2批次，提拔使用干部5人，其中提拔正股2人，提拔副股3人。

## 机关后勤服务

【概　况】 2019年共接待488批9799人次，其中团体176批。承办各类大小会议1340场，参加人数达54947人次。投入16万元资金，开发上线了综合服务程序“莲都区政府机关智慧后勤”。投资50万元，于9月底至11月中旬，对机关食堂进行改造。更换烟感探测器133个、无线烟感探测器24个、红外对射3组，消防水泵主机控制器1台、消防水泵2台。全年安全行车108.61万千米，消耗燃油13.1万升，节约燃油2.64万升，节约率为16.9%，节约经费20.4万元。全年完成出车1.36万台次，完成指标360.89万元，完成财政下达指标的89%。完成10万元以上大型采购项目7项。指导18家卫健单位完成节水型单位创建工作。争取到150万元经费，完成能耗监测平台和办公室智能多功能插座电表带空调控制器的安装、围护结构改造（玻璃贴膜）和三大院及公检法LED灯改造等工作。完成全区78家单位办公用房数据的系统录入工作，共录入固定资产1286条，总价约2979余万元。完成机关食堂、办事中心车库、领导周转房、政府大院西墙加固等工程，推进信访超市建设。发放垃圾分类倡议书、垃圾分类手册、环保袋等约500份，增添了60升垃圾桶30余只。发展预备党员3名，入党积极分子2名。积极开展“不忘初心，牢记使命”主题教育活动，共整改问题16个。多次组织党员干部到却金馆等地开展党建、廉政教育等活动。

【莲城宾馆改制工作】 莲城宾馆为我中心下属事业单位，也是莲都区最后一家经营类事业单位，列为2019年必须完成的改革单位。2019年年初，区机关事务保障中心研究制定《丽水市莲城宾馆改革方案》，并报经区政府批复后，于9月底，按照采取剥离经营职能的方式，启动莲城宾馆的改革工作。2019年年底，改革工作全面完成，为莲都区经营类事业单位改革工作画上了完美的句号。

【机关食堂改造工作】 2019年9月底至11月中旬，对机关食堂进行改造，增设64个座位，缓解就餐拥护问题。投入16万元资金，开发上线了综合服务程序“莲都区政府机关智慧后勤”。该系统集餐卡消费、面点预订、动态通知、议预定、物业报修等功能于一体，实现后勤服务“触手可及”，极大地方便了广大干部职工的生活和工作。

【基建房产工作】 2019年，完成全区78家单位办公用房数据的系统录入工作，办公用房使用面积总数为74639.42平方米。对现有和使用固定资产情况，按车辆、房产、办公家具、办公设备和其他办公用品等五大类，实行逐项分类登记，共录入固定资产1286条，总价2979余万元。完成机关食堂、办事中心车库、领导周转房、政府大院西墙加固等工程。

**【公共机构节能工作】** 指导18家卫健单位完成节水型单位创建工作。争取到150万元经费，完成能耗监测平台和办公室智能多功能插座电表带空调控制器的安装、围护结构改造（玻璃贴膜）和三大院及公检法LED灯改造等工作。

**【生活垃圾分类工作】** 成立区机关事务管理局垃圾分类办公室，多次召开垃圾分类知识培训会，讲解、模拟垃圾分类工作。多次到梅山社区，开展垃圾分类宣传活动，发放垃圾分类倡议书、垃圾分类手册、环保袋等约500份。增添了60升垃圾桶30余只，在办事中心和紫金办事处建设环保小屋，进一步规范大院垃圾分类工作。

（吴雅婷）

## 行政审批

**【概　况】** 2019年，区行政审批（招投标）中心行政服务大厅全年办理各类办件107.5万件。受理公共资源交易项目391个，预算总价约14.26亿元,成交金额约12.62亿元。其中，建设工程项目交易197个，交易额约8.59亿元，节约资金7328.21万元，节约率7.86%；政府采购项目160个，交易额3.72亿元，节约资金8902.42万元，节约率19.3%；非政府采购项目（国企等）34个，交易额3040.81万元，节约资金187.86万元，节约率5.82%；产权交易项目2个，交易额41.62万元，增值3.51万元，增值率9.23%。

**【行政服务大厅标准化现场管理】** 按照商事登记及社会事务、不动产登记、税务服务、公安服务、投资项目审批等五个功能区块选定试点区域，以点带面，开展办事区域、公共区域、管理区域的整理、整顿、清扫、清洁、素养工作，形成《标准化现场管理图文标准》予以固化。10月，全市市、县、乡三级服务大厅标准化建设现场推进会在莲都区召开，树立全市样板。

**【基层服务延伸】** 印发《莲都区乡镇（街道）便民服务中心标准化现场管理工作实施方案》，选取紫金街道、仙渡乡为试点单位，从服务标准化、办事便利化、运行制度化三个方面着手，同步推进标准化现场管理，于11月底完成各乡镇（街道）便民服务中心标准化建设工作验收及星级评定，评选出便民服务中心五星级1个、四星级3个、三星级3个。结合服务半径、服务人口等因素，在郑地村等8个村开展星级村级综合便民服务点建设，在碧湖镇竹溪村建成全市首家村级五星级综合便民服务点，将服务事项延伸至村，村里可办事项达到12个大类112项。实施“最多跑一次”改革基层延伸市级标准化试点项目，以优秀成绩顺利通过项目验收。制定发布莲都地方标准《乡镇（街道）、村（社区）便民服务最多跑一次工作规范》，在此基础上提炼形成的《村（社区）便民服务代办点建设与服务规范》作为市级地方标准立项。

**【投资项目审批】** 针对一些急需帮助的投资项目，为其量身定制项目审批流程，组团提供上门批前指导服务，现场解答审批环节以及相关材料准备，推进项目早日落地。如4月组织区建设、消防、自然资源与规划等单位，到现场为老竹镇周坦村老年活动中心建设项目，提供了规划调整、消防审查、地质灾害评估等方面的批前指导。打造“代办中心专职代办+审批部门配合协办+基层队伍红色代办+中介机构免费代办”的全新代办服务模式，2019年建立区乡村三级代办队伍278人，代办投资项目227个，办结总数231个，办理审批环节446个，村级便民服务代办员260人，村级便民服务代办事项11个大类93项。为竣工项目实行联合验收，2019年先后对万洋低碳智造小镇6号地块（一期）、10B地块、4号地块项目组织了工程竣工联合验收，将原来由各部门单独实施的规划、城建档案等专项验收及单位工程质量竣工验收监督，整合转变为由一家牵头、一口受理、并联验收、限时办结、统一送达的运作模式，优化建筑工程竣工验收环节流程，提升服务效率。

**【群众办事服务】** 推进全域通办，加强一窗受理平台应用和全域通办业务培训，实现办事群众在任意行政服务中心、乡镇（街道）便民服务中心，均可就近提交受理、异地办理市域范围内跨层级、跨区域的政务服务事项1378项。推进就近办，公布的行政权力、公共服务、企业服务类民生事项385项，丽水有权限的事项354项100%全部实现一证通办，其中321项实现全域一证通办，即在乡镇（街道）便民服务中心就近可办，“就近办”实现率达90.7%。与莲都区农商行签订“最多跑一次”改革合作协议，依托农商行基层服务网络覆盖面大、延伸触角多的优势，通过“金融+政务服务”模式，将自助服务终端布点到农商行在各乡镇（街道）服务网点，让群众和企业在家门口享受政务金融服务。

**【公共资源交易】** 工程项目领域扩面，在完成房建、市政和监理项目全流程电子化交易的基础上，推行交通项目全流程电子化交易，推进公共资源交易平台向电子化平台转变。推进政采云网上超市“全省一张网”工作，推行全流程电子化政采云的使用，2019年累计审核通过入网供应商733家、上架商品数2671023件，审核通过供应商数和上架商品数居全市第一，9月25日顺利完成莲都区首个全流程电子化政府采购项目——教育信息化工程辅助学习资源设备采购。推进“丽水市公共资源交易中心远程不见面开标大厅”试点建设，12月17日完成莲都区首个远程不见面开标工程项目（雅溪镇西溪村传统村落保护利用）开标，投标人可在网络覆盖到的任意地点参加开标，节约了投标成本。

（叶丽春）

# 政协丽水市莲都区委员会

## 综　述

**【概　况】** 2019年，区政协开展“不忘初心、牢记使命”主题教育，履行政治协商、民主监督、参政议政三大职能，召开全体会议1次、常委会议5次、主席会议9次，完成常委会议、主席会议课题6个，交办集体和个人提案174件，开展“请你来协商”活动13次，反映社情民意信息143期，组建4个界别工作支部，形成“一办九委”政协机关，更名提案委员会为提案和协商工作委员会，明确乡镇（街道）党（工）委副书记联系政协工作，获评“全市政协系统反映社情民意信息工作先进单位”称号。

## 重要会议

**【政协第十五届丽水市莲都区委员会第四次会议】** 中国人民政治协商会议第十五届丽水市莲都区委员会第四次会议，于2020年4月26日至4月29日在莲都举行。应参加会议政协委员205人，实际到会197人。会议审议通过政协第十五届丽水市莲都区委员会常务委员会工作报告和政协第十五届丽水市莲都区委员会常务委员会关于十五届三次会议以来提案和协商工作情况的报告，补选了主席、秘书长和3名常务委员。委员们还列席丽水市莲都区第十六届人民代表大会第四次会议，听取区人民政府工作报告、区人民法院工作报告、区人民检察院工作报告及其他报告。

区政协副主席虞为粮作常委会工作报告。贯彻落实中央、省委、市委、区委政协工作会议精神，聚焦区委区政府中心工作，积极引导委员履行职能，充分发挥了专门协商机构作用。把加强思想政治引领、广泛凝聚共识作为中心环节，完善落实政协工作制度，推进政协工作体系和能力现代化，推进建言资政和凝聚共识双向发力，推动新时代政协工作高质量发展，当好“重要窗口”的建设者、维护者和展示者，为莲都经济社会发展贡献智慧和力量。

会议举行了大会发言。6位委员代表所在界别上台发言，10篇材料作书面发言，13位委员作即席发言。委员们建议，工业政策的炮火要对准城门口，打造浙西南“冷链物流”，以“新零售”助力美丽资源华丽变身美丽经济，聚焦重点精准发力推进浙西南科创中心建设；吸引工商资本参与乡村振兴，做好中药材产业大文章助推乡村振兴，让农业合作社成为特色生态农业发展的“引路人”，重振莲都水果产业；以碧湖新城新功能展示特色城镇新面貌，借通济堰水系再现江南水乡风采，将峰源“康养600”小镇基地打造成古堰画乡的后花园，提升莲都古堰画乡特色小镇品质，让“古堰画乡”的“夜经济”活起来；持续创新青少年爱国主义教育，开启3岁以下婴幼儿托育新模式，快启动义务教育优质均衡发展区的建设，加快推进莲都人才队伍建设；加大莲都区撤村建居步伐，期待未来社区带来全新美好智慧生活，让“榜样力量”替代“粉丝文化”，提高后疫情时代社会“免疫力”，推广生态安葬还青山以绿色，把基层治理的盆景变成共建共享的风景。委员们认为，美丽城镇建设中不恰当地使用木头后患无穷。委员们发问，被挤占的小区“生命通道”在哪里？农民喝水怎么就这么难？“老有所学”为什么这么难？家门口的菜市够智慧吗？“菜单式”扶贫怎么买单？

会议通过了区政协提案和协商工作委员会关于提案审查情况的报告。会议期间，共收到以提案形式提交的意见建议243件，初步立案168件，其中集体提案54件，委员个人和联名提案114件；并案51件；不立案24件（其中涉市10件），将转送相关部门参阅。在初步立案提案中，经济建设方面的29件，占17.26%；政治建设方面的12件，占7.14%；文化建设方面的44件，占26.19%；社会建设方面的44件，占26.19%；生态文明建设方面的39件，占23.22%。

会议审议通过了政协第十五届丽水市莲都区委员会第四次会议决议；表彰了2019年度政协履职先进和优秀大会发言等优秀履职成果。

市委常委、区委书记徐光文在闭幕会上作重要讲话。肯定区政协全面落实中央和省市区委的决策部署，服务大局有高度、建言资政有深度、民主监督有力度、团结联合有广度，为加快莲都发展发挥了不可替代的重要作用。传达市委对莲都发展的期望，胸怀大局、勇当发展头雁，恒久发力、勇当创新标兵，提振精神、勇当实干先锋。希望通过区政协和广大政协委员，把各方面智慧和力量凝聚起来，坚持“发展莲都、服务市区”的工作定位，坚持“自我加压、跳起来摘桃子”的工作理念，坚持“担当作为、务实苦干”的工作主基调，全面奏响莲都加快发展最强音。要把政治建设摆在首位，校准政协工作的前进方向，强化政治引领，筑牢思想根基，主动履职尽责；要把服务发展扛在肩上，彰显担当务实的干事姿态，多出精准之策，多提协商之效，多尽监督之责；要把凝心聚力贯穿始终，汇聚众志成城的强大能量，在联系群众中聚合力，在建言资政中聚民智，在团结联合中聚人心；要把自身建设落到实处，展示引领时代的政协风采，练强本领作表率，冲在一线作表率，遵规守纪作表率。区委将一如既往地重视和支持政协工作，认真研究解决政协工作中的重大问题和困难。各级各部门要加强同政协组织的联系配合，努力提供支持与帮助，为政协和政协委员履行职能营造良好氛围！

（赵军浩）

**【政协丽水市莲都区委员会常务委员会会议】** 2019年，莲都区召开政协常委会议5次。

1月18日，区政协召开十五届八次常委会议。会议听取和讨论“一府两院”工作报告（草案），征求各常委、委员对政协党组、机关党组及其成员的工作意见。区委常委、副区长斯基根到会通报区委区政府关于区政协提案的办理情况。

1月31日，区政协召开十五届九次常委会议。会议传达学习省政协十二届二次会议精神；审议通过区政协常委会工作报告（草案）和提案工作情况的报告（草案）及报告人名单，以及有关人事事项；通报各专门委员会2018年工作和政协委员2018年度履职评价情况。

5月9日，区政协召开十五届十次常委会议。会议通过常委会关于调整专门委员会设置的决定，调整为提案委员会、委员工作委员会、经济委员会、农业农村和人口资源环境委员会、教科卫体委员会、社会法制委员会、港澳台侨民族宗教委员会、文化文史和学习委员会等8个；通过十五届三次会议提案立案变更情况，确认立案提案191件；部署“城乡生活垃圾分类处理”三级政协联动专项集体民主监督工作。

8月29日，区政协召开十五届十一次常委会议。会议传达学习全省政协主席暑期读书会精神，听取政府2019年上半年工作情况和纪委（监委）工作情况。

10月25日，区政协召开十五届十二次常委会议。会议专题学习“不忘初心、牢记使命”主题教育内容，传达学习省委政协工作会议精神和区委常委会议精神，举办“讲好红色故事、弘扬革命精神”专题讲座；征求各参加单位、委员对“四套班子”和政协主席会议成员、政协机关党组和机关科级干部的意见建议。

2019年，莲都区召开政协主席会议9次。

1月9日，区政协召开十五届二十次主席会议。副区长阎维萍到会通报重点提案办理情况。会议还讨论2019年政协工作思路；审议通过全会采购及经费支出预算、2018年度优秀提案、提案优秀承办件、提案积极分子、文史工作积极分子名单，以及十五届八次常委会议方案。

1月22日，区政协召开十五届二十一次主席会议。会议补充十五届三次会议筹备工作方案；协商讨论政协常委会工作报告（讨论稿）和提案工作情况的报告（讨论稿）及报告人建议名单，以及十五届三次会议日程（草案），关于召开十五届三次会议的决定（草案），有关人事事项；审议通过十五届三次会议邀请、列席、旁听人员范围及名单，十五届三次会议委员讨论分组及组长、副组长名单，十五届三次会议委员视察方案，参加单位工作会议方案，区政协2018年度优秀调研视察课题成果、反映社情民意信息工作先进集体和先进个人、优秀履职单位和履职先进个人名单。

4月4日，区政协召开十五届二十二次主席会议。会议协商讨论《关于完善政协专委会设置的情况》《完善区委、区政府有关部门与区政协各专门委员会对口联系和协商制度》《区委区政府区政协2019年度协商工作计划》；审议通过《关于建立政协专委会联系服务界别履职的工作意见》《主席会议成员2019年重点任务分工方案》《2019年度主要工作责任落实表》《2019年度课题安排表》《女委员联谊会2019年度活动方案》《2019年“随手拍 快捷报”监督活动方案》《界别活动组调整后组成人员名单》《“义务教育阶段民办教育发展情况”课题调研方案》《中共党员委员2019年党性素质提升培训方案》《“老竹记忆”文史专辑征编出版费用清单》《机关2018年度工作责任制考评实施细则补充说明》等文件。

4月29日，区政协召开十五届二十三次主席会议。会议协商讨论十五届三次会议提案立案变更情况，审议通过十五届三次会议重点提案名单、2019年民主评议提案办理工作部门、理论与实践研究会2019年研讨交流活动方案，以及围绕“城乡生活垃圾分类处理”继续开展三级政协联动专项集体民主监督活动、“机构改革后的责权分配和权力运行情况”课题调研、“民族乡村振兴”课题调研、十五届十次常委会议方案等。

6月21日，区政协召开十五届二十四次主席会议。会议学习传达中共浙江省委关于开展“不忘初心、牢记使命”主题教育的实施意见和全市政协系统开展“新时代人民政协的新样子”专题讨论活动动员部署会精神；通过区政协“新时代人民政协的新样子”专题讨论活动、“请你来协商”平台建设、“弘扬践行浙西南革命精神 树立莲都政协新形象”界别活动月活动有关部署，以及“优化碧湖大港头峰源区划调整　高质量推进大搬快聚富民安居工程实施”“市区医联体建设”“把我区打造成市区‘花园、果园、菜园’”“促进两岸经济文化交流合作若干措施落实情况”等课题调研方案。

8月2日，区政协召开十五届二十五次主席会议。会议通过主席会议成员2019年走访约谈委员活动方案、庆祝中华人民共和国和人民政协成立70周年书画摄影作品联展方案、十五届十一次常委会议方案和《“新时代政协委员新样子”宣传册》入选人员名单；听取各专委会上半年工作情况汇报；并围绕“学习新思想　树立新样子”进行专题研讨。

11月14日，区政协召开十五届二十六次主席会议。会议审议通过十五届四次会议筹备工作方案、大会发言筹备工作方案，机关2019年度考评工作分工，2020年度经费预算和其他工作事项。

11月28日，区政协召开十五届二十七次主席会议。会议讨论《关于推进碧湖高质量绿色发展的调研报告》和《十五届四次会议日程（草案）》，通过《常委会关于推进碧湖高质量绿色发展专题协商会方案》，并听取了民主评议区教育局、区农业农村局、区住房和城乡建设局2019年提案办理情况，以及办公室、各专委会2019年工作情况。

12月16日，区政协召开十五届二十八次主席会议。副区长郭巧燕通报重点提案和大会发言办理情况。会议传达学习中央经济工作会议精神；协商讨论政协常委会工作报告、提案工作情况的报告、十五届四次会议大会发言题目和提纲；审议通过十五届四次会议宣传和意识形态工作方案、开展委员联系帮扶农户行动方案、参加单位工作交流会议方案、2019年度优秀提案名单；并听取了区政协2019年度清廉建设工作情况。

（雷柳红）

## 重要建议和调研活动

**【关于推进碧湖高质量绿色发展的建议案】** 区政协常委会组织专题调研组于2019年9—11月围绕“如何推进碧湖高质量绿色发展”课题开展了专题调研。采取实地视察、上门走访、查阅资料、座谈交流等方式开展调查研究，邀请碧湖镇主要领导、部分村民代表、有关专家和老干部，以及区发改、建设、国土等部门相关负责人进行了座谈。11月29日，区政协通过召开常委会议的形式举行以“推进碧湖高质量绿色发展”为主题的“请你来协商”活动，市委常委、区委书记徐光文，区委副书记胡伟华，区委常委、碧湖镇党委书记郭云强等和政协委员、群众代表面对面协商。

明确发展定位。坚持高起点规划，高标准建设，高水平管理，全面推进新时代美丽城镇和美丽乡村建设，着力把碧湖打造成宜居宜业宜游的江南水城、文旅新城、工业新城、科创新城和大花园核心园的示范区。合理划分碧湖范围功能区块，依托万洋低碳智造小镇的龙头地位，把原高溪乡范围确定为建设工业新城和科创新城的主阵地，重点发展二、三产业。除原高溪乡范围之外的其他区块，按照碧湖镇的总体定位，全面高质量建设江南水城和文旅新城，重点发展一、三产业。

完善管理体制。为更好地集中力量抓好碧湖两大功能区块的建设和发展，发挥其最大效益，建议将高溪办事处委托丽水工业园区管理，参照丽水经济开发区的管理模式，实行园区和行政合一的模式，必将实现“四个有利于”，即有利于集中精力干大事、有利于促进产业集聚集约发展、有利于生产力布局优化打造莲都新的经济增长。

理清发展思路。全面推进“四城”联创。

全力建设江南水城。一要整体谋划通济堰生态修复工程，下决心重新修复通济堰干、支渠和部分毛渠，以恢复这一世界灌溉工程遗产的历史原貌。二要建设通济堰历史文化公园，以核心展示园、集中展示带和特色展示点3种形态打造。其中核心展示园定位于通济堰坝所在的堰头村，是参观游览和文化体验的核心区；以通济堰干渠为集中展示带，汇集沿线古村落和文物资源，形成文化载体密集地带；沿通济堰支渠、毛渠建特色展示点，满足分众化参观游览体验；恢复美化现存或历史上曾经存在过的白湖、赤湖、李湖、汤湖、湖西、湖东、湖底、洪塘等众多湖塘，形成碧湖湖泊生态链。通过实施通济堰渠道沿线景观景点改造提升，推进通济堰渠道沿线步道、自行车道和风景道建设，打造融交通、文化、体验、游憩于一体的复合廊道。结合瓯江沿线绿道项目的建设，将散布的滨河自然保护地、人文遗产、开放休闲空间串联形成一个“山水人文相融、产景城乡共兴”的公园系统。三要大力弘扬通济堰文化。要组织专门力量，加强对通济堰水利文化、管理文化，以及双龙庙会、舞龙、灯会、唱鼓词、翻龙泉、官船查堰等民俗文化进行系统研究。整理挖掘通济堰及渠道沿线文物和文化资源所荷载的重大事件、重要人物、重头故事，以及传统风俗、民间文艺和工艺技术等，加强对通济堰渠道沿线古村落和文物遗迹的保护修复。

努力建设文旅新城。应秉持“以古镇为根体验历史，以文化为魂提升内涵，以休闲为脉设计产品”的基本思路，按照“建当代精品、留历史古迹”的建设理念，努力将碧湖古镇打造成具有较强影响力的文旅新城。一要加强历史文化遗产的保护。按照“修旧如旧”的文物保护原则，制订和完善碧湖古镇的保护、复建规划，充分保护古镇现存的古街、古民居、古建筑，并进行挖掘、提高。扩大重点文物保护范围，对有影响的古民居、古祠堂、古墓、古井等历史古迹进行考察、论证，进行必要的修缮和复建。建议积极创造条件，适时启动碧湖宋塔的重建，让碧湖人民可以重温宋塔之梦，同时也为碧湖的旅游添上一笔。二要坚持文旅融合发展。积极融入瓯江山水诗之路建设、“丽水山居图国家级旅游度假区”创建，依托古堰画乡、九龙湿地等重要节点，串点成线，拓展生态旅游、休闲养生（养老）、文化创意功能，把瓯江旅游风情带建设成为瓯江山水诗之路黄金旅游带。坚持以历史、人文、传承、融合、创新的文化旅游融合发展理念，以保护传承农耕文化、工商文化、红色文化为基本点，以“文化+旅游+产业”三位一体为目标，创建融民俗文化、休闲文化、创意文化为一体的新型文旅新城。三要切实加强服务业发展。积极培育数字经济、文化创意、健康养生等新业态，重点发展生态旅游业、商贸流通业、生产性服务业和房地产业。支持和鼓励大型商贸企业到碧湖设立集购物、休闲、娱乐于一体的大型商业综合场所。结合碧湖产业发展，积极发展信息服务、仓储物流、中介服务、科技服务等一些为制造业配套服务的生产性服务业。推进农村电商发展和“快递下乡”，延长农业产业链和价值链。大力推进大搬快聚富民安居工程的实施，逐步培育壮大碧湖房地产市场，促进人口聚集。

合力建设工业新城和科创新城。依托万洋低碳智造小镇的快速发展，把碧湖高溪片区建设成为未来的工业新城，将对我区打造新的工业发展增长极、加快工业转型升级、全面建成碧湖副中心城市提供强有力支撑。一要坚持高标准规划。学习借鉴先进地区的规划建设理念，努力把高溪工业新城打造成贯彻新时代新思想新理念的先行区、实践区。工业新城建设应高起点、高标准、高品位做好总体规划，做好顶层设计。工业新城与碧湖主城区要尽可能做到资源共享。二要加大产城融合力度。坚持产城融合的基本方向，通过二产带动三产，以产业发展推动人口聚集，用一个产业带动一座“城”。既要产业升级的发展热度，又要生态宜居的生活温度。实现由功能单一的工业园区向功能多元化城市空间转变。坚持以人为本的城镇化为核心，通过大搬快聚促进人口集聚，推动农业人口向产业工人转化。通过产城融合，不断集聚人气、商气、财气，统筹布局人才公寓、商业综合体及医疗卫生、教育、文化等基础功能设施，为人才就业创业提供“安居”之所，使各类人才引得来、留得住。三要合力建设科创新城。要在加快建设工业新城的同时，推进重大产业创新平台、创新创业公共服务平台、科技创新研发平台、院校合作人才培养等重点项目建设。建立激发各类创新主体创造活力的制度体系，加强推进政府服务创新管理，制定有利于高端研发资源及研发环节集聚辐射的扶持政策，破除对制约创新创业的管理瓶颈和准入限制，由市场配置创新资源，建设高效透明、符合惯例、适应创新需求的科技创新服务规则。同时，进一步完善科技孵化服务、科技金融服务、技术转移转化服务、科技咨询服务、知识产权服务和创新人才服务等科技中介服务体系，有效释放市场化服务机构的活力，促进创新成果转化全链条的有效衔接，不断优化创新创业生态环境。要加强体制机制创新，特别是建立人才的柔性使用机制，把各类人才吸引到莲都，真正为科创新城所用。

**【加强规划引领　完善政策体系　提升莲都区民办中小学教育质量】**　为助推莲都区民办中小学教育提质发展，以开展“不忘初心、牢记使命”主题教育活动为契机，结合区政协主席会议课题，虞为粮副主席带领委员工委课题组走访花园、莲外、成龙、丽阳、育英等8所民办中小学，以及区民政局、发改局等部门，座谈交流，查阅资料，走访有关专家，全面了解莲都区民办中小学发展现状、存在问题，并通过政协“请你来协商”平台，与政府及教育、财政、发改、人力社保、民政、建设等部门进行协商，形成调研报告供党委政府决策参考。

针对影响莲都区民办中小学体质发展的问题，即公民办教育发展不够协调、收费自主权落实不够到位、薄弱学校软硬件建设不够完善、教师队伍不够稳定、财务监管不够有力等，提出对策建议：

加强规划引领，强化思想认识，促进公民办教育协调发展。一是强化思想认识。贯彻新《中华人民共和国民办教育促进法》对规范民办学校管理，给予民办教育以认可、尊重、鼓励和前景，将薄弱民办学校消除薄弱作为重大民生工程，作为促进教育均衡发展的重要抓手。要像抓消除农村后进党支部、消除经济薄弱村一样，坚定决心、精准举措，扎实开展薄弱学校消薄工作，推进我区义务教育均衡发展。二是制定民办教育发展规划。区政府及有关部门应发挥“信息超前性和完整性”优势，制订民办教育发展的宏观规划与导向，包括对民办教育发展的总体规划，及布局、层次和类别予以明确，从而推动全区公民办教育的协调发展。积极向市政府反映市区公民办教育发展不够协调的问题和产生的影响，争取市政府重视。三是探索公民办教育合适比例。建议有关部门通过有效调研，听取各方面、各阶层人士的意见建议，反复论证，积极探索我区现阶段公民办学校发展的合适比例，以促使公办与民办教育有序发展、协调发展、和谐发展。

加强“放管服”改革，落实收费自主权。在现行收费管理形式下，有关部门要用好现有政策，指导民办学校根据自身学校的发展状况核定合理的教育成本，并在此基础上综合考虑莲都区经济发展水平、市场需求、家长承受能力、财政补助水平、教师合法权益、学校可持续发展等因素，通过严格的成本测算，确定科学合理的收费标准。建议区政府在条件成熟时，赋予民办学校更多的收费自主权，支持学校以市场法则自主规划学校建设和教学投入，从学校管理质量、教育教学质量、学生服务质量等方面全方位提高教育质量。

加强薄弱学校软硬件建设，不断提升教育教学质量。一是优化教育资源配置。鉴于当前莲都区5所薄弱民办学校现状，根据新《中华人民共和国民办教育促进法》第46条、51条规定，建议区政府在用地、校舍租赁等方面给予现有民办学校更大支持，可采取出租、转让闲置的国有资产等方式，无偿或低价提供办学场所；现有民办学校有能力新建校舍的，参照公办学校同等政策，以划拨等方式给予用地优惠。二是提升帮扶质量。《莲都区薄弱民办学校教育提质行动方案》，提出了“一校一策”的公办学校帮扶薄弱民办学校的措施。为使结对帮扶真正收到实效，建议教育主管部门对结对学校实行捆绑考核。三是创新办学模式。积极探索打造以“质量协同发展”为目的的义务教育学区化、集团化办学模式，建立学区教育共同体，通过以“1+X”的形式，将公办、薄弱民办等不同办学性质的学校，以加盟的形式联系在一起。优质公办学校牵头，多校抱团发展，在管理模式上实行“多个法人单位、一个责任代表、一套领导班子”，实现共同体内优质教育资源互补均衡，形成教育质量学区整体联动发展的格局。

加强教师队伍建设，为民办教师提供更多保障。一是保障民办教师权益。建议尽快建立民办学校自聘教师职业年金等其他补充养老保险制度。可采取政府承担学校缴纳的社会统筹的一部分，也可按照新的保险体制改革的设计，对于所有的民办学校的教师，由政府来承担职业年金或补充养老保险当中的占缴费工资8%的份额。从而解决民办教师养老保障和职业不稳定问题。二是促进民办教师专业发展。建议教育部门将民办学校教师纳入与公办学校教师同系列、同要求、同待遇的教师培训计划，对民办中小学专任教师、班主任、中层管理人员、校长等免费进行培训，切实提高民办教师队伍专业发展水平。三是设立民办教师长期从教津贴。

学习借鉴发达地区民办中小学教师长期从教津贴实施办法，结合我区实际情况，出台具有我区特色与优势的民办中小学教师长期从教津贴政策，并制定相应考核评价机制，从而留住优秀人才，稳定教师队伍。

加强财务监管，防范办学风险。一是建立监管机制。尽快确定民办学校财务监管主管部门，建议建立由民政、教育、财政、税务、审计、公安等部门共同参加的民办学校资金监管机制，明确各部门监管职责，建立配合协作机制，定期进行监督。二是推进信息化建设。民办中小学各项财务活动进入网络系统，并使学校财务网络系统与政府监督部门网络连接，使监督部门能够随时监督学校财务状况。三是实行审计机选制度。建立具备资质的会计师事务所库，由民办学校随机机选事务所对其进行审计，从而避免不负责任的现象发生。四是建立财务预警机制。监管部门对学校运行和发展过程中资产和财务可能存在的风险问题要定期研判，提出相应的意见和措施，避免财务风险和问题的出现甚至恶化。

**【关于加强万洋招商工作让万洋真正成为“低碳、智造”产业集聚区的建议】** 截至2019年1月，万洋低碳智造项目（以下简称“万洋”）签订意向协议企业160多家，同意入园企业125家，涵盖五金、箱包、汽摩配、机械制造等行业。区政协参加单位民进区委会调查发现，虽万洋一期招商工作顺风顺水，但企业“低、散、乱”现象比较明显，二期招商工作压力巨大。

针对招商工作中存在的主导产业不突出、附加值不高，税收与购置产房面积不匹配、效益不高，成本相对较高、大项目入园意愿不高等问题，建议：一是政、企、商联动招商，形成大合力。建议区政府把辅助万洋招商列为重要工作，将万洋低碳智造项目列为数字经济发展的重要平台，成立招商小分队，制定小分队工作规则和奖励办法，同步推进莲都区数字经济招商与万洋工业招商工作。指导万洋招商时，在“卖出产房”的目标之外，制定明确的产业定位，即使招引“低、小、散”企业，也应注重集群效益。另外，要充分利用温商和莲商平台，聘请招商顾问，“以商招商”，加大莲商和温商招引力度。二是招强、补链、留白相结合，形成大产业。针对一期项目，主招补链企业，重点突出箱包项目，尽量完善箱包产业链，多招做整箱项目。二期项目，主招龙头企业，改变原有“到处撒网”的招商老思路，坚持“以龙头企业为点，配套企业为面，以点带面，点面结合”的招商新思路，重点招电气机械制造、通用设备制造业等龙头企业，如缝纫机制造、汽车零部件及配件制造、配电开关控制设备制造等，突出“低碳、智能、智造”。如，在二期土地规划出600—700亩作为高端装备制造业、汽摩配制造示范区和本地企业转移区，示范区允许企业根据产业特点建容积率在1.1—1.3之间的厂房，厂房可由企业自行建设或委托万洋建设，色调和外立面要与整个区块相协调。要强调宁缺毋滥，杜绝高能耗、低产值、低税收的项目入园。三是出台有吸引力的招商政策，外引、内迁齐推进。及早出台大项目落地政策，特别是吸引高新技术企业入驻的相关政策，允许万洋区块适当降低容积率，并说服万洋适当让利，对好项目和大项目“一厂一策”，对销售收入在5000万元以上的、亩均税收达到15万元以上的企业给予适当的购买厂房差价补助。发挥工业园区招商优势，利用原有的项目资源库和现有资源，全面指导辅助万洋招商，并实现资源共享，既借助台州、温州部分地区和丽水经济开发区低效工业企业整治机会招引符合条件的企业，又放远眼光，招引长三角、珠三角优质企业。及早出台天宁和郎奇工业区“退二进三”政策，把相关区块自找出路的生产企业，安排在万洋区块，实现轴承、金笔、服装、电机等莲都传统产业集聚与复兴。

**【关于弘扬红色文化　推动莲都高质量绿色发展的建议】** 区政协文化文史和学习委以“弘扬红色文化推动莲都高质量绿色发展”为主题，由任文红副主席带领部分专委会成员、文史征集编审员等，先后深入老竹新陶、雅溪岱后、太平巨溪、大港头玉溪等红色遗址开展集中视察调研。并结合区政协十五届三次会议第80号《关于加快莲都区红色旅游发展的建议》重点提案督办，运用“请你来协商”平台，邀请提案人、主会办单位领导、相关委员等，共同协商。

针对“红色文化挖掘不深、红色遗址保护不善、红色文化产业不强、红旅融合力度不大”等问题短板，建议：应抓住中央和省、市委重视红色、扶持红色、发展红色，特别是当前全市上下大力弘扬践行浙西南革命精神这一千载难逢的机遇，把红色资源利用好，把红色传统发扬好，把红色基因传承好，打造莲都红色文化新高地。

打响红色文化品牌。一是提升红色品牌竞争力。全面提升老竹新陶、雅溪岱后、北乡仙渡等有一定基础的红色教育基地建设。加大大港头浙江铁工厂旧址的保护开发力度，使其与古堰画乡景区融为一体，增加画乡景点。逐步在其他相关旧址点位开发建设红色旅游景点或红色旅游线路。二是创作红色文化精品。文化部门可以组织拍摄红色革命题材微电影等影视作品，通过创作“一台戏”“一首歌曲”“一系列书籍”等，推出红色文化精品。三是开展红色文化主题宣传。广泛宣传革命先烈，挖掘推介革命事迹。邀请、组织相关主流媒体创新传播方式，运用文字、视频等传播手段，全方位开展红色文化主题宣传。结合重大节庆日集中开展缅怀革命先烈、主题征文等专题活动。

发展红色文化产业。一要加快推进巨溪三岩寺景区开发。要高起点谋划，将巨溪三岩寺景区打造成浙西南旅游标志性景区。加快通景道路的基础设施建设，推进小安到巨溪、老竹、丽新的高等级公路建设，与两龙高速碧湖互通至丽新的公路相连接，使三岩寺、东西岩、古堰画乡三大景区相连接，实现景区的捆绑。挖掘文化底蕴强化景区内涵，建设红色文化教育基地，建立中国道教文化展示区，复建古代道门领袖修道重要场所天师楼有关楼台亭榭，整理与三岩寺相关的丰富民间传说，把传说故事与景观结合起来。在做好景区规划的基础上，做好招商引资工作，吸引社会资本投资旅游开发。二要精心培育红色旅游村镇。以传承红色基因为核心，以革命战争纪念地、标志物为载体，以其所承载的革命历史、革命事迹和革命精神为内涵，由分散实施向整体推进转变，连片开发、串点成线，精心打造一批红色村镇。三要积极推进“红色”“绿色”“古色”协调发展。将红色文化的“红色”与生态资源的“绿色”、农村古村落“古色”以及畲族风情等有机融合，有效促进红旅融合和乡村振兴。

构建红色教育平台。一是加快建设提升革命纪念场馆。改造提升老竹南乡、仙渡北乡等现有革命纪念馆的宣教功能，抓紧谋划建设大港头铁工厂红色文化展示馆、碧湖西乡抗战革命纪念馆等场馆建设。二是加强干部教育培训基地建设。发挥好莲都区委党校作为红色教育培训基地的龙头作用，一些红色文化重点村可与村文化礼堂有机结合，积极建设一批红色文化讲习所。三是积极开展红色文化主题教育。开展形式多样的理想信念教育、革命历史和传统教育、党性教育、爱国主义教育，为“不忘初心、牢记使命”主题教育打牢思想基础。

强化红色文化领导。一是制定红色文化发展规划。根据《中共丽水市委关于大力弘扬践行浙西南革命精神的决定》《浙西南革命精神弘扬和红色资源价值转化规划》要求，结合莲都实际和“十四五”规划编制要求，编制《莲都区红色文化发展规划》和《莲都区红色旅游发展规划》，科学合理地开发利用红色资源。二是加大红色文化投入。每年统筹安排一定的专项资金用于发展红色文化，设立革命遗址保护工程专项资金，逐步加大对革命遗址的修复保护力度。鼓励民间资本的投入。三是争取更大政策扶持。充分利用全国上下重视红色资源保护利用的重要机遇，积极争取上级党委、政府对莲都红色文化的重视支持，在政策、项目、资金上给予扶持。

**【关于莲都区老游击队员、老交通员群体生存状态的调研报告】** 为弘扬浙西南革命精神，关心莲都革命前辈的生活状况，区政协参加单位农工党区委会，组织农工党政协委员、党员和医护志愿者，分成6个小组，前往雅溪、峰源、碧湖、大港头、老竹、太平、仙渡等地，对现居莲都区的老游击队员、老交通员逐一上门慰问、访谈，基本掌握莲都区老交通员、老游击队员群体的当前状态。

针对现行政策对老交通员、老游击队员的生活补助、医疗救助待遇偏低，有关部门对老游击队员、老交通员的关心关怀力度不够，老游击队员、老交通员革命事迹史料的挖掘宣传明显不足等问题，建议：

挖掘和宣传革命史料事迹，为我市提炼“浙西南革命精神”贡献“莲都元素”。一是以新中国成立70周年为契机，建议由莲都区弘扬浙西南革命精神领导小组办公室牵头，由宣传部门、文史委、党史办、档案局对他们的革命事迹进行整理，挖掘系列故事，提炼革命精神，编写成册，作为莲都爱国主义教育的特色元素，也作为我区弘扬浙西南革命精神的重要载体。二是广泛宣传老游击队员、老交通员的革命事迹，有关部门要利用各种载体宣传，如宣讲团宣讲，各村文化大礼堂中加入革命故事元素；利用电视台、新媒体等开展系列专访报道活动等，为弘扬浙西南革命精神营造莲都的浓厚氛围。

酌情提高老游击队员、老交通员的福利待遇，建立常态化、持续性的关怀关爱体系。一是提高生活、医疗补助待遇。在生活方面，争取把他们的生活困难补助标准提高到700元/月，或由老区办给予适当的补助。对于独居或在养老院居住的，参照五保户养老模式，根据其家庭情况和个人意愿，特事特办给予免费入住公立养老院，使他们老有所养；在医疗方面，参照职工医疗报销比例，提高医疗自负部分的报销比例，让他们老有所医。二是建立帮扶结对和常态化关心关怀机制。在春节等重要节日，由党委政府或有关部门领导带队前往慰问，各乡镇街道村建立一对一结对帮扶联系制度，把党和政府的温暖送上门。

整合、激活红色资源，努力打造“红+绿”发展模式的莲都样本。充分利用好老游击队员、老交通员的红色资源，适当时，将其聘请为莲都区弘扬浙西南革命精神活动的顾问；以革命事迹、故事人物原型为依托，加强红色文化建设，促进红色文化和旅游的深度融合；在浙西南革命纪念馆、北乡革命纪念馆等红色展馆中设置老游击队员、老交通员革命事迹展示专区；加强莲都区旅游业导游队伍的从业“红色素养”培训教育，结合莲都区31处重要革命遗址的保护开发，强化莲都“革命老区”品牌印记，打造以红色文化为引领、红色旅游景区为核心的“红+绿”发展新模式，更好促进我区高质量绿色发展。

**【关于进一步深化机构改革后责权分配和行政运行的建议】** 为进一步发现机构改革后责权分配和行政运行存在的问题，根据区政协主席会议安排，5月中旬以来，任文红副主席带领社法委课题组，开展“机构改革后责权分配和行政运行情况”专题调研。经走访考察、查阅资料、分析研究和交流座谈，委员们了解到，符合我区实际的新体制机制初步形成，协同高效的职能体系初步建立，机构编制管理的刚性约束总体强化。同时，也发现了一些困难和问题，提出了一些工作建议。

针对机构改革工作中存在的一些部门的内设机构设置有待优化，部分部门的编制、职能与人员未完全匹配，部分部门的职责权力尚不清晰，部分部门之间的职能交接不通畅，一些部门的工作保障有待加强等方面问题，建议：

督促新部门优化内部运行，提高工作效率。一是加强编委统筹指导，对部分改革后仍运行不畅、效率低下的部门，深化工作督促，确保改革决策落地见效。二是从满足生态发展长远之需，建议在农业农村局内组建生态保护管理机构，强化工作职责，突出我区生态发展优势。

厘清乡镇（街道）与部门间“三定”。乡镇（街道）不设部门只设置科室,如社保、民政无站点。建议深改办进一步对接联系,协调乡镇与部门间工作“定人、定岗、定责”。将区直部门直接面向居民群众的职权下沉至乡镇(街道),做到事权、财权、人员等一并下放,更好地理顺管理体制、提高服务效能。

强化沟通联系统筹协调。一是明确部分事项的牵头部门,需多部门协商一致、配合实施的职责,由牵头部门做好日常管理、协调联络、考察督查工作。二是区深改办要督促涉改部门主动对接,共同解决改革后的编制职能不匹配、职责权力不清晰、职能交接不通畅等问题,确保职能衔接顺畅。三是建立应急、政法联席会议制度,合力推动各划转事项工作有人抓、问题有人管、责任有人担,推动重要职能交接平稳顺畅。

科学配备行政公共资源。一是合理配置办公场所。建议国资办和事管局对各部门办公场所进行普查,合理调配,方便工作开展和群众办事。二是设置大数据管理服务机构。结合事业单位改革配套设置大数据管理服务中心,解决政务数据资源“信息孤岛”问题,优化数据共享。三是锻造专业化的干部队伍。贴近中心工作,立足区域发展实际,从选拔、任用、教育、管理等层面,着力打造一支能力强、精神足的干部队伍。如,推进救援队伍专业化,配齐参保专业人员等。

**【使保定圩成为“山水林田湖草”和谐共生　以GEP拉升GDP的典范　——关于保定圩保护与开发的调研报告】** 为全面了解保定圩区块的价值和困境,研究保定圩的保护与开发,区政协主席谷江南带领经济委课题组,通过到保定圩实地调查、召开专家座谈会、走访村民和有关人员、外出调研学习借鉴等形式,进行专题调研。

保定圩之宝贵。一是生态优美,各类资源富集。水清石美、草木丰茂、农耕资源丰富,在保定村和村边“阁山边”“后窑山”一带,有古窑址36处,其中12处为市文保单位。除12号窑为宋窑,其余窑址均属元、明年代,鼎盛时期甚至可能早于或旺于龙泉。二是区位独特,吸“睛”聚“睛”能力强。位于古堰画乡景区的腹地、九龙湿地文化展示区范围、通济堰灌溉碧湖平原的初始。通济堰灌溉2666.67公顷碧湖平原,西边有农田近20公顷,可建立古堰农耕文化体验区、碧湖平原农耕文化展示区,开发“通济堰”系列农产品,进而带动碧湖平原农产品销售。三是时机宝贵,成为古堰画乡新增长极的潜力大。有浙江(丽水)生态产品价值实现机制试点之良机、古堰画乡创“5A”之良机。

保定圩之困境。一是河道防洪之困。保定圩在河道管理范围内,属于行洪区,现高程在十年一遇洪水位以下。防洪能力较低,制约了植物生长,也制约了基础设施建设。二是规划之困。保定圩属于丽水九龙湿地国家公园湿地文化展示区范围,又属于古堰画乡旅游总体规划范围,部分土地还涉及永久基本农田。既有多规叠加的限制,又有土地性质限制。三是产权、资金之困。滩涂土地性质复杂,产权归属比较难处理;农田分散在农户手里。租用和征用均存在较大困难。另开发和利用资金存在困境。

保定圩之定位。一是不走“冒险岛”“花海”式过度开发之路。除普遍存在的问题外,还存在滞洪区困境、规划困境、土地困境等制约因素。即使投入了大量资金进行建设,洪水一冲,损失巨大。二是不走“不管不问”野蛮生长之路。让保定圩自然生长、农田由农民自然耕作,不加干扰,不予干涉的做法在变相回避矛盾。三是走“山水林田湖草”和谐共生之路,成为GEP拉升GDP的典范。利用保定圩自然资源禀赋,进行适当干预,把保定圩的优势凸显出来,使之更美更有吸引力,成为古堰画乡的新亮点,成为八百里瓯江最美江岸。同时,在环境可承受前提下,打造“摄影”“写生”创作基地、“农耕”“渔业”体验基地、“休闲”“娱乐”度假基地,适当导入游客,以GEP拉升GDP,使之成为生态产品实现机制的典范。

保定圩保护与利用之建议:

打造“三个系统”,形成水、石滩、草滩、林、田和谐共生的具有瓯江独特韵味的江畔美景，做大GEP，提升吸“睛”能力。一是打造“石”“水”共美的基础体系。利用保定圩的地形，把江水引入保定圩中，把天然水塘和滩圩里采挖砂石形成的低洼地，整理形成各类面积不一、较浅的人工湖，并连接成圩中清水带。与南面临圩的瓯江水、北边的通济堰水形成三条“清水带”。江边大片石滩自然成景，滩圩内，用瓯江石做路，做桥，做人工湖岸，做田埂，做绿色植物的坛，甚至可以用石头做蚱蜢舟、水牛白鹭等各类造型。二是打造“林”“草”共茂的绿色体系。建议组织由农、林、水专家组成的调研组，调查当前保定圩区块的树、灌木、草的种类和分布情况，注重研究这些植物的水土保持价值和观赏价值，选择本地耐淹耐冲的植物，通过移植、间种等形式，产生规模效应，提高观赏价值，成片成带、增色增彩。三是打造“农”“渔”共生的文化体系。利用好近300亩农田，展示千年通济堰农耕文化。通过政府引导或合作社集体种植等形式，实现整片种植，不同季节轮换种植。例如，百亩造型稻田、百亩荷塘（鱼塘）、百亩麦田、百亩油菜、百亩紫云英、百亩西瓜等若干个“百亩”。

打造“三个基地”，借助美景，形成融创作、体验、度假于一体的游客休闲活动中心，转成GDP，提升吸“金”能力。一是打造“摄影”“写生”创作基地。通过给画家、摄影家免门票、船票，举办现场创作比赛，用适当资金鼓励住古堰画乡的画家写生，让画家、摄影家通过画笔、相机把保定圩的美，记录下来，传递出去。二是打造“农耕”“渔业”体验基地。让游客参与犁田、插秧、割稻、打鱼等各项农事活动中，根据不同时节组织开犁、丰收、祭水神等有丽水山区特色的节日活动。特别是要研究以通济堰为主题的系列农耕文化，在保定圩区块展示，让游客在参与中体会莲都的好山好水好风俗以及好产品。适时开发“通济堰”系列农产品，如通济堰米、通济堰莲子、通济堰鱼、通济堰酒等，成为游客的伴手礼。三是打造“休闲”“娱乐”度假基地。在保定圩裸露的溪石滩设立烧烤、野炊、露营空间，甚至举办篝火音乐会、渔火晚会等。把人工水塘建成游泳水塘、网兜捕鱼水塘，把靠近溪滩的农田改造成泥鳅、田螺养殖潭，供游客游戏、捕鱼、捉泥鳅、摸田螺。在原生态林下和原生态草覆盖地，开设婚纱摄影或婚礼区块，休憩观光区、儿童活动区等，供拍照、奔跑、发呆、休憩、娱乐等。同时，建议将保定圩不能建设的设施均建在保定村，还带动该村发展。如，利用保定村现有农居，建设具有碧湖平原特色的“山居”；在保定村规划专门用地，用于建设相关旅游设施等等。同时，对保定村村内和周边12处属于市文保单位的保定窑，进行考古调查，理清窑址的分布范围、遗存数量、年代跨度、产品类型、工艺特色等。根据遗址，重建保定窑，重点开发建设和莲都古窑相关的文化场所及体验中心，如莲都古窑博物馆、莲都古窑复烧产品生产基地等。

**【注重“功能+”协同发展，让莲都的“水”大有看头——莲都区美丽河湖建设课题调研报告】** 莲都区境内河道众多，水网密布，共有主要河道41条。河道除满足防洪和用水的需要外，沿岸陆域也是市民亲水休闲和发展现代服务业的重要空间载体。2019年，莲都区将“美丽河湖”建设列为十大民生实事之一，完成河湖库塘清淤5.5万立方米，河道综合治理4.8千米，河道划界44.03千米，大溪大港头段开展堤防标准化建设，争创美丽河湖3条。针对当前莲都区美丽河湖建设情况，区政协参加单位区台联会组织课题组，通过实地走访等开展专题调研。

针对河道建设缺乏“系统性”规划、河岸功能缺乏“水文化”开发、生态修复缺乏“全域性”整治、职能管理缺乏“整体性”管理等问题，建议：

系统规划，拓展建设空间。注重重要水系沿岸规划与原有城市空间规划、土地利用规划的融合，在加强沿岸土地统筹利用，确保重要水系河岸公共空间贯通的同时，结合河道资源和沿线特征，赋予不同的功能定位，进一步拓展建设空间。一是优先加强沿岸空间的公益性功能，沿河修建游步道、自行车道等通道,强化日夜景观的协同打造,对于岸线空间局促地块,可采用外挑栈桥、下穿通道等方式联通河岸空间;二是强化沿岸地带住宅开发"红线"控制,适当保持住宅小区与河道间距,尽可能保持沿岸地带的公共性和整体性,对于已建成区块,建议通过协商打开小区公共空间;三是在沿岸一些空间节点上引入开放性的商业、休闲、娱乐等设施,在减轻沿岸开发资金压力的同时,也为市民提供更加丰富的生活服务配套,提升市民生活品质。

补增功能,突出精品建设。一是加大"水文化"挖掘力度,努力挖掘发扬治水故事、传说典故、民间风俗等水文化,尊重江河个性,彰显文化特色,通过水文化建设,提升水利工程的文化内涵,提高城市建设的品位,"有山水可看,有景观可赏,更要有故事可听",真正实现人与自然的和谐共生。二是利用河道沿线村庄不同特色打造主题河道,打造文化休闲长廊、生态涵养绿道、民族风情走廊和游憩观光走廊等不同主题的美丽河道,同时,补齐沿途灯光照明、游玩场地、公共驿站等设施建设,进一步满足便民需求。三是借鉴宁波、台州等地河道建设理念和经验,在河岸绿化上配置花卉、乔木、灌木、地被、果树等多层次多元素栽培,形成"一河一品、一年四景"。

全域整治,着力修复生态。一是加强源头管控,"治水先治污、治污先截污",全面实现工业废水、农业废水和生活废水的截污纳管,提升河道周边村庄人居环境。二是推进生态建设,开展全流域河道清淤整治,在全区清淤的基础上,根据河道常年水质变化、水量情况、空间形态、植物、水生动物等情况,强化生态保护和修复。三是规范河道维护,严查电鱼、地笼网等行为,集中建设垂钓平台,合理疏导群众钓鱼行为。四是自然建设滩地。建议滩地可以园林形式建设,让滩地向外逐渐升高至河堤,让地形代替人工砌筑的堤防,形成天然隐堤,滩地和堤防的自然结合使得非汛期时具备公共空间的功能。

专项管理,健全长效机制。打破部门各自为政的局面,实行专项分层管理,点线面结合同步推进美丽河湖建设。一是成立河道运行维护公司,负责面上日常河道运行维护,促进河道和沿线陆域管理常态化、长效化。结合河(湖)长制、河道保护长效管理机制等举措,"挑茬找刺"保河湖整洁,充分落实"一河一策"实施方案,坚持标本兼治、水岸同治、城乡并治。二是委托第三方机构,按照"设施景观化、景观功能化"原则推进点上项目建设,基础设施的定期检查维修。三是成立乡镇级河道护卫队,负责河岸线上的日常督查执法,引导河道附近企业和居民增强河道和沿岸环境的保护意识,长效执法与集中打击同步推进,防止破坏河道和沿河岸线环境、侵占岸线空间等行为。

**【布局大健康产业　打造浙西南森林康养中心】** 2019年6月起,区政协教科卫体委制定方案,先后对我区森林康养相关企业进行走访调研,并赴义乌、富阳、磐安等地考察学习,通过座谈会议、实地察看、走访企业、部门研讨等方式,深入了解剖析工作中存在的不足和困难,结合实际提出对策建议,以期对莲都区发展森林康养产业有所裨益。

针对缺乏长远目标和规划、认识滞后;缺乏森林康养主导产业,产业链难以形成;缺乏人员配备,监管和引导产业发展的力量薄弱等问题,建议:

明确目标,制定规划长远谋划。周密规划是事业成功的基础和关键,在"健康中国"大背景下,莲都要依托市级森林康养工作整体上走在全国前列和全国首个《森林康养丽水行动方案(2018—2020)》等条件,抢先制定《莲都区森林康养行动方案》,利用好自身的生态优势制定好目标,做好长远规划,抢占森林康养高地,然后持之以恒一届接着一届政府持续的干。

整合政策,搭建平台重点发展。一是整合政策,延长森林康养产业链。通过整合扶持政策,加大财政支持力度,探索点状布局、征转分离、差别供地等模式,充分挖掘森林康养+医疗、森林康养+食品、森林康养+文化、森林康养+体育、森林康养+养老等新业态。充分利用本地的一切力量扶持产业发展，如配套疗休养政策，将森林康养纳入本市职工疗休养体系。二是加大宣传，叫响莲都康养品牌。“秀山丽水，养生福地”早名声在外，深入人心。建议充分利用这份金名片，继续打响中国生态健康养生养老品牌，以南明湖、万象山、古堰画乡、九龙湿地、东西岩等自然景区为依托，大力发展养生养老地产，打造养生养老聚集地，加大宣传造势，叫响“养生福地”品牌，吸引西部人来创业、北方人来养老，华东人来养生。三是解放思想，盘活资产。2019年出台的土地改革新政为农村土地盘活打开了口子，建议借此东风，大胆创新试点，充分盘活农村闲置土地和老屋资产。如利用“大搬快治”留下的空心村、农村的闲置房屋和土地，创新试点使用权转让、出租、抵押等形式盘活，以较低的土地成本发展森林康养产业。

积极谋划，增强森林康养人才队伍和监管力量。一方面，要利用我区正在筹建自然保护区管委会的契机，将森林康养工作职能纳入该管委会职能范围，配备由正科级领导干部牵头，多科室分工合作并具体落实的组织力量，充实监管和引导我区发展森林康养产业的人才队伍。另一方面，要重视本土人才的培养。多渠道培养和引进人才，如创办健康学院，培养康养人才；鼓励本地生源大学生、留学生回家乡创业和工作，为他们回家乡工作创造条件，提供平台，这样才能真正留住人才；采用柔性引才机制大力引进高端技术人才；引进食品加工、生物医药、健康医疗、生态旅游、养生地产等大健康项目领军企业。

**【反映社情民意信息工作】** 2019年，区政协采编社情民意信息143篇，市政协录用80篇，省政协录用20篇，全国政协录用8篇，以678多的高分取得全市政协系统各考评单位中位列第1名，夺得“七连冠”。根据《丽水市莲都区政协反映社情民意信息工作评选表彰办法》（莲政协办〔2016〕12号）规定，经区政协十五届三十次主席会议审议，确定农工党区委会、民革区委会、区台联会、九三学社区委会，及经济委等5个集体为先进集体，第4采编小组为达标小组，陈可乐、李海花、阙沛军等19人为先进个人。

区级层面：整理上报区委区政府3篇，分别为《窗口已至，建议尽快修复通济堰导航墙》《以贯彻党的十九届四中全会精神为契机　深化我区“法治乡村”建设》《以大力弘扬浙西南革命精神为契机　进一步挖掘利用“古堰画乡”区域的红色资源》，均被区委区政府领导批示交办。

市级层面：采编80篇。其中专报市委市政府9篇，被领导批示6人次。内容主要涉及“出台健康证免费体检政策”“挖掘湘师抗战期间南迁丽水的独特历史”“中山街改造”“碧湖平原通济堰清淤”“两山规划馆建设”等。其中农工党界别陈可乐委员反映的“健康证免费体检建议”同被转为市政协重点提案予以办理落实，毛传书反映的“防洪堤亮灯问题”“小白岩古树保护问题”均得到市级相关部门重视。

省级层面：采用20篇。内容主要涉及：个税新政、涉外婚姻、铁路安检、养老产业、粮补政策、农民工工资支付等问题。其中农工党界别委员陈可乐共有8篇被录用，其中农民工工资发放“一卡制”的建议已予执行；徐君妙、朱志军、翁阁谞、信息员阙沛军、李海花等同志反映的信息均被省政协综合或单篇采用。

全国层面：采用8篇。内容主要涉及：职业技能鉴定、政协党组建设、文史资料工作、模拟政协、农民工工资条例、网约车管理、领导干部作序等内容。其中信息员、农工党员黄晓丽反映的“国家职业技能鉴定问题”被全国政协单篇采用转送部委局办；陈可乐、周晓丹、王雨、陈萍，及信息员阙沛军、李海花等同志反映的信息均被综合采编或以每日社情形式录用。

## 政协丽水市莲都区委员会专门委员会工作

### 提案和协商工作委员会

**【提高提案质量】** 按《常委会工作报告》提出的“把质量导向放

在更加突出位置，真正确立‘数量适度、质量为要’的理念，强化精品意识”工作要求。注重选题引导，提案委积极搭建提案知情平台，在全会前围绕党委、政府中心工作整理提案征集参考目录，促进委员解党委、政府工作，提高提案撰写的针对性，提出参考价值高的提案。加大集体提案的征集，提案委主动同各参加单位、党派团体、界别活动组的联系，及时沟通提案征集方向，发挥各团体、界别的作用，撰写出高质量的集体提案。大会期间共征集到集体提案 60件，占立案提案总数的34.5%。严格审查立案，邀请往年提案承办多的单位工作人员，参与全会期间征集到的提案审查、分类、立案等工作，协商确定提案承办单位，提高交办准确性。实施提案专人初审、提案组分析、提案委复审的“三级”审查程序，按照“三性”和“三有”的原则(即严肃性、科学性、可行性，有情况、有分析、有建议)逐一审查提案。对形式不规范、内容不具体的提案，及时联系修改补充；对题目不规范的，给予纠正；对提案内容不符合条件的，做好与委员的沟通协商，作撤案或转为社情民意处理，努力提升提案整体质量。2019年大会期间，共收到以提案形式提交的意见建议255件，通过严把提案“入口关”，“撤”“并”“改”后，立案提案174件，不予立案撤14件，并案67件。

**【注重提案办理效果】** 加强提案办理全过程监管，既要严格立案，更要务实结案。做好交办和督办工作，通过预交办、集中会议交办、网上交办，提高提案办理速度和效率，增加提案办理的透明度，把杜绝提案办理中的形式主义作为重要任务。做好与区委办、府办联系沟通工作，筛选出28件建议作为重点提案预选，经主席会议确定18件作为重点提案，呈送区委，区政府领导领办、主席联系督办办理。做好档案管理工作，每件提案都编号建档，将提案人、承办单位、书面回复、落实效果和委员情况反馈等信息，全部归档备查。做实办理和评议。通过跟踪督办、民主评议、座谈协商等形式，有效提升办理质量。选取农业农村局、教育局、建设局三家承办单位开展提案办理工作民主评议，总结经验、查找不足、剖析原因、提出整改建议，促进提案成果转化，将评议结果作为政协工作考核依据。

**【提升提案服务能力】** 做好协商沟通，发挥好桥梁纽带作用。注重互动交流。在交办、接收、分析、面商、答复、审核、落实、反馈等提案办理的全过程各环节加强互动交流，在办理单位和提案人之间提案委发挥好沟通桥梁纽带作用。为委员提供知情服务，促进提案工作与调研视察、反映社情民意、请你来协商等工作有机结合，增强履职成效。建议承办单位运用现场办理和面商、电话联系办理等方式，由“文来文往”向“人来人往”转变。做好提案工作宣传，充分展示提案工作动态与成果，挖掘提案办理中的典型事例和先进经验进行宣传，扩大提案工作社会影响。提案委在全会期间，发布系列报道，介绍提案立案审查情况等。在办理过程中，通过网站、微信等媒体报道，激发提案办理单位落实提案建议积极性，营造良好氛围。创新办理工作。引导承办单位如设立微信群办理，带领委员开展实地调研；承办部门在部门的网站上公开办理承办的提案。

**【搭建“请你来协商”平台协商】** 突出高标准协商，多次同区委沟通“请你来协商”有关工作，推动区委办出台《区政协“请你来协商”平台建设实施意见》，全面推进“请你来协商”平台建设。在各方推荐、广泛征集的基础上，选择“碧湖副中心城市、市区花果菜园、民办教育发展、医联体建设、机构改革后问题、莲台经济文化合作交流”等6个课题，并结合重点提案办理、专委会课题调研选择“推进古堰画乡文旅融合发展”等6个X协商内容，纳入年度协商工作计划，邀请党政领导参加协商活动。邀请到区委书记、区长参加“请你来协商”活动。区委书记高度重视“请你来协商”工作。要求部门“一把手”负责，高标准办理政协的提案，严格流程，把好环节，协调解决办理过程中的困难和问题，严把时限关、答复关和质量关。现已举办10次协商活动中，共有党政领导13人次参加协商、35位部门单位主要负责同志参加。突出高水平建言，高度重视每次协商活动，谋细谋实，统筹推进“请你来协商”工作计划。坚持“不调研不协商”原则，围绕协商议题，组成课题组，深入一线查实情、深入群众听民声、深入研讨出真知。对协商中发现的问题主动向区委、区政府通报情况，与相关部门探讨提出切实可行的解决建议。调研中采取走访、会议座谈、发放意见征求表等形式征求专业人士和利益相关方意见。如《民办教育发展》课题组走访市区全部的8所民办中小学，邀请学校负责人、民办教师代表、家长代表等参会。邀请政府分管领导举办两次的“请你来协商”专题议政。调查研究作为“请你来协商”活动的必经程序和基础环节。承办单位组建提案者、承办单位责任人微信工作群，便于双方的工作交流。注重协商前调研成果的归纳梳理，便于有限协商时间内精准发言，提出切实可行的意见。重视“请你来协商”成果的有效落实，建立持续跟踪问效机制，区委办已出台的实施意见中明确提出当前协商活动形成的协商意见，由承办单位在1个月内向区政协反馈办理落实情况。每次协商活动后，要求各承办专委会及时梳理协商活动成果，以《政协建议》的形式递交区委区政府领导批示交办，持续跟踪问效。提出意见建议76条，已落实46条，落实率高达60.5%，部分协商成果已转化为党政决策、部门举措、实事项目或者改进社会治理等方面的内容。在“推进古堰画乡文旅融合发展”专题协商之后，围绕协商意见中的重点、难点问题，组织政协委员再访景区，与部门负责人现场分析论证，推动协商成果转化。该协商提出15条协商意见已全部办理反馈，景区管理更加有序、景区环境得到进一步提升。

**【联谊会活动】** 开展弘扬“浙西南革命精神”的教育实践活动。4月12日，女委员联谊会组织理事会成员50名女委员在老竹畲族镇新屋村开展“弘扬‘浙西南革命精神’教育实践活动”。参观南乡革命纪念馆、重走红军路、分组拉练红歌等。献礼人民政协成立70周年文艺会演。9月26日，女委员联谊会作为莲都区政协庆祝中华人民共和国暨人民政协成立70周年文艺演出活动的承办单位，以“挺进新时代 彰显新样子”为主题，在丽水市青少年宫小剧场举办。

**【围绕中心工作抓好落实】** 组织专委会联系的民建、民盟、九三学社、无党派界别联系，走访龙泉住龙红色教育基地，开展“弘扬‘浙西南革命精神’教育实践活动”；配合中心工作，组织联系界别委员参与随手拍活动，到峰源、大港头镇开展民主监督界别月活动；开展政协新时代、新样子活动，联系界别委员开展征集政协工作的金点子，政协工作笔谈；做好老干部的服务工作，关心老干部，做好老干部生病住院、生日、重阳节的节日慰问，年度的政情通报；参与市政协提案委的工作，参与完成市提案委的各项工作，完成养生养老重点提案的督办；参与市政协无党派界别完成大鲵产业调研

（叶春晓）

## 委员工作委员会

**【落实委员管理制度】** 落实好委员管理制度，落实好《政协丽水市莲都区委员会关于进一步加强政协委员队伍建设的实施办法》《丽水市莲都区政协委员履职情况评价办法》等一系列委员管理制度基础上，结合省政协布置开展的新时代人民政协新样子活动和“不忘初心 牢记使命”主题教育活动，做好委员队伍党建组织建设，组建四个工作支部和八个临时党支部；以及做好党建制度建设，建立党组成员联系界别党员和党员委员联系非党委员制度。继续开展走访约谈委员活动，已连续开展六年走访约谈委员工作。制定政协主席会议成员走访约谈委员工作方案，梳理2019年新加入委员队伍人员名单和2018年履职得分后50名人员名单，把这两类委员作为2019年走访约谈对象，利用8月1个月时间，结合新时代政协委员新样子活动要求，由政协主席会议成员带队分别走访约谈委员，全年走访75名委员。

【学习培训】 3月6日至7日到温岭参加全省反映社情民意信息直报点工作交流会，学习反映社情民意信息工作先进地区工作经验。5月6日至8日到湖州市德清县、嘉兴市海盐县学习调研民办教育发展经验。5月13日至17日湖南湘潭市委党校举办一期中共党员委员党性素质提升培训班，一共有55名中共党员身份委员和政协机关中共党员身份工作人员参加素质提升培训班。结合新进委员培训需要和新时代人民政协新样子活动需要，5月28日派出委员参加市政协组织的讲座培训和8月29日邀请市政协阙忠东副秘书长来授课，提升委员政协理论知识和反映社情民意信息写作技巧。

【丰富委员履职活动】 做好课题调研工作，为助推莲都区民办中小学教育提质发展，区政协主席会议将“莲都区民办中小学教育提质发展”列为主席会议调研课题。调研组从5月开始，通过实地走访、召开座谈会、邀你协商、走访有关专家、外出考察学习等形式， 深入调查研究，认真梳理问题，形成“加强规划引领，完善政策体系，提升莲都区民办中小学教育质量”的调研报告，供领导决策参考。民主监督方面，继续围绕区里中心工作派出委员1000多人次参加文明城市建设、“五水共治”、乡村振兴、垃圾分类、城中村改造等专项民主监督活动；应党政部门邀请派出委员200多人次参加各项民主监督活动。委员视点工作。激励委员创新创业，2019年宣传的委员是陈旭东及他的1919鱼跃酿造产业园。委员工作室工作，按照年初工作计划，顺利组建了两个委员工作室，即工业经济界别委员工作室和社会保障界别委员工作室。反映社情民意信息工作，期间和天台、嘉兴、衢州等多地进行信息交流合作，对所反映的问题进行跨区域调研，提出的意见建议更有针对性，在合作的30余篇信息中，被全国政协和省政协分别采用2篇。据统计，前三季度共编报信息118篇，其中市政协采用66篇，省政协采用共12篇，全国政协采用8篇。

【优化委员履职环境】 做好全会的组织工作，按照政协工作的统一安排，继续参加十五届四次全会筹备并做好组织工作；做好政协参加单位工作交流大会的组织工作。继续开展界别月活动，制定以弘扬践行浙西南革命精神，树立莲都政协新形象为主题的界别月活动方案，在6月21日至7月21日期间，要求各界别到丽水市浙西南革命精神主题教育基地开展活动。

（谢晓鹏）

## 经济委员会

【专题讨论活动】 开展“新时代人民政协新样子”专题讨论活动，根据区政协工作安排，经济委组织联系界别委员到云和开展“弘扬践行浙西南革命精神，树立莲都政协新形象”界别月活动，在参观主题教育基地后，委员们认真学习了葛慧君主席在“新时代人民政协的新样子”专题讨论部署会上的讲话精神和市委胡海峰书记在全市“浙西南革命精神”弘扬践行活动动员大会上的重要讲话，围绕省政协提出的“五个如何”，就“界别新样子”“委员新样子”“履职新内容新方法”进行专题讨论，撰写专题笔谈。联系的三个界别都组织相应活动，结合“学习新思想、树立新形象”主题，查找问题和短板，就如何加强建言资政和提升委员履职水平，提出12条“新样子金点子”对策建议。

【组织开展调研课题】 围绕区委、区政府的中心工作，精心选题，深入调研。经济委2019年共有主席会议和专委会课题各一个，已全部按计划完成。6月中旬，经济委组织课题组成员启动“把我区打造成市区的‘花园、果园、菜园’”调研活动，课题组成员先后走访郎奇农家乐农产品专业合作社、锦绣盆景专业合作社、雨露果蔬专业合作社、惠丰农业发展有限公司等，实地参观四个基地农业产业发展情况。10月，组织课题组成员到峰源乡考察高山蔬菜生产基地。调研期间，分别听取业主情况介绍，并就生产、销售、带动农民增收等方面进行了深入的交流，对存在的问题交换了意见。10月完成调研课题，得到了陈豪区长的指示，10月24日，举办“请你来协商”活动，与政府和相关部门领导共商莲都农业基地建设和发展之策。为拓展旅游资源、提升景区品质、助推古堰画乡创AAAAA级景区，6月初，经济委就“保定圩保护与开发”课题组织委员到区旅投公司进行调研，在听取区旅投公司保定圩区块项目招商引资情况和古堰画乡“东扩”“西扩”初步设想介绍后。调研组成员就保定圩区块开发可行性和如何做大古堰画乡景区等进行座谈交流。6月底，谷主席带队分别到永嘉、乐清等地考察学习先进经验，实地走访保定圩区块，征求部门、专家和当地村民意见，通过多轮考察座谈， 10月课题组完成调研文章，11月举办“请你来协商”活动。

**【做好大会发言和提案撰写工作】** 2019年，经济委牵头落实政协大会发言工作，通过广泛动员征集和反复修改完善，在领导重视和委员积极参与下，政协大会发言取得良好效果，较好地完成工作任务。台上发言和即席发言各有一篇荣获优胜奖。各界别召集人高度重视提案和社情民意工作，撰写的委员人数较往年明显增加，委员撰写的提案和社情民意质量明显提高，其中三个提案被列入重点提案，社情民意得分暂居前列。

**【考察学习】** 经济委结合联系界别特点开展五次丰富多彩的考察活动。经济界组织委员走访民营企业，共商中小企业发展之策。农业界别组织委员到碧湖、联城和峰源农业生产基地调研我区农业基地和高山蔬菜生产经营情况；工商经济界别组织委员到走访异地商会并看望莲商企业，召开座谈会共商企业发展之策。联系的三个界别都组织弘扬浙西南革命精神为主题的界别月活动。

**【参与并做好牵头负责的各项工作】** 落实经济委牵头的单位工作责任制考核各项任务，配合做好分管领导领办的重点工作。参加结对社区、结对村、交通指挥岗亭志愿活动。助推重点项目建设，协调落实领导重点领办项目。配合做好“河道长”治水等各项工作。做好党风廉政、投资促进、工业商贸、垃圾分类五水共治等考核项目工作。

（吴雯华）

## 教科卫体委员会

**【建言献策】** 做好区政协十五届三次会议的宣传总牵头工作，坚持正确的政治方向、舆论导向，紧扣会议议程，聚焦大会主题，创新方式方法，对会议及其精神进行全方位、多视角、立体式的宣传报道，收到良好效果。做好经常性的提案和反映社情民意信息工作，组织委员深入基层调研，围绕群众关注的热点、难点问题，撰写提案和反映社情民意信息。十五届三次会议重点提案18件，其中本专委委员撰写7件；朱志军委员《现行粮食生产补贴政策缺陷凸显亟须调整》的信息被省政协采用，朱泽霞、李伟霞等多位委员的信息被市政协采用。

**【课题调研】** 开展“市区医联体建设”主席课题专题调研。调研组先后赴莲都区人民医院、雅溪中心卫生院、峰源乡卫生院开展实地调研，召开座谈会听取区卫健局、区医疗保障局情况介绍，在此基础上，赴宁波市海曙区和金华市金东区学习考察了医联体建设经验，形成《关于推进莲都区市区医联体建设的建议》政协建议案提交区委区政府及有关部门参考，助力健康莲都高质量绿色发展建言献策；开展“关于浙西南科创中心建设”专委会课题调研。多次组织科技界别委员对课题进行论证，找准课题的切入点，最后结合莲都的优势，明确以“森林康养”为调研主题，委员们实地调研郎奇—白桥康养旅游小镇、华东药用植物园等项目，听取丽水市林业科学研究院等部门情况介绍，并赴义乌市、富阳区、磐安县等地考察康养产业发展现状，形成《布局大健康产业 打造浙西南森林康养创新中心》调研报告，下步重点是做好成果转化。牵头落实好两个课题的“请你来协商”的工作。

**【民主监督】** 继续牵头组织“随手拍，快捷报”民主监督活动。

围绕区委、区政府“垃圾分类”“污水零直排区创建”等重点工作，科学制定“随手拍，快捷报”民主监督活动方案，突出专委会组织协调和委员主体作用，助力问题整改落实。自4月16日活动启动以来，坚持每周把委员监督过程中发现的问题以“随手拍，快捷报”的形式报送区委、区政府，取得良好效果，全年协助委员反映问题116个，其中编辑“随手拍，快捷报”18期，问题基本整改到位，第6期和第11期反映的问题得到陈区长的批示。

**【开展各类活动】** 组织区政协书画会成员义务为群众写春联。1月区政协书画会组织部分书法家到碧湖镇市民广场开展送春联下乡活动。开展送服务下乡活动，1月组织区教育界别委员到薄弱民办学校——莲都区成龙小学开展送教活动；4月市、区两级政协组织部分委员到莲都区老竹镇开展“送教育”下乡活动，以实际行动助推莲都教育高质量均衡；12月初将组织界别委员到丽新民族学校联合开展“送科普”“送体育”“送教学”“送健康”进校园活动。摄影之友社、书画会活动多彩。6月，组织摄影之友社、书画会成员到松阳和遂昌两地开展采风笔会活动；9月，在莲都区会议中心大厅举办“庆祝新中国成立70周年暨人民政协成立70周年”书画摄影联展活动；组织成员参加市政协第十三次书画作品联展和第六届摄影展。精心组织界别月活动。组织委员到云和小顺、老竹新屋爱国主义教育基地开展“弘扬践行浙西南革命精神　树立莲都政协新形象”界别月活动。组织委员开展“新时代人民政协的新样子”专题讨论，上交笔谈1篇，金点子近20篇。

**【自身建设工作】** 定期召开专委会成员会议。每季召开专委会成员会议，谋划专委会新一年工作，落实区政协全会精神，讨论完善专委会课题，学习中共十九大和十九届四中全会精神，提高专委会工作实效。督促委员履职。根据区政协的统一安排，在分管副主席带领下，走访本专委会部分政协委员，征求对政协工作的意见建议；根据区政协办公室工作分工，做好重点提案办理、年度考核对接工作；协助做好兄弟政协到莲都区进行调研视察的联系和陪同工作，做好相关接待方案。

（李美华）

## 社会法制委员会

**【参政议政工作】** 组织社会组、法制组委员开好十五届三次会议。组织联系界别积极撰写大会发言，工青妇就“新型职业农民”“莲都中心园建设”“乡村治理”等进行发言，提出建议意见；委员就“防止形式主义”“建筑垃圾”等问题提出解决方法办法，受到区委区政府领导批示。讨论审议“一府两院”工作报告，就法治政府建设、司法公正等提出建议。做好社情民意信息反映和提案工作。十五届三次全会期间，组织委员积极撰写提案，共提交提案46件，全年反映社情民意信息9篇，其中市政协录用4篇、省政协录用1篇。开展“请你来协商”活动。就“法律服务护航莲都发展”“机构改革后责权分配和权力运行”等问题与区委、区政府进行协商活动，提出许多可行性建议，得到采纳。组织委员论证《丽水市文明行为促进条例》的立法活动，提出建议得到采纳；关注莲都区法治政府建设，对出台的工作意见提出合法性建议，并参与督察活动。

**【民主监督工作】** 借助“随手拍.快捷报”开展对“文明城市建设”“五水共治”等市区重点中心工作的民主监督。呈报问题信息18件，上报问题得到整改，推进了工作；组织委员对区人民法院的执行活动进行民主监督，现场视察星球集团被采取腾房强制措施实施的整个过程。指派委员担任区法院特邀司法监督员，就法院的审判活动等开展监督，提出建议。

**【调研视察工作】** 组织开展“我区机构改革后的责权分配和权利运行情况”的课题调研，提出七个方面的建议，所提建议正在落实。参与“保定圩保护与开发”的课题调研；组织开展视察“农(工)旅示范点”　“城中村改造”　“现代农业园区”，提升委员看问题想方法的视角和履职能力；组织“界别月活动”，走访缙云河阳廉政教育基地，岱后中共丽水县委旧址，开展“新时代人民政协新样子”专题讨论活动，收集“金点子”。

**【服务中心工作】** 委员参与“大搬快聚富民安居”工程的政策专班工作，为该工程实施意见制定提供法律意见；对“瓯碧园”群体访案件提供政策法律解释意见，为息访出谋划策；受派担任“不忘初心、牢记使命”主题教育指导组工作，较好地完成工作任务；受派协助政府部门处理区公安局“林某非正常死亡”、区民政局“心福养老中心招商问题”、雅溪镇干部“因公牺牲”等善后事宜，取得较好地法律社会效果。

（梁智伟）

## 港澳台侨民族宗教委员会

**【理论学习】** 开展学习中共十九大精神，学习领会习近平新时代中国特色社会主义思想学习习近平总书记系列讲话精神；贯彻执行党风廉政建设要求，执行党的“条例”和“准则”，做好专委会全体成员思想作风教育，把学习理论和本专委会工作实际全面履行政协职能相结合。组织委员学习对台政策业务，侨联章程、涉侨法律法规、上级指示精神和党的民族宗教政策，有关法律法规、市场经济知识和政协业务知识，提高理论修养和业务能力。

**【专题视察活动】** 组织委员开展“小城镇综合整治”的视察活动，委员们通过实地走访、查看资料等方式对碧湖镇的小城镇综合整治工作进行了视察，并向有关方面反馈了存在的问题及一些建议意见。开展“三个走近”主题活动。组织开展“走近特色民族村（寨）”活动，民族宗教组的委员深入北埠村、利山民族村开展走访活动，到温州的苍南县、宁德的霞浦县考察；开展“民族乡村振兴”的课题调研，并形成《民族乡村振兴》调研报告，为民族村的发展把脉；参加了在岩泉街道凉塘村举行“莲都区三月三歌会”；台联会界别开展的“美丽河湖建设”课题调研活动，到碧湖镇保定、三峰和丽新乡吾赤口、马村等村实地走访，到台州市的天台县、黄岩区、宁波市的鄞州区和北仑区考察，形成“美丽河湖建设”的调研报告，得到了陈豪区长的批示；侨联界别的委员走访莲都外国语学校、华侨国际幼儿园等侨资企业，和青田县、鹿城区的侨联进行交流，开展“关注侨界留守儿童”课题的调研，形成调研报告。跟市政协港澳台侨和外事委联合开展“促进两岸经济文化交流合作政策实效”调研活动，先后到温州、福州等地考察学习当地落实中央33条“惠台”政策工作经验。10月29日，邀请区委副书记、区委政法委书记胡伟华，区台办、教育局、农业农村局、经合办、经商局、文广新旅体局相关负责人，与委员们一起，围绕“如何提升莲台经济文化交流合作政策实效”展开协商探讨，后形成调研报告，报送党委政府决策参考。

**【民主监督与社情民意工作】** 组织开展“随手拍、快捷报”民主监督活动，委员们深入到碧湖镇、老竹镇对该镇开展的“小城镇综合整治”进行民主监督活动，编报了四期“随手拍、快捷报”简报，其中一期得到了区长陈豪的批示。递交多篇提案，其中《加快“大搬快聚”推动大花园中心园建设》提案被列为重点提案，由区委书记领办。闭会期间，港澳侨台民宗委委员会的委员参政议政、建言献策，做好社情民意工作，发动委员撰写社情民意，共累计上报社情民意17篇，其中周晓丹委员上报的《建议大学院校开展“模拟政协”活动》、阙佩军和陈萍委员上报的《对〈保障农民工工资支付条例（草案征求意见稿）〉的建议》两篇被全国政协采用。

**【各类活动】** 组织委员积极参加文明城市创建活动、积极参加“新时代人民政协的新样子”专题活动；组织委员到青田祯旺乡吴畲村开展界别月活动，按要求全面完成“四个一”的活动要求；开展弘扬践行浙西南革命精神活动，多次组织委员到教育基地进行学习教育活动；侨联界别到黄村小学，开展“侨缘侨心　侨暖童心”关爱行动，为山区小朋友送去温暖。

（周奇星）

## 文化文史和学习委员会

**【做好《亲历莲都教育》文史专辑征编工作】** 这项工作自2018年启动以来，区教育系统相关科室、学校和单位立即行动，分工负责，落实任务，积极撰稿，截至2019年3月，共收到教育系统上交文稿89篇，经汇总梳理后确定录用75篇。同时，区政协文史委发动文史征集编审员重点开展职业技术教育和成人教育方面文史资料征集工作，共征集到文稿14篇。全书共收录文稿89篇，近25万字。此书主要反映新中国成立70年来，特别是1978年改革开放以来莲都教育发展的历史，包括学前教育、中小学教育、职业技术教育和成人教育等方面的史料。具体涉及学校的创建发展、学校的撤并、教育教学管理改革、教育教学质量提升、教师队伍建设，以及为莲都教育事业做出突出贡献的人和事等等。此书经多次修改、编辑和完善以后，送出版社审稿也即将完成，争取春节前正式出版。

**【开展经常性的文史征集工作】** 在5月30日召开的文史工作会议上，部署“新中国成立暨人民政协成立70周年”和弘扬践行“浙西南革命精神”等主题的文史资料征集工作。全年共征集到各类综合文史稿件32篇，为编辑出版《历程追忆之二》文史专辑增加了稿源。

**【完成上级政协文史协作任务】** 完成浙江文化印记推送工作。根据省委宣传部、省政协文化文史和学习委关于联合开展浙江文化印记和“浙江文化金名片”征集评选活动的要求，在前期调查摸底的基础上，及时与区委宣传部联合召开浙江文化印记推送工作研讨会，经讨论研究，共确定并上报通济堰、南明山摩崖石刻、抗战版画在丽水、瓯江水运4个莲都区推荐评选项目和丽水摄影、纳爱斯雕牌系列产品2个建议丽水市推荐评选项目。完成《70年70人——浙江省政协庆祝中华人民共和国、人民政协70华诞史料专辑》供稿，毛传书同志《我把反映社情民意当作公益事业做》文章成功入选。完成丽水市政协《教育印记》相关文稿的审稿任务。完成丽水市政协和丽水市卫健委联合征编《卫生印记》供稿任务。配合区卫健局选题，落实责任，并派出文史征集编审员帮助撰稿，共完成并上报了7篇文章。完成丽水市政协以《初心·使命·挺进》为主题编印丽水市庆祝人民政协70周年专题文集供稿任务，共征集并上报了11篇文章。

**【课题调研】** 开展区政协常委会关于“加快推进碧湖高质量绿色发展”和“进一步完善管理体制，切实做好峰源自然生态保护”课题调研。前期在虞海雄副主席带领下走访了峰源、高溪部分乡村干部，听取乡村干部对区划调整的真实想法和意见建议。之后，专门组织调研组，在谷江南主席带领下通过实地视察、上门走访、查阅资料、座谈交流等方式开展调查研究，分别邀请乡镇主要领导、部分村民代表、丽水学院专家和老同志，以及区发改、建设、国土、民政、农业农村等部门负责人，召开3次座谈会。在充分听取各方面意见的基础上，完成《莲都区政协常委会关于推进碧湖高质量绿色发展的调研报告》和《莲都区政协常委会关于进一步完善管理体制，切实加强峰源自然生态保护的建议》两份调研成果。《调研报告》由区政协常委会通过“请你来协商”平台，邀请区委主要领导、有关部门领导和委员面对面协商后，形成政协建议案报送区委、区政府。开展专委会关于“弘扬红色文化，推动莲都高质量绿色发展”课题调研。在分管副主席带领下，组织专委会成员、文史征集编审员和联系界别委员，先后深入老竹新陶、雅溪岱后、太平巨溪、大港头玉溪等红色遗址开展集中视察调研。同时，结合区政协十五届三次会议第80号《关于加快莲都区红色旅游发展的建议》重点提案督办，运用“请你来协商”平台，邀请提案人、主会办单位领导、相关委员等，共同协商，最终形成政协建议报送区委、区政府。

**【组织开展浙西南革命精神弘扬践行活动】** 区政协文化文史和

学习委作为莲都区“浙西南革命精神”弘扬践行活动领导小组成员单位，担负起相关工作职责，谋划和落实区政协机关的各项工作任务。对历年文史资料中能反映“浙西南革命精神”的史料进行收集、梳理、归纳，丰富莲都革命史料，共向区活动办报送15篇革命故事。开展“浙西南革命精神”内涵表述语的提炼，共向活动办报送两条内涵表述语。组织政协委员和机关干部参加的3个代表队，参加全市政协系统“浙西南革命精神”经典朗诵比赛，获二等奖、三等奖、优秀奖各一名。

**【开展专题讨论活动和界别月活动】** 根据区政协关于开展“新时代人民政协的新样子”专题讨论活动和“弘扬践行浙西南革命精神树立莲都政协新形象”界别月活动的部署，本专委会与教科卫体委联合组织联系界别委员赴云和小顺爱国主义教育基地开展界别月活动，开展了现场教学，围绕“五个如何”的要求，举行了“新时代人民政协的新样子”专题讨论。专委会共报送“政协人新时代新风貌”笔谈1篇，“新样子·金点子”3篇，其中《展示政协文化文史和学习委新样子》笔谈被省政协“浙江同心苑”录用。

**【做好其他工作】** 做好区政协机关“不忘初心、牢记使命”主题教育相关工作，制订主题教育实施方案，落实主题教育学习教育、调查研究、检视问题、整改落实等工作任务。做好机关党建工作，顺利完成机关党组织换届选举工作，两个支部均按要求每月开展“主题党日”活动，落实“三会一课”、党员先锋指数测评、党员志愿服务等经常性工作，按要求在总支和两个支部配备了兼职统战委员。落实第36号《关于建立“农业科创中心”做大做强农业产业，夯实乡村振兴经济基础的提案》和第80号《关于加快莲都区红色旅游发展的建议》两个重点提案督办工作。落实区政协十五届四次会议大会发言工作，召开动员部署会议，落实工作任务，明确工作责任。组织联系界别委员分赴碧湖镇和市区5个街道开展“随手拍、快捷报”民主监督活动。完成《莲都政协》第10期、第11期征编出版。

（黄建兵）

# 中共丽水市莲都区纪委·区监委

【概　况】 2019年，莲都区纪检监察组织坚持以习近平新时代中国特色社会主义思想为指导，增强“四个意识”，坚定“四个自信”，做到“两个维护”，忠诚履行职责，正风肃纪反腐，全面深化“三项改革”，一体推进“不敢腐、不能腐、不想腐”，推动全面从严治党不断向纵深发展，为莲都高质量发展高速度增长提供了坚强保障。

【区纪委十四届六次全会】 2020年3月25日，中国共产党丽水市莲都区第十四届纪律检查委员会第六次全体会议在莲都举行。

全会传达学习了十九届中央纪委四次全会、省纪委十四届五次全会和市纪委四届五次全会精神。回顾总结了2019年纪检监察工作，部署2020年任务。全会由区纪委常委会主持，审议通过了蔡昱代表区纪委常委会所作的《加快推进纪检监察工作高质量发展为与全省同步高水平全面建成小康社会提供坚强保障》的工作报告。

市委常委、区委书记徐光文出席会议并作重要讲话。区四套班子和有关区领导出席会议。有关方面负责人参加了会议。

全会指出，2019年，区委旗帜鲜明、以上率下，坚定不移担起管党治党政治责任，加快推进清廉莲都建设，全面从严治党不断向纵深推进，反腐败斗争压倒性胜利得到巩固发展。全区纪检监察组织在中央、省、市纪委监委和区委的领导下，忠实履行党章和宪法赋予的职责，一体推进“不敢腐、不能腐、不想腐”，全区纪检监察工作呈现高质量发展的良好态势。

全会指出，要坚定不移地践行“两山”理念，以首善之区的担当，围绕高质量发展，与时俱进、积极主动推进纪检监察工作理念、思路举措、体制机制、方式方法创新。在推动莲都加快发展中做到高标准强化政治建设、高标准完善监督体系、高标准深化标本兼治、高标准提高自身建设。

全会要求，2020年重点抓好八个方面工作：一是以党的政治建设为统领，持续优化政治生态；二是以夯实基层基础为核心，持续整治群众反映强烈的突出问题；三是以清新党风政风为重点，持续拓展作风建设成效；四是以深化区委巡察为抓手，持续增强群众获得感；五是以深化区委巡察为抓手，持续增强群众获得感；六是以深化体制改革为根本，持续提升治理效能；七是以护航经济加快发展为动力，持续加强服务保障；八是以忠诚干净担当为本色，持续打造高素质专业化纪检铁军。

全会号召，要更加紧密团结在以习近平为核心的党中央周围，在上级纪委监委和区委的坚强领导下，以“纪检之干”践行“莲都作为”，落实“丽水之干”担纲“丽水之赞”，奏响莲都纪检监察工作高质量发展的最强音，为与全省同步高水平全面建成小康社会提供保障！

【巡察工作】 落实上级关于巡视巡察的工作部署，高质量推进区委政治巡察全覆盖。配强巡察力量，配备专职巡察组组长、副组长各4人，挑选骨干力量充实区委巡察人才库，并动态调整巡察干部。按照深化政治巡察、高质量推进全覆盖、加强规范化建设等要求，开展项目攻坚，探索形成问题线索发现处置“大联动”模式，并成功入选丽水市纪检监察系统“十佳工作品牌”，推动了全区巡察工作高质量发展。完善整改链条，将巡察整改列入各单位责任制考核和纪检监察倒扣分，实施“点上”被巡察单位逐个整改、“线上”主管部门专项整改、“面上”全面自查自纠，实施“未巡先改”机制，推动建章立制，深化成果运用。2019年全区开展两轮巡察，涉及16家单位党组织和129个村居党组织常规巡察、2家单位党组织“回头看”，共发现问题1610个，移送问题线索51件，党纪政务处分14人，巡察“利剑”作用彰显。

**【党风廉政】** 做好中央八项规定精神的贯彻落实和重要节点，细查顶风违纪和隐形变异问题，通报曝光3起典型案例，坚决防止“四风”反弹回潮。以专项活动抓落实，配合区委出台《莲都区“三治三强比实干”作风建设专项活动实施方案》和莲都区基层减负“三十五条”。深入开展“一季度两专题”专项检查和形式主义、官僚主义专项整治，查处形式主义、官僚主义问题4起11人；按照主题教育整改落实工作要求，以每周一主题、两清单、三联查的联动督查机制，促进“8+1”专项整治工作走深走实，开展“8+1”专项整治相关督查7次，检查发现问题71个。开展公款吃喝、公车使用、办公用房使用、津补贴发放等专项检查13次，发现问题61个，发放《落实党风廉政建设责任制意见书》23份，给予组织处理13人。

# 民主党派

## 综 述

【概 况】 全区共有畲、回等38个少数民族，人口2.78万人（含南明山街道），2019年度少数民族农民可支配收入26703元，同比增长10.9%。2019年争取安排落实民族发展资金共1132万元。全区科级及以上少数民族干部35人，其中县处级3人，1000人以上乡镇街道班子至少配备了1名少数民族干部。区内有佛教、道教、伊斯兰教、天主教、基督教五大宗教，教职人员30人，信教群众约1.5万人，宗教场所53处，民间信仰场所58处。现有民革、民盟、民建、民进、农工党、九三学社6个民主党派区委会，下属24个支部（支社），成员426人。华侨华人5.9万余人，归侨侨眷3万余人，外出创业人员 7.2万人，区工商联（总商会）基层商会8个，异地分会16个，异地商会2个。港澳同胞200余人。

## 民革莲都区委会

【概 况】 中国国民党革命委员会（简称“民革”）是具有政治联盟性质的、致力于建设中国特色社会主义和祖国统一事业的政党，是中国共产党领导的多党合作和政治协商制度中的参政党。民革由原中国国民党民主派和其他爱国民主人士所创建。1987年2月，民革浙江省委会在丽水市（县级）发展党员并成立民革丽水市（县级）支部，1989年1月，成立民革丽水市（县级）委会，2000年7月，撤丽水市(县级)设莲都区（县级）时，民革丽水市委会更名为民革莲都区委会。民革莲都区委员会下设支部3个，2019年区委会发展新党员4名。至2019年年底，全区共有党员76名，大专以上文化程度60名，占78.95%；中、高级职称39名，占51.31%。区委会有市人大代表1人，市政协委员1人，区政协委员15人（其中区政协副主席1人，区政协常委1人）；实职副处级干部1人，实职科级干部7人。

【思想政治建设】 主题教育活动深入开展。民革莲都区委会把抓好“不忘合作初心 继续携手前进”主题教育活动作为统一思想共识，深入贯彻习近平新时代中国特色社会主义思想和中共十九大精神的重要举措，编发主题教育活动方案，明确目标任务、工作原则、具体要求，主题教育活动取得阶段性成效。组织实施理论学习，多次召开民革莲都区委会（扩大）学习会，集中学习中共十九届四中全会、中共中央总书记习近平在中央政协工作会议暨庆祝中国人民政治协商会议成立70周年的重要讲话、中共莲都区委十四届七次全体（扩大）会议暨区政府全会会议精神、民革章程等，增强思想自觉、政治自觉和行动自觉，把思想和行动统一到民革丽水市委会、中共莲都区委的决策部署上来。区委会班子成员自主学习“两书一章”，指导三个支部开展主题教育实践活动，12月6日由民革第一支部发起，联合民革第二、三支部与刘英小学中共党支部开展了以“不忘合作初心，继续携手前进”为主题的活动。革命精神弘扬践行活动有声有色。先后参与或组织党员到中共丽水县委旧址和浙西南革命纪念馆开展“弘扬践行浙西南革命精

神　传承红色基因”活动，通过现场教学，学习革命先烈的革命事迹，感悟浙西南革命精神，领会“忠诚使命、求是挺进、植根人民”精神内涵，接受思想洗礼。党员吕勇妙代表区委会参加区委统战部组织的以“弘扬践行‘浙西南革命精神’”“新中国成立70周年”为主题演讲比赛荣获二等奖。同心思想宣传工作广泛开展。组织党员参加中华人民共和国成立70周年、人民政协成立70周年、中国共产党领导的多党合作和政治协商制度确立70周年、民革中央思想政治建设年为主题的理论研究、主题征文活动、文艺表演、演讲比赛等活动，从民革履职成果、社会服务、思想共识等方面宣传莲都民革。邀请市政协原秘书长为全体党员解读中共中央总书记习近平在“庆祝改革开放40周年大会”上的重要讲话精神，介绍了“丽水之赞”的由来，讲解了参政党在改革开放中肩负的五个重大使命和四种能力提高的要求。阙沛军（和市委会胡兵副主委共同）撰写的以展示二支部连续十二年结对帮扶雅溪镇岱后村为主题的《一条十二年不断的帮扶路》获团结报、联谊报采用。郭赛军编导并与其他九名党员共同参演的节目《初心不忘加油干》参加区委统战部元旦文艺会演获得好评，并被选送为莲都区委区政府年终团拜会参演节目并获得点赞。

**【参政履职建设】**　多党合作展新貌。积极参加与中共莲都区委的政党协商。虞海雄、华俊林、陈哈俐等人分别代表区委会先后六次参加中共莲都区委召开的弘扬践行浙西南革命精神助推高质量绿色发展、发展莲都数字经济政党协商座谈会并带头发言。在前期深入调研的基础上，围绕数字经济的发展规划、人才支撑、招商引资等方面和有效挖掘莲都的红色资源、红色底蕴、红色文化，丰富研究成果，在红色精神永放时代光芒等方面提出了民革莲都区委会的意见和建议，得到区委区政府主要领导的肯定。此外还参加了区政府、区政协和区委统战部等组织的各类协商会、座谈会、情况通报会10多次，发挥了区民革在全区多党合作制度中的应有作用。华俊林、吴彦俊撰写的区委会调研课题《加快莲都区农机化发展，推进农业主导产业转型升级》获得副区长卢进的批示。两会履职显担当。区民革中的市、区两级人大代表、政协委员参加市区“两会”，协商议政，建言献策，共商发展大计。在市政协全会上，主委虞海雄在市政协大会上代表莲都联络组作了《加速推进浙西南科创中心建设的建议》的发言，获得书记胡海峰、市长吴晓东等领导的批示肯定并获优秀大会发言。市人大代表潘春霞提交的《关于加大交通补短板力度，市区合力推进大大线改建工程的建议》等两个议案被市直有关部门采纳。大大线被列入省道，经市交通局向省里争取，下一轮规划调整可以列入。陈雅云主笔的《不要让“服务”成为企业的新负担》获得市政协优秀大会发言。在区政协全会上，副主委华俊林代表民革界别作了《加强法律服务　护航莲都高质量绿色发展》的发言获得书记杜兴林的批示肯定；郭赛军作了《乡村集市也应该提档升级了》的即兴发言。严香琴、厉日红、朱伟龙撰写的参政议政材料上报省民革。2019年，提交市政协团体提案1件，个人提案2件。郭赛军围绕“让集市唤回乡愁”作客丽水市电视台“委员视点”。2019年，区委会共提交区政协团体提案4件，政协委员在莲都区政协会议上共提交个人提案19件，其中《关于助推村集体经济壮大实现共同富裕的建议》《加强法律服务　护航莲都高质量绿色发展》《关于万洋发展的几点建议》3件提案被列入区政协主席督办重点提案。接待并参与了民革中央副主席张伯军来莲都区开展协调推进乡村振兴与脱贫攻坚专题调研。社情民意信息工作有进步。区委会继续重视社情民意信息工作。通过业务培训、学习交流、拓展知情渠道，培养、提升党员撰写社情民意信息的能力和水平。阙沛军连续6年获全市政协反映社情民意信息工作先进个人。厉日红、朱泽霞、阙沛军三位党员获聘市政协特邀信息员。

民革莲都区委会荣获2019年度区政协反映社情民意信息工作二等奖。

**【社会服务建设】** 建立平台服务社会。区委会依托市、县(区)政协委员工作室(会客厅)开展为民服务,拓展了民革界别履行职责、服务社会的新平台,通过请进来开展消费纠纷调解、茶产业发展座谈、交通安全监督协商等活动4次;通过走出去开展明查垃圾分类进农村、暗访食品安全到校区等活动3次。区委会领导多次赴结对峰源乡和丽水市海卓科技有限公司等企业开展“三服务”活动,帮扶基层企业、关心群众。同时莲都民革党员积极参加送教、捐资助学和“五水共治”民主监督集中行动等活动,部分民革党员自发购买了贵州省纳雍县滞销南瓜,为脱贫济困助力。三个支部社会服务亮点纷呈:莲都一支部开展古村落保护利用调研,二支部开展送法进社区和“餐饮环节帮帮查”食品安全义务监督活动,利用业余时间对丽水市食品安全开展检查、监督,为丽水“舌尖上的安全”出力,被媒体所多次报道,获省消协和社会各界的广泛好评,三支部积极参加社会服务,党员共参加小荷志愿活动36人次、社区帮扶活动12人次等。立足本职服务社会。2019年,区民革各位党员立足岗位、服务社会,为丽水市的经济社会发展作出了积极贡献。吕海洁荣获国家司法部“坚持发展‘枫桥经验’实现矛盾不上交试点工作表现突出个人”。副主委陈哈利当选为浙江省台谊会第五届常务理事,哈灵教育旗下有7个园所,2家省一级幼儿园,1家工厂,6家子公司,服务全国幼儿园超过1万多所;潘春霞获2018浙江(丽水)绿色发展综合改革创新区(大花园)建设工作先进个人;周晓丹获莲都区政协委员履职先进个人并当选区政协常委;周爱红获“丽水市优秀教师”“教坛新秀”称号;陈艳荣获浙江省书法家协会个人年度奖、绿谷之春市级优秀指导师、省级中小学艺术节优秀指导师;陈雅云被区妇联评为最美巾帼,获区招商引资个人三等功;吕勇妙获丽水市优秀教师、莲都区未成年人道德文化节先进个人;吕勇妙、吴飞燕、吴勇珍获评为高级教师;徐海彬获得市网络三项评比一等奖,担任“全国党媒总编记者丽水行”活动的政务讲解员工作;朱雪圭被评为平安校园先进个人、获区小课题三等奖、论文市二等奖、区二等奖。党员林虹更是坚持多年,每年母亲节到福利院给孤寡老人捐钱捐物。

**【祖统联谊建设】** 区委会充分发挥自身优势,深化、拓展交流渠道,做好祖统联谊特色工作。接待台湾中华学术文教基金会赴莲都古堰画乡和下南山等地访问,了解丽水发展情况、特色产业及历史人文资源,深化两地同胞情谊。民革党员积极参与“促进两岸经济文化交流合作的若干措施”专题协商议政。区委会加强与区台联交流合作,支持有台湾特色的民革党员参与区台联会工作,推荐有台湾特色的民革党员担任政协委员和政协常委。支持台联界别中民革党员政协委员积极参政议政、撰写社情民意。区台联界别在区政协的履职和社情民意逐年提升,达到历史最好水平。

**【组织队伍建设】** 以“不忘合作初心 继续携手前进”主题教育活动为契机,加强区委会领导班子建设。召开了区委会主委班子首次民主生活会,开展了批评与自我批评,达到增进团结的目的。市、区民革界别政协委员工作室挂牌,二支部建立民革党员之家,民革的履职有了新平台。建立党员逢进必谈工作机制,在确定发展对象之前,由主委分别同入党积极分子开展谈话,通过“加入民革,你真的考虑好吗?”“你对民革有什么样的认识?”“政治面貌对一个人而言意味着什么?”三个问题的交流让入党积极分子了解民革组织的发展历程和民革莲都区委会的概况,宣传多党合作知识,提前告之发展对象入党后的权利义务。全年发展党员4名。主委虞海雄获省民革伯乐奖。建立比学赶超机制。制定《民革莲都区委会关于开展“示范支部创建年”活动的通知》,量化考核标准,在“思想政治素质高、组织工作规范、积极履职尽责、规章制度健全”四个方面全面推进,支部组织活动显著增强，全区3个支部全部均建成达标支部，莲都第二支部建成为省级示范支部。70岁以上老党员占比较大的三支部进步明显。重视党员成长及日常关爱工作。建立党员成长培训机制，积极选送党员参加赴西柏坡培训、“不忘合作初心，继续携手前进”主题教育活动（遂昌王村口）、民革市委会参政议政骨干培训班、区委统战部党外代表人士培训班等，通过培训调研学习，提高党员的调研报告的写作水平，拓展社情民意信息思路，提高党员的参政议政能力。思想上关心，生活上帮扶，精神上关怀党员，提高党员的归属感，增强组织向心力凝聚力和感召力。坚持多年开展年终慰问70岁以上老党员活动。连续多年开展重阳节关爱老党员活动，组织70岁以上老党员赴青田北山镇滩坑调研并集体过重阳节。

## 民盟莲都区委会

**【概　况】** 2019年，中国民主同盟丽水市莲都区委员会下设四个支部。全区有盟员67人，其中女盟员24人，占35.8%；退休盟员19人，占28.3%；在职盟员46人，占68.6%；大专以上文化程度61人，占91%，高级技术职称17人，占25.4%，中级技术职称12人，占17.9%，平均年龄53岁。界别分布：教育27人，占40.3%；科学文化10人，占14.9%；其他30人，占44.8%。盟员中区人大常委会副主任1人，区政协常委1人，盟员区政协委员9人；担任副科以上实职4人。

**【思想政治建设】** 2019年，区委会分支部分小组读原著、学原文、悟原理，组织盟员“读盟章，知盟史”知识竞赛；7月26—27日，重走红军路，前往温州永嘉县开展现场教学；9月27日，前往浙西南革命纪念馆开展“初心之行”。以浙西南革命精神为引领，进一步提升思想建设。4月29日，区委扩大会议上重温浙西南光辉战斗历史；7月4日，赴龙泉市住龙镇开展红色教育实践；12月2日，全体盟员到老竹新屋举行红色主题教育和廉政教育学习。以活动凝聚共识，进一步提高政治建设。开展革命事迹“大走访”活动，走访地下交通员张成丰、沈如宝、陈协通等先辈后人。发动盟员参与市、区统战系统组织的各类活动，江鸿、高延平、吴志盛、罗豪等盟员在比赛中均取得优异成绩，在区委统战系统的主题教育运动会获定向赛第二、总分前五。

**【参政履职建设】** 2019年，区委会参与政党协商、政协协商等各类协商6次，围绕区委中心工作、高质量绿色发展等重要议题积极建言献策，《以营商环境为点，推动企业运营决策数字化》《弘扬浙西南革命精神助推高质量绿色发展》等专题报告中提出的优化营商环境、红色教育基地等建议获得区委、区政府主要领导的认可。在市、区两会期间，提交大会发言2篇、即席发言3篇、集体提案6篇、委员个人提案5篇。发言、提案既聚焦最多跑一次、高质量绿色发展、垃圾分类等发展治理大事，如提案《用好大数据，打通“最多跑一次”改革“肠梗阻”》；关注店面招牌、停车难等民生小事，如提案《不要让千篇一律的“店招”毁了城镇的品味》。项军燕盟员撰写的《关于加快莲都区红色旅游发展的建议》被区政协列入重点提案。中央民盟、省民盟录用的宣传信息9篇。全年组织开展专题调研10余次，市、区重点课题调研3次。参与民盟丽水市教育专委会赴莲都开展“教育集团化办学中存在的问题与对策”课题调研。组织开展鱼跃、百兴菇业等本土民营企业经济发展瓶颈，碧湖魏村、太平富山头等村危旧房等重点调研，形成《加快农村危旧房改造迫在眉睫》等调研报告。依托市政协委员工作室，联合市民盟政协委员在丽阳社区针对老小区多层楼房加装电梯、寒暑假小孩托管、金苹果幼儿园收费偏高等问题进行调研。重视横向联系，促进盟员间交流，与民盟临海市支部合作，共同对畜禽生态养殖模式进行调研，实地走访莲都意鑫牧业，从场地的规划调整、栏舍的建设、排泄物的处理等方面逐一研究探讨“养猪上楼”养殖模式。

**【组织队伍建设】** 2019年，新发展盟员3名，分别来自教育、科技、医卫界。截至年底，区委会下辖4个支部、67名盟员。胡筱红盟员获丽水民盟榜样人物称号，梅巧美、胡筱红、杜丽珠3位盟员获丽水优秀盟员称号。注重盟员培训工作，一年来共组织3名盟员参加区委统战部党外代表人士培训班学习，16名盟员参加民盟省委会、市委会的专题学习培训。为提高新盟员的履职、参政议政能力，建立导师制，5名导师分别联系2名新盟员，从参政议政、社会服务、党派意识等方面进行结对专题辅导。综合支部、教育支部分别走访慰问林岳球、李德文、林荣桢、吴克村、陈建华和项云光等老盟员。主动为两位困难盟员向省里争取补助资金6000元。为困难盟员筹得善款7350元。

**【社会服务建设】** 依托“民盟之家”“同心服务站”等平台，发动盟员主动积极参与社会服务。在民盟·莲都同心服务站开展了“春节·墨香迎新春送福送春联”活动，共组织7位书法家、送出300多幅春联。综合支部组织医卫人员在服务站开展“送温暖——免费测量血压”活动。民盟教育支部王雪俐盟员在服务站开设未成年人心理健康讲座——如何提升学习力。开展送教下乡活动，为老竹民族学校、雅溪等学校师生带去新的理念。碧中支部的颜建胜盟员充分利用大数据优势面向全市开出 “空中课堂”第一课。据统计，直播在线观看人数达16943人次，获丽水电视台老白谈天栏目组全程跟踪拍摄，并于丽水文化休闲频道播出。

**【服务品牌建设】** 教育支部结合当前的重点问题垃圾分类赴大港头镇利山村开展宣传教育；综合支部组织盟员到老竹、丽新等乡镇进行农业种植、东西岩景区开发等研讨；利用民主监督这一方式，民盟政协委员分别到大港头镇、白云街道等乡镇、街道开展环境综合整治，人行道乱停车、健身场所被占用等宣传教育引导。

## 民建莲都区委会

**【概　况】** 2019年，中国民主建国会丽水市莲都区委员会下设4个基层支部，现有会员81人，成员分布以公有制经济人士为主，政府机关、非公有制经济企业界、普通教育、法律界等为辅。其中男会员47人，占58%，其中，女会员34人，占总人数的42%；大专以上学历71人，占87.7%；具有中高级技术职称48人，占59.2%；硕士2人；现任副县级领导1名，正科级领导2人，副科级领导5名；市级政协委员1人，区级政协常委3人，区级政协委员12人。因病自然减员4人，杨熠、童采芹、陈培文、叶旭霞。

**【自身建设】** 2019年，区委会以“微型思政课”为载体系统学。区委会成立讲师团，深入支部、专委会宣讲。以“认真总结70年来在中国共产党领导下民建发挥的历史作用和取得的宝贵经验”为主题开展理论宣讲，并注重总结提升，让理论研究及宣讲更好地服务工作实践。结合重大活动创新学。将教育活动与重大纪念活动、重要会议紧密结合，开展主题宣讲、座谈研讨、征文等活动，例如：参与区委统战部组织的“与祖国共成长，与莲都共奋进”庆祝新中国成立70周年演讲比赛。利用爱国教育基地深入学习。发挥省、市爱国主义教育基地作用，组织会员到基地参观学习。全年共开展9次集中学习。组织会员参加各类培训学习，参加区委统战部举办的统一战线大讲堂50人、参加区委统战部在浙江省社会主义学院举办的党外代表人士学习培训6人，参加市委会组织的“不忘合作初心，继续携手前进”主题教育培训班4人，参加省委会举办的宣传骨干培训1人等。精选课题，开展理论研讨，先后围绕“关于推进未来社区建设的建议”“关于补齐‘大搬快聚’工作短板的建议”“弘扬践行‘浙西南革命精神’打造红色旅游精品路线”等课题展开深入调研，形成理论成果。全年向省、市委报送理论研究文章7篇。全年被各级组织采用的通讯信息70余篇，志愿者服务队赴北乡革命根据地仙渡乡慰问老游击队员、老党员、贫困家庭活动；四支部联合浙江鑫汇物业开展“不忘初心敬老情，牢记使命作贡献”重阳节主题活动等，得到莲都播报、中国蓝新闻、丽水电视台“老白谈天”等新闻媒体报道。吕迪轩的《我的光阴故事》，在《丽水日报》刊登。许国清、翁阁谞、赵荣娟、魏娜、张琳、徐丽波等人的多篇理论文章和信息被《丽水民建》录用。1人获市委会优秀通讯员称号；1人获民建中央脱贫攻坚先进个人；6人被评为市级优秀会员；1人获市级参政议政优秀信息员；区委会荣获市级参政议政先进集体、社会服务先进集体；莲都民建运动队参加“不忘合作初心 继续携手前进”暨丽水市民建首届趣味运动会荣获团体总分三等奖；1人获2018年度政协文史工作积极分子；2人获莲都区统战系统“最美统战人称号”；莲都民建志愿者服务队“同心民建，温暖四季”活动，获莲都区统战系统最具影响力活动；1人参加区委统战部举办的演讲比赛荣获三等奖；《怒吼吧，长江流域的大众》参加区统战部举办的2019统战文艺会演获得好评。在区民建年终总结评比中，一支部和三支部被评为优秀支部，二支部和四支部被评为优胜支部；13人被评为优秀会员；6人被评为信息工作积极分子；4人被评为社会服务先进个人。同时，许多会员在各自岗位上也取得骄人的成绩，展示了民建会员的良好形象，获得诸多荣誉，其中省级获奖3项、市级获奖8项、区级获奖17项。

**【组织建设】** 继续做好“民建之家”建设，并注重发挥其作用。4月在深海文旅公司成立了城区内第一个民建之家，12月又筹备在浙江鑫汇物业公司内再创建一个民建之家，建设首个“民建会客厅”“莲都民建志愿者服务站”。老龄委开展新春茶话会活动，妇委会开展“民建伊人全域游‘莲都’绽放处州时尚”活动。志愿者参加丽水超级马拉松服务活动，企业委开展“助推会员企业‘两个健康发展’活动”。组队参加区委统战部的“参与垃圾分类，共建文明城市”星光夜跑活动；组队参加市委会首届趣味运动会、统战系统第三届运动会；组织会员走进府前社区，开展未成年人社会服务活动；暑期开展关爱未成年人法治教育活动；妇委会联合三支部开展关爱留守儿童活动；各支部深入开展寻访“红色浙西南，绿色新丽水”献礼新中国成立70周年系列活动。重阳节联合会员企业鑫汇物业公司走访慰问民建老会员等。据统计，全年区委会开展活动12次，企业委开展活动6次，妇委会开展活动5次，老龄委开展活动2次，一支部、四支部开展活动6次，三支部开展活动5次。组团外出学习4次。赴绍兴新昌、嘉兴南湖区、宁波慈溪3个省内基层组织开展学习交流活动；赴衢州江山参加民建之家建设推进现场会；赴台州开展“民营经济的两个健康发展”学习交流；赴青田章乃器故居开展“对标检视初心在心、使命担当责任在肩”主题教育初心之行；赴松阳石仓开展主题教育中心组集中学习暨与民建宁波海曙区基层委联谊活动。4月，举办2019年入会积极分子恳谈会，由老会员许国清给他们上会史教育课。全年共发展新会员5人，平均年龄34岁，全部大专以上学历。全年带领骨干会员组团赴嘉兴、新昌、宁波、台州等地学习4次；组织中青骨干会员参加各级各类培训班、读书会10余次，60多人次参与省、市、区级组织的学习培训。

**【参政议政】** 2019年3月区两会期间，区委会被评为2018年度优秀履职单位，2件集体提案获优秀提案，2件个人提案获优秀。5位委员个人提案被列为重点提案。翁阁谞获区政协反映社情民意三等奖，区政协2018年度优秀履职先进个人。区委会获2019年度市委会参政议政先进集体。许国清负责的省级理论研究课题《对民建先贤施复亮新资本主义经济思想的思考》，被省委会结项。研究撰写的论文被评为纪念施复亮先生诞辰120周年暨施复亮生平学术思想研讨会优秀论文三等奖。市级调研课题：任文红负责课题《关于推进未来社区建设的建议》；任文红负责，孔伟仙执笔，张春华、黄莉蓉、赵荣娟参与的课题《关于补齐“大搬快聚”工作短板的建议》；宋国华负责，翁阁谞参与的课题《弘扬践行“浙西南革命精神”打造红色旅游精品路线》；邓骅参与课题《关于打造瓯江山水诗之路，建设“丽水山居图”的建议》；叶旭明参与课题《关于助力民营企业直接融资的建议》；徐丽波参与课题《关于打造国家级旅游度假区、创建丽水国家公园（含子课题：打造夜游项目，发展夜间经济）》；李灯财参与课题《关于推进政府性投资精准管理的建议》。区级课题：任文红牵头，四支部负责的课题《机构改革后的责权分配和权力运行存在问题》转换成政协请你来协商建议案和社情民意一篇；程晓东牵头，三支部负责的课题《浙西南科创中心的有关建议》，课题成果转换成陈豪区长牵头政党协商建议案；阎丽群牵头，一支部负责的课题《传承浙西南革命精神助推高质量绿色发展》，课题成果转化成区委徐光文书记的政党协商建议案。孔伟仙牵头，二支部负责的课题《我区数字经济发展》；翁阁谞牵头负责的区政协立项课题《“问海借力”打造山海协作升级版路径调研》，转换成集体提案建议案。在区政协十五届三次大会上，翁阁谞副主委代表区委会所作的题为《古堰画乡特色小镇要做深“画”产业文章》的大会发言，得到区委、区政府主要领导的高度关注，获陈豪区长的批示，并被评为优秀大会发言。徐碧燕委员的即席发言《以文明行为彰显城市品位》获人大陈鲁军副主任的批示。组织民建界别的政协委员和骨干会员深入调研，从经济、教育、交通、乡村振兴、城中村改造等方面提交集体提案7件，全部立案，其中《建立“农业科创中心”做大做强农业产业》《深化“最多跑一次”改革》被列为重点提案并获优秀；个人提案中黄华的《关于助推万洋发展的几点建议》和翁阁谞的《古堰画乡特色小镇要做深“画”产业文章》也被确定为重点提案。组织落实5个政党协商议题，提出可操性建议18条。8月，高质量完成区政府区长陈豪主持的“数字经济”的政党协商议题，上报“金点子”7篇。全年区委会共编发社情信息18条，其中任文红《设计个人破产法和解制度应有效破解现行企业破产和解实践存在的“两大不足”》被市政协采用；翁阁谞、翁科慧《三、四线城市网约车合规化管理面临“两大现实困境”亟须精准破题》被省委会、市政协采用；翁阁谞《培训机构“黑外教”蒙了家长害了学生　亟待建立专项准入制度、强化监督治理》被市政协采用；许国清《以大力弘扬浙西南革命精神为契机　进一步挖掘利用“古堰画乡”区域的红色资源》获得徐光文书记、郭巧燕副区长批示。任文红《借鉴“医联体”建设推出城乡学校共建“教联体”专项行动破解乡村学校优质师资匮乏痼疾》、赵荣娟《以身高为优惠标准让“超高”未成年人权益得不到保护　建议以年龄为界限统一“优惠票”标准》、魏娜《顺应“最多跑一次”改革潮流　修订〈道路交通安全法〉“未随车携带行驶证、驾驶证”处罚条款》、翁阁谞《建议规范中小学爱国主义教育优秀影片赏析工作》被省委会、区政协录用。区委会被市委会评为“2019年度参政议政先进集体”。翁阁谞荣获市参政议政“优秀信息员”。4月，民建之家成立“会员驿站”，明确针对民主监督、调研开展的357工作法，民情“三诊法”，五走亲，七调研等工作要求。

**【社会服务工作】**　2019年，社会服务工作更加注重实效，发挥民建会员联系广泛、经济界人士较多的特色，发动会员发挥各自专长，着力打造丽水民建志愿者协会莲都民建服务队的社会服务品牌，开展了一系列公益活动，得到社会各界的广泛赞誉。1.对外积极扶贫助困，不断提升社会服务品牌影响力。打造爱心民建，是我们不断的追求。围绕党委政府的中心工作，从年初按月份制定社会服务公益项目。如在2月太平乡吴弄村开展新春慰问活动；3月参加“丽水超级马拉松志愿服务活动”；5月，企业委赴太平开展助农帮困“爱心义卖”活动，帮助贫困农户义卖认购滞销枇杷；6月，慰问一线120名交警活动，组织志愿者参加寻访“红色浙西南，绿色新丽水”赴北乡革命根据地仙渡慰问老游击队员、老党员活动；8月，志愿者走进社区开展“关爱留守儿童”送教活动；9月，志愿者走进社区开展暑期儿童公益课；10月，为梅焕根家庭爱心捐款活动；重阳节之际联合会员企业鑫汇物业有限公司走访慰问民建老会员，并走进莲都区管家养老院，为280多名老人服务，给他们送上慰问品，共同庆祝共和国70年华诞。丽水电视台“老白谈天”、莲都播报等新闻媒体进行跟踪报道，社会反响好。一年来，会员企业也积极为社会做贡献。例如：浙江小连食品有限公司、丽水市鱼跃酿造食品有限公司、浙江深海文旅有限公司、浙江鑫汇物业有限公司等企业积极开展困难帮扶活动。2019年12月，“丽水市民建社会服务志愿者协会”获得“浙江民建社会服务优秀品牌”，这离不开我们莲都服务队的积极贡献。12月，志愿者宋国华荣获“民建中央脱贫攻坚先进个人”。区委会被市委会评为“2019年度社会服务先进集体”。2.对内主动服务会员会企，深入开展“两个健康”工程。坚持会外与会内服务“两手抓、两手硬”，既奉献社会，又为会员排忧解难。始终心系始创会员、老会员，帮扶贫病会员。1月，慰问80岁以上老会员、始创会员、困难会员；3月，慰问逝世会员杨熠家属；6月，慰问不慎摔伤的老会员王秀娟；11月，慰问逝世会员陈培文家属；重阳节，慰问始创会员和特殊贡献会员。履行好促进非公有制经济发展的重要职能，促进会员企业健康发展和会员企业家健康成长。区委会积极发挥平台作用，开展走访调研、提供协调服务，助力企业实现管理创新、技术创新和商业模式创新。4月12日，企业委开展了“助推会员企业‘两个健康发展’春日行活动”；7月15日，组织界别委员赴万洋低碳制造小镇、鱼跃酿造等在莲都区的企业实地考察调研。

（翁阁谞）

## 民进莲都区委会

**【概　况】** 2019年是新中国和人民政协成立70周年，也是多党合作确立70周年，以建设新时代高素质参政党为目标，以“基层组织建设年”为重点，深入开展“不忘合作初心，继续携手前进”主题教育活动，全面加强自身建设，履行参政党职能，以“民进作为”增辉“丽水之赞”，为莲都区打造成为全市政治、经济、文化和科创“四个中心”及为高质量谱写“八八战略”莲都新篇章贡献民进力量。

**【主题教育】** 区委会根据民进中央及省委会、市委会的要求，以“不忘合作初心，继续携手前进”主题教育活动为主线，按照中共十九大报告对民主党派的要求，研究、总结基层组织在实践中创造的鲜活经验，加强参政党自身建设，巩固多党合作思想基础。一是强化思想教育。区委会根据民进中央、省委会、市委会精神，制定了《民进莲都区委会关于开展“不忘合作初心，继续携手前进”主题教育活动的实施方案》，深入开展“不忘合作初心，继续携手前进”主题教育活动。9月27日，民进区委会召开“不忘合作初心、继续携手前进”主题教育活动动员部署会。要求全体会员贯彻落实新时代多党合作要有新气象、思想共识要有新提高、履职尽责要有新作为、参政党要有新面貌，做中国共产党的好参谋、好帮手、好同事，“四新”“三好”的总要求。10月22日，民进区委会组织会员赴雅溪镇岱后村中共丽水县委旧址开展“不忘合作初心、继续携手前进”主题教育活动之专题学习会、“初心之行”活动，组织学习民进会章和会史，重温本会与中国共产党风雨同舟、休戚与共的优良传统，目的是进一步增强“四个意识”、坚定“四个自信”、做到“两个维护”。11月1日，民进区委会召开“不忘合作初心、继续携手前进”主题教育活动专题座谈会，各与会人员分别汇报了学习体会，剖析了个人不足，发表了对会的建议。区委会要求会员们紧跟新时代对参政党提出的新要求，做到岗位奉献、建功，会内发挥个人特长爱好、提高履职能力。二是深化红色教育。为结合弘扬践行“浙西南革命精神”活动，民进区委会在“三八”妇女节之际，组织区委会委员、全体女会员在浙西南革命根据地纪念馆门口，举行“传承浙西南革命精神，展现新时代巾帼风采”红色主题活动。推动全体民进会员坚定理想信念，发挥各自专业特色，以实际行动弘扬践行“浙西南革命精神”，并将“浙西南革命精神”的强大动力转化为以“民进作为”落实“丽水之干”的思想自觉和行动自觉。为开辟新时代“两山”发展新境界贡献民进智慧和力量。9月7日，民进区委会开展弘扬践行“浙西南革命精神”暨庆祝第35个教师节活动。民进会员们欢聚一堂，庆祝新中国成立70周年、弘扬践行“浙西南革命精神”、庆祝第35个教师节。三是加强培训教育。区委会积极组织骨干会员20多人次参加市委会举办领导班子暑期读书班、骨干会员培训班和新会员培训会，以及市区统战部组织的中青年干部培训班、党外干部培训班等，学习十九届四中全会、浙西南革命精神、“两山”发展理念等，不断提高统战理论水平、政党意识和参政能力，强化广大会员的政治引领和责任担当。

**【组织建设】** 区委会树立科学发展理念，强化组织建设，推进人才队伍建设和基层组织建设，加强会内外互动协作平台建设，激发组织活力。一是发挥示范作用。发挥领导班子成员“关键少数”的示范作用。以党为师，从严治会。全面提高领导班子思想及能力建设。区委会领导班子成员要以身作则，率先垂范，做执行民主集中制的表率，做遵守会章、团结共事的表率。推进后备干部队伍的挖掘和培养，有计划地向会内外推荐德才兼备的优秀会员，使他们在更高层次和更广舞台施展才华，锻炼成长。结合学习中央统战工作会议精神和《党政领导干部选拔任用工作条例》要求，发展热爱党派工作、有较强的写作水平的人士入会，既可巩固民进传统界别特色，又可适度开拓新领域。2019年民进区委会发展会员3名，会员年龄、学历等结构进一步优化，全区会员总数达到85人。二是创建“会员之家”。民进区委会注重基层组织活动场所，推动综合支部借用绿谷信息产业园山山梦想城三楼浙江恒惠科技有限公司的场地，并委托丽水南明文化传媒有限公司设计活动室，建立了综合支部的“会员之家”。民进区委会将充分利用好“会员之家”这一平台，增强民进组织向心力、激发民进组织活力，将会史、会务、履职成果、核心价值观等潜移默化到会的各项组织生活中，提升会员的归属感、凝聚力。三是加强学习培训。民进基层组织是民进组织机构中最基本的组织细胞，也是民进开展工作的基础。莲都区有6个民主党派，在吸引人才方面竞争激烈，但区委会还是严格入会程序，注重会员质量，严把会员入口关。同时拓展培训平台，加大对骨干会员的培训力度，为政党协商、民主协商建立民进莲都参政议政智囊队伍。不断完善议政日、议政沙龙等制度，提升会员参政议政、反映社情民意信息的能力，推动广大会员谏诤言、献良策。

**【参政议政机制建设】** 区委会紧扣服务莲都绿色高质量发展大局这一重心，发挥三个平台的参政议政功能，开展调查研究，推进参政议政工作新作为。一是建言献策显成效。区委会组织会员围绕生态提升、转型发展、乡村振兴、基础完善、民生福祉、社会治理等区委、区政府中心工作和人民群众普遍关心的民生热点、难点问题深入开展专题调研，撰写优秀的调研报告，确保完成“两会”的大会发言、集体提案。在区“两会”期间，民进界别的政协委员提交个人提案12件，张小平等会员的5件提案被选为集体提案。会员梅焕根的《丽水成为全国首个生态产品价值实现机制试点市莲都怎么干》获优秀大会发言，会员叶永海的即席发言《农村污水处理设施监管到位了吗》获区长陈豪批示。二是信息工作有进步。区委会注重社情民意信息平台建设，加强信息员队伍建设，提升反映社情民意信息工作水平。不断完善信息报送、反馈和激励机制，增强反映社情民意的针对性和时效性，提升信息工作水平。其中，主委李美华的《讲好处州小巷故事　让“小巷经济”红起来》被市领导批示，《培训机构“黑外教”蒙了家长害了学生　亟待建立专项准入制度、强化监督治理》《建议调整S218省道——莲都区雅溪镇至武义县新宅镇线路走向》等社情民意信息被市政协录用；叶小郭等会员写的《万洋招商工作的问题与建议》转化成政协建议案，并被杜书记等领导批示；钟毓琴《关于在莲都区图书馆增设“少儿科创活动中心”助力莲都打造全市“科创中心”的建议》《建议挖掘莲都太平三岩寺红色文化旅游资源　保护开发中国工农红军》《十三军浙西三纵队南营红军乡村振兴亟待村级文化信息员回归》，胡迪的《从春晚小品“儿子”来了看保健品防骗宣传的迫切性》《企业营销蹭政府热度行为亟待关注》，郭建振的《关于以互联网+助力重度残疾学生“送教上门”服务质量提升的建议》等社情民意信息被区政协录用。三是政党协商获佳绩。区委会高度重视协商平台的科学建言，完善协商议题集体讨论机制，结合专委会工作充实智囊队伍。在协商会前向班子成员和会内专家分发专题协商材料，组织召开专题研讨会，群策群力，形成集体意见提交党委政府。李美华撰写的《“红”“绿”融合将巨溪三岩寺打造成浙西南标志性景区助推莲都全域旅游》；梅焕根、胡迪撰写的《以大数据思维打造莲都智慧园区》获得领导好评；梅焕根参与撰写的《建设大花园背景下城中村改造的困境及路径探讨》荣获市政协调研成果优秀奖。

**【“精准服务”建设】** 区委会拓渠道、建基地、树品牌，大力支持各支部及各专委会开展形式多样、各具特色的社会服务活动，加强横向、纵向联动，深入基层，了解民意，探求解决社会问题的有效途径，推进社会服务的长效化、阵地化和优质化。一是加强社会服务。充分发挥民进区委会书法、文艺人才聚集等优势，做好社会服务工作，组织书法家会员到仙渡等乡镇开展“春联万家”活动，为当地村民现场书写春联，送去美好祝福。把握社会服务与参政议政、教育宣传的结合点，不断加大工作力度，拓展服务领域。二是打造党派亮点。处州乱弹是民进区委会传统的服务社会、宣传党派的知名品牌，一直以来区委会大力支持处州乱弹发展，着力打造亮点，汇聚人才，努力做好各项服务处州乱弹的工作，高度重视支持省级非遗——处州乱弹的传承。2019年，区委会安排多名会员直接参与处州乱弹研究会开展的节目创作、编排及演出活动。区委会配合处州乱弹研究会支持创办莲都区瓯韵戏曲团，并在古堰画乡参与演艺活动，以主要表演地方传统戏处州乱弹节目为特色，通过创作编排，不断推出新编处州乱弹曲牌联奏音乐及小戏等节目，团队吸纳莲都区各剧种包括京剧、越剧、婺剧及声乐、舞蹈表演（演奏）人才，聚集力量，共同参与处州乱弹演出，使处州乱弹传承活动得到了有效普及，提高了处州乱弹的演艺水平。团队同时表演处州乱弹、京剧、越剧、婺剧等戏曲及歌舞节目，以处州乱弹为主，多剧种传统戏共同发展，高质量的节目赢得景区游客观众的欢迎。区委会开展了处州乱弹调研活动，对乡村团队开展处州乱弹活动给予帮助。区委会还积极支持处州乱弹研究会承办处州乱弹音乐会。三是齐心抗击疫情。在新年到来之际，突如其来的新型冠状病毒肺炎疫情威胁群众身体健康和生命安全。面对疫情，民进莲都区委会全体会员马上行动，会内的医务工作者和相关部门的同志迎难而上，奋战在抗击疫情第一线，勇做最美逆行者。在本次抗击疫情中，民进会员叶勇淼从大年三十接到区疫情指挥部通知后，一直都在卫健局突发处置组上班。张小平、胡迪、刘志、陈迪等会员，年前就参与联动值班，从大年初二开始就正常上班，晚上也经常加班加点，及时处理假冒的口罩、消毒用品，以及哄抬物价等现象。会员雷仕聪是岩泉街道社区卫生服务中心主任，年前取消了休假，坚持在单位值班，主动去330国道监测点值班，在留置点通宵值班，危险时刻冲锋在前。民进广大会员奉献爱心，积极捐资捐物，为助力打赢疫情防控攻坚战奉献力量。囿山支部刘建明是新会员，前后通过各种渠道购买了4800只口罩，在莲都商会群里发免费发放给广大群众；还主动与杭州电视台6频道老娘舅沈军涛等一起去莲都籍老乡的超市免费发放口罩。王泽玖、叶庆游、雷伟林等民进书法家发挥自身优势，宣传抗击疫情工作，强化群众的自我防护意识。

## 农工党莲都区委会

**【概　况】** 中国农工民主党(简称农工党)是以医药卫生界高中级知识分子、环境保护和人口资源领域的代表性人士为主,由一部分社会主义劳动者、社会主义事业建设者和拥护社会主义的爱国者组成的政治联盟,是接受中国共产党领导、同中国共产党通力合作的亲密友党,是进步性与广泛性相统一、致力于中国特色社会主义事业的参政党。1984年农工党浙江省委会在丽水发展了第一批党员,1985年成立省委直属农工党丽水县支部委员会,1989年11月建立农工党丽水市委会,2000年7月,更名为农工党莲都区委会,2003年4月选举产生农工党莲都区第四届委员会,2008年9月选举产生农工党莲都区第五届委员会,2013年11月选举产生农工党莲都区第六届委员会,2018年12月19日选举产生农工党莲都区第七届委员会。下设5个支部,截至2019年年底,有农工党员79人,平均年龄53.29岁,其中女性39人,占49.36%;离退休人员28人,占35.44%;高级技术职称15人,占18.98%;中级技术职称48人,占60.75%;主要分布在教育界27人,占34.17%,医药卫生界14人,占21.51%;其他38人,占48.1%。

**【参政议政与民主监督】** 2019年,农工党区政协委员九人参加区政协十五届四次会议,向十五届政协提交《红色旅游+中医药　打造莲都特色生态旅游品牌》等5篇团体提案,提交个人提案11篇,农工党区委会所提交的大会发言两篇获得优秀大会发言、一篇团体提案被列为重点提案,区委委员李伟霞在开幕大会上代表农工党区委会作《加快推进莲都人才队伍建设》的大会发言,被评为优秀大会发言,该发言获区委徐光文书记、区政府陈豪区长的批示;区委委员陈可乐党员作《工业政策的炮火要对准城门口》的即席发言,该即席发言获区委徐光文书记的批示,被评为优秀即席发言;党员王燕芬作《推广生态安葬　还青山以绿色》的即席发言,该即席发言获区委徐光文书记的批示。

**【撰写社情民意】** 引导社情民意积极分子和信息员举办主题沙龙,从中提炼社情民意线索,收集意见建议,鼓励党员撰写,先后组织高质量绿色发展、碧湖新区建设等社情民意沙龙9多次。将沙龙搬上微信,结合社情民意线索发布机制,在微信上开展头脑风暴,开展微信沙龙13次。农工党区委会上报的社情民意被全国政协录用7篇,被农工中央录用十篇其中有9篇转报全国政协,被浙江省政协录用八篇,农工党区委会社情民意工作2019年度取得264分,是历年来最好成绩。一批新骨干黄晓丽、丁波澜等实现了全国政协层面的突破,管苠茗、蓝炜虹、章露、胡进震也实现重大突破,党员陈可乐、丁波澜被农工中央评为先进。

**【开展自身建设】** 坚持会议学习制度,提高思想教育工作水平区委会开展中共"五一"口号发布七十周年纪念活动,改革开放四十周年、"学精神、学党章、学党史"等主题,开展党章知识竞赛、"中国梦·农工情"征文与演讲比赛、党史报告会、"走进基层　贴近党员　培育和践行社会主义核心价值观"百场主题宣讲等系列活动,参加区政协开展的七十周年纪念活动,《建国70周年　弘扬践行"浙西南革命精神"对"三老"人员关怀时不我待》得到区长陈豪的批示。加强学习交流,重视舆论宣传工作。办好区委会机关刊物《莲都农工》,及时传递信息,交流经验。建立信息与调研工作考核制度,将支持各支部的活动经费,通过信息与调研的实效挂钩,激励各支部党员参与社会调研和信息写作积极性,以提高调研和信息的质量。进一步加强和完善对基层组织考核工作,各支部有序开展各项活动,先后完善《农工党丽水市莲都区基层组织考核制度》《农工党区委会各专门工作委员会工作制度》《农工党区委会基层组织工作考核评分标准》《参政议政工作制度》《参政议政沙龙制度》。促进基层组织发展,发展新党员注重政治素质,严把质量关,一年来共发展新党员4名,均大专文化程度以上。

【社会服务工作】 2019年，区委会和各基层组织从莲都实际出发，创新社会服务形式，拓宽社会服务工作领域。1月，农工党浙江省委会副主委蔡宛如、徐志康一行带领专家医疗队及农工市、区委会相关党员共15人一起参与到太平乡对接帮扶工作中，在富山头村进行座谈并走访慰问低收入户，同时开展义诊活动。5月，在第26个国际家庭日，以“健康家庭、幸福家庭”为主题促进健康知识普及，区医卫支部、区人民医院支部联合开展送健康活动。10月，省委会专职副主委田野率农业技术专家、党员企业家一行9人赴莲都区太平乡富山头村开展油茶树种植基地建设调研并确定具体帮扶方向和工作举措。区文教支部已坚持12年对城中中学的送教活动，2019年两次组织部分学科带头人在城中中学为该校送上了两节主题为“精准课堂施教，提高课堂教育教学质量”的课程，并为品学兼优的城中学子送上了助学金。为响应农工中央的号召，发动全体党员为贵州省毕结市大方县消费扶贫，共采购5372元扶贫产品；发动党员大爱无疆为民进党员梅焕根家属捐款，区委会办公室共收到捐款10500元。

（王智勇）

## 九三学社莲都区委会

【概　况】 九三学社是以科学技术界高、中级知识分子为主的具有政治联盟特点的政党，是接受中国共产党领导、同中国共产党通力合作的亲密友党，是中国特色社会主义的参政党。九三学社丽水市莲都区委员会是九三学社的一个地方组织。区委会下设农业、文教卫、综合3个支社，现有社员44人，其中在职社员31人，占70.5%；女社员18人，占总人数的40.9%；具有高级技术职称11人，占25%；中级技术职称25人，占56.8%；大专以上文化程度42人，占95.5%。现有副科以上实职5人，市政协委员1人，区政协委员11人（其中常委2人），市人大代表1人，人民陪审员4人。区委会设办公室1个，专职干部1人。

【参政议政】 2019年，在莲都区政协十五届三次全会上，共提交大会发言2件、集体提案7件、委员个人提案16件。其中，蓝云仙委员作的台上发言《期待金融业为乡村振兴添能增色》得到市委常委、区委书记杜兴林的批示，获得充分肯定；孔振委员作的即席发言《建筑垃圾该想办法解决了》被评为优秀大会发言。全年报送社情民意信息30多篇，其中6篇被社省委 采用，1篇被省政协采用。九三学社界别的集体提案《养老服务供求矛盾突出亟须破解》和赵丽珍委员的个人提案《城市文明常态长效创建的几点建议》同时被评为2018年度优秀提案；瞿宗囡、孔振被评为2018年度提案积极分子；社区委荣获区政协2018年度社情民意信息工作先进集体，何翠球、徐君妙区政协被评为社情民意信息工作先进个人；蓝云仙、何翠球被区政协评为2018年度优秀履职个人。组织社内政协委员及社员就“小城镇环境综合治理”“垃圾分类”“全国文明城市创建成果巩固”“省级生态文明示范区和污水零直排区创建”“治危拆违”“垃圾分类”等工作，深入峰源、大港头、联城等乡镇街道及区环卫分局等单位开展专项民主监督活动。根据莲都区委统战部关于政党协商工作部署，社区委组织社内力量围绕“数字经济”“弘扬践行浙西南革命精神助推高质量绿色发展”等协商主题开展调研，通过实地考察、开座谈会、个别走访等形式收集一手资料，掌握实际情况，针对现状、问题，在充分讨论、反复修改提炼的基础上形成《做实三篇文章　让数字经济为莲都高质量绿色发展注入强大动力》《关于加快莲都数字农业发展的建议》《弘扬践行浙西南革命精神　为民营企业送上“冬天里的一把火”》等3篇具有一定质量的调研报告，在相关的专题政党协商会上，根据前期调研情况，提出意见建议，就有关工作重点难点问题，积极建言。

【社会服务】 开展医卫下乡服务活动。开展健康服务送到家门口用实际行动弘扬“浙西南革命精神”。3月5日，在社区委委员、主任医师雷振东带队下，九三学社莲都区委组织开展医卫下乡服务活动走进仙渡乡葛畈村。老年科、肾病科、消化科、内分泌科、心内科、呼吸内科、康复科、骨科及针灸科等10名医疗专家携带有关检查设备、健康教育宣传资料，为当地群众开展义诊活动。本次活动共免费为当地群众义诊120人次，量血压100人次，测血糖80人次，开出处方48张。与九三学社丽水市中心医院支社开展结对共建活动，在九三学社丽水市副主委、丽水市中心医院院长助理、主任医师何登伟及主任护师潘红英带队下，心内科、血液科、骨科、皮肤科、普外科、超声科等10名医疗专家携带有关检查设备、健康教育宣传资料，到榴溪村便民服务中心为当地群众开展义诊活动。开展垃圾分类宣传活动。社区委与莲都区垃圾分类办的工作人员到老竹畲族镇榴溪村等地进行垃圾分类宣传，向村民讲解垃圾分类的意义及有关分类的知识，发放垃圾分类的宣传册。关爱慰问困难党员活动。"七一"建党节前夕，社区委有关人员与榴溪村党支部负责人一起看望慰问村里生活困难中共党员，详细了解他们的生活方面存在的问题。 开展爱心捐款活动。九三学社莲都区委组织社员为生重病的党派成员家属开展爱心捐款活动，共计捐款7820元(其中社员通过社区委捐款4120元，社员通过莲都区农业农村局捐款1700元，个人途径捐赠2000元)。参与各种中心工作。帮助老竹畲族镇榴溪畲族村山背自然村做好饮用水修复工程立项，并落实建设经费5.3万元。在工程落地过程中，九三学社莲都区委积极协助该村双委解决好引水堰坝和蓄水池选址等难题，确保饮用水修复工程顺利完成，有效解决了山背自然村150多人的饮水难题；参与莲都"小荷"志愿者活动，走上街头，开展捡烟头文明劝导等活动，用行动展示"讲文明　护环境　我践行　我快乐"的莲都志愿者永不忘的初心和担当，助力全国文明城市创建巩固复评工作；参与2019第二届世界丽水人大会的组织筹备工作等。社员叶华飞在推进城中村改造工作中表现突出被丽水市政府予以行政嘉奖，徐君妙被浙江省出版物发行协会评为"最具风采阅读推广人"，吴书锋、潘伟春、孔振被评为优秀公务员，蓝云仙被社市委评为优秀干部，郭利红被社市委评为社会服务工作先进个人，赵丽珍被社市委评为优秀社务工作者，王景弘、马腾飞被中共莲都区委评为"最美统战人"等等，据不完全统计，2019年度，共有22人次获得各级组织的表彰。

**【思想建设】** 组织全社学习贯彻中共十九大、中共十九届四中全会、中央政协工作会议以及九三学社中央有关会议精神。组织社员到浙西南革命根据地纪念馆、莲都南乡革命纪念馆等处参观学习。组织社员参加九三学社省委举办的"不忘合作初心　继续携手前进"暨庆祝新中国成立70周年、中国共产党领导的多党合作制度确立70周年演讲比赛及书画摄影展活动，社市委举办的"不忘合作初心　继续携手前进"主题演讲活动，莲都区委统战部组织的"参与垃圾分类　共建文明城市"星光夜跑活动、统战系统运动会、"与祖国共成长　与莲都共奋进"主题演讲等各种主题活动。在九三学社浙江省委举办的以"不忘合作初心　继续携手前进"为主题的书画摄影展活动中，社员王荣美的花鸟画《春意娉婷》入选并参展；蓝云仙荣获九三学社浙江省委举办的"不忘合作初心　继续携手前进"暨庆祝新中国成立70周年、中国共产党领导的多党合作制度确立70周年演讲比赛优秀奖；马腾飞分别荣获社市委举办的"不忘合作初心　继续携手前进"主题演讲三等奖、莲都区委统战部举办的"与祖国共成长　与莲都共奋进"主题演讲优胜奖。

**【组织建设】** 2019年，3人次参加省级不同干部主体班次培训学习，16人次参加市级不同干部主体班次培训学习，6人次参加莲都区不同主体干部培训班学习，通过学习培训，进一步提升社员队伍的思想政治素养和履职能力。全年发展2名新社员，社区委会社员44人，高中级职称比例为13∶7；担任区级以上人大代表、政协委员12人。

（蓝云仙）

# 人民团体

## 莲都区总工会

【概　况】 2019年，莲都区总工会共有职工业余学校、工人文化宫2个下属事业单位，有教育工会、财贸工会2个产业工会。乡镇（街道）工会15家，其中总工会6家，工会委员会9家。莲都区共有基层工会382个，工会会员21290人。区总工会在市总工会对各县（市、区）工会的考核中连续第八年获优秀等次。

【工会改革与组建】 开展企业工会组建行动，2019年全区新建工会15家，工会组织换届64家，撤销3家，全区25人以上企业应建会207家，已建会企业达198家，建会率达95.65%。同时开展工会会员实名制工作，已实名制录入基层工会306家，会员13902人。

【职工帮扶救助】 2019年面向各条战线一线职工开展“送清凉”慰问活动，先后向环卫工人、电力职工、快递小哥、征迁干部、消防军官、在建工程外来务工人员等送去夏日清凉用品共计1716份，投入“送清凉”经费11万多元。全年共救助68人困难职工，发放救助资金37.09万元。经申报、审核、公示、第三方审核等程序，完成“金秋助学”、“送温暖”、“医疗救助”等帮扶工作，其中“金秋助学”帮扶困难职工共计29人，发放帮扶资金16.2万元；“送温暖”帮扶困难职35人，发放帮扶资金16.79万元；“医疗救助”帮扶困难职工共计4人，发放帮扶资金4.1万元。

【疗休养工作】 2019年，共有18家单位获2019—2020年度莲都区职工疗休养承办资格，同时联合区农业农村局确定莲都区农家乐民宿疗休养承办单位350家。确保疗休养工作安全、有序、优质开展。与宁波市江北区总工会签订了《职工疗休养协议》，进一步加强了江北和莲都两地之间旅游交流合作。11月，工会“红+绿”融合发展理念教学基地在莲都正式成立。莲都利山村被授予浙江省省部属企事业职工乡村疗休养基地。莲都区总工会还分别与上海市金山区总工会、上海市浦东新区总工会、浙江省财贸工会、浙江省建设建材工会签订了《疗休养协作协议》。

【劳模工匠服务管理】 开展莲都区劳模弘扬践行“浙西南革命精神”学习会并组织各级劳模组团赴云和、景宁的浙西南革命教育基地参观学习。组织开展“五一”廉政专题劳模座谈会，全区各级劳模共计35余人参加了会议，与会劳模围绕如何更好地发挥劳模示范引领作用、怎样弘扬践行“浙西南革命精神”畅所欲言。组织了各级劳模赴温州开展短途考察活动，对温州鹿城区康奈集团有限公司及洞头海霞军事主题公园进行了实地参观考察。举办莲都区第二届“乡村能人”系列技能技艺竞赛推选活动，每个项目的前3名获得者被授予区级“技术能手”的荣誉称号。

【宣传教育工作】 2019年共完成撰写工作信息130篇，其中被区政府门户网站录用文字信息25篇。数篇工作信息分别被处州晚报、浙江新闻客户端、浙江工人日报等报刊转载。微信公众号累计关注人数达4177人，每日人均点击1.75次。全年累计发布微文256篇。在喜迎新中国成立70周年之际，区总工会组织奋战在基层一线的职工群众，录制《咱们工人有力量》《我和我的祖国》歌曲串烧MV，用艺术形式展现基层一线职工爱岗敬业、争先创优的劳作风采。

**【文体活动开展工作】** 区总工会2019年以购买服务方式包场电影共计18场次，惠及职工4500余人。2019年，组织开展六期职工公益类培训班，来自全区机关企事业单位的670名在职职工参加培训，所开课程都是职工群众所愿的，涉及古筝、茶艺、围棋、油画、乒乓球、瑜伽、书法等13个品类。举办“壮丽70年奋斗新时代”——“中国梦劳动美”文艺演出，热情讴歌新中国成立70年来的光辉历程和伟大成就，弘扬践行“浙西南革命精神”。

**【职工素质提升工作】** 组织丽水万控科技有限公司和浙江航星电机有限公司2家企业120名职工技能培训工作，根据不同企业和职工的实际需求，分别制定个性化课程。开展职工技能比武工作，联合燕京啤酒丽水公司、万控公司、红花物业有限公司组织开展业务技能比武大赛。举办“安康杯”安全生产知识竞赛活动，岩泉街道、紫金街道、万象街道、白云街道、丽水工业园区和碧湖镇6个总工会各自组织了基层工会组成参赛队参与了此次竞赛。

**【劳动法律监督工作】** 开展多次“遵法守法·携手筑梦”服务农民工公益法律服务活动，联合泽厚（丽水）律师事务所、白云街道、北苑路社区开展公益法律服务活动和“防欠薪”宣传活动；前往万控有限公司、燕京啤酒有限公司、鱼跃酿造有限公司，开展公益法律服务活动。推动莲都区2019年企业工资集体协商要约行动工作开展，2019年莲都区单建工会企业开展工资集体协商165家，行业性集体协商2份，涵盖84家，区域性集体协商19份，涵盖750家，续签率100%，总签订率达92%以上。

（翁琳东）

## 共青团莲都区委员会

**【概　况】** 2019年，全区有基层团（工）委32个，基层团（总）支部402个，团员5228人。组织青少年学习贯彻习近平总书记在庆祝中华人民共和国成立70周年大会、纪念五四运动100周年大会上的重要讲话等精神。开展面对面的青春宣讲。自编自导自演红色情景剧《听爷爷讲那过去的故事——大港头铁工厂故事》，组织开展“缅怀革命先烈　传承红色基因”“青春心向党　建功新时代”“我和我的祖国”“五四百年　我宣言你接力”等主题教育实践活动。开展与莲都同行青年说第二季比赛，为莲都青年搭建一个展示自我、提升自我、实现自我价值的平台。经过前期海选、导师特训、集训以及社会各界青年重走革命道路的“六个一”活动，9名决赛选手以“注魂、赋能、立根”为主题，以真人真事和真情实感，讲履职敬业、追梦筑梦、奋斗圆梦的故事，传播莲都好声音，传递青春正能量。决赛全程网络直播，150分钟座无虚席，22万人同步观看。开展优秀少先队集体、少先队大队辅导员及“新时代好少年”评选活动，其中人民路小学泄川校区少先队员黄一珊荣获省级“新时代好少年”称号，通过宣传，让榜样精神在青少年中扎根。开展主题队日、少先队课题论证、辅导员业务培训等活动。莲都区3所小学少先队队室成功入选第三届丽水市少先队“示范队室”。顺利承办浙江省七届三次少工委全会暨红领巾学院建设推进会。强化实践锻炼，全面开展主题征文、经典诵读、故事大王、党团知识竞赛、“红领巾学院”小记者训练营等活动。实施“乡村振兴·创梦莲都”行动，发布大学生实习岗位50个，共招募大学生近300人赴基层一线开展暑期社会实践。通过深入有效、内容新颖、贴近青少年的活动，引领广大青少年进一步坚定理想信念。优化产品供给，建设晴朗网络新空间。坚持新媒体化方向，强化互联网思维，依托共青团新媒体平台“青春莲都”公众号广泛开展“浙西南革命精神·青年说”、“两山”理念主题青年说、“百年五四　青春向党”青春打卡、志愿服务“最美瞬间”征集等线上活动。“青春莲都”微信公众号多次在“莲连看”微信公众号影响力排行周榜单上取得较好成绩。《四字四化青春宣讲筑牢红色基底》《不负韶华不负青》被《中国共青团》报道。《光荣啊，中国共青团》百人青春快闪、《我和我的祖国》“千人快闪”在“学习强国”平台上转发推广。通过制作传播一批主题鲜明、方向正确、内容丰富、感染力强的文化产品，不断增强对身边团员青年的组织力和凝聚力。持续教育引导，抓好意识形态工作。始终把意识形态工作作为重中之重，强化“一岗双责”工作要求，找准立足点，发挥意识形态工作思想引领、舆论推动、精神激励的重要作用。依托理论中心组、主题党团日、青春宣讲等工作载体，通过持续教育，引导广大团员青年特别是团干部不断增强“四个意识”、坚定“四个自信”、做到“两个维护”。

**【推动青年投身乡村振兴】** 围绕创业创新，推动青年投身乡村振兴。“挖”典型，引领乡村新风尚，以服务、凝聚、培养青年人才为切入点，继续实施乡村振兴新青年发展计划，已推选新青年320余人。围绕现代农业、农村电商、基层治理等内容，持续推出20期“乡村振兴·莲都新青年SHOW”，频获青年点赞。其中，《90后“方阿婆”的青春奋斗故事》《陆文婷：回报乡村的青春“峰”味》被《浙江团情》报道。处州蜂业有限公司“农旅生态研学”项目在浙江省青年创新创业大赛中荣获农业农村组铜奖。依托团市委平台，推荐35名莲都籍新青年加入丽水市乡村振兴新青年协会。依托全市“青春榜样”选树平台，推荐8名乡村振兴新青年参与青年工匠、青年新农人、青年乡贤领域评选。“引”新意，激活乡村新活力，结合“青·村”结对帮扶活动，组织市青摄协、青书协前往高溪村、严鸟村开展农村留守儿童关爱及农村创业青年走访活动。组织20余名自媒体人组成莲都区首个农村网红团，借力“网红流量”宣传绿水青山、风土人情、农特产品，变“网红流量”为“流量经济”。举办新媒体·新农人·新青年——2019莲都区农村自媒体人暨乡村振兴新青年主题展示活动，带动和促进自媒体青年与乡村振兴新青年的互联互动。组织莲都文创青年走入上海，走进高校，用文创产品和青年的方式推荐莲都乡村和莲都旅游。组织乡村振兴新青年1000余人次参加民宿管家研修班、乡村振兴新青年培训班、乡村文旅创新培训班等10余个班次，通过“点单式”授课，不断提升农创青年综合素质。开展志愿服务，推动青年服务大花园建设。开展主题活动暖人心。通过春运志愿服务活动、“3·5”学雷锋志愿服务活动、“粽叶飘香送温情　志愿服务暖人心”活动以及“美丽乡村　健康相随”——志愿服务走村行动暨共青团“团团走基层送健康”主题活动等，为外来务工人员、外卖小哥、留守儿童等各类群体送温暖。大型赛会保障服务促发展。累计组织志愿者8430多人次，为“2019年丽水超级马拉松”、莲都“越野100”、丽水“巴比松”国际研讨会暨2019古堰画乡小镇艺术节、浙江省2019年全国科普日主场活动暨丽水（莲都）科普艺术节、世界丽水人大会莲都分会等大型赛事会议提供服务保障。开展“逢九”小荷志愿服务、“青春河小二·保护母亲河”、“垃圾分类”等志愿服务活动26场。助力东西部扶贫协作，推动青年投身全面小康建设。牵头开展“快乐共成长　携手进小康”莲都—剑阁六一主题队日活动，发动莲都城区13所中小学校少先队员自行设计、制作，为四川省剑阁县农村留守儿童送上610份“六一礼盒”，通过“礼盒”弘扬友爱互助的中华传统美德。同时依托“亲青筹”平台面向社会公众公开募集3万余元，专项用于剑阁县农村留守儿童关爱事业，为对口地区经济社会发展、青少年成长提供支持。提供针对性服务，促进青少年全面发展。“三服务”拉近青年距离，组织开展“三服务·团团进”企业活动，服务企业36家。为咕果物联公司在科技活动周对接新能源技术展示平台，为万洋众创、瓯宝安防、万控科技3家公司8个岗位对接“千校万岗”大中专学生资源，解决人才资源紧缺问题。“亲青恋”服务青年需求，邀请区妇联、区总工会、区公安分局、区卫健局、区税务局、白云街道等单位组成亲青恋·社交伙伴圈，邀请8家涉及婚庆服务的行业商家组成青年婚恋交友服务联盟，并为4个区级亲青恋活动基地授牌，推动形成关心青年婚恋、促进青年成长的良好社会氛围。常态化开展青年交友活动，服务单身青年112人，在帮助青年解决交友、择偶、婚姻实际问题的同时，加强对青年婚恋观、家庭观的教育和引导。"青人才"凝聚青年力量，2名青年被评为2018年丽水市青年岗位能手，3名青年在2018年度优秀青农、青企协会员推荐活动中获得创新发展、公益慈善、乡村振兴荣誉，3名青年被聘为2019年度大学生乡村振兴创梦丽水行动导师。以新媒体、新农人、新青年为切入口，发布联系新兴青年"四张图"活动，即画好联系新兴青年的"群像图"、描绘服务新兴青年的"设计图"、列出展示新兴青年的"项目图"、勾勒团聚新兴青年的"空间图"。强化权益维护，为青少年成长保驾护航。组织开展"共青团与人大代表、政协委员面对面"活动，邀请"快递小哥""文创青年""青年观察员"等新兴领域青年代表与区人大代表、政协委员面对面交流，表达诉求意见。区"两会"期间，选派15名"小记者"进驻会场，直面代表、委员，就青少年关心关注问题进行交流探讨。争取爱心企业助学金25万元，助力50名家庭困难的优秀学子"圆梦大学"。大力开展"大手牵小手维权向前走"亲青帮平台推广活动，平台注册青少年9507人，入驻专家80人。组织广大青年党员、共青团员开展关爱重点青少年大走访大调研活动，累计走访重点青少年483名，手绘"青情地图"15张，梳理"问题清单"30份，落实"帮扶举措"80项，提高了青少年服务水平。

**【基层建设】** 丰富方式载体，建设"开放共青团"。深入贯彻落实共青团改革要求，积极做好共青团丽水市莲都区第二十次代表大会筹备工作，已选举产生160名团代表。面向全体代表开展提案征集工作，共收集提案66个，内容涵盖从严治团、思想引领、学习教育、就业创业、婚恋交友、困难救助、权益维护、志愿服务等领域，激发了代表履职意识，扩大代表参与渠道。激活基层细胞，建设"活力共青团"。充分认识加强基层建设的长期性、艰巨性，坚持反复抓、抓反复。将乡镇（街道）、机关团建工作纳入党建工作部署和年度考核，提高党建带团建实效。开展基层团建"进位提升"行动和"双百双提升"攻坚行动，推进基层团组织规范化建设。稳步推进非公企业团建，针对新兴领域，成立三个团青联络站。全区已建成23家"青年之家"，共有18家入驻"青年之家"云平台，开展线上线下联合活动19次。在全省"青年之家"基层建设工作交流活动中，浙江万申佳律师事务所"青年之家"代表丽水市进行交流发言，成功申报并开展2019年全国"青年之家"主题活动季。把组织覆盖与工作覆盖有机结合起来，做到互为促进、融合推进。推进从严治团，建设"严实共青团"。团区委机关层面。通过开展"不忘初心、牢记使命"主题教育活动，不断提高团干部运用党的创新理论指导实践，提高共青团组织凝聚、服务青少年的能力和水平。其中，在调查研究环节形成的《莲都区青少年宫"三服务"蹲点调研报告》获得区长陈豪重要批示，成为区级领导决策部署的重要参考依据。团员层面，制定《莲都区共青团员"三亮三比"亮分制管理实施细则（试行）》，加强团员教育管理，提升团员先进性光荣感。推进"智慧团建"运用，共录入402个团支部，5228个团员。逐一对照2017年以来发展团员编号号段进行核查，确保"号号有下落，人人进系统"。集中开展2019年毕业学生团员团组织关系转接工作，解决学校学生团员毕业后"失联"的问题。集中开展团支部整理整顿工作，普遍推动支部整顿提高。团干部层面，持续调动基层团干部积极性、主动性、创造性，建设一支忠诚干净担当的高素质专业化团干部队伍。组织团干部对全区各领域团员、青年、团组织和团干部情况大调查大排摸，根据团员青年流动、分布特点针对性的开展工作。组织开展“三服务”共56次，服务基层42个，解决问题75个，充分发挥共青团在服务企业、服务群众、服务基层工作中的生力军和突击队作用。

（共青团丽水市莲都区委）

## 莲都区妇女联合会

**【概　况】** 莲都区妇女联合会成立于1949年8月，原名丽水县民主妇女联合会，后更名为丽水县妇女联合会、丽水市妇女联合会，2000年7月撤市设区，丽水市妇女联合会改称为莲都区妇女联合会。莲都区目前有14个乡镇街道妇联，区直机关妇委会53家。

**【思想引领妇女】** 2019年开展宣讲“浙西南革命精神”、家风家训、中国妇女十二大及省妇代会精神等39场次。走访慰问为革命事业和妇女事业做出突出贡献的老一辈女英模30人次，挖掘出浙西南革命历史妇女典型12名，开展巾帼英模事迹访谈撰写宣传、红色经典诵读及高唱红色歌曲活动。用“忆烽火印初心、传家训话初心、讲奉献担使命”三大活动内容，以展板、讲述、歌舞、情景剧等形式，生动开展“践行浙西南革命精神，莲都女儿话初心——家国情怀故事汇”活动。通过四代人的家国情怀故事，引领莲都女儿和莲都妇联人怀有不忘初心、践行使命的担当。

**【妇联改革工作】** 做好女性社会组织等四新领域的妇联组织建设，推进网上妇联，因地制宜在妇女群众最小单元建立“妇女微家”，相继在老竹镇沙溪村汝南旧家民宿、侠姐调解工作室、书香一瓣等建立妇女微家35个。全面推行基层妇联“亮牌行动”，深入推进乡镇（街道）妇联区域化建设，古堰画乡小镇巾帼创客共享妇联集聚民宿创业女性功能不断增强。

**【来料加工工作】** 2019年，开展来料加工大篷车进村社宣传培训、现场对接活动12次，全区举办来料加工经纪人、加工者技能培训16场次，举办扎须、纽扣、布艺、草编等技能大赛7场，在重点区域瓯碧园、清水湾小区以及农民增收示范村建立来料加工点。通过举办红色传承手工技能来料加工草编技艺培训班、来料加工旅游产品精品展示、落实扶持政策等多项举措，促进来料加工与乡村旅游融合发展。通过走专业市场、进各地园区、深入本地企业，全方位组织经纪人精准寻找货源，全年妇联组团参加对接6次，本地三个企业的部分加工车间直接搬进村社加工点。推进东西部合作扶贫，以“造血式”精准扶贫打造东西部资源共享、技术互通、订单互惠的来料加工模式促精准帮扶。

**【妇女儿童关爱工作】** 持续推进农村贫困妇女“两癌”救助、“母亲邮包”、“暖秋关爱”等项目，为“两癌贫困妇女”、“贫困母亲”等送去慰问金8000多元，“母亲邮包”15个。通过开展“‘莲’系你我·相聚新屋”单身青年交友联谊活动、端午送关爱、微心愿等活动，进一步关爱单身女性、失独家庭、留守儿童、低保女性等。积极探索促进农村留守儿童健康快乐成长的有效途径，2019年年底完成5家儿童之家。深化妇联组织结对帮扶工作，帮助留守老人、妇女、儿童以及低保患病女性家庭，组织各方力量开展救助帮扶，让特殊群体、困难群体感受到社会的温暖，共享改革发展成果。

**【妇女维权服务工作】** 在创新“莲都大妈”维权组织、“侠姐”来料加工+调解新模式基础上，发挥现有社会力量，积极拓展经济组织功能，推动群众就业和矛盾问题一起解决，在全区面上进行复制推广，分别在一些较大的来料加工点和家庭教育、就业培训机构、邻里中心等妇女比较集中的点位建立调解室。建成六姐个人调解工作室和四个社会团体调解工作室。2019年，十个“莲花”调解工作室共调解纠纷423件，参与信访化解5次。省妇联主席王文娟，丽水市委副书记李峰等省市领导到点位上考察，给予充分肯定。该模式获得了莲都区2019年年度创新项目二等奖。

**【家庭文明创建工作】** 打造“莲都家长学堂”品牌，举办“家家幸福安康工程”暨“绿谷希望父母相伴成长工程”公益巡讲、“科普进万家”、家庭教育“三进”、亲子阅读、亲子成长课堂等活动307

场次，莲都家长学堂开设6场专题家庭教育讲座，受益群众2.1万余人。常态化开展“最美家庭”寻找活动，全年选树文明家庭、最美家庭、绿色家庭155户，好婆婆好媳妇14名，全国最美家庭1户，浙江省最美家庭1户。积极参与移风易俗、弘扬时代新风行动，开展“幸福家庭　美丽莲都”国际家庭日活动、“给妈妈写一封信”征文等各类面向不同群众、不同主题的活动。举办“弘扬孝廉文化　涵养良好家风”公益讲座，开展“清风常伴廉洁齐家”暨领导干部家属助廉活动，树立“以廉立身，以廉治家、以廉教子”的廉政思想，筑牢拒腐防变的家庭防线。

**【巾帼文明岗创建工作】**　激励各行各业女性岗位成才、岗位创新为目标，把巾帼文明岗创建活动由机关事业单位向四新领域拓展延伸。2019年，申报巾帼文明岗省级2家、市级7家、区级7家。

## 莲都区工商业联合会（总商会）

**【概　况】**　2019年，莲都区工商联合会两次组织新生代会长、副会长，分别学习习近平《在民营企业座谈会上的讲话》和市委书记胡海峰“在丽水市‘两山’发展大会上的讲话”精神。坚定政治站位，团结引领新生代企业家“不忘合作初心，接力改革伟业”，夯实共同思想政治基础。4月，组织55名异地商会分会的会长、副会长、秘书长参加莲都区在外创业精英研修班，提升莲都区外出创业精英的综合素质，培育壮大“莲都人”经济。6月，组织区工商联主席、会长、执委们前往缙云河阳廉政文化馆开展弘扬践行“浙西南革命精神”红色教育活动，学习6月11日在浙江省政府新闻办举行的“浙西南革命精神”研究成果。7月19日上午，组织区工商联界别委员前往云和小顺爱国主义教育基地，开展“弘扬践行浙西南革命精神　树立莲都政协新形象”界别月活动。进一步加强新生代企业家培训工作，8月，组织40名新生代企业家前往杭州开展弘扬企业家精神培训班。9月28日，在杭召开莲都区工商联（总商会）工作会议，各异地分会会长、秘书长参会，汇报商会2019年工作情况和下步工作思路。工商联与农业农村局、组织部联合开展超市技能培训，10月在安徽举办一期200多人培训班，11月在四川举办一期培训班，旨在提升外出经营超市者的素质，培育超市管家，为从业者提供人才支持。

**【商会队伍建设】**　11月11日，在四川召开莲都总商会四川分会成立大会。建立四川分会为在四川的莲都人提供“家”的服务。上海分会换届工作经过会员重新登记、排查，12月12日完成换届选举并召开上海分会第三次会员代表大会。富阳商会成立工作支部，实现异地分会党建工作全覆盖。选送新生代企业家3人到政府部门挂职历练成长。

**【服务企业活动】**　组织召开两次民营企业家座谈会，学习习近平总书记讲话，宣讲中央、省、市区支持民营经济发展的政策措施，听取企业经营状况、反映困难、亟须解决的问题。开展“走企问需强信心”和“走亲联心三服务”活动，走访企业30多家，发放问卷60多份，收集问题4个，报区政府有关单位帮助解决，解决有关村企结对资金落实问题2个。

**【建议献策】**　组织工商联界别开展调研，针对企业贷款难融资贵，民营经济扶持政策落地，优化营商环境等热点问题，撰写调研报告，提交政协集体提案3篇，大会发言1篇，个人提案10多篇。

**【乡村振兴】**　主动对接省工商联、湖州市工商联，上门汇报工作，取得支持。现天能集团确定资助贰拾万元支持太平乡巨溪村项目建设，项目资金已落实。丽水市医院结对仙渡张山后村项目也明确支助贰拾万元办加工沉粉厂。2019年，争取宁波鄞州区帮扶9个村资金90万元。完成东西部扶贫协作任务，帮助对口帮扶4个省在当地就近就业514人，帮助四省到地区就业389人。

（叶啸笑）

# 人力资源和社会保障

【概　况】 2019年，莲都区人力资源和社会保障局在全市人力社保系统目标责任制考评中获得第一，在区委、区政府工作责任制考评中获得综合管理组类优胜奖。莲都区人力资源和社会保障局荣获2019年度全省人社系统绩效考核优秀单位、荣获2019年度“浙江省创建和谐劳动关系暨双爱互动先进组织”称号；莲都区顺利通过省级“无欠薪”县（市、区）创建现场考评验收；莲都区劳动人事争议仲裁院连续21年获得省级先进表彰。

## 人力资源

【事业单位工作人员队伍建设】 2019年根据事业单位管理条例等相关文件精神，结合卫生专业技术人员和教师需求，面向社会公开招聘卫生专业技术人员66名和教师49名，公共事业单位工作人员19名。另外，招聘民办教育报备员额4名，选聘事业单位工作人员29人，其中教师选聘9名。根据莲都区机关事业单位人员调配若干规定，对部分人员岗位作了调整，共19人调往市直及其他地方工作，其中教育系统教师调离8人。办理了教育卫生系统内人员交流183人，事业单位改制人员安置11人，区内国企之间流动2人，及时办理了5名随军家属安置和退役士兵7人任务。另有区内其他事业人员交流5人。组织莲都区国资营运机构工作人员招聘，包括区建投、旅投、国资等三大国企，共公开招录了19名专业技术人员。全年参加了10场校园人才招聘会，计划引进专技人才20人，共到岗13人，其中第四季度组织参加了黑龙江、哈尔滨、杭州人才招聘会；开展大学生村官定向转社工2人。2019年，组织了公安、法院协辅警、司法刷雇员专场招聘，共有300多人报名竞争79个岗位，经过公开招聘各环节，79名人员全部都已到岗。2019年及时组织全区机关事业单位编外用工招聘，2019年约有220名编外人员走向新的工作岗位。2019年11月，又组织了第二批次协辅警招聘，又有31名警务辅助人员走上工作岗位。组织社区专职工作者专场招聘，共招聘39名社区专职人员。

【人事管理体系】 根据《关于规范事业单位岗位管理相关问题的补充通知》，规定“双肩挑”人员要占单位专业技术岗位结构比例和事业单位改革的需要，规定各相关事业单位结合编制机构部门核定的事业单位领导职数，报区人力社保局重新调整岗位设置，全年为71家事业单位做了岗位重新设置，其中教育系统占了57家，以及各相关单位的岗位变动审核。2019年，人力社保局对2018年“3+1”计划的表扬表彰事项及时作了对接和提醒，协助相关单位完成上会行文。根据区委区政府重点工作完成情况，经相关部门申报，完成了对8类事项的行政奖励审核和行文表彰。另外，2019年出台了莲都区行政奖励申报实施办法和拟定了2020年“3+1”计划。

【人事档案管理】 共接收大专毕业生档案1321份、中专毕业生档案47份、企事业人员档案171份，转出大专毕业生档案198份、中专毕业生档案25份、村干部档案8份、企事业人员档案18份，截至2019年11月30日，档案在册11344份(其中高校毕业生档案6940份,企事业单位人员档案1717份),集体户在册181人。

**【人才工作】** 利用职业能力建设一体化工作平台,推进职业技能鉴定业务流程规范化、统一化,实现数据多跑路、群众少跑路。2019年,共组织开展各类技能人才专场鉴定36场,1662人通过考核,工种涉及育婴员、茶艺师、美容师、美发师等专业,新增高技能人才451人。通过组织技能竞赛和荣誉评选,新增浙江省“百千万”高技能领军人才16人(其中“拔尖技能人才”2人、“优秀技能人才”14人)、丽水市“五养技能大师”8人、丽水市“技术能手”8人、莲都区“技术能手”3人。通过积极培养、择优推荐,2019年莲都区成功创建省级博士后工作站1家,新增市级技能大师工作室1个,帮助企业解决研发难题,推进技术创新。同时根据莲都产业特点和区域特色,成功举办莲都区第二届“乡村能人”系列技能竞赛活动,竞技工种包含乡村厨艺、木匠、油画、民宿管家、手工编织、食品雕刻、美容师等,共选拔出各类“乡村能人”48名。通过技能竞赛选拔,培育一批扎根莲都、素质优良、技艺精湛的乡土人才,为乡村振兴提供人才保障。科学编制发布《2019年度莲都区紧缺人才开发导向目录》,为莲都区人才引进、培养、评价和制定各项人才服务政策措施提供依据,实现人才开发与产业结构、岗位需求的紧密对接。发布《2017年度莲都区紧缺急需人才需求目录》,为莲都区引才工作起导向作用。落实高层次人才各类优惠政策,莲都区共有12人申报丽水市高层次人才公寓并获得批准,另有67家单位619人申报丽水市高层次人才体检,落实市区高层次人才各类优惠政策,发放各项人才资金共437万元;共开展高层次困难人员慰问2次,惠及19人。组织莲都区企业参加市本级人才交流会2次,组团外出参加异地人才招聘会12次,分别前往西安、武汉、银川、哈尔滨、江西萍乡等地招揽人才,2019年莲都区共引进各类人才807人,其中硕士研究生14人。根据组织部门统一部署指挥,举办2019丽水“人才科技”峰会莲都分会场1次,自行组织区属相关企业和相关高校就业部门、应届毕业生代表参加的2019莲都区引才论坛暨新型学徒制工作推进会1次,邀请省内外五所高校的代表到莲都对接相关企业。

**【职称评聘】** 2019年度,持续围绕“云上职评”业务核心开展专业技术人员职称申报和评审工作。全年共审核(推荐)通过专技申报人员872人,其中,初定196人(初级190人,中级6人),评审(推荐)676人(正高级7人,高级43人,中级262人,初级364人),通过丽水人力社保公共服务平台“云上职评”系统发放电子证书243本(初级238本,中级5本)。及时做好各系列新取得职称人员的发文公布工作,收发专业技术相关文件106份。有序开展事业单位专业技术人员岗位聘用、岗位等级变动工作,共办理专业技术人员岗位变动1121人次,其中高级178人次,中级596人次,初级347人次。落实中小学校教师职称改革工作,拓宽新型农业生产经营主体人员的评审渠道,全年共推荐农业生产经营主体参评高级职称3人、中级职称1人,评审通过初级职称1人。

**【工资、福利和退管】** 2019年,办理机关事业单位工作人员工资调动转移手续600余人次。审核审批机关事业单位人员工资正常晋升、职务和岗位变动、职级晋升等6500余人次。审核发文机关事业单位工作人员工龄认定60人,符合浙人社发〔2011〕223号文件办理部分精减人员待遇审批1人。办理退休审批130人,一次性抚恤费审批72人,遗属生活困难补助费审批7人,调整高龄补贴审批30余人。结合区委考核办考核办法,制定出台2019年年终考核奖分配方案,并和区委组织部、区考核办、区编办联合审批完毕,审核审批年终考核奖发放数额8158万元。审核审批机关单位年终一次性奖金1600余人次,事业单位人员考核奖4300余人,审核审批机关及事业工作人员应休未休年休假报酬5900余人。

## 社会保障

【促进就业创业】 2019开展就业创业培训3641人，完成率158%，其中，创业培训1035人，完成率188%；培训期数65期，完成率186%；培训经费183.45万元，完成率105%；市区城镇新增就业8460人，完成率235%；扶持创业625人，完成率156%；发放创业担保贷款1510万元，完成率252%；扶持创业带动就业2900人，完成率145%；创业活动场次11场，完成率110%；累计开发公益性岗位138个，完成率110%；累计公益性岗位在岗数104人，完成率116%；创建高质量就业社区(村)25个，完成率100%；累计新增企业见习基地32个，完成率178%；开发企业见习岗位264个，完成率220%；企事业单位吸纳见习人员46人，完成率192%；失业人员再就业5396人，其中，困难人员再就业1587人；城镇登记失业率控制在3.5%以内，市区失业率为2.18%；开展东西部扶贫协作，22省到莲就业2768人，完成率791%；4省到莲就业1097人，完成率2194%；及时监测企业就业失业动态情况，保持城镇“零就业家庭”基数归零、动态归零的态势。

【就业服务工作】 2019年，实施青年就业启航计划，为提升青年就业创业能力，全年吸纳见习人员46人；累计开发公益性岗位138个，公益性岗位在岗104人，发放岗位补贴和商业保险补贴99.94万元；25个村被认定为区级高质量就业社区(村)，6个村被认定为市级高质量就业社区(村)，共拨付创建补贴资金31万元；困难企业社保费返还的市区企业共3963家，返还金额1.09亿元；技能提升补贴助企业提升职工技能，总计发放12个批次，共计378人次，补贴金额63.65万元；累计开展就业创业培训65期，培训3641人，拨付培训资金183.45万元；为38名创业者发放创业贷款1510万元，其中重点人群对象25人，贷款发放金额1080万元，为31人发放创业担保贷款贴息48万元，为初创者减轻资金压力；助推超市创业创新，在2019年丽水市超市创业典型推荐评选中，全区共2个村(老竹畲族镇周坦村、碧湖镇红南村)入围全市超市创业村评比，2个品牌荣获“丽水超市(连锁经营)”影响力品牌，3人荣获“超市创业贡献人物”称号，8人荣获“超市创业达人”称号；开展东西部扶贫劳务协作，举办莲都—剑阁东西部扶贫协作技能提升培训等14期，帮助568人名剑阁县建档立卡贫困人员提升就业创业技能，首创“企业就业+来料加工”东西部扶贫协作增收模式，建立来料加工扶贫车间4个，帮助65名建档立卡人员就地就近就业；莲都区人社局与义乌市人社局联合举办了第二期山海协作育婴师培训班，参加培训学员100人；认定莲都区创业园2家，其中，丽水莲都电子商务创业创新综合体被认定为市级创业园；组织乡镇街道开展异地搬迁人员就业培训需求调查1700人次，其中碧湖200人次，共13名异地搬迁人员参加美容师、育婴师等培训班，先后安置4名瓯碧园异地搬迁人员进入村(社区)公益性岗位就业，异地搬迁村—中溪村创建为“浙江省首批高质量就业社区(村)”，并拨付2万元高质量就业村创建补助资金。

【机关事业单位养老保险】 2019年12月，全区有机关事业单位养老保险在线缴费人数6561人，其中享受养老保险待遇人数3667人。2019年，机关事业养老保险基金收入28819万元，支出28751万元，基金累计结余778万元。

【城乡居民社会养老保险】 2019年，城乡居民社会养老保险基金总收入为收入9696万元，支出9322万元。至2019年12月底，全区参加城乡居民社会养老保险缴费人数为51087人，其中享受养老待遇36433人，基金累计结余9814万元。

【被征地农民基本生活保障】 2019年，新增参保人数1083人，全年被征地农民基本生活保障资金收入2886万元，支出4472万元。至2019年12月底，全区参加被征地农民基本生活保障的在职人数有2320人，其中享受养基本生活保障金349人，资金累计结余7365万元。

【企业退休人员社会化管理】 全面实行企业退休人员社区化管理，强化退休人员档案管理，实施企业退休人员网上生存认证。至2019年12月底，市区有55751名企业退休人员进入了社区管理(其中：正常发放55631人，暂停发放120人)，新增档案管理668份。

【劳动监察工作】 2019年，莲都区劳动监察大队围绕区委、区政府的安排部署，推进“莲都无欠薪”创建工作进程，开展农民工工资支付情况、清理整顿人力资源市场秩序、用人单位遵守劳动用工和社会保险法律法规、根治欠薪夏季行动、根治欠薪冬季攻坚行动等专项执法检查活动；同时加强劳动保障日常巡查、服务用人单位；探索化解劳资纠纷新举措，发挥人民调解工作的作用，取得明显成效。成功处置欠薪隐患42起，涉及271人，为劳动者及时发放工资262.09万元；立案处置欠薪案件28件，为53名劳动者追回被拖欠工资共计25.48万元；办理行政处罚案件12起，罚款3.48万元；2019年，莲都区通过浙江省“无欠薪”县(市、区)建设达标考核。

【劳动争议调处工作】 2019年，莲都区仲裁院以案件处理质量以及加强基层调解组织建设为重点，创新工作思路，开展仲裁调解工作，顺利完成全年各项工作任务，全年受理案件250件，上期未结8件，结案251件，结案率93%，调解率83.4%，基层调解组织化解74件。“裁后答疑”制度及“即来即调”“网络调解”“行业基层调解组织”等各项特色工作的顺利开展得到了一定的好评，“裁后答疑”制度的率先施行，“裁前说法说理、裁后释法答疑。”全程释法说理让当事人输得明白、赢得透彻，而达到调整自身行为、理性仲裁的目的；而“即来即调”和“网络调解”的推行也契合“最多跑一次改革”的精神，做到让当事人少跑路、跑一次甚至是不跑路。2019年，莲都区劳动人事争议仲裁工作被评为全省先进集体，这是莲都区劳动仲裁工作连续21年获得省级荣誉表彰，区总工会仲裁派出庭被省仲裁委评为优秀派出庭。

(刘挺)

# 外事·侨务·台湾事务

## 外事工作

【概　况】 2019年，莲都区外事办现配备专职副主任、外事专办员各1人。外事办人员不断加强政治理论知识的学习，及时了解中国对外方针政策，掌握外事业务知识，始终坚持“外事无小事”的处事原则，把握工作动态，搞好综合协调，充分发挥外办归口管理职能。及时召开区委外事委员会第一次会议，制定《中共丽水市莲都区委外事工作委员会工作规则》《中共丽水市莲都区委外事工作委员会办公室工作细则》。

【做好因公出国（境）管理工作】 2019年，外事办贯彻上级有关文件精神，规范党政干部因公出国（境）行为，坚决制止和杜绝无实质性内容的因公出国（境）活动。全年共审核审批因公出国（境）8批15人次，实际出访5批次6人次（杜兴林团和公安团组等审批完毕，因故取消，未成行），其中：党政干部实际出访4批次4人次。全年全区因公出国（境）的总体特点是：党政干部因公出国（境）管理更加规范，严格按照年初的出国计划执行。所有出国团组及人员回国后按时上交护照、考察报告，没有发生党政干部因公出国（境）滞留不归和其他违纪情况。同时，区外办牵线搭桥，做好企业“走出去”“请进来”管理、服务工作。简化审批手续，为民营企业提供快速、优质的因公报批服务，为民营企业提供涉外服务，全年协助企业办理外国人来华签证8批次14人次，为民营企业“走出去、请进来”参与国际竞争提供便利。

【推进地方经济发展和对外交流】 2019年8月19日至25日，为期7天的“你好，丽水巴比松”——丽水“巴比松”国际研讨会暨2019古堰画乡小镇艺术节活动中，古堰画乡巧借绘画、音乐、文创等载体，用艺术生态的学术态度来重新审视丽水“巴比松”和古堰画乡乡村振兴命题，进一步加深了小镇文化标识。来自德国、意大利、法国、俄罗斯、日本、马来西亚、伊朗、印度等地的26位专家学者和国内外400余名艺术家通过一系列好看、好玩、好听的活动搭桥，相聚莲都，共襄高水平、高品位、高层次的艺术盛宴。以艺术性和学术性为出发点，通过1个主旨论坛、3个分论坛、3个艺术讲堂共同探讨艺术助力乡村振兴的积极作用。活动期间莲都区与意大利奥拉市签订友好合作协议；9月20日至9月22日，浙江省2019年全国科普日主场活动暨丽水（莲都）科普艺术节于古堰画乡特色小镇举办。其中一个重要内容是“未来与生态”小约翰·柯布研讨会。布院士本人及其团队（9人）到莲都；11月8日至12日，意大利萨尔扎纳市常务副市长 Costantino · Eretta（克斯塔蒂诺·埃来塔）率分管旅游、新闻官员，当地的媒体，企业家及华人华侨共8人到莲都交流访问，这是莲都区继2013年与萨尔扎纳市建立友好交流城市以来，外方第二次回访。莲都区委书记徐光文、区长陈豪等会见萨尔扎纳市代表团一行，双方进行友好交谈。代表团在丽水期间，对丽水特别是莲都的经济、商贸和旅游进行考察。

【做好外事接待工作】 莲都区外事办除做好本级外事接待工作外，也积极配合省、市外事部门较好完成外事接待任务，2019年9月8日至10日，瑞士驻上海领事馆总领事曾礼惟一行9人到访莲都，曾礼惟总领事一行礼节性拜会丽水市委市政府主要领导，并开展一系列的交流活动；9月6日至9月9日，英国上议院副议长麦克·贝茨勋爵夫妇一行12人在丽水莲都区内徒步，为社会公益和慈善事业募集善款，并将善款捐赠给相关福利机构；8月15日，省外办领事处阮处一行8人到莲都考察；10月14日，原驻外科技参赞到莲都考察等。

## 华侨事务

【概　况】 2019年，莲都区侨务部门在凝聚侨心、涵养侨务资源、发挥侨力优势、维护侨界权益、助推经济发展等方面取得一定成效。“侨缘侨心”活动品牌荣获统战系统最具影响力活动之一，2人获“全省优秀归侨侨眷”称号。

【服务中心工作】 助推侨商回归。牵线搭桥埃及华侨梁丽红投资5000万元的浙江丽城亮化照明工程有限公司和投资1000万元的浙江鼎梁装饰设计有限公司落地，做好其意向投资2亿元的精品民宿协调对接和跟踪服务工作。协助区委人才办在澳大利亚建立海外人才驿站。指导区留联会举办“留联汇聚筑梦未来”“漂洋过海，与您同行”等活动。支持海归留学生组成英文陪同翻译专员志愿者团，参与本届丽水摄影节志愿活动。

【三服务工作】 开展“暖侨心、听侨声”走访侨资企业活动，倾听侨资企业主的心声，动态掌握侨界需求提供及时服务，全力为侨排忧解难，主动帮助协调德国侨领叶海杰反映的垃圾中转站问题，联系环卫局等职能部门到丽水海德（国际）音乐艺术收藏馆施工现场帮助协调解决问题。区侨联、留联会与莲都区农商行签订金融战略合作协议，农商行专门定制“乡贤—华侨贷、留学贷”等贷款产品，提供2亿元的融资授信额度，加大对侨资企业的金融信贷支持力度。

【品牌建设工作】 正月初十，举办“侨缘侨心　聚心聚力　同心筑梦”新春联谊会，邀请海内外侨胞侨眷参加，得到了市区领导的高度重视，市委常委、统战部部长王小荣，区委副书记、区长陈豪到会并致辞，强调要用好“问海借力”这把金钥匙，做好华侨文章，发挥海外资源优势。全年开展了“侨爱助学”“军侨心连心”“暖侨爱侨”等系列活动，区侨联社会影响力和美誉度不断提升。

【弘扬践行浙西南革命精神】 通过举办诗歌朗诵会、华人华侨培训班等形式，全年组织了4批次300多人开展弘扬践行浙西南革命精神红色之旅。如区侨联和区侨界名媛会承办莲都区统一战线开展重走红军路——“浙西南革命精神”弘扬践行活动走进太平乡横岗村活动；开展“党旗引领　我爱中华”活动走进老竹畲族镇新屋村南乡革命纪念馆；走进景宁毛垟“红色基因”教学基地华侨上将叶飞战斗过的地方；“使命之行”走进云和小顺爱国主义教育基地。

【机构组织建设】 12月30日，区委常委会审议通过《莲都区侨联改革方案》。古堰画乡小镇和莲都外国语学校被确认为第一批“浙江省华侨国际文化交流基地”。在紫金派出所“警侨联络中心”基础上建立实体化“侨胞之家”。在莲都外国语学校成立全区首个学校侨联。将履行侨联职能必需的经费纳入财政保障范围，支持侨联下属社团组织开展活动，指导区留联会、侨界名媛会和各基层侨联使用经费，每个组织都开展了2次以上活动。

【职能服务工作】 做好“三侨生”升学政策加分资格审查工作、华侨回国定居证办理和归侨证办理等日常性工作，完成华侨回国定居办理事项4件，华侨子女考生认定281件，华侨身份认定160件，归侨证办理6件。做好维护侨益、为侨服务工作，加大依法维权力度，妥善处理侨界信访来访事项1件。落实好各项惠侨政策，加大对困难归侨侨眷的帮扶力度，开展集中走访慰问困难归侨侨眷工作。维护涉侨征迁户的合法权益，帮助征迁组做好部分涉侨征迁户的思想工作。

**【助力乡村振兴】** 侨界优秀乡贤代表参加了所在辖区的乡贤组织，在产业帮扶、建言献策、乡风文明、纠纷调解以及公益慈善、助学兴教等方面充分发挥侨界乡贤的作用和影响力。如11月17日，最大的镇碧湖镇乡贤馆开馆。在开馆仪式上，区侨联副主席、碧湖镇侨联主席吴永建，葡萄牙丽水总商会会长吴全德为郎奇村老年食堂捐款5万元。同时，侨界乡贤参加助力碧湖新城建设大讨论暨招商引资座谈会，围绕碧湖新城建设规划、通济堰修复以及生态环境保护等问题出金点子。季永灵、梁丽红、叶海杰、周军伟等4人荣获全市“2019优秀新时代乡贤”称号。

**【热心公益事业】** 引导侨界爱心人士开展“侨为社会服务”系列活动，全年送出慰问品慰问金40多万元。如西班牙侨眷张秋燕开展“五一”劳动节“赠送一碗面，温暖一座城”活动，为300名环卫工人送上爱心面条；巴西华侨王芳到市儿童福利院、区儿童福利院、敬老院和丽阳门社区等地方开展“四关爱”免费送牛奶公益活动，共送出5000份牛奶；乌干达侨领季永灵为仙渡小学赠送价值7万元的校服、被褥390套，捐赠6.14万元为联城街道雷公山自然村修建老年食堂；西班牙华侨沈宗平出资2万元为碧湖镇沙岸村老年人过重阳节。

（张艳）

## 台湾事务

**【概　况】** 2019年，莲都区台办创新服务方式、加大服务力度、提高服务质量，为台胞办实事、做好事、解难事。主动对接，谋划在前，切实为台胞排忧解难。莲都区台办十分注重为在地台胞（企）提供优质服务，维护合法权益，优化对台湾“首来族”的服务质量。丽水威尔斯置业有限公司聘请的台湾经理人李明霞等3位台胞到莲都工作，区台办主动为其联系办理台湾居民大陆居住证。帮助台胞李铭钰顺利完成新公司注册登记。在工作中做好对惠台政策的宣传工作，让广大台胞更加了解自己在大陆所能获得的实惠和便利。作为众多台胞台属到丽水的第一站，区台办的主动作为在对台服务形象建立上起到了重要的作用。截至12月底，市区台湾居民居住证办件量达31件，居全市第一。长期关注，持续跟进，妥善处理信访及涉台纠纷。涉台工作无小事，尤其是涉台维稳工作，敏感度非常高，必须时刻保持高度警惕，做到发现一起，妥善处理一起，决不能因涉台维稳工作影响全区工作大局。区台办受理台胞台属的来信来访，做好台胞信访工作，并会同相关部门妥善处理多起涉台信访案件，及时排查排解台胞台属在房产纠纷、子女就学、涉台婚姻等方面的矛盾，确保全区经济社会大局稳定。坚持以服务促发展，以服务促工作，全心全意为台胞台属服务。台湾老兵吴火旺去世、信访户周水英的母亲陈连丹生病住院，区台办都是第一时间上门慰问。9月“不忘初心　牢记使命”主题教育开展以来，台办干部深入基层一线，通过走访、座谈方式开展调查研究，倾听群众声音，共收集意见、建议5条。按照即知即改、立行立改的要求，逐一整改落实。

**【对台工作】** 6月21日下午，莲都区召开区委对台工作领导小组扩大会议，区委常委、区政府分管领导、莲都区对台工作领导小组成员单位主要负责人及相关单位主要负责人、各乡镇（街道）党（工）委书记参会。莲都区委副书记、区长陈豪充分肯定2018年莲都区对台工作，并对2019年莲都区对台工作提出具体要求。莲都区委副书记、区政法委书记胡伟华参会并做具体工作部署。9月29日下午，胡伟华副书记专题就提升莲台经济文化交流合作成效，召集相关部门、部分政协委员开展座谈，研究解决工作中存在的困难和问题，对全区对台工作给予极大的支持。莲都区台办根据全区机构改革和干部人事变动，健全完善区、乡两级对台工作网络，调整充实全区对台工作领导小组成员，明确乡镇(街道)对台工作分管领导、联络员，形成领导协调、台办牵头、部门配合、乡镇落实、上下联动、整体推进的对台工作新格局，推动莲都区对台工作迈上新台阶。

**【莲台交流】** 2019年，莲都区台办坚持科学谋划在前，主动作为、靠前指挥，持续深耕基层交流，推动基层交流工作数量、质量双提升。交流数量增幅明显，截至2019年12月底，区台办共接待台湾来访团组21个批次，525人次，同比分别增长了75%和191%，莲台交流迎来历史高峰。其中，3月南投县小区文创协会参访团，6月仁爱乡妇女会参访团，9月台北丽水同乡会莲都寻根之旅参访团，10月南投县仁爱乡青年团等多个团组的来访受到广泛的关注和多家媒体报道，达到良好的对台宣传效果。8月，莲都区委副书记、区政法委书记胡伟华带队组团赴台，与南投县民宿观光协会、仁爱乡农会、台北丽水同乡会等重点对象进行深入交流，紧密双方联系，为未来的莲台交流合作奠定基础。交流内容丰富多彩，莲都区台办根据团组的群体特点，试水新的参访行程，促进交流质量提升。2019年3月来访的南投县小区文创协会团在区台办安排下，走进万洋低碳智造小镇，听取园区招商介绍，寻求莲台经济合作的新机遇；6月，仁爱乡妇女会参访团则以妇女工作和文化交流为脉络，与大港头画乡本土艺术家共同呈现一场精彩纷呈的文艺表演，深受好评；9月，台北丽水同乡会则以乡情共鸣为脉络，邀请莲都区台联会的在莲台属们与参访团深入座谈。

**【健全对台工作机制】** 为进一步激发对台工作活力，2019年区台办先后修订了《丽水市莲都区人民政府台湾事务办公室保密工作制度》《莲都区涉台突发公共事件应急预案》等制度性文件，严格执行涉台敏感问题请示报告制度，规范台湾团体和台胞来莲参访管理、完善干部赴台行前教育制度，促进对台工作规范化制度化开展。根据对台工作需要，开展区内台胞台属及涉台婚姻调查，全面摸清辖区台胞台属情况，建立和完善台胞台属数据库。为进一步深化丽台经济文化交流，提升市区“问海借力”工作的质量，根据市政协年度工作安排，市区联动，区台办全程参与调研走访，深入了解剖析了全市在对台招商引资、招才引智工作中存在的问题及困难，共同形成课题报告《问海借力引进台企激活台智　构筑丽台经济文化交流合作新高地》。组织发动全区涉台干部通过多种形式学习习近平总书记对台工作重要思想、讲话精神，不断增强涉台教育的覆盖面，全区副处级以上领导干部理论中心组专题开展涉台政策理论学习；4月24日，莲都区台办利用主题党日时间组织区委办全体干部学习新华社系列社论文章：《污名化“一国两制”能走多远》《维持现状说的“两国论”底色》《蔡英文要许给台湾什么样的未来》；6月21日，全区对台工作领导小组扩大会议上着重学习传达省、市对台工作会议精神；12月23日，组织全区对台工作领导小组成员单位参加《台海形势报告会》。区台办通过网上发布，工作会议等方式组织区台联会理事会员开展习近平总书记在《告台湾同胞书》发表40周年纪念会上重要讲话、十九届四中全会、中央惠台26条措施的学习宣传讨论。

# 法　治

## 政法综述

【概　况】 2019年以来，莲都区贯彻落实中央和省、市政法综治维稳和平安建设相关会议精神，围绕“护航新中国成立七十周年大庆”和省级平安区“十四连创”总目标，坚持底线思维、问题导向，推进基层治理创新，防范各类风险隐患，实现了社会大局总体可控，治安环境安定有序，安全生产稳中向好，平安创建成效突出。达到省级平安区创建标准，顺利夺取平安区“十四连冠”。

【维稳工作】 实行维稳信息报告、会商研判和六长通报制，突出对重点群体的预警关注，防患于未然。落实涉稳重点人员信息化管控，强化对利益诉求群体和涉稳人员的动态关注，及时做好接访、约访和劝返处置，形成信访维稳“本地、车站和重大活动所在地”三道防护机制，在“护航新中国成立70周年”等级响应期间，实现国家信访局、中央各部委重点对象上访“零登记”。健全完善重大活动维稳安保方案，举办安全生产、消防安全和校园安保等工作演练，强化“135”控制圈、最小作战单元建设，提高重大活动（事件）应急和实战能力。

【公共安全环境】 坚持以打开路，严厉打击违法犯罪行为。实现大案要案全破（放火案件2起、抢劫案件5起），突出打击治理电信网络新型犯罪，移诉网络赌博团伙3个。推进“扫黑除恶专项斗争攻坚年”活动，聚焦线索、案件“双清零”，形成专项斗争破竹之势。开展重点涉恐情况大排查。强化对社区矫正、吸毒人员、严重精神障碍患者等重点对象的分类管控，实行定期服务管理制度。

【基层治理基础】 坚持发展新时代“枫桥经验”重点工程，推进流动人口服务管理，出台《莲都区居住出租房屋管理办法》；深化社会心理服务体系建设，积极打造区乡两级社会心理服务平台，举办心理健康讲座或团体辅导近百场；加大社区社会组织培育发展力度，共备案登记社会组织1502个，社会组织参与平安建设全面达到省考核标准（城市社区15个以上、农村社区5.2个以上）；推进“雪亮工程”建设，完成一类点位视频图像5804路，深化社会面视频联网，整合二、三类视频图像19226路，实现重点公共区域、重点行业和领域重要部分视频监控全覆盖。开展社会矛盾纠纷调处化解中心建设，完善社会治理综合指挥平台运行机制，加强隐患整治、矛盾调处、民生服务等事项的分流交办。从严规制职业放贷人诉讼行为，健全跨部门协同治理民间借贷工作机制；深化“浙江无欠薪”行动，组织开展农民工工资支付情况专项检查，完善建筑工地“治欠保支”六项长效机制，顺利通过“浙江无欠薪”创建验收；持续探索吸毒人员社会化管理，创新推进“曙光中心”戒毒公共服务平台建设，被确定为全省首批禁毒示范城市创建单位，全省共15个县（市、区）入选；以提升“平安三率”为引领，深化扫黑除恶、禁毒禁赌、反邪教、防火、交通安全、防诈骗等平安综治宣传，促进群众安全感满意率不断提升。

【亮点工作】 深化乡村治理“四平台一中心一网格”能力提升工程，以网格“组织共建、党员共管”方式，开展市区两级党建统领基层治理四平台示范点建设，完成重点社区和乡村网格“网格党组织、组团联村（社区）、党员编组联户”三个100%；积极推广“村级事务阳光票决制”，该制度被写入《中共浙江省委关于认真学习贯彻党的十九届四中全会精神，高水平推进省域治理现代化的决定》；深化基层调解“莲都品牌”建设，多元化解矛盾纠纷体系日臻完善，“莲心工作室”受到司法部通报表扬，获评“坚持发展枫桥经验，实现矛盾不上交试点工作表现突出集体”；创新执行专业法官会议制度，入选最高院第六批司法改革案例；引入公证机构参与对终本案件的辅助事务管理，获司法部、最高院肯定，在全国性会议上介绍推广。

## 公 安

【概 况】 2019年，分局设有三处六中心九个派出所（三处：政治处、警令处、警务保障处；六中心：执法执纪监督中心、治安管理中心、巡防处突中心、刑事侦查中心、技术侦查中心、国内安全保卫中心；城区四个派出所：紫金所、万象所、白云所、岩泉所，农村五个派出所：碧湖所、联城所、大港头所、雅溪所、老竹所）。实有民警408人、公务员身份2人、职工12人、辅警623人。2019年，分局共荣立集体二等功2个、三等功4个；个人二等功1个、三等功24个，7个集体和60人受到嘉奖。被浙江省流动人口管理服务工作领导小组办公室、浙江省户籍制度改革工作领导小组办公室评为全省人口管理服务最富匠心基层单位。大港头派出所荣获全省首批“枫桥式公安派出所”荣誉称号，被浙江省委办公厅、省政府办公厅通报表扬，被省公安厅荣记集体二等功一次。

【维护稳定】 2019年，分局完成原中央纪委副书记赵洪柱、省长袁家军等人来丽水视察的警卫任务4批次，完成超级马拉松、中美篮球对抗赛、小镇音乐节等7项重大体育赛事和文艺演出安保任务，以及市区党代会、市区两会、丽水人世界大会等46项重大活动安保任务，审批大型车展等14场大型群众性活动，并安排人员对活动现场安全工作落实情况进行监管，确保每一场活动安全有序。搜集维稳类情报87篇，成功拦截了6批次120余人的拟上访人员，提前处置了群体性集会事件10余起。排查落地本地发布涉政谣言人员15名，相关人员均按照公安部、省厅要求第一时间处理，没有发生次生舆情事件。严密本地舆情管控，通过本地网上巡查，及时发现并稳妥处置“温州银行倒闭谣言”“雅溪镇一干部死亡”等敏感案事件，未发生重特大舆情事件。

【打击犯罪】 “严重暴力犯罪”方面：分局坚持快侦快破命案和“五类”案件等严重暴力犯罪。2019年，共发生命案1起，破1起，“五类”案件立33起，侦破33起。成功侦破1998年徐金星故意杀人案（命案积案）、丽水市莲都区杨海英被故意伤害致死案、2019年“6·26”预谋抢劫案、2019年“7·9”持刀入户抢劫案等系列重特大案件以及蓝宇电力涉嫌诈骗案、丽水市莲都区谢海伟等人轮奸案，始终保持对严重暴力犯罪的必破态势。“经济犯罪”方面：2019年，共受理各类经济犯罪案件160起，同比上升70%；立案146起，同比上升198%；破案54起，同比上升93%；涉案价值62680万元，同比上升4.4%；抓获犯罪嫌疑人100名，同比上升118.9%；移送起诉30件70人，同比上升112.1%。积极组织开展了“云端2019”“猎狐2019”境外追逃、打击涉众型经济犯罪、“蓝剑2019”侵犯知识产权案件、打击骗取出口退税和虚开增值税发票、打击利用离岸公司和地下钱庄转移赃款共7个专项工作，成绩显著。“电信（网络）新型诈骗犯罪”方面：2019年，共受理电信（网络）诈骗案件1000起，破案109起，采取强制措施58人，移送起诉59人；案件起诉110起，其中外省7起，本省外市2起，起诉63人。2019年4月，该分局通过无线网络侦查突破一起特大网络套路贷案件核心，抓获犯罪嫌疑人39名，起诉34名，其中公职人员5名，涉及诈骗金额2400余万元。“涉黑涉恶犯罪”方面：2019年，共收到各类举报线索119条， 立案侦查线索23条，共立“九类”刑事案件104起，刑事拘留153人，取保候审23人，逮捕110人，移送起诉234人，抓获逃犯98人。成功打掉了“419套路贷恶势力集团”“以徐伟杰为首的恶势力团伙”，立案182起，采取强制措施38人，逮捕25人，移诉起诉38人，判决4人，共查封、扣押、冻结各类涉案财物价值约为32825万元人民币。“‘黄赌毒’违法犯罪”方面：2019年，分局抓获“黄赌”违法犯罪嫌疑人789人，采取强制措施217人，行政拘留398人。利用现代技术侦查，组织力量开展网上专案经营，加大对网络涉黄涉赌违法犯罪的打击。2019年7月2日，分局在福建省福州市高新区组织收网行动，一举抓获陈某雨、陈某婷、范某宁等涉嫌开设赌场犯罪嫌疑人8名，查扣违法所得及赌资200多万元。共起诉涉毒人员61人，查处吸毒人员100人，强制戒毒22人。相继开展了“清毒一号”“云战1号”“云战2号”“云战3号”等系列专项行动，破获了一系列大案、要案。2019年上半年，斩断一条江苏至丽水的贩毒通道，成功破获“2019—17”省目标贩毒案件，抓获16名贩毒嫌疑人，治安处罚10人，强制隔离戒毒1人，缴获冰毒15克。2019年下半年，通过排摸、资金流查证、视频跟踪、大数据综合分析等手段，经营侦破了2019年“6·19”特大贩毒团伙案件，共刑拘贩毒嫌疑人员18名，治安处罚13人、强制隔离戒毒3人，又斩断一条广东到丽水的贩毒通道。“‘食药环’犯罪”方面：分局按照统一部署，组织开展以“护民生、保大庆”为主题的集中打击“食药环”犯罪行动，共破获案件10起，打掉窝点3个，抓获犯罪嫌疑人30人。联合集中销毁了一批涉案的假冒伪劣XO、VSOP白兰地，新劲神酒等有毒有害食品及一批用于回收、提炼地沟油的作案工具，确保群众“舌尖上的安全”。2019年3月27日，分局联合市公安局、市市场监管局部门，在湖北武汉、荆门及丽水庆元等地开展集中统一收网行动。一举抓获犯罪嫌疑人10人，捣毁假药生产窝点2个、销售窝点1个，查扣减肥胶囊生产工具2套、减肥胶囊成品及半成品48万余粒、非法添加物32千克，冻结资金100多万元，扣押车辆2辆，案值5000余万元。

**【基础管控】** 开展“缉枪治爆”专项行动。分局起诉涉枪犯罪嫌疑人2人，收缴涉案枪支2把；查获涉枪行政案件3起，处罚3人，收缴气枪3把；处理违反禁止燃放烟花爆竹行政案件1起，处罚1人；两个作业单位因未按规定核销民用爆炸物品运输许可证，均被行政罚款5万元；办理涉爆行政案件2起，行政罚款10万元。全局共收缴炮弹1发，地雷1枚，手榴弹2枚，各类枪支16枝，各类子弹679发，各类管制器具334把，炸药4千克，雷管99发，处置盲炮事件2起。销毁报废、收缴的各类枪支58枝，各类管制器具360件、炸药4千克、雷管99发。旅馆业管理。2019年，莲都区正常营业的旅馆业552家（其中旅馆332家，民宿220家），共处罚旅馆业（民宿）370余起，罚款21.2万余元，其中取缔旅馆6家，停业整改15家；对娱乐场所警告处罚8次，限期停业整改3家。9月20日，该分局依据《中华人民共和国反恐怖主义法》，对市区南海快捷宾馆未按规定登记旅客身份信息且屡教不改的违法行为，开出了“70周年大庆安保维稳”丽水市首张反恐罚单罚款2万元。开展重点片区治安排查整治。在2018年涉黄重点整治中，成功破获了朱某、李某等人涉嫌组织、强迫、容留、介绍卖淫案。2019年，经对该案的进一步深挖，彻底查清了以朱某、李某为首的组织、领导、参加黑社会性质组织犯罪案件。本案归案涉黑涉黄涉赌犯罪嫌疑人35名、“保护伞”3名，一举摧毁了盘踞在市区华墩街和郊区为恶多年的涉黑、涉黄、涉赌犯罪集团，整治、肃清了华墩街涉黄“一条街”现象。安全生产、消防监督检查。2019年，根据《易制爆危险化学品储存场所治安防范要求》（GA1511—2018），对全区在册的21家剧毒、易制爆危险化学品从业单位开展地毯式检查，督促各从业单位按要求落实整改,对于不能整改到位的,一律不验收通过,使其无法购买使用。对3168家单位进行消防检查,发现火灾隐患1341处,督促整改火灾隐患1341次。下发责令整改通知书753份。出入境管理。2019年,登记境外人员住宿8679人,较2018年同期增长55.15%。办理涉外案件94起,同期增长161%。查处"三非"案件50起,同期增长355%。遣送出境违法人员6名。梳理备案登记国家工作人员数据7000余条,清理、修改错误数据4500余条,新增备案登记国家工作人员数据4700余条,确保备案登记数据信息准确鲜活。法定不准出境人员通报备案5500余条,撤销法定不准出境人员通报备案近200条,宣布作废出入境证件近1100本。所有备案(报备)信息做到录入准确、及时、无误,最大限度避免失管漏控现象的发生。

**【基础工作】** 2019年,分局坚持"党政认可、群众满意、民警幸福"目标,立足莲都是浙西南革命精神的核心区的实际,充分将红色基因融入公安具体工作,根据局长林峰提出的"红绿融合"打造"莲都特色绿色生态治安"示范区的总体创建"枫桥式公安派出所"的思路。以落实"四张报表"为抓手,推动基层基础工作提质升效,以做实"一村两警长""莲警驿站"等举措,发动以小荷义警为代表的社会力量参与平安建设,解决基层警力不足现状,提升服务水平,加强治安防控能力,增进人民群众的安全感、幸福感和满意度,倾力打造具有莲都特色的"绿色生态治安"首善区,成效显著。通过"全局一盘棋,一所一品牌" 建设,已达到"一所示范、九所提升"的目标,整体基础创建工作已走在全市前列。

**【流动人口服务管理工作】** 2019年,制定《基础管控指数赋分实施办法》,每月组织开展流动人口服务管理工作成效考核评估,主要对各派出所的流动人口登记率、流动人口登记信息准确率、居住出租房屋登记率、户籍人口实际居住地址采集率、流动人口同住关系采集率、单位信息采集率、从业人员采集率、二维码绑定率、居住证发证率、涉案(事件)人员登记率、辅警流动人口平均采集数、辅警户籍人口平均采集数、流动人口信息传递数等13项信息采集基础工作进行考核评估,计算得分排名列入年度考核。通过基础管控指数考核,全面推进提升了流动人口服务管理工作。查处了一批违反《浙江省流动人口居住登记条例》《浙江省居住房屋出租登记管理办法》的违法行为,共查处单位和个人不申报居住登记的案件508起,罚款4.93万余元,其中处罚未按时告知流动人口相关信息的房屋出租人(房东)88个,处罚未按时报送流动人口相关信息的单位(企业)166家,流动人口260余人。通过处罚宣传,全面提高群众的法制意识和流动人口居住信息自主申报意识。

**【网络管理】** 加强网吧管理。出台《关于2019城市文明指数测评迎检网吧攻坚严管整治措施》,确保在网吧行业管理工作上取得了实质性成效。2019年,共检查网吧1100余家次,依法处罚违规网吧70家次,责令停业整顿6家次,罚款金额达10万余元,实现测评迎检零扣分。开展安全漏洞隐患网络整改。及时通报涉及丽水市的网站、信息系统存在的安全漏洞、隐患,实时预警全球、全国最新爆发的网络安全漏洞隐患、病毒感染等情况,提前做好网络安全应对措施。落实三级以上网络等级保护单位1家(区财政局)。

**【男性家族排查数据库建设】** 2019年,开展男性家族排查数据库建设中男性血样采集工作血样采集率为91.49%,并完成招投标工作。

**【勘查数据】** 2019年,共勘验案事件现场2081起,十五类案件现场505起,其中技术室勘验案事件现场共1173起。十五类案件现场指纹、足迹、DNA的提取率分别是31.9%、44.8%、52.1%;现场提取指纹比中案件159起,DNA比中案件86起,足迹比对案件7起,出具鉴定书103份,串并案件43起;人员信息采集中进办案区人员指纹采集率100%,

DNA采集率98.5%。

【改革创新】 推进"最多跑一次"改革。2019年，持续深入推进"最多跑一次"改革，全面梳理事项清单127项，已全部实现群众"零跑"106项、民生事项一证办45项、全域一证通办41项；持续开展"证件免费寄到家"工作，为办证群众免费送达证件24017件，为群众减免费用360255元；创新推出身份证24小时自助办理，行政审批中心、大港头派出所已安装自助设备，让省内群众只需花上四五分钟，就能自助完成身份证受理的全部流程；开展出生"一件事""婚育户"一站式联办，实现了"数据上高速，部门帮你跑"；全面实施户籍业务"全城通办"工作；推进"互联网+公安政务服务"，继续完善网上办事大厅建设，加快推进移动端办事服务，基于"浙里办"APP，建设办事服务事项，着力做好"网上办"办事体验。推进户籍管理改革。深入推进户籍制度改革，取消户口性质区分，莲都区实行城乡一体化户籍管理制度，户口统一登记为"居民"，不再标注户口性质，取消了农业、非农业户口以及由此而衍生的自理口粮户口、蓝印户口等各种户口性质划分。提升人口管理水平，《莲都区户口迁移暂行规定》(莲政办发〔2017〕5号)明确：在莲都区拥有合法稳定住所(包括廉租房、公租房、高级人才公寓等)的人员；或者在莲都区范围内无合法稳定住所但有合法稳定职业，在现居住地连续居住满3年、按国家规定在本地参加职工基本养老保险连续满3年的人员均可提出户口迁移申请。2019年，莲都区农业转移人口落户城镇1577人，区外户口迁入7334人，城镇人口193269人，城镇化率46.32%。辅警队伍规范化管理体系建设改革试点。2019年，该分局在前期优化提升的基础上，开展辅警队伍规范化管理体系建设改革试点工作，以"双争活动示范引领""建立健全制度体系""做强做实教育培训"等措施，推进辅警管理制度化、规范化、法治化、职业化建设。

【执法工作】 2019年，分局紧扣法治公安建设目标，以执法办案管理中心为载体，从办案、管理、服务等方面入手，全力探索新形势下的公安执法规范化建设，积极打造规范高效的执法办案新模式。一是全面推进执法办案管理中心建设。分局主动顺应执法改革，把握新形势下执法规范化建设新要求，积极探索推进具有莲都特色的执法办案管理中心建设。通过将外地先进经验与基层民警的需求相融合，因地制宜，于2019年9月完成了执法办案管理中心和相应配套机制的建设。其中，邮寄、鉴定、材料调取、法律援助、翻译及合适成年人联系、押解等服务拓展功能的开展，让民警享受到内部"最多跑一次"的服务。二是着力健全执法管理标准长效机制。深化《关于加强和改进法制工作的意见》，按照《关于实行专职法制员派驻制度的通知》《执法管理中心岗位职责分工》要求，每月对各派出所执法监督警力的配置情况和履职情况进行监督考评，依托执法平台的案件管理模块，对执法全要素、全流程管控全覆盖。重新修订《分局执法规范化十条严管措施》，对民警常犯、易犯、多犯的执法问题进行梳理，实行重点问题每月上浮扣分系数的措施。出台《分局办案中心专管民警与辅警的人员选调方案》，成立专门管理队伍，对进入分局办案中心的嫌疑人提供集中监督管理服务。为确保办案中心人员安全、减少执法风险等，相继制定出台了《分局办案中心集中监督管理工作制度(试行)》《丽水市公安局莲都区分局办案中心人员差异化看管规定》《丽水市公安局莲都区分局非涉案财物处理指引(试行)》，规范执法。三是深入开展"教科书式执法"创新实践活动。根据《丽水市公安局莲都区分局警示大教育活动实施方案》要求，2019年6月至8月，分局开展执法突出问题整治月活动。通过执法问题"自我画像"和执法问题集中晾晒，深入剖析查摆，推动各执法单位执法规范化建设进一步提升。四是通过大比武提升技能。在第二届警察运动会暨铁军尖兵大比武活动中，分局将"笔录制作、检查案件卷宗、出庭作证"三方面执法技能纳入比武范畴，推进法制人才培养和梯队建设，力争发现、培育一批高素质专业化人才。五是通过视频演示提高执法水平。该分局针对实践中执法难点，组织人员进行《现场执法音视频记录仪操作规范》教学视频拍摄，选取了接处警、当场盘问、检查扣押、押解辨认、发还、当场处罚等六大现场执法活动中执法记录仪的使用规范进行拍摄，为全市公安民警的执法记录仪使用提供了模版。

**【落实层级管理工作】** 2019年，分局出台《2019年全区公安机关党风廉政建设和反腐败工作意见》《丽水市公安局莲都区分局“党风廉政教育日”制度》。根据《层级管理工作方案》《层级管理办法（试行）》等有关文件，继续坚持“六层五级”层级管理责任框架运作。落实党委主体责任，履行党风廉政建设第一责任人职责，实行党委书记负总责，政委牵头抓，纪委书记具体抓，其他党委委员分片抓的工作运行机制和各所队长为党支部第一书记，重大事项报由支部委员会决议的工作运行机制。落实各党支部和部门领导“一岗双职”，传导压力，从党委书记到党委成员、到部门领导、到民警职工层层签订《党风廉政建设责任书》。坚持“从规范养成入手、从遵规守纪入手、从抓早抓小入手、从做实做细入手、从严管厚爱入手”的原则，出台“信访投诉周通报、警情日评估、黄赌毒案件‘一案三查摆’”等三项管控制度和“绝对不允许未经批准查询他人信息及他人办理案件信息、绝对不允许泄露案件信息或通风报信、绝对不允许未经报备与他人发生一万元以上的借贷担保行为、绝对不允许与‘三类重点人群’有异常交往、绝对不允许单人押解或单人看守违法犯罪嫌疑人”等“五个绝对不允许”防控配套制度。开展“排真情、说真话、交真底”的“三真”活动、档案警械装备涉案与非涉案财物“三清理”专项工作和廉政风险排查整改活动，排查梳理不放心人员并专门落实谈心谈话，进一步加强全区公安机关队伍纪律作风和执法规范转变，从源头上预防和减少违纪违法问题发生，推进清廉莲都公安建设。2019年，执行现场督察任务86次，督察警力412人次，检查基层所队272个次，检查警用车辆290台次，检查民警协辅警3720人次，抽查台账或案卷316本，检查重点社会单位、场所352处，检查重点管控人员422人次，发现并查纠各类问题294个，提出督察建议148条。记分违规民警27人，辅警17人，谈话教育民警283人，印发督察通报10期。民警因违法违纪已被开除公职开除党籍2名（均被判刑）、政务撤职1名、政务记大过1名、政务记过1名、诫勉谈话2名、提醒谈话3名。

**【信通保障】** 2019年，完成莲都区公共安全视频监控建设联网应用暨雪亮工程建设任务。新建摄像机1800路，改建1868路，整合社会面视频联网19226路，实现“全域覆盖、全网共享、全时可用、全程可控”的工作目标。

**【基础设施建设】** 做好新建工，万象派出所新建项目已经结顶，完成投资1300万元；投资250万元的“民警之家”减压中心项目、投资350万元的指定监视居住点改造项目，均已经完成竣工验收，可投入使用；计划投资500万元的分局“民警之家”绿色警营文化建设项目的改造工作，所有卫生间、外墙和屋顶的防漏水修缮已经完成。做好修缮项目，投入100万元，交付完工岩泉派出所附属楼的修缮工程；完成计划投资40万元的左渠门警务室修缮工作；基本完成10万元新建的碧湖派出所万洋警务室的装修工作；投入修缮资金100余万元，完成警侨联络中心、篮球场的改造以及碧湖、老竹、联城、雅溪派出所等部门的修缮工作，立足服务职能。完成新项目选址，做好水上派出所、碧湖派出所新建项目的选址工作，主动对接巡特警业务用房、民警训练基地及涉案物品保管中心新建项目的前期谋划，确保工程有序推进。

**【财务管理】** 2019年，分局做好预算管理，保证了全局民警办案经费及日常公用经费。以清理涉案财物工作为契机，对基层所队发现的问题进行分析研判，深入查找现有财务管理制度中存在的漏洞，共处理历史遗留涉案财物近百万元。

【物品管理】 2019年，通过“政采云”系统采购空调、电脑等各类办公用品、物品201笔，投入金额742万余元；做好警用装备管理工作，及时采购更新已达使用期的防刺服、催泪喷射器、防弹头盔等各类装备600余件。换发新式手铐、伸缩警棍720余件。配发辅警服装1100余套；做好涉案物品管理，完成83批次涉案物品的移交工作。开展“三清理”工作，开展涉案物品处置，完成107辆涉（非）案车辆的处置工作。

【人口变迁】 2019年，莲都区年终常住人口197589户，417224人，累计受办理身份证33641张，全国异地身份证2652张，省内异地身份证5963张，临时身份证7388张，港澳台居住证18张。迁入7022人，迁出6076人，出生人数5022人，死亡2523人。2019年，莲都区行政区域面积1502平方千米，户籍人口38.21万人，登记流动人口16.12万人。

【队伍建设】 2019年，分局开展“不忘初心、牢记使命”主题教育。分局党员深入学习习近平新时代中国特色社会主义思想，将“学习教育、调查研究、检视问题、整改落实”贯穿始终，组织412名党员读原著、学原文、悟原理；围绕服务莲都发展，在维稳、打击、防范、基础、执法、队伍管理等方面开展调研，形成调研报告34篇；梳理整改个人和工作问题清单，落实整改责任和期限；开展“8+1”专项问题整治，建立长效整改机制，着力夯实和巩固了主题教育效果，实现全警理论学习有收获、思想政治受洗礼、干事创业敢担当、为民服务解难题的目标。深化“三服务”精准护航发展。出台《丽水市公安局莲都区分局优化营商环境“十二条”措施》，为全区经济社会发展创造和谐稳定的社会环境、公平正义的法治环境和优质高效的服务环境。推进“枫桥式公安派出所”创建活动。立足绿色生态治安，聚焦人民群众日益增长的美好生活需要，着力在管理服务改革上下功夫，开展“莲警驿站”绿色生态治安警务创建工作，已建48个“莲警驿站”，以自身权力的减法换取社会活力的加法，力促莲都公安事业跨越式发展。举办2019第二届警察运动会。举办“践行新使命，忠诚保大庆”2019年第二届警察运动会，包括信息化应用、五人作战单元、基础警务技能、执法技能、射击等公安业务竞赛项目，也涵盖了中共十九大知识竞赛、浙西南革命精神经典诵读比赛、微党课比赛在内的党建内容，同时为了增强团队意识，还设置了城市定向赛、篮球赛、拔河等趣味性项目，实践性与兴趣性相结合，全方位检验各部门、各警种专业技能和实战水平，实现全警智育和体育双提升的效果，进一步提升警队精气神，提升了队伍整体素质和战斗力。党建引领，打造“红色战斗铁军”。创新推行“知党的知识、知队伍结构、知风险隐患、知先锋榜样、知组织温暖、知前车之鉴”的莲都公安“六知党建”特色品牌建设，营造争创“最红支部”氛围。弘扬践行“浙西南革命精神”，与相关企事业单位开展“党建联盟”，践行最新使命，促进平安共建，彰显莲都公安“红色战斗铁军”新形象。如紫金所“党建翼联”，白云所“警校联盟”，万象所“警医共建”等支部共建活动，开启了践行“枫桥经验”平安综合治理新模式。开展“警示大教育”活动，打造最廉公安，做深做实做细“追错揭短”“探针问病”“以案自警”等12项工作，不断强化刚性约束，确保警队“肌体健康”。开展健康警队建设。开展“健康促进机关”创建助推健康警队建设，制定了《丽水市公安局莲都区分局民警教育训练工作积分制》，普及健康知识，在“莲警微课堂”开展“居民健康素养”知识测试，发放问卷调查，提高全警健康素养知晓率和参与率；建设“民警之家”绿色警营文化建设，加强新“五小工程”建设，使民警有阅览、娱乐、健身、减压和陶冶情操的地方，提高文化生活质量；强化心理健康服务，设立心理咨询室和开展“提升警察幸福感”课题调研；提升卫生服务水平，建立公安民警因公负伤和患病医疗保障救治“绿色通道”工作机制，建立分局医务室，落实健康体检制度；常态化开展健康教育训练，开展全警体能测试和警察运动会，提高公安队伍战斗力；开展多样化的警营文体活动和兴趣小组，丰富警营文化生活。推出一系列暖警惠警举措。修订了《莲都区慈善总会公安慈善分会救助金管理办法》，救助生活困难、因公负伤、重病民警辅警及离退休老干部共计60人，发放慰问金14.2万元。与各大医院签订警医合作协议，建立医务室，每周固定2天派专家坐诊，解决民警就医难问题。开展“金秋助学”活动，帮助解决民警子女入学入园难题，且每年暑期举办“萌警学院”，设置爱国主义教育、法律宣讲、安防体验、体能训练以及智力提升等课程，增强“小警察”知法懂法守法意识和爱警敬警情怀。开办“警营超市”，提供价廉物美的商品。举行新春团拜会、重阳节茶话会、民警荣誉退休仪式等，提高广大民警的职业荣誉感、归属感、责任感，激发队伍的凝聚力。

**【公安宣传】** 发好公安声音，讲好警察故事，全面加大莲都公安声音的传播，有计划、波段性推选一批有影响力、感染力、号召力的公安先进典型。共在各级新闻媒体上发稿462篇，其中国家级82篇，省级69篇，市级268篇；编发原创微信539篇。各党支部结合实际深化警营文化建设，建立特色文化品牌，实现队伍凝聚力、战斗力双提升。在派出所内打造“红色长廊”，讲述了“祖辈红色基因传承”“祖孙三代坚定从警信仰”“双警家庭无私奉献”“钢铁战士勇斗歹徒”等感人故事，诠释了党员民警的初心、使命和责任担当。组织开展一系列警营文化活动：“5·4”浙西南革命故事朗诵分享会、迎“七一”弘扬践行“浙西南革命精神”主题微党课比赛、弘扬“浙西南革命精神”书画摄影评比活动、重走红军洞“初心之行”、弘扬浙西南革命精神—“践行新使命、忠诚保大庆”野外拉练主题党日活动以及登山比赛等活动。

**【工作亮点】** 打击涉众型经济犯罪专项工作成效全市第一。全面完成省政府P2P非法集资案件“三率”工作任务。追赃挽损率51.57%（全年目标20%）、缉捕追逃率100%（目标是80%）、案件侦结率100%（全年目标60%）和涉案利益受损人员数据入库率100%（全年目标100%）。将御坤财富平台集资诈骗案（32卷）、绿谷贷平台非法吸收公众存款案（113卷）、金满赢平台非法吸收公众存款案（50卷）、中青网投平台非法吸收公众存款案（91卷）顺利移送至区检察院审查起诉。“猎狐2019”境外追逃工作成效成绩全市第一。2019年，抓获境外逃犯5人，逃犯缉捕率66.6%，在册缉捕率达到33.3%，猎狐追赃挽损金额100万元。

（杨蕴）

## 检 察

**【概 况】** 2019年，区检察院以“深化法律监督、彰显司法权威、维护公平正义”为主线，以“守底线、创特色、创一流”为目标，努力推进“三个年”活动，开展“不忘初心、牢记使命”主题教育，学习贯彻落实省委办公厅《进一步加强检察机关法律监督工作的若干意见》。全年有8个案件被评为省、市级精品或优秀案事例，有24个集体和个人受到区级以上表彰，被评为“全国检察宣传先进单位”。

**【扫黑除恶专项斗争】** 2019年，区检察院深入推进扫黑除恶专项斗争，坚持“是黑恶犯罪一个不放过，不是黑恶犯罪一个不凑数”原则，做好与区扫黑除恶领导小组其他成员单位的协作配合，形成打击合力，强化“破网打伞”断根，注重“打财断血”断后，依法严惩一批“地下赌场”“套路贷”等黑恶势力犯罪团伙，批捕黑恶势力犯罪嫌疑人37人，起诉80人，对黑恶势力背后“保护伞”提起公诉5人，排查并移送涉黑涉恶或“保护伞”线索21条，已成案6件。

**【生态环境司法保护】** 聚焦“美丽莲都”“健康莲都”战略部署，围绕打好蓝天、碧水、净土、清废四场“战役”，依法从严打击严重破坏生态环境犯罪，批捕、起诉7人，办理生态环境和资源保护公益诉讼案件31件。健全完善司法修复办案机制，新建2处生态修复警示教育基地，督促犯罪嫌疑人赔偿生态修复费用33万余元。

【优质高效营商环境打造】 2019年，区检察院坚持惩治与保护并重，对侵害民营企业犯罪的，依法批捕4人，起诉13人；对民营企业及企业家涉嫌犯罪的，依法做到能不捕的不捕、能不诉的不诉。依法严惩非法吸收公众存款、集资诈骗等涉众型经济犯罪，批捕8人，起诉47人，办理了涉案被害人数众多、涉案金额巨大的"中青网投""绿谷贷"P2P平台非法吸收公众存款案，及全市首例非法集资类洗钱案。

【民生民利保障】 2019年，区检察院开展民生检察工作，出台"三服务"实施方案，明确开展调研走访、便民利民志愿者服务等8项举措，把检察服务落实到企业、群众、基层的急需处。深化司法救助与脱贫衔接，办理司法救助案件8件，发放救助金15万元。开展保障舌尖安全专项监督，起诉生产、销售不符合安全标准食品犯罪3人，办理食品药品领域公益诉讼案件3件。打造检察环节"最多跑一次"升级版，优化"12309"检察服务中心、"一站式"、清单式服务，努力让群众少跑腿、易办事。

【批捕起诉工作】 2019年，区检察院充分履行批捕起诉职能，依法严惩各类严重多发刑事犯罪。全年受理各类提请批捕案件400件594人，受理移送审查起诉犯罪案件818件1296人。经审查，依法批准或决定逮捕294件433人，提起公诉733件1191人。其中，批准逮捕故意杀人、绑架、强奸等严重暴力犯罪72件94人，提起公诉113件160人；批准逮捕"两抢一盗"、诈骗等多发性侵财犯罪87件120人，提起公诉194件243人。完善与监察委办案衔接，协力推进反腐工作，依法起诉职务犯罪嫌疑人10人。

【检察环节社会治理】 2019年，区检察院深入践行新时代"枫桥经验"，推进诉源治理工作。全面适用认罪认罚从宽制度，依法对539名认罪认罚犯罪嫌疑人程序上从简或实体上从宽处理，至2019年年底单月认罪认罚适用率达87.5%，量刑建议采纳率97.2%。以刑事和解、"少捕慎诉"等为抓手，化解社会矛盾，依法不批捕159人、不起诉112人。结合办案制发加强社会治理检察建议13件次，推动了相关行业、领域的源头治理。落实"群众来信来访件件有回复"，受理群众来信来访34件，全部七日内程序性答复、三个月内办理过程或结果答复。

【未成年人合法权益保障】 2019年，区检察院进一步深入推进未成年人刑事检察工作健康发展，最大限度保护未成年人合法权益，最大限度教育挽救涉罪未成年人，最大限度预防未成年人犯罪。依法从严从快惩处侵害未成年人犯罪，批捕17人，起诉23人。做好未成年被害人综合救助，构筑"法律援助有保障、司法救助和心理救助相结合、社会救助来补充"的多元化救助体系。深化教育、感化、挽救工作，依法对未成年犯罪嫌疑人不批捕5人，不起诉9人。与各相关部门联动，对罪错未成年人、涉案未成年被害人落实帮教措施50余人次。落实检察长兼任法治副校长制度，抓好最高检"一号检察建议"的督促落实，开展"法治进校园"巡讲，促进学校、家庭、社会等多方共同发力，共筑安全校园。

【刑事检察】 2019年，区检察院做好刑事检察，坚持"在办案中监督、监督中办案"，全面落实监督事项案件化办理、"监督事项清单制"，在刑事立案、侦查、审判等环节严格把关，对该立案而不立案的及时督促立案，对不该立案而立案的及时督促撤案，依法对重特大敏感案件提前介入、引导侦查12件次，发出纠正违法通知书3件，纠正漏捕1人，追诉漏罪漏犯30人，提出或提请刑事抗诉10件，已经法院改判或发回重审7件，提出变更强制措施建议并被采纳15人，监督社区矫正对象收监执行10人，监督执行财产刑案件22件。

【民事行政检察】 2019年，区检察院做强民事检察、做实行政检察。做好民事生效裁判监督，审查民事申诉案件54件，提请市检察院抗诉2件，发出再审检察建议12件，并做好息诉服判工作。严查虚假诉讼，办理案件48件。

做好民事执行监督，发出检察建议7件均被采纳，以检察监督支持人民法院破解“执行难”。办理行政生效裁判监督案件1件，行政审判程序监督案件8件；开展“裁执分离”非诉行政执行专项监督活动，排查案件334件，对怠于履职的执行主体或程序不到位情况开展检察监督，立案办理41件。

**【公益诉讼检察】** 2019年，区检察院做好公益诉讼检察，坚持诉前程序与提起诉讼并重、保护公益与促进发展并重、治标与治本并重，当好“公共利益的代表”。立案公益诉讼案件86件，向行政机关发出诉前检察建议80件，向法院提起公益诉讼案件4件，95%的案件通过诉前程序有效解决，以最小司法投入获得最佳公益保护效果。开展“守古树、护名木”“蓝天保卫战”“践行浙西南革命精神”等专项监督活动。针对城区唯一的原生态古樟树群因道路施工面临整体迁移、遭遇生存危机的情况，在市检察院的领导下启动公益诉讼诉前程序，推动市政府改变原规划设计，将樟树群所在区域2.7万余平方米土地调整为城市绿化用地，实现原生态樟树群原址原状保护。

**【检察改革】** 2019年，区检察院推进检察各项各个落地落实。完成内设机构系统性、重构性改革，进一步优化人员机构和职能配置，认真落实捕诉一体、认罪认罚从宽、虚假诉讼监督、行政争议实质性化解等重大改革部署，刑事、民事、行政、公益诉讼“四大检察”工作总体布局推进。落实司法责任制，坚持“谁办案谁负责，谁决定谁负责”，实行办案过程全程留痕。持续牵头做好政法机关“一体化办案系统”提质扩面工作，案件一体化逮捕协同、起诉协同、审判协同率均达100%。探索现代科技与检察工作的深度融合，被省检察院确定为全省智慧检务创新及应用第一批试点单位。

**【检务公开】** 2019年，区检察院坚持“监督者更应接受监督”理念，自觉把检察权置于阳光下运行。主动在人大监督、政协民主监督下做好检察工作，向区人大常委会专题报告司法责任制改革、公益诉讼和扫黑除恶专项斗争等工作情况，通过举办检察开放日、邀请视察、走访联络、赠阅检察报刊等方式，与代表、委员加强沟通，增进了解，听取意见建议并及时整改反馈；主动在内部监督下改进检察工作，做好办案流程监控和案件质量评查，倒逼办案人员落实司法责任制，确保规范公正司法；主动在社会监督下提升检察效果，公开案件程序性信息1182条，终结性法律文书791份，发布检察工作动态和重要案件信息107条，并在各级媒体上报道检察工作。

**【检察队伍建设】** 2019年，区检察院适应人员分类管理、“捕诉一体”办案模式及“四大检察”“十大业务”布局的新形势新要求，坚持以勤学“修业”，分层分类组织干警参加各类培训146人次；坚持以实战“厉兵”，组织干警参加上级院举办的各类业务技能竞赛、岗位练兵和实务研讨，不断增强工作本领；坚持以法纪“铸魂”，切实做好党风廉政建设和纪律作风建设，自觉接受派驻纪检监察组监督。

（区人民检察院）

## 法 院

**【主动融入中心工作】** 落实《莲都区人民法院关于为依法推进城中村改造工作提供司法保障的若干意见》，2019年妥善处理涉城中村改造案件74件，促进城市功能区块转型升级发展。坚决服从区委统筹安排，抽调52名干警赴一线参与疫情防控。出台《莲都区人民法院“走亲联心三服务”活动实施方案》，建立“莲都法院‘三服务’我承诺”服务团队，以“送服务、解民忧、破难题”为重点，推动“三服务”活动做实做细。推动环境资源审判中心实质化运作，依法审结涉环境资源案件41件。坚持生态修复性司法理念，在九龙湿地公园设立增殖放流司法教育基地，在大港头、老竹新设两个生态修复司法教育实践基地。探索补植复绿、增殖放流机制，责令被告人缴纳补植复绿修复费140余万元，放养鱼苗1万余尾。依托旅游巡回审判法庭，有效预防和化解旅游服务纠纷，助推我区全域旅游发展。

**【优化营商环境】** 2019年，区法院出台《莲都区人民法院关于为进一步优化营商环境提供司法保障的若干意见》，开展“精准服务企业”活动，走访企业45家，帮助企业防范风险、规范经营。开辟疫情期间涉企案件“绿色通道”，依法高效化解涉企民商事纠纷，发布《防疫复工期间常见涉企法律问题指引》，助力企业有序复工复产。依法审结涉公司治理和股东权利纠纷案件38件，引导市场主体信守法治规则，建立适应现代企业制度要求的公司法人治理结构。妥善审结破产案件8件，引导“僵尸企业”有序退出市场，盘活土地、厂房等生产要素，助推供给侧结构性改革。发挥司法裁判对公平竞争市场环境的维护和引导作用，审结各类合同案件7601件。执结涉企执行案件780件，保障企业胜诉权益及时实现。加快推进司法信用监督、警示和惩戒机制建设，严厉打击恶意逃废债行为，审结金融纠纷1763件，为持续优化营商环境提供良好的司法保障。

**【参与社会治理】** 发挥法治在平安莲都建设中的引领与保障作用，有效防范化解重大风险，营造安定有序的法治环境。加强与乡镇和有关基层组织协调配合，促进矛盾纠纷在基层妥善化解。参与社区服刑人员、刑满释放人员的帮教，预防和减少重新犯罪。健全未成年人案件审理机制，通过社会调查、回访教育等教育、感化、挽救犯罪的未成年人。做好社会风险预警工作，针对审判实践中发现的社会治理隐患，及时向有关单位发送司法建议6份。延伸司法职能，就非法集资案件审判情况、执行工作长效机制等展开调研，并形成调研成果16项，促进公共决策和社会治理的不断优化。高度重视信访案件化解，健全院领导接访制度，进一步畅通申诉信访渠道。做好法制宣传教育工作，组织新闻发布会、公众开放日、法律四进等活动25次，邀请2000余名社会各界人士“零距离”接触法院，推动全社会树立法治意识。

**【依法惩治刑事犯罪】** 2019年共受理刑事案件740件，审结729件，同比分别上升4.96%和7.68%，判处罪犯1027人，同比上升6.2%，其中判处五年以上有期徒刑102人。推动“扫黑除恶”专项斗争向纵深发展，精准打击黑恶势力犯罪，审结省扫黑办挂牌督办涉黑案、全市首例黑社会性质保护伞案等涉黑恶案件18件91人。依法严惩危害人民群众生命和财产安全的犯罪，审结故意杀人、故意伤害、强奸、抢劫等暴力犯罪案件69件96人，审结盗窃、抢夺、诈骗等多发性侵财型犯罪案件184件209人。严厉打击“套路贷”等违法犯罪，审结非法吸收公众存款、集资诈骗等涉众型经济犯罪案件11件20人。保持惩治腐败犯罪高压态势，审结贪污贿赂、渎职等职务犯罪案件5件5人。落实宽严相济刑事政策，对277名初犯、偶犯、从犯、未成年犯依法适用非监禁刑。注重保障被告人辩护权利，可能判处三年以上辩护率达100%。

**【妥善化解民商纠纷】** 2019年共受理民商事案件8717件，审结7825件，同比分别下降19.38%和24.86%，结案标的21.9亿元。坚持协调化解矛盾纠纷，共调解撤诉案件3027件，诉前化解和民事可调撤率78.06%。高度重视涉案民生保障，审结交通事故责任纠纷、劳动争议纠纷、医疗损害责任纠纷等案件1199件。注重保护妇女、儿童、老年人合法权益，审结婚姻、继承、抚养等家事纠纷案件807件。筑起反家暴坚实盾牌，发出人身安全保护令2份。保护市场交易秩序，审结买卖、承揽、租赁合同纠纷等案件888件。规范民间借贷行为，共审结民间借贷纠纷案件1905件。妥善回应涉农领域群众诉求，审结农村土地承包、宅基地使用权纠纷等案件22件。保障房地产市场健康发展，审结涉房屋买卖、租赁、建设工程纠纷等案件663件。平等保护中外当事人合法权益，审结涉外、涉港澳台商事案件10件。

**【监督促进依法行政】** 2019年共受理行政诉讼案件124件，审结102件，同比分别上升56.96%和161.54%，其中判决行政机关败诉16件，败诉率为15.68%，同比上升6.16%。受理行政非诉案件51件，办结51件，同比下降50.96%，其中裁定准予执行33件，撤回申请17件，裁定不准予执行1件。完善行政争议调解中心建设，促进行政争议实质性化解，协调促成原告自愿撤诉50件。推动102名行政机关负责人出庭应诉，出庭应诉率100%。充分发挥府院联席会议平台作用，与区政府联合召开2019年度法治政府建设推进会，就行政审判和依法行政相关问题进行研讨，推进行政审判和法治政府建设。将支持寓于司法监督之中，综合运用为行政机关工作人员培训授课、邀请行政执法人员旁听庭审、确认违法判决、发送司法建议等方式积极监督促进行政机关依法行政。

**【持续优化诉讼服务】** 推进司法领域“最多跑一次”改革，拓展诉讼服务中心功能，为群众提供智能导诉、文书送达、评估鉴定、诉讼保全等多元化诉讼服务。发布《疫情期间诉讼指南》，引导当事人线上“不接触”化解矛盾纠纷，保障当事人人身安全和诉讼权益。推广网上立案、跨域立案，2019年共网上立案5190件，网上立案率达59.92%，跨域立案66件。推广应用“在线矛盾纠纷多元化解平台”和“移动微法院”，促进矛盾纠纷线上化解，实现让群众纠纷化解“一次也不用跑”，共在线调解纠纷2524件，调解成功2486件。坚持乡镇巡回审判制度，为群众在“家门口”化解纠纷33起。完善延伸立案工作机制，充分利用设置在全区14个司法所的诉讼服务网点，为群众就近提供调解、立案等诉讼服务。完善诉讼财产保全信用担保制度，推出现场保函出具业务，有效降低当事人财产保全的诉讼成本。坚持“公开网拍优先”，网拍率保持100%，共网拍成交237件，成交总额4.37亿元，平均溢价率56%，为竞买人节省佣金1100万元。不断加大司法救助力度，为符合条件的被害人和困难当事人发放救助金23.4万元，缓、减、免诉讼费9.86万元。

**【纵深推进诉源治理】** 构建党政主导、非诉为主、诉调衔接、专业审判为基本体系的诉源治理模式，推进诉源治理工作，2019年民商事收案同比减少2100件。有效整合人民调解、行业协会等资源，建立物业纠纷调解委员会、保险行业调解委员会等专业调解组织，全省首家银行保险业人民调解委员会入驻，引导当事人优先选择非诉讼程序解决纠纷。全年共通过诉前引导委托调解2646件，司法确认调解协议952件。实行职业放贷人名录制度，从严防控职业放贷人和“高危放贷人”的诉讼活动。严格区分民间借贷与“套路贷”诈骗、非法集资等犯罪行为，全年共因虚假诉讼裁定驳回起诉、移送公安机关侦查案件14件。民间借贷收案1897件，同比下降44.89%。建立诉讼中当事人主动履行引导机制、判后自动履行和拒不执行生效裁判风险及责任告知制度，从源头上减少执行案件数量。完善源头预防机制，发挥基层群众主体作用，通过加强基层法治宣传教育、推动基层依法民主管理、加强纠纷科学防控，筑牢源头防控体系。

**【保障胜诉权益兑现】** 2019年共收各类执行案件6694件，执结7419件，同比分别下降17%和上升7.05%，执行到位金额8.77亿元。冻结款项1.09亿元，查封房产661处，车辆2319辆，依法限制高消费9977人次，限制出境7054人次，罚款538万元。司法拘留358人次，审结拒执罪案件4件4人。深化“市区一体、公证参与”的执行体制机制改革，全国首创“公证对终本案件实行单独管理”经验被最高院、司法部联合发文在全国推广。创新建立“执行专业法官会议”制度，入选最高法院第6批司法改革典型案例，并在全国法院推行。全国首创“影院映前播放快闪和老赖曝光机制”，发布“复联4映前曝光老赖被执行人”公益宣传广告，网络阅读量2.9亿人次，破中国法院记录。不断强化内部管理，完善“终本”案件复查机制，严格“终本”案件审查标准和审批流程。严格落实“十日罚”“三十日移”机制，有效规范和约束执行行为。设立办案业绩实战榜，对各执行干警的执行质效进行量化排名，营造比学赶超氛围。

【开展主题教育】 坚持高标准、严要求，开展“不忘初心、牢记使命”主题教育，围绕“守初心、担使命、找差距、抓落实”12字总要求，通过开展学习教育、调查研究、检视问题、整改落实，努力实现“理论学习有收获、思想政治受洗礼、干事创业敢担当、为民服务解难题、清正廉洁作表率”的具体目标。主题教育期间，共检视“两张清单”问题319条，截至年底已基本解决。深入群众征求意见建议，解决群众困难，为群众办实事好事213件。坚持把主题教育和审判执行工作统筹推进，把主题教育成果转化为服务大局、司法为民、公正司法的生动实践，全年共获评区级以上先进个人22名。

【注重司法能力提升】 深化完善教育培训体系，联合高等院校建立干警素质提升培训机制，落实每月集中夜学机制，组织干警参加上级法院的各类业务培训，不断提升干警业务素质。结合“质量建设年”活动，集中开展质量监督大检查、质量提升专项行动、业务竞赛等活动，促进干警执法能力提升。院领导深入办案一线，主动承办疑难复杂、重大群体性、矛盾易激化等类型案件，全年院庭长共办案1869件。开展岗位练兵、裁判文书评比、卷宗评查等活动，不断提升法官驾驭庭审、认定事实、适用法律、化解矛盾的能力。注重学术调研，共承担最高院、省高院重点调研课题5个，承担市级调研课题3个，报送学术论文28 篇，其中有13篇次论文在国家级、省级比赛获奖。

【纪律作风建设】 落实从严治党责任，深化“清廉法院”建设，自觉接受派驻纪检组监察监督，坚持从严教育、从严管理、从严监督。结合“作风建设年”活动，开展作风问题大排查、大整改、大提高活动，突出解决司法作风不正、“四风”变异等影响司法公信和法院形象的问题。做好审务督查和院风院纪巡查工作，对发现的问题及时指出并通报批评，杜绝慵懒散作风。做好廉政风险预警工作，定期开展廉洁司法集中教育，每周发送廉洁提醒短信，增强全体干警的廉洁司法意识。通过向干警家属发送家庭助廉信延伸监督触角，加强“八小时”以外监督，坚决杜绝“酒局”“牌局”等严重影响司法形象的行为。

（叶文兴）

## 司法行政

【概　况】 2019年，莲都区司法局坚持以习近平新时代中国特色社会主义思想为指导，贯彻落实中共十九大精神及全市“两山”发展大会精神，坚持党对司法行政工作的绝对领导，围绕省厅市局和区委区政府决策部署，以“司法行政改革推进年、司法行政能力提升年、公共法律服务深化年”为载体，以“莲都作为”践行“丽水之干”，担纲“丽水之赞”，为推进全区高质量绿色发展提供坚强法治保障和精准法律服务。被省司法厅授予新中国成立70周年大庆安保维稳工作集体三等功、莲都区获评全国“七五”普法中期法治宣传教育先进县(市、区)。

【区委全面依法治区委员会第一次会议】 7月12日，区委全面依法治区委员会召开第一次会议。会议主题是深入学习习近平总书记全面依法治国新理念新思想新战略，贯彻中央全面依法治国委员会第二次全体会议、省委全面依法治省委员会第一次会议、市委全面依法治市委员会第一次会议决策部署，研究明确区委全面依法治区委员会工作职责和工作机制，统筹谋划2019年及今后一个时期法治莲都建设主要任务。审议通过“两规则、一细则”及《2019年法治莲都建设工作要点》。出台2019年度法治莲都(法治政府)考核评价细则、信息报送、公文处理及印章管理若干规定等3项工作机制。会议指出，建设法治莲都，是建设法治浙江、法治丽水的重要组成部分，是全区上下的共同使命和责任担当，要立足全面依法治区新阶段新起点新形势，推动新时代法治莲都建设迈上新台阶。

**【迎接省、市法治政府建设全面督察工作】** 11月1日，根据中央依法治国办印发《关于开展法治政府建设全面督察的通知》（中法办密电〔2019〕18号）、省（市）委依法治省（市）工作要求，依法治区办主任胡伟华组织办公室成员专题研究部署督察迎检工作，制定《关于做好迎接中央、省、市法治建设督察工作方案》。同时，研究下发《关于全面做好中央、省、市法治政府建设督察有关工作的通知》（莲委法办发〔2019〕4号），在全区部署开展全面自查工作，要求各乡镇（街道）、区直各单位按照上级精神，迅速开展全面自查和先行整改，并做好相关台账准备，全力做好中央、省、市实地督察迎检工作。11月6日，依法治区办下发《关于开展2019年度莲都区法治政府建设督察的通知》（莲委法办发〔2019〕5号），组建6个督察小组，在全区范围先行开展为期两天的法治政府建设督察工作。11月11日，召开全区法治政府建设督察迎检部署会，14个乡镇（街道）、33个区直单位主要负责人参会，区政府党组副书记、常务副区长杨金跃主持会议并讲话。11月19日，依法治区办主任胡伟华召集政法委、司法局、文化和旅游局、住房和城乡建设、交通运输局、农业农村局等单位主要负责人召开法治政府建设专题推进会暨区委全面依法治区委员会办公室（扩大）会议。11月20日，省司法厅厅长马柏伟带队省法治政府建设督察组到莲都督察法治政府建设工作情况。区委依法治区办积极对接做好相关工作，配合第一小组与莲都区党委、政府主要领导及依法治区办主任个别谈话；第二小组与政法委、司法局、文化和旅游局主要负责人个别谈话；第三小组与主要负责人个别谈话。随后，督察组实地走访区自然资源局并随机查看案卷资料。

**【深化行政复议体制改革】** 以行政复议体制改革为契机，全面加强行政复议规范化建设。构建行政复议工作规范化的制度体系，建立健全完善申请受理、案件讨论、听证、统计分析、档案管理、责任追究制度等配套机制；通过充分利用听证制度、行政复议陪议员制度、实地调查取证等规范履行行政复议案件办理职能；畅通行政复议受理渠道，在区法律服务中心新设行政复议受理点，落实行政复议工作“一个口子”对外；坚持调解优先，在区法院和区行政复议局同时设立行政调解中心，把调解贯穿于复议接待、立案、审理、执行、监督等各个环节。2019年，新收行政复议申请22件。其中，受理21件，不予受理1件。维持10件，维持率47.6%；经调解，申请人主动撤回复议申请7件，终止率33.3%；撤销行政行为、确认违法4件，纠错率19%。所有案件均在法定期限内办结。经复议后不服复议决定提起行政诉讼5件，未发生经复议后被法院撤销情形。

**【重大行政决策合法性审查制度落实】** 协助区政府开展全区重大行政决策事项目录编制工作。对涉及全区经济社会改革发展的或与群众切身利益密切相关的公共政策等国计民生的重大事项需经过公众参与、专家论证、社会稳定风险评估、合法性审查、集体讨论决定等进行程序审查和内容合法性审查，督促涉及市场主体的重大行政决策开展公平竞争审查，确保不出现违反决策程序或出现重大决策失误情形。2019年，莲都区司法局承担全区重大行政决策合法性审查6个，共参与区政府重要事项或中心工作、部门重点工作、涉法文书（包括合同）等各类涉法事务法制审查80余次，出具法律意见书30余份。

**【公共法律服务体系建设】** 推进公共法律服务体系三大平台建设。围绕“覆盖城乡、功能完善、便捷高效、群众满意”的目标要求，构建公共法律服务实体、热线、网络三大平台，确保城乡居民能够方便快捷地获得公共法律服务。公共法律服务“四大工程”不断深化。通过深化实施法治宣传育民工程、积极开展法律服务惠民工程、强化人民调解安民工程，提升公共法律服务水平、增强人民群众获得感。做好公共法律服务质量监管，以“最多跑一次”改革为契机，推行岗位责任、服务承诺、首问负责、限时办结、服务公开工作制度，积极开展案卷质量评查、建立执业诚信档案、质量跟踪查检等工作，规范公共法律服务机构和人员行为，确保公共法律服务产品质量。狠抓教育培训，引导法律服务人员增强责任意识、法治意识、做到守纪律讲规矩，自觉践行法治。

**【法治宣传教育】** 把宪法学习宣传摆在法治宣传教育的核心位置，充分发挥法治宣传教育、法治文化阵地建设作用，持续深化宪法“十三进”活动。着力打造“组团下乡法律服务”品牌，2019年共举办组团下乡法律服务30余场次，发放宪法等法治宣传资料6万余份。精心打造碧湖镇宪法主题公园，12月2日，在该主题公园启动莲都区2019年宪法宣传周活动。拍摄《宪法伴我一生》主题快闪，并投放到各网络平台，提高群众对宪法的尊崇和对宪法的热情。将宪法学习活动融入到校园生活中，通过开展“国旗下的讲话”“宪法晨读”“宪法专题讲座”等形式，提升青少年宪法意识。结合“八一”建军节活动，联合区法学会开展宪法进军营活动；联合市场监督局开展宪法知识读本及宪法精神进宾馆进民宿活动；通过在公交车LED显示屏投放宪法宣传标语、将宪法知识展板送进宗教场所等形式将宪法送进千家万户，营造浓厚的宪法学习宣传氛围。

**【普法依法治理工作】** 把“民主法治村”创建工作作为基层依法治理工作的一项重要内容，围绕农村经济发展实际，以“五民主、三公开”为重点，通过建立健全村民自治组织和民主管理制度，狠抓基层依法治理工程，形成了以法管理、以制管村的良好局面。同时，开展“普法农家院”“诚信守法企业”等创建活动，精心培育普法成果，推进法治元素进农村文化礼堂，以多样化形式和丰富的载体，提升法治宣传整体效果。至2019年，全区建成1个国家级、18个省级和87个市级“民主法治村（社区）”，7家市级“普法农家院”和13家市级“诚信守法企业”。11月26日，浙江省委十四届六次全会审议通过《中共浙江省委关于认真学习贯彻党的十九届四中全会精神高水平推进省域治理现代化的决定》，莲都区首创的村级事务“阳光票决制”写入“决定”第六部分“健全基层治理体系”之中，为浙江基层依法治理提供了莲都样本。

**【创新发展新时代“枫桥经验”】** 准确把握新时代“枫桥经验”的丰富内涵，着眼提升人民调解工作的社会化、法治化、智能化和专业化水平，深入实施省司法厅《坚持发展“枫桥经验”实现矛盾不上交三年行动计划》。2019年，全区各级人民调解组织共受理矛盾纠纷2051件，成功调解2049件，调解成功率达99.90%，涉及金额3971.79万元。其中共调处重大疑难矛盾纠纷83件，涉及金额2780.3842万元，非正常死亡纠纷32件，涉及金额1138.01万元。结合“走亲连心三服务”，全方位拉网式走访辖区14个乡镇，对企业开展疑难矛盾纠纷问题“会诊”、企业法律风险评估、“菜单式”上门服务等灵活多样的“法治体检”服务，帮助企业提升化解矛盾纠纷能力。推进丽水工业园区、万洋低碳小镇、天宁产业集聚区等区域人民调解组织建设，推动建立村级连片、跨县域地区调解组织，拓展民营企业矛盾纠纷多元化解渠道，最大限度地化解市场主体和人民群众反映强烈、影响民营企业生产经营的矛盾纠纷，共涉企矛盾纠纷64件，成功化解56件，成功率87.5%。

**【城中村改造】** 围绕“市区城中村改造”这一中心工作，抽调精兵干将组建城中村改造司法调解组，有效提升调解员业务水平，全力以赴服务好城中村改造项目。根据城中村改造工作实际，全面部署司法调解组各项工作任务，要求各组员统一思想，加强学习，吃透政策，不断提升自身素质，做好矛盾纠纷调处工作，以调促迁，确保城中村改造工作有序推进。共开展宣传活动5场次，发放宣传册3000余本，接待接受群众、工作人员相关法律咨询285人次，详细解答群众对城中村改造的政策和法律疑问，及时为群众释疑解惑，取得群众的理解、支持和配合，努力从源头上预防和减少因城村中区改造征迁工作引起的矛盾纠纷。2019年，受理城中村改造矛盾纠纷498起，涉及1684户，调解成功475起，涉及1629户。

**【社区矫正护航十九大专项维稳安保工作】** 2019年，全区在册社区服刑人员416名，年度累计监管762名，收监执行12名，受到警告处分53人次。自9月中旬开始，各基层司法所组织对全区所有在册社区矫正对象进行逐一走访、逐一谈话、逐一记录，全面了解社区矫正对象的日常表现和动态信息。9月20日至10月8日，区社区矫正中心和各司法所设立每日报到点，做到所有在册社区矫正对象每日见面。组织社区矫正对象参观浙西南革命根据地、观看《烽火浙西南》教育片。开展“祖国在外心中”诗歌朗诵比赛，激发社区矫正对象爱国热情，增强民族自豪感和自信心，提升自觉遵守法律法规顺利度过社区矫正期的信心。

**【社区矫正对象特赦工作】** 贯彻落实《关于在中华人民共和国成立七十周年之际对部分服刑罪犯予以特赦的决定》，经过排摸、甄别，建立最终名单交特赦评审委员会集体研究审议。由局长、分管副局长、各科室负责人对照“决定”逐一研究讨论是否符合特赦条件，审核通过后记录情况，形成《报请社区矫正特赦评审表》等一系列文书上报市局。会前，将筛选的符合特赦人员名单报送检察院审核。邀请莲都区人民检察院刑事检察科和未检部负责人全程参与评审会。会后将报请特赦人员名单（未成年社区矫正对象除外）在各司法所和社区矫正中心向社会公示。全区30名社区矫正对象于9月11日、12日、17日，分3批被丽水市中级人民法院裁定特赦，同日莲都区司法局组织集中宣告解矫仪式，办理解除社区矫正手续。

**【法律援助工作】** 2019年援助中心共办理法律援助案件715件，其中刑事505件，民事209件，行政1件，社会成效良好。完善全过程案件质量监管。通过开展案件程序监督、受援人满意度评价、法官意见征询、同行评估、旁听庭审“五位一体”质量评价，提高法律援助优质化建设。开展听庭24件，回访案件当事人40件，通过质量回馈有效提升服务质量。此外，加强对重大疑难案件，尤其是涉及黑社会组织、拆迁等重大敏感案件的检查督导，针对重大疑难案件范围、集体研究、受理审批程序进行了梳理和完善，并对重大敏感案件进行全程跟踪监管。

**【法治化营商环境优化专项行动开展】** 优化营商制度环境。相继出台《关于开展涉企矛盾纠纷集中排查化解专项活动实施方案》《打造最佳营商环境法律服务专项行动实施方案》等文件，为打造最佳营商环境提供坚实制度保障。此外，积极开展“民营经济31条”惠企政策清理工作，拟建议废止惠企政策4件。优化营商执法司法环境。通过落实依法行政“三项制度”、执法全过程记录制、“互联网+行政执法”推进规范公正执法司法。全区已有450人开通掌上执法APP权限，执法人员账户开通率、掌上执法激活率、执法人员培训参训率均为100%。优化营商政务服务环境。以深化“最多跑一次”改革为抓手，通过推进企业“一件事”改革、机关内部“最多跑一次”、投资项目审批代办服务等举措建设一流营商环境。共梳理出企业全生命周期“一件事”19件，建立区乡村三级代办队伍278人，代办投资项目198个，办结166个。

# 军 事

## 人民武装

**【政治教育】** 2019年，莲都区人武部严密组织党委理论学习，及时跟进学习新思想、新理论、新论断，利用微信、钉钉平台将优质理论文章推送给干部职工、文职、专武干部，班子成员人人制定个人自学计划，完成4篇调研报告。统筹“不忘初心、牢记使命”和“传承红色基因、担当强军重任”两个主题教育，把弘扬践行“浙西南革命精神”融入日常教育，上、下半年各组织一次主题党日活动，组织全体干部、文职、职工和专武干部赴仙渡乡北乡革命纪念馆、雅溪镇丽水县委旧址参观见学，引导大家学传统、守初心、明差距、担使命。坚持讲评制度，每季度讲评专武干部履职尽责和执行纪律情况，学习传达上级有关通报和要求，邀请区纪委主要领导讲专题纪律党课，参观丽水市法纪教育基地。在军分区组织的条令条例知识竞赛和赞颂伟大成就演讲比赛中，分别获第一名和第二名。坚持把“四反”教育统筹纳入理想信念、法规纪律、思想道德、形势战备等经常性教育之中，第一时间学习上级案件通报，观看警示教育片，结合当前形势，每季度至少组织1次战备教育。

**【军事训练】** 确立战备工作标准，在人武部层面，从战备资料、“三室二库一中心”战备设施、十项战备制度建设抓起，着重推动战备机制落地、落细、落实。在基层武装部层面，完成在雅溪镇召开的全市基层规范化建设现场会任务，先后迎来友邻单位7个批次300余人参观，结合“评星挂牌”活动，投入专项经费狠抓基层武装部规范化建设。在浙江省第二届岗位练兵大比武（丽水分赛场）活动中取得单位综合成绩第二名，副部长在现役干部、文职类别中获三个单项第一、综合成绩第一。莲都区人武部民兵队伍作为丽水军分区唯一代表队，在浙江省第二届岗位练兵比武暨应急救援能力检验评估活动中斩获山林灭火专业第一名，综合保障专业第五名的好成绩，助力丽水军分区首批获得“应急救援能力一级单位”光荣称号。协调丽水学院邀请杭州教员自主开展无人机操作员培训，提升民兵队伍新质力量比例。

**【国防动员建设】** 2019年，莲都区人武部完成应急力量、专业力量、特殊力量X支队伍X名基干民兵编组任务，在省军区考评抽点中被通报表扬，位列全市考评质效第一名；做好征兵工作，结合春节走访慰问、民兵整组等时机提前展开入户摸底，精准发动、广泛宣传，对接市教育局、市人社局，把适龄大学生、大学毕业生名单分发到乡镇（街道）进行逐人核对，在两所高校召开大学生征兵工作启动仪式，组织召开大学毕业生征兵动员会，展开为期一周的役前训练，组织新兵欢送仪式，引导大学生积极报名参军，全年完成征集X名新兵任务，首次实现“零退兵”，征兵质效位列全市第四名。出台《丽水市莲都区国防动员建设“十三五”规划》，下发《关于部署2019年国防动员和后备力量建设任务的通知》，推动后备力量建设转型升级。做好国防教育工作，与有关部门联合下发《莲都区国防教育进校园活动实施方案》，组建国防教育宣讲团，走进中小学校宣讲国防知识，办好军地走访慰问、学生军训、军民联欢、退役士兵招聘等活动，挖掘宣传的丽华村《家有军人优先选房，用村规民约军属优先》新闻，被《中国国防报》、军委强军网、今日头条等媒体刊发，社会反响较好。

**【参建共建】** 2019年，常态组织民兵参与文明城市创建活动，组织民兵参与抢险救灾、环境整治、学雷锋送温暖等活动，开展扶贫帮困活动，并投入5万元专项扶贫经费，指导条件较好、愿意奉献爱心的民兵开展“一兵一户”扶贫帮困活动。参与碧湖堰后村山林灭火，民兵无人机分队为决策提供重要情报支撑。主动参与丽水超马安保，灵敏应对“利奇马”超强台风影响，组织18人和7艘冲锋舟（橡皮艇）星夜驰援临海，转移群众218名，用实际行动保护人民群众生命财产安全。

**【安全管理】** 将安全工作列入党委议事内容，纳入日常工作部署，在每周大交班、每月首长办公会和党委会上，都要讲评分析安全形势，结合“百日安全活动”等，组织安全隐患排查整改，逐人签订安全责任保证书。坚持制度防与技术防相结合，做好重点目标的安全防范。对营门哨位、兵器室、财务室、保密室等重要场所均配备安防设施，组织干部职工特别是营门保安每季度至少进行一次突发事件处置演练，确保人人熟悉程序、人人会使用装备器材，不断提高大家处置突发事件的能力。专门邀请区消防大队到区人武部，展开互动式、体验式教学，有效提升干部、文职、职工的防范意识和防火技能。

**【管党治党】** 规范落实民主集中制，充分发挥党委核心领导作用，凝聚和带领全体干部、文职、职工团结奋斗、奋发有为。注重广泛发扬民主，虚心问计于群众，尤其在涉及大项经费开支、人员调整使用等敏感事项上，均事前搞好调查、事中加强研究、事后不忘督查，群众满意度很高。坚持每周五下午开展组织生活，制度化、常态化开展党日、主题教育等活动，坚持主官上党课和我党我军优良传统课，践行“三严三实”，开展“两学一做”学习教育，全体党员政治境界进一步升华。严守政治纪律政治规矩，坚决纠“四风”、防微腐，严格按照上级部署要求，做好基层风气监察联系点建设，进一步纯洁党内生态、纯洁党内作风、纯洁党内关系。

## 消 防

**【概 况】** 2019年，大队围绕重大活动消防安保中心任务，推进“创满意”活动，加速消防执法改革。始终把学习作为班子建设的第一要务，对标“不忘初心、牢记使命”主题教育、“学训词、铸忠诚、创新业、立新功”主题教育和“浙西南革命精神”弘扬践行活动要求，不断充实教育内容，先后组织党委理论学习18次。严肃政治纪律、政治规矩，贯彻执行《严肃党内政治生活的指导意见》。按照第二批“不忘初心、牢记使命”主题教育部署要求，召开专题民主生活会，撰写对照检查材料。坚持贯彻集体领导、民主集中、个别酝酿、会议决定的原则，强化民主集中制落实，提升党委议事决策的科学化、民主化、制度化水平，提高班子科学决策能力。全年共召开党委会39次，研究议题190余个。大队已连续11年被评为“基层建设先进大队”，连续9年被评为“安全工作先进大队”。

**【提升灭火救援能力】** 落实“三长一线”制度，开展“一机制两规程”训练，主官主动议训带训参训，优化训练内容，科学施训，坚持中队每周有测试，大队每月有对抗，定期检验练兵成效。研究制定《大队训练工作奖惩方案》、《合同制队员管理办法》，并严格落实，做到鼓励先进，倒逼后进。坚持岗位培训，累计选派参加执勤车驾驶员轮训5人、水域救援培训12人、冲锋舟驾驶员培训9人、合同制队员培训23人，无人机驾驶培训5人，切实提升各岗位履职能力。“冬训”期间，大队詹朝晖同志被表彰为全省“十佳优秀训练标兵”，记个人三等功一次。提升实战能力，从“单兵基础、班组战术、整建制合成”训练入手，重点强化火情侦察、初战控火、内攻近战、强攻排险、紧急避险等训练，着力培养单兵和班组协同作战、安全作战能力。截至12月1日，大队共接警499起，其中火灾64起，抢救被困人员77人，疏散人员29人，死亡0人，受伤0人，抢救财产价值297.8万元。同比去年，火灾起数、伤亡人数，直接财产损失均有大幅下降。

**【开展社会力量联动】** 2019年共开展重点单位熟悉演练103次，一般单位熟悉演练149次，开展易燃易爆、危险化工、人员密集等场所多单位、多部门实战演练23次，修订完善“高低大化”等典型灾害事故数字化预案323家。坚持每战必评，每周开展业务理论学习，真正学业务理论、学装备性能、学处置指挥，研究作战对象，强化作战技能，增强打赢能力，奠定灭火救援基础。健全社会力量，做到多布局、快处置，全区建成6支政府专职队，12个村居志愿消防队，109个社区微型消防站，49个重点单位微型消防站。组织开展全区政府专职消防队体技能比武竞赛、村居消防队暨微型消防站业务技能比武竞赛。对专职队、志愿队和微型站开展培训204批次，培训人数1300余人，有效提高社会消防力量扑救初期火灾救能力和水平。

**【开展“创满意”活动】** 持续“创满意”，做好问计、承诺、监督、评议、报告五大环节，兑现《大队深化“创人民满意消防队伍”活动九项承诺措施》，提高消防服务效能，拓宽为民服务渠道，增强人民群众消防安全感和满意度。主动上门指导服务100余次，接待群众、单位消防业务咨询300余次。先后结对帮扶2名困难学子、1所学校和1所敬老院，坚持红门开放、消防安全教育馆参观，每逢春节、中秋等节假日走访慰问结对帮扶对象，通过扶贫帮困、捐资助学、献爱心等活动，树立亲民爱民良好形象。

**【开展老旧小区治理】** 将28个老旧小区消防安全治理纳入区政府为民办实事工程，基本实现老旧小区全覆盖。区政府落实整改资金90万元，截至10月底，提前完成施工和验收工作。在治理过程中，大队制定并以区政府名义印发《莲都区老旧小区消防设施增配改造和电动自行车集中充电设施建设工作方案》和《莲都区老旧小区消防安全整治工作有关问题专题协调会议纪要》，提请区政府组织召开专题协调会4次。大队组织电动车充电设施安装企业开展业务磋商10余次，签订施工合同6份，采取政府提供政策支持，企业自行安装并自负盈亏的方式，在老旧小区设置电动车公共充电插口707个。

**【开展高层建筑治理】** 2019年，纳入治理的高层建筑共计445栋，占全市总数的35%。在落实各项整治任务的基础上，自6月起，组织物业企业消防安全一线重点岗位人员开展现场消防安全培训，共培训8批次约210余人。在全市率先实施消防应急维修。全年共计35个小区申请物业专项维修资金开展消防维修。7月1日，《丽水市物业管理条例》正式实施后，第一时间对接区物管中心，明确消防应急维修的程序和办法，实现文件落实的无缝衔接。

**【天宁工业区金笔街区块治理】** 该区域作为省级挂牌督办整治区域，存在较多的消防安全隐患，大队联合应急、执法、街道等单位开展综合治理，对67家单位、场所开展全面排查和督促整改，有效消除“三合一”等消防安全隐患290余处，通过半年多的整治，该区域消防安全水平有了较大提升。

**【“智慧消防”设施建设】** 大队推动智慧消防建设，充分发挥统筹协调作用，确保该项工作顺利推进。消防远程监控系统、智慧用电、智能充电桩、重点单位自主管理系统等的安装数量均居全市第一，消防远程监控系统、自主管理系统基本完成建设任务。

**【开展形式丰富的宣传】** 年内大队结合乡村春晚消防宣传、“3·15”消费者权益保护日、安全生产月消防宣传、“119”消防宣传月等主题活动，对重点单位消防安全管理人、网格员等群体开展消防技能培训56次，受训人数5100余人；指导党政机关、学校、社区等场所开展灭火演练20余次，受教育人数15000余人；邀请企事业单位员工、社会群众、学校师生等群体参观消防站51次，受教育人数4000余人。

**【规范财务制度管理】** 严格遵守《关于重申改革期间后勤财经纪律要求的公告》中的"七个严禁"和《应急管理部消防救援局关于明确改制过渡期间消防救援队伍有关财务保障事宜的通知》相关要求，严格落实党委理财，遵守财经纪律，开展固定资产清查，加强资产资金安全管理，维护改革期间的队伍安全稳定，为顺利完成改革任务提供保障，同时响应国家号召，全面缩减办公经费支出。

## 武 警

**【概 况】** 2019年，武警莲都中队稳步推进开展各项工作。作为总队树立的"基层建设先进中队"、全支队唯一的警营开放中队、莲都区反恐维稳的尖刀部队，武警莲都中队先后完成春节及重大节日期间城市武装巡逻任务。被武警总队表彰为"基层建设标兵中队""基层建设先进中队"，被支队表彰为"优秀基层党组织"，荣立集体三等功一次，应急班三等功一次。

**【思想政治建设】** 2019年，武警莲都中队全面贯彻落实习近平强军思想，响应总书记练兵备战伟大号召，推进国防和军队现代化建设，在全部队开展"传承红色基因，担当强军重任"的主题教育和在全体党员中开展"不忘初心，牢记使命"主题教育，并制定教育实施计划方案，召开教育动员会，继承一不怕苦，二不怕死的战斗精神，掀起练兵备战的浓厚氛围。做好老兵复退，新兵入伍人员的思想工作，帮助其顺利度过思想波动期。

**【军事训练】** 2019年，武警莲都中队响应习主席"军队是要准备打仗的"号召，一切工作坚持围绕战斗力标准，向能打仗、打胜仗聚焦，做好军事斗争准备。根据支队年度训练计划，科学组训，合理施训，注重培养官兵一不怕苦，二不怕死的战斗作风，年度军事训练质量稳步提升。在年度比武竞赛中取得总排名第二名，班长陈先钦个人综合成绩第一名，荣立个人三等功一次。

**【双拥工作】** 2019年，武警莲都中队以莲都区政府年度工作计划为依据，以区双拥工作为重点，制订中队双拥工作实施方案。作为支队唯一的军营开放中队，莲都中队以军营开放日为契机，推动驻地国防教育深入发展。通过官兵和市民面对面的交流宣传，国防意识、爱国情怀在无形当中深入市民内心。接待玫瑰家园机关幼儿园、莲都小学、实验小学来队参观见学共计3500人次。

**【后勤保障】** 2019年，武警莲都中队根据《总队保障工作指示》，结合一长五员制度，加强对司务长、军械员、卫生员、给养员、驾驶员、炊事员的专业技能教育培训。在征求官兵对伙食改善的意见建议后，制定多样化食谱表，严格落实"6211""1126"伙食结构，既满足了广大官兵的口味需求，又满足了高强度训练下的合理营养需要。中队注重做好经费管理工作，重大经费开支需请示报告，并经双主官签字方可开支。落实记账挂账、物资交接和检查评比等制度。

# 农村建设

## 综　述

【概　况】　2019年，全区实现农林牧渔业现价总产值31.16亿元，同比增长10.4%。其中，种植业产值21.32亿元，林业产值2.92亿元，牧业产值5.65亿元，渔业产值0.84亿元，农林牧渔服务业产值 0.43亿元。实现可比价增加值19.62亿元，按可比价格计算增长3.1%，其中，种植业增长3.1%，林业增长6.1%，畜牧业增长0.1%，渔业增长4.2%，农林牧渔服务业增长12.5%。莲都区被列入部省共建乡村振兴示范省先行创建区并完成创建任务；创成省级农业绿色发展先行县(市、区)；承办浙江省防控重大动物疫情应急演习，“96349”工作法获全省推广，多层立体生态养殖被写入浙江省人民政府办公厅文件；《莲都区“丽水山耕”数字化平台建设》项目成功入选省乡村振兴产业发展项目；获“中国天然氧吧”称号。

【农民创业增收】　围绕富民产业，培育农村新产业新业态，促农增收“金钥匙”。推进“红绿”融合、农旅融合、城乡融合，成功创建“中国天然氧吧”、省级绿色发展示范县。推进农旅融合发展。探索生态产品价值实现机制，以美丽乡村示范区创建为抓手，发展集“吃、住、行、游、购、娱、育、养、孕”于一体的乡村旅游，带动一、二、三产融合发展。成功举办全国乡村春晚集中展示活动、丽水“巴比松”国际研讨会暨2019古堰画乡小镇艺术节、上海周莲都旅游品牌发布会暨全域旅游产品推介会、“莲都100”越野赛等高品质文体活动。2019年，创成省级全域旅游示范区，全年实现旅游收入114.76亿元，同比增长18.7%，美丽环境催生美丽经济，有效带动农民增收。打造农业产品品牌。发展山居、山耕、山货、山景，做强做优农旅融合支柱产业，催生新业态、激发新活力，促进业新民富。创建“莲都仙桃”区域公共品牌，“丽水枇杷”“处州白莲”成为国家农产品地理标志产品，“梅峰红茶”入选国家首批森标工程、系全省唯一。碧湖农业园获评省级“最美田园”。全年实现农产品旅游地商品销售额7.1亿元、“丽水山耕”农产品销售额9.8亿元。做好农民致富“新三宝”。农家乐(民宿)方面，围绕打造“丽水山居”秘境家园主题，全区培育特色民宿499家、农家乐特色村(点)省级10个、市级28个、农家乐综合体13个。全区农家乐民宿接待游客量283.23万人次，农家乐民宿营业总收入达到2.35亿元，同比增长25%。电商方面，完善农村电子商务基础设施建设和支撑服务体系，搭建电商平台有效对接农产品供求市场，开拓高效廉价的营销入口。实现网上农产品交易额2.28亿元。来料加工方面，以“巾帼英雄”创建为载体，推进来料加工扩面提质工作，比如在联城清水湾、宜和雅园、瓯碧园等异地搬迁安置小区设立来料加工点促进搬迁农户就近就业。培训农村“两创”实用人才，做好对民宿农家乐业主、生态精品农业业主、超市经营人才、农村电商、农村文艺人才、职业农民的培训。全年完成7818人次的培训，其中农村实用人才完成2339人，农村转移技能培训499人，普及性培训4980人。通过打好

"产业富民、就业富民、项目富民、改革富民、政策惠民"组合拳,实现农村常住居民人均可支配收入28220元,同比增长9.8%。

【农村人居环境】 开展标准化运维、农村生活污水专项规划、设施"回头看"整改提升等工作,30吨以上农村生活污水治理设施69个,累计完成标准化运维处理设施13个。累计实施农村生活垃圾分类村178个,覆盖率达85%,连续四年获省级农村生活垃圾分类处理工作通报表扬。改造农村公厕480座。建立农村公厕管理"所长制"制度,建立保洁淘汰制度,确保公厕长效保洁落到实处。推进农业水环境治理、农药化肥减量行动、农业废弃物资源化利用和无害化处理等工作。2019年,全区推广配方肥0.5万吨,推广商品有机肥0.45万吨,推广绿肥种植1200公顷,化肥减量1370吨。实施绿色防控技术应用4466.67公顷、化学农药使用量减少16吨,农药废弃包装物回收39.3吨、回收率达121.82%,无害化处置39.3吨,处置率达152.27%。配合第二次全国污染源普查工作,改善养殖场周边环境,推进养殖治污新技术、新工艺,降低养殖对生态环境的污染,完成浙江绿园禽业有限公司兽用抗菌药减量和环保型饲料推广示范场建设,新建3家美丽生态牧场,推进生态、绿色、美丽畜牧业发展。

【农村体制机制创新】 2019年莲都区农村土地流转中心认真贯彻落实省、市决策部署,积极探索农村土地集体所有制的有效实现形式,稳定农户承包权,放活土地经营权,引导土地经营权向新型农业经营主体集中有序流转,有效促进农业适度规模经营。发放土地流转权证75本;完成产权交易评估70宗。同时,坚持把高标准、高质量推进农村土地确权工作作为全面深化农村改革、推进乡村振兴的重要民生大事来抓,区、乡镇(街道)建立健全以主要领导任组长工作领导(协调)小组,组织动员部署土地确权回头看工作,针对权证出现的各类问题,安排乡镇、村组进行统计回收,并及时修改、完善更换相应的档案材料,对土地确权成果开展日常修改和维护工作,让农民群众对土地确权成果更满意更安心。2019年,通过农户申报,村镇审核,经作业公司和档案公司修正开展土地确权"回头看"工作,共计完成2580户的土地确权信息修改。全面完成118个省定集体经济薄弱村消除任务;全区208个村,村级集体经济总收入首次突破1亿元大关,村年总收入和经营性收入均达50.79万元和17.18万元。整合各类涉农资金9000余万元,建立涵盖区、乡、村三级的"消薄"项目库,共落实"消薄"项目101个,项目总投资1.93亿元,预计年收益1900多万元,有效促进了村集体经济的增长。重新调整优化区、乡两级强村公司体制机制,将公司注册资本上调至6000万元,颁发股权证,直接赋权到村。进一步深化山海协作共建,依托义乌市山海协作平台优势,结合36个中央省扶村项目资金1800万元,共计投资3000万元,推动莲都—义乌两地进行"消薄"产业园合作项目。

## 全面小康建设

【美丽乡村建设】 举办"争做垃圾分类模范生、助创美丽乡村示范区"誓师活动和"垃圾分类进农村 文艺会演大比拼"暨"莲都五寻"颁奖晚会,通过摄影、征文大赛、外媒采风、网络有奖问答等方式,多渠道扩大提升美丽乡村建设影响力,成功创建省级新时代美丽乡村示范区,获全省美丽乡村建设领域最高荣誉。累计创成省级美丽乡村示范乡镇6个、省级特色精品村15个,省级新时代美丽乡村55个、精品村18个。市级美丽乡村示范乡镇2个、示范村(居)7个、美丽经济项目8个。累计实施省级历史文化保护利用重点村5个、一般村25个。省级历史文化保护利用重点村通过现有资源利用,合理开发、科学经营,形成莲都古村落保护性开发的"下南山模式",下南山被评为省级历史文化村落保护利用示范村。美丽乡村重点村新启动3个、续建6个。

【农民异地转移工程】 2019年,莲都区委、区政府按照省、市相关文件精神，把推进“大搬快聚富民安居”工程，作为一项重要的民生工程、生态工程、发展工程，全面协调区域发展，全局统筹各项工作，保障搬迁群众“搬得出、稳得住、富得起”。全年莲都区建设安置项目6个，其中续建和新建各3个。总用地规模27.49公顷。已竣工的安置项目3个（莲都区碧湖镇瓯碧园安置小区、莲都区大港头镇金港小区公寓、莲都区紫金街道水岭根安置小区），在建安置项目3个（丽水花街片区莲都安置小区项目、莲都区碧湖镇文一路和人民街交叉口地块项目、莲都区碧湖镇魏村区块项目），建设完成投资8.6亿元。

**【扶贫开发工程】** 实施低收入农户高水平全面小康计划，出台《莲都区扶贫产业增收项目管理实施细则》《关于切实做好新一轮扶贫重点帮扶村结对帮扶工作的通知》《莲都区光伏小康工程项目验收管理办法》《莲都区光伏小康工程项目股权量化和收益分配办法》等帮扶政策。通过实施低收入农户“菜单式”产业扶贫、电商扶贫、来料加工、农家休闲旅游（民宿）、就业扶贫、光伏小康工程建设等多项举措推进低收入农户增收，增强低收入农户自身造血功能。开展低收入农户“菜单式”产业扶贫，全年3778户低收入农户申报产业扶持资金511万元；开展教育扶贫，落实雨露计划及其他助学补助657名学生，涉及补助资金71.06万元；开展健康扶贫，为全区所有低收入农户实施自然灾害救助、意外事故救助、医疗救助保险、法律费用等扶贫救助保险，共有84名符合条件的低收入农户获保险公司提供救助资金；开展小额扶贫贴息贷款，为低收入农户在种养殖业、农家乐民宿等可行性项目上提供扶贫小额贷款57户，贷款金额257万元，贴息3.6294万元；推进“大搬快聚富民安居”，全区最大的安置小区瓯碧园完成竣工验收并交付使用，金港公寓如期完工，花街安置小区、文一楼加快推进。实施新一轮结对帮扶，全区88个扶贫重点帮扶村实现结对帮扶全覆盖，其中，以省人防办为组长单位的11家省级单位，与莲都区10个扶贫重点帮扶村建立结对关系；以市、区37位领导与莲都区37个扶贫重点帮扶村建立结对关系，以市自然资源和规划局为组长单位的18家市级单位，与莲都区18个扶贫重点帮扶村建立结对关系，67家区级单位结对帮扶余下的扶贫重点帮扶村。莲都区低收入农户人均可支配收入11079元，增幅11.3%。

**【千万农民素质提升工程】** 充分整合各部门培训资源，做好各项政策措施，按照“整合资源、成果共享、勤俭办班、按需培训、注重实效”原则，系统全面梳理2019年度农民培训，累计整合精减培训项目41个，精减培训班186期，节约培训资金224.32万元。先后举办 2019年丽水市莲都区在外创业精英研修班（复旦大学）、莲都区民宿管家培训班、莲都区乡村导游班、莲都区“丽水山味”研修班等特色主体培训班次。在安徽淮南、四川温江举办两期2019莲都区超市管家培训班，开展异地创业培训，并进行考试发证。发挥“莲都春晚”文化特色，先后举办莲都区“民族·民间”精英培训班、莲都区“处州乱弹”戏曲培训班、莲都区“天天乐”农村实用人才排舞培训班等，培训各类文艺人才达274人次，有效丰富农村精神文化生活。开展农村富余劳动力转移技能培训，根据市场需求，开设育婴师、保育员、美容美发等培训科目，培训学员693人，鉴定考核合格643人，合格率达92.7%。至11月底，共完成9861人次的培训，完成年度8500人任务的116%。其中农村实用人才完成2733人，农村转移技能培训693人，普及性培训6435人。为莲都区农村经济社会发展提供人才保障和智力支持。同时巩固提升莲都区“乡村能人”及子品牌“莲都管家”，促进农民可持续增收。

**【农家乐民宿乡村旅游产业发展】** 充分发挥莲都的生态优势和乡土文化优势，坚持“市场化、规范化、集聚化、精品化”发展思路，引导农家乐民宿产业向古堰画乡、风情东西、避暑峰源、栖居画乡等片区集聚发展。汛期、节假日等时间节点和公安部门、应急管理局等各部门协调进行安全抽查、乡镇全面开展安全检查，业主自查的方式进行农家乐民宿安全隐患点摸查、询问、巡查、防汛宣传等工作。通过开展摸底大排查，进一步梳理掌握莲都区农家乐民宿经营现状，摸清底数，为下一步研究制定符合产业发展需要的工作方案提供依据。在摸底排查中发现的非正常经营的农家乐民宿，对其业主发出限期整改告知书。根据流程，2019年清退62家不再经营的农家乐民宿。在2017年、2018年全面推进民宿保工作的基础上，2019年全部完成莲都区在册农家乐民宿保续保工作。先后开展农家乐民宿从业人员素质培训班5个，培训涉旅人员500人次。由乡镇街道组织举办农事民俗节庆活动，如雅里庙会、下林九坑桃花节暨康养乡村启动仪式、仙渡乡挖笋节、畲族三月三歌会、大港头镇采茶节活动、枇杷文化旅游摄影节、下南山杨梅节、铁皮石斛养生节、枫树湾杨梅节、“雾耕”农业科技小镇节、莲丰享庄园第三届葡萄节、岱后红色文化旅游节、采桃节、黄菊节等多个节庆活动，促进农家乐民宿产业发展，提升地方特色农产品和农家乐民宿市场知名度，打造地区名片。区民宿（农家乐）协会组织全体理事赴青田县考察学习当地在发展精品民宿、农家乐特色村等方面的先进理念、组织运行方式及管理经验等。全年全区共有省级农家乐特色村、点10个，市级农家乐特色村、点28个，共评定“丽水山居”农家乐综合体示范项目13家，“丽水山居”精品民宿示范项目23家。截至年底，全区共培育农家乐民宿经营户（点）499家，餐位30553个，床位5851张。全区农家乐民宿游客数283.23万人次，同比增长20.48%。农家乐民宿营业总收入23508.09万元，同比增长25%。

## “六边三化三美”工作

**【概　况】** 2019年是“六边三化三美”工作转型升级年，区六边办根据省“四边三化”、市“六边三化三美”工作部署，以打造中国最美花园乡村为目标，推动美丽乡村建设提标升级。坚持“巩固前期整治建设成果、推动长效机制建设落地”，以“全域洁净”，以项目建设为载体，持续推进“六边三化三美”行动。

**【环境整治】** 持续推进洁净村居红黄旗工作机制，规范和提高了洁净村居的检查标准。按照“八个到位”即垃圾清扫到位、六乱整治到位、公厕管护到位、家禽家畜圈养到位、公共设施管养到位、群众动员到位、自然村覆盖到位、生活垃圾分类到位的标准，将农村生活垃圾分类和洁净村居有效相结合，持续有效推进农村环境卫生治理。结合“全域洁净迎国庆，垃圾分类进万家”活动，开展全区农村洁净和垃圾分类工作，强化农村环境巡查机制，利用六三三曝光台，发现问题即时整改，重大问题限时整改。曝光各类问题点位932个，已整改完毕。牵头组织开展丽水超级马拉松赛、莲都100越野赛、全省山海协作推进现场会、生态产品价值实现机制研讨会、第十六届世界低碳城市联盟大会、古堰画乡小镇艺术节、世界丽水人大会等10余批次的实地考察环境卫生整治任务。结合《“深化文明创建 提升市容环境”2019年度工作实施方案》的落实行动再提升、市区“找隐患、补短板、破难题”排查督查行动，坚持每周巡查处置、集中整治取缔相结合，集中开展一系列两路两侧和主要河道专项整治行动。累计完成交办和整治点位近2845个，市区“找隐患、补短板、破难题”排查督查交办单65件。

**【项目建设】** 2019年，累计项目总投资4.638亿元，拨付项目建设资金735.2963万元，环境整治经费851.3088万元。开展项目进展督查，督促项目施工进度。完成碧湖镇高低级村美丽村庄景观改造项目，秀丽宣平风景线（联城段）景观改造工程，丽和线（洪渡村）沿线路边节点景观节点改造工程，风情东西风景线（老竹段）提升改造工程，风情东西风景线（丽新段）提升改造工程，大港头镇利山村栋村村边绿化美化项目绿化工程等项目验收

## 农业经济

**【农业龙头企业】** 坚持“扶强、扶大、扶优”的原则，积极培育现

代农业生产经营主体，努力提高农业产业化水平。截至2019年年底，全区有农业龙头企业46家，其中省级8家，市级26家，区级12家。

**【农民合作经济】** 2019年莲都区共发展农民专业合作社579家，其中国家级示范性农民专业合作社8家，省级示范性农民专业合作社18家，市级示范性农民专业合作社17家，区级规范化农民专业合作社75家。新培育省级示范性合作社3家、省级家庭农场4家、市级新型示范性家庭农场15家、提升规范化农民专业合作社14家、农创客30家、创建农业绿色发展先行主体示范性合作社12家、创建农业绿色发展先行主体家庭农场46家、新建各类专业化社会化服务组织35家、新培育规模家庭农场（种养大户）141家。2019年，莲都区被列为全国农民专业合作社质量提升整县推进试点县，试点以来共清理注销空壳合作社84家；培训农民专业合作社等经营主体400多人次；12月，张区长代表莲都区参加全国农民专业合作社质量提升整县推进试点交流座谈会上作典型发言。

**【农旅融合】** 依托参加2019浙江农商对接大会暨知名品牌农产品展示展销会、2019浙江省农业博览会、2019年浙江（南京、上海）名特优新农产品展销会、2019年丽水新春农博会等农展会，举办2019丽水（莲都）·宁波（江北）旅游推介会、莲都100越野赛、2019丽水·莲都“中国农民丰收节”、丰收驿站省级旗舰店“丽水月”莲都专场、2019年“莲都·义乌”山海协作—莲都文化旅游推介会、丽水市第十二届乡村文化艺术节暨“我要上村晚”活动开幕式等节庆活动，展示莲都绿色高质量发展成果，提升莲都生态精品农业知名度、美誉度。2019丽水（上海）旅游推介周活动中，“莲都船”获胡海峰书记好评，此外，莲都“丽水山耕”农产品走进上海超市、高校和社区进行推荐、展示和展销。第三届国际茶叶博览会上开展莲都“诗与茶”品牌推介会，全方位宣传和展示莲都茶产品及关联文创产品。在2019浙江农商对接大会暨知名品牌农产品展示展销会上开展“莲都仙桃”推荐会活动。全区提升“丽水山耕”背书产品35个，提升“丽水山耕”合作主体38家，新建“丽水山耕”示范基地5个，新建海拔600米以上绿色有机农林产品基地4260公顷，投资额达4280万元，新培育“丽水山耕”品牌认证产品7个，实现“丽水山耕”农产品销售额9.8亿元。全区新培育农产品旅游地商品生产经营主体26个，提升农产品旅游地商品35个，新建“丽水山耕”营销网点8个；实现农家传统特色小吃销售额6.1亿元，实现农产品旅游地商品销售额7.1亿元。举办“丽水山耕”农产品推介会16期，农产品旅游地商品包装设计大赛1次。“丽水枇杷”“处州白莲”获得国家农产品地理标志认定。丽水市瑞宗水果专业合作社选送的翠冠梨被评为2019年 “全省十佳梨”；处州白莲、鱼跃桔醋、轩德皇菊获省农博会金奖，雪耳伊人获省农博会新产品金奖，“莲都仙桃”和峰源高山番茄获2019年浙江省知名品牌农产品展示展销会时令农产品金奖，“鱼跃”牌少不了调味礼盒和“康玥”牌轩德皇菊包装获2019年“丽水山耕”农产品旅游地商品包装设计大赛金奖。康玥牌轩德皇菊产品成为奥运会指定饮品、十三届全国两会浙江代表团专供茶；“润生苔藓”走进2019世园会；“莲都仙桃”销入省政府等机关食堂。以“菇文化”为主题的“蘑幻菇林”观光园，2019年被评为省级工业旅游示范基地，研学旅游基地。蘑幻菇林、鱼跃1919文化产业园被批准为国家AA级景区。

## 现代农业园区

**【概　况】** 莲都区国家农业综合开发现代农业园区试点项目于2014批复实施，项目规划建设总面积约2666.67公顷，涉及碧湖镇白桥、郎奇等20个行政村，总投资3.25亿元，建设期限为2014—2016年。园区按照粮食生产核心功能区、生态资源涵养和优势特色种植功能区、标准化规模养殖功能区、农产品加工冷链物流功能区、物联网和精准装备功能区、农业科技“育繁推一体化”功能区和人居环境综合整治进行规划布局，打造丽水市现代农业建设先行区、先进农业科技应用示范区、循环农业样板区以及农业体制机制创新区。

【项目建设】 2019年底国家农业综合开发现代农业园区试点项目累计完成投资31420.503273万元。其中，产业化项目完成投资1.68895亿元，高标准农田项目完成投资5644.681万元。累计改建机耕路48千米、排灌渠道及砌坎87千米、机耕桥29座、沉井10处、泵站12座、堰坝3座等，实施完成喷滴灌面积67.15公顷，设施大棚36.67公顷。建设单体大棚33.8万平方米，连栋大棚4万平方米。累计扶持农业龙头企业、农民专业合作社5800万元。已累计培育了莲丰享庄园、越色家庭农场热带水果采摘基地等32个农旅融合基地。2019年，园区先后启动浙江省农业科技园区和浙江省现代农业园区两个项目。完成区农产品质检站项目建设和验收。完成《莲都区"丽水山耕"国家现代农业产业园》创建文本和规划文本编制，完成《郎奇白桥康养农业产业融合示范园》创建文本和规划文本编制。

## 种植业

【概　况】 以"高效、生态、精品、特色"为中心，立足区域生态资源优势，通过产业布局优化、精品基地建设、品种优化提升、农业绿色生产技术应用推广以及品牌建设等措施，构建现代农业产业体系。形成蔬菜、水果、茶叶、食用菌、山茶油、畜牧业六大传统产业和处州白莲、丽水枇杷以及具有休闲功能的小水果、花卉、中药材等特色产业齐头并进的发展格局。2019年，新认证无公害农产品6个，新取得绿色食品认证4个产品，新增绿色食品面积98公顷。粮食播种面积8140公顷。其中，稻谷1926.67公顷，玉米1573.33公顷，大豆2866.67公顷，蚕(豌)豆786.67公顷，番薯580公顷，马铃薯360公顷。全年粮食产量约为3.44万吨。加快推进"机器换人"步伐，2019年共引进单轨运输机3台，水稻插秧机2台，粮食烘干机2台，联合收割机12台，捡拾打捆机4台，有效地提高粮食生产机械化水平。全年蔬菜播种面积9800公顷，产量35.84万吨，产值8.7亿元。做好"三低"果园改造，以高接换种、优新品种引进推动区域大宗品种得到适当压缩，优质特色品种得到快速发展，全年水果生产面积12466.67公顷，产量15.73万吨，产值4.59万元。

【粮　油】 2019年，全区粮食播种面积0.81万公顷，产量3.44万吨，比前三年平均数增加3%。据统计，水稻播种面积1927公顷，蚕(豌)豆播种面积784公顷，甜玉米种植面积1570.1公顷，比上年增加170.7公顷，大豆种植面积为2864.47公顷，和去年持平，薯类种植面积938.6公顷，比去年减少364.87公顷。水稻生产多用于口粮和水旱轮作的需要，播种面积有所萎缩，但规模种粮发展较快；鲜食旱粮发展势头良好。油料生产效益低下，播种面积下滑较多。

【蔬　菜】 莲都区是全国蔬菜产业重点县和省特色蔬菜重点产区，是长三角地区重要的"放心菜园"。2019年，莲都区蔬菜种植面积稳定，受上半年连续阴雨天气影响，产量下降明显，但价格持续较高，产值仍大幅增长，播种面积9760公顷，下降0.4%，产量31.75万吨，下降11.4%，实现产值 9.57亿元，增长10%。全区形成豇豆、苦瓜、八棱瓜、番茄等特色集约基地和专业村。蔬菜品质精良，其中丽水市郎奇农家乐农产品产销专业合作社的番茄获浙江精品番茄金奖、丽水红颜水果产销专业合作社的草莓获浙江精品草莓金奖。全区蔬菜种植效益明显提升，蔬菜产业已成为农民的最大收入来源，为莲都区农民增收、农业增效作出显著贡献。

【水　果】 2019年，水果产业围绕"高效、生态、精品、特色"的目标，立足区域生态资源优势，通过产业布局优化、精品基地建设、品种优化提升、农业绿色生产技术应用推广以及品牌建设等措施，推进产业转型升级，实现产业协调持续发展，增产增收，全年水果总产量15.7万吨，总产值4.6亿元，同比增长4.43%。“丽水枇杷”获国家农产品地理认定，首次为莲都获得国家地理标志农产品荣誉；莲都地方猕猴桃品种“金丽”获良种认定；“莲都仙桃”公用品牌亮相省农展会，为今后认定国家地标产品奠定基础；莲都选送的翠冠梨荣获“2019浙江省十佳梨”荣誉称号；莲都选送的毛花猕猴桃斩获“2019年浙江农业之最猕猴桃Vc擂台赛冠军”。

**【茶　叶】** 2019年全区茶叶种植面积3400公顷，早春无倒春寒，温度缓慢上升，茶叶长势良好，市场平稳价格稳定，茶农积极性高，采摘面积增加。全年茶叶总产量2337吨，总产值25816万元，同比去年增长5.7%、4.4%。其中：春茶产量1689吨，产值2.13亿元，茶叶产量、产值分别比上年增长4.9%、6.5%。夏秋茶产量648吨，产值4516万元。组织浙江梅峰茶业有限公司、丽水佳琦茶业有限公司、丽水丽晓茶业有限公司参加第三届国际茶叶博览会，并举办“茶与诗”品牌推介会，发布莲都茶诗集《处州茶韵》；组织丽水丽晓茶业有限公司参加浙江省绿茶（深圳）茶叶博览会。

**【食用菌】** 2019年，杏鲍菇、平菇、秀珍菇等菇类生产保持平稳，香菇工厂化栽培基地和技术提升明显，部分香菇老种植区种植积极性提高，生产量略有增加，但价格较2018年有所下降。食用菌产业实现产值3.48亿元，下降1.7%。

**【特色产业】** 2019年全区草本中药材共1071.93公顷，较2018年增加66.33公顷，实现总产量约1414.6吨，总产值约10735.26万元。其中，其中处州白莲309公顷，覆盆子304.13公顷，皇菊25.67公顷，铁皮石斛22.13公顷，三叶青53.33公顷，益母草41.33公顷、黄芩34.67公顷、金银花25.33公顷、前胡13.33公顷、浙贝母、元胡等其他中药材243公顷。

## 畜牧业

**【概　况】** 2019年，莲都区畜牧生产保持稳中略升。生猪存栏数5.7万头，生猪年饲养量达18.5万头，家禽年饲养量361万羽。

**【生态畜牧业】** 有序开展生猪产业全链条严管“百场引领、千场提升”行动，完成12家规模养猪场提升改造并达到“千场提升”标准，进一步完善养殖场防疫体系，提升规模养殖场生物安全水平；坚持“六化”引领，推进总投资7.54亿元的华统畜禽产业链智能化项目建设，以及梅香农业万头现代化猪场建设，促进莲都区畜牧业高质量绿色发展；做好措施保护碧湖黑猪种质资源，遴选2个自然隔离条件优越的养殖场作为种猪备份场，率先完成碧湖黑猪体细胞制备与保存保种工作，确保碧湖黑猪种质资源安全；推动全市唯一一家一级种猪场——绿洲种猪场建成投产，从源头保障生猪增产保供工作。

**【动物疫病防控】** 有效落实四季重大动物疫病强制集中免疫，实现“应免尽免、不留空当”，做好动物疫病常态化监测并督促落实整改措施，筑牢重大动物疫病防御屏障，严防重大动物疫情发生。2019年，免疫规模场139个，散养户8110户，累计免疫家畜7.97万头，家禽218.69万羽，规模养殖场免疫率达100%，散养畜禽总体免疫率达99%以上。全区病死动物实行统一收集、集中处理、死猪冷琏暂存、生猪保险联动制度，确保病死动物无害化处理及时到位。全年共收集并无害化处理病死猪1.69万头、其他死亡动物57吨。继续开展非洲猪瘟防控工作，坚持疫情隐患排查、落实主体责任、监管责任、消毒杀菌灭源等各项防控措施，打好非洲猪瘟防控战。专业精心编制演习脚本，总结形成可推广复制的防控非洲猪瘟疫情“96349”工作法，并现场演习完整展示发生非洲猪瘟疫情的应急处置全过程，完成浙江省防控重大动物疫情应急演习任务，为非洲猪瘟应急处置提供“教科书”式的示范性操作。

**【动物卫生监督】** 推进专项整治，实现规范化管理。通过先部门监管自查，再开展联合执法等形式全面排查养殖、运输、屠宰、流通等环节问题和隐患，促进生猪产业健康发展，确保市场供应和秩序的稳定。围绕“保安全、保供给、防风险”目标任务，相继开展生猪屠宰“扫雷”行动、“风暴”行动、非洲猪瘟防控“严查严打严管”执法月等专项行动，累计出动执法人员430余人次，查处动物卫生监督案件15起，1个动物卫生监督案件获评2019年全国农业行政执法“双优”案卷，累计罚没款65861元。推进质量检测，实现制度化管理。全年抽检畜产品91个批次，并配合市级部门抽检畜产品6个批次，配合省级部门抽检畜产品72个批次、饲料和兽药共30个批次，检测结果全部合格；全年屠宰场共抽检家畜3790头，规模猪场抽检生猪744头，“瘦肉精”检测合格率均为100%。

## 渔　业

**【渔业发展】** 2019年全区养鱼面积达到723.33公顷，渔业总产量达到4632吨，渔业总产值达到9971万元。溪流性鱼类特色精品园基地2019年生产“唇鱼骨”苗种1200万尾，瓯江彩鲤及其他苗种500万尾，繁育马口鱼苗种100万尾。丽水市丽泉家庭渔场年产出60多万只幼苗石蛙，10多万尾光唇鱼苗种，30万多尾马口鱼苗种。莲都区郎奇池塘循环水养殖基地各种设施完善。泥鳅养殖片区产量达75吨，莲田养鱼面积达40多公顷，小龙虾养殖基地面积达46.67公顷，全年选四口鱼塘进行测产，亩产量达390公斤，亩产值达1.5万元。开展初级水产品质量安全专项行动，全年投入建设水产品质量安全可追溯企业2家，购置快检设备2套，完成省里任务。全年组织抽检50个批次的初级水产品，合格率达100%。开展健康养殖示范场创建，全年创成省级渔业健康养殖示范场3家，加上原有部级1家，共创成省部级示范场4家。全区发展稻田养鱼673.33公顷，增殖放流620万尾。发展河道景观渔业，莲都区承包河道15条，委托村庄管理河道82个村，产值达1350多万元。在溪流投放瓯江彩鲤、马口鱼等丽水特色的鱼类，形成高低错落、层层有鱼的河道景观。宣传好大鲵消费，结合农旅产业发展，引导吃大鲵成为大众消费。推广生态、节能的大鲵养殖新技术，降低养殖成本。溪鱼发展以莲都区金满水产苗种场、丽泉家庭渔场养殖、“晓锋金鱼”3家为龙头，带动全区“观赏鱼”及溪鱼发展。发展稻田养鱼，做好养殖技术支持、培训工作，全区发展稻莲田养殖673.33公顷。“600绿色水产品养殖基地”在大港头镇上井村建设稻田养殖基地7.33公顷，在峰源乡建设基地20公顷，在黄村乡建设田螺养殖基地6.67多公顷，总计34公顷。在玉溪水库、高溪水库、黄村水库、港口水库、开潭水库5座水库发展水库“洁水渔业”，有效控制水库水质。小龙虾产业发展较快，全区小龙虾养殖户10家，面积达46.67公顷。发展大港头镇为香鱼小镇，港口村为渔业“香鱼一条街”，取得较好效益。把休闲渔业作为一项重要工作开展，对符合条件的引导发展，促进莲都区水产品的消费，扩大市场容量。

## 农业机械

**【概　况】** 2019年，全区农业机械总动力达9.979万千瓦。主要农业机械中：大中型拖拉机10台，农用小型拖拉机461台，配套农具497台，微耕机2487台，运输型拖拉机211台，联合收割机38台，水稻插秧机41台，谷物烘干机15台，茶叶机械2231台，食用菌机械2165台，设施农业设备温室181.26万平方米。组织实施农机购置补贴政策，全年农民共购置补贴农机具674台，享受财政补贴资金217.706万元，其中中央补贴（含报废）资金179.376万元，省级资金24.01万元，区配套补贴资金7.92万元。突出农机化主推技术，推广温室大棚、植保无人机、山地轨道运输设备、冷藏保鲜、茶叶机械、食用菌机械、畜禽机械、喷滴灌等设施农业装备与技术。全年新引进山地轨道运输设备3条，解决莲都区丘陵山区地区运输农产品和化肥困难的问题。

**【农机服务体系】** 农机服务体系已初具规模，全区有农村维修网点15个，农机专业合作社7个，农机专业户689户，农机户

6467户，乡村农机从业人员4773人。农机专业合作社开展了机耕、机插、机收和统防统治等“五统一”的农机社会化服务，共实施水稻机插305.67公顷。全区农机经营总收入0.71亿元。

**【农机安全监理】** 市、区、乡三级农机安全生产责任制签订率达100%。新建“平安农机”示范乡镇1个，示范村5个。组织开展农机领域安全生产隐患排查整治攻坚行动、“农机安全生产月”活动、开展变型拖拉机治理专项行动等工作。以各乡镇(街道)警农联络室为依托，建立农机安全长效管理机制，做好农机安全生产大检查工作，重点开展以春运、“五一”等节假日和春耕等农忙季节的农机安全检查，及时排查农机安全隐患，开展上道路拖拉机路面执法行动15次，查获报废拖拉机上路3辆，外省籍拖拉机11辆。举办农业机械安全操作培训班，培训农机操作人员164人次。结合平安农机示范乡镇创建和五联五送服务月活动，在各乡镇(街道)开展农机“安全生产月”活动，做好农机安全生产警示教育工作，共发放宣传资料900余份。开展拖拉机报废补偿工作，共报废补偿拖拉机130台，补偿总金额28.5万元。严格按规定要求办理新购置的纯农田作业拖拉机、联合收割机的注册登记、核发牌证工作，注册登记联合收割机12台。推进插秧机等农业机械实地安全检验试点工作，结合农时季节组织做好38台插秧机的实地安全检验，检验率达到100%。完善办证大厅的规范化、标准化建设，全年共受理承办农机监理行政审批业务54件，其中拖拉机、联合收割机驾驶操作证核发业务54件。

## 农业执法

**【概　况】** 查办农业行政处罚案件42起，罚没款总额16.533万元。多起案件受到表彰，其中莲动监罚[2018]9号案卷被评为2019年全国农业行政处罚优秀案卷(该案决定书同时获评2019年全国农业行政处罚优秀文书，一案双优)，莲农(农药)罚[2018]第 13号案卷被评为2019年浙江省农业行政执法优秀案卷，莲农(肥料)罚[2018]第 11号、莲农(农药)罚[2018]第13号2个案卷被评为2019年度丽水市农业行政执法优秀案卷，莲农(肥料)罚[2018]第11号案卷被评为2019年度莲都区优秀行政执法案卷；在全省农业农村依法行政暨农业综合行政执法工作推进会上作典型发言；《逮麻雀、金腰燕也犯法？这些“三有动物”不能“惹”！》被丽水市普法教育依法治理领导小组办公室评为典型案例(精品案例)；农资信息化建设成效显著，平台综合评分位居全省第一名；成功创建农资经营“两化”(农资经营监管信息化和农资经营门店规范化)示范店35家，全区农药实名制购销覆盖率达100%；成功举办2次全区农资经营人员培训班；大队长夏秀娇同志被农业农村部授予“全国农业农村系统先进个人”称号。

**【专项执法行动】** 通过春、夏、秋三季“绿剑”集中执法行动的开展，对全区农资经营单位进行全覆盖巡查检查，进一步完善农资购销台账登记制度，规范农资经营行为，打击销售假劣农资、无证经营等违法行为。重点针对种子、农药、肥料、饲料、兽药等农业投入品市场进行检查整顿，严厉打击毒鱼电鱼等违法行为，做好动物检疫等案件的查办工作，累计出动执法人员1326人次，检查农资经营店、农民专业合作社、生产基地、畜禽养殖场等经营单位563家次，查获假劣农资10595.1公斤，货值金额7.5732万元，印发宣传资料12000余份。全年共抽检农业投入品72批次，其中农药20批次、种子15批次、肥料7批次、兽药15批次，饲料15批次，抽检结果合格率92%。全年共办结农业行政处罚案件42起，其中农药3起，肥料7起，种子4起，兽药3起，农产品3起，动检15起，渔业7起，罚没款总额达16.533万元。各类农业违法案件的依法查处，有效促进农资市场规范、有序、合法经营，打响了“绿剑”执法品牌，提升农业执法权威。

【农产品质量安全监管】 围绕农业绿色高质量发展主题，按照四个最严的要求，坚持“产出来”“管出来”两手抓，不断提升农产品质量安全水平。推进农业标准化生产，开展特色农产品全产业链安全管控（“一品一策”）工作，建设铁皮石斛和鸡蛋“一品一策”示范基地3个；丽水枇杷和处州白莲2个农产品地理标志登记成功，新取得绿色食品认证4个产品，新增绿色食品面积98公顷，新增无公害农产品6个；依托“农安莲都”智慧监管APP，不断完善全区农产品生产主体信息库，确定486家生产主体纳入信息库，累计上传检查巡查记录1231条，快速检测数据3939条；新建全国农产品质量安全与营养健康科普基地1个，并开展相关科普宣传。开展培训上课10次，培训人员达600多人次；开展农产品科普、法律知识宣传活动8次；印制发放《国家禁用和限用农药名单》400余份，绿色食品宣传手册200余份，营造维护农产品质量安全的良好氛围；对高风险、隐患大和“丽水山耕”的农产品开展农产品质量安全监测工作，全年监测农产品700多批次，不合格产品处置率达100%，召开2次隐患分析会，保障农产品质量安全。

## 农田水利建设

【项目建设】 完成2019年高标准农田建设项目开工，项目总投资2477.23万元，建设面积893.33公顷，分3个乡镇4个项目实施，其中碧湖镇建设高标田113.33公顷；大港头镇建设高标田386.67公顷，其中高效节水灌溉面积66.67公顷；峰源乡建设高标田393.33公顷，其中高效节水灌溉面积60公顷。完成2016年峰源乡新砀山区小流域农业生态工程项目和2017年黄村小流域农业生态工程项目完工验收。累计完成投资1806万元，完成土地开发治理面积1333.33公顷、新建渠道68.2千米、蓄水池18座、机耕路31.1千米。完成丽水市饲料加工原料收购流动资金贷款贴息项目、2018年莲都区10.67公顷皇菊种植基地新建项目和2018年莲都区13.33公顷桃种植基地新建项目验收工作，累计完成投资413万元，支付财政补助款263万元。

## 水 利

【水　利】 2019年，莲都区水利局完成机构改革工作。编制水功能区划、排污口设置管理和流域水环境保护职责划转至市生态环境局莲都分局；水旱灾害防治、区防汛防台抗旱指挥部相关职责划入应急管理局；农田水利建设项目管理职责、渔业管理职责划转至区农业农村局；水资源调查和确权登记管理职责划转至市自然资源和规划局莲都分局。不再增挂莲都区渔业局牌子，下属单位渔政管理站、水产技术推广站整建制划转区农业农村局。莲都区水利系统全年开展干部职工教育培训21次，提高全体干部职工的综合素质和工作能力。区水利局牵头办理人大建议主办件5件、会办件4件，政协提案主办件1件、会办件2件，满意率100%，被评为2019年度莲都区人大代表建议承办工作先进单位。

【水　政】 全面落实“三条红线”制度，对全区110家取水单位实行网上登记管理，对5万方以上取水单位实施动态监控管理。做好取用水管理工作，共征收水资源费1132.4万元。深化节水型社会达标建设工作，开展了水法律法规、爱水护水节水等宣传教育，创建完成节水型灌区1处，公共机构节水型单位18家，完成企业清洁生产审核4家。做好水土保持监督工作，创新事中事后监管机制，组织检查15次，发现并整改问题7处。以水利行业强监管为目标，以81条区级“河长制”河道为重点，共组织各类执法巡查150次、联合执法检查4次，出动人员358人次；共发出责令停止违法行为通知书8份，受案登记和及时制止处理36起涉河非法行为，其中立案查处5件、处以罚款1.24万元。同时结合“找隐患、破难题、补短板”活动，做好黄村水库饮用水源一级保护区巡查工作。完成5条共60.8千米的“无违建河道”创建工作，实现莲都区级及以上河道“无违建”。 全面深化“最多跑一次”改革，完成政务服务事项网上办事实现率100%，政务服务事项掌上办事实现率 100%，政务服务事项跑零次实现率 100%，电子化归档率100%。修改完善操作指南，优化政务服务事项流程，确保网上掌上政务服务系统运行及时有效、互动顺畅。截至年底，办理行政审批承诺件31件，其中办理取水许可审批事项5件，水保审批9件，涉河涉堤项目审批15件，其他权力类40项。

**【水　电】** 编制完成《莲都区小水电“一站一策”生态改造实施方案》，实施小水电清理整改工作，2019年完成64座电站整改销号工作。指导开展绿色水电创建工作，白岸口、下圩口、瑶溪、港口等四座电站通过水利厅初审。实施小水电生态流量监控，“智慧水电”监控平台数据接入率完成96.8%。

**【防　汛】** 2019年，全区面雨量1441.8毫米，乡镇面雨量前3名分别为黄村乡1749.8毫米，白云街道1700.8毫米，雅溪镇1629.4毫米。单站雨量最大为太平乡普爱站2190.5毫米；主要遭受6月局地强降雨和梅雨期强降雨，防御 9号台风“利奇马”等台风对莲都区造成的危害。全年因水雨情损坏堤防11处共2.11千米，塘坝15座，灌溉设施75处，水文测站1处，机电泵站108座等，水利直接经济损失2310万元。

**【水利工程】** 2019年，共完成全区水利建设投资1.37亿元。完成莲都区小安溪雅溪镇区段综合治理工程、莲都区中小河流治理重点县综合整治及水系连通试点项目（梁村溪项目区）、莲都区梅田小流域农业生态工程及莲都区好溪支流综合治理工程（下郑、洪口、延桥坑段）；完成农村河塘清淤整治，共清理河道、池塘淤（污）泥5.5万方。实施莲都区小安溪流域综合治理工程（岩蒙至洪渡段）、莲都区小安溪流域综合治理工程（凤鸣段），完成投资2900万元。推进文华湾防洪堤建设项目前期工作。全区完成河道综合治理8千米。全年建设完成涉及12个乡镇（街道）46个行政村的农饮水项目，惠及4.2万人，完成投资6300万元。

（陈晓虹）

# 林 业

## 综 述

【概 况】 2019年，莲都区林地面积116732.6公顷，占土地面积的78.15%；森林覆盖率76.84%，全区活立木总蓄积5234793立方米，比上一年的4951788立方米增长283005立方米。森林资源以针叶树最多，阔叶林及针阔混交林占森林面积比重为28.71%。2019年莲都区林业总产值59.96亿元，比2018年的55.01亿元，增长9%；其中，第一产业13.25亿元，比2018年的13.08亿元增长1.3%，包括林木种苗、木材采伐、经济林产品的种植与采集等；第二产业2.6亿元，比2018年的2.87亿元下降9.4%，包括木材加工和竹木制品制造及木、竹、藤家具制造等产业；第三产业为44.11亿元，比2018年的39.06亿元增长12.93%。主要为森林旅游与休闲服务、林产品批发零售业。一、二、三产产值比重为22.1∶4.3∶73.6，一产略有上升，二产降幅明显，三产提升较大。

## 森林生态体系建设

【公益林建设管理】 根据峰源省级自然保护区区划面积，完成保护区公益林落界工作，新增公益林面积958.67公顷，其中：国有林351公顷、集体林607.67公顷，保护区公益林面积达到4881.67公顷。全区公益林面积达69525.06公顷。发放公共管护费（三项经费）99.1万元，管理资金49.5万元；发放损失性补偿资金2483.2万元，受惠林农35655户。全区新增公益林优质林分1533.33公顷，累计建成优质林分60371.2公顷，占公益林总面积的86.83%。完成天然商品林区划落界和协议签订5112.4公顷，完成省下达计划的85.2%，其中国有林78.87公顷、集体和个人5033.53公顷。涉及11个乡镇（街道）58个行政村、1个国有林场。

【绿化造林工作】 2019年，人工造林任务26.67公顷，实际完成127.33公顷，完成率477.5%；迹地更新任务86.67公顷，实际完成93.67公顷，完成率108.1%。平原绿化工作任务32公顷，实际完成115.3公顷，完成率360.3%，累计投资2872万元。“新植一亿株珍贵树”计划种植35.3万株，实际种植47.9万株，完成率135.7%。其中四旁植树计划12.6万株，实际完成13.6万株，完成率107.9%。中央森林抚育及彩色健康森林建设任务533.33公顷，实际完成560.27公顷，完成率105%；木材战略储备林任务10公顷，实际完成10.6公顷，完成率106%。建设一村万树示范村6个，分别为城头村、港口村、堰头村、白口村、洪渡村、秋塘村；建成一村万村推进村33个；森林乡村7个。培育乡土树种199.6万株。3月12日，区委区政府四套班子领导干部、乡镇机关、在校大学生、幼儿园小朋友及社会机构志愿者共计1000余人参加义务植树活动，栽植木荷、南方红豆杉、浙江楠、枫香等珍贵彩色树种2600余株。

【补植复绿基地】 2019年，新增补植复绿基地2块，累计建立生态修复基地8个。收取涉林违法犯罪人员自愿交纳的生态修复资金41.5万元，督促11起“生态修复”案件有序进行，种植木荷、枫香、桂花等绿化大苗7000多株，复绿林地约5.4公顷，对6个基地进行了施肥抚育。

## 林业产业体系建设

**【林业产业项目】** 2019年，“一亩山万元钱”建设任务为新建培育示范基地133.33公顷，辐射推广353.33公顷，巩固深化500公顷。实际建成“一亩山万元钱”示范基地144公顷，辐射推广354.67公顷，巩固提高502.33公顷，产值10897万元，超额完成任务。实施日本甜柿示范推广项目，完成2.8公顷基地的种苗采购；实施油茶新造林项目37.33公顷，完成新造林下经济13.33公顷，完成农业综合开发香榧基地示范项目竹林区域、非林地区域种植16.67公顷，建设便道200米，蓄水池2个。新建海拔600米“丽水山耕”绿色有机产品笋竹基地1346.67公顷，木本油料基地1502.67公顷；建成笋竹、香榧示范基地各2公顷；申报600米绿色有机农林产品笋竹示范基地1个。

**【集体林权制度改革】** 培育新型林业经营主体12家，完成林地经营权流转11宗733.33公顷，其中办理林地流转经营权证12本210公顷。完成林权抵押贷款余额3956宗94284万元，新发放1841宗46743元，新增林贷余额2143万元，超计划完成任务。

**【林旅融合】** 完成农产品旅游地商品生产经营主体6家（跃武榧业专业合作社等），完成农转旅产品7个（太山白猕猴桃等）；组织10家单位11个展位参加第十二届义乌国际博览会，其中“处州”山茶油、“梅峰龙井”荣获博览会金奖，“山水康源”油焖笋获优质产品奖。大山峰森林氧吧获评浙江森林氧吧。丽水市夫人山铁皮石斛基地荣获全国近野生铁皮石斛示范基地称号，浙江梅峰茶业有限公司的红茶被认定为首批国家森林生态标志产品。建成2个省级家庭林场，为福地家庭农场和陈刘和家庭农场。建成丽水市森林康养基地1个，为丽水市夫人山仿野生铁皮石斛基地；森林康养特色小镇1个，为大港头镇；森林康养特色村2个，分别为老竹沙溪村、峰源乡库坑垟村。完成栝苍古道修复项目一期工程，修复却金馆至余岭村古道，总长2600米；铺设余岭路口至余岭脚彩色沥青骑行绿道1450米。

## 林业安全管理

**【森林防火】** 重点抓好春节、清明、“五一”、端午、中秋等重大节日及重点时段的森林防火工作。在春节和清明期间，发放森林防火和文明祭祀倡议书80000余份，张贴禁火通告2000张，悬挂横幅310条；利用市区49条线路516辆公交车广告视频，连续1个月播放文明祭祀和森林防火知识；利用移动网络向全区市民发送文明祭祀短信60万条。在“莲都播报”、“老白谈天”、FM 88.3《新农村广播》等媒体开展文明祭祀和森林防火宣传。发布《莲都区人民政府通告》，确定9月26日至10月25日为森林禁火期。全年全区共发生森林火情3起，其中森林火灾2起，过火面积35.6公顷。森林火灾受害率0.29‰，发生率0.17次/10万公顷，控制率17.8公顷/次，森林火灾起火原因查明率100%，无持续燃烧超过24小时的森林火灾，无人员伤亡事故。

**【松材线虫病防控】** 制定《丽水市莲都区2019年松材线虫病疫情除治实施方案》，投入松材线虫病防控经费1639万元。联合区委督查室对各乡镇开展除治质量督查，每日上报清理工作进度，并通报各乡镇街道、林场和有关部门。全区防治面积合计14941.33公顷（计划14830.27公顷），完成率100.75%，清理枯死木342773株（计划208552株），完成率164.36%。采购松材线虫注杆剂5万瓶，对六边、景区等重点区域松树进行保护；在6—7月对2266.67公顷松林进行了噻虫啉喷粉防治。开展秋季疫情普查工作，新发现松材线虫病病死松树约230665株，发生总面积约23179.6公顷。根据疫情普查情况，编制《丽水市莲都区2019—2020年度松材线虫病防治方案》，及时开展疫情防控。

**【检疫执法工作】** 开展"2019绿剑"检疫执法专项行动，对辖区内的木材加工厂、重点地段建筑公司和物流公司等进行不定期检查。重点排查辖区内木材加工厂，松木托盘、松木包装箱使用企业和异地调入松木及其制品情况，共排查各类企业90家，包括木材加工企业59家，木制品包装箱使用企业21家，快递物流企业10家。全年办理各类案件12起，罚款3.76万元，没收、除害处理疫木194.95立方米，查处案件数全市第一。共调运检疫苗木721260株、木材80立方米、花卉175株，签发产地检疫合格证7份，发放森林植物检疫证50份。

**【林区治安】** 开展一系列专项行动，打击破坏森林资源和野生动植物违法犯罪行为。全年查处森林督查林业行政案件和木材运输行政等涉林违法案件共45起，罚没款130.01万元；办理涉林刑事案件10起（已办结7起，正在办理的3起），其中：重大刑事案件1起；刑事处罚犯罪人员11人。

（丁波澜）

# 工业·经济·商贸

## 工业 经济 商贸

【概 况】 2019年，全年区本级完成规上工业增加值12.74亿元，同比增长16.6%，全市排名第2；实现工业投资同比增长20.9%，全市排名第6；完成工业用地出让约80.27公顷，完成年度目标的200.7%；完成外贸出口总额10.5亿元，同比增长24.79%；完成实际利用外资600万美元，完成年度目标任务的100%；市区实现社会消费品零售总额222.3亿元，同比增长6.6%；实现网络零售额53.87亿元，同比增长25.6%。

【企业服务】 做好政策领航。出台《进一步提振生态工业发展的意见》，进一步加大工业扶持力度、优化营商环境。做好规划引领。提前启动《莲都区生态工业“十四五”规划》编制工作，深入研究“十四五”期间莲都区生态工业发展方向和路径，完成前期重大课题研究。做好精准服务。进一步深入践行“三服务”，持续开展“精准服务企业、振兴实体经济”专项活动。全年37名区级领导累计带队走访企业273家次，已经累计交办193个问题，解决答复141个问题。密切与外贸出口企业联系，积极做好中美贸易摩擦应对工作。做好政策兑现。做好2018年度的工业经济扶持政策和中央、省级专项资金项目的申报工作，全年共兑现省、市、区各级政策扶持资金2678.09万元，较2018年提高。做好惠企政策录入。全区共录入并完成审核政策条目73个。

【项目建设】 工业投资总体增长平稳。全年工业投资同比增长12.4%，制造业投资同比增长10.6%，建设省重点技改项目15个，已投资3.86亿元，完成全年目标任务。工业用地出让有序推进。全年完成工业用地出让约80.27公顷，完成年度目标的200.7%。小微园建设顺利推进。科学做好小微园区规划，编制完成《丽水市莲都区小微企业园高质量发展五年规划（2018—2022年）》。丽水万洋低碳智造小镇（一期）和丽水莲都电子商务创业创新综合体2家小微企业园通过省里认定。推进小微企业园信息化项目建设。万洋小镇建设全速推进。截至12月底，万洋低碳智造小镇项目所有工业用地指标均顺利到位，开工面积超84.64万立方米，厂房结顶93幢，决策准入企业152家，正式投产企业21家。

【转型升级】 推进企业“机器换人”。全年推广工业机器人应用37台，完成年度任务目标。推进阀门制造业改造。通过“强化创新引领，增强产业发展动能”、“加快数字转型，提高智能制造水平”等七大行动，力争到2022年在质量效益、创新能力、绿色发展上得到重大突破。欧意、上工、威诺、康瑞、永能等阀门企业共投资约3000万元资金用于技术改造，非王泵阀成功拍得迁址地块。完成“低散乱”企业整治。全年完成“低散乱”企业整治25家，完成年度目标任务。推动落后产能退出。全年完成5家机械行业共23台无磁轭铝壳中频感应电炉淘汰和4家企业燃煤锅炉改造。持续推进清洁生产改造。中凯、多乐、康瑞、乾麟等4家企业通过清洁生产审核。

【深化改革】 推进“亩均论英雄”改革。制定出台《2019年莲都区深化亩均论英雄改革实施意见》,创新评价模式,新增修正系数,完成2018年115宗地(共148家企业)企业绩效综合评价,同时抓紧落实资源要素差别化政策,激励A、B类企业,倒逼C、D类企业,转型升级莲都区的产业结构。2019年,规上工业亩均增加值约5.538万元/公顷,同比增长6.8%。深化推进“最多跑一次”改革。经不断改进,增加“最多跑一次”事项,承接省、市事项的审核转报工作,更加贴近群众服务。网上办事率实现100%,跑0次实现率达100%,同时进一步压缩审批时间、提升即办率、掌上办事实现率、材料电子化率。

【减负降本】 加快清欠进程。在全区范围开展清理拖欠民营企业、中小企业账款专项活动,摸底上报拖欠款项211笔合计2701.09万元,退款率达100%。开展“政府联保”。完成中小外贸企业参保审核工作,参保企业共27家,总保费23万元。做好散墙专项基金清理返退。全年完成墙改项目返退20个,返退金额97.21万元,结转入缴国库61.4万元。完成散装项目返退2个,共计30372.5元,结转入缴国库项目41.74万元。

【重点培育】 规模培育扩总量。全年完成新增规上企业17家,新增亿元企业5家;新增外贸出口企业19家,其中流通公司10家、生产企业9家;新增批零住餐限上企业30家。争先创优树标杆。乾麟缝制入选2019年浙江省隐形冠军企业和浙江制造精品,其产品“矢量磁场主轴直驱电动工具”项目获2019“创客中国”浙江好项目中小微企业创新创业大赛二等奖;瓯宝安防获市政府产业基金投资3000万元,同时瓯宝荣获2019年度十大智能锁品牌称号;鱼跃酿造入选2019年浙江省工业旅游示范基地。新兴技术作引领。鼓励企业提升研发能力,开发新产品、开拓新市场,恒大电气的市级企业技术中心已通过市经信局验收;华一自动化与乾麟缝制的4个新产品已通过省经信厅的鉴定。全年共组织全区企业参加各类培训、讲座、会议39场次,参训人数达1115人次。

【数字经济】 启动行动计划编制。编制《莲都区数字经济五年行动计划》,为今后五年莲都区的数字经济发展明确目标、定位、方向和路径。实施“企业上云”计划。全区累计共完成企业上云1098家,完成目标任务的108.7%。培育发展信息产业。扶持发展以微电机、高低压柜、蓄电池、智能家居等电气机械及器材、电子器件制造业为主的电子信息产业,同时发展软件技术与信息服务业。推进产业数字化转型。围绕传统制造业改造提升,推动以机器换人和机器联网为代表的两化融合和智能制造,组织实施瓯宝安防科技公司年产600万套闭门器“机器换人”技改等项目。加快电商发展。全年累计实现网络零售额53.87亿元,同比增长25.6%。截至2019年年底,全区建成乡镇级农村电商服务中心3个,培育淘宝村2个,电子商务专业村4个,亿元村2个,农村电子商务服务点572个,覆盖率达100%。7个电子商务创新发展试点项目建设顺利验收。

【商贸流通】 全面推进批发零售业提升改造。对丽水百货大楼进行改造升级,浙江省老字号的鱼跃实现老字号博物馆建成开馆。开展再生资源回收专项行动。组织赴先进地区考察再生资源回收体系建设,拟定丽水市区再生资源回收体系建设资金测算方案,城镇生活垃圾回收利用率达到38.5%。商贸特色工作稳步推进,处州府城高品质步行街改造提升项目申报浙江省高品质商业步行街,白云街道申报浙江省商贸特色镇创建。成品油市场管理长抓不懈。全年累计开展加油站(点)安全生产检查14批次,成功取缔碧湖镇山根村无照无证经营成品油点位。妥善处理单用途商业预付卡。截至2019年,接到预付凭证投诉举报700余件,指导消费者依法维护自身权益。处置沃尔玛超市丽水店终止经营后的预付卡处置工作。

【重点工作】 深化意识形态工作。结合2018年度意识形态工作检查反馈情况,开展“不忘初心、牢记使命”主题教育、弘扬践行“浙西南革命精神”职工专题教育活动等系列活动，不断提高经商干部的思想觉悟。重视区委巡察监督。积极配合做好巡察驻点监督工作。同时，对焦巡察、对标整改，坚持问题导向、严字当头，健全工作机制、巩固整改成果。持续做好离退休干部管理。完善《莲都区经济商务局离退休干部工作制度》，全年共走访慰问住院离退休干部13人，慰问去世离退休干部家属3户，组织“欢度重阳佳节·传承优良作风”活动。开展东西部扶贫。发挥莲都区在农村电子商务方面的优势和经验，对接四川省广元市剑阁县，完成东西部扶贫各项任务。

## 丽水工业园区建设

【概　况】 2019年，丽水工业园区作为莲都工业的主平台、主战场，充分发挥发展优势、干部合力和平台作用，招商引资、项目审批、企业服务、企业监管、铁军建设等工作都取得了较好成绩，做到引领生态工业高质量发展。全年实现工业总产值40亿元，同比增长15.7%（其中：规上工业产值28.8亿元，规上企业增加值增速超13.5%）；完成10宗工业用地出让约84.06公顷；全年园区新增企业超81家（其中：租赁企业36家，万洋新增45家）；亿元企业新增4家；新增规上企业15家，规上企业总数达50家；全年税收达1.7亿元，同比增长2000万元以上。

【工业园区招商引资与人才】 招商引资工作取得新突破。持续发挥政企联动和招商顾问的作用，坚持以商招商、企业招商等形式，2019年针对万洋入园项目，同意入园企业45家，113家企业办理营业执照，21家企业进驻投产。全年共接待客商100余批次，外出考察15次，同意租赁入园企业37家。落地和完成签约的1亿元以上的社会投资项目共5个，在谈或者需要紧盯的重大项目2个。按照“需要什么、就引进什么，缺什么、就补什么，引什么、就发展什么”的原则，突出引才的针对性和实效性，统筹抓好企业经营管理人才、专业技术人才、高技能人才建设。全年引进“绿谷精英550”1人。

【工业园区项目开发与建设】 2019年年末，万洋低碳智造小镇累计完成投资23.3亿元，开工总建筑面积超85万平方米，结顶厂房93幢，签约准入企业147家、投产23家。二期土地于2019年6月成功出让，共8宗工业用地75.6公顷，16（A）地块2019年10月顺利摘牌。基础设施PPP项目和二次供水加压泵站等其他基础设施建设稳步推进。《丽水生态产业集聚区莲都分区高溪区块控制性详细规划》修编工作深入推进。

【工业园区安全生产与环保】 2019年，根据丽水工业园区管委会《落实安全生产领导和监管责任的规定》，做好领导干部安全生产“一岗双责”；组织企业签订《安全生产责任状》；坚持“预防第一，安全为主”的方针，积极推进安全环保管理体系和能力现代化改革，制定“四个不漏”“四查连环”创建方案，推进污水零直排“回头看”工作。落实“严守环保底线、严格产业规划、严把招商环节”的“三严”要求，将万洋低碳智造小镇项目定位为以高端装备制造业和绿色健康制造业为产业重点，组成实地考察小组，精准筛选入园企业，坚决摒弃高能耗、高污染企业，2019年，牵头完成第15批次入园企业考察。

【工业园区企业服务与监管】 2019年，丽水工业园区围绕“亲商富商比招商引资更重要，后续服务比招商服务更重要”的服务理念，创新“三服务”方式方法，引进杭州精科企业管理咨询有限公司和丽水市莲都区政策性融资担保有限公司，创建综合服务平台和筹建信息服务平台，促进现代服务业优化升级，努力提高服务能力。完善《丽水工业园区“低散乱”企业监管方案》，提升整治标准，以南山、碧湖区块为重点，梳理公布第四批、第五批监管企业名单（40家宗地企业），扩大企业监管范围，将木制品企业、农副食品17家宗地企业纳入监管。

【工业园区党建引领与队伍】 2019年，丽水工业园区坚持党建引领，机关和企业两新党建定期开展“三会一课”等活动,建立企业“五大特色支部”,深入开展“不忘初心、牢记使命”主题教育,党员素质、履职能力得到大幅提升,党建氛围日益浓厚。干部队伍建设不断增强,纪律意识和底线意识不断增强,积极做好巡察和审计工作,对2018年巡察过程中发现的39个问题基本已整改完毕。强化对干部选拔任用工作的监督,坚持廉政一票否决制,建立干部任用提名制度,将民主推荐、测评的结果作为选拔任用干部的基本依据。

（吴燕翔）

## 电力工业

**【概　况】** 丽水电力始于莲都,莲都电力始于1919年。国网浙江丽水市莲都区供电有限公司担负着丽水市区(不含南城区块)和莲都区的供电服务及35千伏及以下配电网的规划、建设、运行和维护任务。2019年,公司完成固定资产投资1.337亿元,同比增长29.98%;城网供电可靠率99.9902%,电压合格率99.999%;农网供电可靠率99.9108%,电压合格率99.989%。最高用电负荷323.6兆瓦。全年完成售电量13.23亿千瓦时,同比增长7.39%;到2019年年底连续安全生产日5097天。

**【电网建设】** 高标准制定电网规划。完成了莲都电网“十四五”规划编制。编制了《2019年配网网架提升方案》和《客户侧泛在物联网建设方案》。大力开展配网建设。2019年,10千伏及以下配电线路开工166.3千米,投产134.7千米;变电项目开工3.24万千伏安,投产3.09万千伏安。完成古堰画乡生态两网示范点建设。顺利完成了“空调进教室”、旧城拆迁、老小区改造、瓯碧园等政府重点项目电力配套工程建设。

**【电力服务】** 实现“办电e助手”全省线上试点运行,大幅缩短业扩办电时长,进一步推动电力服务提质提速。创设“办电e指挥”新模式,实现了业扩办电全流程、全环节的可控、在控。积极拓展综合能源服务,与万洋低碳智造小镇签订了“智慧用能园区”建设及综合能源服务协议。完成了25 个学校的电炊具改造,实现了校园电气化厨房全覆盖。

**【电力保障】** 2019年,出动现场保电人员106人次,保电车辆139车次,发电车15车次,累计保电场馆62个,保电天数83天。完成包括丽水市“两会”、全省山海协作工程推进会、第十六届低碳论坛会议、世界丽水人大会、丽水超级马拉松赛、全国轮滑锦标赛等一系重大保电任务43起。

（范博文）

## 供销合作商业

**【概　况】** 2019年,莲都区供销社利用碧湖镇小城镇改造契机,对基层社经营网点进行了改造,累计翻新修缮屋面近3000平方米,修缮危房围墙20余处,实现了社有资产保值增值。对社属企业资产进行分类管理,限制协议出租的范围,除拆迁网点和农村偏远山区破旧资产外,公开拍租率从6%提高到83%,防止社有资产流失。为四川省广元市剑阁县盐店镇五丰村提供东西部结对帮扶资金5万元。区供销社(区农合联)培育了农合联自己的茶叶子品牌“玉山溪”。

**【农合联四季服务活动】** 丽水市第二届产业农合联精品展销暨第六届供销年货节,四天时间共实现销售额618.8万元。“产业农合联春季服务暨2019年春耕备耕放心农资下乡”活动,开展了水果的种植栽培、病虫害防治等技术服务,赠送了13吨有机肥。“港埠青茗千年存 瓯水煮出画乡春”莲都区大港头镇首届新茶文化节,免费向茶叶产业会员发放了3万只茶叶包装袋。丽水市首届枇杷文化摄影节,8天时间,销售枇杷约50万公斤,销售额超1900万元,“太平极品枇杷拍出8888元天价”新闻报道(30颗160多年树龄的极品枇杷),阅读量达20.9万次。丽水·莲都中国农民丰收节,开展了“对标欧盟,肥药双控”服务宣传活动,向蔬菜产业农合联和粮食产业农合联赠送了38吨有机肥。

**【产业农合联】** 莲都区茶叶产业农合联:以联村、联企、联社、联场、联户的模式,开展送政策、送科技、送农资、送信息、送服务的“五联五送”服务。在“丽水山耕”大品牌之下，培育了农合联自己的茶叶子品牌“玉山溪”，为振兴茶叶产业增添供销特色。在茶叶产业农合联的引领和带动下，2019年，大港头镇春茶产量同比增长约15%，单位面积效益同比增长约17%。莲都区枇杷产业农合联：坚持以市场化为导向，围绕建立生产、供销、信用“三位一体”服务功能，整合区域通用性服务资源和特色产业专业性服务资源实现了“确定一个产业带头人，聘请一位首席专家，确定一个发展目标，配齐一个管理团队，完善一套管理制度，争取一项扶持政策，组织一场产业服务活动，打造一个专业服务平台”的“八个一”规范标准建设。同时通过枇杷产业链的不断延伸，枇杷花、枇杷膏、枇杷酒等，大大提高了枇杷产业的附加值，促进了农民增收。2019年，“莲都枇杷”正式成为莲都首个国家农产品地理标志登记产品。

**【农作物放心工程】** 2019年7月5日，在太平乡下(土夭)村举办农作物放心工程枇杷的整枝和病虫害防治专题培训会，为枇杷产业农合联会员主体提供精准培训，免费发放水果种植技术和病虫害防治等资料。同时，结合农作物放心工程培训持续开展了“丽水山耕”宣传培训，全方位落实品牌培训；8月9日，在大港头镇北埠村举办农作物放心工程茶叶营销和包装专题培训会，为茶叶产业农合联会员讲解茶叶营销策略和包装设计知识，现场还设有农技咨询服务处，免费赠送茶叶种植、加工、包装等技术资料和农资化肥小礼包。

**【“莲都超市”区域公共品牌】** “莲都超市”区域公共品牌纳入2019年“希望之光”计划人才资助申报项目。“莲都超市”经营人才纳入2019年莲都“超市管家”人才培训计划。2019年，区农业农村局、区供销社、区委组织部、区工商联等单位联合开展了商品采购销售、货品陈列技巧、物流与配送、法律知识和防诈骗技巧等初级实操技能的初级培训班和超市经营管理提升培训班，培训超200人次。12月28日，2019莲都超市发展大会暨莲都超市产业农合联成立大会。

**【消除集体经济薄弱村】** 2018年，莲都区供销社(农合联)运用“支部联动、社村联合、干部联手、技术联网、公司联姻”的共建模式，实现“帮党建、帮增收、帮脱困、帮服务、帮销售”的工作目标，与消薄帮扶村金竹村签订了《“五联五帮”促乡村振兴结对共建协议书》，并将位于解放街161号店面，无偿提供给金竹村展示销售农产品，提升造血能力，帮助金竹村实现村集体经济增收10万元，助力消薄摘帽。2019年7月，市委书记胡海峰调研金竹村，就消薄工作给予了充分肯定。

（陈梦蕾）

## 招商引资

**【概　况】** 2019年度新引进项目29个，其中大项目12个，完成实际利用内资37.32亿元，完成实际利用外资600万美元，新引进入选“绿谷精英550引才计划”对象8名。制定出台《莲都区财政扶持民办教育发展实施办法》，《促进莲都区总部经济发展扶持政策的实施细则》等优惠扶持政策。全年梳理和更新“谋划、盯引、落地”三张项目清单。推出谋划类产业招商项目共47个，计划投资总额265.33亿元。梳理盯引类产业招商项目共9个，计划投资总额263亿元。制定落地类产业招商项目共11个，计划投资总额139.08亿元。

**【与浙江清华长三角研究院合作】** 2019年一季度起，莲都区与浙江清华长三角研究院确立全面合作关系，该院牵头的药用植物开发及多肽类药物研发项目和“帮邦行”网约出行服务平台项目已经进行多轮对接。现药用植物开发及多肽类药物研发项目双方正在对接合作协议具体条款；“帮邦行”网约出行服务平台项目的基金投资方式双方以协商并确定，7月5日已在丽水注册浙江帮邦行总部，项目正式入户莲都。

**【招商引资项目集中签约】** 2019年，共组织2次集中签约。共签约项目23个，总投资额201.64亿元。其中，在2019年第二次世界丽水人大会上共签约13个项目，项目总投资额197.3亿元。通过集中签约形式，营造深厚的招商氛围和气势，为莲都未来发展提供支撑。

**【丽水灵康杏福康旅小镇建设项目】** 2019年12月3日成立的浙江尚和康圆实业有限公司负责丽水灵康杏福康旅小镇建设项目的运营，该项目总投资50亿元，项目位于丽水市莲都区小安溪流域太平乡吾古村、太平村S湾两侧地段。项目分两期投资建设，建设用地总面积约54.73公顷，一期建设用地面积约28.13公顷，二期建设用地面积约26.6公顷，具体出让地块面积以土地出让合同为准。该项目拟建设集文旅体验、康养产业、小镇生活、智能信息等四位一体的健康产业集群和辐射全省康旅小镇。通过康旅小镇项目的建设，形成共享智慧医疗、健康医护教育培训、国医国药文化、特色康养基地四大特色产业板块，最终打造成为全国知名的健康产业集聚区、文旅康养融汇的国家AAAA级旅游景区、康养小镇全国示范性基地。项目建设内容有康复医院、医护培训学院、颐养中心、国医国药一条街、太平庙会广场、大健康产业园、文化街坊、商业综合体、游客服务中心、健康云数据中心、浅山康养公园、中草药精粹基地、中草药科普馆等。

**【郎奇—白桥康养旅游小镇建设项目】** 该项目位于碧湖镇，总投资约10亿元，项目总规划面积约158.67公顷，拟打造以幸福产业为主题的康养旅游小镇。一期占地约46.93公顷（总建筑面积约43.5万平方米），该区块将打造成以养生养老为主题的旅游康养小镇，按照低密度、低容积率开发建设要求，重点布局医疗康复、康体保健、养老服务、度假酒店、运动休闲、康养主题街区等业态，拟打造以幸福产业为主题的康养旅游小镇。

## 莲都—义乌山海协作产业园

**【概　况】** 莲都-义乌山海协作产业园稳步推进，2019年累计完成有效投资19.6亿元，基础设施投资4.15亿；全区共引进山海协作产业项目到位资金22.2亿元，争取到山海协作援建资金643万元，实施援建项目6个和乡村振兴示范点3个，太平枇杷产业园、泉庄纸箱加工厂、岩头村光伏发电等一批山海协作产业项目建成投入使用；与义乌实施"飞地"合作，签订《义乌—莲都山海协作消薄产业园项目合作协议》《莲都大厦项目合作协议》；组织了近40家企业参加了义博会、装备博览会、框业博览会等展会，新增科技、旅游、贸易、文创、工会等各类合作事项11项，与上海市黄浦区、长三角创意经济协调专委会建立合作关系，推动区域合作不断提质扩面。

**【莲都大厦】** 莲都大厦作为义乌-莲都山海协作科创园区，位于义乌金融商务区一期01—16号地块，由莲都区人民政府指定的国有企业莲都区城乡建设投资有限公司负责投资建设，将为丽水籍企业提供优质商务办公平台。项目总投资约5亿元，规划总用地面积约5040.72平方米。作为飞地，项目采用两供两保，莲都负责供投资资金、供人员建设和运营管理，义乌方保障项目落地，保障十年财政地方税收留成部分全额奖励。截至2019年年底，项目已完成可行性报告和签约，并着手土地招拍挂前期准备工作，预计2020年可挂牌出让并开工建设。

**【义乌-莲都山海协作消薄产业园】** 义乌—莲都山海协作消薄产业园位于义乌市大陈镇前山工业区，于2019年12月17日由浙江义乌高新区开发建设有限公司和义乌市大陈镇经济发展有限公司、丽水市莲都兴村集体经济发展有限公司联合投资开发建设。园区位于义乌市大陈镇前山工业区及八里桥头矿区，工业用地面积2.59公顷，矿业用地面积14.6公顷，由义乌高新区建材科技有限公司负责建设、运营、管理。项目总投资1.4亿元，其中莲都兴村集体经济发展有限公司共出资3000万元，占股20%，年收益不少于10%，重点可以保障莲都区36个村解决消薄问题，并带动全区208个村的增收。

# 交　通

## 公路建设

**【概　况】** 2019年是新中国成立70周年，更是实施综合交通运输发展“十三五”规划承上启下的一年。区交通运输局围绕区委、区政府中心工作，深入贯彻全市“两山”发展大会精神，以浙西南革命精神为动力，以“走亲联心三服务”活动为抓手，推进全区交通基础设施项目建设，以“交通先行”展现“莲都作为”落实“丽水之干”，为莲都区再谋绿色高质量发展新篇章打下交通基础。经年终统计，截至2019年年底，全区区管公路里程达985.117千米，其中：专用道3条、里程30.247千米；村道195条、里程726.239千米；乡道8条、里程50.413千米；县道12条、里程178.218千米。

**【综合交通建设情况】** 2019年投资情况完成方面，一方面根据省交通厅下达的固定资产投资任务，莲都区2019年计划完成全区公路、水运、站场项目建设总投资2.74亿元，截至年底完成2.9亿元，占年度投资任务的105.8%，提前完成年度投资任务。另一方面，从莲都区本级交通统计数据上报情况来看，截至2019年年底已经完成统计入库投资2.6亿元，相比2018年同期入库投资0.7394亿元，同比增长了252%。其中丽龙高速公路南山互通至丽新公路一期工程总投资3.49亿元，项目已于9月30日全线贯通，计划于春节年底前完成交工验收并实现预通车。北埠至堰后农村道路改造提升工程项目总投资估算约8000万元，2019年计划完成投资2000万元，项目已于9月27日举行了开工仪式，正在开展路基和桥梁部分工程施工。洪渡互通至黄村农村公路改造提升工程（仙渡至黄村段）项目投资估算约1.65亿元，总里程20.6千米，按照三级公路标准予以实施。2019年计划完成投资1300万元，该项目分三段实施，其中仙渡至滴水岩段施工单位已进场施工，黄畈至杉树坑段完成招标，上冷水至黄村段预计12月18日发布招标公告，2020年1月15日完成招标。该项目累计完成投资1200万元。

**【丽水市大花园（国家公园）样板示范路创建】** 大花园（国家公园）样板示范路项目起点位于50省道与绕城西线互通转盘处，经桃碧线、港前线至周坦村，再利用丽武公路返回，从而形成环线。其中由莲都区交通运输局实施路段为港前线（港口至周坦段）和丽武公路（50省道至周坦段），总投资2143万元，路线全长23.5千米。截至2019年年底，项目主体工程已完工。

**【打造“四好农村路”】** 2019年是实施高水平建设“四好农村路”三年行动计划的第二年，也是攻坚之年，各项工作的任务量跟2018年相比都有了较大幅度的提升。根据要求，2019年莲都区需要改造提升农村公路136千米。截至2019年年底，所有项目主体工程已全部完成。

**【“红+绿”融合渐入佳境】** 莲都区交通运输局以“浙西南革命精神”弘扬践行活动为契机，加快革命老区交通基础设施的建设，着力解决发展全域旅游特别是红色旅游上存在着的交通“瓶颈”。一是实施“丽和线”安全生命防护工程。该项目起点位于雅溪镇，项目总投资2086万元，路线全长11.16千米，项目建设后将显著改善莲都北部区块交通通行环境，打通西溪革命老区的交通脉络，带动丽水市首批“十大文化名村”、“国家级历史文化名村”西溪村的发展，截至2019年年底，项目已完成总进度的90%，预计春节前完成项目主体工程。二是实施仙渡乡仙渡至梅田公路提升改造工程。该项目总投资294万元，实施里程6.7千米，建成后将进一步改善仙渡片区交通通行条件，促进仙渡葛畈北乡革命根据地红色旅游资源和生态旅游资源协同发展。截至2019年年底，项目主体工程已完成。

## 行业管理

**【概　况】** 2019年，莲都区交通运输局深入贯彻中共十九大精神，坚持以习近平新时代中国特色社会主义思想为指导，围绕莲都区委、区政府中心工作，深入贯彻实施全市交通运输工作战略部署，以公路建设和管养为先导，以党风廉政建设为保障，以行业安全监管为基础落实重点职能工作。通过在交通系统开展“两学一做”“不忘初心、牢记使命”等主题学习教育，努力打造一支作风优良、素质过硬的、精干高效的党员干部队伍；通过强化行业管理，推进交通基础设施建设，为群众营造安全、便捷、舒适的路域通行环境。通过强化安全生产管理，把日常安全生产管理工作落到实处，为交通运输系统全年“零事故”奠定了基础。

**【农村公路管理养护工程】** 莲都区交通运输局以全面深化改革为抓手，围绕交通运输综合改革总体规划，强化推进农村公路综合财产保险和农村公路市场化养护改革工作。农村公路综合财产保险方面，2014年莲都区交通运输局在全省率先启动农村公路财产损失综合保险试点。经过6年（两个周期）的运行，公路平均修复时间缩短至一周左右，较实施该模式之前提速50%以上，赔付率达100%，形成了“出险及时报，损毁及时修，资金及时到”的农村公路管养“莲都样本”。农村公路市场化养护改革方面，自2016年实施以来，经过三年的探索实施，截至2019年年底，全区41.263千米的县道，176.05千米的乡村道率先完成了养护市场化改革工作，实现了专业化、机械化、规范化养护，公路养护质量显著提升。

**【安全生产管理】** 2019年以来，莲都区交通运输局完善了《三防预案（2019版）》制度，全年印发了《莲都区交通运输系统遏制重特大事故构建双重预防机制实施方案》有关安全生产工作文件，深入落实《莲都区交通运输局安全生产领导小组工作职责》和《莲都区交通运输局安全生产领导小组工作规则》，推进全区交通安全工作的规范化管理；安全生产管理强化“事前监管”力度，下属单位莲都区交通质量监督站、莲都区公路管理局开展项目开工前安全技术交底，对项目开工前的管理人员和安全生产专项资金落实情况，高处作业、临水作业、特种作业及临时用电等专项方案制定情况等进行前置审查把关，全方位落实好安全生产事前监管工作。排查整治活动中，将重大工程施工违法违规行为等作为打击重点，消除事故隐患；强化安全生产意识，制订2019年交通运输行业安全生产宣传教育活动计划，明确各行业管理机构的职责任务和时间节点，通过多种形式宣传安全生产重要性，提高从业人员的安全生产意识。开展公路隐患排查治理。紧抓边坡隐患治理和桥梁检测工作。根据隐患排查治理等要求，2019年度莲都区边坡治理工程项目主要采取K0+880—971段和K3+953—K4+121两段同时施工，截至2019年年底，已完成主体工程建设。通过招投标为全区农村公路桥梁进行定期检查，累计对全区12个乡镇（街道）涉及的县乡村道共254座桥梁进行了定期检查工作，其中9座大桥、34座中桥、211座小桥。同时，加强道路安全管理、日常检查和特殊时段的安全检查，坚持把预防和治理作为重点工作来抓，针对“春运”“三防”等特殊时段以及雨雪天气，加大公路巡查力度、检查频率，全面了解、准确掌握公路、桥梁、涵洞和边沟等的安全状况，及时清理路障，排除不安全因素。通过组织春节后复工前、汛期施工、冬季施工和每季度的安全生产检查等，对特殊时段的安全生产工作提出要求，增强施工人员的安全生产意识和安全技能。安全管理人员不定期上路巡查，联合路政人员对各类违法涉路依法进行了查处，确保公路安全畅通。截至2019年年底，共开展公路安全检查45余次，共出动人数130余人次。

**【路域环境整治】** 2019年，莲都区交通运输局从“抓整治、强执法、促保障”三方面着手，拆除公路边各类违章建筑、乱搭建等610余平方米，清理公路沿线堆积物4350立方米，清理乱竖牌（非公路标牌）13块，发放责令停止（纠正）违法行为通知书32余份，处理赔（补）偿案件9件，缴纳赔（补）偿费6920元。大队与黄村、雅溪交警中队开展超限超载专项整治17余次，出动执法人员110余人（次），查处超限车辆8辆，抛洒滴漏车辆4辆，教育整改车辆20余辆。同时，共整治穿镇道路19条，涉及里程16.7千米，完成道路整治进度比例100%，整治穿镇公路“六乱”点位500余处，莲都区所有乡镇均已通过省整治办考核验收。

（张露淇）

## 丽水高铁站前综合管理工作

**【概　况】** 2019年，丽水高铁站综合管理中心处置站前区域各类纠纷195次，协助信访部门检查可疑人员1000余人次。查扣处罚城际非法营运车24辆，违规营运班车3辆、出租车13辆、网约车28辆、异地出租车1辆、旅游班车1辆，共检查出租车414辆次，纠正不文明行为18辆次。纠正劝导残疾三轮车、出租车、私家车的违停、乱停人形横道800人次，残疾三轮车不服从指挥160余人次，闯红灯140余人次，现场拍照处罚违章停车、电子球机抓拍3800起，收缴电动车雨棚10副，处罚其他违法2600起。受理处置12345政务热线案件109件、受理处置数字城管派发案件785件、结案率99.98%；采集违停940辆，对流动摊贩、乱扔烟蒂、违停等简易处罚119件（次），计5810元，一般程序案件1件5000元；规范审批店招店牌7处、劝导流动摊贩69件、超出门窗外经营52件、劝导违法停车298辆、拆除横幅18条、拆除沿街水池15处、清理乱堆物堆放10车次；为打好蓝天保卫战，全面杜绝未安装油烟净化器，辖区74家餐饮店油烟净化器规定安装率达100%。实行“扫、掏、捡、擦、报”5步工作法，“扫”即每天早7点前，午2点前对“6路1广场”进行全面清扫。及时维修处理站前广场区域公共设施，合理规范设置道路交通及站前区域设施分布指示牌，增加无障碍通道等公共设施。

**【设施功能逐步升级】** 2019年5月，丽水高铁站前广场改造工程全部完工，站前区域布局更加合理、环境更加整洁，形象更加良好。对现有的场地进行合理规划，在站前广场风雨连廊旅客出租车上客点增建S型上车通道，并在风雨连廊玻璃顶棚铺设人工草皮用于降温，在高铁站出口处增建安全隔离护栏和5个公益宣传广告位。争取专项资金，完成丽水高铁站老站房路面和内部设施改造、高架下新和路排污老旧设施更换、站前警务车辆停车场建设、广场各主要路口导向牌更换等项目。规划设置三角绿化地块公共停车场，移交给区国资公司通过公开招投标方式引入社会资本，完成建设高铁站前综合停车场，新增车位200多个，有效缓解了停车难问题。同时在三角绿化地块重新规划建设新能源电动租赁汽车停车场一处。

**【服务管理逐步提升】** 向市财政争取专项资金200万元，用于保留丽水站多趟高速列车的始发运行资格，对优化和完善丽水站高速铁路运行网络布局，加快丽水市社会经济发展等具有重要意义。做好对站前安保服务企业和保洁企业的考评管理。2019年6月，重新对广场保安项目进行重新公开招投标，完善和调整相关管理和考核制度，确保政府购买服务保质保量完成。延伸站前区域保洁管理范围。争取25万元专项资金，用于补助高铁站广场周边社区保洁经费严重不足问题，极大改善了该区域保洁水平低和环境卫生整治不到位的局面，提升了整个站前区域和周边社区的市容市貌。

**【文明形象逐步提高】** 在售票厅、出站口、候车厅设置扫黑除恶宣传展板，进出站口处悬挂宣传横幅，出租车上客点交通护栏和出站口圆柱设置公益灯箱广告，在二层候车厅、警银亭和单位门口LFD显示屏滚动播放平安、经常化创建、垃圾分类等宣传标语。结合新中国成立70周年“迎大庆、保安全”活动，营造安全、文明、整洁、有序的城市窗口形象，分别于6月5日和9月11日在站前广场开展“文明礼仪，从我做起”和“迎大庆、保安全、促文明、共行动”宣传活动，发放宣传资料2000份，宣传品5000份。联合市教育局、铁路丽水站警务室、金华车务段丽水站、宁波工务段、杭州电务段、供电段等相关单位到水东小学开展以“平安铁路、共创共建”为主题的铁路安全及法律知识宣传活动，活动包括现场讲解铁路安全知识，铁路安全知识图片展，发放铁路安全宣传资料和铁路安全小分队授旗等内容，共发放宣传资料800多份、宣传品600多份。

# 网络·电信

## 电子政务建设

【实施公共服务能力提升工程】 推进“互联网+政务服务”应用，2019年“互联网+政务服务”进一步得到完善，群众办事从“最多跑一次”向一次都不用跑、即办、掌上办的理念迈进，实现了零跑实现率为97.79%，即办率为87.87%，承诺期限压缩比为94.77网上办实现率为96.52%，掌上办完成率96.43%，均达到省定目标；实现“全域一证通办”、开通电子证明服务；做到城市管理、水务、燃气等公共数据一数一源、全量实时归集到省数据管理中心。初步完成“互联网+监管”平台。2019年，莲都区“互联网+监管”应用与省、市同步上线，莲都区出台《莲都区“浙政钉·掌上执法系统”应用试点实施方案》，并按照方案要求有序地推进“互联网+监管”工作，莲都区“浙政钉掌上执法”工作共涉及24个执法部门。有执法人员470人，已开通账户470人，执法人员账户开通率100%；掌上执法激活人数470人。

【实施政府数字化转型工程】 2019年，利用基层治理四个平台开发部署“智慧党建系统”、丽水市环保局将秸秆焚烧监测与处置事项在莲都区的四个平台试点应用，成功实现与丽水市城市大脑对接，当秸秆焚烧事件发生时，高杆摄像头捕捉到信息并自动报给城市大脑，并与莲都区四个平台网格员联动，将整事件处置流程实现闭环，为丽水市乃至全省提供应用场景示范。

【实施行政质量提升工程】 2019年，莲都区政务移动“浙政钉”总注册人数 9669人，总激活人数 9669人，激活率 100%，应用群体进一步扩大，参与度也进一步提高，全年平均活跃度达60%，将原有的协同办公系统、基层治理四个平台APP、机关内部“最多跑一次”等应用上钉实现办公效能提升。

【做好信息安全保障工作】 2019年，莲都区政务外网系统通过了二级信息安全等级保护测评，落实《信息安全等级保护管理办法》；区政务内、外网都得切实维护，全网全年无故障运行，未发生重大信息安全事件。

【做好各信息系统的运维保障工作】 2019年，通过视联网召开会100多场次；做360安全防护终端和莲都区门户网站红网卫士发挥安全盾牌作用，全网全年无故障运行，为莲都区信息化展提供有力支持；坚持做好网站普查服务工作；协同办公系统维护到位，新增推广使用单位3家；莲都区门户网站更新及时，年维护更新量超两万条。

## 中国移动莲都分公司

【概　况】 2019年，莲都移动分公司践行“两山”战略，积极参与莲都区经济社会建设，保持了良好的发展态势，完成了各项工作目标。公司2019年运营收入约25475.79万元，上缴税收约456万元。其中公司承接的古堰画乡创AAAAA景区信息化项目，助力地方AAAAA级景区的建设。莲都分公司下设四部，即市场部、政企部、网络部、综合部，9月增设三个网格，分别为城东网格、城西网格、城郊网格。服务5

个街道(紫金、岩泉、白云、万象、联城)、4个乡(太平、仙渡、丽新、黄村)、2个镇(雅溪、老竹)。

**【基层党建工作】** 将主题党日活动和生产经营紧密结合,2019年共开展党员进社区,党员进校园等12次主题党日活动;通过"书记项目""党员摘牌"和党员突击队等活动载体,党员们扛起公司生产经营中的重点、难点问题,体现了支部党员的先锋模范作用。开展"党建和创"实践活动和"不忘初心,牢记使命"主题教育,莲都支部与联城街道党工委,老竹畲族镇新陶村党支部开展党建和创工作,通过开展浙西南革命根据地红色主题教育活动,支部先后到小顺革命根据地和南乡革命根据地纪念馆参观学习,党员们寻初心、悟初心、找差距。积极参与农村信息化建设,截至2019年,行政村移动无线、有线覆盖率均为100%。同时还开展农村网络日常维护、保障专项工作,不忘为农民提供优质网络服务的"初心"。深入开展了廉政建设教育,运用廉洁责任书、廉政谈话等载体,筑牢了拒腐防变思想防线。加强日常监督,开展经常性反腐倡廉教育,对分管部门、单位负责人开展谈话,了解党的纪律和有关规定的执行情况,了解掌握苗头性倾向性问题,督促遵守廉洁从业各项规定的情况。2019年,与关键岗位员工进行了21次谈话,与渠道代理、网络代维等第三方合作商开展多次座谈,强调廉洁公正,与第三方签订《廉洁诚信协议书》65份。开展落实"反腐倡廉教育月"工作,多种形式开展廉政教育,集中党员、员工观看廉政视频一次。2月20日,组织全体网络部党员到莲都区党群服务中心参观,学习了《王晓林案件学习》和《中共浙江省纪委关于11起形式主义、官僚主义问题的通报》的案例作为反面案例教材,并在活动现场,通过电子设备开展了廉政知识测试。4月22日下午,召集所有党员和部门经理以上人员开展廉洁从业座谈会。各部门的党员代表结合本职工作谈了对公司党风廉洁建设和廉洁从业的体会和感想,从加强党风廉洁建设、深化廉洁教育、树立正面典型等方面提出了一些自己的见解和建议。4月22日,开展"讲规矩 正风气 守廉洁 促发展"廉洁专题座谈会。4月28日,组织党员、关键岗位人员到云和小顺红色基地开展"新时代 见初心守使命"廉洁教育活动,9月27日下午,莲都分公司组织党员、干部和入党积极分子赴丽水市党建教育基地"清风阁",开展警示教育活动,引导党员干部寻初心、知敬畏、明底线、重品行、正操守,筑牢拒腐防变的思想防线。1月、3月的党员大会集中学习省市公司《关于贯彻落实习近平总书记重要指示精神集中整治形式主义、官僚主义的工作方案》和典型案例。元旦、春节等重大节日期间按要求开展纠正"四风"问题监督检查专题活动,围绕主责主业,强化执纪监督问责,履行纪检监督、执纪、问责职能。每季度开展纪检自主监督工作,2019年检查内容有:公车使用情况,食堂招待情况与规范,办公费用使用情况等,莲都公司不无存在违规情况。支部通过开展系列活动加强支部党员战斗力,紧密联系群众,引领各项事务顺利发展,心"莲"心支部品牌建设初见成效。

**【加快5G建设】** 5G通信技术具有高速率(超越光纤,下载速度可达10Gbps以上,是4G的100倍)、低时延(超越工业总线,时延达到毫秒级,是4G的十分之一;同步达到微秒级)、大连接(超越二维空间,可实现每平方公里百万级连接,是4G的10倍以上,真正实现"万物互联")等三大特点,不仅满足个人的通信需求,也为与各行各业深度融合提供了可能。"4G改变生活,5G改变社会",如果把4G比作"修路",主要为各行各业提供较高速的信息基础设施,那么5G既要"修路"更要"造城",在实现移动通信技术新跨越的同时,将移动通信能力从消费级向工业级延伸,带动产业信息化发展,推动各行各业转型升级。胡书记在全市"两山"发展大会上也明确指出,今天的丽水,已然站在了大建设、大发展、大跨越的重要历史关口,丽水当前正处在大有可为而且必须大有作为的重要战略机遇期,"丽水大花园最美核心区""数字丽水2.0"建设等重要举措深化落实，我公司积极响应市（区）委市(区)政府，以5G网络驱动产业发展，积极开展5G网络的先行先试。2019年5月17日，开通5个5G站点，并率先打通丽水第一通5G网络视频电话。2019年年底，莲都已开通5G站点13个，其中10个宏站、3个室分；完成248个5G站点的前期勘察，同时做好超级马拉松、中梁滨江首府中秋晚会、老竹"三月三"、环球马戏嘉年华、南明湖灯光节、大剧院民族巡演、丽水人大会议、两所高校秋季开学、科普艺术节等9次大型活动的保障工作，用户感知良好。

**【智慧丽水建设】** 依托网络领先优势，推进信息技术与社会治理、企业转型、绿色发展相融合，助力智慧丽水建设。2019年，智能抄表、智慧停车、智慧医疗、智慧政务、智慧工地、智慧旅游等信息项目均有应用，如市（区）政府重点关注的智慧工地项目，19年签约54家，通过智能化技术手段实现了工程施工可视化智能管理。2019年，公司承接的古堰画乡创AAAAA景区信息化项目作为浙江大花园最美核心区建设项目，其实施可以助力AAAAA级景区的建设，打造丽水旅游新名片。5G改变社会，我公司将把握新时代赋予的历史机遇，领悟"丽水之赞"，践行"丽水之干"和浙西南革命精神，积极服务于莲都区生态化、数字化建设，不忘以信息通信技术服务经济社会民生的"初心"，以信息网络为驱动力，助力丽水本地产业的智能化、自动化，创造更多的亮点产业和特色产业，为丽水经济社会发展做出应有的贡献。

# 城建·城管·征收·环保

## 规划与建设

【概　况】 2019年,莲都区建设局持续做好美丽宜居示范村建设。洪渡村已完成建设任务并通过省级考核验收;峰源乡赛坑村、大港头镇官岭村已完成建设任务,正在编制建设台账准备迎接省厅考核验收;2019年被列入试点的联城街道汝河村已完成提升规划编制并开工建设。稳步开展中国传统村落保护利用,督促指导各乡镇加快推进全区八个中国传统村落的项目建设。截至年底,大港头镇官岭村,峰源乡赛源村、库坑垟村、夏庄村,雅溪镇库川村、龚山村已完成项目预算审计及招投标工作并开工建设,共完成投资900余万元,完成支付200余万元。有序开展农村生活污水运维管理,2019年莲都区农村生活污水新建项目由乡镇自主实施,已完成工程量70%;农村生活污水改造项目由区建设局牵头,已完成工程量95%,其中苏埠、雅里、莲房、高溪、白桥、栋村、利山、均溪、敏河、长乐10个点位通过省里验收。农村生活污水专项规划通过验收。推进困难群众住房救助工作。检查督促各乡镇街道完善"一户一档"农户档案,对验收不合格需要整改的农户进行指导,对莲都区仍然存在住房困难的低保户、低保边缘户、分散供养的五保户、贫困残疾人四类对象进行了摸底统计。将2019年300户四类对象危房改造任务分解下达至各乡镇街道,各乡镇已完成区级公示工作并开始房屋修缮。不断深化审批制度改革,全面梳理政府投资房屋建筑类、企业投资民用建筑类等五类工程项目审批流程,按照"能精则精、能减则减、能合则合"的原则,进一步削减审批环节、精简申报程序、简化申报材料、压缩办理时限,积极推进并联审批。实现一般政府投资项目全流程审批时间为86个工作日,达到一般政府投资项目全流程审批时间90个工作日以内的工作目标。

【小城镇环境综合整治】 2019年,莲都区小城镇环境综合整治共交办点位11136个,销号11136个,销号率达100%;拆除"蓝皮棚"4万平方米,拆违、拆旧、拆破面积达18.5万平方米,整改拆除遮阳棚、灯箱、广告牌6000余处;开展"六乱"大整治,共整治脏乱差点位7768个。碧湖整治项目全面完工,并于7月27日通过省级考核验收。继2017年首批3个小城镇、2018年5个小城镇顺利通过省级考核验收后,历经三年,莲都区已全部完成9个小城镇的整治工作并通过省级达标创建。其中,大港头镇、老竹镇和碧湖镇被评为小城镇环境综合整治省级样板,莲都区小城镇环境综合整治完美收官,实现"满堂红"。

【城市基础设施建设】 进一步做好对社区市政基础设施巡查频率,设施完好率和维修质量均有提升。2019年,共完成各项设施维护修复825件、管道清淤70千米。修复路灯及排除故障900余次,对社区公共绿地、行道树进行了日常养护和病虫害防治,补植绿地800多平方米。对社区12座桥梁进行了常规安全检测,基本保障了莲都区基础设施完好率和亮灯率。并积极组织防汛期间应急演练,在汛期投入巡查和值班人员80余人。

**【老旧社区雨污分流改造和住宅小区截污纳管整治】** 老旧社区雨污分流改造项目(二期)方面，2019年计划续建、开工的8个区块已全部开工建设，完成投资8186万元。其中，大洋河南区、海潮老村周边区块、平安小区周边区块、玫瑰家园东侧区块、实验小学周边区块、阳光新村已完工；水东新村完成总工程量的82%；灯塔四村及周边区块完成总工程量的76%。持续推进市区北城区块住宅小区截污纳管整治工程(3073幢房屋截污纳管不到位整治)。一期5个标段项目已开工建设，完成投资2187万元，二期因社会稳定风险评估无法完成审批，导致可研审批无法完成，前期工作尚未启动。

**【物业管理水平】** 2019年，共办理11个前期物业招标和10个中标备案、42个物业服务合同备案，签订24个项目"三金一房"提取合同，对12个项目物业用房进行了现场验收。制定和出台了《关于开展莲都区物业管理优秀住宅小区考评有关事项的通知》，完成对19个申报小区的现场考评。以《丽水市物业管理条例》为契机，草拟和修订了《丽水市物业保修金管理办法》《丽水市住宅物业保修金管理办法》《业委会成立指导规程》等配套文件、示范文本和规范标准，并提交研究。主委员会指导方面，共指导了20个小区业委会成立和换届工作。加大数字城管件处置力度，共处置物管区域数字城管案件4126件，结案率达96.6%。强化物业纠纷处置，共协调和处理市民电话、网络舆情、效能投诉、信访件等物业投诉1000余次。推进物管小区垃圾分类工作。2019年，市区共有85个物管小区列入垃圾分类小区名单，其中新建省级高标准垃圾分类示范小区3个、省级"定时定点"投放小区8个。各垃圾分类小区均已配备物业专管员，并组建物业行业协会垃圾分类宣讲队伍，新建"定时定点"投放和高标准示范小区积极推进分类收集亭、宣传栏、点位改造等设施优化和提升工作。

**【房屋安全管理】** 推进源头治理，市区青林村、丽东一村、灯塔村北郭桥弄等危旧房集中区块已列入2019年城中村拆迁改造计划。完善农村危旧房治理政策，开展莲都区农村危旧房治理改造政策修订。积极开展危房网格化巡查特别是汛期安全巡查，未发生因房屋倒塌引起的人员伤亡事故。开展第二轮城镇和农村危旧房治理工作，城镇第二轮D级危房腾空率100%，农村第二轮危房152户，通过"腾、拆、修、控"完成治理100%。

（王萌）

## "三改一拆"工作

**【概　况】** 2019年共拆除各类违法建筑103.3万平方米，完成省市下达任务的114.8%。根据《莲都区农民占用集体土地违法建住宅处理办法(试行)补充意见》，处罚806户，罚款、回购处置金额1907.57万元。完成"三改"72.9万平方米，其中，旧住宅区改造3.48万平方米，旧厂区改造5.1万平方米，城中村拆迁改造64.15万平方米，城中村综合整治改造0.17万平方米，拆后利用率78.8%。

**【无违建创建】** 2019年，搭建莲都区防违控违综合管理信息系统，启动无人机开展高空违法建筑巡查，逐步实现"天上看、地上查、网上管"全方位无死角的防违控违网。全区14个乡镇(街道)中，创成"无违建乡镇(街道)"8个(雅溪镇、峰源乡、黄村乡、丽新乡、老竹镇、仙渡乡、太平乡、大港头镇)，"基本无违建乡镇(街道)"6个(碧湖镇、紫金街道、岩泉街道、万象街道、白云街道、联城街道)。全区233个村(社区)中有210个已通过"无违建村(社区)"验收，完成率90.13%。

**【两违处置】** 加快推进存量违建拆除，突出重点区域、重点类型，拆除影响市容镇貌的违法建筑，一批关注度高、影响面广、情况复杂的违法建筑得到拆除。如成立浙南建材城违建处置专案组，对建材城125户违法建筑开展集中整治。对岩泉街道天宁工业园区金笔街区块违建开展集中拆除，共拆除违建点位18处，违法建筑面积2800余平方米。原红云度假村和原丽阳小学的7000多平方米的违法建筑、中凯混凝土有限公司8500余平方米的违法建设、丽水市华祥新型建材厂5980平方米违法建筑等一批严重影响周边生态环境、影响恶劣的违法建筑被依法处置。对《今日聚焦》栏目曝光的白门滩区块、南明山庄违建群等两处违建点位,一个月内全部按时整改到位,共拆除违法建筑7374.8平方米。

## 综合行政执法

**【概　况】** 2019年以来,综合执法莲都分局坚持问题导向、效果导向和群众满意导向,立足自身职能,创新管理思路,多措并举做好市容环境整治,在古堰画乡景区开启了"执法+保安"市容共治新模式,在老竹镇探索了"市区协作"新模式,提升了治理能力水平;全面加强综合执法队伍建设,优化干部队伍结构,推进专业化、高学历、复合型人才队伍建设,全面提升综合执法队伍的组织力和战斗力。

**【市容管理】** 在大港头镇和老竹镇引导流动摊贩进入利用农贸市场空闲摊位建立的便民服务点实行集中统一管理,累积出动执法队员7416人次,整治流动摊贩38400余起;依法对大港头镇人行道违规停放机动车辆进行集中整治,并开出了莲都区乡镇市容整治的第一张违停罚单,大港头镇成为莲都区首个实行机动车人行道违停处罚的乡镇;在古堰画乡景区、万洋低碳小镇、碧湖镇和老竹畲族镇针对占道经营、跨门店经营、乱贴乱画、户外广告等现象开展了市容集中专项整治。整治跨门经营24321余户,乱堆放3868余处,扑杀家禽家畜18只。

**【依法行政】** 2019年,综合执法莲都分局共立案查处行政处罚案件5件,其中国土类案件3件(罚款金额63.1665万元),规划类2件(罚款金额21.1657万元),罚款总额84.3322万元;积极做好普法宣传,分别在丽新畎岸村、雅溪双溪村、大港头、天宁工业园、纳爱斯广场开展多场次普法宣传活动,并对前来咨询的群众现场解答了相关问题,活动共发放宣传资料1500多份,接受咨询90余次。

**【信访工作】** 2019年,综合执法莲都分局设置24小时信访举报热线,对投诉举报案件快速予以调查核实,全年共受理、转办各类信访件151件,反馈率达到100%,未发生因"两违"问题造成的越级上访和重大上访事件。

(林凯之)

## 征收工作

**【概　况】** 2019年市区城中村改造(重点项目征收)工作是丽水城市发展破旧立新,革故鼎新的第二年,是市、区两级工作的重中之重。莲都区作为主战场,围绕市委市政府的统一战略部署,弘扬践行浙西南革命精神,紧盯18个地块"净地"为目标,全面完成城中村改造各项工作任务。4月18日,市区城中村改造(重点项目征收)工作正式启动,全年城中村改造(重点项目征收)79个项目,完成销号项目50个(城改项目8个,市区重点政策处理项目42个),完成房屋征收2503户,累计拆除68.8万平方米,其中城中村改造征收面积达63.3万平方米。

**【城中村改造工作】** 市区改造工作启动后,延续了由区委、区政府主要领导组成的莲都区城中村改造(重点项目征收)工作领导小组,精准谋划、科学施策,全面保障市区城中村改造工作的顺利推进区指挥第一时间启动办公会议机制、例会制、会商机制等一整套工作机制,为工作推进奠定良好基础;在征收小组入驻后立刻搭建起新的联络员信息沟通体系,顺利完成了原街道联络员与各征收小组联络员的工作交接,确保市级决策及时上情下达、下情上传。从全区45家单位抽调120余名精干力量分派至6个征收小组,其中科级干部15名,35周岁以下年轻干部11名,另外,各征收小组中街道干部221,其中党员132人,村社干部134人,成为征收工作的中流砥柱。全面推行阳光征收系统,确保房屋征收工作的规范化、公开化、透明化水平,进一步保障被征收群众的合法权益。同时,莲都区作为资金保障和房屋安置的关键枢纽，全力协调，力求资金使用和房屋安置准确无误。截至年底，销号区块8个，分别是：凉塘村冷水村飞机场角城中村改造项目（五圾圩区块）、凉塘村冷水村飞机场角城中村改造项目（冷水区块）、长岗背村关后城中村改造项目、丽青路与寿尔福路西北角项目、紫金路东侧民俗乐园区块项目、黄泥井城中村改造项目、河村老村城中村改造项目、囿山路与大众街西南角地块改造项目。

**【市区重点政策处理项目】** 2019年完成市本级重点政策处理项目42个，具体如下：东地路北段二期、东地路北延伸段 、中梁悦湖雅苑北侧支路、东苑小区北侧支路、丽阳街延伸段拼宽、东港路延伸段（市场1号路—灵山大桥引桥段）、关下路（开发路—和平路）、丽水市合众养护院、白云森林公园康养步道示范段（二组）、未来（灵山）社区及周边道路项目（铁丁桥城中村改造）、未来（灵山）社区周边项目（铁丁桥城中村改造）、天宁水厂南侧配套路、东地路（丽阳街—东港路）、城东区块规划支二路、市场1号路东侧道路、好溪路延伸段（灵山大桥引桥—丽阳街）、好溪路延伸段（市场一号路—灵山大桥引桥）、水上运动中心、水东公寓二期便道、水东公寓北侧支路、大修厂规划支路一期、华东药用植物园（丽水植物园）、白云森林公园康养步道示范段（白云）、欣苑街（中山街—括苍路）、丽水学附中扩建工程教育教学管理服务用房、武警丽水支队机动中队营房、丽水市职业高级中学岗位技能实训基地建设、欣苑街（括苍路—教工路）、丽阳溪水系综合整治工程（PPP）（万象）、桐岭路项目、下水南污水提升泵站、江滨商务中心、水南垃圾中转站、莲都区万象消防站、大溪治理提升改造工程、平东路（太平路—联平路）、纬五路、联平路（联城路—平东路）、路湾坑河道治理工程、金周农居新社区南地块、徐宅路（城北路—河湾路)以及丽水机场及配套项目。

**【乡镇项目】** 2019年，完成乡镇重点政策处理项目52个，包括：雨伞岗农家乐项目、新青林小学、天宁中学扩建工程、岩泉综合功能服务站、莲都区小安溪流域综合治理工程（凤鸣段）、绿园养殖场收储地块、大溪治理改造提升工程先行工程、老竹—丽新污水处理厂、莲都区人民医院改扩建工程、大溪治理改造提升工程先行工程、碧湖镇大众街拆迁安置小区项目、碧湖三小新建工程、碧湖镇三峰出让地块、碧湖西郊郎香东侧商住用地土地储备项目、碧湖镇文二路延伸段道路工程、碧湖镇采桑路延伸段道路工程、碧湖镇环城北路延伸段道路工程、碧湖镇人民路延伸段道路工程、古堰画乡堰头停车场项目、古堰画乡龙庙区块提升工程、碧湖公交首末站项目、碧湖镇低丘缓坡工业路项目竹溪金山玗安置地块、瓯碧园二期及部分道路、碧湖工业园区综合供能服务站、高溪综合供能服务站、碧湖平原绿道网新治河绿道工程、大港头至碧湖污水处理厂污水主管工程、瓯江大溪治理工程莲都段、碧湖新治河白桥至下圳段、北埠至堰后公路建设工程、石牛安置地、华统项目南坑村育肥场地块、丽水市大港头镇西坑口村农旅融合民宿项目、北埠至堰后公路建设工程、大港头至碧湖污水处理厂污水主管工程（二标段）、丽水灵康杏福康旅小镇项目、大溪治理改造提升先行工程、莲都区小安溪流域综合治理工程（凤鸣段）、莲都区小安溪流域综合治理工程（岩蒙至洪渡段）、雅溪镇自来水厂工程、莲都区雅溪镇福娃娃旅游观光园项目、莲都区洪渡互通至黄村公路（仙渡至黄村段）、老竹—丽新污水处理厂以及黄村乡便民服务中心。

**【安置工作】** 2019年，完成城中公寓北区块、接官亭三期公寓、中山邸和留香园、中梁一期、二期配建房、水东公寓一期（迎曦园）的安置分配工作，全年组织召开安置抽签大会41场次，完成安置房分配2130套，安置面积达22.29万余平方米，安置房源安置率达到100%。完成2019年城中村改造项目安置审查工作，共审查276场次，审查3878户；出具安置会议纪要111期。

（叶欣）

## 生态环境保护

【概　况】 2019年，莲都区生态环境状况级别为优，县级以上集中式饮用水水源地水质达标率为100%，跨行政区域河流交接断面水质达标率为100%，考核结果为优秀，莲都区地表水环境功能区断面水质达标率为100%，15个地表水监测断面中，处于Ⅰ–Ⅲ类水质的有14个，县控断面环城河口为Ⅳ类，国控“水十条”考核断面均达到功能要求和考核目标要求。市区环境空气质量综合指数为3.06，在全国168个重点城市排名第七，全省排名第二；空气环境优良天数为358天，优良率（AQI）为98.1%，较2018上升2.5个百分点，全省排名第一，PM2.5平均浓度为25微克每立方米，较2018年下降3微克每立方米，全省排名第二。莲都区生态环境公众满意度总分达到90.28分，较2018年提升0.29分，在全省90个县（市、区）中位居第八。2019年，莲都区化学需氧量、氨氮、二氧化硫、氮氧化物污染减排削减目标分别为5.5%、3%、0.1%、0.1%，完成上报水污染物减排项目1个，大气污染物减排项目1个。完成莲都区排污权交易企业9家。

【污染防治】 2019年，丽水市生态环境局莲都分局（以下简称市生态环境局莲都分局）按照精准治污、科学治污、依法治污的要求，做好污染防治，不断提升区域生态环境质量。开展五水共治行动，制定《莲都区饮用水水源地巡查制度（试行）》《碧湖渡口断面水质稳定方案》，建立松阳–莲都、云和–莲都流域上下游横向生态补偿机制，完成黄村和玉溪两个县级以上饮用水源地环境问题隐患整改销号14个，完成服务人口1000人以上农村饮用水水源地调查评估。开展了蓝天保卫行动，完成32家汽车维修企业及丽水工业园区内32家工业喷漆企业污染整治提升，完成郎奇工业区块臭气异味治理企业2家、停产1家，核发非道路移动机械“环保标牌”72块，推出“焚烧秸秆随手拍有奖报料”活动，曝光8批次焚烧秸秆违法行为。开展了清废净土行动，完成63家重点行业企业用地信息调查，开展“2019清废行动”及危险废物规范化管理督查考核工作，全年转移危险废物联单5次。

【环保督察整改】 2019年，实现莲都区环保督察整改办的实体化运行。结合突出生态环境问题大排查，对第一轮中央和省级交办的信访件陆续开展“回头看”行动和销号验收，建立问题整改“一案一档”，将未办结件纳入全区“大督查”体系，下发督办函9件，督促整改工作加快落实。截至年底，中央环保督察26件信访件已销号验收25件，5项反馈问题已基本完成整改，省级环保督察105件信访件已销号验收92件，10项反馈问题已完成整改9项。做好第二轮中央生态环保督察迎检准备工作，制定下发《莲都区第二轮中央生态环境保护督察迎检工作方案》，成立迎接督察工作领导小组和协调联络组。

【环境监察】 2019年，市生态环境局莲都分局持续开展蓝天、碧水、净土等各类环境保护专项执法行动，打击环境违法行为，共立案处罚24起，拟处罚金额171.7万元。建立健全环境应急管理机制，完成辖区内36家企业的突发环境事件应急预案备案工作。妥善处置群众环境信访投诉103起。强化跨部门环境执法联动，联合卫健、应急管理、市场监管、建设、水利等部门累计开展联合执法7次，完善跨区域环境执法联动机制，与缙云分局重新签订上下游边界联合执法协议，会同缙云、云和开展上下游联合执法行动4次。

【环评审批】 2019年，市生态环境局莲都分局强化“三线一单”约束作用，把好环境准入关口，全年共否决不符合环保要求的建设项目11个，召开环评联审会议20次，环审批建设项目44个，登记表备案项目316个。全面推行容缺受理、模拟审批以及“区域环评+环境标准”改革，完成万洋低碳智造小镇及丽水工业园区南山区块区域降级登记表备案项目20个。

【环境宣教】 2019年，市生态环境局莲都分局加强环保宣传教育，利用线上互动与线下活动相结合的模式广泛开展宣传，实现城区和乡村环境宣教全覆盖，累计组织开展8场大型环境保护主题宣传活动，并以公交车、映前广告、短信、宣传车及小区宣传栏等为载体。创成省级生态文明教育基地1家（百兴菇业）、评选出省级绿色家庭1户、市级绿色家庭25户、市级绿色学校2家（天宁小学和丽新民族小学）。6月10日至6月14日期间，组织开展为期五天的莲都区2019年生态环保法制业务培训班。

**【环境监管信息化建设】** 2019年，市生态环境局莲都分局全面启动投资达1650万元的莲都区生态环境监测网络体系（第一期）项目建设，完成水、气自动监测站点选址21个，其中已完成丽水工业园区空气自动监测站建设。做好全域禁烧管控，投入资金126万元，建成"蓝天卫士"秸秆焚烧智能预警探测系统并投入使用，在城区及重点乡镇部署38个360度可旋转高清视频监控，利用该监控系统有效处理了760余起秸秆焚烧事件。

（富静）

## 环境卫生

**【概　况】** 2019年，丽水市莲都区环境卫生管理局（简称区环卫局）总结创建经验，提升精细化保洁水平，强化一级网格保洁员岗位责任制、二级网格企业管理责任制、三级各环卫所巡查考核责任制，织密责任网格，定期开展"全城大清洗"和"痰迹歼灭战"，以垃圾革命、厕所革命、设施保障、推进改革为工作重点，高标准、严要求力促城区环境卫生保洁模式由粗放型向精细化、数据化管理转变。生活垃圾日产日清、平稳有序，及时做好灭蝇除臭、渗滤液及反渗透系统各级化验工作，为水质监控和加药提供依据。2019年，共填埋处理生活垃圾16856.67吨，焚烧处理生活垃圾160411吨。填埋处理焚烧厂灰飞5391.08吨，填埋处理装修垃圾8.1万吨，处理污水87916吨，达标排放64913吨，处理粪便4100吨。垃圾运输至垃圾焚烧厂或垃圾填埋场实行无害化处理，无害化处理率达100%，26个县发展实绩考核制工作，城市生活垃圾无害化处理率指标考核得分排在首位。

**【环卫保洁一体化】** 莲都区环卫保洁南片区一体化保洁服务项目公开招标公告于2019年4月16日上网进行公告，5月30日完成招投标工作，预中标单位为丽水市红花物业管理服务有限公司，相关企业提出了投诉质疑，区招标中心根据招投标程序组织相关专家对招投标进行论证，于8月21日公布确定预中标单位中标（采购编号：LDZ2019004），并于10月21日签订了招标合同，明确交接完成时间为2019年12月31日。莲都区环卫北片区（岩泉、白云、联城）一体化保洁服务项目于11月启动前期招标文件基本参数的更新完善工作，12月正式启动招投标程序。

**【垃圾分类】** 坚持垃圾分类作为第一工程，营造垃圾分类的自觉氛围。区环卫局制定《莲都区环卫局2019年垃圾分类工作方案》《莲都区垃圾分类错时清运方案》，夯实基础，采购发放垃圾分类专用桶袋。城区78个小区的81台智能发袋机已安装到位，涉及小区智能卡信息采集到位并完成下发，垃圾袋发放工作开展顺利。为了更好地对该项工作进行后续管理，制定联运公司《莲都区居民小区生活垃圾分类工作考核评分标准》。居民可凭用户卡每月领取印有二维码的绿色厨余垃圾袋和灰色其他垃圾袋，在智慧平台对小区所有居民建立档案，可溯源识别户主，实现"实名制"扔垃圾。巩固罗马步行街、北苑路（白云路因拆迁暂停）定时定点示范商业街运行成果，于2019年12月1日新增寿元街为定时定点商业示范街，利用沿街果壳箱制作生活垃圾分类广告，营造良好氛围。此外，入户生活垃圾分类桶（小桶）3万只采购项目于11月完成，截至12月底已发放8057只。生活垃圾分类终端处置得到有效保障，莲都区日均产生垃圾约510吨，全部进行无害化填埋和焚烧发电资源化处理，确保垃圾增长率控制在1%以内，渗滤液处理达标排放，填埋场管理规范。截至2019年年底累计完成代销餐饮企业签约3000余家，正式收运

2591家(含碧湖镇,大港头镇),发放餐厨垃圾专用桶4700余只,2019年收运处置餐厨垃圾26934余吨,日均收运餐厨垃圾约73余吨,餐厨垃圾分类收运覆盖率达到90%以上,为"地沟油"、"泔水猪"流入食品领域再筑一道强有力的"环卫防线"。

**【项目建设】** 丽水市务岭根垃圾填埋场三期(装修垃圾处置项目)作为丽水静脉产业园建设试点城市建设的重点项目和莲都区政府2019年重点项目,是浙江省最大的装修垃圾处理项目,总投资7760.54万元,本期用地面积22411.93平方米,该项目由莲都区建投公司代建,于7月17日顺利开工。土建工程已完成土方开挖,进行人工挖孔桩施工和边坡施工,完成垃圾分选设备采购。截至2019年年底,仓前垃圾中转站改造完成,水南垃圾中转站完成施工许可证办理,于11月28日正式开工建设。完成市区囿山路、人民路、仓前3座垃圾中转站的土建施工和设备安装。囿山路中转站公厕已完成基础墙体施工,紫金新村环卫工人作息点和丽水市环卫综合基地改造两个项目合并并按计划推进中,挂图作战打造环卫的"硬实力"。

**【精细化保洁】** 2019年,推进经常化创建全国文明城市及国卫巩固工作,城区主干道路清扫采用机械化作业与人工作业相结合方式强化精细化保洁,机械化清扫率达到88%。做好保洁作业规范普扫、环卫设施清洗、消杀、垃圾密闭运输等重点工作,重新制作并下发文明标语环卫马甲1250件,重新粘贴城区2247只果壳箱的分类标识,增设21条主次干道公厕指示牌,更新、增补垃圾分类四分桶(240升)4000只,已完成投放3642只。压实干部8小时外责任路段和公厕的网格责任,对全城各街道40千米交通护栏进行每日轮流清洗,完成城区主要空气污染物减排洒水495车次,开展"全城大清洗""蓝天保卫战"及扬尘治理工作,精细化保洁水平不断提升。

**【智能管理】** 对垃圾处置将实行数字化远程监管模式,结合垃圾处置场监控体系,将丽水旺能环保能源有限公司、丽水市餐厨废弃物处置中心数据和监控纳入环卫局平台监管,每月不定期不定时进行实地考核,视频监控已安装到位,实现垃圾处置的全程监控。完成《丽水市城市市容和环境卫生管理条例》责任区划定工作,厘清责任、强化管理。充分运用互联网+、大数据+,建设覆盖生活垃圾分类收集、投放、运输、处置全过程的信息化监管平台,将生活垃圾分类减量工作纳入对保洁企业和各环卫所的考评内容。实施积分兑换奖励制度,探索通过建立居民"绿色账户"、"环保档案"等各种方式对城市正确分类投放生活垃圾的居民实施奖励,培养全民垃圾分类习惯。2019年,卫数字城管共接收数字平台案卷3364件,统一政务咨询投诉举报平台201件,24小时热线(星期一到星期日行政班时间内120个,上班时间外127个),做到及时回复,及时处理交派工作任务各项问题得以"及时发现、精准定责、快速处置、有效监督",为推进环卫管理"数字化、网格化、标准化、精细化"发挥重要作用。

(蓝洁)

# 经济管理

## 计划管理

【概　况】 2019年，实现地区生产总值389.63亿元，增长7.2%，达到近7年来最高增速。一产实现增加值20.57亿元，增长3%；二产实现增加值123.4亿元，增长6%；三产实现增加值245.66亿元，增长8.2%。区属固定资产投资增长13.6%，增幅排名全市第1。消费平稳增长，实现社会消费品零售总额222.3亿元，增长6.6%。外贸出口较快增长，实现出口总额10.51亿元，增长24.8%。新旧动能加快转换，高新技术产业、装备制造业、战略性新兴产业增加值分别增长14%、10.9%、24.1%，生态旅游产业加快发展，全年实现旅游综合收入114.76亿元，增长18.7%。

【计划管理】 规划综合管理。2019年，遵循《关于统一规划体系更好发挥省发展规划战略导向作用的实施意见》要求，加强规划立项、衔接审核、咨询论证、审批发布、实施监督等环节工作。制定《莲都区“十四五”规划编制工作方案》，明确规划编制指导思想、主要任务分工和时间进度安排。开展“十四五”前期研究，完成30个“十四五”规划重点调研课题，形成莲都区“十四五”规划基本思路框架。固定资产投资。2019年，区属固定资产投资增长13.6%，增幅排名全市第一。区属四个结构性指标中，民间项目投资增长8.7%，交通投资增长35.5%，生态环境和公共设施投资增长4%，高新技术产业投资增长12.2%。其中交通投资和高新技术产业投资均超过年度投资增长12%的目标，投资结构逐步优化。重点项目推进。安排区重点项目33个，区重点项目完成投资40亿元，占固定资产投资的62.06%，骨干支撑作用明显。莲都区列入市重点建设项目15个，完成投资32.7亿元，完成年度任务的111.9%；列入区重大项目前期25个，完成年度目标任务的80%；列入市重大项目前期11个，完成年度目标任务的100%。郎奇白桥康养旅游项目等5个项目列入省“六个千亿”产业投资工程，灵康杏福康旅小镇等5个项目列入省市县长工程。

【价格管理】 政府定价成本调查：开展政府定价项目成本调查、监审和调价工作。完成乡镇各中心幼儿园和莲都花园中学、东港小学、城中中学、城南小学、成龙小学、三胞树人小学、育英小学的成本监审、调查和调价工作。完成制定古堰画乡停车场收费标准。行政事业性收费：按时完成全区行政事业性收费年度材料的征集、汇总和上报工作。贯彻落实国家和省取消、免征行政事业性收费政策。规范行政事业性收费，动态调整全区《行政事业性收费目录清单》和《涉企行政事业性收费目录清单》。在全面清理规范涉企收费的基础上，在门户网站向社会公布“莲都区政府定价的涉企经营服务性收费目录清单”。贯彻落实电价政策：2019年4月至7月实现一般共商业电价“二连降”，累计降低每千瓦时7.48分钱（含税），全面实现《政府工作报告》“关于降低一般工商业用电10%”的目标。2019年，普通工业、商业、非工业用户总数21910家，根据电价降低计算，已累计为企业节约用电成本约2402万元。

【价格认证】 以涉纪涉案财物认定工作为中心，服务于深化法治莲都建设、党风廉政建设和反腐败大局，做好涉纪、涉案财物价格认定工作，为纪检监察、司法机关、行政执法机关查办案件、依法履职提供价格依据。2019年，办理价格认定案件167件，认定涉案财物标的金额434万余元。其中涉嫌盗窃案件146件，认定标的金额71万余元；损毁案件16件，认定标的金额17万元；抢劫案件2件，认定标的金额1000余元；诈骗案件2件，认定标的金额345万元。

## 土地管理

【概　况】 2019年，丽水市自然资源和规划局莲都分局围绕区委、区政府高质量绿色发展的工作要求，聚焦聚力“保资源、促发展、惠民生”工作职责，坚持稳中求进工作总基调，坚持“两山”发展理念，弘扬践行“浙西南革命精神”，落实工作举措，创新思路服务大局，突出重点严守红线，各项工作取得积极进展。

【生态保护】 1.执行耕地保护措施。根据省厅和市局要求，结合莲都区自身耕地潜力和原永久基本划定成果中不实内容，划定约666.67公顷永久基本农田储备区。落实耕地保护补偿机制，拨付2018年度耕地保护补偿资金1064.203158万元。出台《莲都区被征地农民参加社会保障实行“人地对应”的实施办法》，进一步规范征地补偿安置工作，保障被征地农民的合法权益。开展莲都区设施农用地管理创新试点，通过在审批环节、用地保障、集约节约、后续监管等方面的探索，进一步规范设施农用审批和用地管理。2.开展全域土地综合整治。碧湖镇中溪村高标准基本农田建设项目和生态环境整治修复工程，已完成复垦任务，正在开展高标准农田建设和新村建设。联城街道官桥村和张村街村全域土地综合整治与生态修复工程已完成村土地利用规划和工程实施方案，报省厅待审。积极推进大港头北埠片区、碧湖平原全域土地综合整治与生态修复前期谋划和基础排摸工作。3.推进土地整治工作。验收入库水田项目5个，面积24公顷；正在实施的项目3个，规划新增水田面积约18.07公顷；已通过乡镇初验的项目1个，新增水田约8.2公顷；已立项未开工的项目2个，规划新增水田面积约5.87公顷；通过评审的项目1个，面积约6公顷；正在开展前期工作拟立项的后备资源1个，面积约6公顷。验收入库旱地项目2个，面积12.33公顷；正在实施的项目3个，规划新增耕地面积约41.33公顷；历史遗留项目(已通过乡镇初验)1个，面积约16.6公顷。省厅整体验收农整项目10个，区级整体验收24个。4.开展第三次国土调查。通过一系列内外业调，数据库建设和调查成果整理，于3月15日完成初步成果上报，全区耕地面积13580公顷，与2016年相比减少约3053.33公顷；种植园用地14453.33公顷，与2016年相比增加1100公顷；原永久性基本农田调整为建设用地约86.53公顷，原林地调整为园地约1933.33公顷，原耕地调整为园地2113.33公顷，为后续发展拓展用地空间。

【发展保障】 持续优化土地利用规划。在前期区委区政府的争取和市局的支持下，争取到规划指标约75.33公顷，是2018年的3倍。获市政府审批规划调整方案16个，保障58个项目约66.67公顷规划空间。预留约6.67公顷规划指标用于2019年底农民建房挂台账使用。联城紫金岩泉农民建房等8个项目，约3.33公顷，纳入市局中心城区规划调整方案并获批复。开展国土空间规划编制，在市局统一指导下，初步完成生态保护红线调整优化工作。有序开展用地报批。争取新增建设用地指标56.51公顷，保障项目建设用地60.838公顷。其中保障莲都区老竹—丽新污水处理站、雅溪镇自来水厂、党校等民生类项目用地7.25公顷，灵康杏福康旅建设项目(一期)旅游设施用地等产业类项目用地15.702公顷，灵康杏福康旅建设项目(一期) 居住用地、碧湖镇桥头采桑地块等居住类项目用地约22.88公顷，保障农民建房用地用地约15.01公顷。就相关重点项目与业主积极对接，主动靠前服务，及时办理用地预审、规划测量、征地协议、标田置换、地灾和压覆矿评估等事项，结合下达的农转用指标情况第一时间完成农转用报批。稳步推进建设用地供应。莲都区2019年共完成建设用地项目审核46宗，其中划拨土地21宗，总用地面积31.818公顷，土地划拨款7644万元；出让土地20宗，总面积约91.11公顷，土地出让金3.6107亿元。集体使用6宗，总面积1.4259公顷。共办结10个划拨转出让项目，总用地面积727.02平方米，建筑面积2314.53平方米，补缴出让金126.0563万元，契税3.7816万元。完成农民建房审批共891户，总用地面积105497.9平方米。全面完成2008年度中心城区遗留农民无房户（住房困难户）、2013—2017年中心城区拆迁引起的农民无房户（住房困难户）的公寓安置工作，历时十年多的历史遗留问题得以解决。不断优化土地利用水平。加快消化利用批而未供土地，经过清查发现，2013—2019年莲都区共上报省政府批准农转用和土地征收类城市分批次建设项目28个批次，土地面积293.5804公顷。截至2019年年底，莲都区2013—2019年经批准农转用和土地征收土地“批而未供”面积已消化201.9804公顷，剩余91.6公顷（不含低丘缓坡）。开展闲置土地专项清查工作，对联城街道2014（8）号出让地块进行立案；对丽水工业园区南山园区块A3地块、碧湖产业区块北区块C6地块、梦里水乡欢乐谷项目开展闲置土地调查。全区预计完成城镇低效用地再开发约4.06公顷，批而未供消化利用18.994公顷，盘活存量建设用地6.49公顷。全面强化建设用地收储。2019年，莲都区共收储土地约104.933公顷，主要分布在大港头镇（约46.67公顷）、碧湖镇（约40公顷）、雅溪镇（约4公顷）及太平乡（灵康杏福小镇约13.33公顷）。地块收储完成后，均已交付当地乡镇负责后续管理，防止地块内乱倒弃渣或继续耕种等情况。并对收储地块逐宗进行了造册登记，对老竹镇、碧湖镇、大港头镇镇区范围的地块进行上图，为区领导决策提供了依据。

**【民生服务】** 深化“最多跑一次”改革。深入推进便民服务“最多跑一次”和“最优营商环境”改革，探索农房确权登记“一件事”网上流转业务。出台《关于全面推进农民建房审批“最多跑一次”改革的实施意见》，通过简化申请材料、优化服务流程、加快审核速度，实现农民建房审批“最多跑一次”，农民建房申请必备材料由10项减至3项，行政审批办理时限由原来的近两个月压缩至20个工作日以内。压缩调整国有建设用地使用权及房屋所有权首次登记、预转现组合登记、商品房转移登记等业务办理时限，分类落实“五减”要求，实现一般登记4个工作日、抵押登记2个工作日内办结；一般商品房交易登记1个工作日内办结，提交的申请材料压缩至4件以内，群众办理环节压减至1个以内；异议登记、查封登记、抵押权注销、地役权注销、预告登记注销等事项“即时办理”。不断优化不动产登记服务。新增联城、大港头两个基层服务点，形成“1个服务大厅+1个分中心+4个服务点”的新格局，方便群众就近办证。开展莲都区农村宅基地及住房确权登记发证“百日攻坚”行动，成立农房确权登记专班，建立联席工作会议制度，开启网格员集体上线的农房确权登记新模式，推动农房确权登记发证工作。截至2019年12月27日，莲都区完成农村宅基地及住房确权登记发证17553本。持续加强地质灾害防治。强化宣传引导，广泛开展地灾知识宣传普及，发放宣传资料2000余份，设置警示标识牌50余块，组织收看地质灾害警示教育片达14余万人，实现全区全覆盖。5月24日，在老竹镇曳岭脚村大片自然村开展突发地质灾害演练，有效提升了地灾险情应急能力。强化监测预警，与气象、水利、应急管理等多部门建立联合联动预警会商机制，实时掌握雨情、水情、险情变化，累计发布地质灾害气象风险等级预警30次，累积发布各类预警短信14160条，覆盖全区地质灾害易发区网格巡查人员和各级防灾责任人。强化隐患排查，加强隐患点次生灾害防范，对易发区域和危险点进行排查，及时发现处置险情，累计出动570组次3136人次排查风险点200余处；2019年，累计处置险情21起，其中成功处置东西岩景区危岩崩塌隐患，成功避让紫金街道水岭根村梅溪岭自然村滑坡险情，9户20人脱险。加强地质灾害危险性评估，完成区域地质灾害评估15个，农村私人建房地质灾害危险性评估审查备案270户。强化信息完善，开展地质灾害隐患综合治理“回头看”，全面排查隐患点，补充完善相关台账资料，完成里东滑坡和燕窝弄崩塌2处重大地质灾害隐患点的综合治理和核销工作，完成峰源乡夏庄村17号屋后滑坡等4处区级审查隐患点核销。妥善处理及时化解社会矛盾。做好信访稳控工作，2019年共受理网上信访、来电等信访件共187件，均已答复处理完毕；办结省厅和区政府积案各1件；办理中央环保督察期间信访交办件9件，其中4件已整改完成，5件拆除到位；全年未发生重大涉土涉矿群体性事件，未出现到省以上集体访。积极开展自然资源系统“扫黑除恶”专项斗争排查，严厉打击涉黑涉恶行为及违法占地行为，第一时间处理了中央扫黑除恶督导组交办的杨华军非法占地、破坏基本农田和吕秋华、黄丽娟违章建房2个案件，及时处理了区扫黑除恶办交办的太平乡小安村非法占地、碧湖镇周巷村买卖土地、仙渡乡滴水岩村农村土地综合整治项目侵占农保田等3个案件。

【依法行政】 依法推进“大棚房”专项清理整治行动。省级“大棚房”推进工作领导小组下发莲都区整改项目19个，共涉及问题23个、违规建筑44个。截至2019年9月底，所有项目已整改、整治到位，13个建筑设施完成全部拆除，25个设施进行了部分拆除完成整改合规，4个设施完善了设施农用地审批，2个建筑设施完善了农转用建设用地报批手续。全面开展违建别墅问题清查整治专项行动。对五大重点区域范围内和范围外，展开了地毯式排查；对省下发的361个问题线索图斑，开展了点对点核查，核查率100%；对全区历年来卫片执法违法建筑图斑、有相关别墅内容的信访件、《今日聚焦》等栏目曝光有关别墅类型项目、大棚房整治涉及别墅类项目、土地例行督察发现的违法用地项目，通过比对各类保护区规划、城乡规划、土地利用总体规划，进行了全面摸排核查；并建立一点一档台账。全区共排查377个点，排查出违建别墅项目2个，分别为万象街道南寨山庄（观音岩背）和白云山快活林商业用房，共11栋，占地面积约0.299公顷。违建别墅项目于11月底全部拆除整改到位。及时开展土地卫片执法检查。现场检查核实2018年下发的卫片执法检查图斑468个，确认上报违法用地图斑18个，其中部分拆除，部分绿化，部分补办临时用地手续，截至2019年已全部整改完成。核实2019年第一、第二季度下发的卫片图斑229个（其中第一季度42个，第二季度187个），无违法用地情况。通过卫片检查工作，严肃查处违法用地，推动莲都区用地秩序持续向好，执法护土工作成效明显。

【队伍建设】 开展“不忘初心、牢记使命”主题教育。通过组织集中学习、个人自学、实地学习、党员领导干部上党课等一系列学习教育活动，不断深化理论教育内涵；通过实施“每日一学、每周一问”学习活动，参加主题教育知识竞赛、打包点亮“微心愿”等一系列活动，营造比学赶超浓厚氛围；通过深入基层调查研究，完成6篇调研报告，并开展专题会议交流探讨，积极促进成果转化；通过对照党章党规找差距（“十八个是否”）等有关部署要求，深入具体地检视问题、深挖根源、查摆不足，明确了践行初心使命的目标和方向，增强了从严从实、动真碰硬的工作作风，提振了干事创业的精气神。加强干部队伍建设。加强人员配备，公开招录参公人员3人，事业人员2人，编外人员15人，季节性用工30人，补充人员力量，优化人员结构。加大培训力度，7月组织11人参加全市执法培训并通过执法证考试，10月组织14人分两批参加市局在丽水学院组织的能力提升培训班，12月组织22人分三批参加全市公务员学法用法三年轮训，提升干部职工依法履职能力。强化队伍活力，赴遂昌县王村口红色古镇开展工会活动暨浙西南革命精神教育活动，促进了团队沟通、理解，增进了凝聚力。配合审计整改。积极主动配合省委巡视组对莲都区党政主要领导干部任期经济责任审计和自然资源资产（任中）审计，做到边审边改、立行立改，推动工作落实，规范内部管理。五是深入推进"三服务"，解决"三服务"问题14个，办理"两会"建议提案30件（其中重点建议提案3件），针对群众、企业反映突出的重点、难点、堵点、痛点问题，统筹出台一批服务举措，树立了以人民为中心的工作理念。加强基层所建设。加强基础设施建设。分别投入资金40万元和35万元对大港头所、老竹所办公场所进行修缮，优化布置办公区域，大港头所修缮项目已于5月完成竣工验收，老竹所修缮项目处于规划设计阶段。为基层所新购置了电脑、打印机等办公设备和办公用品，改善了基层所的办公条件和工作人员的生活环境。加强办公用房使用管理。对各所办公用房使用情况进行了全面清查，明确了办公用房布局、面积和对应人员，并报办公室备案；对部分工作人员办公面积超标情况，通过办公室调整、隔断等方式进行整改；对办公室、值班室摆放的私人生活用品及杂物进行了清理腾空；制定轮流卫生保洁值班表，对院落内及办公场所内部卫生定期进行大清扫，改善了各基层所的办公环境及精神面貌。推进党风廉政建设。围绕全面从严治党要求，照准职责定位，强化责任担当，全面落实党风廉政建设目标责任制，履行"一岗双责"，层层分解压实党风廉政建设主体责任。结合支部"三会一课"、主题党日活动等，推进"两学一做"学习教育常态化，组织全体干部职工集中夜学4次。开展警示教育月活动，通过观看警示视频、参观之江监狱、组织庭审旁听等一系列活动，进一步增强干部职工防腐拒变能力。开展岗位廉政风险点再排查，新增廉政风险点19个，制定防控措施31条。开展作风建设检查，不定期对全局干部职工开展工作纪律、值班纪律、服务效能等情况进行明察暗访并及时通报，进行明察暗访6次。开展谈话谈心活动，对发现的倾向性、苗头性问题，及时提醒和整改落实，对个人重大事项（如婚丧嫁娶等）严格申报，并进行提醒谈话。

（丽水市自然资源和规划局莲都分局）

## 审计监督

**【概　况】** 2019年，莲都区审计局共组织完成审计项目23个，查出管理不规范金额378056万元，核减工程造价4163.5万元，移送案件线索10件，报送审计专报（要情）22份，获得区委区政府主要领导批示19份。完成审计结果公告21个，推进出台29项制度。获2019年全市优秀审计项目2个，全省优秀审计项目1个，被评为全省审计系统考核优秀单位和全市审计系统综合考核优秀单位。

**【财政审计】** 2019年，区审计局在莲都区2018年度财政预算执行和决算（草案）审计中，推进贯彻落实新预算法，促进加快现代财政制度建立，推动莲都经济高质量发展。推动修订完善《莲都区本级财政预备费管理办法》《加强政府性债务管理的实施意见》《关于全面推进预算绩效管理的实施意见》，推进出台《莲都区区属国有企业内部审计管理办法（试行）》等文件，促进财政管理制度完善、保障债务管理规范、公共资金高效运行、规范国有企业内部管理。延伸关注区级社团协会财务管理、制度建设情况，提出落实落细主体责任、进一步加强预算管理等审计建议。

**【民本审计】** 2019年，区审计局莲都区扶贫资金专项审计，贯彻落实习近平总书记关于脱贫攻坚工作的重要指示精神，发挥好审计在促进和保障打赢脱贫攻坚战中的重要作用。撰写《扶贫资金走过场　样蜂无蜜倒贴糖——莲都区"十箱万元"项目零效益问题亟待引起重视》《审计建议有序化解莲都区村级债务实现精准脱贫"消薄"》等审计专报，提出完善扶贫制度，精选扶贫对象、推进扶贫项目实施进度等审计建议。

**【经济责任审计】** 2019年，区审计局完成9个单位13名领导干部履行经济责任情况审计，其中包括3个乡镇和1个街道，撰写审计专报（要情）5篇，提出审计建议32条。同时对乡镇（街道）开展了自然资源资产离任（任中）审计和2019年度财政决算审计，实现乡镇领导干部自然资源资产离任（任中）审计全覆盖，并首次开展生态产品价值实现机制试点审计工作，重点关注了饮用水安全问题，推动建立健全水利、卫健、环保等部门联合督查机制，全面推进水费征收工作，合力实现农村从“有水喝”到“喝好水”的转变。制作《领导干部经济责任审计规定》宣传册，加强宣传，促进领导干部依法履职尽责。

**【内部审计】** 2019年，区审计局组织完成内审项目55个，组织协调内管干部经济责任审计占比81%。促成区委区政府出台《关于贯彻落实〈浙江省人民政府关于进一步加强内部审计工作的意见〉的通知》《莲都区审计局关于印发探索国家审计与内部审计协同机制的实施意见》；汇总梳理乡镇（街道）及农村集体经济存在的主要问题，分类编制《乡镇（街道）风险防范手册》，在《莲都区内部审计操作规程》的基础上，编写完成《内部审计法规制度汇编》。

**【审计整改】** 2019年，审计整改问题清单列入区政府督办事项，实行审计整改情况月通报；将审计整改情况纳入部门年度工作责任制考核，形成审计整改制度与考核督查相结合的长效机制，促进审计整改工作取得实效；开展审计整改回访，全面实行审计整改挂销号制度，建立审计整改主审接待日制度，通过把被审计单位请上来和项目主审走下去的互联互动，推动审计整改落地落实。

## 统计工作

**【概　况】** 据初步测算，2019年莲都区实现生产总值389.63亿元，按可比价格计算，增长7.2%，增速创2017年来的近7年新高。第一产业实现增加值20.57亿元，增长3%；第二产业实现增加值123.4亿元，增长6%；第三产业实现增加值245.66亿元，增长8.2%。三次产业结构调整为5.3∶31.7∶63，第三产业比例持续提高，较2018年提高0.7个百分点，“三二一”产业格局进一步巩固。2019年莲都区人均生产总值突破8万元，达到80803元（11781美元），较2018年增加5942元；同比增长6.8%。居民消费价格总水平比上年上涨3.3%。莲都区实现财政总收入87.14亿元，增长8.7%。一般公共预算收入54.63亿元，增长8.4%。一般公共预算支出128.13亿元，增长30.1%。

**【统计服务水平】** 密切关注全区主要经济指标走势，开展好各考核指标的动态监测分析，审慎研究提供目标分解和指标挖潜的建议。全年刊发统计分析、专报共70篇，其中21篇受到区委区政府主要领导批示，信息服务数量和质量逐年显著提高，为区领导和相关部门提供了决策依据。围绕社会热点难点，积极组织调查研究，撰写《我看大数据时代的政府统计改革》《城市绿地在GEP和 GDP之间的双转化浅析》《“数”说莲都70年辉煌巨变》等多篇高质量调研课题，编录进《中国统计》和市统计学会、区社科联等相关刊物，提升了统计服务水平。

**【统计基层建设】** 指导企业统计规范化建设，制定“三服务”计划表，挂图作战，通过实地调研了解企业经营情况和统计工作开展情况，全年累计实地调研指导各行业重点企业（项目）127家。建设好统计基本单位名录库，工作前移，严格把关准“四上企业”排摸和审核申报，全年指导服务新升规纳统企业16家、5000万元以上投资项目8个。履行“数据信息窗口”服务职责，定期向社会公布、解读数据，满足社会各界对统计信息的需求，全年提供中华人民共和国成立70周年、信息化、温室气体、大督查、特色小镇等10余个统计信息查询项目。

【统计法制建设】 推进领导干部学法用法，在常务会和常委会扩大会上分别传达学习《中华人民共和国统计法实施细则》和书记车俊在《部分地区统计造假问责追责不到位》上批示的精神，营造良好的统计政治生态。组织统计数据质量问题专项整治行动，完善《莲都区统计数据质量管控规则》，加大统计数据核查力度，全年累计核查单位数219家，对发现的问题进行了专项指导。查处统计违法行为，2019年查处统计违法案件7起，处罚金额3500元，在处罚后，定期对相关单位进行回访和指导服务，提高统计数据真实性。

【第四次经济普查】 莲都区第四次经济普查数据处理工作，在省、市经普办的正确领导下，经过区全体普查人员的辛勤劳动和共同努力，完成了全区19602户个体户、8029个单位的普查登记任务，为党委政府决策提供了翔实的统计资料。

【农业】 2019年，莲都区实现农林牧渔业总产值30.7亿元，增长8.8%。其中，种植业产值21.12亿元，林业产值2.89亿元，牧业产值5.48亿元，渔业产值0.78亿元，农林牧渔服务业产值0.43亿元。实现农林牧渔业增加值20.8亿元，按可比价格计算增长0.6%，其中，种植业增长0%，林业增长3.2%，畜牧业下降1.1%，渔业增长12.5%，农林牧渔服务业增长14.8%。根据粮食生产统计监测调查数据推算，2019年莲都区粮食播种面积8140公顷，增长2.3%，粮食产量3.44万吨，增长2.5%。油菜籽播种面积405公顷，增长3.3%，产量765吨，增长2%。莲都区水果种植面积6239公顷，下降12%，产量12.8万吨，下降7.1%。水果产业产值3.91亿元，增长1.9%。蔬菜播种面积0.98万公顷，下降0.4%，产量31.75万吨，下降11.4%（见表1），实现产值9.57亿元，增长8%。年末莲都区生猪存栏5.8万头，下降15.2%；出栏10.8万头，下降6.5%。家禽存栏109.2万羽，增长3.7%；出栏323.49万羽，增长16.3%。羊存栏0.6万头，下降17.8%；出栏0.57万头，下降48.2%。全年化肥施用量（折纯）1.02万吨，比上年下降2.1%；农村用电量5364万千瓦时，比上年增长12.3%。

**2019年主要农产品产量表**

表3　（单位：吨）

| 产品名称 | 绝对数 | 比上年增长（%） |
|---|---|---|
| 粮 食 | 34417 | 2.5 |
| 油 料 | 1825 | 33.1 |
| 其中：油菜籽 | 765 | 2.0 |
| 食用菌 | 8803 | –0.6 |
| 其中：香菇 | 4906 | –0.7 |
| 蔬 菜 | 317479 | –11.4 |
| 茶 叶 | 1808 | –3.7 |
| 水 果 | 127963 | –7.1 |
| 其中：柑橘 | 27836 | –28.4 |
| 肉 类 | 15165 | –0.6 |
| 其中：猪肉 | 10058 | –5.6 |
| 禽 蛋 | 2844 | –7.3 |

【工业和建筑业】 2019年，莲都区251家规上工业企业产值增长10.4%，增加值增长8.0%。其中装备制造业增加值增长9.1%，战略性新兴产业增加值增长4.8%，高新技术产业增加值增长9.1%。利润总额同比下降0.1%，利税总额同比下降2.1%，人均薪酬增长14.7%。分区域看，区本级57家规模以上工业企业产值增长15.4%，销售产值增长17.7%，产品销售率为98.1%，增加值增长16.6%，主要产品产量增幅波动较为明显（见表2）。

**2019年区属主要工业产品产量表（规模以上工业企业）**

表4

| 名称 | 单位 | 绝对值 | 比上年增长（%） |
|---|---|---|---|
| 皮革鞋靴 | 万双 | 785 | 7.0 |
| 商品混凝土 | 立方米 | 1165264 | 43.7 |
| 阀门 | 吨 | 41313 | 5.1 |
| 啤酒 | 千升 | 22631 | –1.1 |
| 钢材 | 吨 | 16533 | 5.3 |

【固定资产投资】 2019年，莲都区固定资产投资增长13.5%。民间投资下降0.8%，高新技术产业投资增长37.0%，交通投资增长43.6%，生态环保和公共设施投资增长10.1%，项目民间投资增长12.5%。工业投资、制造业投资分别增长 10.3% 和 14.1%。莲都区剔除开发区范围固定资产投资增长13.6%，增幅超过年初目标1.6个百分点。其中项目投资增长2.0%，占全部投资份额

的39.0%；房地产投资增长22.6%，占全部投资份额的61.0%。全年房地产开发投资124.32亿元，比上年增长19.7%，其中住宅投资83.28亿元，增长29.5%。商品房销售面积109.28万平方米，下降18.6%；商品房销售额160.67亿元，增长13.3%。

**【内外贸易】** 2019年，莲都区社会消费品零售总额增长6.6%,增速较上年下降2.9个百分点。从消费形态看，商品零售起主导作用。全年商品零售额占社会消费品零售总额比重为87.9%，增长6.6%，拉动全区社会消费品零售总额增长5.8个百分点。全年餐饮收入增长6.0%。2019年，限额以上批发和零售企业通过互联网实现的商品零售额增长38.5%，高出社会消费品零售总额增速快31.9个百分点，网络消费仍是莲都区消费市场重要的驱动力量。莲都区全年进出口总额49.23亿元，下降1.0%。其中出口46.10亿元，下降1.0%。全年实际利用外资5607万美元，增长460.7%。区本级进出口总额10.65亿元，增长25.1%。其中出口10.51亿元，增长24.8%。全年实际利用外资600万美元。

**【交通运输、邮电和旅游】** 2019年，莲都区实现交通运输、仓储和邮政业增加值10.3亿元，比上年增长3.1%。全年铁路客运量894.55万人，增长5.1%，铁路货运量107.89万吨，增长35.1%。年末公路总里程1354千米，其中高速公路68.6千米。公路和水运完成货物周转量156805万吨千米，比上年下降9%；公路和水运旅客周转量21192万人千米，下降8.6%(详见表3)。莲都区全年邮电业务总量7.20亿元，增长5.8%。年末固定电话用户(含小灵通) 10.15万户。年末移动电话用户71.21万户，互联网用户(固定互联网宽带)27.64万户。莲都区实现旅游收入219.98亿元，增长17.5%。区本级实现旅游收入114.77亿元，增长18.7%。其中：实现国内旅游收入114.75亿元，增长18.7%；入境旅游外汇收入23.1万美元，下降57.6%。

**2019年公路、水路运输完成运输量表**

表5

| 指标 | 计量单位 | 绝对数 | 比上年增长(%) |
|---|---|---|---|
| 货物周转量 | 万吨千米 | 156805 | -9.0 |
| 公路 | 万吨千米 | 156805 | -9.0 |
| 水路 | 万吨千米 | 0 | — |
| 旅客周转量 | 万人千米 | 21192 | -8.6 |
| 公路 | 万人千米 | 20684 | -8.8 |
| 水路 | 万人千米 | 508 | 3.9 |

**【金融和保险】** 莲都区年末金融系统本外币存款余额973.10亿元，比2018年年末增长24%。其中人民币存款余额960.42亿元，增长24.4%。金融系统本外币贷款余额898.33亿元，比2018年末增长16.9%，其中人民币贷款余额897.49亿元，增长17.1%。莲都区全年保险业实现保费收入22.02亿元，增长4%。其中财产险保费收入8.84亿元，增长11.5%；人身险保费收入13.18亿元，下降0.5%。支付各类赔款及给付8.8亿元，增长4.4%。其中，财产险赔付支出5.65亿元，人身险赔付支出3.16亿元。

**【教育和科学技术】** 2019年，莲都区拥有高等学校3所，在校学生36887人；中等职业学校3所，在校学生5464人；普通高中5所，在校学生7954人；普通初中17所，在校学生18144人；小学19所，在校学生37666人。小学和初中入学率、巩固率均为100%。初中毕业升高中段的比例为99.22%。莲都区拥有幼儿园84所，在园幼儿18722人。2019年，莲都区获省级科技奖3项，争取到省级以上科技项目40项，高新技术企业122家。

**【文化、卫生和体育】** 2019年末莲都区共有文化馆2个，文化站15个，公共图书馆2个，博物馆5个。有线广播电视传输干线网络总长3269.68千米，覆盖用户达到210358户，年末有线广播电视用户出账数为84387户，广播、电视人口覆盖率均达到100%。2019年年末，莲都区共有卫生机构48个(不含诊所、村卫生室)，其中医院14个、卫生院19个、社区卫生服务中心5个。卫生技术人员6972人，其中医生(执业医师和执业助理医师)3013人。卫生机构拥有床位5535张。城乡居民基本医疗保险参保率达99.2%。莲都区运动员获得省级赛事冠军17个，其中田径项目1个、轮滑项目4个、航海模型项目6个、体操项目6个。获得国家级赛事冠军10个，其中田径项目1个、赛艇项目1个、航海模型项目3个、轮滑项目 5个。群众体育工作持续深入，成功举办"莲都100"越野赛、统战运动会，举办2019"华为手机杯"中国围棋甲级联赛、2019"灵康杯"男子职工篮球赛、"三八"女子门球争霸赛等50余场赛事。

**【人口、就业、人民生活和社会保障】** 2019年年末，莲都区公安户籍人口417224人，比2018年末增长0.9%。其中，男性人口208616人，女性人口208608人。全年出生人口5022人，出生率12.1‰；死亡人口2523人，死亡率为6.1‰；自然增长率为6.0‰。据2019年全省5‰人口抽样调查推算，年末莲都区常住人口48.34万人，比2018年年末增加0.24万人。城镇化率为77.2%，比2018年提高1.1个百分点。根据城乡住户一体化调查数据显示，2019年莲都区全体居民人均可支配收入43248元，比2018年名义增长9.4%。其中，城镇常住居民人均可支配收入49730元，农村常住居民人均可支配收入28220元，分别名义增长9.0%和9.8%。2019年年末，莲都区基本养老保险参保率达到97.8%。参加企业基本养老保险人数21.34 万人，比2018年年末增加1.46万人。参加职工基本医疗保险的人数为17.36万人，比2018年增加0.96万人；参加工伤保险人数19.31万人，比2018年增加1.07万人；参加生育保险人数11.55万人，比2018年增加0.72万人；被征地农民基本生活保障累计参保人数0.46万人。正常缴费企业职工基本养老保险退休人员月人均养老金2474元；城乡居民养老保险基础养老金最低标准155元。2019年，莲都区城镇新增就业8460人，失业人员累计就业5396人，城镇登记失业率2.18%。2019年年末，莲都区剔除开发区范围各类收养性社会福利机构18家，拥有床3387张，收养各类人员1532人，完成城乡居家养老服务照料中心建设234个。从2018年7月开始施行城乡特困供养标准一体化，特困标准统一调整为每人每月1210元。农村和城镇特困对象自愿集中供养，2019年年末，农村和城镇特困对象集中供养率达到28.72%，有139名农村和城镇特困对象得到了集中供养。

**【环境和社会安全】** 2019年，生态文明建设和环境质量状况在全省设区（市）的市区排名前列，生态环境状况级别为优；生态环境公众满意度总分达到90.28分，较2018年提升0.29分，在全省90个县（市、区）中位居第八。莲都区剔除开发区范围的15个地表水监测断面水质达标率为100%，处于Ⅰ—Ⅲ类水质的有14个（县控断面环城河口为Ⅳ类）；国控"水十条"考核断面均达到功能要求和考核目标要求；跨行政区域河流交接断面水质达标率为100%，考核结果为优秀；县级以上集中式饮用水水源水质达标率100%。莲都区环境空气质量综合指数为3.06，在全国168个重点城市排名第七，全省排名第二；空气环境优良天数为358天，优良率（AQI）为98.1%，较2018年上升2.5个百分点，全省排名第一；PM2.5平均浓度为25微克/立方米，较2018年下降3微克/立方米，全省排名第二。莲都区剔除开发区范围内共发生各类生产安全事故4起、死亡4人。事故死亡人数占全年控制指标的100%。其中：工矿商贸企业事故4起，死亡4人；经营性火灾事故0起，死亡0人。全年未发生水上交通、渔业船舶和职业卫生事故。

注：(1)本文所列各项数据为年度初步统计数据。

(2)生产总值和各产业增加值绝对数按现行价格计算，增长速度按可比价格计算。

(3)人均生产总值按年平均常住人口口径计算。

(4)本文莲都区（市区）口径包括区本级、市本级、开发区范围。

（杨志伟）

## 市场监督管理

**【概　况】** 2014年9月22日，原丽水市工商局莲都分局向区编办上报《关于莲都区市场监督管理局主要职责、内设机构和人员编制方案的请示》(莲工商〔2014〕21号);10月10日区编办向区工商分局、区食药局关于征求《莲都区市场监督管理局与其他部门的职责分工》的意见函。接反馈后,2014年10月20日,区编办发布《关于组建丽水市莲都区市场监督管理局的通知》(莲编〔2014〕24号),同意在丽水市工商行政管理局莲都分局、莲都区食品药品监督管理局的基础上组建莲都区市场监督管理局,挂区工商行政管理局、区食品药品监督管理局、区食品安全委员会办公室牌子。同时,将质监部门的食品安全监管职责划入区市场监督管理局。2014年11月11日,莲都区市场监督管理局(以下简称区市场监管局)召开成立大会,正式挂牌成立。2019年1月17日,根据莲都区委办发〔2019〕3号《莲都区机构改革方案的通知》重新组建区市场监督管理局。将区市场监管局(区工商行政管理局、区食品药品监督管理局)、区质量技术监督局的职责,以及区发展和改革局(区物价局)的价格监督检查与反垄断相关职责,区科技局的知识产权保护协调职责,区经济商务局的打击侵犯知识产权和假冒伪劣商品以及反垄断等相关职责整合,重新组建区市场监督管理局保留区食品安全委员会,具体工作由区市场监督管理局承担。

区市场监管局办公场所主要有中东路633号楼,面积约1500平方米,该楼为原城东工商所办公用房,于2015年3月翻修完毕后投入使用,为局机关各科室办公用房;紫金路347号楼,该楼共有面积3135平方米,土地面积385平方米,处于紫金路和丽青路的交通路口,呈扇形面对马路,为紫金、岩泉、联城所及稽查大队、消保科等单位的办公用房。白云所办公场所为丽光弄2号3楼,面积413平方米。万象所办公场所为继光街7号,面积为300平方米。乡镇市场监管所办公场所碧湖、大港头所合署办公,地点为原碧湖工商所,老竹镇所位于东岩路8号,面积689平方米。

区市场监管局核定机关行政编制16名,直属行政机构(价格监督检查分局)专项编制5名,市场监督管理所编制98名,丽水市莲都区市场监管综合行政执法队编制28名(其中原莲都区市场监管局稽查大队事业编制21名,原质监局稽查大队参公编制6名,价格监督检查专项行政编制1名),消保委秘书处编制3名,药品不良反应(医疗器械不良事件)监测站编制9名,丽水工业园区质量技术监督所编制6名,合计165名。截至2019年年底,区市场监管局核定行政编制119名,实有人员112人,缺编7名;丽水市莲都区市场监管综合行政执法队编制28名,实有4人(其中事业副科1人,原质监稽查大队参公3人),缺编24名(因大队参公性质尚未批复,该批人员编制尚未使用);区消保委秘书处编制3名,实有3人;药品不良反应(医疗器械不良事件)监测站编制9名,实有7人,缺编2名,丽水工业园区质量技术监督所编制6人,实有7人,故全局实有公务员身份人员112人,参照公务员管理人员3人,事业身份人员18人(包括稽查大队事业副科1人),合计133人。机构设置方面,区市场监管局设1个直属机构和9个派出机构,下属事业单位包括药品不良反应(医疗器械不良事件)监测站、区消保委秘书处、丽水工业园区质量技术监督所。

## 市场管理

**【商事改革】** 秉承“让数据多跑路,让群众少跑腿”目标,不断深化商事制度改革。2019年,全区市场主体增长延续2018年的势头,截至2019年11月底,全区共新设各类市场主体9846户,较2018年同期增长24.38%;新设企业2094户,较2018年同期增长8.78%,新设企业注册资本844574.36万元。全区共有在册市场主体51226户,全市占比达20.11%。

**【服务企业】** 紧扣“三服务”工作,组织开展2019银企双对接活动。近100人参与,3家企业与银行现场完成授信签约,金额达1750万元。开展“走亲联心三服务”工作。通过走访企业,帮助解决问题。结合东西部消费扶贫工作，促成丽水市利农食品开发有限公司与广元耕鑫农业有限公司签订2020年农业订单。牵头开展“浙政钉·掌上执法系统”工作，全面推行双随机抽查。组织各执法部门开展培训会达30场，实现一线执法干部全覆盖，并做到执法人员库、执法对象库100%建立，执法过程、执法结果100%公开。

**【经济执法】** 持续开展扫黑除恶、打击传销工作、高压整治保健品市场乱象“百日行动”。全年共立案查处各类案件226件（移送公安及其他部门6件），涉案货值金额共268.314万元，收缴罚没款247.384万元。对严重违法犯罪的企业、个人实施市场禁入“资格罚”，对周洋等4人处以终身不得从事食品生产经营管理的惩戒。与区公安分局联合开展成品油整治，现场查封14个油罐，有效打击了违法犯罪行为。

**【消费保障】** 全年共受理消费者咨询、投诉、举报3233件，其中受理消费者投诉1200件，调解成功1053件，为消费者挽回经济损失296.6万元，努力营造安全的消费环境。创建放心商店、放心网店、放心餐饮、放心市场、放心工厂176家，无理由退换货商店61家，有效净化了消费环境。

**【价格监管】** 开展涉企收费专项检查。督促有关单位和部门对照涉企收费目录清单，对各类违规收费行为开展自查自纠，做好问题整改，规范行政收费行为。通过实地走访浙江建航工程咨询有限公司、勇安轴承有限公司等企业，直接向企业了解有关缴费相关情况及存在的问题和困难。开展重点检查，对审批中心、区水利局等9个单位是否严格按照各项政策、各项收费内容进行检查。推进餐饮业明码标价工作。根据《2019年度丽水市餐饮业明码标价规范提升工作方案》，通过餐饮联盟等逐步推行“阳光菜单”。

**【公平竞争审查】** 做好区公平竞争审查工作部门联席会议办公室日常工作，及时向各相关单位转发《浙江省公平竞争审查工作部门联席会议办公室关于滥用行政权力排除限制竞争典型案例的通报》。在全区布置开展滥用行政权力排除限制市场准入行为专项整治工作，开展了重点抽查工作，共排查了268份文件，审查了2017年以来区招投标平台的所有招投标公告，发现存在公平竞争问题100余个。

## 质量技术监督

**【质量强区】** 质量发展方面，联合区经商局开展全区阀门行业质量提升工作。标准化工作方面，国家标准立项1项，行业标准立项1项，省地方标准发布1项，浙江制造标准立项2项；市级地方标准立项研制发布3项，区市场监管局和市区跑改办联合制定的《机关单位内部“最多跑一次”工作规范 第2部分》已发布，为全省提升部门间办事提供了可复制、可推广的模板。计量工作方面，确保各类在用的贸易结算、安全防护、环境监测和医疗卫生计量器具强制检定率达到要求，“民用三表”到期更换率98%以上，为全区农贸市场管理方配置检定砝码，开展计量称重“快检”。3家企业共8个产品获得“丽水山耕”认证证书。

**【质量抽检】** 开展“保两节”产品质量监督检查及遛娃神器产品质量安全专项整治，抽查69批次。抽检羊毛衫、羊绒衫商品34批次；抽检女装、内衣、化妆品等女性用品40批次；开展“六一”儿童用品“你送我检”免费检测活动，为消费者免费提供儿童眼镜、木制玩具、儿童房空气质量检测等6种儿童使用消费品及相关产品检测，共检测17批次。

**【特种设备】** 持续开展叉车、灭菌锅、大型空调中三类设备、金笔街等专项整治，检查企业220家次，发现严重隐患109项，责令停用特种设备5台。在全市率先在电梯领域试点“物联网”模式，截至2019年已安装电梯物联网设备1000余台，解救被困人员312起。在全市率先实施以托底救援为基础的电梯应急救援“110”联动机制，9月正式实施以来托底救援单位在中心医院紧急解救被困人员2起。

## 食品药品监督管理

【食品监管】 深化学生饮食放心工程"新三年"行动工程。先后开展了春季开学期间学校食堂安全检查、中高考期间食堂食品安全检查等行动。截至2019年，全区300人以上学校食堂共66家，阳光厨房建成率100%；量化等级B级以上的63家，占95.5%。加强餐饮环节监管。开展餐饮服务食品安全抽检工作，将采样点覆盖至大、中、小型餐饮单位和快餐店。自发开展海蜇脱铝实验，全市首创该经验并推广至全区各餐饮单位，造福百姓。推进农村家宴中心建设，开展"放心餐饮"双千双百工程，创建12家农村家宴放心厨房均已通过了市市场监管局抽查。开展府前、天宁、东银苑菜市场等3个市场的省放心农贸市场创建工作，并通过省级验收。组织开展校园食品安全隐患排查，开展"防风险消隐患保食安"专项整治，就农兽药残留超标、网络订餐脏乱差等六大类问题进行重点整治，抽检食品372批次。净化老年人保健品市场，开展保健食品科普知识"五进"宣传50场，共发放宣传资料7000余份，科普文章10篇，查处问题4起，行政约谈56人次，查处案件4起。倒逼26家有会销行为的经营单位停业，其中10家营业执照已注销。2019年以来，消费者对保健食品的投诉举报同比下降40%。

【药械监管】 检查药械经营企业235家，医疗机构172家次，发放责令改正通知书41份，当场行政处罚21件，立案查处3件。创新推进数字化监管模式。建设完成"药师钉钉打卡系统"和"药品零售企业温湿度在线监管系统"，将全区140家药品零售企业共345名药师纳入打卡系统，采用固定地点人脸识别打卡，确保药师按时出勤；并且将全区药品经营企业冷库及阴凉区纳入温湿度监控系统，实时监控温湿度情况，提高了监管效率。开展送药上山活动。截至2019年，6个便民服务点全面进入正常运行状态，共服务1609人，惠及群众达2804人。

（林楠）

## 应急管理、安全生产监督管理

【概　况】 2019年，莲都区范围内共发生各类生产安全事故4起，死亡4人，事故起数和死亡人数与2018年同期相比均持平，未发生水上交通、渔业船舶和经营性火灾事故，未发生较大及以上生产安全事故、重特大森林火灾、汛期灾害人员伤亡事故及其他自然灾害事故，安全生产形势持续稳定。

【应急保障】 落实24小时值班和领导带班制度，强化重点时段突发事件的应对保障工作。2019年，莲都区先后经历五次梅汛期强降雨和三次台风过程，区防指七次启动防汛防台Ⅳ级应急响应，其中"6·21"强降雨提升到Ⅲ级应急响应，第九号台风"利奇马"提升到Ⅰ级应急响应；第18号台风"米娜"期间启动Ⅱ级应急响应。八次应急响应期间共转移群众2260余人，未造成人员伤亡。区应急管理局（简称区应急局）在第一时间作出专题部署，并到各乡镇（街道）开展防汛防台情况检查，全力做好灾害防范工作。在台风"利奇马"灾后救援期间，区应急局紧急联系区发展和改革局，向受灾严重的乡镇（街道）调拨物资，及时解决群众生活困难。

【应急救援】 建立应急救援指挥体系。全面整合应急救援资源和力量，推进部门之间信息互联互通，建立集"应急管理、组织指挥、协调指导、救援处置"等职能于一体的应急救援体系。完善应急预案体系。修订完善莲都区总体应急预案和安全生产类、自然灾害类专项预案，开展防汛防台和安全生产月期间应急演练，莲都区共举办应急演练活动128次，参演人数达26773人，投入资金65.24万元。打造综合性应急救援队伍。以区森林消防大队下属8个中队为基础组建综合性应急抢险队伍，投入资金24.3385万元配齐应急抢险救援装备。莲都区已成功组织多次应急救援行动，得到市长吴晓东、常务副市长杜兴林批示肯定。

【重点领域安全生产工作】 推进重点行业领域专项整治。开展喷涂场所、液氨制冷、涉燃爆粉尘等工矿商贸行业企业安全专项检查，举办2期专题学习交流会；加强危险化学品安全生产专项检查，检查企业24家次，整改隐患17个，完成销号市级挂牌督办隐患整改单位1家；开展莲都区装修行业安全生产联合执法检查，对4家企业进行约谈提醒，着力提升行业安全管理水平。推进丽水天宁工业区金笔街区块重大隐患专项整治。制定整改方案，召开动员部署大会，明确工作要求和整改措施。在金笔街区块开展2019年“安全宣传咨询日”活动，举办安全生产管理人员培训班，推动32家企业安装“智慧消防”设备，提升企业安全生产意识和事故风险防范能力。开展万洋低碳智造小镇“查隐患·补短板”安全生产专项整治。联合相关部门单位对万洋低碳智造小镇在建工地、投产企业进行检查，督促隐患及时整改，确保项目建设安全。开展重要活动期间安全生产保障工作。加强春节、“两会”、国庆节等重要时段安全生产保障，组织开展万洋低碳智造小镇山海协作现场会、2019年古堰画乡小镇艺术节前安全检查，并协调做好活动期间安全生产工作。

【防灾减灾体系建设】 做好基层防汛防台体系建设。及时调整充实基层防汛责任人，完成防汛防台抗旱预案初稿编制，开展莲都区基层防汛防台工作指导培训。组织2019年度防汛防台汛前隐患大排查，排查并整改安全隐患21个。建立救灾物资保障体系。区应急局联合区发展和改革局起草《丽水市莲都区救灾物资储备使用管理联动机制》，确保有序开展救灾物资采购、储备、调拨和紧急配送等工作，有效应对自然灾害。三是提升基层防灾救灾能力。做好乡镇森林消防应急中队长业务培训，开展“除火患、保平安”护航新中国成立70周年森林防灭火专项行动，为“迎大庆”创造安稳环境。组织辖区内河道、水库防溺水巡查，在重点水域放置救生圈、设置警示牌。组织人员参加森林灭火队专项训练、水域救援培训等，提升队伍实战能力。四是强化防灾减灾宣传教育。开展全国第十一个防灾减灾日活动，营造全社会关注、支持和参与防灾减灾工作的良好氛围。组织开展校园防溺水安全教育公益活动，提高学生的安全意识和自救能力。

【民生实事】 实施避灾安置场所建设工程。倒排时间计划，对标落实任务，并开展专项督查，及时查漏补缺，完成建设避灾安置场所45个，完成率达115%，其中新建2个、提升37个，规范化率达到30%。培育社会化应急救援力量。组织丽水市公羊救援队参加水上救援技能（冲锋舟）、水域桨板救援、水域急流救援、绳索救援等各项技能培训，提高公羊救援队的救援技能。完善公羊救援队《队员守则》《晋级办法》《经费制度及相关事宜》《应急救援值班制度》《处罚及辞退条例》等相关制度，促进规范化建设。落实专项经费15万元，改善公羊救援队办公、训练条件。完善消防安全设施。安装电动车充电口2207个，完成老旧小区消防设施的验收及整改。

（蓝婷）

## 国有资产监督管理

【概　况】 区政府国有资产监督管理办公室（简称区国资办）成立于2019年1月，是区政府工作部门，为正科级。行政编制5名，主任1名，副主任2名，股级职数2名（到岗1名）。下属股级公益一类事业单位，编制2名（到岗1名），其中股级职数1名。主要职责为：根据区政府授权，依照相关法律法规履行出资人职责，监管区属经营性国有资产，负责对所监管企业国有资产保值增值进行监督；履行国有企业党建工作的日常管理、负责指导推进国有企业改革和重组、指导国有企业建立现代企业制度、建立健全经营者激励约束机制；会同有关部门拟订企业国有资产管理的规范性文件、研究全区国有经济和所监管企业的运行状况，指导所监管企业风险管控、负责区属办公用房监管等工作。目前共有干部5人，党组1个，党支部1个，党员5名。

【区属国有企业基本情况】 2018年莲都区开展国企市场化改革工作，根据《莲都区国资运营公司市场化改革方案》(莲委办发〔2018〕30号)文件要求于9月27日挂牌成立区国资公司、区建投公司、区旅投公司三家一级企业，均为正科级企业。同时将其余24家企业与融资平台公司通过归并或纳入管理，成为这三家一级企业的下属企业。国资公司主要负责国有资产投资经营管理、水利、水电设施运行维护以及人事业务代理等职责；建投公司主要负责交通、水利、城乡市政基础设施的建设经营、供水、污水的运行管理以及负责完成区政府交办的社会公共事业项目的代建任务等职责；旅投公司主要负责古堰画乡与东两岩两个景区的经营管理 ，以及负责两个景区所在乡镇大港头镇与老竹镇村镇基础设施建设经营等职责。2019年，三大国企包括25家下属企业在内共有员工441人，党支部有7个，党员100名，其中在职党员75人。

【监管资产情况】 区国资公司：经营的资产包括区属行政事业单位移交的经营性资产共有三百多处的房产，管辖的资产主要分布在丽水市城区、联城街道、碧湖镇区块，主要包括各行政事业单位划转的店面186间，面积约17567平方米；商业用房12处，面积约3052平方米；破产、改制企业移交的资产，主要包括厂房、办公用房51处，面积约为37629平方米(含社区等8个单位借用29381平方米)；柴间2间，面积36平方米；仓库39间，面积1422平方米；住宅377户，面积约15505平方米，其中油泵厂职工138户、碧湖啤酒厂职工157户、企改丽水市第二建筑公司职工13户、物资总公司职工10户；西银苑菜市场1个，菜场面积1562平方米、超市面积237平方米；学校2所，面积约6084平方米；府前菜场摊位7个；矿山经营场所1个。区旅投公司：古堰画乡公司经营管辖的资产主要分布在莲都区大港头镇区块，主要包括各行政事业单位划转的房产8处，约7000平方米；股东注入资产画乡风情苑店面104间，面积约5694平方米；艺境画苑回购店面，约260平方米；自建主要包括主游客中心、次游客中心、摄影文化馆及AAA级旅游公厕，面积约21000平方米；黄头庄停车场，占地29897平方米；玉河路东段街巷用地，占地8631平方米。艺境画苑回租店面171处，11013平方米；画乡风情苑回租店面82处，面积4724平方米；其他回租店面14处，面积4500平方米；代管房屋7处，约3000平方米。区建投公司：下属丽水市碧湖自来水厂、丽水市莲都城镇建设发展有限公司、丽水市莲都区低丘缓坡开发有限责任公司共有房产55处，主要分布在丽水市城区、碧湖镇区块，面积约52757.3平方米。

【监管体系建设工作】 2019年建立与完善莲都区国企人员工资预算总额管理办法，明确国企各类人员工资总额预算的标准，国企工资预算标准更加细化。建立企业人员年薪激励机制，通过经营业绩考核与岗位考核相结合，合理拉开收入分配差距；出台人事招聘、管理等内容的相关制度，对于企业员工招录、中层管理人员的聘用等方面作出了具体规定，规范用人的程序与条件，及时制止2起不符合人才引进条件的企业人才引进行为。统一采用新中大财务软件，建设财务快报软件系统；出台国资监管制度5个，三大企业出台国企内部管理制度共68个，其中国资公司出台制度21个，建投25个，旅投32个。

【资产经营管理工作】 建立以区国资办为监管主体，三大公司按照职责监管下属企业的立体式国资监管体系，明确区国资办与三大公司的监管职责；对全区所有国企账户进行公开招投标，确定6家入围银行，实行企业账户开设审批制。开展国企账户集中清理活动，共清理各类违规账户26个；经营性资产出租、出售统一委托第三方实行公开的拍租、拍卖。根据1+N组建模式，对3家集团公司实行同级管理。共完成19家企业出资人变更及股权划转工作。 区国资公司：全面规范资产拍租、处置程序，提升国有资产效益，2019年，共组织拍租、拍卖8批次，139个标的。开展国有资产归集和监管工作，陆续接收区公安分局、农业农村局、区水利局等3家单位13处国有资产。依法处置租赁纠纷，经莲都区人民法院强制执行，顺利处置丽水市莲都区北苑新村8幢506室、高岭弄22号一店面等租赁纠纷，追回拖欠租金10万余元；原鸿兴水产店面用房已腾空并出租给绿盒电子商务有限公司，成功盘活国有资产。推进下属企业的接收工作，先后从区水利局、区人力社保局、区发改局、区文旅局接收区水利水电总公司、区粮食国资公司、莲城影视文化公司等7家企业，完成所有下属企业接收工作。实现国有资产线上信息化管理，公司委托开发的“莲都区国有资产信息管理系统”已正式上线，提高国有资产盘活率；此外，公司与合作银行成功对接，成功将传统业务流程的“人工跑”变为“数据跑”，做到房屋租赁“最多跑一次”。开展安全生产大检查工作，全年共计检查750家次，排查隐患190处，整改177处，整改率达93%。区旅投公司：公司推进闲置国有资产盘活处置工作，艺境画苑内引进各类艺术类企业共94家，二号地块谋划取名“处州风情苑”进行统一招商，其他房产引进了猫空书店、木言木语民宿等一批优质业态，丰富古堰画乡景区的业态内容，有利提升了景区的整体品质。为传播本土文化，彰显“文化自信”，开发挖掘当地优秀艺术文化，发挥巴比松油画特色优势，古堰画乡新增新时代文明实践所常态化戏曲演出、28文创孵化中心、梦幻巴比松星空体验馆、画乡问酒及星空草坪等一批自营和合作运营业态，丰富游客体验的同时也增加了景区的二销收入。其中，2019年2月设立的文化大礼堂，组织各类演出326场，实现营业收入4.1万元。以“艺术创意生活产业+”为概念，5月成立的28文创孵化中心，招引入驻匠人4名，并在2楼开设了杏记甜品店，共计收入41.4万元。8月开设的梦幻巴比松星空体验馆，实现营业收入45.3万元。

**【政府投融资工作】** 区国资公司：公司与浙石油综合能源销售有限公司合作建设的莲都区综合供能服务站项目，截至2019年年底，累计完成投资额2852万元，大港头、碧湖工业园区、高溪站3个站点已基本完工；公司入股中核（浙江）新兴产业股权投资基金1000万元，入股“帮邦行”项目基金1000万元；开展公开市场融资，国资公司企业债申报进入国家发改委相关司局征求意见阶段。区建投公司：为有效补齐丽水花街片区莲都安置小区、文一路与人民街交叉口地块等经营性项目资金缺口，2019年9月，丽水市莲都区城乡建设投资有限公司召集19家国有、商业银行进行推介，开展融资工作。于12月底完成中信银行1.2亿元流动资金贷款授信工作，超额完成融资目标，保障项目资金需求。区旅投公司：2019年，古堰画乡公司年提取农发行贷款6000万元，累计已提款1.16亿元，剩余可使用授信额度2.3亿元。积极与市银监对接古堰画乡公司退出政府融资平台事项，并于2019年第四季度正式退出。并进一步对接莲都区范围内9家银行，推进区旅投公司、古堰画乡公司、东西岩公司流动资金贷款各5000万元、东西岩公司项目贷款1.44亿元。

**【项目建设工作】** 区国资公司：由公司代建项目共有8个，其中长岗背小学、青林小学、区便民服务中心这3个项目年初已按要求全部移交给区建投公司；解放街32号房屋修缮项目已完成结算审计工作；丽青路25号项目已将结算审计结果报送区财审中心复核；高岭弄22号（金谷宾馆）目前已完成结算审核初稿工作；区政府过渡房项目已完成结算审计资料整理；城西小学项目已初步完成结算审计工作。区建投公司：2019年，全年在建项目27个（企业自营性项目4个、代建项目10个、建设项目13个），总投资约41.06亿元，年度投资目标14.16亿元，年度实际完成投资额14.2亿元，完成年度投资进度100.31%。其中，民生、重点项目15个，年度投资目标13.21亿元，年度实际完成投资额13.39亿元，完成年度投资进度101.38%。在时间紧、任务重的情况下，圆满完成瓯碧园建设及交付任务，打造了莲都区最大的民生安置工程和碧湖首个高品质小区；完成桃碧线沿线改造工程超马路段建设，打造了莲都区首条彩虹公路，成为旅游公路一个窗口；提前完成了大花园(国家公园)公路样板示范路、东方明珠幼儿园城中公寓分园装修工程等项目建设，全面完成“飞楼”(莲都大厦)项目签约、文一楼主体结顶等临时交办任务。区旅投公司：2019年古堰画乡公司谋划实施项目共计62个，已完成投资1.45亿元。截至12月底，已完工项目40个，包括古堰画乡景区信息化系统建设、主游客中心装修、古堰画乡AAA级旅游公厕(二期)等10个结转续建项目，S328省道沿线景观提升、古堰画乡夜景亮化提升二期、梦幻巴比松等新建项目均已完工投入使用。在建项目13个，包括古堰画乡摄影展览馆及AAA公厕、大港头镇区给排水管网提升改造二期、古堰画乡景区品质提升。前期项目9个，包括保定码头品质提升改造、堰头停车场、竹林区块文化体验园、大港头镇至碧湖污水主管网过江等项目在进行前期审批。东西岩公司建设集萃亭挡墙修缮，游步道修整，景区备用水源等项目。其中，景区备用水源项目已完工，并投入使用。老竹新农村公司代建老竹—丽新污水处理厂、老竹镇区截污纳管等2个项目工程，已完成莲都区赤坑水库出险加固工程、老竹镇学甫小区二期基础设施配套项目、老竹镇东岩路提升改造项目、老竹镇镇区沿街立面改造等17个项目。大港头新农村公司完成给水管网抢修、大港路路灯安装、零直排区改造等3个项目工程。

**【各项活动】** 国资公司：做好对各子公司的安全监管，组织各下属公司开展防火、防汛、防台综合应急演练活动，确保各电站全年安全无事故生产，2019年，雅一、雅二、郎奇3个电站共计发电量5457.49万千瓦时。水利水电总公司，3月接管区堤防运行维护工作，7月承接瓯江大溪河道保洁业务，12月底接收大港头龙庙、西坑、后桑、峰源百家际、雅溪泄川、太平梨园、太安等7家电站的国有股份。丽水市雷博劳动事务代理有限公司，积极开展劳务代理工作、破产改制企业挂档人员档案管理工作，为进一步拓宽该公司经营范围，国资公司向其注资188万元，新增劳务派遣业务。区旅投公司：2019年，依托媒体，精准投放。在媒体广告投放策略上，既有规模性覆盖，又有精准性传播，以“转化”为目的，广泛触达旅游客源地。今日头条通过开屏广告、微话题等方式，总曝光量为525.4万；抖音短视频通过话题挑战赛、宣传片等方式，总曝光量为546.4万；蚂蜂窝通过组织4个“蜂首”，共计推文40余篇，总阅读量达989万。新增设福建、广州、宁波市场办事处3家，先后完成“宁波港·游莲都感受别样春天”疗休养踩线活动、“古堰画乡赴宁波江北区旅游推荐”以及“以山为媒、问海借力、山海一家”——2019莲都·江北旅游推荐会等系列活动，开通古堰画乡驻江北区营销渠道平台。参加“山海协作”旅游推荐会、上海世界旅游博览会、丽水旅游推荐会2019浙江(江苏)旅游交易会等活动20余场次。组织并接待旅行社老总踩线团20余次、80余家，景区知名度和影响力进一步扩大。以艺术之名，多元开展文化艺术活动。举办2019古堰画乡小镇艺术节、春节庙会、畲族“三月三”活动、东西岩“凤凰秘境”新年体育嘉年华、丽水市第十二届乡村文化艺术节等大型文化艺术旅游及民俗节庆活动。组织周末油画市集48次、创意艺术市集4次，铜人像行为艺术等。莲都首部自主拍摄、100%莲都实景的院线电影《画乡萤火虫》和30集竖屏短剧《萌萌梦驾到》在古堰画乡正式开机，与浙江电视台联合举办“不忘初心 牢记使命”升级版星空朗读活动。配合完成“美在画乡，味在丽水”古堰画乡网络摄影大赛(业余级别)征集及评选，全年合计组织和配合开展相关大小活动100多场。

# 文化·旅游·体育

## 综　述

【概　况】 自2019年文旅融合以来，莲都区文化和广电旅游体育局（简称区文广旅体局）坚持“宜融尽融、能融则融”的原则，强化综合协调职能，整合文化旅游资源，推进文广旅体工作全面发展，各项工作均取得明显进展。

文旅融合初显成效，整合优化原文广新体局和原旅委的管理体制，重新挂牌为文化和广电旅游体育局。围绕“两山”理念和弘扬践行浙西南革命精神开展文艺采风、资源普查，梳理出莲都历史文物、节庆赛事、自然景观等共计2118项，丰富莲都区文化旅游资源信息库。积极探索文体旅融合性活动，携手打造古堰画乡小镇艺术节、“莲都100”越野赛、乡村春晚等品牌活动；依托畲族集聚村落和景区，结合“三月三”畲族风情节、“处州白莲节”、“通济堰双龙庙会”等地方特色浓郁的民俗节庆活动，展示莲都地方文化魅力。

公共文化服务体系不断完善，区、乡镇（街道）、村（社区）三级公共文化设施网络逐步健全，建成11个小康提升村、1个拆装式游泳池、1个笼式足球场和3个多功能运动场。各类文化惠民活动丰富多彩，举办各类文化活动、培训等2600多场，送戏下乡437场，送书下乡12619册。数字文旅不断升级，开展浙江智慧文化云填报，完善全域旅游大数据中心、一机游·莲都平台建设。莲都区顺利通过第二批浙江省基本公共文化服务标准认定，以及“十百千”工程验收；莲都区数字文化馆完成全国首批数字文化馆审计验收，“文化超市”创新公共服务新业态；莲都区图书馆“爱心书屋”“图书馆+民宿”项目延伸公共服务新模式。

郎奇白桥康养小镇、石牛温泉、御泉湾、梦里水乡·欢乐谷等项目有序推进。全策划组织莲都旅游目的地品牌发布会等推介活动近30场次以上海旅游推介会为契机，成功与上海方签订“万人游莲都”协议；成功创下省级全域旅游示范区。

2019年年底，区文广旅体局共有下属单位12个，其中局直属部门6个，分别为：原区旅委、区广电网络传输中心、区文化馆、区图书馆、区文化市场行政执法大队、区文保所；乡镇（街道）文化广电中心站6个，分别为：城区文化广电中心站、大港头文化广电中心站、联城文化广电中心站、雅溪文化广电中心站、老竹文化广电中心站、黄村文化广电中心站。区文广旅体局共有在职人员124人，其中局机关12人，下属事业单位112人，具有高级职称8人，中级职称43人，初级职称39人。

（郑菁　周高飞）

## 公共文化服务

【概　况】 围绕区委、区政府中心工作，以提高公共文化服务水平和文化品位、服务旅游发展、服务创建浙江省全域旅游示范区为重点，开展各项工作，取得了明显的成效。2019年，举办各类文化活动1667场，培训838场，文化走亲12场。开展乡村春晚75台，其中特色春晚21台，重点春晚4台，观众人数达35771人次。开展送戏下乡473场，送书下乡 12619册。

【基础设施建设】 推进基层站所建设，健全公共文化设施网络。莲都区非遗馆完成选址，并开始编制布展方案；丽新乡、太平乡综合文化站新建项目有序推进，于2019年10月完成主体工程建设。提升总分馆效能建设，推动区域联动联享机制。全区建有文化馆分馆7个，经常性开展文体活动及培训联动。莲都区图书馆老竹分馆设备建设中；城区、大港头分馆完成分馆设备建设实现通借通还；下南山、城区、老竹、大港头等4个分馆完成图书编目；下南山特色分馆实现扫码借书通借通还。新建高速交警支队、龙文教育、之江监狱、武警中队等图书流通点。完善法人治理结构，提高公共文化服务效能。区文化馆法人治理建设进一步优化，切实发挥理事作用。

**【数字莲都】** 数字化服务不断升级，2019年莲都区顺利通过第二批浙江省基本公共文化服务标准认定，以及"十百千"工程验收。莲都区图书馆在全市首推社保卡"零押金"办证，推出支付宝扫码借书，并与图创公司合作推出办证小程序和数字阅读小程序，便捷读者办证、借书；对接旺宝机器人，由机器人为读者介绍馆内基本信息，以人工智能丰富读者体验；新增图书馆基层数字提升数据库(4T)和乐儿少儿数字资源库(5G)两个数字资源库。莲都区数字文化馆投入115万元，围绕15个专题进行软硬件升级。与乡镇文广中心站互通互联，利用远程教学系统开展广场舞、锣鼓钹技艺提升班培训等各个门类公益课堂远程教育系列活动；开展文化活动直播，并实时共享到户外屏微信端、PC端等平台。全年完成"莲都·联动"全国乡村春晚优秀节目视频大赛征集、投票、评选等活动，大赛共收到了来自全国近100个优秀村晚节目视频作品，并将优秀作品上传至莲都区数字文化馆PC端平台和微信端平台等。全年莲都区图书馆数字资源的访问量达到479775次；区数字文化馆线上平台浏览量1581453次、直播访问量1003363次、微信总访问量171183次。

**【文化惠民】** 开展"送文化下乡"惠民活动。2019年，累计送戏下乡473场，送书下乡12619册。开展各类培训494期，免费展览、讲座等344场。同时，以农村文化礼堂和社区文化中心为主阵地，进行社区村文艺会演、"天天乐"文体活动展演等活动，强化十分钟休闲娱乐圈建设。推进各馆站免费开放。莲都区文化馆、图书馆，各乡镇文化站合理利用各个文化免费开放场所，健全公共文化均等化、标准化建设。区文化馆每天免费开放11小时，每周开放7天(法定节假日除外)达77小时；区图书馆每天免费开放11.5小时，每周开放6天(周一闭馆，法定节假日除外)达69小时；各乡镇文化站每天免费开放6.5个小时，每周开放5天(周一至周五，法定节假日除外)达32.5小时。全年区图书馆总流通人次达167.69万人次。

**【文化活动】** 围绕中心服务抓活动。成功举办浙西南革命精神红色经典万人诵读活动、"八一"慰问官兵演出活动、古堰画乡小镇艺术节、世界丽水人大会莲都分会活动、莲都区农民丰收节、莲都区庆祝中华人民共和国成立100周年暨弘扬践行浙西南革命精神文艺演出晚会、五水共治文艺晚会等。围绕莲都特色抓活动。举办莲都区"天天乐"文体广场团队排舞沙龙、"欢乐莲城"莲都区第八届社区艺术节暨乡村春晚优秀节目展演、"三月三"畲族晚会、2019年"莲都之春"文艺会演、浙江省青少年声乐大赛莲都选拔赛暨2019年"东西岩"莲都区青少年声乐大赛等文艺演出活动。围绕文化交流抓活动。策划并重新编排一台具有莲都特色的文化走亲一台戏节目。与宁波江北、义乌市开展文化旅游推荐活动，参加义乌文交会等交流活动3次，通过不同层面、不同形式进行文化交流。加强温州、丽水两地文化艺术交流，在温州联合举办庆祝新中国成立70周年"彩绘瓯江"鹿城·莲都油画联展活动。探索莲都区内文化交流，各乡镇(街道)文广中心站开展12场文化走亲活动。深化文艺品牌打造。重点打造"文化四季"文化品牌工程，进一步打响"勤耕四季"、莲城讲堂、丽水名人讲坛、四叶草绘本故事、"给我三分钟"、中华经典诗词“青青”素读、莲城朗读团等阅读系列品牌。进一步推进乡村春晚品牌建设，全年共开展乡村春晚75台，其中特色春晚21台，重点春晚4台，观众人数达35771人次。进一步提升古堰画乡小镇艺术节，全年古堰画乡小镇艺术节吸引了来自法国和意大利等9个国家的20多位外宾、国内外400余名艺术家，有超过100家媒体报道艺术节的盛况，网络直播观看人次超200万，渠道传播曝光量超5000万。继续推进“一乡一文化”主题活动，引导和联合各乡镇、街道结合当地文化特色分别开展峰源高山纳凉节、联城桃花节和啤酒节、仙渡挖笋节、碧湖赶集和杨梅节、太平枇杷节、畲族“三月三”等文化品牌活动。

**【文化创新项目】** 公共文化超市项目。莲都区数字文化馆完成全国首批数字文化馆审计验收，“文化超市”创新公共服务新业态。2019年10月，莲都区数字文化馆“丽水莲都区公共文化超市”专题资源项目获文化部全国公共文化发展中心审批立项，并争取到资金115万元。通过以“乡村春晚、民俗风情、文艺团队、巴比松油画”等为主题的专题片、多媒体资源库、宣传推广、平台对接四大方面建设，提升数字文化馆整体水平，拓展数字文化馆的内涵和外延，丰富基础数字资源库，突出地方特色精品资源建设，同时加强与国家及省级平台对接，扩大公共文化服务，打造莲都特色文化品牌，助力莲都文化大繁荣大发展。爱心书屋项目。莲都区图书馆升级“爱心书屋”，试点智能化扫码开门，使群众阅读逐步向数字化、便捷化、经常化、多样化方向发展。同时，莲都区图书馆积极探索通过社会共建模式推进“爱心书屋”建设，联合丽水市好玩猫科技网络公司共同研发了拥有自己知识产权的智能化“爱心书屋”，该“爱心书屋”以互联网、物联网及人脸识别技术为依托，打造国内技术先进、模式创新、服务领先，集公益阅读、图书捐赠、读书分享、文旅融合、信息服务为一体的24小时共享爱心书屋，实现和总馆图书通借通还。“爱心书屋”项目入选2019年度浙江省文化和旅游创新团队，并获评2019年浙江省公共数字文化工程优秀数字阅读推广案例大赛的“十佳案例”；“图书馆+民宿”延伸服务模式作为优秀案例亮相中国图书馆学会学术研究会主办的新时代公共图书馆文旅融合发展浙江现象研讨会等。

（张赛佳　盛勇　王晓津）

## 文艺精品创作

**【概　况】** 2019年，莲都区积极开展文艺精品创作，新编处州乱弹剧《状元蔡仲龙》；创作排练丽水鼓词中篇曲目《刘英在莲都》，以视频的形式参加“浙江好腔调”曲艺系列展评活动。同时组织文化员参加舞蹈、曲艺、小品、声乐等各项赛事，并取得成绩，共获：国家级奖项1项（樊秋莹指导莲都水东小学“婺剧进校园”荣获第一届全国“非遗进校园”十佳创新实践案例）。省级奖项8项，其中创作获奖5项、辅导获奖2项、专业技能比赛获奖1项。市级奖项34项，其中创作获奖19项、辅导获奖4项、表演获奖10项、科研成果获奖1项（周雅慧《通济堰流域村落历史文化集萃》获得丽水市人民政府社会科学优秀成果三等奖）。2019年，参加弘扬践行浙西南革命精神丽水市第十四届原创歌曲大赛莲都区文化馆获得2金3银6铜；参加弘扬践行浙西南革命精神丽水市第四届原创曲艺、小品大赛获得3银3铜；参加弘扬践行浙西南革命精神丽水市原创戏剧、曲艺作品征文活动获得1金。莲都区文艺精品的创作发展为三月三畲族歌会、浙江特色小镇海外推广项目、古堰画乡小镇艺术节“古堰千秋”文艺晚会等重大活动提供了一批与时俱进、紧跟潮流文艺节目。

（张赛佳　季雨璇）

## 文物保护

**【概　况】** 2019年，莲都区现有文物保护单位18处，其中国保1处，省保5处，市、区保共12处。2019年，共开展了文物保护单位保护维修项目2个，协助实施资福、新陶等历史文化保护利用村落项目7个，以及开展保定窑遗址专题调查；参与涉及文物保护单位保护范围和建设控制地带建设项目现场勘察、项目方案、规划审查等60余项；开展浙西南革命文物保护利用专题调查6次，实施海上丝绸之路文化遗产瓯江沿线文物古迹专题调查2次；申报传统村落保护与活化利用村落2个；对县级以上文物保护单位增设消防视频监控系统1套。

【不可移动文物的保护和管理】 2019年，共实施1个文物保护单位修缮工程：国保通济堰—堰头村古民居之玉叶流芳修缮工程，并完成初步验收；委托编制了1个保护利用维修方案：国保通济堰渠道（石函至开拓概段）维修工程设计方案；开展4项专题调查。开展了保定窑遗址野外调查勘探、标本考古学整理研究等，完成历史文化（传统）村落内共28个村137处"三普"不可移动文物名录点排摸调查；实施红色资源普查，共收集红色资源信息229条；开展浙西南革命文物保护利用专题调研，谋划保护利用项目28项；积极参加国家传统村落保护与活化利用申报工作，编制碧湖镇下南山村、堰头村申报资料提交中国文物保护基金会。

【执法督察与安全保卫】 强化科学防范体系。在建筑类文物保护单位原有应急广播监控设备和智慧消防设备的基础上，对区级以上建筑类文物保护单位增设161个烟感、15个消防系统主机，85B灭火级别的灭火器190只，初步实现区级以上建筑类文物保护单位智慧消防系统全覆盖，实现远程在线巡查，应急广播预警等。开展建筑类文物保护单位消防演练。在古建筑较为密集的西溪村，通过文物消防安全知识培训、逃生演练及灭火器使用教学活动，利用安防监控及应急广播系统，加强演练效果，增强文保人员及群众的安全意识与自护自救能力。

（陈芳红　黄彩红）

## 文化市场

【概　况】 以营造"庆祝新中国成立70周年"良好社会文化环境为主线、专项行动为抓手、队伍建设为保障，推动文化和旅游市场安全稳定、繁荣有序发展。

【行政审批】 全面梳理和维护更新群众和企业到政府办事"最多跑一次"事项颗粒化的办理指南、办理流程，以及申报材料等内容的完整、规范，使线上线下办理事项的内容一致；梳理"证照分离"改革行政审批告知承诺、"一件事"办事指南；完成对僵尸企业网上的注销工作，"一窗受理、集成服务"事项的再造流程，以及企业信息交换共享平台的认领和录入工作。2019年，共受理审批行政许可84件，其他权力事项22件；完成118家印刷企业和出版物零售单位年度核验工作；完成117家文化市场企业的文化市场年报工作。

【文化市场监管】 开展"双随机"监管模式抽查25次，其中联合公安、市场监管等部门开展随机抽查工作3次，随机抽取执法检查人员78人次，检查文化市场175家次；开展扫黑除恶、反恐、禁毒工作线索排查、市场巡查、宣传发动；强化互联网上网服务营业场所、歌舞娱乐场所、演出市场、电影市场的管理；开展出版物印刷市场、网络文化市场、非法卫星电视接设施、社会艺术考级监管、净化校园周边文化市场环境等专项整治行动；开展扫黄打非"护苗""净网"等五项行动，加强网络出版物信息核查，开展夜市无证游商销售非法出版物专项行动；打好安全保障组合拳，融合开展"文化和旅游市场安全日"活动，与文化经营场所业主签订《2019年安全生产目标管理责任书》。2019年，共巡查出动3688人次，检查4760家次，违规27家次；行政处罚立案调查26件，办结案件25件，警告18家次，罚款42500元，停业整顿2家次，没收非法所得5元，没收违法物品448个。信息报送浙江省文化和旅游厅（简称省文旅厅）OA系统167篇，录用107篇。24小时畅通"12318"举报电话。

（叶巧梅　邹乐）

## 非物质文化遗产保护

【概　况】 莲都区现有国家级非遗项目1项：《丽水鼓词》；省级非遗项目7项：《陈十四信俗》《太平庙会》《丽水鼓词》《通济堰营造技艺》《丽水吹打》《处州乱弹》《翻龙泉》；市级非遗项目26项；

区级非遗项目115项。省级非遗代表性传承人6人（3人已故），市级非遗代表性传承人31人，区级非遗代表性传承人55人。

**【非遗阵地建设】** 完善非遗场馆建设。加快莲都区非物质文化遗产馆（临时馆）和6个非遗传承基地及非遗展示体验点建设；创建了莲都区非遗保护数据库，实现省、市、区三级联通共享，提高非遗保护传承工作效率，加快莲都区非遗保护工作转型升级；巩固完善鼓词场活态传承载体，组织全区鼓词艺人在丽阳门鼓词场、大港头鼓词场轮流演唱“丽水鼓词”传统短篇和长篇及新编曲目。开展非遗进校园工程。连续4年在联城小学开设处州乱弹课程，邀请处州乱弹代表性传承人为学生讲授处州乱弹唱腔、曲调、形体表演、基本功训练和经典传统戏剧的复排等；在水东小学等9所学校深入地开展婺剧进校园活动。区非遗中心指导推荐莲都区（水东小学）婺剧进校园实践案例荣获全国“非遗进校园”创新实践案例。

**【非遗项目展演】** 2019年共举办省遗项目“陈十四信俗”第40届“闹元宵·迎陈十四夫人”巡游活动、省遗项目“太平庙会元宵灯会”活动、“美丽非遗·风雅端午”——2019“文化和自然遗产日”莲都区优秀非遗项目走进东西岩景区展演活动等，协助省非遗中心“传承者少年研学游记”浙江省非遗经典旅游景区（景点）研学游丽水东西岩站活动，参加2019丽水市多彩非遗闹元宵系列活动。通过非遗展演与旅游相结合，并邀请浙江卫视新闻、浙江电视台教科频道、腾讯网等媒体进行宣传报道，提高莲都非遗知名度。持续开展国家级非遗项目丽水鼓词曲艺“三进”活动，全年开展展演活动96场。

**【非遗研究】** 非遗申报。组织撰写完成《陈十四信俗》申报第五批国家级非遗名录项目；指导撰写完成《莲都古堰画乡景区》申报第五批浙江省非遗旅游景区；完成第四批丽水市级非遗展示体验点的申报工作，莲都区碧湖浦塘根雕体验点选入丽水市级非遗展示体验点。专著编撰。莲都区非遗中心副主任徐金莲整理并撰写编著《丽水鼓词研究》专著和《丽水鼓词》丛书，区文广旅体局出版发行《丽水鼓词研究》专著2000册，省文旅厅出版发行《丽水鼓词》丛书3000册，助力丽水鼓词实现由口传心授的传承方式迈向了图文并茂、有声有形的科学传承的突破。

（徐金莲）

## 旅游资源开发与产品建设

**【概　况】** 开展招商引资，推荐瓯江漂流区域旅游综合体项目到香港进行招商；伟光汇通集团、海外海集团、恒润文化集团等多次来莲都考察重点旅游项目；全年完成投资5.78亿元。2019年，列入莲都区级重点项目的郎奇白桥康养小镇项目、石牛温泉项目建设有序推进。

**【创建工作】** 全域景区化创建。积极响应浙江省“百城千镇万村景区化”建设行动计划，创成A级景区乡镇2个，其中AAAA级景区乡镇1个；创建提升A级景区村庄21个（提升6个），其中AAA级景区村庄2个。魔幻菇林（百兴菇业）、鱼跃1919创成AA级旅游景区。旅游厕所建设。创建提升旅游厕所15座，其中AAA级旅游厕所2座。等级民宿评定，成功创建金宿1家、银宿5家。产业基地创建。完成创建浙江省工业旅游示范基地1家、浙江省果蔬采摘旅游基地1家、浙江省中小学生研学实践教育基地1家、丽水市中小学生研学实践教育基地4家。

**【招商引资】** 按照“一心、一廊、五区”（“一心”指打造旅游集散中心，“一廊”指打造瓯江长廊，“五区”指打造东西南北中五个旅游区块）的产业发展布局思路，谋划麻雀湾旅游开发项目、莲都古窑文化园等“十四五”重大文旅项目16个，计划投资超82.5亿元。推出一批旅游招商项目，重点推出九龙湿地周边、石牛温泉附近区块、古堰画乡区域的招商项目，重点跟踪锦绣联城文旅小镇、水墨瓯江旅游综合体、“九龙阁”摄影主题度假院落酒店以及下南山精品度假酒店项目。在9月22日的第二届世界丽水人大会上，和北影电影产业有限公司意向签订投资约40亿元“北影（丽水）电影产业基地”项目。

**【项目建设】** 郎奇白桥康养小镇项目。2019年，完成投资6.35亿，项目一号地块土石方开挖完成98%，桩基工程完成98%，综合楼6号楼完工并投入使用；7—10、28、29主体工程完工37、39、41、43、45号楼主体工程施工。石牛温泉项目。2019年，完成投资近0.5亿元，完成股东股权转让及管理团队调整；旅游项目（一期）于10月11日正式签约引进君澜酒店，并完成温泉酒店初步设计及外墙装修工程；配套房产项目的御泉湾二区块样板房完成，主体工程启动施工。梦里水乡项目。协助项目业主二次招商。

（陈国伟　李一豪）

## 旅游宣传促销

**【概　况】** 2019年，区文广旅体局围绕市场宣传营销全年计划，按照“走出去、请进来、月月有活动”的旅游推广工作思路，完成了各项工作任务。一是旅游品牌打造取得新成效。完成莲都旅游目的地品牌形象策划（完成定位、品牌口号、品牌LOGO、品牌主视觉等工作）、IP形象策划设计（完成莲仔设计和相关延展应用设计等工作）、品牌战略（完成三年营销计划、产品线路策划设计等工作）、文创商品设计等工作；完成莲都旅游目的年度节庆系统的策划工作，包括画乡艺术节、古村生活节、山间嗨年节、莲城荧光节四场线下活动。二是媒体宣传取得新成效。持续打造古堰画乡小镇艺术节等IP，深化与驴妈妈、同程、去哪儿等网络平台合作；积极开拓苏南、京津冀、珠三角等增量市场。全年举办莲都江北山海协作旅游推介会、“诗画莲都　地道之行”全球验客活动、“洋笔画莲都”自驾、莲都旅游目的地品牌发布会、百家媒体采访莲都区主要领导、“三进”（进高校、进社区、进超市）农文旅推介、“童莲忘返”趣莲都—丰收节自驾研学行等活动30场；市外媒体发布旅游信息421篇次，其中省级以上和主流新媒体发布321篇次。线上曝光量成绩显著，累计在同程网、驴妈妈、微博等平台获得1.2亿品牌曝光量及活动传播量，打响了“秀山丽水、画乡莲都”品牌。三是智慧旅游发展取得新成效。2019年，完成大数据和旅游集散中心在古堰画乡游客中心的建设工作；通过与同程、驴妈妈等多家网络、旅游服务运营商开展合作，实现了线上付费、线下体验的旅游新模式。

（朱席佐　章建忠）

## 旅游行业管理

**【概　况】** 2019年莲都区旅游总收入114.77亿元，同比增长18.7%，其中AAAA级景区门票收入共计2601.12万元，同比增幅7.17%。旅游总人次1171.5万，同比增长8.7%。丽水市和隐酒店产业发展有限公司成功创建浙江省金树叶级绿色旅游饭店。

**【安全生产】** 落实安全生产责任制。与所辖各单位及A级景区签订了《安全生产工作目标责任书》，明确安全生产具体目标，分解工作具体任务，细化工作具体要求，确保安全生产目标和任务责任落实到岗位和个人。开展安全生产专项行动。2019年，开展岁末年初安全生产大检查工作、“安全生产月”和“安全生产万里行”活动、“防风险保平安迎大庆”消防安全执法检查专项行动等，结合开展安全生产活动的宣传工作，做好常规管理和检查整改，积极消除安全隐患，提升安全保障能力，有效杜绝安全生产事故发生。

**【市场管理】** 开展文化和旅游市场专项整治工作，成立整治专项行动小组。开展莲都、遂昌、缙云三县（区）文旅市场交叉双随机检查，共抽查旅游景区、旅行社、酒店、游艺厅、网吧、歌舞厅等场所31家，发现安全隐患48项，要求立即整改41项，限期整改5项，立案处理2项。8月起，区文广旅体局组织对全区的文化娱乐场所及旅游行业的经营单位进行安全大检查，涉及网吧、歌舞厅、游戏厅、旅游景区等，累计出动260余人次，检查各类娱乐场所、旅游经营单位190

家次，要求立即整改128项，限期整改15项，立案处理1家。

【旅游培训】 做好安全培训。3月20日，区文广旅体局邀请莲都区消防大队为局下属各单位负责人及文化和旅游行业业主共200余人在西城广场上了一堂消防安全的专题课，并组织现场灭火演练、火灾逃生演练。做好从业人员培训。6月11日，由区文广旅体局主办、知越教育承办、艺华假日协办的研学旅行培训班开班，共有来自区文广旅体局、区教育局，以及莲都区产业融合基地业主约40人参加培训。课程培训结束后，学员们还前往天台山优秀传统文化研学基地、米果果小镇营地、富阳青少年洞桥营地等开展为期三天的考察培训。

（叶巧梅）

## 全域旅游

【概 况】2019年，莲都区进一步强化创建合力，完善莲都以区委书记和莲都区长任组长的双组长领导小组机制，下设的专项组由原来的17个调整为15个。召开全域旅游动员会、推进会。莲都区创建国家全域旅游示范区工作领导小组办公室（简称区全域办）专人专班实体化办公，建立全域旅游联席会议制度，重点乡镇设立旅游办公室。编制《莲都区全域旅游总体规划》，出台《莲都区创建国家全域旅游示范区工作实施方案》，将全域旅游创建工作列入莲都区政府十大重点工作，并纳入年度考核，为创建工作的开展、推进，提供强大推力。整个创建指标分为体制机制、政策保障、公共服务、供给体系、秩序与安全、资源与环境、品牌影响、创新示范、高质量发展等九大块内容。通过全区上下共同努力，莲都区成功创建成为省级全域旅游示范区，为下一步创建国家全域旅游示范区打下基础。

（胡继红）

## 群众体育

【概 况】 推进全民健身，2019年共举办各类赛事50余场次，推动全民健身常态化。引导民间团体、企业、社区（村居）成立单项体育协会和体育俱乐部，发动成立群众体育组织。开展国民体质监测活动、3—69周岁公民体质评估测试活动，指导居民科学健身，提高居民身体素质和健康水平。

【推进全民健身】 2019年，莲都区群众体育工作持续深入，组织开展了形式多样的群众体育活动，全力推进老年人体育工作，丰富群众的健身体验，营造良好的全民健身氛围，2019年莲都区经常参加体育锻炼的人数（不含学生）比例为28.2%。一是组织形式多样群众体育活动，举办“莲都100”越野赛、2019“华为手机杯”中国围棋甲级联赛、中国（浙江）自行车骑游赛、莲都区2019“灵康杯”男子职工篮球赛、“三八”女子门球争霸赛等50余场，推动全民健身。二是做好科学健身与健康教育讲座培训，定期举办太极拳、瑜伽、鬼步舞等全民健身公益培训班，全年培训1000余人次，优化体育公共服务水平和质量。三是加大宣传力度，利用网络、短信、电子屏幕等多种形式，向公众宣讲科学健身知识，将“快乐体育、民生体育、和谐体育”的文化理念传递给广大群众。

【切实加强体育指导】 开展国民体质监测活动，进一步普及全民科学健身知识，为每个受测对象讲解、分析检测报告，并提供科学合理的锻炼建议，引导受测人员进行科学健身，提升科学健身指导水平，2019年莲都区国民体质监测合格率达93.1%。开展3—69周岁公民体质评估测试活动，进一步了解和掌握各年龄段居民体质状况，为居民合理锻炼提供了科学依据，指导居民科学健身，提高居民身体素质和健康水平，促进居民参加体育锻炼的积极性。开展社会体育指导员培训，全年共培训广场舞、柔力球三级社会体育指导员101名，提高社会体育指导员的指导水平。

（练晶晶）

## 体育产业

【概 况】 莲都区以满足人民群众日益增长的健身需求为出发点和落脚点，不断完善健康保障，实现便民服务。以体育的视角强生态，以赛事为路径促发展，通过莲都赛道、体育基础设施的不断完善，加大体旅融合步伐。

**【基础设施建设】** 完善基层公共体育设施，对莲都区各乡镇街道进行踩点，并按照建设需求，完成11个小康提升村、1个拆装式游泳池、1个笼式足球场和3个多功能运动场的建设。对莲都区范围内的体育场地进行全面普查，经实地核实调查统计，体育场地共计1424个，注销体育场地共计396个，新增体育场地共计328个，成功调查单位399个，并将辖区公共体育场地设施100%纳入省全民健身公共服务信息平台，2019年人均体育场地面积2.2平方米。打造最美“莲都100”越野赛赛道，对标国内外一流标准，结合赛事的提升和周边环境的实际，完成越野赛道修复工程500万项目立项，并启动建设。

**【体育产业服务】** 做好莲都体育产业普查工作，完善体育产业信息平台，进一步提高体育产业管理水平，更好的服务体育产业发展。提升场馆运营管理水平，积极探索创新体育场馆经营管理模式，拓展服务领域，延伸配套服务，确保场馆持续健康科学发展。做好省市两级体育产业项目申报工作，申报1条省级优秀项目（利山户外拓展项目），1个省级体育产业发展资金项目库（浩鑫体育发展有限公司）。开展体育养生产业调研，完善体育养生行业规范化管理，将体育休闲发展纳入全区养生产业统筹发展规划，并对莲都区范围内适合开展徒步穿越活动的路线进行整理，依托“莲都100”越野赛道修复工程，提升户外场地健身设施，为市民提供户外健身场地，逐步形成具有莲都特色的体育运动养生圈。

（练晶晶）

## 新闻出版

**【概　况】** 2019年，新闻出版职能从原区文化广电新闻出版局（体育局）划转至区委宣传部。深化新闻出版领域“最多跑一次”改革，以“互联网+”为抓手，推动审批工作标准化、规范化、精准化，全年办理各类审批服务事项159件。做好“扫黄打非”工作，统筹网上清理与网下打击、专项行动与日常监管，推进五大专项行动和“剑网”行动，开展“扫黄打非”宣传志愿服务活动，共办结“扫黄打非”案件15起，为庆祝新中国成立70周年营造良好社会文化环境。推进“扫黄打非”联络站标准化、规范化建设，大港头镇被评为第三批全省“扫黄打非”进基层示范点。

**【做好农村电影公益放映工作】** 2019年，放映公益电影共2805场次，惠及观众22万余人次。开展“我和我的祖国”莲都区庆祝新中国成立70周年暨弘扬践行浙西南革命精神电影展映活动，在各村巡回放映615场。做好农家书屋免费开放工作，提供出版物补充更新及宽带服务，提升农家书屋服务效能。根据省、市“扫黄打非”办的工作部署，莲都区围绕庆祝新中国成立70周年工作这一主线，保持全年高压态势，坚持问题导向、底线思维，统筹网上清理与网下打击、专项行动与日常监管，以五大专项行动为着力点，夯实筑牢基层站点建设，健全完善“扫黄打非”综合治理体系，推动莲都区“扫黄打非”工作再上新台阶，为庆祝新中国成立70周年营造良好社会文化环境。

**【“扫黄打非”工作】** 2019年以来，莲都区先后开展“扫黄打非”专项行动、文化市场安全专项检查、印刷出版物市场专项整治等行动，共出动检查1907人次，检查出动3403家次；双随机抽查19次；举报受理5件；整改各类安全隐患200余处，发放整改通知书168份。共收缴挂历年画128张、书刊245本。行政处罚立案调查17件，已办结案件13件，警告9家次，罚款28000元，停业整顿1家次，没收非法所得5元。其中出版物案件4件，娱乐场所禁止内容案件1件。办理网络“扫黄打非”类案件1起。刑拘犯罪嫌疑人3人，共缴获现金6万余元，冻结人民币10余万元。全年共协调删除有害信息302条。

**【“扫黄打非”专项行动】** 2019年4月组织召开全区“扫黄打非”工作会议，区“扫黄打非”办公室，各成员单位、各乡镇街道分管领导参会，会议部署“扫黄打非”2019年度工作安排及五大专项行动，保障“扫黄打非”工作落到实处。5月起，联合区网信办、区公安分局、区文化市场行政执法大队开展“剑网2019”专项行动，配合打击网络侵权盗版行动，强化版权保护。6月，联合各乡镇（街道）、区文化市场行政执法大队开展印刷、出版物市场专项检查，组成5个检查小组，重拳打击涉“黄”、涉“非”的违法犯罪行为，重点围绕印刷企业安全生产管理制度落实情况、消防制度落实和消防演练落实情况等内容，出版物经营单位是否持证经营，是否违规销售出版物，出版物是否有侵权、盗版现象，进货渠道是否规范等内容开展专项检查。营造健康向上的校园环境及校园周边环境。开展“扫黄打非·护苗” 专项行动，严格要求各学校做到杜绝盗版教材及教辅资料入校园，审查校园内部图书、音像制品，开展学生健康上网情况督查，严密监视校园周边出版物的动态并及时上报情况。7—9月，组织区委宣传部、区文广旅体局人员结合全国文明城市创建工作，对网吧、影院、书报刊店等文化场所实行网格化管理，组织区文化市场行政执法大队利用日常、夜间、周末开展错时执法，通过“微信群”联系各网格员，及时巡查掌握交流市场动态，对网吧拒绝未成年人上网情况进行检查，对中小学校园周边的图书、报刊、音像制品店及少儿文化用品销售店重点清查各类非法出版物，做好对印刷企业的检查力度，把控出版物源头。推进网络“扫黄打非”工作，主动研究犯罪特点，在公安机关网警部门开展了“净化网络环境，网警怎么办?”主题大讨论，最终形成《公安网警部门净化网络环境工作意见》，下发公安机关执行。主动监管网络阵地，对本地的网站、APP、网吧、IDC机房等涉网单位开展排摸、检查，做到“底数清、情况明”，要求涉网单位及时进行备案管理，并纳入管理平台。组织涉网单位管理员召开会议，组织学习法律法规，要求落实日志审计、关键词屏蔽、发帖审核等技术措施，通过技术防范措施，协调删除有害信息302条，有效地预防有害信息的发布和扩散，减小了影响范围。主动深挖线索，通过线下排查、网上巡查、网上舆情监控、建立举报奖励、技术手段侦查等方式，寻找涉黄违法犯罪活动线索来源，在春节、国庆等节庆敏感时期开展网上舆情应急响应。2019年5月中旬，经本地巡查发现有市区利用网络招嫖案件线索，莲都网警大队摧毁一个网络组织卖淫嫖娼团伙，刑事拘留3人，当场抓获失足妇女和嫖客共18人。

**【“扫黄打非”监督管理】** 在元旦、春节、两会、两考、端午、国庆等重要节点充分发挥文化、消防、公安、安监等单位作用，做好协作配合，对书店、影院等文化市场开展联合检查，形成强大的工作合力，事后加强跟踪督办，做好整改落实工作。发挥行业协会作用，文化市场主体责任和管理部门监管责任结合起来，确保责任落地。企业主体责任落实，抢占“网上主动权”，督促企业建立健全网络信息安全管理责任制度，明确企业法人代表、经营负责人为第一责任者，完善企业应急处置响应机制，做好与行业主管部门的信息沟通与工作配合，对监测发现或相关部门通报的网上违法信息做到及时有效处置及上报。要求互联网企业认真落实互联网新技术新业务安全评估工作要求，将网上淫秽色情、涉恐涉暴等违法信息风险作为自评估重点，做好安全风险巡查与问题清理，防范安全隐患。网警大队、区经济商务局等部门相互配合，有效提高制造业企业的网站备案率和备案信息准确率。开展隐患排查、“安全生产月”和“安全生产万里行”活动、“防风险保平安迎大庆”消防安全执法检查专项行动等安全生产隐患排查整治攻坚行动，召开全区文化企业负责人及安全生产管理人员安全生产业务培训班，向场所下发《九类消防安全突出风险自查方法和自改措施》和《莲都区文化市场经营场所消防安全自查表》，要求从疏散通道安全出口畅通等九方面开展消防安全自查自纠工作，及时消除安全隐患。

【推进进基层工作】 做好建设基层监管网络，莲都区已经实现14个乡镇（街道）、236个村（社区）“扫黄打非”联络站、村级信息员全覆盖，初步建立起“快速反应、上下联动、横向到边、纵向到底”的“扫黄打非”网格监管体系。重点推进基层示范创建。通过对全区基层联络站点进行排查摸底，掌握各乡镇（街道）基本情况，推进大港头镇示范点创建工作，进一步突出示范带动效应，将“扫黄打非”工作扎根基层，大港头镇被评为第三批全省“扫黄打非”进基层示范点。做好推进网格平台管理，与新时代文明实践中心建设、基层综治中心和网格化服务管理、文明创建等相结合，建立健全“扫黄打非”网格化监管体系，强化联防协作，统筹协调文化、公安、综合执法、市场监管等基层执法力量共同参加联合检查，统筹管理资源，提高管理效率。网格员将“扫黄打非”工作日常检查、举报及协助落实“扫黄打非”任务等相关信息数据全部录入综治平台。打造以“两微一端”为主的“扫黄打非”新媒体宣传体系，做好宣传相关法律法规、强化舆论引导，强调涉黄涉非垃圾文化的危害性并警示社会群众不要以身试法，从而营造积极、健康的社会文化环境。开展“法治进校园”巡讲活动，增强未成年人防范性侵害的意识，提高未成年人自我保护和抵御淫秽色情信息的能力。10月，结合“七十年初心不忘 新时代使命传承”万人文明实践活动暨莲都区“小荷”志愿服务队成立四周年表彰活动，开展“扫黄打非”宣传志愿服务活动。

## 广播电视

【概　况】 抓好网络基础建设，加强安全播出管理，确保重要时期广电网络安全播出；完成小城镇环境综合整治“线乱拉”治理和4个街道视频会议系统扩容建设工作。

【广播电视安全播出】 调整莲都区广播电视安全播出协调领导小组和广播电视相关专项工作领导小组，完善广播电视安全生产和安全播出工作措施，修订《丽水市莲都区文化广电新闻出版局广电安全播出和网络安全应急预案》。召开广播电视安全播出工作部署会，与莲都区文化和广电旅游体育局下属涉及安全播出的各单位签订《安全生产责任状》。加强广播电视安全播出机构的检查，对莲都华数中心机房、乡镇机房数字播出系统、应急广播系统、动环、消防、供配电系统进行了升级和扩容，在原有的10个乡镇（街道）视频会议系统基础上完成了紫金、白云、万象、岩泉4个街道视频会议系统的扩容建设。2019年顺利完成元旦、春节、清明、“五一”、中秋、“新中国成立70周年”、“一带一路”、世界园艺博览会、“6·4”敏感期、互联网大会等安全播出工作。

【广播电视业务培训】 召开全区广播电视安全播出暨网络信息安全培训会。开展安全生产、网络安全、应急救护常识、IP应急广播播控器操作流程及安全防范措施培训和应急处理演练工作。

【广电惠民】 做好“广电低保”工程，对农村低保户免费安装、免费收看有线电视，服务低保用户4610户；建立广电低保工程动态管理数据库，每月及时更新，确保信息数据的准确性。

【小城镇环境综合整治“线乱拉”治理】 2019年7月底，圆满完成碧湖镇“线乱拉”治理工作，并通过省级考核验收。至此，历时2年4个月，总投资6000多万元，涉及莲都区9个乡镇的小城镇环境综合整治“线乱拉”治理工程全部完工。9个乡镇共完成弱电线路“上改下”整治25.492千米，各乡镇建成区主干道“上改下”率达到100%，弱电架空线梳理（整治）92.82千米，入户线整治7421户。

（李金伟　杨骏）

## 文联工作

【概　况】 2019年，莲都文联有11个直属文艺家协会，共616名会员。全区文学爱好者在各级刊物上刊登近千篇作品，叶丽隽、郁颜作品获省作协创作成果奖。陈拥军纪录类作品《小铅

笔　大梦想》获第27届全国摄影艺术展览评委会推荐奖，《坐看云起时》《童趣》入选2018绿水青山千年遂昌首届全国摄影大赛；赵晓春作品《义乌直播村》入选27届国展、2019浙江纪实大展、2019瓯江行丽水摄影大展、中国摄影家协会举办的“中国人家”摄影展，获2019丽水摄影节专家推荐摄影师奖。颜妍编剧情景剧《听爷爷讲那过去的故事》获市弘扬践行“浙西南革命精神”征文大赛金奖；尤扬创作舞蹈“畲·竹·情”参加浙江省首届少数民族舞蹈比赛荣获优秀作品奖；卢春利参与二度创作《幸福田园》，此作品参加了全省农村文化礼堂优秀节目展演；歌曲《风情东西岩》参加全省旅游歌曲创作演唱大赛获得铜奖；胡灵砻、蔡倩霞参加“百城联动歌唱祖国”浙江省庆祝新中国成立70周年群众声乐大赛丽水赛区选拔赛获青年民族组金奖。

**【开展庆祝新中国成立七十周年、弘扬践行浙西南革命精神主题系列活动】**　2019年3月，区文联联合区文广旅体局开展弘扬践行浙西南革命精神文艺采风活动。组织百余位艺术家，利用3天时间深入6个革命根据地体验、挖掘、整理浙西南革命精神。采风活动后各文艺家协会精品创作，在市文联举办的各类大赛中多人次获奖，区作协1人获金奖，1人获银奖，7人获优秀奖；区美协2人获奖，15件作品入展丽水市浙西南革命精神视觉艺术展；区摄协3人获奖，15幅（组）作品入展丽水市浙西南革命精神视觉艺术展；区音协2首作品获表演金奖、创作银奖；区戏协3件作品获创作银奖、表演银奖和表演铜奖。各协会围绕弘扬践行浙西南革命精神，开展音乐、书法、朗诵快闪，作品分享会、作品加工会等主题活动共计百余场（次），多角度、多方位，运用不同的艺术门类诠释了“浙西南革命精神”。5—6月，区文联举办弘扬践行浙西南革命精神作品加工会及文艺骨干培训会，邀请市委宣传部王培权副部长与周平处长为协会骨干们进行专题辅导，开展浙西南革命精神作品加工会。6—8月，举办莲都区浙西南革命精神文学创作大赛，评出若干名获奖作品。10—11月，举办庆祝新中国成立七十周年暨弘扬践行浙西南革命精神主题艺术展。精选百余幅优秀视觉艺术作品，先后在莲都区文化馆、莲都区会议中心、古堰画乡进行展出。区文联将所有获奖作品及展出作品精心编印《莲都区弘扬践行浙西南革命精神专刊》，集中展示全区弘扬践行浙西南革命精神文艺创作成果，受到区领导及文艺界艺术家的充分肯定。

**【推进文联改革工作】**　2019年，莲都区文联根据中央部署，全面推进落实文联改革工作。深入11个文艺家协会，传达上级文联改革精神，充分听取各界文艺代表关于文联改革的意见。积极走访兄弟县市区文联，学习经验和做法。结合莲都区实际，制定《莲都区文联深化改革实施方案（初稿）》，向区委、区政府领导、市文联做汇报，并对方案进行修改。征求区委办、区府办、区委组织部、区委宣传部、区财政局、区编办等部门的意见，形成《莲都区文联深化改革实施方案（审议稿）》。依据省委宣传部、省文联印发的《关于加强全省基层文联组织建设的意见》，进一步完善修改《莲都区文联深化改革实施方案》。2020年1月22日，制定出台《丽水市莲都区文联深化改革实施方案》（莲委办发〔2020〕2号）。

**【组织莲都文艺精品创作】**　围绕以文艺的形式宣传莲都，做好《莲都文艺》改版工作。《莲都文艺》是经省里批准公开刊发的刊物，是莲都区宣传莲都的有效平台。针对以往纯文学作品过多的问题，从办刊宗旨、栏目设置、艺术表现形式等方面进行较大幅度的改版，设置特别策划、红色莲都、美丽乡村、莲城往事等栏目，综合刊发文学、书法、美术、摄影、戏曲等类别作品。改版后的《莲都文艺》达到“领导满意、艺术家满意、群众满意”的效果，截至年底已编印刊发两期。围绕习总书记“丽水之赞”，精心编印《古堰画乡故事会》和《古堰画乡连环画》。组织区作协、区美协、区民协知名艺术家深入古堰画乡，挖掘古堰画乡的历史文化积淀，创作出42个古堰画乡的故事，分为“古堰流芳”“画乡溯源”“红色传奇”“古镇遗风”“风物传说”五个部分，第一次系统整理出了古堰画乡的历史人文故事。以通俗易懂、喜闻乐见的连环画形式，诠释通济堰1500年筑堰修堰历史，创作成果得到区领导的充分肯定。围绕展示莲都形象，推进文艺精品创作。联合农业农村局举办“美丽乡村”文学创作大赛；联合区供电局举办纪念“莲都有电100周年”征文比赛；在十四届浙江省美术作品展览上，莲都画家获铜奖1件，优秀奖1件，入选参评全国油画展区2件；举办《燕子往北飞》作品分享会，充分发挥文艺作品的感召力。

**【建设“莲都文艺家之家”】** 2019年，借文联改革的契机，在区委、区政府及各相关部门的支持下，区文联争取到总面积475平方米的办公场所作为莲都区“文艺家之家”，根据场地与功能性要求，现设有文化会客厅、文学艺术馆、文艺家沙龙、书法创作室、培训室、音舞室和协会活动室。

（区文联）

## 东西岩风景区

**【概　况】** 2019年度，东西岩管委会围绕区委区政府工作部署，对照省、市、区政府工作报告提出的目标任务，聚集聚力高质量绿色发展，真抓实干，开拓创新，全面提升了东西岩旅游形象。全年共接待游客58.98万人次，实现门票收入237.47万元。

**【规划建设】** 2019年，详规编制启动，景区项目建设有序开展，其中游步道提升、林相改造、定香楼文化基地建设三个项目，已完成施工图编制；民俗街区项目进入征地扫尾阶段；游客中心整体拆建项目已完成方案编制。

**【招商引资】** 招商引资工作初显成效，与浙江焕景艺创旅游投资管理有限公司达成初步合作意向，由其分阶段在东西岩景区有条件的建设区域布设游乐型业态项目。与北京中关村开放基金管理中心签订意向协议，完成东西岩数字西游主题公园项目投资方案初稿。

**【市场营销】** 2019年，东西岩景区开展跨区域宣传，积极参加旅游推介营销。以上海旅游节为契机，主动参与莲都旅游品牌宣传，借力长三角旅游经济，宣传了东西岩旅游形象，推广了东西岩的旅游服务，旅游商品，累计参加旅游品牌城市促销推荐活动9场次。通过“宣传进高校”“毕业季·旅行季”“你炫父，我买单”等营销活动，积极开拓年轻市场。发挥景区微信公众号的自媒体微营销作用，加大对自驾游游客、亲子游的微信宣传力度，努力夯实老市场。成功举办“美丽非遗·风雅端午活动”、“爱祖国，向前冲”诗画浙江青年景区定向赛等活动，受到青年时报、浙江电视台教育科技频道、钱江频道、浙江经视频道等20多家权威媒体单位采访和报道，并以线上线下互动的直播方式，全景展示景区风貌与畲族文化，取得了良好的营销宣传效果。创新旅游商品，推出旅游伴手礼。提炼设计东西岩旅游形象视觉系统，推出东西岩旅游LOGO，形成东西岩旅游形象矩阵。其中东西岩新VI标识荣获了19年度的“中国包装创意设计大赛”中获评专业组二等奖，入选了“国家职业教育专业教学资源库”；将文化内涵注入旅游商品，研发了具有东西岩特色的文创产品，推出了东西岩文具套装等特色伴手礼，让旅游商品焕发了新的生命力，助推了旅游商品经济。

**【文化活动】** 突出资源特色办好品牌节庆，顺利举办了以传统节日文化与畲族元素相结合的主题节庆活动，如春节、“三月三”、“五一”、端午等，其中“三月三”活动日接待游客约7万人次。联合丽水学院·民族学院，推出了“当音乐精灵遇上东西岩”系列主题活动，结合省文化厅的热点组织了“传承者少年走进东西岩”活动，提升了旅游人气，推动景区旅游经济。主动探索“文旅+教育”新范式，对接丽水学院培训市场，组织开展了浙江省中小学教师培训、摄影学培训、音乐培训，激发了潜在客群。深入研学旅游市场，开发研学课程，打造精品研学旅游路线，推出以研学旅行和定制旅游为主的特色旅游，截至2019年研学课程研发已进入三审阶段。

【安全管理】 主动排摸遗留问题，推进东西岩林权纠纷化解，涉纠村民对林权纠纷问题的认识更加理性、客观，维护权利的方式也趋于法制化。积极配合文明创建省测迎检工作，对照创建标准，全面梳理东西岩景区公益广告设置、标识设置等问题，并按要求新设置了母婴室，确保规范达标，从严从快整改到位；组织人员多次排查东西岩风景区安全隐患点，修整、建设了景区的安全防护栏、游步道等，新增了安全标识标牌，封闭了景区安全隐患点，确保旅游平安及零事故发生。

（叶丹妮）

## 瓯江风情旅游度假区（古堰画乡）

【概　况】 2019年，古堰画乡被省政府命名为第三批省级特色小镇。全年共接待游客193.97万人次，同比增长9.61%；实现门票收入2472万元，同比增长16.2%。2019年以来，古堰画乡持续开展品质化提升大行动，进一步优化景区的旅游服务环境和综合旅游品质。

【规划建设】 2019年，共完成固定资产投资6.07亿元。规划编制方面，完成《古堰画乡景区总体规划》审批稿编制。项目建设方面，完工项目40个，包括古堰画乡景区信息化系统建设、主游客中心装修、古堰画乡AAA级旅游公厕（二期）等10个结转续建项目，S328省道沿线景观提升、古堰画乡夜景亮化提升二期、梦幻巴比松等新建项目均已完工投入使用。在建项目13个，包括古堰画乡摄影展览馆及AAA公厕、大港头镇区给排水管网提升改造二期、古堰画乡景区品质提升。前期项目9个，保定码头品质提升改造、堰头停车场、竹林区块文化体验园、大港头镇至碧湖污水主管网过江等项目正在进行前期审批。

【产业招引】 2019年，古堰画乡的招引热度持续不减，新开放的1号艺术区新入驻已签订协议的业态达到95家，其中92%的业态为“画”产业，力美术馆、丽水巴比松展示厅、深圳九九艺术品公司、意大利博兰文化公司、义乌山海协作古堰画乡展示厅等项目已全部入驻并投入运营。此外，景区成功引进“木言木语”轻音乐酒吧、坤润石雕馆、画乡问瓷、“猫空”书店等一批高品质业态项目，以及建设画乡大碗茶、坪地花海、“星空草坪”、梦幻巴比松星空体验馆、画乡问酒主题酒吧等一批体验类项目，景区的整体业态不断提档升级。

【市场营销】 2019年，古堰画乡拓展新客源市场，新增设福建、广州、宁波市场办事处3家，开通福建至景区直通车，同时开展江西、安徽两地市场调研走访，完成上饶、景德镇、黄山市三地散客市场签约。与温州、台州、金华、苏州、无锡、常州等地渠道合作商开展秋季万人游莲都活动，针对散客市场开展了“万名丽水人免费游古堰画乡”“双十一古堰画乡+梦幻巴比松秒杀”等活动。参加推荐会等活动10余场次，组织并接待旅行社老总踩线团10余次、60余家。

【文化活动】 先后举办古堰画乡过大年系列活动、大樟树周末油画市集、莲都100越野赛、丽水巴比松国际研讨会暨2019古堰画乡小镇艺术节等颇具影响力的文化活动，以文化活动提高关注度。常态演绎鼓词、鱼灯、提线木偶、处州乱弹等10余个传统民俗艺术节目，让往来游客感受别样的风情。

【行业管理】 2019年，旅游市场秩序不断规范，建立并逐步形成较为完善的旅游应急联动机制，古堰画乡、公安、旅游、市场监管、卫生、行政执法等多部门联动参与，加强对景区流动摊贩、乱摆乱设、黑车拉客、违章搭建等不良现象的监管与治理，建立诚信经营“红黑榜”制度，在全市率先实现首个全域市容环境秩序规范化、智能化管理，确保了景区旅游市场秩序的安全、稳定、有序，全年未发生一起重大旅游安全事故。

（何其芳）

# 财政·税务·金融

## 财　政

**【概　况】** 2019年,莲都区实现财政总收入28.40亿元,增收2.61亿元,增长10.1%。其中:一般公共预算收入17.29亿元,增收1.46亿元,增长9.2%;一般公共预算收入中,税收收入13.12亿元,增收1.19亿元,增长10%;实现一般公共预算支出51.6亿元,增长19.5%。全年财政收支基本平衡。

**【组织财政收入】** 配合税务部门加强税收征管,开展税源分析和监控,依法应收尽收。一般公共预算收入占财政总收入的60.9%,税收收入占一般公共预算收入的75.8%。加强非税收入征管,全年组织非税收入11.51亿元,其中纳入一般公共预算管理的非税收入4.18亿元,增长6.9%。全年清理整合和盘活资金4.39亿元,统筹用于民生和急需的重点项目支出。

**【经济发展】** 落实各项清费减负政策,全年减免各类税费约4.04亿元。推进"亩均论英雄"改革,以"亩均效益"相关指标为评定标准,兑现各类企业奖补2.21亿元,促进实体经济发展;做好项目谋划,争取项目和资金支持,争取到省财政新增地方政府债券资金5亿元,强化财政资金统筹,小城镇环境综合整治、长岗背小学、碧湖镇区提升改造工程、桃碧线提升工程、"四好"农村公路、农民新社区安置小区项目、土地整治等重点项目资金需求得到有效保障;开展全区行政事业单位闲置及经营性资产清查处置"百日行动"工作,按照"核销一批、留用一批、移交一批、出让一批"的处置思路,完成450处资产处置工作,处置率达95.9%。

**【民生重点支出】** 全年一般公共预算民生支出42.39亿元,增长17.7%,占一般公共预算支出82.1%。安排教育支出7.28亿元,增长17.3%,用于中小学校改扩建工程、中小学和学前教育生均公用经费提标、编外教师工资待遇发放等,其中投入教育质量考核奖790万元、教育教学装备经费3000万元、民办学校和幼儿园扶持资金3500万元。安排卫生健康支出6.56亿元,增长8.4%,城乡居民基本医保财政补助标准提高至年人均1100元,城乡居民基本公共卫生服务财政补助标准提高至年人均60元。安排社会保障和就业支出8.08亿元,增长17.2%;拨付医疗救助资金2283万元、最低生活保障和特困人员救助供养资金6333万元、城乡困难居民临时救助368万元、残疾人保障补助4218万元;投入就业补助资金876万元,推进高校毕业生等重点人群就业创业;落实养老服务补助经费109.6万元,在72个城乡社区开展助餐、配送餐服务。

**【财政改革】** 编制形成《丽水市莲都区集中财力办大事财政政策体系方案(2019—2022年)》,形成纵贯全区的政策合力、资金合力和工作合力的集中财力办大事体系,有效推动党委政府各项决策部署落地生根、开花结果;率先在全市建立公物仓制度,压缩国有资产购置费用。全年调入公物仓资产383件,调出公物仓资产351件,有效提升固定资产管理水平;全面梳理政府资金管理存在的问题和薄弱环节，推出财务人员报告个人有关事项、财务印章管理、大额支出短信通知、原始凭证统一加盖付讫章、支付系统增设领导查询岗、资产云和政采云增设纪检查询权限等一系列制度机制和措施举措，全面构建资金安全防控管理体系；深化“最多跑一次”改革，深入开展“上门服务至少一次”活动、“三服务”工作，全年现场服务部门175次、二级单位81次、走访企业100多家，累计服务人次597人，开展集中培训6次，培训1280人次。

【债务风险】 树立底线思维，压实责任，统筹各渠道财政资金，确保隐性债务化解任务保质保量完成，全年化解隐性债务1.36亿元；对行政事业单位、国有控股企业、融资平台公司等实施全口径债务动态监测、穿透性审查，防范隐性债务风险。

【法治建设】 运用“浙政钉掌上执法系统”，探索“互联网+监管”新模式，对32家行政事业单位、5家国有企业、3家会计代理记账企业分别进行了财政票据使用、公款竞争性存放、会计信息质量、国有企业财务监管、代理记账业务和会计行为等方面的执法检查，提升行政执法在线服务水平。

【财政监管】 贯彻落实中央、省、市关于厉行节约各项规定，控制和压缩一般性支出，严控“三公”经费支出，规范津贴补贴发放，降低行政运行成本。全年“三公”经费支出1428万元，下降0.2%。其中，公务接待费502万元，下降10.4%；公务用车购置费277万元，增长130.3%（增长的主要原因是执法执勤用车更新购置费增长较多）；公务用车运行维护费597万元，下降12.4%；因公出国（境）费用52万元，下降23.2%。全年累计办理政府投资项目概（预、结、决）算等事项627件，累计涉及造价19.86亿元，其中完成概（预、结、决）算评审215件，累计送审造价17.685亿元，审定造价16.19亿元，净审减1.495亿元，净审减率8.45%；完成预（结）算备案登记412件，累计造价2.17亿元；全面推进预算绩效管理，以部门为评价主体，开展绩效评价项目512个，涉及资金13.92亿元，从中选取52个项目委托第三方开展抽评。

【队伍建设】 深入开展“不忘初心、牢记使命”主题教育，推进学习教育、调查研究、检视问题、整改落实四方面内容，树立全体党员干部坚定守护初心、担当使命的政治责任。组织开展浙西南革命精神大讨论、“两山理论”猜灯谜、青年干部话担当等主题活动，搭建平台，提升财政干部的理论素养。举办春节登山竞赛、趣味运动会等体育类项目，凝聚工作合力。

（吴志盛）

## 国家税务和地方税务

【概　况】 2019年是国税地税征管体制改革后的第一个整年，莲都区税务局全面落实党中央、国务院和上级局党委的各项决策部署。全年组织收入35.06亿元，其中税收收入24.05亿元，同比增加1.89%。莲都区一般公共预算收入增长10%，列全市第一。上线城乡两费新系统，平稳划转城乡两费征管职责。全年征收社保费收入10.33亿元，非税收入0.89亿元。

【减税降费落实情况】 开展深化增值税改革效应分析和纳税人、缴费人“收益账”分析，掌握本地各类行业整体税负情况，研判增减税走势，增强纳税人、缴费人获得感。结合税收宣传月、“万名党员进万企”“三服务”，过座谈会、宣讲会、直播课堂等形式开展宣传辅导，做好直联小微企业沟通联系，建立重点企业服务团队，累计实地走访1341户企业，电话辅导4687次，累计推送短信等8.3万条。全年新增减免税收4.04亿元，社保费全年减免合计1.45亿元。其中，追溯期退税核实数据量2.5万条，实际退税6823余户，占全市四分之一。

【纳税服务】 全面落实“便民办税春风行动”4类13项65条措施，缩减办税服务厅2个，窗口数从年初的45个压缩至25个，减少46.8%。设立“一分钟办税”专窗，梳理20项“零取号”业务，缩短纳税人平均等候时间5—8分钟。万洋低碳智造小镇为企业设立"家门口的办税点",打造乡镇"15分钟办事服务圈"。配合丽水市税务局打造全省首个跨区域电子税务局数据处理发票配送中心。推广电子税务局,网上综合办税率由最初66.5 %提升至下半年的90.9%。持续优化营商环境,在省税收营商环境调查中,四项中有三项排名前五,纳税时间排名第一。

**【征收管理】** 做好税种管理,对近7000条个税疑点数据进行核实反馈,为2020年首个汇算清缴期打好工作基础;统一核定征收口径,实现企业所得税100%汇算清缴率,做好后续审核与补缴调整工作,完成国际税"走出去"企业基础信息清册采集,开展2019年"一带一路"税收政策宣传;核实历年耕占税未入库税款。深化管查互动,开展发票虚开及住宿业、装修企业专项风险核查,加强与市稽查一分局、公安部门协作,出台《关于密切税警合作,快速打击建立虚开增值税发骗税违法犯罪行为的通知》、联合开展培训宣传,累计共接收应对20个批次的风险任务,涉及纳税人109户次,移送稽查48户,涉及税款800余万元。做好出口退税管理,在中美贸易摩擦背景下加强对出口企业调研走访,对新增出口企业做好辅导约谈,对疑点企业及时发函上游税务机关,累计共完成出口退税417批次,共计退税8453万元。

**【税收法治】** 规范发票管理,深化欠税管理,协助制定办税服务厅发票领用制度。对实名采集进行领购前置,设置《纳税人票种核定需求确认表》,对发票增量、提额进行核查确认。开展法定不批准出境人员通报备案和布控工作,涉及欠税金额1300万元,法定不批准出境人员通报备案17户。加强招商引资企业管理,向区委区政府作专题汇报,就"一址多照"甚至是"虚拟地址"的企业与相关部门交涉,加强企业入驻审查,对90户企业进行走访核查,对疑点企业及时停票处理,完善事前注册把关、事中开票监督、事后注销审核的全程监控机制,防范虚开风险。建立健全内控机制,全面推行三项制度。构建"内控+辅助"双管齐下的框架,充分发挥内控平台作用,实时监督税务干部执法过程。确立税务约谈(询问)室的办公场所。推行重大执法决定法制审核制度。实施守信联合激励和失信联合惩戒,完善信用信息公示,实现"应归尽归,应示尽示",已公示行政许可信息430条,行政处罚信息40条。

(李鹏来)

## 金　融

**【概　况】** 2019年,莲都区有工、农、中、建四家国有银行,以及莲都农商银行、中银富登村镇银行、泰隆莲都支行、邮政营业部共8家金融机构,2家小额贷款公司,1家民间融资服务中心,6家融资性担保公司和16家惠农担保互助社。截至年底,全区金融机构人民币存贷款余额1878.22亿元,比年初新增322.20亿元,同比增长22.72%,比全市平均水平高5.19个百分点,居全市第一。其中全区人民币存款余额960.42亿元,比年初增加187.59亿元,同比增长24.24%,增幅位列全市第一;全区人民币贷款增长态势良好。12月末,全区人民币贷款余额897.49亿元,比年初增加114.3亿元,同比增长17.05%,增幅位列全市第二。

**【金融支持实体经济】** 优化金融服务。召开银企对接大会暨金融精准服务企业专项行动会,现场达成银企授信1.6亿元;组织辖内银行金融机构走访民营、小微企业深入开展"三服务"活动,对梅峰、不知慢运动服饰、阀毕威等企业开展帮扶,共协调三服务办交办件5件;指导区政策性融资担保公司首创金融服务平台,与丽水工业园区管委会签署合作协议,为园区企业提供融资担保、应急转贷、对接金融机构等金融服务;修订莲都区2019年度金融机构支持地方经济考核办法,突出对制造业贷款等考核权重,"以考促贷"激励金融机构加大支农支小力度;与蚂蚁金服签约普惠金融项目,为莲都区农民群体提免担保、无抵押的纯信用贷款,支持农户生产经营,为推动莲都区"三农"发展和乡村振兴、增强莲都区经济活力贡献力量。推动企业对接资本市场。实施企业上市和并购重组“凤凰行动”计划，走访摸排优质企业，动态调整企业上市后备库。全年新增股份制公司7家，累计达34家；新增省股交中心挂牌企业10家，累计达45家。12月18日，安派科生物医学科技有限公司IPO申请获美国NASDAQ证券交易所批准，这是自2018年2月农米良品之后莲都区企业再次在美国纳斯达克成功上市，实现连续2年在海外交易市场上市。梦翔教育有望2020年在境外上市。医药龙头企业瑞星药业，全年实现利润2000多万元，预计未来两年业绩年均增长50%以上，有望2021年实现国内主板上市。随着“新三板”新政落地，莲都区企业家增强了上市的意愿，恒大电子、瓯宝安防等一批优质企业也被列入莲都区“新三板”上市梯队，有望未来一到三年内实现莲都区“新三板”破零。规范发展地方金融组织。委托会计师事务所对其进行年度审计、考核，严格落实对小额贷款公司、民间融资服务中心的业务监管。12月末，2家小贷公司贷款1264笔、余额2.16亿元；民间融资服务中心撮合贷款422 笔、余额4.17亿元，累计撮合1632笔、余额51.04亿元。健全政策性融资担保体系，开展与省再担保集团合作，风险共担，担保增信能力得到不断增强，担保业务放大倍数达1.3倍，在保户数125户、在保余额9100万元。推进政保合作。推动政保合作，实施保险金融精准扶贫。实施对农村小额保险财政补助保费每人每年10元，以财政杠杆推动小额保险征收工作开展。全年共完成参保6.29万人次，参保率达55%，参保率比上年上升5.01个百分点。

**【农村金融改革】** “三权抵押”扩面增量。截至12月，实现“三权抵押”贷款余额19.90亿元，新增1.50亿元，超额完成年度目标任务。其中：林权贷款3958户、余额94314万元，比年初增加2078万元；农房抵押贷款2822户、余额84368万元，比年初增加10621万元；土地流转贷款153户、余额11212万元，比年初增加1750万元。规范融资担保公司管理。发挥村民互助担保组织作用，累计18家实现担保贷款319笔、余额6001万元；引导银行金融机构与省农业担保公司开展银担合作，持续开展“浙里担”系列惠农贷款产品，共发放197笔、余额1529万元；组建合规检查工作专班，对辖区6家融资担保公司开展合规检查，上报建议4家整改换证保留。开展农村信用体系建设。持续开展信用户、信用村、信用乡镇创建工作，累计创成信用乡镇1个、信用村77个，评定信用农户9.15万户。截至12月末，农商行已与辖内151个行政村签订战略合作协议，开展整村“评级和授信”工作，共评定信用户116755户、授信金额81.83亿元；发放农户贷款65.26亿元，惠及农户23946户。创新信贷产品。鼓励金融机构推进支农支小信贷产品创新。引导创新推出“浙里贷”贷款产品，累计发放“浙里贷”贷款 6565笔，金额3.72亿元。创新推出 “农特产品贷”“粮农贷”等，助力农村金融改革和乡村振兴。

**【开展金融风险防范化解工作】** 银行资产质量持续向好。截至12月末，不良贷款余额5.87亿元，不良率0.66%，比年初下降0.37个百分点，低于全市0.15个百分点，潜在风险持续下降。其中，地方法人银行机构莲都农商行、中银富登村镇银行不良贷款余额分别为0.93亿元、0.09亿元，不良率为0.94%、3.75%，不良率比年初分别下降0.45个、3.65个百分点。开展非法集资宣传排查活动。开展防范非法集资宣传月系列活动，共开展集中宣传活动3次，印制和发放了防范非法集资宣传单3000余份、非法集资防骗宣传手册1000余册，发放短信5000余条。制定《开展全区非法集资风险排查整治活动实施方案》，全年开展2次集中重点排查，共排查企业300余家，列入重点关注企业7家，其中风险较大企业3家。多次约谈风险关注类企业。开展区防范金融风险宣讲团进企业、学校、村居、机关单位等活动，举办宣讲讲座7场，参与群众2000余人次。持续推进P2P风险化解。区领导专题研究会议2次。召集工作专班研判会议5次，对出险P2P网络借贷公司的案件内容、舆情监测、核查处置情况进行分析讨论,推动出险案件的风险化解和立案侦查。省、市交办的P2P机构7家,除“乾丰金融”未达立案标准外,其他机构都已移送司法机关,目前追赃挽损率51%、逃犯追捕率100%,案件办结率100%。开展对4家P2P分支机构清理整顿,现场检查与约谈相结合,督促其时限内有序退出。开展股权投资基金联审。根据省整治办《关于互联网金融风险专项整治期间涉及有关企业工商注册登记、网站备案和电信业务许可等事项的指导意见》(浙整治办〔2018〕9号)的要求,牵头组织区财政局、区市场监管局等部门对申请到我区注册登记的股权投资基金进行联合会审,共对6家基金管理人公司申请的24只基金进行审查。

(厉曼)

## 中国农业银行股份有限公司丽水莲都支行

**【概　况】** 2019年,农行莲都支行围绕总行“六维方略”、省行“三负责、三个力”,做好区域强行建设工作,弘扬浙西南革命精神,开拓创新,推进“速度、质量、效益”协调发展。“一岗双职”得到全面落实。支行党委主体责任、纪委监督责任得到进一步加强,各类风险有效控制,核心业务较快发展。加强领导,依规管党治党,增强“四个意识”,坚定“四个自信”、做到“两个维护”,与党中央保持一致。落实全面从严治党、从严治行工作措施,落实党风廉政建设,把党风廉政建设工作情况纳入全行综合绩效考核。制定支行党委班子成员2019年党风廉政建设责任清单,细化分解落实党风廉政建设责任分工;印发《莲都支行2019年二级支行党风廉政建设责任制考核实施办法》和《莲都支行2019年本级部门党风廉政建设责任制考核办法》以及责任清单,全面考核下级行及机关部室党风廉政建设责任制情况,有效传导党风廉政建设与业务相互促进理念。强化权力制约和监督,制定莲都支行“三重一大”决策制度实施办法。强化风险和案件管理,健全案件防控责任体系,制定年度案防工作意见,细化案件防控责任分工,将案防责任和措施进行分解落实。落实纪检监察队伍建设有关规定,设立纪委办公室,纪委书记专职化。做好基层党建工作,落实“双培养”工作,2019年网点负责人兼任支部书记占比达到100%,内勤行长兼任纪检员占比达80%,落实“三会一课”制度,充分发挥了党员先锋模范作用。“不忘初心、牢记使命”主题教育取得成效。根据《中国农业银行第二批“不忘初心、牢记使命”主题教育实施意见》和总行主题教育第一批总结暨第二批部署会议精神,为推进浙江省分行第二批“不忘初心、牢记使命”主题教育,莲都支行党委根据市分行党委统一安排部署,坚持将学习教育、调查研究、检视反思、整改落实四项重点措施贯穿始终。党员干部做到增强“四个意识”、坚定“四个自信”、做到“两个维护”。推进“三线一网格”管理。2019年,重新修订本级及二级支行“三线一网格”与日常管理融合方案,使“三线一网格”任务更清、责任更明,实施更自觉、管理更常态,重点更突出、效果更明显。二是每周行务会必讲“三线一网格”工作,支行每月中旬就发送通知督办全员及时完成履职,纪检书记协同综合管理部根据党建督导清单,每月对各部门及网点的、党建工作推进情况进行监督和辅导,按月下发问题整改通知书和支行纪委督导函,及时通报检查情况和布置下阶段“三线一网格”和基层党建工作重点。每季召开“三线一网格”专题会议和“四员”会议。利用“三线一网格”预警系统,对预警信息及时进行核实排查,将案件苗头、风险隐患、异常行为及时揭制和处理。强化网格化管理,发挥团队优势,做好各项工作。在全省农行“三线一网格”双标杆创建中,支行营业室荣获2019年度全省农行“三线一网格”双标杆创建网点(全市4家),营业室蒋容芳同志获全市唯一专职内勤副行长履职主体标杆。

**【助推丽水大花园建设】** 支持重大战略和重大项目,助推丽水大花园建设。农行丽水分行出台支持浙江(丽水)绿色发展综合改革创新区建设十九条措施，组建项目服务团队，持续加大重大项目投放，已批棚户区改造贷款60亿元。支持产业转型升级，破解小微企业融资难。作为全市银行业“绿色金融三星认证”支行，莲都支行围绕绿色经营理念，助力丽水经济绿色发展。支持“凤凰行动计划”。“一对一”成立服务团队、制定服务方案，丽水分行作为全市银行代表与丽水市人民政府金融办公室签订了100亿元“凤凰计划”意向性融资合作协议，与上市公司业务合作面达100%，已对11家丽水重点上市、拟上市企业授信9亿元，其中，莲都支行对“凤凰计划”企业浙江维康药业有限公司“大健康产业园一期项目”已审批绿色项目贷款1.56亿元。率先全省推出小微企业帮扶贷款。为解决小微企业融资难问题，2014年7月，省农行率先在丽水试点，与政府合作创建小微企业帮扶平台，由政府建立风险补偿基金，由农行把基金放大10倍，合力为成长型小微企业融资，并规定贷款利率最高上浮比例不超过30%，且不收任何费用。与丽水市政策性融资担保有限公司和丽水市莲都区政策性融资担保有限公司合作，为小微企业解决融资难、担保难问题，已惠及小微企业56户。莲都区(不含开发区)小微企业贷款比2018年增加10393万元，同比增长10.9%。创新推出系列产品促企业成长。推出入园企业前期贷、小微企业成长简速贷、工业企业一般固定资产贷款产品，以满足新建厂房等前期经营活动资金需求。贷款期限可达5年，很好地破解了入园企业抵押难问题。推出“小微网贷小微网贷、抵押E贷、纳税E贷、科技E贷”，该业务具有在线自助申请、评级、授信、审批、提款功能，具有额度内随借随还、自助可循环等优势，上半年已在全市铺开该业务。深化“银担合作”增强实体获贷能力。与省担保集团、省农信担保集团签订合作协议，与市、区本级政策性担保公司开展2.5亿元担保业务合作，为实体企业、农户增贷7500万元。做好“三农”金融服务，助推丽水乡村振兴特色战。发挥农业银行“绿色”本职，丽水分行出台了服务乡村振兴十九条措施，并制订金融服务乡村振兴三年发展规划，2019年涉农贷款增加13388万元，同比增加21.24%。其中林权抵押贷款余额4576万元，较年初新增316万元；农房抵押贷款余额6513万元，较年初新增719万元；土地流转经营贷款余额990万元，新增189万元。创新推出农村金融互联网。主推“惠农e贷”产品，通过村民档案收集完善、前置预授信、农户“自画像”模式等方式，促成农户通过手机银行等渠道就可以申请、获得贷款，进一步增强农户贷款的可得性、便捷性，截至年底，该行已建立农村金融自治村7个，授信总额1.45亿元，有效解决农户担保难问题，降低融资成本，助力农民致富发展。累计服务农户301户，经营范围涉及种植业、养殖业、畜牧业等，累放贷款5814万元。创新支持农旅融合发展。推出“美丽乡村贷”“惠农民宿贷”“惠农农家乐贷”等信贷产品促农旅发展。其中“美丽乡村贷”以中期流动资金贷款的形式，解决新农村建设项目资金需求短小频急的问题。创新三农服务模式。建设“三农”服务样板点，组建三农金融服务队伍。针对农村金融人才、服务、知识“三缺失”问题，推进乡镇挂职工作常态化，坚持专职下派，五年来共下派8人(次)到乡镇专职担任乡镇长助理，真正为农村“融资又融智”。截至年底，该行完成银保监口径小微企业客户数净增26户，增量全市第二；银保监口径普惠型小微企业法人贷款增量7782万元，完成全年任务的116%；银保监口径普惠农户贷款完成2861万；三权贷款全部超额完成任务。

**【做好外拓营销团队建设】** 做好外拓营销团队建设，以高效的狼性团队合力营销客户，抢占市场，提高市场占有率。组建以班子成员为组长的外拓营销团队，加强源头性营销。组建以网点负责人为核心的外拓营销团队，营销优质经营商户个人贷款，带领团队主动走访周边商户、经营户，宣传重点产品，同时做好与在外丽水人经商群体联系。组建以个贷客户经理、理财经理为核心的外拓营销团队，以网捷贷、个人家装贷为抓手加快消费贷款发展，充分发挥该行网捷贷不断优化的功能优势，提高网捷贷产品的覆盖面、扩大客户群。做好场内服务。做好文明规范服务。一方面在硬件方面加强投入，改善营业场地的环境，另一方面强化员工教育，落实规范化服务标准。做好系统的应用，强化对客群专营系统、ATBS系统、产品战略地图的应用，为客户做好全方位服务。做好场内产品的宣传，提高拳头性产品的知晓度；加强员工对新产品的学习，做到应用自如。

**【经营效益】** 持续推进中间业务收入转型，抓投行、国际、分期、理财类、信用卡等业务收入。推进资源配置机制转型，绩效考评突出质量效益，工资分配突出效益导向，经营授权突出差异化管理。推进财务收支管理转型，做好贷款定价管理、存款收益管理和费用精细管理。推进网点发展方式转变，通过压缩人员，推进网点人员"走出去"，网点管理"数字化"，网点考核"精细化"。

**【基础管理】** 做好运营基础管理工作，注重过程管理，完善内部操作，防范操作风险，把内控管理各项制度真正落实到实处，运营管理水平持续保持全市先进行列，保持两个"三化三铁"单位；持续做好信贷风险防控，把好信贷准入关，落实好"四个从严"的要求，落实贷后管理，及时关注关注类贷款，控制不良贷款发生。全行不良贷款持续保持较低水平。落实安全保卫各项制度，做好安全教育与安全检查，做好安全设施的建设与管理，重视消防工作，顺利通过金融机构安全评估。全年无发生刑事案件，无责任事故。辖内5个网点"三化三达标"全部达到优秀。做好检查整改落实，严格责任追究。2019年，莲都支行获全市农行内控评价和反洗钱工作第一名。

**【队伍建设】** 2019年，该行干部选拔以党建为中心，做好队伍建设，选好用好干部。推进"一把手"工程。坚持党管干部原则，树立正确用人导向，把"四个意识"作为考察识别干部的首要标准，严格执行选拔任工作"十不准"纪律规定，按照好干部"五条标准"和对党忠诚、勇于创新、治企有方、兴企有为、清正廉洁要求，做好对优秀干部的选拔，尤其是做好支行部门和二级支行"一把手"的选配工作，重用政治过硬、能打硬仗、敢闯敢拼的"狮子型"干部。做好班子自身建设。严守政治纪律和政治规矩，坚持民主集中制原则，健全议事规则、决策程序。培养使用年轻干部。在条件允许的情况下，采取多岗位交流，加速成长。加强思想教育，引导广大青年坚定理想信念、提高政治站位。通过开展组织学习先进事迹，充分挖掘身边的感人事迹和动人场景，发掘身边的模范人物，树立典型。鼓励员工学习先进，争当先进，充分发挥榜样、先进示范引领作用。为丰富员工业余生活，帮助基层减压减负，开展一些形式多样的集体活动。在全市迎新春晚会获第2名；在丽水分行第五届趣味运动会上获得团体第4名。继续完善职工之家建设，丰富员工的业余生活，碧湖支行获总行模范职工小家称号。

## 中国银行股份有限公司丽水莲都支行

**【概　况】** 2019年，中国银行丽水莲都支行贯彻丽水市分行"坚持科技引领、创新驱动、转型求实、变革图强、描绘新时代全球一流银行的丽水画卷"的工作思路。为实现丽水分行"12345工程"的战略目标，坚定发展目标，推进各项工作，完成2019年经营目标。

**【主要经营业绩】** 截至2019年12月末，本外币时点存款余额13.68亿元，较年初新增4223万元。其中公司存款余额3.61亿元，比年初新增5694万元；个人存款余额10.07万亿元，比年初新增-1471万元。本外币日均存款余额15.23亿元，较年初新增2.8亿元。本外币贷款余额23.86亿元（含银行卡），较年初新增3.84亿元，其中公司贷款较年初新增2.52亿元，个人贷款新增6000万元，银行卡新增7200万元。不良余额1500万，较年初下降2111万，不良率0.66%，较年初下降1.16%。截至2019年年底，支行实现营业收入5817.4万元，实现拨备前利润4799.53万元，净利润4171.3万元。

【主要工作】 贯彻落实中央决策部署，切实服务实体经济，推动"六稳"等相关工作情况：支行积极对接区政府、区工业园区，积极跟进区重大项目。通过努力，支行获得2019年度支持地方经济发展三等奖。开展"不忘初心，牢记使命"主题教育，以党建为引领，充分发挥基层党组织的战斗堡垒作用和党员的先锋模范作用，2019年支行明确了分期业务、存款拓展、资产业务、客户基础四项业务作为支行重点业务来发展。2019年8月，支行分期中心标准化建设全面落地，业务量逐月提升。截至12月末，分期投放量达3.44亿，较同期增长39.84%。ETC完成率102.2%，排名全辖第二，中银智慧付排名全辖第一。进一步加强团队建设，确立明确共同的目标，确定支行重点发展方向，继2018年11月我行烟草项目成功中标后，2019年烟户转户是我行重点工作，累计签约烟户150户，完成率176.47%，全辖排名第一。根据烟草经营户贷款需求，特为烟草经营户制定了金融服务方案，制定了专属产品"烟商贷"。"烟商贷"在烟草经营户中产生良好口碑，为我行带来普惠金融业务同时带来续作个人其他业务机遇，已在全区乃至全省推广。2019年，支行执行"三会一课"、组织生活会、谈心谈话、民主评议党员等制度。关心关爱员工，关心员工思想状态，及时解决员工的实际困难。持续深化落实中央"八项"规定，反对"四风"问题，推进党风廉政建设，强化党员干部的廉洁自律意识。引导广大员工树立"赚钱不出事"的底线思维，坚持员工家访制度，加强员工异常行为的排查。

## 中国建设银行丽水莲城支行

【概　况】 2019年，建行莲城支行在职员工71人。内设综合管理部、业务部、客户部等3个职能部门，直属营业部1个，下辖中山支行、白云支行、万丰支行、莲都支行、纳爱斯支行5个营业网点，其中莲都支行主要服务莲都区财政核算中心、纳爱斯支行主要服务纳爱斯集团。年末各项存款余额43.81亿元，比年初新增1.91亿元，各项贷款余额25.09亿元，比年初新增4.18亿元，不良贷款余额0.06亿元，不良率为0.22%，实现中间业务收入0.32亿元。

【工作亮点】 2019年，建行莲城支行推进"不忘初心、牢记使命"主题教育，紧扣"守初心、担使命，找差距、抓落实"总要求，实现理论学习有收获、思想政治受洗礼、干事创业敢担当、为民服务解难题、清正廉洁作表率的目标；在重点工作推进过程中，党员干部冲锋在前，带领全行员工创新推出"裕农通+政务、+彩票、+退役军人服务站"等模式，建成裕农通点108个，覆盖99个行政村，率先裕农通村村通任务；大力推广"文明助农贷""好家庭信用贷""信用惠农贷"等产品，探索出服务"三农"，助力兴村振兴的新路子，走进商圈、商场、商户，走进小微企业宣传营销普惠金融产品，到年底支行普惠金融贷款余额23492万元，较年初新增8452万元，计划完成率132%；面对ETC营销的艰巨任务，党员干部迎难而上，为全行员工做好表率，带动全员营销，全年共完成ETC签约3253户，完成数量及完成率均列各支行首位；树立"合规理念"，筑实"信贷基础"，制定"一户一策"，实施稳妥压退，全年共处置不良贷款4户，金额1059.89万元，个人不良贷款回收279.89万元，实现不良"双降"，不良率创新低；践行社会责任，展现大行担当。深入开展"金融服务万里行"等主题活动，走进社区市场、走进企业学校、走进郊区农村，向广大群众宣传反假知识、反诈骗知识，传播正确使用金融产品和健康理财理念。支行"小荷"志愿服务团队每月九日均开展志愿服务活动，从2015年至今，从未中断，2019年荣获莲都区最佳志愿服务团队称号。

【重要举措】 2019年，莲城支行党支部按照总行党委全面从严治党、从严治行的要求，落实党建主体责任，开展"不忘初心、牢记使命”主题教育，各项工作有序推进。落实“三会一课”制度，加强“党员之家”示范点建设，开展党建共建活动，推进主题教育，党建工作水平进一步提高，基层党组织战斗堡垒作得到强化。按照“围绕中心抓党建，抓好党建促发展”的总体思路，深化党建引领业务发展，推动各项业务稳中向好、稳中见强，形成良性发展的态势；以“六型客户”为重点，抓大不放小，向两头延升，加大信贷投放，不断提高公司业务的价值贡献，公司业务已实现触底反弹，占比越来越大，向上发展的势头强劲；践行新零售理念，推进“零售优先”战略，坚持“移动优先”的原则，加强战略性业务发展，将线下业务向线上转移，加强结算类客户的营销，打造新金融生态圈，零售业务基础更加扎实。创新发展，积极探索“第二发展曲线”，全面推进“三大战略”业务快速发展；关心群众、关爱员工、重视宣传，打造奋发向上的企业文化；加快压缩退出和不良处置、加强合规管理和案件防控，持续推进党风廉政建设，落实中央八项规定和“四风”问题专项整治，加强廉洁纪律警示教育，扎牢不能腐的笼子，构筑不想腐的堤坝，把“平安建行”的要求落到实处。

## 浙江泰隆商业银行股份有限公司丽水莲都支行

**【概　况】** 2019年，泰隆莲都支行存贷（含卡）规模14.42亿元，其中资产余额6.67亿元，较年初下降1.1亿元；存款余额7.76亿元，较年初下降0.15亿元，其中基础性存款余额7.48亿元，负债业务已完成全年任务。支行逾期余额1102.34万元，其中贷款本金逾期535.73万元，贷款利息逾期182.68万元，随贷通逾期276.71万元，信用卡逾期107.22万元；不良贷款余额886.07万元，较年初下降541.23万元，不良率1.40%，同比下降0.7%。

**【市场定位】** 持续推进社区化建设。开展社区活动72场，活动形式包括行内座谈会、生日会、社区宣传、合作活动等，同时结合道德讲堂、小小银行家、暖暖好时光等品牌活动。走访新网点周边住户、商户约200户，进行金融知识及产品宣传。

开展社区修复工作，对支行所属社区版块进行了重新画图、重新规划、重新建立子社区、重新挂靠工作，利用社区走访逐步开展社区建档。开展各类营销活动，实现3月基础性存款增量完成率181%，排名第一，非营销序列基础性存款超3月目标182万元，排名前十。推进泰惠收业务，截至12月8日，莲都支行泰惠收商户数881户，列全行第四。与市场监督管理局合作，开展商户的宣传与培训，深入市场，推进食品溯源工作，签约商户12户。搭建平台，推进批量项目6个，办理工资户278户。发展形式多样的客户活动，渔币兑换累计发放渔币600余枚；利用支行乔迁的时机开展客户存款活动，起到一定的宣传效果；2020开门红期间开展抽奖活动，参加抽奖客户151户，金额1349万元；经过审批，2020开门红期间于支行门口开展爱心派发活动，周一至周五每日上午向周边居民、环卫工人、路过行人派发银耳粥、茶叶蛋等，累计已发放银耳粥1200余碗，茶叶蛋400余只......

**【全面管理】** 做好考核管理及引导，制定《部门执行力建设考核》及《客户经理二级考核》等考核标准。 对接平台，提升小微服务能力。合作三赢，减轻商户入园资金压力，对接莲都区商超客户、设计公司、制笔协会、溯源商户等商业平台。做好资产质量管理，截至11月末，支行累计化解不良贷款1782.79万元，其中现金清收798.18万元，重组化解不良贷款72.13万元。

**【风险管控】** 合规先行，提升风控综合能力，将合规转化为价值，重视风险的识别，每月开展合规学习，做好监管新规的解读，提升全员主动合规意识，将二道防线建设的检查、自查作为常态化工作，上报相关痕迹表单，并持续跟踪，做好整改工作。履行反洗钱义务，按时按质完成大额和可疑交易报告工作，根据计划进行反洗钱培训，每季度开展反洗钱领导小组工作会议。开展防电诈、反洗钱、金融知识等宣传教育工作，成功堵截一起网络通信诈骗案件，挽回客户损失1万元。持续深化柜面“573”内控机制，做好抽查，将“573”工作落到实处。提升安保及信息科技建设。每月进行“安全工作日”的检查，组织全员进行三防一保学习，按期开展消防知识讲座及各项演练，做好保安员教育与管理。开展“平安泰隆”创建工作。根据计划开展信息科技检查工作及各项演练，上半年未发生信息科技事故。三项检查与行风行纪管理，贯彻落实行风行纪建设，制定《莲都支行行风行纪提升指引》，细化责任及罚则，使行风行纪建设更具可行性。

**【队伍建设】** 开展莲都支行人人为师活动，每位员工自定主题，自制PPT对全行员工进行授课。开展自主招聘，利用多渠道宣传，进校园招聘等，开展面试8场，成功招聘新员工6名，充实客户经理队伍。开展团建活动和打造支行家文化氛围，支行在“三八”女人节开展花艺活动，组织客户经理开展红酒品鉴会，全员在羊上基地素质拓展活动。

**【其他工作】** 监督新网点装修装饰工程，做好前期搬迁准备工作，配合消防、监管等部门进行网点验收，做好老网点搬迁后的善后工作，实现网点顺利搬迁，平稳过渡。典型、案例的积极上报，向分行报送稿件30余篇，录用6篇，录用率20%。获市场条线业务知识竞赛第二名；全员通过下半年合规测试。合理安排人员进行提质年数据清理，证件到期6个月以上批量止付处理，对2018年、2019年查冻扣业务自查结果进行整改。

## 浙江丽水莲都农村商业银行股份有限公司

**【概　况】** 莲都农商银行总部位于丽水市莲都区解放街438号，拥有在岗员工435人，离岗休养人员9人，退休人员245人。总部设10个职能部室、4个中心，下辖37个营业网点，其中1个营业部，16家支行，20家分理处；有44家自助银行、84台ATM机、164个助农取款服务点。已成为市辖区网点人员最多、服务覆盖最广、资金实力最强、财税贡献最大的地方性金融机构。2019年7月，以宋武龙董事长为班长的新班子，首先，提出的愿景是“打造一个让客户尊敬、让员工幸福的、莲都最具活力的社区银行，成为丽水银行业最具影响力的标杆银行”。实现存贷市场份额“双增”、不良贷款额率“双降”，取得办事处三季度业务经营考核第一名，并取得全市农信系统季度“六项第一”：存款增量、存款增幅、贷款增量、贷款增幅、储蓄存款增量和储蓄存款增幅均居全市农信系统第一位。2019年年末，各项存款余额152.29亿元，比年初新增42.31亿元，增幅38.47%，排名位居全省农信系统第1位。存款市场份额15.65%，排名全市银行业第二位。存款余额增量、增幅均居全市农信系统第一位；各项贷款余额98.68亿元，比年初新增24.48亿元，增幅32.99%。贷款增幅排名全市农信系统第一位，增量全市农信系统第二位。贷款市场份额10.99%，比年初上升1.54%，当年增量占市辖区21.65%，排名第一。不良贷款实现额率双降。五级不良贷款余额9293万元，比年初下降了1051万元，不良占比为0.94%，比年初下降了0.45个百分点。2019年核销贷款5379万元，收回核销贷款6602万元，当年核销回收额与当年核销金额比例为122.74%。营业收入8.43亿元，比上年同期增加12941万元，增幅18.14%。全年纳税6013万元。

**【荣誉获奖】** 国家层面，莲都农商银行被全国妇联评为“2019年全国巾帼建功先进集体”；省级层面，被省联社评为“2019年业务成长十佳银行”，岩泉支行被评为“2019年浙江农信品牌文化示范单位”；被省公安厅评为“第六轮浙江省银行业金融机构安全评估工作成绩突出集体”；市级层面，莲都农商银行以99.9分的高分，在市辖区20家银行竞争中拔得头筹，获“丽水市级银行业金融机构支持地方经济发展业绩考评第一名”；被丽水银保监分局评为“2019年度丽水银行业服务最优银行”“2019年丽水银行业风险防控工作先进单位”“2019年丽水银行业保险业金融服务民营企业十大优秀案例”；被丽水市税务局入选“丽水市首批列名大企业”。区级层面，获区委区政府授予“乡村振兴主办银行”称号，被评为“2019年度莲都区金融机构支持地方经济发展特别贡献奖”。自2018年下半年以来，共有8位省、市、区级领导对莲都农商银行的工作作出11次重要批示肯定。

**【各项业务突破发展】** 2019年，全行存款客户数达47.69万户，比年初增加1.98万户；推动网点转型和规范化建设。加快科技引领大零售转型。智慧医保项目已有221家医疗机构实施上线并在我行开立结算账户，交易笔数约229万笔。整体会计基础工作从“规范化”提升为“二级”；市级层面，被丽水市税务局入选为“丽水市首批列名大企业”。

**【“三服务”机制】** 建立“党建联盟”，服务乡村振兴。莲都农商银行与区委组织部、区委新经济与新社会组织工作委员会联合出台《莲都农商银行与基层党组织开展党建共建推动金融更好服务乡村振兴办法》，先后与区委组织部、各乡镇（街道）党（工）委签订战略合作协议，建立党建联盟；辖内38家网点与243个行政村签订战略合作协议。先后与区委统战部、区工商联签订战略合作协议，计划到2022年投入50亿元信贷资金服务我区乡村振兴战略。在丰收驿站省级旗舰店莲都月开幕式上，莲都区政府为我银行授予“乡村振兴主办银行”，莲都区委副书记、区长陈豪充分肯定莲都农商银行在支持地方经济建设、服务农村金融领域工作上的贡献。同时莲都农商银行与莲都区退役军人事务局签订战略合作协议，为退役军人、军人军属、优抚对象提供优先、优质、优惠的金融服务。与丽水市莲都区归国华侨联合会、莲都区留学人员和家属联谊会针对出国金融服务签订战略合作协议，向区侨联授信2亿元，向区留联会授信5000万元，为华侨侨眷、留学生及其家属提供优先、优质、优惠的金融服务。与财富公园就进一步深化合作签署战略合作协议。推动银商合作再扩面，建立“银商合作”异地商会15个，以信贷支持为主体，推广莲都农商银行域外收单业务，带动存款、中间业务发展。在12月14日举行的“2019中国（丽水）超市创业创新展示交流会暨高峰论坛活动”上，莲都农商银行作为全市银行业唯一代表做主旨演讲，并在现场发布“乡贤·超市贷”。

**【严控各类风险】** 建章立制，做好风险合规日常管理，新制订《资产管理事业部管理办法》等5项；修订《贷款责任追究管理办法》等10余项。优化清收方式，全面压降不良，全年共处置不良贷款1.3亿元，核销贷款0.54亿元，收回历年核销贷款6602万元，收回当年核销贷款664万元。全年共起诉不良贷款528笔金融2.80亿元，申请执行案件714件金额3亿元。开展全体员工行为排查、所有存量贷款风险排查和融资机构家数自查等。完成“案件警示教育”活动，制定并下发《莲都农商银行风险防范案件手册》，组织员工学习案例汇编；对全体员工进行集中培训授课，提升教育实效，并对学习效果进行测试。

**【金融产品创新】** 强化系统开发，支撑产品研发推广。开发ETC借记卡打折活动的返还程序及“天天盈”等4个营销系统。提升科技服务支撑能力，2019年累计完成工单服务386次，完成软件开发需求工单18份。上线多项外联系统业务，助力“最多跑一次”改革。与莲都区跑改办和联通公司合作，已在14个网点布设“莲e通”政务服务机具，开通部分政务服务功能，下步还将进行二次开发，最终将实现200余项便民服务功能上线，助力广大市民最多跑一次。推广省版应用系统，如浙里贷业务、柜面人脸识别，便携式发卡机应用、ETCPAD应用等，推动业务发展。

**【优化队伍建设】** 推进总部机关和人事改革。实施机关定编定岗定薪定责“四定”方案。10月中旬完成总部“双竞双聘”，机关人员编制从162人缩减至120人，新提拔年轻干部8人，机关正副职平均年龄从40.6岁降到37.3岁，机关员工平均年龄从44.8岁降到43.7岁。根据甘主任的部署要求，打造有价值客户经理队伍，制定出台《打造有价值客户经理队伍实施细则》，逐步实现客户经理占比三年提升计划。组织中层干部参加中层干部轮训和丽水农信系统干部“创新班”学习；对客户经理开展客户经理微课堂、法律业务等专题知识的培训；对柜面人员开展柜面知识和业务风险培训；对大堂助理进行全面系统的培训。引入上海艾肯品牌策划公司，培训筛选金融卫士宣讲师30余人，举办多场社区大讲堂宣讲活动。全年共举行培训56期，参与人3606人次。举办首届军事拓展训练活动，形成奋勇争先的良好氛围。在员工行为专项审计中，经济处罚共涉及人员155人次，累计处罚金额27.25万元，人均处罚金额1758元；纪律处分共涉及人员23人次，包括警告8人次，诫勉谈话15人次。

**【在全国率先创立“金融卫士”特色服务品牌】** 莲都农商银行率先在全国创立“金融卫士”特色服务品牌，践行“金融入网格、服务面对面”总要求。截至年底，金融卫士已走遍25个社区（街道）、243个行政村、2所高校，共开展金融知识普及活动272场次，服务群众3.3万人次。上报的专报信息《聚焦服务乡村振兴争当丽水金融卫士》，先后得到丽水市常务副市长杜兴林、时任丽水市副市长徐光文（现任莲都区委书记）、丽水市委副书记李锋等领导的重要批示肯定。品牌推广上，2019年4月，牵头组织“丽水农信·感恩有你”暨浙江农信“奋斗者之歌”文艺巡演。9月，在丰收驿站省级旗舰店莲都月上，进行金融卫士首播仪式，向杭城百姓和丽水在外乡贤展示莲都农商银行的企业文化。12月，莲都农商银行作为“2019中国(丽水)超市创业创新展示交流会暨高峰论坛活动”协办单位，派出26人协助此次活动。品牌宣传上，在丽水动车站广告位进行宣传。打造报纸、微信、网站等“全方位、立体式”宣传平台，全年微信公众号推送150余篇。

## 浙江稠州商业银行丽水分行

**【概况】** 2019年年末，全行资产总额为76.09亿元，较年初增加23.87亿元，增长45.7%；负债总额72.63亿元，较年初增加23.47亿元，增幅为47.74%，所有者权益合计3.46亿元。全行各项存款余额71.36亿元，比年初增加23.04亿元，增长47.68%；日均存款余额59.18亿元，比上年增加10.86亿元，增长22.47%；各项贷款余额50.06亿元，比年初增加5.27亿元，增长11.77%；其中小微贷款 42.22亿元，较年初增加5.91亿元，增长16.28%。不良贷款余额3681.41万元，比年初减少190.12万元，不良率为0.74%。实现账面利润1.54亿元 ，同比增加2442万元。

**【品牌影响力】** 2019年，浙江稠州商业银行丽水分行连续获“支持地方经济发展三等奖”，“建立绿色企业（项目）识别体系、对接生态环境部门的企业环境信用等级评价结果”被评为绿色金融创新年活动“金点子”，丽水松阳支行被评为绿色金融三星认证支行；得到当地媒体多次采访报道，如丽水电视台4月26日报道银行业信贷支持小微企业做法，丽水广播电台《百姓热线》栏目特邀分行行长楼一平走进直播间介绍我行发展历程、支持实体经济做法及优质服务等内容，《经济日报》11月14日报道浙江稠州商业银行丽水分行无还本续贷服务解决小微企业转贷续贷难题的做法。

**【储蓄存款】** 浙江稠州商业银行丽水分行通过“定基调、强督导、重考核”。支行层面34个团队160余人通过“三跑”即跑村、跑街、跑社区模式，“5+2”“白加黑”持续提升营销服务。如松阳支行要求每个团队每周有活动每天有走访、庆元支行充分利用各种节日共建邻里情、营业部深入拆迁村营销等做法，提升灵活获客以及存量客户价值。全行年末储蓄存款余额47.92亿元，比年初增加17.19亿元，增幅55.95%，首次突破40亿元大关；个人客户数216241户，比年初增加34607户，增长19.05%。

**【提升服务实体经济质效】** 浙江稠州商业银行丽水分行通过优化资源配置、优化授权体系、创新产品及担保模式、落实最多跑一次等多方面战略举措，提升服务实体经济质效。启动“民营企业金融服务推进年”活动，将信贷资源投入到民营企业经济；试点差异化授权改革，提升审批效率，全辖授权人员由年初的35人增至56人；推广“长抵贷”“市民贷”等产品，优化中期流动资金贷款服务，全行中长期流动资金贷款余额2.264亿元，较年初新增1.2682亿元；成功接入丽水市不动产登记信息管理系统，将不动产抵登记窗口“搬”进银行，实现不动产抵押贷款业务“一站式”办理。推出“无缝对接”创新还款方式，全年共评定准入42户企业，切实减轻优质客户转贷筹资压力。截至2019年年末，全行普惠型小微企业贷款余额34.05亿元，较年初新增7.04亿元，增速较各项贷款高14.28%；户数7588户，较年初新增1501户，较好地完成“两增两控”目标。

【践行最多跑一次】 在践行最多跑一次方面，浙江稠州商业银行丽水分行推出移动展业平台上门服务、优化企业开户、一站式办理房屋抵押登记及注销等服务举措。如移动展业平台，客户经理可以通过移动展业平台，深入田间地头、生产车间等，为偏远地方的农户、企业职工全流程办理业务，包括现场开户、现场小额信贷审批等，从信息录入、影像录入到审批材料无纸化线上提交，整个过程仅需10分钟，大大节约了客户的时间成本。通过PAD上门服务的业务替代率达到75%，每天至少上门服务客户10户。在优化企业开户方面，浙江稠州商业银行丽水分行已经实现企业开户的预约功能，争取让数据“多跑路”，让开户单位“少跑腿”。客户只要在稠行直销银行和微信公众号上点击企业预约开户功能，可直接上传开户资料的影像以及录入企业相关信息，后台预审核后会通知客户预开户结果。在房屋抵押登记方面，浙江稠州商业银行丽水分行风险管理部专设岗位负责对接房屋管理委员会抵押中心，专人负责办理借款人房屋抵押登记及注销，减少客户来回奔波次数和排队等候时间，抵押贷款客户也能实现最多跑一次。此外，针对老弱病残等特殊群体业务处理中出现的特殊情况，浙江稠州商业银行丽水分行更是执行“跑0次”，为特殊群体提供“特事特办”的精细化上门服务，打造“百姓身边信赖的银行”新品牌。

【支农支小支持乡村振兴】 浙江稠州商业银行进驻丽水以来，始终坚持“支农支小”市场定位，与农村发展相融共进，全面铺开“物理网点+移动PAD+上门服务”的线上线下服务网络，开展“送知识、送服务、送产品”“三送进村”。金融知识送进村，全辖34个团队150余人平均每周开展两场金融知识送进村活动，宣传反洗钱、假币识别、金融诈骗防范等金融知识；特色服务送进村，开展泡豆腐、炸油条、包饺子等等村民百姓喜闻乐参与的邻里活动，为村民搭建一个相互沟通交流的平台；金融产品送进村，在走村入社中充分了解农户金融需求，推广“村民贷”“三权抵押贷”“益农卡”“新农村配套贷款”等适合村民的金融产品，全行涉农贷款余额超过全部贷款的70%。

【党建统领】 做好思想作风建设，通过建立并落实党员学习制度，做好党章党规、总书记系列讲话精神的学习，开展党委党支部书记上党课系列活动，推进学习教育常态化制度化，将党建工作推向新的高度。将党建与业务经营有机融合，互为一体。一方面紧密结合乡村振兴战略、丽水浙西南革命精神，创设“榜样力量宣讲团”红色活动品牌。携手各类榜样先进人物，走进各村文化礼堂、红色基地，以座谈会、讲党课等形式为村民们讲述先进事迹、浙西南革命故事及革命精神或倡导时代新风，全年开展该活动20余场；另一方面开展“党建+金融”宣传活动。将党建工作与日常营销宣传活动相结合，如充分利用各类传统节假日开展慰问老党员等“党建+”公益活动，发放党员先锋贷20笔、153.75万元。

## 上海浦东发展银行股份有限公司丽水支行

【概　况】 2019年，浦发银行丽水分行营业净收入14377万元

（本级营业部5415万元，青田支行3618万元，缙云支行5344万元），其中：公司板块实现营收4725万元，完成率78.76%；零售业务净收入9517万元，计划完成率93.5%；金融市场135万元，完成率11.23%。对公有效客户1122户，新增230户；净增对公有价值客户813.2户，较年初净增241.7户，增量完成率120.85%，全行排名第5；对公授信客户数79户，比年初增加2户。私行客户较年初增加6户，中高端完成755户，完成率128%，排分行第14；基础客户净增962户，完成率84%，净增基础客户以上1723户，完成率101%；信用卡活跃账户新增8902户，完成率296.7%；净增三方存管客户数1122户，完成率449%。本外币一般存款余额31.59亿元，比年初新增9.92亿元，增幅45.78%，增幅在当地股份制同业排名第2位。其中对公余额14.24亿元，比年初增加5亿元，储蓄余额17.35亿元，新增4.92亿元，当地股份制同业第3位。一般存款日均28.37亿元，新增7.16亿元，增幅33.76%。贷款（不含信用卡）余额22.74亿元，比年初增加1.99亿元。其中对公贷款8.05亿元，比年初增加0.49亿元；个人贷款（不含信用卡）14.69亿元，比年初增加2.6亿元。关注类贷款合计0.83亿元，较年初减少0.55亿元；后三类不良贷款合计0.1亿元，较年初减少0.09亿元；不良率0.43%，较年初减少0.49个百分点；逾期欠息业务余额1463.77万元，较年初减少1605.55万元。全年累计处置清收不良贷款4134.22万元，其中现金清收1288.44万元、打包转让2645.78万元，核销200万元。

**【拓展客户经营】** 2019年，浦发银行丽水分行在公司方面，通过平台批量获客、扫街、客户转介、关系营销等方式推进有价值客户拓展。12月末，有价值客户813.2户，较年初净增240.7户，增量完成率120.85%，全行排名第5，A1组排名第2。截至三季度共新增批量获客平台9个，形成有效获客平台8个；共新增有价值客户194个，平台获客分行排名第4。零售方面，通过做大基础客群，夯实中高端客群，12月末私行客户较年初增加6户，中高端完成755户，完成率128%，排分行第14名；基础客户净增962户，完成率84%；净增基础客户以上1723户，完成率101%，排分行8;基础客户以上三方代理客户净增944户，完成率183%；信用卡活跃账户新增8902户，计划完成率296.7%；净增APP有效用户11741户，完成率117%；净增三方存管客户数1122户，完成率449%。金融市场方面，继续深化与重点客群农商行的合作，产品体系更加丰富，已与9家金融机构客户建立合作关系，建立授信关系2户，产品种类达7个；票据贴现客户新增11户；托管客户6户；保险合作客户2户；代客衍生客户4户。

**【深化业务经营】** 2019年，浦发银行丽水分行在公司方面，通过抓房地产企业等重点负债客户，营销国企、房地产，负债业务稳中向好。截至12月末，一般性对公日均存款12.73亿元，净增1.25亿元，增量完成率62.44%；基础性对公日均存款12.04亿元，净增1.02亿元，增量完成率68.34%；结算性对公日均存款8.24亿元，净增1.72亿元，增量完成率172.37%。亮点业务：在丽水国资账户招标中以第一名成绩成功中标；在缙云县财政存款招标中，以第9名的成绩中标；成功发行南城新区私募债；营销落地中南房地产客户监管账户；通过山口建、新宏钢等授信客户综合经营方案，带动保证金存款；存款余额14.34亿元，较年初增加5.63亿元，提地位作用显著。零售方面，充分发挥厅堂联动和公私联动做大零售业务基础客群、优化存贷款结构。12月末，人民币一般性存款余额16.6亿元，较年初新增4.71亿元；一般性存款日均余额15.55亿元，比年初新增4.88亿元，完成率达182%；金融资产余额为35.85亿元，比年新增2.37亿元，金融资产日均余额34.91亿，较年初下降1.61亿元，非存金融资产日均余额19.36亿元，比年初下降6.48亿元。金融市场方面，落地缙云农商2亿元同业存款，同业存款实现大幅提升，日均达9.99亿元，较年初增加6.57亿元。

【推进合意资产投放】 2019年，浦发银行丽水分行在公司方面，聚焦政府基建类、重点项目、上市、拟上市企业及行业龙头、科技金融及小微、小水电客户等五类重点客群，截至12月末，对公贷款总额7.93亿元，新增、扩盘授信17户，授信金额3.12亿元，新增贷款投放2.5亿元。工作亮点：通过“房抵快贷”、“科技快速贷”、“千户工程”等产品，新增9户小微企业授信，授信金额3420万；通过总行小水电“一行一策”成功获批2个小水电项目，授信金额2600万元；重点营销优质民营企业，新增、扩盘授信2000万元以上客户3户，授信金额18600万元；推动上市、拟上市公司授信，上上德盛获批1000万元，起步股份1.2亿元。零售方面，2019年12末贷款余额14.82亿元，本年新增2.13亿元；合意资产12.79亿元，较年初新增2.37亿元。其中住房按揭贷款余额8.71亿元，较年初新增2.35亿元，完成率146%；第三极贷款余额4.08亿元，较年初新增279万元，计划完成率7%；浦惠贷款较年初减少1700万元，完成率-113%,辖内排名倒数第8。

【强化风险管理】 2019年，浦发银行丽水分行持续推进风险防控和资产结构调整，做好风险防控，加快不良清收，四季度不良持续双降。年末后三类不良贷款合计967.15 万元，较上季减少 292.75 万元，较年初减少886.29 万元；不良率0.43%，较上季减少 0.15 个百分点，较年初减少0.49 个百分点。做好风险防控及化解工作，强化监测和预警机制，对全行贷款资产质量进行动态管控，一户一策强化风险前置及出险化解工作，减少分类下迁；多管齐下，化解不良，加快诉讼进度，落实专人对案件的诉讼流程负责跟踪，加快不良处置进度，同时向上级行争取政策，通过打包转让、核销等方式加快不良处置。2019年，累计处置清收不良贷款4134.22万元，其中现金清收1288.44万元、打包转让2645.78万元，核销200万元，年末不良贷款合计967.15万元，不良率0.43%；完善风险管理制度，先后制定并下发《丽水支行2019年风险差错扣分考核办法》《关于重申丽水支行风险化解机制的通知》《关于规范零售业务风险预警信息、化解方案上报流程的通知》等制度，及时就风险情况发送风险提示或进行通报。

【提高管理质效】 聚焦合规、内控、案防管理，围绕“筑固治乱象成果 促进合规建设”，有效地落实监管部门、总分行工作要求，不断促进合规建设；严格执行合规“三查”，对发现的问题自查自纠，严厉惩处，不断促进管理提升；开展“内控合规建设大审视”“金融乱象整治合规年”“内控合规巩固年”等系列活动与重点领域重点风险排查等，进一步强化合规经营理念，夯实合规案防基础，不断提升合规管理水平与质效。提升消保工作质效，夯实责任强抓落实。办公室牵头落实分行和监管部门各项工作，消保工作总体质效提升明显，组织一系列宣教活动，在丽水市二季度开展的“普及金融知识万里行”活动中，获丽水银行业协会表彰，全市仅6家银行受通报表彰，据悉也是2019年分行辖内唯一获监管部门表彰；宣教工作在一、二季度均受分行通报表扬，但客户投诉与处理上失分较严重，有待提升。注重服务实体经济长效机制建设。响应党中央以及分行、监管部门服务实体经济号召，致力实体经济、普惠金融、绿色经济等重点领域，业务向民营企业、小微企业和制造业倾斜，落实银保监“丽水银行业民营企业金融服务年”、民营企业“大走访，大调研”等工作并得奖。融资畅通工程五项指标均超进度完成：12月末小微贷款净增2339万元，完成率46.77%；中期流贷余额7353万元，完成率183%；民营企业贷款净增5353万元，完成率87%；制造业贷款净增4081万元，完成率133%。零售制造业贷款余额8119万元，比年初减少384万元，零售小微两增余额51610万元，比年初减少1082万元。围绕“三农”战略，做好推进普惠金融工作，9月末个人手机银行客户达4.1万户，网银用户超5万户，农房抵押贷款余额1682万元。组织员工签订保密协议、保密承诺函等，组织各机构、部室签订目标任务书，要求领导干部工作上指导有方、推动有效，业务上有担当。办公室做好督检职能，对党建、消保、行风行纪、考勤实行检查通报并纳入考核。提升企业文化建设，员工精气神进一步提升。拓宽选人用人渠道，实现干部结构调整，截至9月末共引进14人，派遣制转正2人，职务晋升5人，新提拔6人；增补分行后备人才库2名，4人参加2期后备干部脱产培训；B-及以下员工退出占离职比例75%；组织新员工入职培训，优化培训模式。

**【党建和法治建设工作】** 落实“四责协同”，发挥党员干部领导作用。党委班子建立完善的2019党建工作责任分工及责任清单，履行“四责协同”，做到纪委监督责任到位、党委书记第一责任落实、班子一岗双责清晰。把党建和业务有机结合起来，与丽汽集团机关党支部党建共建，促进业务合作；在年初和年中工作会议上均布置党建工作，明确“三重一大”决策范围，多次专题研究分析党建和业务中存在的问题，并制定措施、解决矛盾。发挥党员干部领导和模范作用，参与分行扶贫结对帮扶工作，组织优秀党员周勇锋同志常驻金竹村开展扶贫工作，践行社会责任；党员、支部宣传委员雷荣香同志被全国总工会授予“全国五一巾帼标兵”荣誉称号；丽水本级党支部书记裘文姬入企挂职，担任金融特派员，以“浦发之干”力行“浙西南革命精神”，不忘初心，助力民营企业高质量绿色发展。做好党建带工建、团建工作，完善支行工会组织、共青团组织设置，充分发挥组织优势和桥梁纽带作用。在干部人才管理上，优化用人渠道，向社会引进优秀人才，推进后备干部培养，充实和调整干部队伍；合规案防专人专岗，提升合规管理质量。开展“我的政治生日”“我为七一献热血”和“扶贫活动”“红色教育”等主题活动。有效提升“基层组织”，推进基层党组织高质量建设。要求各支部制定党建、“两学一做”学习教育计划，开展万名党员进行党校轮训活动，有效落实常态化、制度化和支部标准化建设；不定期收集、下发相关党建参阅文件，要求各支部每位党员学习党建理论，了解分行方针政策，提高党的理论知识和思想觉悟；坚持“三会一课”，有效开展“西湖夜校、双周夜学”，确保政令畅通。党委会制订详细的《2019年丽水支行党委中心组学习安排》计划，已进行集中学习、研讨20多次活动，特别是学习习近平新时代中国特色社会主义思想和其他重要讲话，班子、党员干部积极参加西湖讲堂课，要求基层党支部开展常态化学习，督导基层学习中共十九大精神，定期上党课，坚持支部书记讲党课，支部组织《中国共产党支部工作条例（试行）》《牢记五四历史，加强五四研究，传承五四精神》《弘扬“浙西南革命精神，践行两山理念”》等多场专题党课，不断提供党委和基层党组织的政治素质和理论水平。开展廉洁专题教育，党委书记、纪委书记落实任前谈话，班子成员都能做到党内分工与业务分管协同推进，把党风廉洁工作与业务发展、内控合规同研究、同部署、同检查、同考核、同落实，党委书记在5月8日的党风廉洁工作会议上作党风廉洁建设工作专题报告。落实“一岗双责”，做好党风廉洁的领导，由主要领导抓好领导班子其他成员的党风廉洁，分管风险合规副行长兼任纪委书记，分管全行党风廉洁工作，同时配备2名兼职委员。明确党风廉洁建设工作目标，与各部室签订党风廉洁建设目标责任书，包括《党风廉洁建设责任书》《支部书记党风廉洁建设责任书》《中层干部党风廉洁建设责任书》。开展“法制教育”，带头学法、尊法、守法。通过组织学习“案件警示教育”和法律专题学习，党员干部带头引导党员自觉遵纪守法，守住纪律和规矩底线。根据总行“七五”规划、分行《关于印发〈上海浦东发展银行杭州分行法治宣传教育“七五”规划〉的通知》银监《关于印发浙江银行业系统开展法治宣传教育第七个五年规划（2016—2020年）的通知》等要求开展法治教育活动；开展对黄赌毒和黑恶势力听之任之、失职失责甚至包庇纵容、充当“保护伞”问题专项整治工作，进行全辖排查并开展扫黑除恶宣教活动；党委书记在年度会议上强调合规经营，在季度会议上传达学习分行关于案件防控的工作指示，已组织学习20余次案例警示教育，要求全员守法守规，规范员工从业行为，提高风险识别及防范能力，学习银监合规文件、《中国共产党支部工作条例（试行）》等；在日常强调员工行为守则，做好日常员工行为排查，建立红线意识和守法理念，并定期开展员工家访，关心员工思想行为动态，以关怀促进行风建设。

**【“不忘初心、牢记使命”主题教育整改落实情况】** 根据总分行党委关于“不忘初心、牢记使命”主题教育要求，支行党委深入学习和研读习近平新时代中国特色社会主义思想，学习领会习近平总书记在“不忘初心、牢记使命”主题教育工作会议。2019年党委成员召开3次座谈会，多次走访基层调研听取意见，通过谈心谈话，梳理党委存在的问题和不足。学习习近平总书记的系列重要讲话精神，落实“学习强国”APP的要求，确保质量和数量，研读《中国共产党章程》以及新时期党的方针政策、上级党委的指导性文件，增强政治敏锐性和理论分析能力，不断地改进工作方法。保持共产党员的先进性，牢固树立为人民服务的宗旨意识，通过系统学习党的理论，不断推进自身建设，并将学习成果运用到实际工作中。做好党建宣传阵地建设，有效发挥政治思想阵地建设的指引作用，定期学习和宣讲，牢固树立“四个意识”，坚定“四个自信”，坚决做到“两个维护”，在思想上和行动上和党中央保持一致，坚定落实分行党委布置的思想政治建设要求不偏移，以习近平新时代中国特色社会主义思想引领支行党委各项工作。

# 教　育

## 综　述

【概　况】 2019年，莲都区主要承担学前教育、义务教育、成人教育的办学与管理工作。全区现有幼儿园67所（公办16所，民办51所）；有初中12所（公办9所，民办3所），小学16所（均为公办）；有成人教育培训中心1所，区域成技校6所。全区现有国家级、省级现代教育技术实验学校5所，国家级、省级实验基地学校6所，全国文明校园1所，省级美丽学校1所，省文明学校（单位）6个，省、市级示范学校17所，省、市级校本教研示范学校8所，省义务教育标准化学校26所，省级绿色学校18所、市级绿色学校10所。

2019年，莲都教育以中共十九大会议精神为行动指南，全面贯彻党的教育方针，落实立德树人根本任务。围绕“创建省教育基本现代化区”的目标，深化教育综合改革，激活教育管理机制，创优质教育品牌，办人民满意教育，推动莲都教育绿色高质量发展。

2019年，初三学业考试成绩连续16年全市领先，连续17年蝉联丽水市中小学生田径运动会团体冠军。莲都籍学生运动员在省级及以上体育竞技赛事获奖达461个（含世界级冠军1个、亚军2个、季军2个；洲际级亚军1个；国家级冠军11个）。许多学校已经打造出自己特色，在全省乃至全国形成一定影响力。

莲都区作为浙江省唯一的“首批国家义务教育质量监测结果应用实验区”，2019年莲都经验4次在国家义务教育质量监测结果应用会议上作介绍，2次在全省中小学综合评价会议上作介绍，莲都区在全国35个实验县（区）评估中位居第一档第五名，进入全国前列。

## 学前教育

【概　况】 莲都区共有幼儿园67所，6个教学点，其中公办园16所，民办园51所。省一级幼儿园5所，省二级幼儿园30所，省三级幼儿园33所，准办级1所。全区在园幼儿13011人，专任教师（含园长）986人，专任教师持证率为99.6%，其中事业编制的幼儿教师212人，编外教师774名，其中公办园待聘教师134名。全区建立培红幼儿园教育集团等五大幼教集团，实施课程改革，聘任14名兼职教研员，建立9个片区15个小组管理网络。全区普惠园覆盖率达到94.76%，公办园覆盖率达到29.2%。

【学前教育三年行动计划】 2019年是莲都区区发展学前教育第三轮三年行动计划第二年。实施基础教育“三年攻坚”行动计划，实施“扩容薄改工程”，碧湖中心幼儿园正式搬迁，新增学位180个，城中公寓幼儿园正式开园，新增学位240个。2019年，因城中村改造拆迁停办幼儿园5所（城北村、大风车、飞机场角、长岗背、蓓蕾丽青），责令停办3所（艺佳、海之心、金苑），自动停办4所（小红星环北园、北埠教学点、大畈教学点、小家伙幼儿园），共分流幼儿800余人。2019年，规范民办幼儿园有序发展，加大普惠性幼儿园的奖补，做好民办普惠园的奖补监管。2019年2月，区政府出台《莲都区财政扶持民办教育发展实施办法》，2019年区财政扶持民办幼儿园资金预算从原先的700万元提高到2500万元。分别设立了生均经费补助、年度考核奖励、等级达标奖励、租金补助等。区教育局、财政局、发改局根据文件规定，认定普惠性民办幼儿园46所，共预计拨付奖补资金1314.58万元。民办普惠园覆盖率在逐年提高，普惠性等级幼儿园覆盖率比上年度提高了16.5个百分点。全年制定幼儿园招生计划，对民办园进行班级数和班额核实，防止超班额超规模招生，公办园招生覆盖率比2018年提高3个百分点。

## 义务教育

**【概　况】** 2019年，全区有中小学28所(初中12所，小学16所)，在校学生数42260人。其中，公办25所(初中9所，小学16所)，民办3所(初中2所：花园中学、城中中学教育共同体；九年一贯制1所：莲都外国语学校)。其中城区中小学20所(公办17所，民办3所)，在校生数34014人，占全区学生总数的80.5%。关注弱势群体教育，整合城区公办教育资源，最大限度的吸纳流动人口子女进公办学校就读，2019年招收1200多名符合条件进城务工人员子女，录取率超过90%，保障进城务工人员随迁子女享受与城区户籍学生同等的教育政策。

**【德育工作】** 2019年以《中小学德育工作指南》为指引，坚持“弘扬践行浙西南革命精神，争做新时代好少年”中心，以“莲都区第八届未成年人道德文化节”为载体，用好平时考核和年终考核两抓手，努力营造全员育人、全程育人、全方位育人“三大德育”格局；锤炼“分管领导、政教、团委、少先队”四支基层德育管理队伍；丰富“理想信念、社会主义核心价值观、中华优秀传统文化、生态文明、心理健康”五大教育内容，通过“课程育人、文化育人、活动育人、实践育人、管理育人、协同育人”等六大实施途径，抓好全区中小学的德育管理工作。弘扬践行浙西南革命精神教育，主要引导学校开展主题班会、黑板报评比等“六个一”主题系列教育活动；同时开展全区中小学中华经典诵读、莲都之春、“我爱您祖国”演讲、庆祝祖国七十华诞征文、“军事名家进校园”讲座、革命故事大王比赛等文艺赛事活动，通过这些红色教育，大力培养师生家国情怀。3月在大港头学校召开“浙江省少工委七届三次全会”红领巾学院现场推进会工作，快闪“我和我的祖国”推上学习强国平台，活动受到省、市相关领导和与会代表的好评。组织全区中小学开展“宪法晨读”活动，将宪法教育有机融入升旗仪式、主题班会、社团活动，运用主题板报等形式，利用新媒体，增强教育的生动性、学生的参与性，强化学生的宪法体验。引导学校做好校园特色文化打造，配合校管站做好后期项目验收，经过两期校园文化建设，“一校一特色”的校园显性文化基本成形。

**【义务教育课程改革】** 课程建设，深度发展。根据《浙江省深化义务教育课程改革的指导意见》精神，2019年，积极推进义务教育课程改革，引导学校和教师在课程规划、课程开发与实施、课程整合、教育评价以及信息技术整合应用等方面开展实践研究。

2019年，莲都区继续开展义务教育拓展性课程实施评比，并且不断完善评价指标，在原有的听课、评课基础上，增加了对课程纲要与教案的评价，通过科学的考核推动学校拓展性课程的实施。3月，组织了“红+绿”精品课程既第七届莲都区义务教育精品课程评选活动。共收到39门参评课程，评出31门区级精品课程。同时参加市级“保卫蓝天”精品课程的评比，有15门课程榜上有名。4月，莲都区教科所组织专家组对全区六个乡镇小学拓展性课程实施工作进行了全面考评，碧湖小学、大港头学校获得集体一等奖，老竹民族学校、太平小学、雅溪学校获得集体二等奖；另有5位教师分别获得个人一、二等奖。为进一步深化义务教育课程改革，发挥拓展性课程的育人功能，同时培养一批在拓展性课程开发与实施方面起引领作用的优秀教师。11月，莲都区教科所组织了全区初中拓展性课程课堂教学评比，比赛以“弘扬并践行浙西南革命精神”为主题，评出一等奖3名，二等奖6名。

质量监测结果应用成绩斐然。莲都教育主要从构建监测结果应用机制、打造专业评价团队、开展监测结果应用研究等三个方面深入推进实验区实践工作，充分发挥引领、辐射作用，阶段性成果在全国、省、市媒体发表，在全国、省、市交流发言，引起广泛关注。《用好质量监测这个“晴雨表”》在1月《中国教育报》上发表，《教育监测，莲都试得咋样》在4月的《浙江教育报》上发表；《那种教法更好：优秀教师一定要知道的事》在5月的《浙江教育教学》上发表；“基于教育质量监测数据再调研”一文入编《制度与技术：教育质量管理机制在重建》一书；《综合评价数据驱动教学改进实践研究》课题荣获浙江省第八届教研成果一等奖。1月10日，《打通教育质量监测结果应用最后一公里》在浙江省中小学综合评价改革第四次会议上作交流发言；4月19日，《在监测结果应用中寻求质量提升新突破》在珠海召开的国家义务教育质量监测结果应用成果交流会上作经验交流；5月29日，《科学应用监测结果深入推进教育改革》在杭州召开的“浙江省中小学教育质量综合评价小学监测结果反馈会”作专题发言；7月31日，《基于监测结果的教师专业发展新路径》在北京召开的“国家义务教育质量监测结果应用暨教育评价改革高峰论坛”上作专题发言。2019年12月15日，《基于国测报告的校本化诊断和改进》在深圳召开的“国家义务教育质量监测结果应用福田区现场会”上推介。2019年12月23—26日，《建队伍 抓两头 促落地——义务教育质量监测结果应用的莲都实践》在青海省西宁市海西区召开的“2018年国家义务教育质量监测结果反馈会”上推介。莲都区在35个国家义务教育质量监测结果应用县综合评估中荣获第一档第五名佳绩。

精准教学，稳步推进。莲都区的精准教学改革工作稳步推进，多次承办了全市精准教学现场会。先后开展了全区初中语文、数学、英语，小学语文、数学、科学、英语等各学科的精准教学研讨活动，精准教学研究涉及各个学科领域。9月25日，2019年“浙善城乡同步课堂”公益项目在莲都小学高溪校区举行启动仪式，让城乡孩子共享优质教育资源的“互联网+义务教育”不断推进。截至11月，城乡结对的10所学校已经按要求完成同步课堂20节，同步研修12次。学科教研员密切关注、研究、使用城乡同步课堂，并在区域教研中使用互联网教研。“互联网+义务教育”为城乡教育均衡发展，为教师队伍建设等提供保障。莲都教育将以此为契机，建设好、实施好同步课堂，用好教育信息化武器，促进学校发展。

2019年，在莲都区举行的省级教研活动：浙江省小学科学学科关键问题培训活动、浙江省小学英语疑难问题解决研训活动、浙江省初中数学研讨活动、浙江省初中语文统编教材“关键问题解决”专题研训活动、浙江省小学信息技术课堂教学评审活动都采用了全省同步直播，通过网络为更多的教师带来学习的机会。同步课堂，教学共研。“互联网+义务教育”城乡共研实践活动已经开展近一个学期，各学科指导到位，积极开展教研活动。各校积极探索基于互联网背景下的集体备课、网络研修、同步上课、同步批改与辅导的模式，此举促进城乡教育均衡，促进师生共同发展。

联盟教研，共研共评。莲都教研室先后组建了“农村小班教育联盟”“非紧密型学校联盟”“小学重点提质校联盟”“初中七校联盟”，开展针对联盟学校“定目标、找短板、想对策”的针对性调研服务。2019年，针对小学教学质量薄弱的问题，组建17所重点提质校联盟。针对初中关注率偏高问题，组建7所联盟学校。组织进行统一命题、阅卷和质量分析，加强质量监测、科学提质。10月，初中7所联盟学校的监测及评价工作已经完成，小学17所提质校的监测工作也已经完成。2019年，各学科教研活动很精彩，共承办了5次省级学科活动，莲都教研在全省教研队伍中获得好评；莲都区美术教师书画展在丽水市美术馆隆重举办，获得社会各界人士的点赞。2019年，省教研员滕春友、余伯军、余琴、张新其、郑文、张宗余、魏雄鹰等人均来莲都指导教研工作，促进了教研员队伍建设，为学科教学的提质发展提供有力帮助。

教学常规,按标抓实。继《莲都区中小学教学新常规》出台之后，各校在区常规的基础上制定符合各校校情的教学新常规。为学校教学管理和教师教学实践提供了标准，有效规范了教学行为。

各校在制定学校新常规的基础上制定了新常规检查量表，并上交教研室逐一审核通过后方可执行。其中城北小学的检查量表实用可操作，体现了对教学实践的指导性。各校每学期都按教学常规量表对学校教学工作进行期中、期末两次检查，完善了学校教学管理工作，促进教学质量的提升。

学校督学、网格化管理、科室联系等工作到校，检查指导的主要工作均为学校常规工作。10月10日至10月18日，组织进行教学新常规专项督查，李局及各副局长任督查组组长。此次督查充分促进教学常规管理校本化、制度化、规范化，为切实抓常规工作向常规管理要质量提供保障。

**【体、卫、艺、科技工作】** 贯彻落实“健康第一”指导思想，发展素质教育。落实学生每天体育活动一小时，引导学生“走向操场、走进大自然、走到阳光下”，做好中小学生体艺达标测评工作，促进学生身心健康。举办中小学生田径运动会、篮球赛、乒乓球赛、足球赛、游泳比赛。蝉联丽水市中小学生田径运动会团体17连冠。

开展“健康莲都”创建工作，建设学校标准健康室或卫生室，囿山小学创成健康促进“金牌”学校，中山小学、天宁中学创成健康促进“银牌”学校。

丽水市“学生五大联赛”中，处州中学和大洋路小学教育集团男女子足球队在丽水市校园足球联赛中全部取得第一名，城北小学、处州中学游泳队获团体总分第一名。贯彻落实教育部关于《中小学生艺术素质测评办法》等三个文件的精神，不断提升学生艺术素养，开展艺术特色教育。结合浙西南革命精神让校园文化红起来、红色信念立起来、红色经典诵起来、红色歌曲唱起来，围绕“民族魂·中国梦——阳光下成长”主题，不断提升学生艺术素养，举办了第九届“莲都之春·文艺”“莲都之秋·美术”比赛。丰富校园生活，培养学生兴趣爱好，全面提升学生综合素质，营造浓厚的校园文化艺术氛围。

2019年，浙江省中小学生艺术节，莲都区荣获15个一等奖、17个二等奖、8个三等奖。继续开展戏曲进校园、高雅艺术进校园等活动。让学生体验科学的魅力，切实提高学生的科学素养。举办了莲都区第三届“莲都之光”科技大赛。在丽水市第六届中小学“绿谷之光”科技大赛中，成绩优异。莲都区代表队分获小学组、初中组团体总分一等奖。

**【特殊教育】** 进一步重视特殊教育，依法保障“三残”儿童少年受教育权利。截至2019年，莲都区共有持证特殊儿童261名，其中在校生250名，入学率达96%。义务教育阶段，随班就读140人，送教上门50人，全面提高“三残”儿童入学率。建立1158名留守儿童档案，完善“结对帮扶”制度和德育导师制，开展一对一帮扶教育。

**【语言文字】** 2019年，开展第二十二届全国推普周活动；组织学校参加中华经典诵读比赛；完成480户家庭的普通话入户调查工作；全面创成全区中小学(幼儿园)语言文字规范化校园；完成9个乡镇的语言文字规范化乡镇工作，莲都区创成“浙江省语言文字规范化区”。

**【教育民生】** 2019年春季学期开始，制定《莲都区推行小学放学后校内托管服务工作实施方案》，全市率先完成校内托管服务，制定的政策和工作经验获得全市推广。一年以来小学生共计7488人接受托管服务，收到良好的社会效果。2019年，共计有15所学校开展“互联网+教育”帮扶结对工作，其中省域结对学校1所，市域结对学校2所，另有5所乡村中小学正在接受“浙善城乡同步课堂”公益项目设备捐赠，超额完成市里给莲都区9所学校的任务。

**【学生扶困助学】** 2019年，莲都区发放中小学各类贫困生补助款261.60962万元，其中学生营养改善提升工程补助款216.58262万元，教育资助券0.252万元，家庭经济困难学生生活费补助款（一补）44.775万元，受惠贫困学生达4430人次；发放民族教育券补助款33.04万元，惠及少数民族学生2500人。

## 成人教育

**【概　况】** 2019年，全区有成人教育培训中心1所，区域中心成技校6所，开展各类培训班，参加培训11.5万人次。碧湖成技校创成省现代化成人学校。城东成技校的“文化养老服务项目”荣获浙江省“成教品牌”太平成技校的“枇杷标准化生产技术培训”荣获市“成教品牌”。

**【老年教育及扫盲工作】** 2019年，积极推进老年教育，参加社区教育各类培训学习的老年居民达3.68万人次，占莲都区60岁以上人口比重的50%以上。2019年，实际完成扫盲244人，达到年扫盲任务的110%以上，超额完成莲都区创建省教育现代化指标要求中文盲率控制在2%以内的目标任务。

## 民办教育

**【民办培训机构的审批和管理】** 执行“最多跑一次”标准，做到严格审批，热情服务。2019年，新审批民办培训机构 41家，处理投诉案件20多起，并对67家有证培训机构进行了年度考核，评选出优秀12家，良好20家，合格35家。

**【民办初中招生】** 结合市区实际，出台《丽水市区民办初中学校2019年招生工作实施办法》（莲教发〔2019〕79号），明确招生范围，规范招生报名，坚持免试入学，保障招生自主，核定招生人数，严肃招生纪律。2019年，花园中学电脑派位195人，自主招生210人；莲都外国语学校电脑派位25人，自主招生31人；文元中学电脑派位102人，自主招生103人；丽水市外国语学校电脑派位95人，自主招生100人。

## 办学条件

**【概　况】** 2019年，莲都区教育局多渠道筹措教育经费，增加教育投入，全年经费总投入117267万元，其中国家财政性教育经费89621万元、事业收入26555万元、其他收入616万元。安排基建项目、维修改造项目经费18086万元，中小学（幼儿园）设备费3000万元，支付免费教科书1845万元，支付学生安全放心车395万元。拨付教育教学质量奖640万元，名师名校长科研经费82万元，“美丽学校”创建经费783万元，民办中小学、幼儿园保安经费181万元，民办中小学公用经费855万元。2019年，安排师训经费275万元。全年农村生均公用经费标准提高至小学892元、初中1226元，高于省定标准。对农村小规模学校，学生数低于300人的，按300人计算公用经费，保障小规模学校的正常运转。同时寄宿制学校每生每年200元增加公用经费。公办幼儿园的生均公用经费提高至500元，小规模幼儿园，幼儿人数低于300人的，按300人计算公用经费。

2019年，终考核奖人均59000元，年终离休人员21000元、退休人员18000元的年终慰问金；安排教育教学质量奖640万元，支付名师名校长科研经费82.03万元，安排师训经费223.66万元。

莲都区教育局下属中小学校以及等级以上幼儿园学校食堂总数有103家，截至2019年年底建成阳光厨房103家，A、B等学校食堂总数93家。

**【教育项目建设】** 2019年，实施了教育建设项目投资17个（含企业投资1个），其中新建4个，续建2个，装修及维修改造项目10个，零星修理项目1项。全年完成政府项目建设投资约2.5亿元，新建校舍面积约55400平方米，维修改造校舍面积约32500平方米。

开工建设长岗背小学、碧湖

三小、巨溪小学扩建工程、接官亭幼儿园装修工程；完成了城中公寓幼儿园装修工程，并作为东方明珠幼儿园分园于2019年秋季顺利投入使用；东港小学和碧湖镇中心幼儿园迁建工程于2019年秋季顺利投入使用。完成黄村小学教学楼和宿舍楼、处州中学科技楼、机关幼儿园三胞园教学楼、太平小学教学楼、运动场、天宁中学教学楼厕所、莲都小学运动场、碧湖中学科技楼和男生宿舍楼、大港头幼儿园老教学楼等校舍的维修改造。完成了天宁中学体艺馆工程前期工作；启动新青林小学前期工作。完成了26所学校“空调进教室”的民生实事项目。《丽水市区基础教育布局专项规划（2013—2030）》于2019年1月经丽水市人民政府批准实施。

**【教育装备】** 积极完成省、市十大民生实事工程：“互联网+义务教育”被列入2019年省政府民生实事，莲都区共投资380万元，建设同步课堂教室29个，圆满完成省民生实事任务；完成市十大民生实事工程空调进教室项目，为全区中小学共配备空调1950台，中小学教室空调覆盖率达到80%。

完成省数字化转型试点网络学习空间“人人通”规模化应用试点工作。成立工作专班，制定考核细则，截至11月，空间开通率100%，1人获省优秀空间；在市教育资源公共服务平台优秀特色空间评比中荣获2个二等奖，2个三等奖；在“网络学习空间应用”优秀论文评比中，3篇荣获二等奖，7篇荣获三等奖，4个立项课题顺利结题并参与年度优秀课题评选，2个案例入选浙江省智慧教育典型案例。

推进教育装备建设工作。根据创建省教育基本现代化区，2019年莲都区共投入资金3000余万元用于改善学校的教育信息化设备，其中无线网线全覆盖资金120万元，网络光纤租赁费41.8万元，校园安全视频监控租赁经费110万元，精准教学网阅设备360万元，中小学更新计算机多媒体480万元，中小学幼儿园访客设备130万元，中小学幼儿园常规教学设备更新900万元。

## 师资队伍

**【概　况】** 2019年，莲都区有中小学专任教师2704人（含民办学校）；幼儿园专任教师986人。现有省特级教师6名，正高级教师2名，省教坛新秀11名，市级名师21名，市级学科带头人75名，区级学科带头人195名，市区级教坛新秀、德育新秀226人。

**【师德师风建设】** 2019年，根据《中共莲都区教育局党组莲都区教育局关于加强和改进师德师风建设的若干意见》，全面实施师德承诺制、师德评估制和师德帮教制，引导广大教师坚定理想信念，以“四有”好老师为标准，不断增强立德树人的责任感和使命感。进一步落实教师师德负面清单考核制度，出台《丽水市莲都区教师师德考核负面清单制度》，推动师德建设常态化长效化。

**【校长职级制改革】** 做好校长队伍建设，建立校长“流动能进能出，职务能上能下，待遇能高能低”的管理机制，促进校长专业发展，提高校长管理水平。引导校长坚定“教育家办学”的理想信念，打造一支政治过硬、品德高尚、业务精湛、治校有方的职业化、专业化校长队伍，为莲都区高水平全面建成小康社会提供智力支持和人才保障。2019年，评出特级校长1名，高级校长4名，中级校长31名，初级校长40名，待聘校长5名。

**【待聘教师储备库】** 2019年，待聘教师储备库政策实行满一年，该政策的施行既有效扭转了中小学幼儿园教师编制不足、代课教师素质参差不齐的局面，又培养出了一批有潜力的新教师。2018年，全区共聘用待聘教师228人，通过参加2019年公开招考，该批人中有21人考入了各机关事业单位，达9.2%。7月份，经过与公开招聘事业编制教师时一同招考，对待聘教师储备库进行了补充。根据各学科教师需求数量，2019年从待聘教师储备库中择优聘用了待聘教师266人，其中初中27人，小学108人，幼儿园131人。

**【校长教师交流】** 根据《莲都区关于进一步推进义务教育学校教师校长交流工作实施意见（暂行）》的文件精神，2019年全区教师校长交流163人，其中，校园长、校区负责人等组织调动36人，竞聘型交流（进城考试）48人，新教师留城锻炼期满三年下乡12人。

**【教师专业培养】** 2019年，莲都区教师进修学校全面实施教师专业发展培训制度，区域范围内教师累计年人均完成培训90.21学分；教师参加90学分以上的培训项目，符合分层分类要求的匹配率达到95.36%；教师90学分集中培训完成率20.58%；教师培训自主选课率62.14%；教师自主选课后实际参训率达到98.69%；教师规定培训完成率（国、省培）100%。各项考核指标都在省对区绩效考核指标优秀以上。

2019年，莲都区教师进修学校积极探索多元培训模式，开展分层分类培训，对标精准教学提升精致研修，3个校本研修课题在省里立项。以人为本，注重实效，切实加强对教师培训过程管理，并做好培训服务工作，收到良好的培训成效。2019年共举办干部项目13个班期，参训人数368人；师训项目47个班期，参训人数6158人，学员满意度评价为99.74%。

2019年，莲都区教师进修学校被评为丽水市师干训先进集体，并被市专家组推荐参加省师干训培训（2017—2018）先进集体评比，得到省先进复核领导小组高度评价。

**【教师聘任工作】** 2019年，招聘录用中小学教师46人，其中研究生学历3人，本科学历43人；招聘录用幼儿教师3人（其中男性幼儿教师1名）；公开选调小学教师7人，幼儿园教师2人；人才引进小学教师1人。新聘高级教师37人，一级教师83人。全区在聘高级教师472人，中级教师1269人，初级教师690人。

# 科学技术

## 科技管理与科技成果

【概 况】 2019年，区科技局行政编制6名，有在编人员6人，其中党组书记、局长1名，副局长2名，科室领导职数3名。区科技信息中心事业编制11名，实有8人，设主任1名，副主任2名。编外用工3名。区科技局内设机构“一室两科”，即办公室、综合科和计划科；下属1个全额拨款事业单位—区科技信息中心。

【指标完成情况】 2019年，全社会软投入约26亿元；全社会R&D经费支出约8亿元，占GDP比重可达2%；规上工业企业研发费用8.64亿元，规上工业新产品产值率 30.7%；高新技术产业增加值34.3亿元，同比增速9.1%，占工业增加值比重40.4%；完成企业技术研发费8.64亿元（市区数），同比增速57.6%。完成高新技术产业投资11.32亿元，同比增速12.2%；科技活动人员数达到 1560 人，技术市场实现交易额达到 9506万元，发明专利产业化项目3项；新增国家高新技术企业8家，新增省科技型中小企业19家。省级高成长科技型中小企业5家，省级农业科技企业5家，省级农业科技研发中心2家。以上各项科技指标均超额完成。科技进步目标责任制考核全市排名第3。

【科技投入】 2019年，财政预算科技支出10360万元，占当年财政经常性支出比例3.56%。由区科技局牵头安排的科技开发与研究经费1115万元。

**2019年科技资金投入和使用情况情况**

表6 （单位：万元）

| 年度 | 可用科技经费 | 实际支出经费 | 科技项目补助 | 政策兑付资金 |
|---|---|---|---|---|
| 2019 | 1115 | 839.24 | 110.5 | 728.74 |

【项目建设】 2019年，区本级科技项目立项情况：共安排区科技项目14项，补助经费113.5万元，其中：工业项目4项，社发项目10项。兑现2018年莲都区科技创新活动事后扶持项目77项，扶持金额585.888万元。全年完成发明专利产业化项目4项、技术合同交易4600万元。重大项目实施情况：2017年省科技厅26县绿色技术应用专项《基于常年TMR青秸秆—肉羊—有机肥生态循环关键技术研究与示范》于2019年8月9日通过省厅验收。2014年立项省科技惠民项目《丽水市城镇社区心脑血管病的综合防治》于2019年4月25日至26日顺利通过验收。

【科技特派员】 持续发挥省、市两级农业科技特派员主观能动性。开展产业和全域旅游，进行多层次的科技服务工作。2019年，实施科技项目11项，财政科技投入86万元。开展工业科技特派员工作。14名特派员在其专业研究下，提出7份建设、行业提升报告，为企业解决了21项技术问题，提供13场技术培训，申报25项专利和国家高新技术企业1家。

【科技合作与交流】 区科技局主动与浙江大学、之江实验室、浙江省农业科学研究院、宁波大学和浙江工业大学等高校院所合作，依靠科技、人才资源服务莲都高新技术产业发展。与丽水学院签订全面战略合作协议，共建丽水学院莲都区工业研究院，大力推进“13730”行动计划实施，2019年与其合作签约项目16个，项目总经费329.628万元。开展莲都—义乌山海协作，10月15日，莲都区科技局与义乌市科技局签订合作协议，共建丽水市莲都区义乌科技创新研究院，促进莲都区域经济发展和产业转型升级。助力剑阁县脱贫攻坚，在东西部扶贫协作工作中，莲都区输出技术2项：颅底病损切除术和皇菊栽培技术。

**【创新人才建设】** 成功举办2019丽水“人才·科技”峰会莲都分会，通过“绿谷精英550引才计划”，引进8名高层次人才入莲，加快科技成果产业化。

**【防震减灾】** 落实防震减灾知识宣传。通过“5·12”防震减灾日、科技活动周、知识产权周等活动多方位多角度开展防震减灾科普宣传。加强防范意识。组建莲都区抗震救援应急分队、蓝天救援莲都区抗震救援队等4支队伍，每年在学校、社区开展防震减灾逃生疏散应急演练。推动综合减灾示范社区建设。2019年，下拨3万元创建经费至紫金街道星湖社区用于综合减灾示范社区建设并成功评定为省级综合减灾示范社区。

**【创新体系建设】** 2019年，培育扶持各类创新载体62家，培育和扶持省级新产品10项、科技成果登记5项。2019年，创新券使用情况：向全区中小企业发放了总额达103.96万元的创新券，使用创新券69.87万元。启动莲都科创中心建设：委托浙江清华长三角研究院苏骏教授团队编制《浙西南科创中心规划—莲都区子规划》。初步拟订了莲都科创中心建设实施方案，提出“1+6+X”（“1”：实现一个目标，即打造莲都科技创新中心；“6”：发展六个平台，即科技创新服务综合体、农业高新技术产业示范区、万洋低碳智造小镇、康养小镇、古堰画乡文化创意产业园、丽水·莲都电子商务创业创新综合体；“X”：支撑科技创新中心建设的各类体系）的基本架构。2019年，首次备案省级星创天地1家。

（秦渝）

## 科技团体

**【科协全委会】** 2019年5月底，区科协召开莲都区科协第七届代表大会第二次全体委员大会，区委常委、组织部部长周显荣，市科协副主席洪中勇出席会议。会上传达学习全市“两山”发展大会及市科协工作会议精神，区科协代表大会作2018年工作报告，让与会代表更好地了解科协、走进科协。同时邀请专家为代表们开展了“浙西南革命精神”专题讲座。

**【干部能力提升培训】** 2019年12月16—19日，共有各乡镇（街道）科协主席、秘书长及“三长”代表61人参加2019年莲都区基层科协“三长”培训班。培训为进一步发挥好（卫生院院长、学校校长、农技站站长）“三长”等“关键人物”的作用，集中开展了“不忘初心 牢记使命”专题教育、十九届四中全会精神解读，共同关注科技创新、互联网大数据智慧城市，聚焦乡村振兴思考。同时安排学员赴宁波外出实训考察，不断激发“三长”们为莲都高质量绿色发展贡献力量的新动力。

**【科普阵地建设】** 完成特色科普阵地建设1家（鱼跃酿造），新建1家（处州蜂业），助力打造“科普+旅游”品牌。在全国科普日期间，组织广大市民、科技工作者代表、晚报小记者等100余人免费到丽水鱼跃、百兴菇业及丽水山耕等科普馆参加科普旅游体验。将科普讲座从课堂上搬到了科普教育基地，创新科普宣传方式，不断推进科普旅游和企业三产融合的新探索。

**【科普活动】** 5月20日，在纳爱斯健身广场举办了2019年“科技强国科普惠民”科技活动周大型科普宣传活动。莲都区副区长张玉洁、市科协副主席洪中勇、市科技局副局长吕璞琪等人参加活动，20余家纲要办成员单位，多家学（协）会以及市区科技企业和科技示范户代表参加了宣传及产品展示活动。2018年新成立的14家乡镇（街道）科协也带着自己最具科技含量的产品亮相本次活动；2019年邀请中国科学院老科学家科普报告“莲都行”讲座10场，开展区级各类科普宣讲团资源开展宣讲活动172场。关爱妇女儿童身心健康，与区妇联联合开展“科普进万家”活动31场。积极发挥各学协会、各基层科协“三长”力量，各乡镇街道科协开展各类专业培训和讲座74场。继续向区管科级以上领导干部、两代表一委员等人发送科普短信22万条。

**【2019年全国科普日浙江专场暨丽水莲都科普艺术节活动】** 2019年9月20日至9月22日，积极谋划承接2019年全国科普日浙江专场暨丽水莲都科普艺术节活动。活动以“建生态文明助乡村振兴”为主题，前后持续3天，现场集锦荟萃纷呈，用节目演出、互动体验、科普小达人评选等群众喜爱的方式，让公众与科学零距离接触。活动期间共有将近1万人次到现场、各大媒体撰写原创新闻60余篇，相关媒体新闻转载量过万，活动直播观看人次超540万，全媒体传播覆盖率破亿。此次活动是丽水县级科协截至2019年举行的最盛大的群众性公益科普活动，莲都区科协抓住契机、谋划靠前、紧密部署、精心准备，克服人员紧缺的现状，全员出动，体现了莲都科协人事不避难的担当和“小科协、大作为”的情怀。

**【“未来与生态”高质量绿色发展研讨会】** 9月22日，一场以“未来与生态”为主题的高质量绿色发展研讨会在莲都举行，美国国家人文与科学院院士、世界“绿色GDP之父”小约翰·柯布(John B. Cobb, Jr)带领他的团队，与中国专家学者就“高质量绿色发展”等话题展开对话。研讨会上，小约翰·柯布作了题为《生态文明呼唤有机共同体》的演讲。他认为，现代文明是不可持续的，这意味着它正在走向终结。人类的目标是过渡到一种真正可持续的新文明，并为其所有公民提供一种有吸引力的生活。这就是生态文明。小约翰·柯布认为莲都绝对走在一条正确的道路上。小约翰·柯布表示“长期以来人们一直深陷在经济发展和环境保护二元对立的深谷，而莲都在经济发展和环境保护之间走出了第三条路，即高质量的绿色发展之路、生态文明之路。多年来，在国际社会一直讲‘生态文明的希望在中国’，现在我要说，中国的生态文明希望在丽水莲都！你们为中国乃至全世界树立一个绿色发展的标杆。”上午，美国中美后现代发展研究院常务副院长王治河和中国(丽水)两山学院执行院长刘克勤还分别作了《美在高质量绿色发展和乡村振兴中的作用》和《两山之路：生态文明的丽水样本》的大会发言。在下午举行的“高质量绿色发展与生态文明”的学术沙龙上，美国环境科学家大卫·罗伯茨、美国圣塔莫尼卡市气候委员会主席杰姆·柯恩、美国华盛顿州沃特科姆县儿童走向乡野项目主任艾丽森·罗伯茨、美国纽约高瀑园中草药保护基金会主席简·吉伯里特、美国华盛顿州有机哲学研究中心主任凯文·克拉克等人分别作了精彩发言。

**【院士专家工作站实效提升】** 开展已建院士站工作。举办“未来与生态”小约翰·柯布院士2019年莲都“高质量绿色发展”论坛，美国国家人文与科学院院士、世界“绿色GDP之父”小约翰·柯布(John B. Cobb, Jr)第三次带领他的团队与中国专家学者到莲都开展对话交流，为莲都引入更多的生态发展理念，同时将莲都的生态文明样板经验向世界宣传，共同探索高质量绿色发展新路径。联合区农业农村局为中国工程院副院长邓秀新院士工作站种苗基地重新选址，为院士站尽快发挥作用做好基础服务工作。继续推进不知慢运动服饰院士站与西安姚穆院士团队开展院企合作，2019年成功研发了儿童内衣吸湿分离技术及面料。推进新院士专家工作站建设。2019年，新建院士专家工作站1家，总数共达5家，成功签约聘请中国工程院院士董石麟担任红点智能科技有限公司智慧城市项目首席技术顾问，并带领浙江大学科研团队进行项目研发。积极与润生苔藓、永通科技有限公司对接，为2020年建立新站做准备。申报创建“浙江院士之家”。区科协在市区人才办、市科协的指导下多次赴省科协、杭州萧山、金华义乌、台州仙居等地考察学习，同时召集市区多部门召开多场协调会和讨论会，共同探讨前期筹划工作，努力建设以莲都区为中心、整合市区资源、辐射服务全市的具有服务联络院士专家、承接开展合作交流活动、集聚院士专家高端人才、助力地方创新发展等功能的“院士之家”，为打造“浙西南科创中心”提供人才支撑。

**【培育农村科技示范户】** 2019年上半年，承办1批次农村实用技术培训并于7月16日至19日开展一期农村科技示范户能力提升培训，赴台州仙居、金华永康等地实地教学与参观，开拓示范户视野，增进莲都本地示范户之间的沟通合作，为培育更多的“土专家”“田秀才”打好基础。5月评选表彰2018年莲都区农村科技示范户18名，通过培育、扶持一批有影响力的科技示范基地和科技示范户，引导他们带领周边群众共同发展，打造产业品牌，实现共同致富。

**【科技工作者日慰问】** 在“5·30”全国科技工作者日前夕，区领导带队走访慰问了6位企业、教育、卫生科技工作者和农村科技示范户代表，了解各位科技工作者工作上、生活上的需求以及对我们工作的建议，带去了组织的关怀和期望。同时为合作的院士及团队联系人寄出节日鲜花和问候，共同庆贺科技工作者日。

**【参政议政】** 组织科技界代表人士积极参政议政，督促委员履职，献良策、施良计，发挥科技工作者参与民主政治建设和社会事务管理的作用。2019年，共提交提案21篇，其中重点提案4篇，《农村老年食堂办得好，更要管得好》被评为“优秀大会发言”。重视老科协工作，引导老科技工作者围绕全区重点工作、中心工作提供建言献策文章9篇，其中3篇获区主要领导批示。

**【青少年科技创新大赛】** 莲都区组织青少年参加省市各级青少年科技竞赛活动，参赛人数多年来名列全市前茅。在全区各中小学开展创科技创新型品牌学校活动，先后开展了“科普大篷车进校园”“老科学家校园行”“心理健康进校园”“青少年科技创新大赛”等校园主题科普活动，中小学生参与率高，促进了科学素质教育与基础教育相融合。2019年开展的全市青少年科技创新大赛上，莲都区获得一等奖项目5项，二等奖项目12项，三等奖项目13项的成绩。

（区科协）

## 社会科学

**【概　况】** 莲都区社科联按照“高举旗帜、围绕大局、服务人民、改革创新”的目标方向，切实履行“认识世界、传承文明、创新理论、服务社会”的职责使命，根据“做精社科研究、做大社科普及、做实社科管理”的总体要求，2019年7月26日，写作上报从2015年以来到2019年6月区社科联工作成效如下：协助办好丽水人文大讲堂。从每一期丽水人文大讲堂开讲，区社科联都会及时利用微信等各种通讯，给市区居民发送通知，协助做好做大做强丽水人文大讲堂这一“城市文化品牌”。把社科工作纳入年度考核工作。区社科联将社科工作纳入全区意识形态（精神文明建设）考核之中，细分量化为人文小讲堂上课数量、年度市区社科研究课题工作（申报、结题、获奖）、重视人文社科工作等三大项，具体确定每项工作的分值，让社科工作日常细化、考核量化。参与每年的社会科学普及周活动，给市区居民共计发放各种资料8000多份、书籍2000多册、赠送各种物资4000多份，为市民提供现场咨询5000多人次。在全区各单位、农村文化礼堂和社区开展莲都人文小讲堂4000多堂，在全区开展5次年度社科课题活动，收到各类社科文章450多篇。每年区社科联都把年度守科课题成果编印成册，送给区图书馆收藏和借阅。每当社科联领导工作岗位变动，区社科联就依据《丽水市莲都区社会科学界联合会章程》，通过召开理事会，及时选举更换领导，先后更换主席和一名兼职副主席、一个理事以及秘书长。根据《丽水市莲都区社会科学普及基地建设管理办法》，区社科联先后申报成功莲都区文化馆等省级社科普及基地1个，市级社科普及基地6个，公布4批区级社科普及基地12个。根据《丽水市莲都区社会科学界联合会学会管理办法》，区社科联先后批复同意成立莲都区国学经典教育研究所、莲都区公安警察协会等 2个社科联学会。2015年区社科联副主席任迎春编写的《两美莲都》这一社科普及读本，该书系丽水市第三辑社科知识普及丛书(共10册)之一，采用“百问百答”的形式，编辑图文并茂，内容富有地方特色，包括概况篇、发展篇、文化篇、建筑篇、美景篇、特产篇、社科篇等。2017年区社科联委托市委党校课题组，编写完成《处州莲文化》一书，该书系丽水市社科联处州农耕文化系列丛书之一。区社科联向市社科联上报37项社科成果，参加丽水市年度社会科学优秀成果申报评选，共有《千年港埠》、《莲都乡愁文化丛书》第一辑(6册)书籍等10项获得一、二、三等不同奖项。2018年区社科联为丽水学院6支乡村文化调研队，提供全额资金资助，完成碧湖镇(南山村)等 6个特色村“慈孝处州 耕读丽水”丽水文化资源大调查活动，形成一批研究成果，为更好地促进文化优势转化为发展优势、助推乡村文明和乡村振兴提供智力支持和文化条件。

2019年，区社科联被省社科联评为区级社科联测评优秀单位。

**【莲都区成立丽水市首个“社科之家”】** 为了顺应社科联群团改革发展趋势，建设社科普及阵地，拓展社科联服务的范围，使2019年3月26日下午，莲都区社科联在区图书馆创建丽水市首个“社科之家”。区委常委、宣传部长赵加慧参加此次活动。“莲都社科之家”主要有二个功能场所分别是：建设莲都地方人文社科资料中心，开设“莲城讲堂·莲都社科讲座”，专门邀请知名社科专家解读丽水本地的有关人文社科知识。全年“莲城讲堂·莲都社科讲座”共开设四堂讲座：3月26日《浙西南革命简史》，5月10日《青田石雕的发展与鉴赏》，8月28日《龙泉青瓷文化综述》，11月1日《谈谈丽水摄影节那些事儿》。

**【社科基地管理】** 2019年，区社科组织上报莲都区档案馆、鱼跃1919科普馆、丽水万象书院、大港头镇在水一方艺术村、莲都区图书馆、莲都区城区文化广播电视中心站等 6个单位，参加第九批浙江省社会科学普及基地申报命名工作。区社科联经过实地走访考察评审，发文公布岩泉街道丽阳社区文化家园、新陶村南乡革命纪念馆、丽新畲族乡乡贤馆等3个单位，为莲都区第四批社会科学普及基地。组织上报中共丽水县委旧址纪念馆和莲都区仙渡北乡革命历史纪念馆，这2个社科普及基地的红色活动情况，参加全省红色主题社科普及基地巡礼。丽水古堰画乡文化产业园区这个省级社科普及基地，以其“绿水青山就是金山银山”文创典范，成为浙江省2019年市县社科联骨干培训班第一个学员教学考察点，10月15日共接待150多名学员，其创建模式获好评。

**【开展年度社科课题工作】** 2019年，根据《“浙西南革命精神”弘扬践行活动总体方案》要求和市社科联工作安排，区社科联开展关于举办“弘扬浙西南革命精神· 谱写丽水新时代篇章”乡愁故事征集大赛活动，该项工作列入《2019年度莲都区意识形态(精神文明建设)考核实施细则》之中，作为2019年度社科研究课题考核依据。全年共收到83篇文章合计17.5万字。邀请全国知名作家秦俑、谷凡、江岸进行评审，全区共评审一等奖10名、二等奖20名、三等奖30名，并将所有获奖文章集结成册，赠送给区图书馆收藏和借阅。收集所有作品参加丽水市社科联举办的“弘扬浙西南革命精神·谱写丽水新时代篇章”乡愁故事征集大赛，获市级一等奖2名、二等奖1名、三等奖10名。全区共组织莲都区政协文史委《老竹记忆》等22项成果，参与申报丽水市第25次(2017—2018年度)社会科学优秀成果。组织全区《弘扬践行“浙西南革命精神”：厚植红色文化，做活“红绿”融合文章》等 7个课题，申报2019年度丽水市社会科学研究课题。其中有4个进入2019年度丽水市社会科学研究课题立项名单。区社科联副主席任迎春撰写《高举精神旗帜，谱写时代篇章》的理论文章，列为2019年学习贯彻市委四届六次全会精神专项课题。

【举行全区社科知识竞赛活动】为持续弘扬践行浙西南革命精神，推动“不忘初心，牢记使命”主题教育的深入开展，引导广大党员干部坚定理想信念，2019年11月，区社科联在“莲都发布”微信公众平台上，组织开展莲都区社科知识竞赛活动，共设置莲都区社科知识、“不忘初心，牢记使命”主题教育、浙西南革命精神等100道题目，系统随机选出20道题，全部答对者进入抽奖，每个微信账号只可参与一次答题。活动设置一等奖5个，二等奖125个，三等奖800个，共有2万多人次参与。

【社科信息宣传】执行省、市社科联信息报送制度，向浙江社科网、“浙江社科”微信公众号、“丽水社科发布”微信公众号、“莲都发布”微信公众号、“莲都宣传”微信公众号等媒体投稿，先后在各微信公众号上发布《快看！丽水首个“社科之家”落户莲都啦》《“莲城讲堂·莲都社科讲座”——这些奇妙的石头，你喜欢吗？》《浙江工商大学党委书记金一斌调研丽水地校合作》《全球唯一！社科讲座带你走进这件“人类非遗”》等信息。

（任迎春）

# 卫生·红十字会

## 卫　生

**【基层卫生工作】** 2019年全区基本公共卫生服务项目得分率达95.44%,其中最高乡镇(街道)为97.65%,最低为90.92%。完善档案质量,健康档案使用率不断提升,累计建立居民电子健康档案30.27万份,建档率80.55%,动态使用率达70.13 %;优化体检服务,老年人健康得到保障,老年人健康管理29087人,健康管理率60.89%,现场评价健康体检表完整率96.96%;不断巩固省级慢性病综合防控示范区成果,按照示范区工作要求,高标准推进慢病综合防治工作。全区高血压管理人数共3.2万人,其中规范管理2.1万人,规范管理率达67.87%,血压控制率为56.51%;糖尿病管理人数共8992人,其中规范管理6042人,规范管理率达67.19%,血糖控制率为48.95%;围绕母婴安全,积极打造生育保健全程服务链。着力完善妇幼健康服务体系建设、努力提升服务能力、优化服务质量管理,2019年莲都区全年活产3541人,新生儿访视3493人,率98.64%。0—6岁儿童26943人,健康管理26309人,率97.65%,系统管理26002人,系管率96.51%。产后访视3456人,产后访视率97.60%,早孕建册3395人,率95.88%,系统管理3355人,系管率94.75%,孕产妇死亡率为0;落实和巩固免疫规划工作,建证建卡率达到100%,常住及流动儿童五苗全程接种率维持在95%以上。积极推进消除麻疹行动计划,组织开展麻疹脊灰疫苗集中式查漏补种工作,接种率均达到95%以上。接种证查验工作有序开展,对辖区幼托机构和小学入托入学新生进行了查验,查验率达到100%;家庭医生签约服务持续推进,全区共有家庭医生签约团队116个,在签居民共计13.24万人,签约率35.20%,重点人群签约覆盖率72.41%。全年辖区内共报告突发公共卫生相关事件4起,处理学校聚集性疫情共25起。

**【疾病预防控制】** 莲都区疾病预防控制中心的正式挂牌,完善了莲都区公共卫生服务功能,进而提升了疾病预防控制水平,促进“健康莲都”的加快推进。2019年,莲都区共报告6起登革热输入性疫情,无本地病例报告发生;开展健康生活指导师队伍建设,培训健康生活指导师1433余名,培训考核后合格的发放证书1037人,覆盖全区14个乡镇街道的28个社区和208个行政村;加强心理服务人才队伍培训,组织开展各级社会心理服务工作人员培训5期133人次;建立了莲都区社会心理服务指导中心和14个社会心理服务站,成立了莲心社会心理服务志愿团,专兼职志愿者121人。截至2019年年底,在册患者数1786人,在管患者数1749,在册管理率97.93%;规范管理数1715,规范管理率96.02%;服药人数1574,服药率88.13%,规范服药人数1368,规范服药率76.6%;面访人数1591人,面访率89.08%;卫生应急指挥平台建设,接入丽水市卫生应急指挥系统,在区疾控中心和14个建制乡镇卫生院安装视联网视频会议系统,构建卫生应急预案体系,完成《莲都区突发公共卫生事件应急预案》等五个预案的修订工作，组织全区53名卫生应急队员开展学校传染病防控等应急培训及登革热应急处置演练；开展“万步有约”职业人群健康大赛，莲都区共有40支队伍566人参与，经过100天的活动莲都区荣获全国优秀健走示范区，示范区组织管理奖两个大奖。莲都区环卫局和莲都区财政局荣获全国优秀健走单位，万联队、莲都财政分队、绿谷卫士队获优秀团队奖；整雪红、周建军、陈晓峰获优秀领队奖；12人获团队传播信使奖，61人获万步先锋奖。

## 医疗保障

**【概　况】** 莲都区医保局于2019年1月正式挂牌成立，共有局机关科室2个，下属事业单位2个，共17名编制，其中，核定行政编制5名，划转区城乡居民社保中心参公事业编制5名，区人力社保信息中心事业编制7名，所有人员转隶工作已于2019年6月完成，所有业务职能的划转交接均已顺利完成，通过一年多的运行，莲都医保的各项职能工作已步入正轨，机构改革平稳有序过渡。全年城乡居民基本医疗保险人均筹资标准为1500元，其中参保人员个人缴纳400元，财政补助1100元，截至2019年12月，城乡居民基本医疗保险参保缴费人数286785人，参保率为99.16%。2019年，城乡居民基本医疗保险基金收入44304万元，支出43516万元，收支基本持平。

**【医保民生实事】** 做好慢性病医疗保障省政府民生实事工作，在省里规定的12种病种基础上增加6种慢性病纳入城乡居民门诊规定病种范围，市区范围内确定了200余家定点药店为慢性病定点结算单位，报销比例由50%提高到70%，同时，建立与配送企业的联系机制和外配处方平台，开展慢性病用药第三方配送服务。

**【医疗救助工作】** 落实医保领域扶贫工作，实行困难群众精准扶贫和动态管理，实现符合条件的困难群众资助参保率100%和医疗救助政策落实率100%。具有莲都区户籍的困难群众（低保人员、低保边缘户、特困供养人员、困境儿童、低收入农户），由区财政全额资助参保，合计资助参保金额586.6万元。不断提高医疗救助便捷性，全区所有定点医疗机构均开通医疗救助“一站式”结算。2019年，莲都区共支出医疗救助资金1662.35万元，惠及困难人员57147人次。

**【大病保障政策】** 大病保险筹资标准从原来40元提高到55元，加大保障待遇向贫困人员倾斜力度，2019年起，贫困人员大病保险起付线由2万元降低至1万元，大病保险支付比例由60%提高至65%，取消建档立卡贫困人口大病保险封顶线。政策调整后共增加补助金额146.43万元。

**【全市率先提高企业退休人员健康体检待遇】** 2019年，莲都区在全市率先将企业退休人员健康体检经费标准由200元/上调至400元/人，妇女病普查经费标准由100元/人上调至200元/人，相应的增加多项体检项目。同时，新增2家承检医疗机构（截至2019年共7家），首次把民营医疗机构纳入企业退休人员健康体检承检机构，形成竞争机制，促进健康体检工作良性发展，让企业退休人员得到更好的健康体检服务。

**【四位一体医保工作体系】** 明确“市—区—乡—村”四位一体医保服务监管工作体系，通过基层服务资源共享，经办信息系统下沉，医保服务窗口前移，在定点医药机构形成就医结算和医保办事的有效衔接，在农商行网点、乡镇（街道）便民服务中心、定点医药机构等服务场所实现医保便民事项的“一站式办理”。利用现有网格员资源，在所有村（社区）配备医保协理员，已组建一支871人的医保协理员队伍，基本实现“医保办事不出镇、代办咨询不出村”。

**【“最多跑一次”改革】** 推进医保领域“最多跑一次”改革，2019年7月起，医保“最多跑一次”事项100%实现“即时办”“网上办”“掌上办”。加快推进部门“最多跑一次”改革，医保、卫健、公安、助产机构等多部门联动，实现新生儿“出生一件事”（出生医学证明、户口登记、城乡医保参保、社会保障卡、预防接种证）一站式联办，全年共办理“出生一件事”200余件。不断优化参保征缴和刷卡结算流程，积极启用全省集中版城乡居民两费征缴软件，为参保人提供“实地、网上、掌上”等多元化缴费渠道。全面推进电子健康卡和电子医保卡“两卡融合、一网通办”，逐步取消医院自发实体就诊卡，解决医疗机构“多卡并存、互不通用”的问题。

**【医保服务水平】** 围绕全市创建“雷锋式”医保服务品牌工作要求，以行风建设为抓手，开展领导班子医保窗口坐班“大体验”活动，深入基层医药机构、便民服务中心“大调研”活动，开展“雷锋式”医保服务业务技能“大比武”活动，带动基层医保工作人员业务能力和服务水平提升。

**【医保基金运行管控】** 做好基金支付审核，完善支付政策，细化审核规则，形成完整的审核结算标准规范，加大医保支付环节费用审核力度，2019年，通过审核扣除不合理费用210.76万元。加强医保经办机构内控建设，做到分段把关、分人负责、相互制衡，实现全过程监管。

**【医药机构协议管理】** 2019年新增纳入协议管理医药机构3家，开展基层医疗机构监督检查140余人次。配合市局开展医疗保险定点零售药店专项检查，开展交叉检查6人次。

**【欺诈骗保专项整治行动】** 开展“打击欺诈骗保，维护基金安全”专题宣传月活动，市区联动开展打击欺诈骗保专项行动。2019共处理4起涉嫌骗取基金6000元以上案件，涉及金额73114.63元，已移交公安部门；处理举报案件1起，追回不符合医保报销金额20873.87元。

## 红十字会

**【概　况】** 莲都区红十字会于2008年7月经区编委批准设立，核定编制3名，规格相当于正科级。2010年1月，区委配备红十字会常务副会长，同年8月人员到位，区红十字会正式独立，并选址中山街613号区委党校2号楼4楼作为新的办公场地。2019年，区红十字会携手爱心单位、爱心人士和红十字志愿者做好“红十字博爱送温暖”帮扶项目，帮助困难对象走出困境，分享文明成果。据统计，2019年1—12月，共帮扶困难群众350人次，帮扶资金约127824元。参与东西部扶贫协作，向剑阁红十字会发放鞋、袜子、救护包等物资共计7.5万元，受惠人数558人。充分发挥红十字会在和谐校园建设中的积极作用，把红十字青少年工作与推动素质教育、培育和践行社会主义核心价值观紧密结合，开展形式多样、内容丰富的红十字青少年活动，红十字青少年活动“内拓外延”。

**【应急救护培训工作】** 在巩固应急救护知识“五进”（进机关、进社区、进农村、进企业、进学校）的成效基础上，不断探索“网络+实操”的培训模式，扩大普及率和受益面。开拓红十字应急救护培训工作新局面，提高应急救护知识和技能普及率，提升大众自救互救和防灾避险能力。进一步规范培训工作，继续推广“红十字急救掌上学堂”APP手机软件。开展安全教育体验式示范社区和示范学校创建活动，在AAAAA级古堰画乡风景区建立红十字救护站。坚持以“提质扩面”为原则，培养过硬师资队伍，保证培训质量，扩大宣传增强培训效果。以机关干部、教师为培训重点对象，全年举办公益性应急救护培训115期，初级救护员1138名，完成率占户籍人数2.8%，普及培训17151名，完成率占户籍人数4.2%。其中进机关公益培训52期，惠及18个部门单位3850余人，为机关干部在服务社会发挥表率上提供保障。走进全区28所中小学校，进行防溺水安全知识教育，惠及13152名师生，提高学生安全意识，在学习中掌握自救自护的能力。为促进莲都健康示范区建设，区卫健局联合区红十字会在全区14个乡镇街道陆续开展莲都区家庭教育员培训会，共完成初级救护员培训653名，活动使应急救护培训走进农村，宣传普及应急救护知识，增强群众防灾减灾观念和意识，提升应对突发事件的自救互救能力。

**【赈灾防灾救灾工作】** 2019年，区红十字会发挥职责、职能作用，继续做好日常防灾减灾宣传工作，增强人民群众防灾救灾意识。做好莲都区户外救援队伍和机械抢险救援队等应急志愿服务队伍人员的培训和演练，提升技能和服务水平。做好应对救援赈灾的准备。

**【大爱“三献”工作】** 2019年，区红十字会推进无偿献血和造血干细胞捐献、遗体器官捐献，1至11月，莲都区自愿无偿献血为4534人次，采血量1265升。在造血干细胞捐献方面，全年完成造血干细胞捐献新增采样入库37人份，新增遗体捐献报名登记志愿者4人，实现遗体捐献1人。

**【红十字志愿服务工作】** 不断提升服务群众能力和水平，通过组织志愿者参与“红十字博爱送温暖”、“大爱三献”、“5·8世界红十字日”、“6·14世界献血日”“12·5”国际志愿者日、“迷你马拉松”、创卫检测等活动，提升志愿者服务群众质量。表彰先进、树立典型，提升志愿者荣誉感。沈姐无偿献血造血干细胞志愿者协会获第六届“浙江慈善奖——志愿服务奖”；沈姐无偿献血造血干细胞志愿者协会和红十字会志愿者服务队分别获“最佳团队”，其中7人获莲都区“优秀志愿者”称号；6人获“四星志愿者”称号；4人获“五星志愿者”称号。

**【基层组织建设工作】** 夯实组织建设。对基层红十字、团体会员进行了资料更新，同时诚邀新的企事业单位责任人的加入。据统计，红十字会员新增84名，累计158名。组建红十字“博爱家园”。以佳和社区为试点，组建红十字“博爱家园”，以社区为本，立足于社区需求，充分发挥红十字会枢纽型组织的作用。

**【人道传播工作】** 2019年，区红十字会注重人道资源动员途径与效应，提高群众认知度。在做好日常红十字知识、《中华人民共和国红十字法》、业务知识传播同时，红十字人道传播实现“电视有画面、电台有声音、报纸有文字、街道有标语、网络有信息”的全方位、立体式的宣传报道。利用“5·8”世界红十字日、“世界献血日”等重大活动，通过现场咨询、发放资料、展板宣传等形式，对公众开展造干宣传。全年在新闻媒体、网站刊登(播、载)各类宣传信息14余篇，其中省级4篇、丽水市级2篇、莲都区8篇，取得较好的宣传效果。

**【示范创建工作】** 2019年，区红十字会主要领导抽调拆迁工作，大家克服人员少的实际困难，接受“五水共治”、“六边三化三美”、文明创建等区委区政府的中心工作任务，涉及峰源、丽新等乡镇保洁、巡查宣传工作。

# 社会生活

## 民政工作

【概 况】 2019年，全区民政工作积极践行“民政为民、民政爱民”理念，开展“不忘初心、牢记使命”主题教育，完成下属6个支部的换届选举工作，配足基层党建工作力量。推进政务公开，依托政府信息公开网，宣传栏等平台，累计公开本单位重大决策、重要人事任免、财务预决算等相关信息355条。办理建议提案，全年办结12件，被区人大常委会评为2019年度区人大代表建议承办工作先进单位。深入推进最多跑一次改革，推动婚育户、殡葬、救助领域“一件事”联办，对新认领的社会事务科、养老科、一件事联办类事项进行维护上线。加快推进项目建设，区级老年服务中心进入装修阶段，桑垵安置公墓三期项目完成初步设计审批。

【重大节日走访慰问困难群众】 2019年春节期间，莲都区民政局以特困、低保、优抚、重残、重病等困难对象为重点，与慈善慰问和部门、乡镇（街道）开展的救助行动相结合，开展困难群众、优抚对象慰问和救助工作。共慰问部队、敬老院等单位8家，困难群众119户，优抚对象1228人，累计发放慰问金108万元，发放米、油、被等慰问品价值5.7万元。对因灾、因病等原因致困人员开展临时救助，春节期间共救助269人，发放救助金67.93万元。“福彩暖万家”系列公益活动分四个主题，共资助困难对象240人，资助金额72万元。

【低保救助】 对全区低保对象开展自查自纠专项治理。2019年共审批低保对象735户1155人，低保边缘对象301户514人，取消低保对象1893户2837人，低保边缘对象4546户6394人。截至年底，全区共有在册最低生活保障对象7300户10278人，最低生活保障边缘对象2823户3929人，累计发放低保金5129万元，低保补差从2018年的382元/人提高到478.5元/人。

【特困供养】 2019年，全区共有在册特困供养对象484人（其中集中供养对象140人，分散供养对象344人），全年共计发放特困供养金和护理补贴756.52万元。与社会第三方评估机构“丽水市养老服务中心”合作，对全区在册特困供养对象进行了护理等级评估，共评估出全护理对象21人，半护理对象36人，及时予以发放护理补贴。

【“救急难”临时救助】 2019年，根据《莲都区“救急难”工作实施意见》要求，实行救助关口前移，“急难”救助1000元以下的委托乡镇（街道）实施，全区共救助各类困难群众3152人，发放救助金368.28万元，切实发挥托底线、保基本、救急难的重要作用。

【支宁人员补助】 根据丽民〔2019〕52号文件支宁返丽人员固定生活补助从2019年8月1日起，由每人每月265元提高到292元。截至2019年12月，对68名支宁返丽人员共发放补助金25.85万元。

【精减、二老人员定期补助】 2019年1月1日起，享受定期生活补助的精减退职老职工生活困难补助每人每月从1450元提高到1530元，40%精减退职老职工生活困难补助每人每月从1620元提高到1710元；遗属生活困难生活补助费标准由每人每月1210元调整为1275元；全年对63名精减退职人员和遗属共发放补助金118.21万元；对24名二老人员按月及时发放困难生活定期补助，全年共发放补助金22.05万元。

**【社区建设】** 出台《关于进一步加强专职社区工作者队伍建设的实施意见》，全面落实社工“三岗十八级”的薪酬保障，全区社工收入按丽水市上一年度全社会单位就业人员年平均工资的120%计算。制定《莲都区社区优化调整规划方案（2019—2021）》，北苑路、东银苑两个社区的服务用房问题得到解决，达到省定标准350平方米以上。96345市民服务中心全年累计接到市民求助电话17.4万个，日均477个，回访满意率99.9%，96345党员志愿服务中心开始运行。完成岩泉街道余岭社区服务中心、秋塘社区服务中心，两个农村社区服务中心的提升改造工程。

**【基层治理】** 推广“黄泥墩经验”，2019年全区累计177个村实施阳光票决制，推广率85%，完成票决事项567项。启动莲都区党建引领·阳光票决管理系统。这一全新的自治、法治、德治相融合的基层治理方式，在2019年11月被写入省委十四届六次全会审议通过的《中共浙江省委关于认真学习贯彻党的十九届四中全会精神高水平推进省域治理现代化的决定》。根据省委基层减负及“不忘初心、牢记使命”主题教育工作要求，对村（社区）机构牌子和上墙制度进行清理。

**【社会组织管理】** 2019年社会团体新增44家，注销6家，民办非企业单位新增10家，注销5家。全区注册登记的全区性社会团体172家，其中行业性社团16家，专业性社团80家，学术性社团17家，联合性社团59家；区本级民办非企业单位198家，其中教育类96家，卫生类7家，科研类9家，劳动类23家，民政类63家。89家社会团体和115家民办非企业单位参加年度检查。开展2019年度社会组织等级评估工作，评定1-3A等级的社会组织7家，其中3A级2家，2A级2家，1A级3家。组织2019年莲都区社会组织公益项目大赛。支持慈善公益类社会组织参与社会服务活动，8家社会组织公益项目获得28万元的省级福彩公益金扶持。

**【婚姻与收养管理】** 2019年办理登记结婚3460对，离婚2393对，补发结婚证693本，补发离婚登记证154本，依法办理合格率达100%。完成2015年1月1日至2018年11月30日期间登记的2万多份纸质档案的数字化工作，如期完成婚育户一件事联办工作，实现联办精简材料50%以上，减少办理时间50%以上。共办理收养登记6件，其中社会福利机构抚养的弃婴（儿童）5件，三代以内血亲1件，解除收养关系1件。

**【儿童福利】** 2019年，有区本级福利院1家，养育孤弃儿童36名，由市万地儿童福利院代养27名，莲都区在册留守儿童1144名，孤困儿童225名，全年发放生活费190万元。建立儿童之家这一有形平台，是为广大留守、困境儿童及其家庭解决实际困难，提供多元帮助的有效载体，充分利用现有各类设施资源，因地制宜建好、管好、用好儿童之家，为留守儿童提供一个安全、舒适地可供学习、交流、活动的平台。到年底，全区建成儿童之家10个。

**【养老服务】** 2019年，全区60岁以上老年人口达8.3万人，约占总人口数的20%，已处于老龄化社会。市区共有养老机构14家，床位数3196张，每千名老年人拥有社会养老床位数为60张，其中机构护理型床位占比为58%。累计建成照料中心234个，实现城乡社区照料中心全覆盖。全年建成乡镇街道居家养老服务中心9个，覆盖率为64%。

## 退役军人事务工作

**【概　况】** 莲都区退役军人事务局自挂牌成立以来，在区委、区政府的正确领导下，坚持边组建机构，边推进业务，边落实当前任务，边谋划长远发展，坚决贯彻党和国家决策部署，提高政治站位，增强“四个意识”，落实主体责任，做好退役军人工作，维护了退役军人合法权益，为全市经济社会平稳发展奠定了基础。将业务工作与“不忘初心、牢记使命”主题教育相结合，发现问题，解决问题，打通服务保障的难点、痛点、堵点，提升退役军人服务管理工作水平，将习近平总书记对退役军人工作的重要论述融入实际的工作当中。各项工作稳步开展。

【退役军人服务保障体系建设】 区委、区政府主要领导及分管领导多次专题听取全国双拥模范城创建、退役军人事务、退役军人服务保障体系建设等工作汇报，研究协调退役军人服务站建设相关事宜，就相关工作进行部署。经费保障方面，安排双拥工作经费80.73万元，慰问驻莲部队经费20.86万元，退役军人服务保障工作经费34.62万元。场地建设方面，全区14个乡镇(街道)均成立了退役军人服务站并挂牌，依托村(社区)便民服务中心，建立退役军人服务站。人员配备方面，区退役军人服务中心到岗2人，其余3人进行选聘和招聘。乡镇(街道)服务站虽无专职人员，但有指定专人兼职负责。工作开展方面，举办全区退役军人系统业务培训班，组织乡镇服务站工作人员开展业务培训，提升工作人员业务水平和服务能力；召开全区退役军人服务体系建设现场会，以岩泉街道、大港头镇、老竹镇、丽阳社区、丽华村、利山村、新屋村为乡镇(街道)、村(社区)两级退役军人服务站试点，进行示范型服务站创建，推动各级服务站建设向纵深发展。

【部分退役士兵社保接续工作】 按照不漏一人的要求，对符合条件的X名退役士兵，通过社保系统、安置单位、父母信息、同年战友、快递信息等方式，将人全部通知到位。共接收补缴申请X人，全部录入系统，进行全区部分退役士兵社会保险接续对象审查、认定、申报工作。

【安置优抚工作】 优待抚恤。全区信息采集X人，悬挂光荣牌11344块。为所有优抚对象建立和完善了电子档案。发放各类优抚对象抚恤补助金、医疗门诊补助金、“一站式”住院医疗补助金及病故丧葬费达1496.09万元。及时完成优抚对象的抚恤补助提标工作，并发放到位。走访慰问。走访中华人民共和国成立前参军老兵，制作回忆录，受到退役老兵的一致好评；结合主题教育，颁送“庆祝中华人民共和国成立70周年”纪念章39枚、看望住院的烈士遗属并送上慰问金，给患癌症和家庭极度困难的退伍军人发放临时困难补助共计17.6万元。烈士褒扬。在9月30日烈士纪念日之前，对辖区内的烈士陵园等烈士纪念设施进行了专项检查，对破损的设施及时进行了维护，确保公祭日活动圆满完成。军休工作。完成军休所办公场所修缮工程，落实军休干部两个待遇。就业安置。共接收2019年退役士兵X人，秋季X人，冬季X人，其中符合政府安排工作条件X人。X名转业士官和X名转业军官安置在莲都区机关事业单位和国企，现已全部安置完毕。9月20日召开退役士兵专场招聘会，现场达成就业意向X人次。事业单位公开招录退役士兵X人，推荐就业X人，职业技能培训X人，共发放培训补助38.1万元。授牌退役军人就业示范基地3家(丽森物业有限公司、联和保安服务有限公司、众信保安服务有限公司)，就业创业孵化基地1家(兴鑫户外拓展培训有限公司)，技能培训基地3家(丽水公安汽校、丽汽集团汽车技校、大地汽车驾校)。有序推进职业技能教育培训工作，加强高职、中职教育培训，帮助退役军人改善知识结构、提升竞争力，为稳定就业打牢基础。

【全国双拥模范城创建工作】 按照全国双拥模范城创建标准和莲都区创建实施方案要求，统筹抓好服务保障体系建设、优抚安置政策落实、台账资料收集整理、创建氛围营造等各项工作落实。截至2019年，已完成54个相关单位台账收集和整理。制定了创建全国双拥模范城创建宣传标语展示方案。结合全国文明城市创建复评迎检，加强创建宣传，营造人人知晓创建、人人参与创建的浓厚氛围。

**【思想政治宣传工作】** 开展“老兵风采”“寻找丽水麦香”“世界莲都杰出人物”评选活动。推选出“老兵风采”及“寻找丽水麦香”人物各1名，并在丽水日报等媒体上对其事迹进行了宣传。开展全区“最美退役军人”“最美军属”“拥军模范”评选活动。号召全区退役军人深入一线参加“新冠肺炎”防控战，共有X名退役军人参加防疫工作，在丽水日报、浙江在线、莲都发布以及省、市退役军人公众号等媒体上发布退役军人参与抗疫先进事迹10余篇。对新中国成立前参军老兵、抗美援朝老兵进行走访，编印《莲都铁血军魂》。走访抗美援朝老兵，共X人，期将对收集的信息进行分类存档并制作成册。对1953年后的退役军人档案进行信息化整理。

## 移民工作

**【概　况】** 2019年，莲都区实有紧水滩水库、石塘水库、滩坑水库等30座大中型水库移民11143人，占全区总人口的2.4%，涉及14个乡镇、街道183个行政村（居委）。全区还有小型水库43座，移民688人，涉及10个乡镇、街道183个行政村（居委）。全区移民人均可支配收入28155元，比2018年增长20%。做好移民安置遗留问题处理工作，全年共接待移民来访15批19人次，处理移民来信2批2人次，比2018年有所减少。

**【移民信访维稳】** 2019年区移民工作中心共接待来信来访移民群众17批21人次，另按期办结了省、市移民办、市、区信访局转来信访件5起，共排查出不稳定因素2项，按轻重缓急，逐个指定解决方案并落实维稳措施，确保全国“两会”、亚洲文明对话大会、中华人民共和国成立70周年大庆、十九届四中全会等重大政治活动期间移民群体稳定，没有发生赴省进京上访事件。

**【移民遗留积案处理】** 2019年解决历年信访遗留积案3起，其中联城街道金周村滩坑移民4户9人未落实宅基地信访积案为省信访局督办积案，经区移民工作中心与联城街道办事处等单位的多次协调，于2019年7月成功化解该起信访积案。

**【移民项目工作】** 在实地调研，综合研判各移民村（居）申报的后期扶持项目的基础上，编制2019年度大中型水库移民后期扶持结余资金、2019年度小型水库移民扶持资金项目及后扶资金的项目计划。2019年，分4批共计划安排移民项目20个，计划补助移民资金1271.03万元，其中45万元以上大项目6个，占项目总数的30%。全年编排改善生产环境、提振村集体经济项目11个共1007.03万元。

**【直补人口年度复核工作】** 2018年度核减直补人口103人，2017年度后扶直补新增人口1人。年度复核后，2019年度全区共有大中型水库后期扶持移民11143人（包括各乡镇街道上报的失联暂缓发放人员74人），其中直补到人10226人，扶持到村917人。全年共发放直补资金610.23万元。

**【移民创业贷款贴息】** 区移民工作中心把大中型水库移民创业贷款贴息工作作为移民增收的有力抓手，推动移民发展生产、创业致富。2019年，累计发放贴息85.99万元，受益239户次。通过将水库移民贴息贷款工作与农业产业结构调整、促农增收工作有机结合，做到责任落实、规范操作、项目到户、资金到户、服务到户，发挥移民贴息贷款的作用和效益，帮助移民群众创业致富，提高生产生活水平。

（吴奕欣）

## 残疾人事业

**【概　况】** 2019年，全区有各类持证残疾人11739人，莲都区残联充分履行“代表、服务、管理”残疾人的职能，以莲都作为落实“丽水之干”担纲“丽水之赞”多措并举推动工作有效开展，先后实施“四项补贴”、危房改造、精准康复服务、无障碍“四进”、“残疾人之家”等政策，全力推进“最多跑一次”改革，残疾人社会保障体系和服务体系日臻完善，残疾人的生存和发展状况得到了明显改善,全面完成了各项工作任务指标,年度考核列全市残联系统第一名。

**【残疾人社会保障】** 全面实施四项补贴制度,为符合条件的残疾人发放生活补贴4697人,发放护理补贴5107人,每月补贴额超过210万元,应补尽补;为492名个体就业和灵活就业残疾人缴纳职工基本养老保险补助共113.6万元;为2042名残疾人缴纳城乡居民基本养老保险共20.42万元,为10015名残疾人缴纳城乡居民基本医疗保险共400.6万元;意外伤害险和大病保险两个商业险种覆盖全部持证残疾人共105.67万元,为14家残疾人之家参保机构综合责任险。2019年,莲都区残疾人各商业险理赔总人数为328人,理赔金额达100余万元。

**【残疾人康复工程】** 2019年以各种形式惠及2000余名残疾人进行各类康复。全面实施残疾儿童康复服务与补贴制度。对发育滞后、发育障碍的儿童和身体条件需要缓学超龄(6—8周岁)的儿童,及时落实康复服务和补贴,全面完成儿童康复服务109人。全区2000余名有康复适应指征的贫困残疾人得到免费康复,开展辅具远程适配评估试点工作,完成助行助明助听工程640例,对154户贫困残疾人家庭实施无障碍改造共计52.86万元。全面落实精神残疾人免费服用基本药物政策,配合莲都区精卫办做好“平安县预防处置精神障碍患者肇事肇祸和严重精神障碍患者救治救助工作”。全区已有1023名持证精神残疾人享受门诊免费服药政策,年度补贴金额达76.8万元。推进基层责任医生与残疾人签约服务工作。开展浙江省残疾人社区精准康复服务试点工作,制定《莲都区残疾人社区精准康复服务试点工作实施方案(试行)》,重点将残疾儿童、精神残疾和“三瘫一截”等成年重度残疾人纳入基层责任医生签约服务对象,落实保障措施,重点人群签约率达到90%。

**【残疾人扶持救助】** 鼓励残疾人从事种养业或加工业,给予创业初期有困难的残疾人资金扶持。2019年度扶持种养户29户,扶持资金5.8万元,基地扶持3个,扶持资金4.5万元。对从事个体经营的19名残疾人进行一次性的资金补助共3.8万元,对15名残疾人贷款开展生产或种养业进行贴息共16.5万元。开展临时生活困难救助,全年慰问残疾人500余人次,慰问金额共25万元。

**【残疾人教育就业】** 贯彻执行新的《残疾人就业保障金征收使用管理办法》,严格审核用人单位残疾人就业情况,配合地税部门做好残疾人就业保障金减免工作,2019年地税共征收残保金1530.7万元。拓展残疾人就业平台。全区新增按比例就业27人,新增集中就业25人,其他类型新增就业76人,均超额完成年度任务。11家庇护机构共406名残疾人得到就业安置。开展残疾人职业技能培训。全年职业技能培训224人,共开展电子商务、蔬菜种植、水果种植、美容化妆、来料加工等培训5期,召开残疾人专场招聘会1场。办好培智学校,普及适龄残疾儿童少年义务教育。每学年发放补助,帮助贫困残疾学生和贫困残疾人家庭子女完成各类学历教育,残疾学生和残疾人家庭子女助学共229人,助金额共61.1万元。

**【残疾人文体宣传工作】** 组织开展残疾人节日活动,5月助残月,发动残工委成员单位了进行形式多样的助残活动。12月国际残疾人日,各乡镇(街道)举办多场庆祝活动。残疾人五大协会在各自的节日组织了本类别残疾人的活动。全年举办6场大型文艺演出。残疾人体育成绩显著。蔡余庆燕在全国第十届残运会上获得两枚皮划艇200米、500米金牌。市、区残联在纳爱斯广场举办第29个全国助残日庆祝活动暨残疾人趣味运动会。继续巩固深化莲都区残联“厚德讲堂”品牌。以红色文化串联起全年的讲堂,从弘扬践行浙西南革命精神的聋哑人读书会、“牵着蜗牛去散步”智力、精神残疾人的红色之旅、到“悟初心记使命跟党走”的肢残人活动、纪念新中国成立70周年为主题的盲人活动以及针对残疾人专职委员的重要精神学习和写作知识讲座，为各类别残疾人注入自立自强、感恩社会的源动力。全年共举办五场，参与的残疾人近300人。宣传残疾人事业，2015年起，开通电视手语新闻节目，内容为电视台的《莲都新闻·每周重点关注》。在丽水新闻综合频率FM94每周三次播出《残疾人之声》，宣传残疾人事业。重视政务信息、新闻报道工作，在各级各类媒体上刊登莲都区残联各类工作信息200余篇次，浙江卫视中国蓝新闻多次报道我区残疾人工作信息。

**【残疾人基础设施建设】** 残疾人综合服务中心于2018年5月启用。整个服务中心布局为：一楼设办证窗口；二楼为康复指导中心，设有残疾人康复训练室、听力视力测试室、希望之家生活重建区和休息室；三楼为教就业务中心，设有残疾人培训教室、残疾人就业登记和就业辅导室、协会办公室和书画创作室；四楼设残疾人辅具展厅和残疾人事业成就展厅，四楼局部和五楼为办公室，六楼为多功能厅。

**【残疾人组织建设和权益维护】** 残联组织改革有序推进，即将出台实施区残联改革方案。推动落实《关于加强乡镇（街道）、村（社区）残疾人工作者队伍建设意见》。组织全区残联系统干部进行综合素质提升培训，提高工作水平。发挥残疾人专门协会的桥梁纽带作用，组织开展各类有益残疾人身心健康的活动。“最多跑一次”改革不断提速，探索网上办、上门办，并尽量减少材料、压缩时间。残疾证申请可通过中残联残疾人证系统进行注册、办证申请，完成资料上传并实时查看办件流程。每月集中评残由原来的一次增加为两次，智力、精神类残疾可以随到随评。梳理涉残事项共14项在平台公开，其中跑0次事项14项，实现率100%。11月起，扶残助残一件事等事项可以在“浙里办”系统申请办理。

（谭洁平）

## 民族工作

**【概　况】** 丽水市莲都区是浙江省民族工作重点县（市、区）之一，有汉族和畲族、蒙古族、回族、藏族、维吾尔族、苗族、彝族、壮族、布依族、朝鲜族、满族、侗族、瑶族、白族、土家族、哈尼族、哈萨克族、傣族、黎族、傈僳族、佤族、高山族、拉祜族、水族、东乡族、纳西族、景颇族、土族、达斡尔族、仫佬族、羌族、布朗族、毛南族、仡佬族、普米族、塔吉克族、俄罗斯族、京族等39个民族。2019年年底，全区少数民族人口27839人（含南明山街道4341人）。其中畲族全市第一位有2.56万人，人口绝对数列全省第二位。辖区内有老竹、丽新两个畲族乡镇，少数民族人口在1000人以上的乡镇（街道）10个，分别是岩泉街道、紫金街道、白云街道、万象街道、联城街道、碧湖镇、大港头镇、老竹畲族镇、丽新畲族乡、南明山街道（水阁街道和富岭街道合并，由丽水市经济开发区管辖）。

**【少数民族经济、文化发展】** “内部提升+外部帮扶”，少数民族经济社会发展更加强劲有力。2019年，全区少数民族农村居民人均可支配收入达到26703元，同比增长10.9%。2019年，共争取并下达各级民族发展资金932万元，其中中央资金182万元，省级资金150万元，市级资金100万元，区级资金100万元，民族乡镇转移支付资金400万元。在岩泉街道凉塘村成功举办莲都区第十五届畲族“三月三”文化节，开展了畲族凤凰旗袍秀、畲族祭祖仪式、文艺晚会、山歌对唱等系列活动。以传统的畲族礼仪迎接四方来客，弘扬民族文化，增进民族团结，以动人的畲乡旋律喜迎八方宾朋，展现最美莲都形象，助推民族乡村振兴，同时也为伟大祖国70周年华诞献上贺礼。莲都区编排和选送的《畲竹情》舞蹈获得全省优秀作品奖，并在全市参加展演。组织区畲研会编排畲族山歌节目参加全市首届畲族原生态山歌大赛，取得2个金奖和1个银奖的佳绩。3月26日下午，国家民委副主任刘慧一行到大港头镇利山村、古堰画乡等地调研，省委统战部副部长、民宗委主任楼炳文，市委书记胡海峰，市委常委、区委书记杜兴林等陪同调研。

【少数民族乡村振兴工作】 扎实推进少数民族特色村寨建设。整合农业农村等项目资金资源，先后投入650余万元，对丽新乡咸宜村占湾自然村进行特色畲寨建设，已初具规模。经申报评比，老竹镇沙溪村成功入选第二批“浙江省少数民族十佳特色村寨培育名录”，丽新乡咸宜村为第二批“浙江省少数民族十佳特色村寨培育名录”提名村。同时，经层层筛选，丽新乡咸宜村入选第三批“中国少数民族特色村寨”。8月12日，印发《莲都区民族乡村振兴行动推进工作机制》，进一步推进莲都区民族乡村振兴工作，明确工作职责，形成工作合力，确保民族乡村振兴各项指标任务有效落实，实现民族乡村与全区同步建成高水平小康社会。认真做好嘉兴市委统战部到老竹镇赤坑村、榴溪村和联城街道下林村结对帮扶的协调服务工作，推动帮扶项目落地6个，落实资金280万元。深入开展了少数民族困难群众帮扶慰问工作，共走访慰问少数民族困难群众90户，慰问金9万元，持续开展联合统一战线各界走访帮扶少数民族村等系列工作，实现少数民族村结对帮扶全覆盖，建立了民族地区协同发展的长效帮扶机制。积极构建党委统一领导、统战部门牵头协调、有关部门和人民团体各负其责、社会各界广泛参与的工作格局。

【民族团结进步创建活动】 “红+绿+畲”，民族团结进步创建活动更加富有成效。2019年，深入推进民族团结进步宣传教育进社区(村)、进乡镇(街道)、进学校、进宗教活动场所等系列活动，弘扬和传承畲族优秀传统文化，传递民族团结意识，打造“六进”样板。开展城市民族团结进步社区创建。指导社区结合自身特点，把加强管理、改进服务和防恐维稳紧密结合，不断提升城市民族工作规范化、精细化、法治化水平，及时妥善处理好有关民族的突发性事件，维护少数民族群众合法权益，使少数民族群众进得来、融得进、过得好。3月16日，区畲族文化研究会开展“弘扬践行浙西南革命精神·助推莲都民族乡村振兴”主题学习会，充分发挥畲族文化示范引领作用，将畲族“忠勇”文化与浙西南红色文化相结合，不断助推莲都畲族乡村振兴。6月15日，由区委统战部(民宗局)报送的《彩带飘歌迎国庆》，作为原生态畲族山歌第一次参加国家级大型畲族音乐盛会的首秀，在浙江音乐学院音乐厅精彩绽放。莲都畲族民歌《彩带献北京》音乐电视片献礼新中国成立70周年。此音乐电视片由莲都区委统战部、老竹畲族镇联合浙江电视台影视娱乐频道倾力打造，由莲都籍畲族歌手兰兰用畲语倾情演绎，在老竹畲族镇、丽新畲族乡、古堰画乡、东西岩等地取景拍摄，并于9月22日、9月30日至10月7日、10月5日分别亮相世界丽水人大会莲都分会场、浙江影视娱乐频道、学习强国平台。

(吴媚)

## 老龄工作

【概　况】2019年，全区60周岁以上老年人口84482人，占总人口20.25%。其中90岁以上长寿老人1983人，百岁老人38人。为全区149561名80周岁以上老人进行参保工作，老年朋友发生意外将获得2000—50000元不等的赔偿,截至年底走招投标程序。全年完成31位老年人意外伤害的理赔，理赔金额6.5万元。开展“温暖重阳”走访慰问老年人活动，对全区93名百岁老人和高龄困难老人进行走访慰问，发放慰问金9.3万元。完成90岁、100岁高龄老人一次性奖励金发放工作，共计发放10万元。

【老服务平台建设工作】 完成第三届“敬老文明号”创建活动，做好对创建单位的日常联络、指导服务和跟踪管理，下拨创建活动工作经费1.1万元。按照“住址相邻、性格相近、爱好相似”等有利因素，组织低龄健康老人与长寿、高龄空巢、重残、失能老人结成帮扶对子，开展互助活动。

【医养结合工作】 指导各基层医疗卫生机构与所在地政府签订《基层医疗机构与日间照料中心服务协议》，与各养老机构签订《基层医疗机构与敬老院医疗服务协议》，建立24小时服务热线和绿色转诊通道，定期开展上门诊疗和康复服务。23家基层医疗机构已实现居家老年人健康管理服务全覆盖。由家庭医生服务团队为辖区老年人建立健康档案，每年开展1次健康体检，并根据体检结果进行健康评估，实施分级分类健康管理。莲都区人民医院设立老年病门诊和老年病区，老年病区作为市级重点学科，至年底，开放老年护理床位28张。莲都区共有医养结合机构5家，分别是丽水市九和老年公寓、丽水市金苑社区金晖养老照护中心、丽水市唯康怡福家园、丽水市佰人颐养院、丽水市颐宁养护院。截至2020年第一季度，5家医养结合机构共有医疗床位674张，养老床位602张，医疗服务人员84人，养老服务人员86人，在院老人596人，失能半失能老人144人。

**【老年教育建设工作】** 2019年，全区共有124个集中收视教学班，在册学员6256人次，占老年人总数的7.4%。老年电大规范管理，严格遵守民办非企业财务、年检规章制度，完成相关税务登记工作，单位法人年度报告。同时开展送课送辅导下乡活动，鼓励各教学点成立各类兴趣班和文艺团队，并做好与老体协、文化馆、成人教育中心等的通力协作，丰富第二、第三课堂教学活动。莲都区老年电视大学被评为第四批市级老年电视大学示范教学点和先进教学点。全年下拨各老年电大教学点建设补助经费10.5万元。

## 关心下一代工作

**【概　况】** 莲都区关工委成立于1991年8月6日，现有22个成员单位，由区委常委、组织部长陈永超和区政府副区长卢进任名誉主任；主任1人，专、兼职副主任15人；下设1个办公室，为参公副科级单位，有主任1人，工作人员2人；有科技、教育、法制、社区4个组，由在职和离退休及退二线同志组成。全区共有基层关工委271个，其中乡镇14个，机关 2个，村208个，社区19个，学校26个，民营企业关工委2个。参加关工委组织的“五老”人员共有1300余人，其中区本级80人。 2019年12月30日，尚小军任莲都区关心下一代工作委员会专职副主任。

**【开展社会主义核心价值观教育】** 为贯彻落实习近平总书记“把红色基因一代代传下去”的要求，区关工委在暑期分别组织天宁小学、梅山小学共百名学生，在老竹南乡革命纪念馆开展以“寻访红色足迹 传承红色基因”为主题的中小学生研学实践活动，进一步激发学生爱国情怀。区关工委联合政法各部门，组织法制宣讲小组，深入学校、社区，坚持以案说法，引导青少年自觉守法、遇事找法、解决问题靠法。先后开展了“杜绝欺凌 共沐阳光”公益巡讲、“禁毒和预防犯罪”“女童保护”等主题宣讲活动82场次，受教育青少年达1.6万余人。区关工委以万象国学书院为阵地，持续开展公民道德教育。通过招收未成年人国学班、家长班和成人国学班，进行公益教学。全年累计举办传统文化、家庭教育、健康教育等公益讲堂31场。

**【开展“双百”活动】** 区关工委科技组对碧湖蒲塘千亩休闲农业观光园无花果基地、大港头毛田村万亩茶叶基地、岱后村高山西红柿基地等联系点开展技术指导，帮助广大青年农民积极投身全面小康建设。

**【开展帮困助学】** 2019年区关工委全年共资助贫困大学新生83名，发放助学金62.6万元。资助贫困中小学生25名，发放助学金和物资共5万元。

**【帮扶特殊群体】** 围绕“关爱少年重源头，发现苗头抓挽救，盯住孩子讲维权”的要求，区关工委法制组以“法润少年”工作品牌为载体，开展了依法维权与法制教育工作。全年以合适成年人身份参与未成年人涉嫌刑事犯罪讯问提审19人次，帮助落实2名服刑人员子女的小学新生入学事宜，帮扶慰问服刑人员困难子女10人，送去慰问金1万元。

**【开展集中培训】** 5月24日，组织“五老”志愿者参观考察遂昌红色革命教育基地，接受廉政教育和革命传统教育。11月29

日，区关工委召开“五老”志愿者学习通报会，邀请了团区委、区农业农村局分别通报学习弘扬浙西南革命精神相关活动、农业专业合作社相关工作情况，促使“五老”志愿者了解大局、充实自我，不断提升服务青少年的能力。

**【建立第二家民营企业关工委】** 11月6日，区关工委在丽水鱼跃公司举行莲都区企业关工委授牌仪式，实现工作领域的又一次拓展和延伸。

**【调查研究】** 围绕乡村振兴战略，区关工委多次奔赴中共丽水县委旧址雅溪镇岱后村走访农户，调查了解，研究对策，经过近两年的高山番茄技术指导、典型示范推广，带动部分农户发展致富，撰写《不忘初心砥砺前行 情系老区共奔小康》的报告，得到区领导及相关部门的肯定。

（周华敏）

# 乡镇·街道

## 岩泉街道

【概　况】 岩泉街道地处丽水市莲都城区的东北部，东与黄村乡相邻，西以大洋路为界，南至丽青路，北与仙渡乡相邻。辖区面积92.19平方千米（非建城区面积75.94平方千米，建城区面积16.25平方千米），办公楼坐落在丽阳街1089号，辖18个村，6个社区（山区9个村、城乡接合部9个村、城中6个社区），户籍人口46445人，常住人口70366人。2019年实现工业总产值25.2亿元，企业增加值4.77亿元（管晓峰）共有工业企业203家，其中规上7家，规模以上工业增加值1.7亿元，主要产品有轴承、水泥、家具、电商、制笔等。耕地面积578.33公顷，山林面积5373.4公顷，农业以种植为主，特色农产品有叶平头皇菊、余岭高山蔬菜、枫树湾杨梅、雨伞岗葡萄、黄畈桃子等。

【城中村改造工作】 2019年，岩泉街道共有45个城中村改造及重点工程征收项目。在区委、区政府的坚强领导下，全体街道干部与3个征收小组共同攻坚克难，完成了1048户签约任务，实现签约率99.9%，房屋腾空率95.8%，拆除面积突破34万方，完成土地清场48.49公顷。

【推动经常化创建工作】 根据经常化创建全国文明城市工作要求，建立街道、社区、小区三级迎检指挥体系，整合街道干部、执法、交通、志愿者等力量，定点、定岗、定人、定责。完善创建责任网格，将街道和16个社区、村划分成17个网格，街道班子成员担任网格长，街道干部职工和社区、村干部、帮扶单位为网格成员。制作网格作战图，实行挂图作战。街道统一制作测评卡片，各网格的网格员根据卡片内容开展自查自纠，再由街道成立测评小组，对各网格随机抽查，对发现的问题进行交办整改，检查情况作为街道对社区、村的考评依据，和考核结果、报酬发放相挂钩。

【垃圾分类工作】 2019年，开展创建全市首个省级生活垃圾分类示范片区工作，通过成立"1+4+6"工作组织架构，层层压实工作责任。每周召开专题推进会，确保创建工作有序衔接、高效开展。坚持"想破头皮，磨破脚皮，说破嘴皮"的三破工作法，叩开"小区门、楼道门、家门、心门"四重门，形成垃圾分类浓厚氛围。开展居民"承诺"上墙、"绿色21天"打卡挑战赛等活动200余场。

【"五水共治"工作】 开展"激浊扬清，碧水莲都"行动，乡、村级河长规范化巡河，建立长效管理机制，做好"五水共治"宣传引导工作，推进"五水共治"工作。打击非法占河道等破坏水生态环境的违法行为。定时开展"回头看"工作，全年出动140余人次，清理河道垃圾约30吨。

【"三改一拆及无违建"工作】 2019年，全年处置存量违法建筑建筑面积232341.15平方米，完成年度任务总量的105.61%。另农民占用集体土地违法建设处罚64宗，罚没105.95万元人民币。累计完成拆后利用64.5万平方米，完成率达82.64%，一户一档完成4800户，完成率120%，挂牌施工、四到场、三级巡查制度落实累计完成36户，达100%。整治大棚房点位13个，整治市、区两级交办点位8个。

**【项目建设】** 2019年，引进枫树湾单读民宿综合体、雨伞岗二三间酒主题文旅综合体、花园路酒店项目，完成实际到资约2.3亿元。完成雨伞岗村塌方修复工程项目、葡萄产业基地机耕路硬化项目验收。谋划在黄畈村设立来料加工点，推进农民增收。秋塘村消除经济薄弱村完成自建项目，年收益12万。

**【绿色经济】** 2019年，以打造"一带一园"格局（建设"环括苍古道乡村休闲产业经济带"，打造"东部农旅融合后花园"）为重点，谋划好新的发展立体格局。依托岩泉东部山区毗邻白云山森林公园和括苍古道横贯的优势，不断壮大余岭、枫树湾、叶平头等村的农家乐、民宿产业，打造好雨伞岗、陈寮等村休闲农业观光基地、雾耕农业，修缮美化括苍古道，成功创建雨伞岗AA级景区村、余岭 AA级景区村和陈寮A级景区村，成功举办枫树湾杨梅节、雨伞岗葡萄节、里佳源皇菊节，推动绿色变现。

**【农林资源】** 2019年，完成彩色健康森林培育100公顷、线虫病防治333.33公顷。完成枯死木清理、春防工作，在城区范围内开展病死动物无害化处理，未出现重大动物疫情。

**【便民服务中心工作】** 2019年，通过硬件设施改造提升，顺利通过街道便民服务服务大厅标准化建设四星级评定。完善大厅日常管理制度，建立每月一天的领导窗口轮流坐班制。全年办理服务事项4561件，村社级共代办理9000余件服务事项。

**【民政救助工作】** 2019年，全街道共有低保户376户，低保对象474人（城镇126人、农村348人）。低保边缘52户，共57人。特困人员共27人，其中护院挂钩17人，发放救助金20570元。困境孤儿7人。全年临时救助37人，发放救助金75100元。对低保户进行实行实时动态调整，经入户调查、民主评议、审核审查等工作环节和程序，取消不符合条件对象。开展村级生态墓地清理整顿工作。落实村级殡葬联络员，专人负责殡葬管理、骨灰跟踪等工作。

**【退役军人事务工作】** 2019年，开展全民国防教育、双拥工作，完成现役军人信息采集工作。落实抚恤优抚政策法规，确定重点优抚对象203人，其中60岁退役士兵XX人，摸排上报困难退役军人XX人，审核上报新增60周岁以上农村籍退役士兵老年生活补助X人次。发放义务兵家庭优待金XX人次，慰问困难退役军人XX人次，军属X人次。发放2019年第二季度各类优抚对象抚恤补助金共381215元。

**【残联服务工作】** 2019年，街道持证残疾人1190人。街道残联向肢体残疾人免费发放轮椅23辆，为残疾人本人或子女申请助学32人，自谋职业养老保险补助61人，种养殖补助6人，个体工商补助1人，无障碍改造14人，假肢安装1人，免费赠送助听器15人。新建残疾人之家3家。

**【社保工作】** 2019年，通过阶段性推进、整体联动着力推进社会保险扩面征缴，实现全年养老保险参保人数32893人，参保率95.76%，城乡居民医疗保险参保人数46086 人，参保率99.05%。提升村（社区）社保业务经办能力，组织经办人员社保业务培训，发放政策解读册等资料。签订兼职劳动保障员聘用协议。做好退休人员社会化管理服务工作，发放退管经费118.785万元。雨伞岗村荣获"省级乡村振兴合作创业培训基地"。推进城乡养老人员、精减人员、退休职工待遇资格认证（生存认证）工作。开展公益性岗位续签及新开发工作。

**【卫健工作】** 2019年，开办科学健身、传染病的预防和防治、急救演练等健康知识讲座，推进健康莲都工作，提高居民健康水平。通过开展跳绳、运球、爬山等职工健康活动，完成街道健康促进机关创建。落实奖罚制度和巡查制度，完成街道无烟单位创建。开展健康素养进文化礼堂活动等名医下乡义诊活动，推动健康普及向村级深入。完成辖区内六个健康村、居创建，115户健康家庭命名。做好国家免费孕前优生健康检查人群的发动工作，完成城乡1030人次适龄妇女“两癌”筛查工作。做好全员人口统计生孕信息监测和农村计生家庭奖特扶资格确认。全年新增奖扶对象19人，特扶对象8人，退出8人，100%落实特殊家庭“三项制度”。做好全员人口统计，全年出生588人，其中计内出生573人，计外出生15人。开展践行“不忘初心，牢记使命”主题教育暨爱心献血活动，组织街道干部、城中村改造岩泉指挥部干部、村、社干部、入党积极分子、基干民兵、群众等127人参与献血，当日献血达42100毫升。全年献血人数377人，完成献血量120.4升。

**【扶贫工作】** 2019年，对低收入农户进行排查和信息录入，提升扶贫精准度。开展扶贫救助保险宣传工作，减轻低收入农户的家庭负担。申报产业扶持农户101户，雨露计划对象2名，其他助学补助对象3名。下步将开展黄畈村扶贫项目水果产业基地建设。

**【安全生产工作】** 2019年，建成安全生产监管队伍、应急管理队伍。加强责任分解、层层落实责任，与村、社区签订责任书24份，与辖区生产经营单位签订责任书2193份。开展全面整治行动，共计检查324次，出动检查人员972人次，检查企业330家次，对各类排查隐患及时整改，如丽水天宁工业区金笔街区块省级挂牌重大隐患整改、工贸行业涉爆粉尘企业安全生产专项整治、“三场所两企业”安全生产专项整治、市区重点水域防范意外亡人事故百日攻坚、“奋战60天·全力保安全”重点行业领域安全生产隐患排查整治攻坚行动、危险化学品安全生产大检查及小微企业专项整治工作等。开展培训宣传，提升安全生产水平。如开展安全生产教育培训会、企业安全生产管理人员培训班、安全宣传咨询日活动、“七进”活动等。

**【党建工作】** 2019年，开展“不忘初心、牢记使命”主题教育，通过集中研讨学、赴革命根据地实地体验等形式，开展专题学习200余次，进一步提高党员干部学习的主动性和积极性。结合后进村整转、群众大走访等工作，深入村社、企业探访民情、发现问题，领导班子形成调研报告，普通党员形成问题清单，制定措施，对问题进行整改落实。街道69个支部共开展志愿服务209次，为群众办理实事1910件，架起党群之间的‘连心桥’。建立健全融通型街道“大工委”、社区“大党委”工作机制。完成朝阳社区的流动党员红星驿站和正阳社区的智能城市读书屋、佳和社区、丽阳社区城市党建提升工程验收工作。做好组织队伍建设，完成股级干部配置和调整。开展“回访固基”专项行动，开展基层党建“回头看”届中考察，全面完成村两委班子、干部的评议及考察工作，同时开展主职干部“两备”人选推荐工作，共选出后备干部40名。平稳处置6名涉刑村干部，切实保证村干部队伍的纯洁性，提高干部队伍的组织力、战斗力及主动性。成立“两新”党组织3个（合盛网络科技有限公司党支部、浙江中立建设有限公司党支部、绿城乐居管理有限公司党支部），扩大街道“两新”党组织规模。打造物业为主的党建模式，成立鑫鑫、绿城合景等多家物业党支部。

**【意识形态工作】** 把意识形态工作列入街道党工委年度工作计划重要任务，纳入街道党组中心组学习的重要内容，建立健全意识形态研判机制。由街道党工委书记每季度定期听取班子成员意识形态和“一岗双责”汇报，各班子根据意识形态工作任务清单，对分管职责范围内意识形态工作进行专题部署和检查，对分管科室和负责人意识形态方面存在问题进行约谈并督促整改。通过公益广告、编印《“两山”发展大会精神和“浙西南革命精神”学习手册》、网络宣传、主题党日等途径大力弘扬浙西南革命精神。

**【“一体两翼”试点工作】** 2019年，成立街道应急联动处置中心，建成综合信息指挥室，依托“全科网格”和“基层治理四平台”,破解应急维稳的调处难题,探索基层党建和社会稳定互通互融的基层社会治理和维稳工作新模式。全年共报送事件9564件,其中三级事件12件,均得到快速有效地解决。推进街道及秋塘村县级规范提升试点示范单位建设。

【信访维稳及平安建设工作】2019年,开展矛盾纠纷排查化解工作,进行全方位、拉网式排查,及时摸排掌握情况。依法依规处理信访问题,建立良好的工作秩序。开展信访积案化解工作,成功化解10多个市区信访积案。开展“扫黑除恶”“扫黄打非”行动,推进平安综治工作。做好特殊时期的信访工作。建立隐患排查机制、快速处置机制、领导包案制度、一日三报和零报告制度。全年共处理信访件625件,1681人次;集体来访9件,250人次;办结率100%。

**岩泉街道各行政村基本情况表**

表7

| 村名 | 面积<br>(平方千米) | 户数<br>(户) | 人口<br>(人) | 农村经济总收入<br>(万元) | 农村经济总费用<br>(万元) | 农村经济净收入<br>(万元) |
|---|---|---|---|---|---|---|
| 天宁寺 | 0.5915 | 1254 | 2782 | 73.87 | 64.12 | 9.75 |
| 后甫 | 0.609 | 653 | 1575 | 177.5 | 51.33 | 126.17 |
| 九里 | 0.642 | 730 | 1852 | 268.71 | 59.13 | 209.58 |
| 岩泉 | 2.3621 | 841 | 1650 | 125.01 | 76.34 | 48.67 |
| 青林 | 2.7141 | 1112 | 1812 | 70.7 | 54.49 | 16.21 |
| 长岗背 | 1.6685 | 641 | 1201 | 70.52 | 52.92 | 17.6 |
| 关下 | 0.7564 | 492 | 870 | 23.39 | 37.12 | -13.73 |
| 社后 | 0.4485 | 209 | 526 | 31.41 | 30.29 | 1.12 |
| 凉塘 | 0.3296 | 321 | 576 | 37.32 | 28.2 | 9.12 |
| 秋塘 | 6.50 | 513 | 1066 | 26.16 | 25.73 | 0.43 |
| 冷水 | 7.0626 | 563 | 1085 | 22.76 | 14.08 | 8.68 |
| 枫树湾 | 3.658 | 932 | 1806 | 41.51 | 24.32 | 17.19 |
| 余岭 | 8.89 | 456 | 1005 | 31.96 | 8.56 | 23.4 |
| 黄畈 | 6.83 | 559 | 1249 | 35.69 | 14.21 | 21.48 |
| 里佳源 | 6.6198 | 689 | 1488 | 45.46 | 15.11 | 30.35 |
| 雨伞岗 | 5.886 | 685 | 1482 | 65.43 | 40.86 | 24.57 |
| 琯头 | 8.7113 | 760 | 1527 | 33.4 | 17.26 | 16.14 |
| 下后弄 | 5.925 | 555 | 1177 | 35.76 | 13.93 | 21.83 |

## 紫金街道

【概　况】 紫金街道地处莲都区城区东南部,占地面积60.04平方公里。西至大洋路,北至丽青路,南至瓯江(南明湖),东至青田县的石帆乡、舒桥乡,辖海潮、厦河、大众、新建等19个行政村,辖永晖、金苑、万丰、大洋河、西银苑、东银苑、东升、星湖8个社区,是一个城区和山区相结合的综合型街道。全街道实有人口11.11万人,流动人口4.07万人,户籍人口7.04万人,农业户口数6848户,人数14128人。

社区总面积3.52平方千米，社区工作者50人；居民代表403人，居民小组长132人，文明单位24个（其中省级6个，市级13个，区级5个）；企业交托管理人员9183人；社区共建单位44个（其中市级20个，区级24个）；义工队伍6支，39人，志愿者队伍23支，1837人。

19个行政村，行政村中有10个为城区村，分别为海潮、厦河、大众、新建、城东、古城、水东、金东、芦埠、塔下；5个郊区村，分别为开潭、湾岙、风化、黄泥墩、河村；4个山区村，分别为瀑泉、杨坑、祝庄、水岭根。耕地面积92公顷，山林面积5046公顷。主要种植多年生经济作物。农业经济的“三宝”是杨梅、柑橘、枇杷。

街道有党委8个，党总支5个，党支部83个。全年共确定入党积极分子7名（其中5人已参加2019年度入党积极分子培训班），发展预备党员14名，党员转正14名。

街道按“三定”方案行政编制为20名，领导职数13人。现实有人数为26名（含区委巡查组一人，编制在街道），其中：领导班子成员16名，股级干部9名，退二线人员6名，一般干部3人。街道下属事业编制12名，实有人数12名，具体为计生专干3人、社保员5人、安监员2人、统计员1人、财务人员1人。

**紫金街道各行政村基本情况表**

表8

| 村名 | 面积（平方千米） | 户数（户） | 人口（人） |
|---|---|---|---|
| 水东村 | 2.8 | 651 | 1456 |
| 河村村 | 1.5 | 197 | 375 |
| 水岭根村 | 7.01 | 555 | 1118 |
| 芦埠村 | 0.02 | 376 | 528 |
| 塔下村 | 0.2 | 151 | 279 |
| 开潭村 | 4.69 | 336 | 654 |
| 瀑泉村 | 5.53 | 330 | 764 |
| 湾岙村 | 2.82 | 217 | 436 |
| 风化村 | 4.55 | 450 | 974 |
| 金东村 | 0.03 | 232 | 555 |
| 海潮村 | 3.72 | 573 | 1252 |
| 新建村 | 0.013 | 188 | 438 |
| 厦河村 | 0.03 | 782 | 1699 |
| 城东村 | 3.3 | 212 | 425 |
| 古城村 | 0.015 | 242 | 485 |
| 大众村 | 0.012 | 291 | 558 |
| 祝庄村 | 8.624 | 379 | 778 |
| 杨坑村 | 6.91 | 525 | 1061 |
| 黄坭井村 | 1.35 | 161 | 293 |
| 合 计 | 53.124 | 6848 | 14128 |

【城中村改造】 2019年，改造项目黄泥井村、河村老村、芦埠后村、丽东一村（紫金区块）四个城中村改造项目累计签约344户，腾空326户，拆除4.3万平方米。其中黄坭井村项目于8月10日完成签约后，于8月31日即开始整村拆迁，成为城中村改造第一个进行拆除的项目。

【应急管理】 2019年，街道成功避险梅溪岭新村自然灾害，组织灾后救助巡查，确保群众生命财产安全和社会稳定，及时实施临时加固，快速组织对梅溪岭新村开展永久加固和基础设施等后续应急项目建设。组建30人的森林防火应急队伍，38人的防汛抗台救援队伍，聘任8名山塘水库巡查员和1名地质灾害巡查员，签订安全生产和消防责任书共421份。共走访200余家次，排查隐患43个，发放整改通知书14份，已整改隐患43个，整改率100%。

【无违建工作】 全年累计拆除面积152329.22平方米，完成年度任务的101.55%。7月10日开始启动对遗留违建白门滩的拆除工作，一个月内将该区块总面积4278.98平方米违章建筑全部拆除。10月28日，结合“无违建”创建目标，紫金街道依法拆除1732.16平方米违法建筑，并全面完成违建拆除、垃圾清运等后续工作。

【党风廉政建设】 配合完成区委巡察工作，完成廉政警示教育354人次，对扶贫领域腐败问题进行全面自查自纠，全体干部排查廉政风险点73条，制定出台防范措施89条。办结区纪委转办纪检信访件7件，处置违规违纪党员4名，立案查处党员违纪案件10起。

【“消薄”工作】 2019年，开潭村投资开潭电站入股资金100万元，以项目投资收益年化12%作为开潭村集体经营性收益。全年完成消薄验收6个村。

【农业基础建设】 2019年，完成4个行政村达标提标工程，总投资300余万元。先后完成喷滴灌工程、山塘整治工程、清淤工程，总投资140余万元。完成风化村2.87公顷油茶基地建设；共清理面积441.87公顷、3378株、103.213万公斤枯死木清理，约70余万元。协调组织实施黄泥墩村66.67公顷紫云英草籽的种植。

（章陈媛）

## 白云街道

【概　况】 2019年，白云街道总面积37.7平方千米。东起大洋路，南至丽青路、丽阳路，西面与联城街道接壤，北依风景秀丽的白云山森林公园。辖区内有6个社区、4个村委会，其中村常住人口12912人，社区常住人口79897人；户籍人口64274人，其中农业户籍6587人，社区户籍57687人。耕地面积2.3公顷。全年实现工业总产值1.37亿元，增加值 2555元，来料加工1780万元。促进农民增收，四个村的村集体收入达135.02万元，辖区内有区三星、四星级农家乐5家。3个在建招商引资项目计划总投资额2.66亿元。实现税收29.84万元。

【主题教育】 2019年，白云街道成立工作专班和12个指导小组，对所辖的10个村社、下属机关支部和两新党组织进行全面指导。根据主题教育实施方案，按期完成学习任务16个大项，专题党课14次，调研文章13篇，组织党员赴中共丽水县委旧址（岱后）开展“初心之行”，赴古堰画乡、鱼跃开展“使命之行”。把主题教育同街道的中心工作相结合，统筹谋划协同推进。在街道全体干部中开展“三学三比”活动，在“忆初心·话传承·比担当”学习体会分享、“我的初心·我的党”演讲比赛。在各基层党组织中开展“三抓三强”活动，在主题教育应知应会知识大比拼、“争先创优晒业绩” 擂台赛和“十大为民服务解难题”案例征集。

【项目征收】 2019年，白云街道做好政策处理工作，街道干部全员参与城中村改造。全年街道承担城中村改造任务3个区块近10万平方米，灯塔溪口区块、灯塔北郭桥弄区块、丽东一村（白云区块）均已实现100%签约，腾空、拆除同步有序推进中，总拆除率达93.8%。7个市区重点项目中6个已完成销号，1个完成年度工作任务。

【民生保障】 2019年，白云街道新增低保6人，发放民政资金207.3万元，骨灰跟踪管理107例。医疗保险和养老保险参保率分别为99.05%、96.95%。计划生育率98.5%，两性安康保险人数1255人。按要求落实好对计生特扶对象、残疾人、农村“三留守”等特殊群体的帮困扶助。街道、社区（村）都建立了退役军人服务站。创成2个省级垃圾分类高标准示范小区，1个定时定点投放小区，19个垃圾分类小区。

【重点工作】 2019年，白云街道集中整改与建好工作机制相结合、发挥自身职能与融合借力推进相结合、强化管理队伍与发动群众参与相结合。经常化文明城市创建有序推进，累计发动党员、干部、志愿者8400人次，清理垃圾191.4吨，更换公益广告370块，投入资金开展六乱整治已达122万元。坚持和谐拆违推进“三改一拆”工作，累计拆违面积8.3万平方米，完成全年任务的104%。推进清水、畅河、净源“三大行动”，按时完成市区“五水共治”问题点位交办单18个，灯塔四村及周边区块雨污分流改造项目按计划完成任务60%。

【社会治理】 2019年，白云街道充分整合各类资源，做好社区服务品牌建设，结合扫黑除恶专项斗争，围绕平安莲都建设，发挥基层治理四平台网格作用，维护辖区平安稳定。10月24日，中央扫黑除恶第11督导组组长李智勇和市委书记胡海峰一行到街道调研扫黑除恶工作并召开座谈会。推进积案化解，全年共收到“12345”信访件296件，均在规定时间内完成答复，4个区级信访积案100%化解。开展安全生产、消防、食品安全等检查602家，查处隐患32家，已整改29家。

【组织党建】 2019年，白云街道通过“头雁孵化”强政治素质、“头雁提能”强党建业务、“头雁领航”强带动能力实现头雁工程有力提升。选育村社基层党组织书记后备人才20名，探索“能上能下”机制。开展“优秀主题党日活动评选”“浙西南革命精神”故事宣讲等活动，发挥基层党组织书记在城中村改造、经常化文明城市创建、垃圾分类等重点工作中的示范带头作用。做好党员管理工作，探索先锋指数“五评法”，运用好《党员教育管理一本通》。落实“四必到四必访”制度，到各社区（村）开展组团下访和“三服务”调研10次，征集街道层面问题59个，现场解决35个，班子牵头解决24个，党员完成微心愿 55个，为群众办实事 792件。

【意识形态】 2019年，白云街道把意识形态工作与其他各线工作结合，落实“一岗双责”，全年党工委理论中心组学习24次，现场教育4次，集中研讨5次。开展丰富多彩的宣教活动57次，弘扬践行“浙西南革命精神”，开展大家读、大家走、大家谈、大家比、大家讲等系列活动。做好新闻舆论和信息工作。及时处置回复问政直通车30条，未出现负面舆情和网络舆情现象。

【从严治党】 2019年，白云街道严格落实“一岗双责”，层层传导压力、落实责任，定期研究党风廉政建设和反腐败工作，及时解决遇到的矛盾和问题。全年共开展专项检查和日常工作督查35次，约谈党员干部50余人次。报结7件涉纪信访举报件；立案4人，给予党纪处分3人。围绕“七个一”开展系列警示教育活动，开展街道纪工委、监察办规范化建设，深化“清风白云”品牌建设，将廉政教育延伸到6个两新组织。

**白云街道办事处村情表**

表9

| 村名 | 面积（平方千米） | 户数（户） | 人口（人） |
|---|---|---|---|
| 丽光村 | 0.02 | 622 | 1244 |
| 城北村 | 0.87 | 615 | 1379 |
| 城西村 | 9.2 | 526 | 1293 |
| 灯塔村 | 3.9 | 1179 | 2674 |
| 合　计 | 13.99 | 2942 | 6590 |

**白云街道办事处社情表**

表10

| 名称（个） | 户籍人口（人） | 党（总）支部书记 居委会主任 |
|---|---|---|
| 白云社区 | 5805 | 黄激芬 |
| 北郭桥社区 | 6431 | 黄士祥 |
| 后庆社区 | 6889 | 吴杨琳 翁丽霞 |
| 灯塔社区 | 7314 | 赵丽霞 刘慧芬 |
| 三岩寺社区 | 4632 | 陈朝霞 李勇峰 |
| 接官亭社区 | 26628 | 杨初春 徐晓宁 |

（黄俏超）

## 万象街道

【概　况】 2019年，万象街道总面积7.26平方千米，下辖有7个社区4个行政村，200个居民组、28个村民小组。全街道总户数22858户，其中，农业户2469户；总人口53530人，其中，农业人口5017。山林面积167公顷。

财政总收入4105.91万元。村级集体经济总收入916.95万元；农民人均收入24508元，增长13.6%。街道辖区内规模以上批发零售企业16家，全年营业收入约6.9亿元。19家限额以上批发零售、住宿餐饮企业实现营业额约7.3亿元。

万象街道各行政村基本情况表

表11

| 村名 | 面积（平方千米） | 户数（户） | 人口（人） | 农村集体经济收入（万元） | 农村集体经济总费用（万元） | 农村集体经济净收入（万元） |
|---|---|---|---|---|---|---|
| 丽华村 | 0.2 | 1320 | 2751 | 696.7 | 47.24 | 551.8 |
| 水南村 | 0.8 | 439 | 848 | 72.26 | 24.5 | 45.74 |
| 丽南村 | 1.2 | 365 | 700 | 70.46 | 30.7 | 31.97 |
| 城南村 | 2.107 | 536 | 1402 | 77.53 | 57.12 | 16.96 |
| 合　计 | 4.307 | 2660 | 5701 | 916.95 | 159.56 | 646.47 |

2019年，农业经济持续稳步增长。专业奶牛场1个，有65头奶牛。农业经济效益逐步提升，同时发展第三产业，加快农旅融合、文旅融合的步伐，推动线上线下资源整合，加快培育生态旅游产业及相关配套设施建设速度，推进三产业协调发展。

招商引资成效明显。中南·布拉格项目顺利开工建设，银泰集团入驻江滨商务中心地块，浙江浙服企业管理服务有限公司成功落户辖区，城南村村委办公楼顺利实现“腾笼换鸟”，换由上市公司爱尔眼科承租，为增强村级集体经济打下更坚实的基础。截至目前，中南·布拉格项目完成投资3.4亿元，银泰集团投资近7亿元，万盛酒店项目顺利完工并进入试运营。

2019年，万象街道获莲都区城中村改造（重点项目征收）工作集体嘉奖和省级文化强街道。

【市区城中村改造】 2019年，街道共有3个城中村改造项目、5个重点项目、6个遗留项目，征收房屋面积178246.8平方米。在市区下达征收任务后，街道第一时间成立万象征收组工作领导小组，下设4个专项组和4个区块组。建立“三级”宣传机制，多渠道做好城中村改造政策宣传。张贴宣传牌120多块、悬挂横幅标语600余条、发放《政策汇编》1000余份，在市区主流媒体上发布工作动态、典型事迹126篇，在内宣平台发布工作动态、经验交流20余篇。定期召开组长工作例会及时分析研判，召开疑难问题会议7次，收集疑难问题91个，共解决78个疑难问题。成立城中村改造工作党总支，每月15日开展“不忘初心，牢记使命”主题教育。与“涉公”单位沟通对接，得到中医院、卫健局、区国资等单位的配合，起到签约带头作用。全年成功实现2个历史遗留项目销号，3个重点征收项目销号，3个城中村改造项目签约562户，签约率99.8%，呈现征收“万象新速度”。

【经常化文明城市创建】 2019年，街道按照经常化创建要求，年初制定经常化创建工作方案，及时调整领导小组成员，为工作提供保障。做好宣传工作，更新公益广告1800余处，新增300余处。开展“逢九”“我的城”系列万人志愿服务活动，开展“美丽市场”建设，开展“文明创建我先行”活动，挖掘出一批身边好人和道德模范，被评为2019年全市经常化文明城市创建先进集体。推进“六乱”整治，清运垃圾350余吨；开展超马赛道等专项整治，完成整治点位5300余个；开展消防整治排查行动，更换过期、失效的灭火器253只。按照“属地管理”原则，投入经费9万余元，做好7条处州小巷日常管理工作。在丽水国际摄影节期间，7条处州小巷更是成为摄影展区之一，获国内外友人好评。顺利完成全国文明城市省测迎检工作。

**【环境整治工作】** “治危拆违”方面，先后修缮解危D级危房7幢，征收解危D级危房34幢、C级危房17幢。同时，强化属地责任，加强巡查频次，发放危房腾空告知书289份，劝阻回搬人员35人，实现安全度汛。联合相关职能部门对南寨山庄10幢违建别墅进行依法拆除。全年拆违面积81559.4平方米，完成率101.95%。“五水共治”方面，全面落实河长制，持续推进工程治水和日常清理并举，投入51万元对纳爱斯风华园生活污水处理进行改造，清理河道垃圾100余吨。“六边三化三美”方面，采取“宣传引导+巡查+‘一张网’”的方式，及时处置秸秆焚烧30余起，完善部门联动执法机制，实现全域禁止焚烧秸秆。

**【垃圾分类工作】** 突出宣传的现场性和实效性，组织开展群众喜闻乐见的垃圾分类宣传活动，全年共组织宣讲108场次，参加人数8762人次。全年共发放垃圾分类宣传资料和倡议书9000余份，入户宣传3200多户。街道挑选小区创建市级垃圾分类示范小区，街道落小落细、对标创建。一方面，严格落实“定时定点投放”要求，会同相关部门合力规划新点位，新建垃圾分类收集亭3个，更换垃圾桶450个。另一方面，坚持问题导向，深入小区开展督查和指导分类工作，全年开展4次垃圾分类工作专项督查，及时纠正和解决居民在垃圾分类中的存在问题。

**【文教体卫工作】** 持续做好丽华村乡村春晚品牌；开展“我们的节日”等系列活动；配合做好省全域旅游区创建工作；精心谋划开展各类庆祝新中国成立70周年活动20余场，丽华村获区老年体协举办的《庆祝新中国成立70周年广场舞交流展演》优胜奖；精心开展送戏、送电影下乡30余场次；发挥街道综合文化站作用，为市民提供优质的文体娱乐场所，做好非遗文化保护，成功创成省级文化强街道。成立万象街道“浙西南革命精神”弘扬践行活动领导小组，制定《“浙西南革命精神”弘扬践行活动实施方案》。定期开展免费“两癌”筛查和“三查”工作，举办“三优”知识讲座，开展“5·29”会员活动日，全年计生率98.62%。享受奖扶、特扶对象61人，补助资金523200元，公益金救助3人，救助金额13000元，两性安康参保1206人，收缴保费保费101700元；建立完善计生特殊家庭联系人、计生特殊家庭就医绿色通道、计生特殊家庭责任医生签约三项制度，完成率100%。开展健康促进区和健康村（社区）创建工作。鼓励职工参与“万步走”“职工篮球赛”“广播操比赛”等健身活动，厦河门社区、丽阳门社区、左渠门社区通过健康村（社区）创建验收，105户居民被评为健康家庭。

**【四个平台工作】** 2019年，街道充分发挥“基层治理四平台”硬件和机制优势，不断细化网格责任，确定48名责任心强的人员当任网格员，实现网格队伍年轻化、知识化、专职化。通过“四个平台”受理案件8503件，结案8503件，结案率100%。街道全年组织网格员业务培训12次以上，带领网格员参加全区网格员综合技能比武大赛，获团体三等奖。深化“最多跑一次”改革，落实市数管办关于便民服务中心规范化建设的要求，第一时间购置配备PAD评价器2台，标签机1台，及时对街道便民服务中心其他硬件进行更换，实现全面升级。做好对窗口工作人员的业务培训，全面落实“一件事”联办及“无差别全科受理”工作，进一步提高“实现率”。借助“莲都发布”等媒介，做好“浙里办”APP和综合自助服务机的宣传推广，引导居民通过手机线上办理，实现“零次跑”和深化“就近办”。便民服务中心日均受理即办件

10件,月办理300余件。

【社区工作】 2019年,配合市、区、街道开展经常化文明创建工作,全年共开展禁毒宣传14次,禁毒进校园宣传7次,受益人数约7000余人。健全网格员队伍,积极推进“四个平台”建设和“最多跑一次”改革。

【社会保障工作】 2019年,完善社会保障体系,做好社保政策宣传,引导督促村、社群众积极参保,多渠道确保养老医疗应保尽保,实现由制度全覆盖向人员全覆盖转变。同时,通过摸底排查,充分掌握辖区内未就业人员基本情况,发挥街道劳动保障管理服务平台作用,与派驻站所、重点企业密切联系,切实帮助失业人员实现再就业。开展暖心救助服务,做好对弱势群体的帮扶工作。根据上级部署,街道全面启动居民经济适用房申报工作,7个社区均设立申报点和咨询点,便于居民填报和咨询,经申报、审查、公示等环节,符合条件的居民共311户。

【民政残联工作】 2019年,新增低保对象24人,续保21人,新增政府购买居家养老服务34人,持续发挥6个社区居家养老日间照料中心作用。通过与康乐家养老服务中心签订配送餐协议,重点解决无能力的老年人就餐问题。组织各社区开展“5·17”助残日活动。全年组织残疾人技能培训39人,发放辅助器具26人,扶残助学30人。发放残疾人种养殖基地补助1户,职工养老补贴71人;享受残疾人护理补贴439人,新增护理补贴100人;发放残疾人生活补贴共计180人,新增30人。全年开具骨灰安放证明56份。

【人武工作】 坚持“党管武装”根本原则,鼓励适龄青年踊跃报名参军,为部队输送XX名优秀青年,XX名预备兵员,其中大学文化XX人,占总数90%,完成年度征兵任务。街道按照民兵整组的工作要求,秉着“超龄、不在位的退出,优秀退伍军人的入编”原则,开展定期定点集训,增强武装应急能力,XX名民兵参加全区点验大会,丽华村红旗党支部代表区里接受省军区检查。完成XX名退役军人信息采集录入工作,及时给予生活困难的退伍军人临时救助;开展春节、“八一”等节日慰问关爱活动;第一时间对获部队嘉奖的军属进行慰问。

【平安综治工作】 落实应急管理“党政同责、一岗双责”,开展应急管理宣传,开展专题培训5场。发放宣传资料1800余份,与辖区内村、社及重点企业签订应急管理目标责任书96份。全年开展消防检查26次,检查企业9家,“三合一”场所18家,当场整改隐患20余处,下发限期整改通知书11份。明文要求被检查单位整改的隐患数11条,已按时整改11条,未整改的4条安全生产隐患督促整改,并及时函告主管职能部门和监管职能部门。组织安全生产联合执法检查180余人次,检查企业85家,发现隐患数46条,发出整改通知书46份,整改隐患46条,整改率达到100%。2019年,街道综治信访司法受理矛盾纠纷131件,调解成功131件,受理信访件278件,化解积案2件,派出所处理110报警4754件。

【基层组织建设】 2019年,街道将意识形态工作纳入重要议事日程,作为党建工作、民主生活会、述职述廉报告的重要内容,全年召开专题研究意识形态安全会议2次,开展意识形态和社区舆情综合分析2次。落实上级有关意识形态工作要求,做到“三个亲自三个带头”;做好舆情引领和网络队伍建设,全年上报舆情信息188篇。开展“不忘初心、牢记使命”主题教育活动,学习贯彻习近平新时代中国特色社会主义思想和中共十九大精神以及十九届二中、三中、四中全会精神。落实以主题党日、“三会一课”为主要内容的组织生活制度,班子成员带头履行意识形态“一岗双责”职责。全年新吸收预备党员3人,转正9人,列为发展对象4人,积极分子7人。全年共选拔任用干部20人,其中街道股级干部9人,社区干部13人。持续开展“清廉莲都”工作,利用中心组学习、主题党日、“学廉日”等载体,学习党章、准则、条例、十九届四中全会、省委十六届六次全会、省纪委十四届四次全会以及市纪委全会和区纪委全会等精神，持续发挥廉政长廊和廉洁家庭“倡廉于有形，润物细无声”的作用。制定《村(社)监察联络员工作实施方案》，选聘5名特约监察员和22名村(居)监察联络员，成为街道监察办的基层“廉政宣传员”和“廉情监督员”，及时发现苗头性、倾向性问题，推动监督“探头”向下延伸，使监督“触角”直抵“神经末梢”。全年开展廉政谈话23人，约谈提醒5人，办理案件3件，给予2名党员党纪处分、1名党员谈话诫勉。

## 联城街道

【概　况】　2019年，联城街道总面积110.23平方千米，下辖21个行政村、1个社区，按地理位置和旧行政规划习惯分为老联城片、苏港片和张村街片。全街道总户数10479户，总人口20172人，耕地面积1466.21公顷，山林面积6685.54公顷。

全年财政总收入12925.62万元，同比下降30%，其中，农村经济总收入1542.75万元，同比增长89%，农民人均纯收入23142.85元，增长10%，年末银行存款余额0.31亿元，同比下降11%。

联城街道各行政村(社)基本情况表

表12

| 村名 | 面积(平方千米) | 户数(户) | 人口(人) | 农村经济总收入(万元) | 农村经济总费用(万元) | 农村经济净收入(万元) | 农民人均纯收入(元) |
|---|---|---|---|---|---|---|---|
| 白前村 | 1.15 | 362 | 660 | 30.97 | 29.55 | 1.42 | 23000 |
| 青岗村 | 7.6 | 629 | 1202 | 36.88 | 39.28 | –2.4 | 24000 |
| 凤鸣村 | 4.04 | 675 | 1442 | 48.82 | 44.73 | 4.09 | 23500 |
| 林宅口村 | 3.22 | 384 | 771 | 22.17 | 27.17 | –5 | 24000 |
| 花街村 | 1.96 | 312 | 636 | 35.16 | 43.16 | –8 | 24000 |
| 金周村 | 1.95 | 524 | 1160 | 87.63 | 36.49 | 51.14 | 23000 |
| 官桥村 | 3.03 | 331 | 643 | 31.67 | 42.89 | –11.22 | 22500 |
| 常宅村 | 0.74 | 159 | 294 | 25.57 | 16.70 | 8.87 | 23000 |
| 武村村 | 2.47 | 902 | 1422 | 66.92 | 46.40 | 20.52 | 24000 |
| 坑口村 | 3.93 | 303 | 662 | 26.48 | 37.95 | –11.47 | 23000 |
| 敏河村 | 1.37 | 257 | 507 | 31.48 | 11.23 | 20.25 | 23000 |
| 路湾村 | 3.24 | 495 | 919 | 42.11 | 38.40 | 3.71 | 24000 |
| 苏埠村 | 4.27 | 690 | 1302 | 598.47 | 73.94 | 524.53 | 24000 |
| 张村街村 | 7.16 | 480 | 951 | 28.67 | 12.92 | 15.75 | 23000 |
| 下林村 | 8.74 | 530 | 1075 | 118.64 | 70.45 | 48.19 | 23500 |
| 竹道村 | 8.7 | 463 | 910 | 32.06 | 37.95 | –5.89 | 22000 |
| 瑶畈村 | 11.64 | 730 | 1388 | 68.02 | 33.02 | 35 | 22000 |
| 港口村 | 3.63 | 294 | 664 | 64.24 | 45.76 | 18.48 | 24000 |
| 莲景村 | 9.6 | 483 | 942 | 49.36 | 51.32 | –1.96 | 22500 |
| 苏港村 | 13.32 | 799 | 1443 | 52.28 | 78.45 | –26.17 | 22500 |
| 坛峡村 | 8.47 | 478 | 918 | 45.15 | 23.97 | 21.18 | 21500 |
| 娄丰堰社区 | 0 | 199 | 261 | 0 | 0 | 0 | 0 |
| 合　计 | 110.23 | 10479 | 20172 | 1542.75 | 841.73 | 701.02 | 23142.85 |

【重点工程建设及政策处理】 2019年，联城街道共承接丽水市（区）项目11个，实施征迁项目9个，征地48.4公顷。全面完成衢丽铁路前期政策处理；基本完成坑口安置小区建设和娄丰堰社区办公用房装修项目；保障9个在建小区工地的安全生产和无障碍施工。

【土地城建、水利、林业工作】 2019年，联城街道完成官桥村、张村街村的两个水田垦造项目，合计16.7公顷，占全区的三分之一，新增建设用地复垦面积0.91公顷。完成5个山塘水库标准化管理。完成路湾、敏河、张村街、下林、瑶畈、莲景等6个村的农民饮用水提升工程。举行了6期农业培训班，包含水果、畜牧、植检等多个专业，受训人数达150余人次。完成300多批次农产品的安全检测工作，合格率均为100%。建设森林通道2.5千米，完成火迹更新1.73公顷，四旁植树3.5万株，完成彩色健康森林和森林抚育项目80公顷。瑶畈村、官桥村受益林业面积达660多公顷，水果基地130多公顷，增加林业收入达30余万元。

【农村电网改造、公路管理工作】 2019年，联城街道完成万象至金亭220千伏线路12个电力塔基，万象至鹤溪220千伏线路23个电力塔基政策处理。完成莲都区农村公路路面大中修工程（村道下林至后弄）项目竣工验收。完成凤鸣桥桩基施工。

【农家乐、民宿工作】 2019年，下林村举办桃花节暨康养乡村启动仪式，瑶畈黄村举办第三届丽水夫人山铁皮石斛休闲养生节，港口村举办首届音乐啤酒烧烤节。街道组织民宿创业培训班，70余名来自辖区22个村（社）的创业者报名参加。通过专家讲座、参观学习、考察实践等方式，对民宿经营管理、服务规范、食品消防安全等方面进行专题培训。

【双增工作】 2019年，联城街道提出“农文旅养闲”融合发展思路，推动华统智能化养殖产业链项目，坑口食用菌工厂栽培，九坑葡萄酒酿造基地等招商项目顺利落地，完成年度招商引资2亿元。积极谋划街道联建项目和村级自建项目，21个村累计实现经营性收入242.43万元，同比增长77.55%，8个村实现经营性收入超10万元，10月在全区率先实现所有村街道自行消薄。累计化解村级债务109.48万元，化解率达67.78%，比三年计划要求的进度提前一年。

【“六边三化三美”工作】 2019年，联城街道制定《联城街道关于2019年农村生活垃圾分类村考核奖惩（试行）办法》，结合全国文明城市复检工作对21个行政村环境进行全面整治。做好新50省道和环城北路沿线的环境整治。累计完成区、街道两级点位整治1200余处，清理垃圾600余吨，分发垃圾分类大桶800余对，为新开展垃圾分类的9个村分发农户用分类小桶4156对。完成张村街景观节点改造工程，林宅口丽和线沿线路边节点景观改造工程。对花街、林宅口、官桥、凤鸣、瑶畈5座农村附属公厕内部设施进行修理完善。

【“五水共治”工作】 2019年，联城街道严格落实“河长制”，开展“五进五个一”活动。解决城市污水纳管问题。完成6个农村生活污水项目审计，新建上平阳岗、节孝2个农村生活污水处理项目，疏通娄丰堰河道5公里，清除淤泥20吨。组织开展整治活动20余次，落实整治河道点位10余个，清理水体保洁盲点及乱倾倒点位20余处，清理河道垃圾10余吨。

【“三改一拆”工作】 2019年，联城街道发动“净地清零”攻势，路湾、白前、常宅等3个城中村改造项目实现“净地”，累计销号问题点位24个，拆除面积达1.58万平方米，净地个数、拆除总量、销号进度居城区5个街道首位，得到市区领导高度肯定。动员路湾、敏河、坑口、苏埠、港口等村1200多人次参与超马赛道沿线环境整治，累计投入资金300多万元，完成点位整治140多个，拆除违章2.6万平方米。

【社会保障事业】 2019年，联城街道完成联城卫生服务中心搬迁并成功创建三优服务中心，建成街道社会心理服务站。健康促进机关（村）创建、两癌筛查、胃癌筛查、无偿献血等任务全面完成。家庭医生签约率、就医绿色通道开通率均达100%。城乡居民医疗保险参保率99.08%，城乡居民养老保险参保率97.85%。

**【平安综治工作】** 2019年，联城街道常态化落实稳定研判例会制度，层层压实基层维稳责任，深入做好重点敏感时期矛盾纠纷排查和重点对象稳控工作，在城区5个街道中唯一实现管控对象零赴省进京。对辖区内各场所开展安全检查40余次，查找整改各类隐患20多处，调处矛盾纠纷181件，其中书面调解46件。共接收处理各类信访件314件，其中上级登记305件（来信8件，来访34件，来电221件，网上信访42件），本级登记3件，省委巡查组交办6件，其中重复件146件，已经完成答复308件，正在办理6件。并成功化解国家级信访积案1件、市级积案2件。

**【"四个平台"工作】** 2019年，联城街道把落实"最多跑一次"工作作为街道重点项目。积极推行一窗受理、事项直办、领导坐班等措施。制定窗口服务人员考勤考核、一次性告知、限时办结、首问责任等工作制度，将办事能力和工作表现与工作评估和年终考核挂钩。结合"五联六和"考评体系，将各项制度建设融入基层治理模式之中，对下属村（社）便民服务中心网点服务情况打分，倒逼便民服务高效化，切实提升便民服务水平，真正为基层老百姓办事。

**【科教文卫工作】** 2019年，联城街道共新建文化礼堂2个，文体活动中心1个，开展文化礼堂"星期日活动"528场次，送戏下乡20场，观看人次达到6100余人。开展"我们的节日"活动12场，在春节期间林宅口村、青岗村、竹道村、娄丰堰社区举办了乡村春晚，观看人数达到1200余人。提升了村级文化综合服务能力，丰富了群众精神文化生活。

**【党建工作】** 2019年，联城街道推出党建统领基层治理"五联六和"模式（该模式被列为全市党建统领基层治理试点示范项目，在全市党建统领基层治理培训班上进行经验交流，人民日报网、农民日报、浙江新闻客户端、丽水日报等媒体进行推广报道）。重点实施"五联工程"，开展党建亮显、激活、赋能"三大行动"，设计"和韵联城"品牌，在指尖丽水开辟"和韵联城"专栏，组建"和韵联城党建联盟"，建立支部结对、"六和项目"领办等机制，激发基层党建内生动力。推动主题教育往心里走、深里走、实里走，街道召开专题会议9次，组织集体学习5次，开展专题研讨4次，围绕基层党建、基层治理、乡村振兴等重要课题，深入基层一线找问题、查原因、定措施，形成调研报告14篇。召开村监会工作例会11次、专题培训2次，开展上下班工作纪律抽查15次，会纪会风督查5次，约谈提醒8人次，共受理区纪委移交信访件16件，办结率100%。共处理党员6人，其中，党内警告3人，党内严重警告2人，开除党籍1人。

（陈开宇）

## 南明山街道

**【概　况】** 南明山街道辖区总面积108.86平方千米，其中城市规划面积58平方千米，包含水阁、富岭、龙江三个管理区，下辖27个行政村、4个社区，农村户籍人口3.36万人，外来人口9.5万余人。共有27个农村党支部，1513名农村党员。街道办公驻地位于开发区绿谷大道50号，距市区6千米。2019年开发区实现地区生产总值80.22亿元、增长11.4%，增速位列全市第二，是2013年以来最高增速；规上工业增加值、服务业增加值分别增长11.5%和16%。全年实现村级总收入1487万元，其中经营性收入1044万元，较2018年同比增长38%。多措并举开展惠民利民活动，深入优化公共服务，让发展实绩更有"温度"，惠民答卷更有"厚度"。

## 南明山街道各行政村基本情况表

表13

| 村别 | 人数 | 户数 | 2019年村集体收入(单位:元) | |
|---|---|---|---|---|
| | | | 总收入 | 经营性收入 |
| 水阁 | 1625 | 769 | 2770196.57 | 2632584.47 |
| 张村 | 1609 | 737 | 1504078.99 | 1472417.00 |
| 叶岙 | 678 | 296 | 342648.74 | 310306.00 |
| 吴垵 | 1250 | 612 | 444095.34 | 357050.00 |
| 垟店 | 1295 | 605 | 449743.60 | 189000.00 |
| 旭光 | 2688 | 1236 | 599415.29 | 206808.74 |
| 桐岭 | 863 | 396 | 299663.83 | 59007.50 |
| 余庄前 | 1172 | 570 | 434348.62 | 295174.15 |
| 七百秧 | 1028 | 476 | 160156.58 | 55600.00 |
| 白岩 | 1188 | 576 | 344657.75 | 154210.73 |
| 龙石 | 1297 | 603 | 796207.91 | 574621.26 |
| 丽沙 | 1059 | 488 | 379122.07 | 289703.54 |
| 大源 | 1050 | 521 | 590702.00 | 212195.32 |
| 山根 | 1180 | 628 | 513412.09 | 171999.18 |
| 陈店 | 750 | 358 | 254201.79 | 179575.22 |
| 里坑 | 1069 | 480 | 471614.81 | 260567.00 |
| 章巷 | 839 | 393 | 1864821.04 | 811269.06 |
| 小木溪 | 900 | 445 | 359634.19 | 140377.00 |
| 中堂 | 904 | 493 | 551871.39 | 386771.60 |
| 叶村 | 1326 | 633 | 196196.38 | 80230.00 |
| 大坑口 | 1627 | 769 | 300199.54 | 65490.00 |
| 富岭 | 2030 | 957 | 718279.41 | 536550.00 |
| 张垵 | 1849 | 953 | 574860.82 | 387053.53 |
| 下仓 | 1196 | 545 | 490940.87 | 313151.48 |
| 陶庄 | 1174 | 545 | 385109.70 | 333039.12 |
| 前垟 | 1433 | 646 | 683958.36 | 571078.33 |
| 下张 | 538 | 280 | 312883.56 | 244508.33 |

【党建引领】 2019年，南明山街道以党建为引领，筹建4个社区党委、居民委员会和居务监督委员会，城市社区基础更加完善。平稳完成村规模调整，行政村数量从35个村调整为27个村，合理优化了村庄结构，配强新村四套班子，进一步夯实街道基层党建基础。

【民生工程】 2019年，南明山街道统筹安排并启动完成涉农项目70个，投入资金约933万元，完成省市民生实事18项，各项目涉及空调进校园、贫困学生“一蛋一奶”计划、低保人群胃癌筛查、婴儿耳聋基因筛查等，完成率100%。引进民工子弟学校——文尚学校，新建农村文化礼堂3座，开展文化活动近300场。梳理“最多跑一次”事项，全年共受理事项1.2万余件，村级代办10.5万余件，办结率100%；社会保障基本实现“应保尽保、应救尽救”，共发放各类社会救助款596余万元；开展垃圾分类、公厕改造等环境卫生综合整治181次，清除垃圾2600余吨，生活垃圾分类处理建制村覆盖率达94.3%，有效制止和管控住秸秆焚烧，为开发区空气质量持续提升做出贡献。

【农村经济】 2019年，南明山街道实施农业农村三年行动计划和村集体经济提质增效，制定“一村一方案”，根据各村实际谋划92个项目，确保实现年收入超百万元的行政村3个，年收入20万元以上且年经营性收入10万元以上行政村占比达30%的预期目标；逐户落实差异化帮扶举措，确保如期完成58户低收入农户家庭人均收入达到9240元的脱贫攻坚任务；全市率先实现年度消薄任务，盘活一批资金，对17个村1.37亿元闲置资金转为竞争性存款，利息收入达300余万元，谋划一批项目，完成龙石村综合楼、岑山村综合楼等5个村级物业项目建设，出租盈利110万元。做好财政帮扶，安排650万元资金补助5个薄弱村购买店面；推进明兴公司实体化运作，合作投资富岭菜市场项目及闲置土地管护2个项目，预计年收益增加40万元；谋划集体经济发展项目4个。全年实现村级总收入1487万元，其中经营性收入1044万元，较2018年同比增长38%，被评为丽水市2019年度实施乡村振兴战略优秀单位。

【乡村建设】 打造大梁山沿线乡村振兴示范带、富岭迎宾大道沿线郊区现代景观农业带及瓯江沿岸精品路线，为农业产业后续发展提供强有力支撑；结合“两城创建”，推进俞庄前等3个安置小区及各村人居环境的整体提升，为开发区城市提质升级打下基础。实现农村饮用水全覆盖，美丽水厂建设及山根、丽周等村自来水工程建设有序推进中；完成绿道沿线、迎宾大道沿线问题点位整治80余处，开展环境卫生临时整治30次，清除垃圾500余吨；农村生活垃圾分类覆盖面达到100%、资源利用率达到86.7%，无害化处理率达100%；有效制止和管控住秸秆焚烧，为开发区空气质量持续提升做出贡献。

【农村管理】 合力攻坚，一大批历史遗留老大难问题得到破解，组织完成垟店村火烧田本“无违建整治村”整治、丽沙村地质灾害隐患点周边违章房、上树岭废旧物品交易场及附近成片违法建筑强制拆除；与执法局密切配合，完成浙江卫视“今日聚焦”栏目曝光点位整改，为全区基本无违建区创建扫除了最大障碍，同步完成久拖13年的豆腐作坊违法占地建筑和桐岭岗骑士山庄违建别墅强制拆除。顺利完成丽周新村第四批下山脱贫18户地基抽签和地基集资款退回本息工作，长期阻碍丽周新村建设的难题得以最终破解。

【政策处理】 完成省市区瓯江赛道、天然气县县通、东一小项目等重点项目政策处理。推进机场项目建设，完成机场项目测量533.33余公顷，占总任务量的70%。推进城中村改造工作，有效做好“两违”处置、“净地清零”行动、安置房分配等工作，与征安办密切合作，完成房屋征收面积24.78万平方米，被征收454大户、腾空437大户、拆除391大户，发放补偿款11.6亿元。

【“城中村”改造】 推进城中村改造，与征安办密切配合，共同完成丽沙村2013年尾留和上沙溪村两个房屋征收项目，均实现100%签约；机场项目（章田圩村）签约第一阶段实现85.1%的签约率；上桥、齐垵等项目正在按计划有序推进。1—6月，完成338户安置小区建房审批，其中富岭C区块162户304间、B区块176户335.5间。

【平安建设】 2019年，受理各类信访件501件，办结率100%；“四个平台”上报事件6271件，办结率100%；平安建设系统共受理、处理事件1921件，办结率100%；共化解村里矛盾纠纷107件。全力做好建党70周年维稳安保工作，实现人员上访“零”进京、“零”赴省、“零”群访。与35个行政村，11家小微企业签订安全生产目标管理责任书；与432家出租房、经营户签订安全生产承诺书，落实安全生产、食品安全的主体和监管责任。开展安全专项检查5次，常规性检查54次，发现安全隐患170处并及时劝导和整治，确保辖区安全环境持续稳定。建立应急指挥机构及责任体系、调整防汛预案开展演练、更新防汛形势图；巡察员全员到位、实时监测、全面排查。目前已巡查辖区内39座坝高5米以上山塘、屋顶山塘及4座水库，整改下章水库、山根五亩头山塘等隐患点共4处，转移人员22人；实现辖区内D级危房100%腾空解危，妥善安置居住C、D级危房的低收入农户，无人员伤亡事件。

## 碧湖镇

【概　况】 2019年，碧湖镇总面积219.57平方千米，辖43个行政村、3个居委会、611个村民小组。全镇总户数30962户，其中，农业户24729户；总人口63246人，其中，农业人口50562人，外来人口10070人。人口自然增长率1.67‰。林地面积5966公顷；耕地面积3988.5公顷；其中，水田3578公顷。

全镇实现农业总产值10.3亿元，同比增长8.2%；工业总产值54.3亿元，同比增长13.4%；旅游总收入15.8亿元，同比增长18.5%；税收总收入1.76亿元，财政拨款收入2.4亿元；农民人均收入2.8万元。

2019年，安排政府投资项目11个，实际完成政府投资4.1亿元。镇区整治提升工程、大众街和环北路整治工程、通济堰沿线景观工程顺利竣工。镇区给排水管网改造项目一、二期工程完成建设。第二污水处理、人民街修复工程等项目加速建设。西生活区块道路网工程、城镇综合体项目一期、镇区基础设施提升改造工程等项目开工建设。丽水机场、碧湖三小、区委党校等项目启动建设。

全面完成粮食播种面积和粮食总产目标。成功创建省级农业绿色发展示范区。成功举办郎奇村玉米新品种展示会。杨梅、火龙果生态精品示范基地建设初具规模，魏村国家级水稻品种区域试验试点建设深入推进。“网购进村、土货进城”深入开展。

万洋低碳智造小镇工业航母扬帆起航，152家企业正式签约，18家企业成功入驻并正式投产。碧湖北区块、南山、郎奇3个工业园区企业招引势头强劲。24家“低小散”企业得到有效整治，12家落后产能关停淘汰。

“万村景区化”持续推进，全域旅游全面铺开，堰头村成功创建AAA级景区村、省级人气旅游村。畲坑养心谷民宿特色村基本完成，上县头民宿特色村项目进展顺利。全年全镇64家民宿（农家乐）累计接待游客54万人次，直接营业收入近3000万元。开展寻梦田园系列活动、“二月二”龙抬头、下南山杨梅节、农民丰收节等旅游活动。

成功创建省级语言文字规范化乡镇。新建5个村级新时代文明实践站、9个村级文化礼堂。全年开展千人志愿服务10余次，各类群文活动864场。新建和提升避灾安置场所8个。连续两年获评市级征兵工作先进单位。新建13个村级退役军人服务站。完成碧湖中学扩建、碧湖中心幼儿园迁建工程。莲都区人民医院改扩建工程成功结项。

全年共支出困难补助、医疗救助等各类民生保障金超过3000万元。城乡居民基本养老保险参保率达99.48%，全区排名第1位。完成省市区各级民生实事20项，建成全区首个镇级居家养老服务中心和1个三星级残疾人之家。“老年食堂”43个村全覆盖。

是年，碧湖镇被评为2019年年度工作责任制考评乡镇街道综合优胜单位，成功创建省级小城镇环境综合整治样板镇、省级农业绿色发展示范区、省级美丽乡村示范乡镇、省级语言文字规范化乡镇。

**碧湖镇各行政村基本情况表**

表14

| 村名 | 面积（平方千米） | 户数（户） | 人口（人） | 农村集体经济总收入（万元） | 农村集体经济总费用（万元） | 农村集体济净收入（万元） | 农民人均存收入（元） |
|---|---|---|---|---|---|---|---|
| 高溪 | 5.43 | 889 | 1895 | 32.53 | 10.18 | 22.35 | 32098.39 |
| 竹溪 | 5.92 | 790 | 1637 | 61.2 | 6.07 | 55.13 | 31646.89 |
| 南坑 | 20.59 | 679 | 1412 | 24.61 | 2.55 | 22.06 | 25813.30 |
| 龙岩 | 20.77 | 501 | 1030 | 34.51 | 14.98 | 19.53 | 30237.35 |
| 大吴山 | 21.75 | 537 | 1109 | 31.3 | 17.32 | 13.98 | 27275.14 |
| 缸窑 | 6.17 | 1058 | 2272 | 45.8 | 5.75 | 40.05 | 30854.03 |
| 红南 | 3.54 | 565 | 1182 | 101.31 | 20.63 | 80.68 | 31261.47 |
| 联济 | 6.06 | 414 | 860 | 36.81 | 16.14 | 20.67 | 20824.88 |
| 中岙 | 8.49 | 498 | 1010 | 35.24 | 20.48 | 14.76 | 19214.38 |
| 南山 | 6.48 | 675 | 1465 | 49.41 | 7.26 | 42.15 | 34223.70 |
| 中溪 | 13.45 | 847 | 1732 | 26.83 | 13.78 | 13.05 | 20626.66 |
| 松坑口 | 11.84 | 792 | 1616 | 52.50 | 9.59 | 42.91 | 22892.36 |
| 魏村 | 3.3 | 789 | 1685 | 38.93 | 7.64 | 31.29 | 28858.10 |
| 概头 | 1.55 | 600 | 1400 | 18.13 | 9.22 | 8.91 | 29642.71 |
| 保定 | 4.81 | 760 | 1721 | 27.58 | 5.30 | 22.28 | 27142.99 |
| 岩头 | 2.87 | 306 | 717 | 32.41 | 7.43 | 24.98 | 27762.42 |
| 三峰 | 1.57 | 628 | 1400 | 21.79 | 1.77 | 20.02 | 27960.63 |
| 周巷 | 5.68 | 952 | 2031 | 35.39 | 6.15 | 29.24 | 27500.88 |
| 堰头 | 15.29 | 720 | 1850 | 38.93 | 24.39 | 14.54 | 28973.73 |
| 大陈 | 1.1 | 414 | 902 | 26.82 | 4.42 | 22.4 | 30570.47 |
| 红圩 | 1.35 | 680 | 1400 | 35.63 | 7.55 | 28.08 | 29714.30 |
| 里河 | 1.43 | 508 | 1018 | 31.99 | 6.05 | 25.94 | 32522.34 |
| 上阁 | 1.56 | 508 | 1115 | 23.56 | 5.45 | 18.11 | 26039.05 |
| 九龙 | 4.31 | 1280 | 2670 | 53.77 | 13.67 | 40.1 | 28522.24 |
| 章塘 | 2.03 | 846 | 1810 | 33.63 | 3.88 | 29.75 | 26273.05 |
| 下叶 | 2.24 | 557 | 1261 | 39.37 | 11.23 | 28.14 | 28194.64 |
| 同心 | 2.15 | 679 | 1393 | 37.30 | 8.52 | 28.78 | 28874.62 |
| 郎奇 | 8.84 | 1205 | 2645 | 67.14 | 43.75 | 23.39 | 39239.65 |
| 蒲塘 | 2.33 | 836 | 1930 | 20.13 | 2.83 | 17.3 | 26396.93 |

续表14

| 村名 | 面积（平方千米） | 户数(户) | 人口(人) | 农村集体经济总收入（万元） | 农村集体经济总费用（万元） | 农村集体济净收入（万元） | 农民人均存收入（元） |
|---|---|---|---|---|---|---|---|
| 白桥 | 4.46 | 619 | 1438 | 34.67 | 1.75 | 32.92 | 26118.88 |
| 下赵 | 0.85 | 355 | 800 | 24.16 | 3.30 | 20.86 | 24574.46 |
| 泉庄 | 0.78 | 330 | 775 | 23.92 | 5.03 | 18.89 | 26611.66 |
| 石牛 | 2.23 | 980 | 2165 | 44.56 | 24.49 | 20.07 | 28318.53 |
| 白口 | 3.82 | 910 | 1918 | 51.42 | 14.51 | 36.91 | 27288.90 |
| 河口 | 1.96 | 461 | 941 | 38.01 | 4.96 | 33.05 | 28337.79 |
| 上街 | 0.86 | 610 | 1063 | 33.95 | 12.07 | 21.88 | 28351.56 |
| 古井 | 0.64 | 548 | 1029 | 47.10 | 11.11 | 35.99 | 27784.44 |
| 行口 | 1.24 | 566 | 1087 | 30.29 | 3.44 | 26.85 | 30774.19 |
| 下街 | 0.55 | 415 | 751 | 39.57 | 10.33 | 29.24 | 28329.53 |
| 碧一 | 0.83 | 785 | 1448 | 63.17 | 20.41 | 42.76 | 28145.09 |
| 上赵 | 1.4 | 575 | 1107 | 37.17 | 14.28 | 22.89 | 27115.46 |
| 河东 | 0.77 | 438 | 739 | 39.49 | 15.03 | 24.46 | 28290.99 |
| 沙岸 | 1 | 512 | 1203 | 23.32 | 11.51 | 11.81 | 25576.53 |
| 合计 | 214.26 | 28370 | 60632 | 1645.35 | 466.2 | 1179.15 | 28064.54 |

**【小城镇综合整治工作】** 2019年，碧湖镇顺利通过小城镇环境综合整治省级验收，并创成省级样板镇。先后投资3.3亿元对镇区1.86平方公里进行全方位、立体式整治、美化、提升。深入推进23个项目，累计完成交办点位11136个。建成通济公园、金庸武侠广场、西乡影苑休闲广场、丰收广场等19个特色节点，拆违、拆旧、拆破面积18.5万平方米，改造提升通济堰沿线景观4公里，新增停车位2500余个，路面白改黑2.2万平方米，房屋立面改造29.1万平方米，店招改造提升850户，增设交通监控和违法抓拍39个。

**【环境整治工作】** 2019年整治“六三三”点位595个，完成超级马拉松赛道（碧湖段）整治提升改造和全省山海协作工程推进会考察线路沿线环境整治。完成15个村庄景观改造项目扫尾，持续推进桃碧线景观提升工程、堰头村国家级传统村落等项目建设，创成新时代美丽乡村达标村13个、精品村4个，堰头村成功入选首批国家森林乡村。农村生活垃圾分类覆盖35个村，南山村成功创建省级高标准农村生活垃圾分类示范村。农村污水治理项目43个村全部通过终验。

**【环保工作】** 2019年，碧湖镇完成4件中央环保反馈件和12件省级环保反馈件整改。创新出台秸秆焚烧综合治理办法，高峰期秸秆焚烧火点数量同比下降近50%，秸秆综合利用增加农民收入300万元以上。“河长制”落实到位，“污水零直排乡镇”建设顺利推进，水利工程建设完成投资694.4万元。森林资源管护有力，全年落实天然林保护246.67公顷，春季造林面积96.47公顷，彩色健康造林80公顷，松材线虫病有效防控。

**【招商引资工作】** 2019年，碧湖镇招商引资完成2.1亿元，引进大项目1个、项目储备3个。申报山海协作项目3个，总投资1151万元。成功举办乡贤大会暨招商引资座谈会，助力碧湖村级老年食堂200余万元，碧湖乡贤联谊会已成为全区乡贤工作示范品牌。

**【征迁工作】** 2019年，碧湖镇共出让土地6宗，总面积3.3万平方米，出让金1.4亿元。全年列入市、区级重点项目政策处理任务29个，征收土地面积1561亩、征收房屋38550平方米。完成非区级重点项目12个，征收土地面积约22.13公顷。推进市区首个以模拟征收方式实施的征收项目—采桑区块征收工作。比原定计划时间提前5天完成所有120大户214小户的签约工作，完成全部房屋的腾空和拆除工作，争取省级未来社区试点项目落户碧湖。

**【主题教育活动】** 2019年，碧湖镇通过专题党课、八问调研、两张清单、对标整改等举措开展规定动作，通过重点工作百日攻坚等自选动作，解决一批群众关心的难事实事，"碧湖八问"的住村联心机制、"碧湖速度"的工作攻坚品牌逐步释放效能，相关经验做法被《浙江日报》等媒体刊发。

**【"最多跑一次"改革】** 2019年，碧湖镇推进"四个平台"建设，深化"最多跑一次"改革，完善镇级"一窗受理、事项直办、挂星服务"和村级代办工作机制，镇级便民服务中心办理服务事项4.5万余件，村级综合便民服务中心共办理服务事项近1万件，14项事关民生事项实现了办事不出门。竹溪村建成全市第一个五星级村级综合服务中心。

**【强村扶贫工作】** 2019年，碧湖镇全面完成"消薄"任务，实现全镇集体经济总收入1645万元。实施低收入农户动态管理，低收入农户人均收入8237元，增幅14%。全年启动扶贫项目7个，下达补助资金255.2万元。完成低收入农户产业帮扶153.4万元，雨露计划补助13.4万元。稳步推进"大搬快聚富民安居工程"，莲都最大安置民生工程瓯碧园小区顺利验收，安置户全部完成交款。

**【"三改一拆"工作】** 2019年，碧湖镇继续推进"三改一拆"工作，累计完成"一拆"面积20.31万平方米，处罚金额1374.4万元，总量分别排名全区第二、第一。完成"大棚房"整治点位11个。

**【平安建设工作】** 2019年，碧湖镇建成西乡法律诊所，配强西乡老娘舅调解团，调处化解矛盾纠纷435起。推进乡村治理体系建设，松坑口村获评浙江省善治示范村。圆满完成全国"两会"、新中国成立70周年大庆等重点时期维稳安保任务。推进信访积案"消旧控新"。健全立体化安全防控体系，深入开展扫黑除恶，严格管控重点人员，排查整治安全生产问题隐患197个，开展在建工程巡查150余次，完成地质灾害滑坡点位应急排险治理4个，完成困难群众危房救助58户。

（陈鹤升）

## 大港头镇

**【概　况】** 2019年，大港头镇总面积90.3041平方千米，辖10个行政村、1个居委、140个村民小组。全镇总户数6207户，其中，农业户5860户；总人口12667人，其中，农业人口11658人，有外来人口809人。人口自然增长率−3.9 ‰。山林面积6271.14公顷；耕地面积1212.25公顷，其中，水田1141.48公顷。

全年实现财政总收入2980.86万元（不包含画乡小镇平台和莲创平台），增长39.4 %，其中，地方财政收入1532.2万元；上缴国税、地税2980.86万元，增长39.4 %。农村经济总收入507.08元，增长12.36%；村级集体经济总收入507.06万元，增长12.35%；农民人均收入27448元，增长9.8%。年末银行存款余额0.1663亿元，增长8.11%。

高标准开展"不忘初心、牢记使命"主题教育，共整改问题64个。弘扬践行"浙西南革命精神"，结合"不忘初心、牢记使命"主题教育活动开展初心之行、使命之行，成功举办古堰画乡专场星空朗读晚会。将"最多跑一次"改革向更广处、更深处推进，上下联动，跑出便民加速度。推进"一窗受理、集成服务",通过一窗化受理与代办员上门服务双管齐下,助力实现"最多跑一次",甚至"一次都不跑",全年办件量1404件,办结率100%。全面铺开农村宅基地及住房确权登记工作,大大简化办事手续,由村干部、网格员上门收集材料,真正做到群众"零跑腿",全年共办理不动产权证1249本。配合做好省对区经济责任审计和自然资源资产审计、党委巡察工作,切实抓好反馈问题整改,制定和修改完善内控制度24项。

**大港头镇各行政村基本情况表**

表15

| 村名 | 面积(平方千米) | 户数(户) | 人口(人) | 农村经济总收入(万元) | 农村经济总费用(万元) | 农村经济净收入(万元) |
|---|---|---|---|---|---|---|
| 大港头村 | 8.3273 | 1370 | 1786 | 64.63 | 61.30 | 3.33 |
| 河边村 | 5.9978 | 643 | 1316 | 43.10 | 78.80 | 35.70 |
| 石侯村 | 4.3125 | 311 | 628 | 23.32 | 22.98 | 0.348 |
| 利山村 | 7.6526 | 432 | 872 | 63.69 | 57.15 | 6.53 |
| 西黄村 | 6.7765 | 336 | 773 | 44.96 | 13.16 | 31.84 |
| 小井村 | 7.6647 | 309 | 675 | 24.85 | 24.94 | -0.0912 |
| 西坑口村 | 8.7002 | 505 | 1036 | 73.36 | 61.30 | 12.06 |
| 小山村 | 11.4264 | 478 | 1002 | 70.19 | 28.59 | 41.6 |
| 北埠村 | 20.1864 | 1208 | 2713 | 29.58 | 98.94 | -69.36 |
| 均溪村 | 9.2597 | 615 | 1466 | 69.40 | 24.80 | 44.60 |
| 合 计 | 90.3041 | 6207 | 12667 | 507.08 | 471.92 | 35.15 |

**【生态农业】** 充分利用大港头镇的生态、地理优势,践行绿色承诺,探索实现生态产品价值多元转换,将茶产业打造成为大港头镇农业主导产业。2019年,共有茶农4000余户,茶叶种植面积1660公顷,茶叶产量达920吨,实现产值1.92亿元。成功创建省级农业绿色发展示范区,5家茶叶企业、1家生态稻米企业加入"丽水山耕"区域品牌,大港头镇生态农业知名度和生态农产品市场竞争力再上新台阶。

**【全域旅游】** 古堰画乡小镇成功获评第三批省级特色小镇、省级乡村旅游产业集聚区,入选浙江省首批诗路旅游目的地培育名单;大港头镇获评省AAAA级景区镇;大港头村被评为中国美丽休闲乡村、省AAA级景区村庄;北埠村被评为省AA级景区村;小山村被评为省A级景区村。2019年,古堰画乡景区门票收入2472.55万元,同比增长16.2%,接待国内外游客193.97万人次,同比增长9.61%。民宿发展势头良好,新发展民宿20家,餐位610个,床位341个。民宿总数已达168家,其中金宿2家、银宿9家、五星级2家、四星级3家。

**【项目建设】** 2019年,完成驻大港头均溪部队饮用水安全工程、黄头庄安置房基础设施配套工程、大港头新村及拆迁安置小区配套基础设施工程、石雕艺术馆、画乡青瓷生活馆等项目8个。镇区给排水管网提升改造二期三期、丽云卫生院西侧道路、大港头高地区块安置小区、画乡壹号酒店综合体、风情画乡度假村、大港头镇(石玄)头嘴村美丽乡村重点村建设等项目有序推进。

**【招商引资】** 持续优化招商引资环境,借助古堰画乡特色小镇招引平台，加大休闲旅游、文化创意、艺术体验等领域的招引力度。2019年，新引入艺术类业态96家，累计已达121家。成功引进力美术馆、丽水巴比松展示厅、深圳九九艺术品公司、意大利博兰文化公司、义乌山海协作古堰画乡展示厅等艺术类企业和“木言木语”轻音乐酒吧、石雕艺术馆、画乡青瓷生活馆、风情画乡度假村、猫空书店等一批高品质业态项目。

【生态环境】 始终坚守生态底线，在保持经济增长的同时，实现了全域生态环境质量的总体持续改善。2019年，大港头镇“污水零直排区”建设、大港头村“一村万树”示范村建设顺利通过省级验收。完成两迹更新造林3.8公顷，珍贵彩色森林建设20.47公顷，森林抚育面积846.67公顷，天然商品林保护面积808.07公顷，组织开展义务植树1.2万人次、3.3万株，森林覆盖率达79.77%。开展松材线虫病防治661.53公顷，采伐松枯死木60099株。

【城镇品质】 立足特色小镇和古堰画乡景区长远发展需要，完成镇区居住、商业、公共服务、旅游等空间布局整合梳理，进一步优化镇区土地资源利用及各项功能规划布局，促进重点项目实施和优质旅游资源引进。开展古堰画乡最美“诗画小镇”环境综合整治提升行动，重拳整治环境卫生、城镇秩序、乡容镇貌。2019年，新建古堰画乡栈道，改造古堰画乡艺境巴比松广场，增设镇区不文明行为电子屏曝光台，打造智慧票房系统、智能停车收费系统。依法拆除违法建筑面积2.51万平方米，完成率达100.35%，处置罚款共计68.3万元，完成率达113.83%。

【农村环境】垃圾分类工作提质提档，继续走在全区前列，利山村被评为浙江省高标准生活垃圾分类示范村，大港头镇被评为区级最美分类乡镇，石侯村被评为区级最美分类村。推进高标准饮用水工程建设，北埠村饮用水达标提标工程在全区范围内首次投入使用智能水表，率先对饮用水建后管护长效机制实行探索，为全区提供鲜活样板。完成小井、均溪、利山、西黄等村农村土地综合整治项目，总竣工面积5.26公顷，新增耕地2.22公顷。完成“四好农村公路”大大线至西黄、张山至张山后公路建设，有序推进官岭传统村落保护利用项目、北埠至堰后公路改造提升工程，改造提升农村公厕1座。

【“消薄”“双增”】 立足本地资源禀赋，深入挖掘潜能，景村联建促“消薄”、促增收，全面巩固脱贫攻坚成果，所有行政村顺利通过“消薄”“双增”工作验收。充分发挥旅游产业的“反哺”作用，创新谋划古堰画乡景区游船联建项目和黄头庄停车场光伏联建项目，其中游船联建项目已于2019年11月实施，未来十年每年固定收益达43.8万元。

【民生保障】 实行低收入农户动态管理机制和低保对象分类差额救助制度，真正做到“应保尽保、应退则退、应补尽补”。2019年，共发放低保金243万元，各类救助金12万元，产业帮扶补助资金25.62万元；城乡居民医疗保险参保率达到99%，城乡居民养老保险参保率达到97.1%；建成大港头镇日间养老照料中心和残疾人之家；超额50%完成年度征兵任务，成立镇、村两级退役军人服务站11个；完成小山村茶叶产业基地道路硬化扶贫项目建设；持续做好瓯碧园后续服务工作和“大搬快聚”摸底调查工作。

【科教文卫】 成功举办全国科普日主场活动暨丽水科普艺术节；全面推进义务教育均衡发展，助力莲都区创成“省教育基本现代化区”，利山村红色教育体验基地被命名为区爱国主义教育基地；创成全省“扫黄打非”进基层示范点；新建西黄村和小井村文化礼堂、大港头新时代文明实践所，举办送戏下乡、文化走亲、政策宣讲、辅导培训等各类文化礼堂活动300余场；创建国家卫生乡镇，健康机关、健康村创建成果得到进一步巩固。

【社会治理】 坚持“景镇融合”理念，推进基层社会治理共建共享。深化全科网格建设，建成综合信息指挥室，基本实现镇区、景区智慧化管理。探索实践“执法+保安”的市容管理模式，实现镇区市容管理全覆盖。依托古堰画乡小镇党群服务中心，探索社会治理共同体载体建设，“老同志帮帮团”“画乡小荷”“画乡义警——民宿联盟”“乡贤调解帮帮团”等社会组织应运而生。2019年，全镇共办理人民调解案件104件，调解率100%。全力打造“平安画乡”，推进扫黑除恶专项斗争行动，落细落实安全生产和应急管理各项举措，大港头派出所获全省首批“枫桥式公安派出所”称号。

（王璐璐）

## 峰源乡

**【概　况】** 2019年，峰源乡总面积189平方千米，辖8个行政村，107个村民小组。全镇总户数4419户，其中，农业户4312户；总人口8690人，其中，农业人口8580人，有外来人口110人。人口自然增长率29.1‰。耕地面积1333.33公顷，林业用地12666.67公顷。全乡平均海拔735米，植被覆盖率93%，气温比市区低5℃左右，年降雨量比市区多200毫米左右，平均负氧离子达8000—10000个/立方米，具有独特的高山气候、资源、环境，是国家级生态示范乡，省级卫生乡。

全年财政总收入7274.44万元，增长17.9%，其中，地方财政收入6070.52万元，增长11%；上缴国税、地税184.26万元，增长181%。农村经济总收入26931元，增长4.8%；村级集体经济总收入363.52万元，增长11.2%；农民人均可支配收入26931元，增长4.8%。

**【高山农业】** 2019年，峰源乡高山特色种植产业，主要为高山蔬菜、香菇、茶叶等。其中高山蔬菜年产量约1500吨，产值近600万元；香菇产量约280万段（每段出菇0.8公斤，每公斤售价1.75元），产值约1568万元。高山茶叶约53.33公顷，四季豆、番茄、茄子、辣椒等均有较大规模种植。四季豆、茭白、番茄、茄子等品种完成无公害农产品认证。正岙门长达高山果蔬基地被省农业农村厅确定为2019年度种植业“五园”创建省级示范基地（放心菜园）。“米岙老枞”获2019中国（深圳）春茶博览会入围奖，郑地片在省林科院指导下尝试黄精套种、衔接桐庐桐阁堂等药企采购，有效带动农民增收。完善80千米越野赛道建设，高质量承办“莲都100”越野赛，展示峰源旅游资源，做强“产业+”。引进上海市丽水商会超市协会结对合作，双方签订五年的结对协议，在峰源—上海小微版“山海协作”模式上作出初步探索。

**【脱贫增收】** 2019年，峰源乡响应全区“大搬会聚”号召，完成263户瓯碧园安置工作。通过乡级电站股权收益联建项目和各村自建项目等增收途径，8个行政村集体经济平均收入达到39.74万元，经营性收入平均达到7.43万元，不依靠区级兜底自力更生完成年度“消薄”目标。同时，多举措化解村级债务288.04万元，化解率达37.32%。

**【社会保障】** 全乡城乡居民基本医疗保险参保8554人、社会养老保险参保6756人，参保率分别达到99.04%、98.3%，均比上年有增加；农村住房保险参保2426户。发放低保、五保、医疗、优抚、困难家庭、自然灾害等各类救助、补助款260余万元；实施低收入农户“菜单式”扶贫增收项目惠及300人，发放产业扶持资金49.9万元；为27名学生提供“雨露计划”及其他助学帮扶补助共计2.78万元。此外，整乡推进农村宅基地及住房确权登记工作，完成颁证431本，完成率107.8%，超额完成任务。

**【民生工程】** 新砀村、郑地村饮用水提标工程顺利完工。建设“四好农村路”16千米。完成乡级避灾中心以及2个村级避灾中心的建设。完成对上垟护岸修复工程竣工验收，完成了水牛坪、大福园2个农业基地的高效节水项目建设。全年拆违5937平方米，完成率118.8%，完成率居全区第一，实现连续3年第一。设立农村危旧房巡查管理机制，有效推进28户农房修缮进度，确保危房伤人事故零发生。8个村全部建成垃圾分类村，设立分类兑换超市。持续开展“五水共治”，投资167万元完成夏庄村农村生活污水提升项目，15个自然村的农村生活污水治理项目全面完成最终审计结算。

【公共事业】文化、卫生、计生、教育、社会保障等社会事业健康发展。囿山小学峰源校区与义乌市绣湖小学结对，成为9所中小学校结对帮扶中首个完成“互联网+义务教育”结对帮扶的学校。峰源乡卫生院“流动医院”实现全乡8个村、22个点“送药上山”全覆盖，医生每月送药上山，方便偏远山区群众在“家门口”实现医保结算，累计开出200余张处方。充分发挥全科网格作用，并与大港头派出所联合组建“峰源义警·山里110”，全年化解信访积案5件，化解率100%，排查化解其他各类矛盾纠纷74件。

【党风廉政】 落实党风廉政建设责任制和“一岗双责”，坚决整治形式主义和官僚主义，落实“基层减负年”要求，全年党政发文数量比上年度大幅减少53.2%，会议精简30%以上。开展低保低边户排查自纠2次，注销不符合条件的最低生活保障33户43人，注销低保边缘户61户100人。全年开展审计和巡察，发现的问题于本年度基本整改到位。

（钟徐艺）

峰源乡各行政村基本情况表

表16

| 村名 | 面积（平方千米） | 户数（户） | 人口（人） | 农村经济总收入（万元） | 农村经济总费用（万元） | 农村经济净收入（万元） | 农民人均纯收入（元） |
|---|---|---|---|---|---|---|---|
| 庞山村 | 1616.9 | 836 | 1625 | 73.038 | 96.2784 | -23.2404 | 26860 |
| 夏庄村 | 1993.3 | 694 | 1330 | 72.6038 | 24.6847 | 47.9191 | 27200 |
| 赛源村 | 4366.8 | 560 | 1142 | 51.8641 | 28.9052 | 22.9589 | 27400 |
| 库坑垟村 | 2554.2 | 711 | 1410 | 43.1564 | 21.9486 | 21.2078 | 26530 |
| 郑地村 | 660.6 | 343 | 673 | 51.3936 | 50.6871 | 0.7065 | 26880 |
| 正岙门村 | 934.7 | 442 | 876 | 21.9022 | 47.3176 | -25.4154 | 27000 |
| 新砀村 | 2107.2 | 318 | 619 | 19.9071 | 26.4476 | -6.5405 | 26300 |
| 毛山村 | 859.8 | 515 | 1015 | 29.6774 | 21.7532 | 7.9242 | 25600 |
| 合 计 | 188.7 | 4419 | 8690 | 363.5426 | 318.0224 | 45.5202 | 26931 |

## 太平乡

【概　况】 2019年，太平乡总面积105.34平方千米，辖19个行政村、203个村民小组。全乡总户数11405户，其中，农业户9960户；总人口23265人。人口自然增长率1.69‰。山林面积8749公顷；耕地面积666公顷，其中，水田80公顷。全年财政总收入1326万元，增长26.39%，其中地方财政收入742.00万元，增长39.85%。村级集体经济总收入970.13万元，增长41.3%。

【重点项目】 “灵康杏福”康养小镇是区政府重大招商引资项目，总投资50亿，吴晓东市长领办项目，列入浙江省2019年“五个千亿”投资工程。项目涉及吾古、太平两个村，涉及总用地面积约149.33公顷，其中一期项目涉及31.73公顷土地，一座国有用地上水电站、4幢集体土地房屋17户村民。正月初八启动项目征迁，召开两个村所有干部、党员、村民代表两百多人的大会，进行全面动员。3月完成31.73公顷土地分户测量，4月完成将近80穴坟墓迁移，11月2

号、3号(周末)完成大部分征地款发放到户,11月4号、5号完成项目清表交地。村里垫付80多万元修建村级公墓,4月全部坟墓迁移到位。在电站征收方案确定后仅15天时间,通过六轮的谈判确定合理的价格完成国有土地上电站征收,项目中最少的3.14平方米,调解100多起家庭内部兄弟、邻里的矛盾,整个项目征收后社会面整体平稳。

**【村集体“消薄”】** 2019年,太平乡坚持“输血、造血”并举,做好“消薄”工作,截至年底,各村集体收入合计970.13万元,其中经营性收入 114.82万元,全乡所有村实现消薄,且按计划年底全部能实现自主消薄,不需要区“兜底”。组织村两长参加“乡村振兴”学堂等培训,开展“如何发展村集体经济”大讨论活动,将消薄工作纳入支部主题党日讨论内容,纳入支部党建必修课,乡党委政府通过“组团下访”、“三服务”等活动载体,组织“消薄”座谈会19场次。按照“村级项目建设为基础、乡级项目联建为补充”的原则,要求每个村谋划实施1—2个切实可行、见效快的村集体经济发展项目。对接争取到扶贫资金142.5万元,全乡范围启动屋顶光伏项目,共有16个村安装光伏项目,共建光伏电站18座约860千瓦,总投资近600万元,截至年底,产生经营性收入17.91万元(2019年5个月的收入,大部分村下半年开始发电),全年计算可获经营性收入约50万元,提升村级经济发展内生动力。各村利用有利位置、优势产业,精准谋划各村特色增收项目。如太平村利用每月6次农村集市,打造太平乡集贸市场,为该村每年增收2万元;富源、长濑、吾古等村利用水资源优势,通过电站分红,分别实现收益2—13万元不等收入;下夭村通过改建原来村集体的枇杷园,建设枇杷科普园,建设连栋大棚,新一轮拍租由每年4万元增加到每年7.9万元;城头村通过流转土地,开展特色小水果园开发,开发采摘游等线路,建立珍贵树种种植基地,已种植名贵木种金丝楠木苗8000多株,有望成为2020年村集体新增长点;富山头村利用村集体土地,年发展8.33公顷村集体覆盆子种植基地出租,每年为村集体增收1.5万元,10月流转土地6.67公顷种植油茶基地,为村里增收超过3万元。2018年,乡党委创新推出太安电站技改项目,通过技改让村集体入股,进而带动村级收入的可持续性。做到“三个规范”。注资规范,9个村150万元消薄资金以补助到村后,各村由各村集体打入太安电站账户实现注资。配股规范,规范丽水市太平乡太安电站有限公司注册,修订公司章程,明确各股东股份,颁发股权证,做到股权到村。决策规范,乡党委政府指导公司成立董事会、监理会,召开股东大会依法选举产生和管理公司。在决策过程中,太安电站重大事项决议向乡党政班子会通报,再提交董事会决议。实现“三方共赢”。 村级增收。2019年,纯收入可达60万元,截至年底,9个村共分红31.84万元,全年每村预计可增收1.5万元—2万元。乡政府增收。乡政府的收益由原来每年租金收益3万元到有望到近40万元,增收13倍多。同时,根据公司法相关规定,乡政府占有的66%股份收益可以让利给9个村消薄,为9个村消薄上“双保险”。国有资产增值。通过对太安电站渠道维修、更换机轮组等技改,截至2019年12月31日,发电近170万千瓦·时,收益50万元,全年收益比原来增加50%。电站的效益、价值明显提高,国有资产实现保值增值。出台《太平乡村干部考核管理办法》,将消薄工作与干部年终报酬、评优评先、下一届候选人资格等挂钩,每季度开展通报排名;连续开展2次季度支部书记擂台赛;乡党委政府组织2轮全覆盖消薄专项督查。通过倒逼村干部把精力和思路用到发展村集体经济上来,全年全乡19个村至少建成1个自建项目,其中8个村有2个以上稳定收益项目。

## 太平乡各行政村基本情况表

表17

| 村名 | 面积（平方千米） | 户数（户） | 人口（人） | 农村集体经济总收入（万元） | 农村集体经济总费用（万元） |
|---|---|---|---|---|---|
| 吾古 | 5.09 | 514 | 1115 | 46.72 | 32.7 |
| 太平 | 14.25 | 943 | 1875 | 62.6 | 59.6 |
| 竹舟 | 3.34 | 364 | 815 | 35.81 | 14.67 |
| 下坼 | 6.47 | 1144 | 2485 | 54.8 | 24.5 |
| 长濑 | 3.02 | 313 | 680 | 38.02 | 76.6 |
| 小安 | 9.69 | 894 | 2013 | 64.7 | 51.47 |
| 城头 | 3.13 | 547 | 1192 | 88.21 | 9.01 |
| 大畈 | 3.16 | 473 | 977 | 51.71 | 21 |
| 朱弄 | 2.95 | 475 | 1000 | 52.2 | 47.76 |
| 大河 | 5.25 | 450 | 903 | 58.66 | 12.02 |
| 吴弄 | 3.20 | 360 | 781 | 47.04 | 3.9 |
| 长乐 | 5.77 | 423 | 889 | 46.76 | 8.2 |
| 横岗 | 4.21 | 570 | 1272 | 36.8 | 16.5 |
| 戴彰 | 2.46 | 593 | 1270 | 35.83 | 50.7 |
| 巨溪 | 3.12 | 777 | 1519 | 84.25 | 26.8 |
| 玉田 | 3.98 | 488 | 1080 | 51.08 | 29.61 |
| 留龙 | 4.59 | 510 | 1064 | 49.9 | 17.9 |
| 富源 | 11.5 | 655 | 1340 | 33.44 | 22.6 |
| 富山头 | 6.03 | 499 | 1012 | 31.6 | 44.68 |
| 合计 | 105.34 | 11002 | 23282 | 970.13 | 570.22 |

**【民生改善】** 全乡共计有低保人数1126人737户，低保边缘户人数292人，197户，共有低收入934户，1481人。做好低收入农民帮扶，1—12月共发放最低生活保障金 687.97万元，累计救助困难群众84人次，发放救助金6.52万元，肇事肇祸精神病人医疗救助70.5万元。水果产业是太平乡第一产业，枇杷种植面积达253.33公顷，占全区60%。5月，谋划开展首届“灵康—杏福小镇”杯枇杷文化摄影节活动，策划“太平极品枇杷拍出8888元天价”新闻报道，阅读量达20.9万次。活动期间开展枇杷评比、枇杷展销、快乐采摘、枇杷摄影等系列活动，仅8天时间，全乡销售枇杷约50万公斤，销售额超过1900万元。下一步谋划“下天枇杷种质资源园”“牛头山蜜橘基地”“富山头树莓中草药基地”等项目，结合“山海协作”项目，建设城头村大棚精品果园项目。全乡建设下（土夭）、富山头、朱弄、吴弄、长乐、横岗等6个村19个点农村饮用水体标项目全面完工等待验收，在小安村新增乡级居家养老服务中已经全面完成，残疾人庇护中心全面建成投入使用，完成4个文化礼堂建设；深化生活垃圾分类处理，自我加压全乡19个村开展垃圾分类，建成19个村垃圾分类兑换超市，实行垃圾分类“红黑榜”“积分奖惩”“以奖代补”等制度，取得初

步成效。

【基层治理】 太平乡是红色北乡革命根据地，隶属“北乡”区域。2019年，仅市级信访积案就有6件。5月29日，对原有自联会成员进行全面换届，围绕“实用、有用、有效”的原则，重新选举产生理事15人，常务理事3人，秘书长1人。对自联会章程、工作机制等进行修改完善，进一步明确了经费保障、奖励措施。自换届以来，成功化解了竹舟草药医治致死信访案件，大畈建房邻里纠纷案件，太平村危旧房改造纠纷等案件。截至年底，6个信访积案以及化解3个，另外3个都是事发地或者事权地不在太平乡，下一步将做好稳控化解。从实从严管理网格员队伍。太平乡共划分58个网格，近期出台《太平乡专职网格员管理考核办法》，建立严格的管理、考核、奖惩、退出制度，要求各网格员人员下沉、服务前移、登门服务，特别在除夕防火、清明防火、防汛防台等节点，乡党委政府强化督查考核，取得较好的效果。持续推动扫黑除恶工作。乡党委政府重视并利用好扫还除恶斗争的高压态势，在宣传发动、线索排摸、打击配合等各环节主动靠前。4月4日，太平乡配合公安机关对已初步查实的涉嫌敲诈勒索的犯罪嫌疑人徐某军、徐某福兄弟采取刑事措施，乡党委政府进行全面的宣传，重复发挥好打击的后半篇文章。此外，根据组织部门村社换届“回头看”工作，共有2名支部书记、5名村民主任、1名村委委员被清理出村干部队伍，其中2人存在违法违纪行为受党纪处分，5名涉刑人员，其间乡党委政府较好的完成干部的劝退和维稳工作。做好重点村示范点。在社会稳定中，注重发挥村级组织作用，全年结合工作成效，总结并推广下天村、城头村村级治理示范点2个。

【党建引领】 从严管理村干部。通过出台一项制度、用好一个载体，从严管理村干部、激发村干部积极性。制定出台《太平乡村级干部考核管理办法（试行）》，对各条线重点工作列入考核，对“村两长”实施考绩，年终奖金分为5挡，拉出待遇差距，奖优惩劣。季度召开支部书记擂台赛暨述职会，提高村双委班子的组织力和工作主动性。对工作中反映出来不符合的村干部，免职更换，2019年以来，已更换2个村支部书记。从严管理党员。结合“不忘初心，牢记使命”主题教育，设计党员联系群众的联系手册，将党员联系群众这项基本工作做实。制定《中共莲都区太平乡委员会关于进一步加强党员管理的若干实施意见（试行）》。通过微信“指尖课堂”、送学上门、一对一电话宣传等形式对普通党员进行回访教育。组织开展“爬红军洞干部毅行”、干部篮球比赛、弘扬践行“浙西南革命精神”演讲比赛等活动；开设太平乡“干部讲堂”，开展干部夜学夜讲，已进行15期，37位乡干部参加了讲学；针对乡乡人少事多的现实，进一步细化班子分工和干部分工，建立班子干部“一对一”机制（一名干部只对应一名班子，一名班子在各自分管的干部之间调剂各项工作），避免以往班子及干部交叉管理的问题，确保每项工作有人管，每个部门有人对接；出台《太平乡内控管理制度》，通过制度管人管事。

【主题教育】 坚持读原著学原文悟原理。班子成员通过自觉主动学、及时跟进学、联系实际学、笃信笃行学，各党支部书记带动广大党员一起学，累计开展支部学习96次，全体党员干部完成规定书目学习。开展学习研讨。领导班子开展自学和集中学习，围绕八个专题开展专题研讨，召开专题学习（扩大）会议，逐一谈学习心得体会，查摆存在问题，提出整改措施。班子成员通过对“两书一章”的集中学、自觉学，加深对习近平新时代中国特色社会主义思想的认识。在学习调研基础上，结合所思所学，乡党委班子、中层党员干部与村支部书记精心准备党课，为各村支部上好专题党课，累计上党课38堂。在“灵康·杏福”康养小镇项目推进中，仅用一个月完成31.73公顷土地分户测量等前期工作，周末2天完成大部分征地款发放到户，2天时间完成项目清表交地。班子成员通过走村入户访民情、听民声、解难题。

开展“初心之行”“使命之行”、十九届四中全会精神学习等，走访企业、专业合作社21次，组织乡党委“组团下访”3次，深入全乡19个村开展调查研究45人次，现场解决问题44个，带回问题10个，已解决4个，形成高质量调研报告15份，并归纳总结出具有推广性的城头村经验报告1份。

## 雅溪镇

【概　况】 2019年，雅溪镇总面积156.65平方千米，辖19个行政村、198个村民小组。全镇总户数9292户，总人口21558人，其中，农业人口13371人，有外来人口2371人。山林面积12731公顷；耕地面积545公顷，其中，水田541.87公顷。村级集体经济总收入706.12万元。

雅溪镇各行政村基本情况表

表18

| 村名 | 面积（平方千米） | 户数（户） | 人口（人） | 农村经济总收入（万元） | 经营性收入（万元） | 其他（非经营性）收入（万元） |
|---|---|---|---|---|---|---|
| 双溪 | 11.15 | 870 | 2037 | 36.54 | 7.56 | 28.98 |
| 洪渡 | 7.62 | 600 | 1356 | 36.59 | 6.94 | 29.65 |
| 上黄 | 3.72 | 311 | 798 | 37.95 | 5.69 | 32.26 |
| 莲房 | 14.04 | 992 | 2181 | 44.22 | 5.43 | 38.79 |
| 周村 | 3.42 | 368 | 806 | 30.08 | 5.54 | 24.54 |
| 季岭根 | 2.91 | 258 | 655 | 25.98 | 5.89 | 20.09 |
| 雅里 | 10.49 | 751 | 1598 | 45.17 | 5.84 | 39.33 |
| 上陈 | 3.74 | 261 | 693 | 29.49 | 5.23 | 24.26 |
| 金竹 | 4.41 | 356 | 958 | 38.45 | 9.92 | 28.53 |
| 里东 | 11.93 | 783 | 1602 | 44.17 | 7.03 | 37.14 |
| 西溪 | 9.05 | 655 | 1640 | 49.70 | 6.29 | 43.41 |
| 潘百 | 6.06 | 457 | 916 | 39.84 | 6.98 | 32.86 |
| 岩蒙 | 5.74 | 352 | 846 | 33.35 | 5.48 | 27.87 |
| 雅义 | 18.53 | 610 | 1305 | 40.88 | 6.09 | 34.79 |
| 库川 | 13.56 | 678 | 1685 | 41.81 | 6.51 | 35.3 |
| 双源 | 6.69 | 245 | 579 | 31.02 | 5.92 | 25.1 |
| 岱后 | 7.01 | 329 | 832 | 38.15 | 5.57 | 32.58 |
| 上金竹 | 7.89 | 143 | 408 | 31.59 | 5.71 | 25.88 |
| 泄下 | 8.69 | 273 | 663 | 31.14 | 5.91 | 25.23 |
| 合 计 | 156.65 | 9292 | 21558 | 706.12 | 119.53 | 586.59 |

【项目建设】 区级重点项目雅溪镇自来水厂工程于2019年12月10日正式开工，小安溪综合治理工程、生命安全防护工程有序推进。交通项目板染至尚寮、岱后至青峰岭、上金竹至缙云九里等三条联网公路工程竣工验收。“四好农村路”大石坑至泄下段完工，洪渡至章山段基本完工。双双线边坡应急抢修工程完工。民生项目2019年度上黄等11个村饮用水提标达标工程完工并投入使用。传统村落项目洪渡村完工验收，龚山、库川两个村主体完工。土地垦造项目双溪座山、雅里西下岭通过区级验收，泄下翁山头通过初验。招商项目持续推进，积极帮助晶鼎矿业项目投资商做好山林土地征用、审批等工作，主动为飞宇矿业萤石矿浮选项目前期工作做

好对接服务。

【乡村振兴】 举办各类农业技术培训10次，培训农户 381人次。其中组织五期雅溪镇生态精品农业培训论坛，对覆盆子、桃子、番薯种植户进行培训。培育新型农业经营主体，构建现代农业产业体系，拥有农业企业4家，农业合作社9家(其中省级1家)，家庭农场14家(其中省级1家、市级1家)。发展壮大村级集体经济，打赢“消薄”攻坚战，岱后村“红军营”项目自2019年4月以来共接待游客5000多人次，收入16万元。里东村筹资92万的光伏自建项目完工并投入使用，年收入10万元。引导村民传承优秀传统文化，组织开展“我推荐我评议”身边好人、“好婆婆好媳妇”“重阳节敬老礼仪”等群众活动，雅里村的“乡村春晚”多次代表莲都区参加全国春晚展演和省、市乡村艺术节活动。2019年8月10日，召开雅溪镇2019年乡贤献计献策大会，60余位来自全国各地的乡贤为雅溪发展提出提案19条。全镇共有15个村成立村级乡贤联谊会，共有乡贤312名。推进文化礼堂建设全覆盖工作，双源村文化礼堂完工，泄下、季岭根村完成主体工程。协助做好教育基本现代化示范区创建，雅溪学校2019学年中考成绩名列全区乡镇学校第二名。

【人居环境】 推进经常化创建文明城市工作，开展雅溪镇新时代文明实践所建设，成立11支志愿服务队，开展新时代文明实践活动50余次。积极推进省级景区村创建工作，岱后、库头创成AA级景区村。持续推进农村人居环境整治。深化“污水零直排区创建”，镇区管网提升工程完工。通过省“零直排区”建设调研组“回头看”考核，获得全省“五水共治”工作考核优秀乡镇荣誉，系全区唯一。继续巩固“无违建”创建成果，开展执法巡查273次，巡查人数819人次，全年累计拆除违法建筑面积6419平方米，当场发现制止“两违”行为32宗，拆除既有违建点位62处，做到违建零容忍。全面推进垃圾分类活动，覆盖至16个行政村。对本镇30处公益性公墓进行规范化管理，及时处置私自违规建坟行为2起。做好生态环保工作，推动落实烟花爆竹禁燃禁放、秸秆禁烧等工作。

【民生保障】 2019年，共出生人口198人，累计完成城乡居民基本医疗保险参保16753人，城乡居民养老保险参保10890人。基本完成低保户和低保边缘户退保工作，全年累计发放低保补助金538.3万元，孤困儿童生活补助48.7万元，发放医疗救助金56.2万元，临时救助各类困难群众165户，发放救助资金13.9万元。建有残疾人之家1个，青年之家3个，日间养老照料服务中心18个，老年食堂9个。330名老年人享受上门护理服务，总享受金额44.49万元。累计采集退役军人信息642条。农村宅基地及住房确权登记累计发证1299件，完成任务数的108.25%，排名全区第五。实施精准扶贫政策，产业扶持申报238户238人，发放金额 29万元，通过雨露计划补助8人，补助金额 2.4万元。积极实施易地扶贫搬迁，完成47户搬迁户瓯碧园安置房申购工作，其中6户选择下期安置，34户完成交房。协调解决120名里东受灾群众宜和雅园安置房质量问题。深化“三服务”活动，为民办实事690件，解决困难105件。联系电力部门提前15天完成电力改造，解决金竹村菇农生产用电难题。联系区消防大队为6个村送水，缓解3000多名群众饮水困难。抗击超强台风“利奇马”期间，组织撤离群众929人，没有造成人员伤亡。联合交通、国土等部门，仅用3天时间就抢通4条中断道路，1个月时间正式通车。雅溪镇因此获得全省防台救灾先进集体荣誉表彰。

【平安建设】 宣传普及扫黑除恶、有序信访、安全生产、防火避灾等各类平安稳定知识，平安建设信息系统共录入事件18418件，平安浙江爆料1015件。非洲猪瘟防控、松材线虫病防治有力有效。做好信访案件办理和积案化解工作，2019年4件信访积案全部化解。通过信访系统转交信访件137件，其中来信5件，来访21件，来电97件，网上投诉14件，均按程序办理。全年共收到涉纪信访举报14件，除3件正在进一步核查外，其他均已答复报结。全年没有赴省进京人员，没有发生市级以上群体访。邀请浙江大学、丽水学院、市委党校的专家学者开展座谈研讨，为自联会发展提升建言献策。2019年，自联会先后向区、镇两级提交意见建议5条次、参与党委政府决策讨论3人次、投入重点工作监督15人次、调处矛盾纠纷59起、消除不安定因素4个。武装工作再上新台阶。2019年雅溪镇被省军区评为“基层建设标兵单位”，成功承办丽水市后备力量基层规范化建设现场会，获评全市10个首批“5星”基层武装部和“先进基层武装部”。

（刘浩）

## 仙渡乡

**【概　况】**仙渡乡位于莲都区东北部，辖区总面积65.8平方公里，其中耕地面积502.93公顷，林地面积6394.2公顷，森林覆盖率达81.6%，是一个的典型山区乡。下辖11个村，36个自然村，130个村民小组，总人口4912户、11732人。全乡生态环境良好，风景优美，是生态之乡、水果之乡、红色之乡。共设基层党组织24个，共有党员535名。生态产业资源丰富，坐拥万亩桃园、千亩茶岭、千亩竹林、三百亩覆盆子、百亩蓝莓猕猴桃，是闻名的生态之乡、水果之乡、红色之乡。乡党政机关内设机构7个，行政编制19名，事业编制6名，目前在职公务员19人，其中党政领导班子成员13人（含挂职1人），事业编制人员6人，编外人员19人（其中乡核定的编外8人，其余为部门下派）。

**【现代农业】**　推行“合作社＋农户”发展模式，联合7家农民专业合作社，注册资金100余万元，组建丽水市莲都区仙渡桃缘果业专业合作社联合社。滴水岩引进白菜种植，今年开始采摘。增加农业科技含量，引进桃树农药控量增效、土壤安全利用试点两个生态环境提升试验项目，项目总规模65万元，10家省级家庭农场、农民专业合作社全面实行动态监测。实施“休闲+农业”发展战略，成功举办挖笋文化节、采桃节等系列节庆活动，体验式农旅拓宽发展路径。

**【红绿融合】**　整理出版本土红色乡土文献《桃源仙渡》，把红色历史以及现存革命旧址遗址作为宝贵财富。编制完成《红色桃花小镇规划》，按照“一核、一轴、三区”布局，策划实施十一大重点项目。葛畈区块北乡革命纪念馆、滴水隐庐、游客中心等项目有序推进。园艺综合体、木作园土地流转问题得到破冰，甘薯公园、桃花基地项目进入可研。

**【精准扶贫】**　全乡931户、1219人在全面脱贫，29户重点贫困人群，实现每户低保兜底。坚持“造血输血”并举，推广农旅活动，助力消费扶贫，带动周边50余户桃农增收7.5万元。逐步实现贫困户就学有补助、就医有保障、居住有安全。全年共发放扶持金30万余元，教育专项资金2.4万元；5个村贫困户自来水安装完毕，53户危房户主得到修缮或重建补助；6户特别扶助对象完成家庭医生签约。

**【生态环境】**　网格化开展秸秆焚烧管控，全年劝导扑灭焚烧点22处。成功创建国家卫生乡镇，全年拆违16200平方米、完成率108%。拆后利用率97.53%。完善基础设施、提升人居环境、彰显特色亮点、发展产业振兴四篇文章，仙渡被评为省级美丽乡村示范乡，葛畈村被评为省级美丽精品村和区级AA级景区村。

**【社会稳定】**　依法开展信访维稳工作，实行三级调解机制，实现重点敏感时期“不漏控、不失控、零风险”，村级上报矛盾调解成功率100%，信访网电受理121件次，按时告知率、受理率、答复率、回访核实率均为100%，满意率97%。开展安全生产“严排查、严整治、严监管”专项行动，开展“无信访积案区”创建行动、“农村二、三轮电动车违法行为”等专项行动，未发生较大安全生产事故。

**【社会保障】**　深化“最多跑一次”改革向基层延伸，提升基层社会治理能力。对办事大厅硬件升级改造，完善平台运作，提升统筹能力，整合计划生育、民政残联、社保等123项便民事项进窗口。优化网格员队伍，推行村级代办服务制度，全年办件达836件。完善城乡居民社会保障体系，基本医疗保险参保率达98.3%，全区排名第一。完成农村宅基地及住房确权工作年度目标任务。

**【村级消薄】**11个行政村全部自主完成“消薄”任务，村均经营性收入达5.8万元，村均总收入达22.65万元。完成投资企业经营项目、园艺综合体项目2个乡级联建项目，联建项目年均经营性收益近30万元。有效盘活村级资源、资产，成功修签张山后村原电站，通过修复供水永久性低价合同，新增经营性收入约6000元/年；引进居家养老经营主体，通过闲置房产出租方式新增皂树村经营性收入2万元/年。落实四个结对村结对项目，仅通过订单农业方式销售额就达27.68万元，其中芦村、皂树村新增经营性收入12万元。

**【文化事业】** 逐步增设村级文化阵地，新建葛畈村、芦村村、根竹园村3个办公（活动）场所，1个远教广场，规范管理11个行政村和乡政府的档案室。开展乡贤文化进校园活动，完成《传承北乡文化 争做时代新人》“北乡情”系列地方性课程编撰，定期邀请非遗传承人授课。开展“我们的节日”群众性文化活动，培育“皂树春晚”、仙里马灯、芦村提线木偶富有地域特色的民俗文化。

**【基层组织建设】** 开展“四化锻铁军、奋力大赶超”行动。对11名优秀村干部学历进行再提升；建立村主职后备干部库，创新推出“雏雁”后备培养计划，20名后备干部到乡镇科室挂职；实施“墩苗书记”工程，选派11名优秀年轻乡干部到村担任墩苗书记和墩苗干部；组建乡贤人才队伍，成立1个乡级人才联谊会，11个村级人才联谊会，汇集各类乡贤人才600余名。执行人大及其常委会的各项决定决议，主动接受人大法律监督和政协民主监督。处理乡人大代表建议9件，收集意见87条，先后向区人大提出建议4条，征集2020年乡民生实事备选项目28件。

**【党风廉政建设】** 开展“不忘初心、牢记使命”主题教育，落实从严治党主体责任和监督责任，针对区委巡察问题，坚决查摆整改，截至年底，所有巡查已经整改到位。加大对“三重一大”决策、村级“三资”管理等重点领域、关键环节的监督检查，对违纪违法苗头性问题的预防、提醒及查处。共受理并办结涉纪信访件3件，与上年相比下降42%。未发生涉纪信访赴省进京访。

**仙渡乡各行政村基本情况表**

表19

| 村名(村) | 人口(人) | 耕地(公顷) | 自然村 | 支部书记 | 村民主任 |
|---|---|---|---|---|---|
| 仙　里 | 1392 | 66 | 4 | 周志东 | 翁国勇 |
| 何金富 | 1191 | 32 | 5 | 刘育国 | 富宣跃 |
| 葛　畈 | 973 | 30 | 3 | 周内文 | — |
| 张山后 | 1085 | 58 | 5 | 刘　军 | 杨军方 |
| 根竹园 | 703 | 37 | 1 | 周益龙 | 周晓娟 |
| 梅　田 | 818 | 36 | 2 | 周炳林 | 周军勇 |
| 皂　树 | 1207 | 64 | 4 | 张君武 | 樊永林 |
| 南　源 | 859 | 43 | 1 | 周丽君 | 刘余高 |
| 滴水岩 | 1150 | 45 | 3 | 尚林法 | — |
| 芦　村 | 1389 | 59 | 5 | 朱小华 | 许理君 |
| 董　弄 | 910 | 32 | 2 | 梅金仙 | 武再付 |
| 合　计 | 11663 | 504 | 35 | — | — |

（党政办）

## 老竹畲族镇

【概　况】 老竹畲族镇位于丽水市区西北部，地处丽水、武义、松阳三县市交界地带，国家AAAA级景区东西岩坐落境内，距市区19千米，区域面积83.9平方千米，其中镇区面积0.353平方千米。全镇有耕地面积1018.6公顷，林地面积6325.7公顷，山林面积6106.6公顷。全镇下辖12个行政村，74个自然村，共有户数7190户，人口16094人。

【农　业】 生态农业优质发展。全镇农业种植达800公顷，新增66.67公顷，产量8470吨，有效引导粮食和蔬菜生产规模经营，现有种粮大户2户，种植面积15.33公顷。同时，依托老竹畲族镇独特的资源优势，打造发展精品特色种植、养殖业，积极鼓励农民组建家庭农牧场、专业合作社，实现在册登记家庭农牧场27个、专业合作社48个。多元融合协同发展。以畲族文化、红色文化、白莲文化等融合发展，拓展旅游思维，增加村集体经济收入。特色农业以十里荷花长廊为景观带，处州蜂业、申屠丽尧、锋鱼农业、清水小龙虾等，特色的民宿体验点以沙溪村、新陶村为重点，年接待游客约8万人次，旅游收入达600余万元。

【文化旅游】 推进经济增长方式转变，抓住旅游和生态产业的发展机遇，开展招商引资，腾笼换鸟，实施以生态农业为主导的产业发展项目替换传统农业，农村“双增”有了长效保障。新屋红色革命教育基地入选市级红色旅游精品路线，吸引了省市区各支部来开展主题党日活动，共接待500批次，合计4万人次。9月30日，老竹畲族镇举办首届红色文化旅游节，进一步带动初心之行。同时，山哈大席、东西欢乐谷、处州蜂业、申屠丽尧、莲都园等景区共接待游客11万人次，增加收入350余万元。老竹畲族镇全年共接待游客40万人次，旅游收入达1500余万元。

【环境卫生整治】 新建两个垃圾减量化资源化站房并投入使用，日资源化处理能力达1500公斤。建立健全村级分类督导员、收集员队伍，每日上门收集易腐垃圾，汇总后统一清运进行资源化处理。设置户外公共垃圾桶834只，发放家用分类桶2848对。开展垃圾分类宣传活动40多次，召开专题培训会5次，参训人数累计8000人次，设置宣传牌80余处；发放宣传单13000多份。巩固“五水共治”成果，落实河长制管理，全面开展镇区“污水零直排”创建工作，破除路面31200平方，埋设各类管道2075米，砌井200座，工程建设按计划有序开展。同时，梁村溪整治工程和自来水厂标准化改造提升工程稳步推进。持续推进“无违建”创建工作，开展大巡查行动，对辖区内自2018年起审批的120余户新建住宅（含危房修缮）进行了全面调查，全年累计拆除违章建筑2.53万平方米，完成年度任务率101%。松材线虫治理清理枯死松木180万公斤。开展秸秆焚烧专项整治行动，自9月开始，老竹畲族镇制定整治方案，明确奖惩措施，责任到人，镇区生态得到有效改善。新屋村获第一批国家森林乡村。

【“双增”工作】 城乡公交已延伸到各村，完善旅游导览标识系统，丰富住宿、餐饮设施类型，小镇内拥有特色民宿、农家乐50多家，其中，省级银宿1家、省级四星级民宿2家、市级精品民宿3家。随着老竹畲族镇招商引资环境的优化，畲乡一号房产项目在老竹畲族镇落地，总投资2.7亿元，已投入1.1亿元；新屋石门源隐墅投入5000万元，建设富有特色的民宿聚集地；莲花溪谷投资700万元，打造莲博物馆等莲文化旅游示范地。推进赤坑电站股权改制工作，投资130万元，惠及5个村、年收益10万元以上；完成周坦联建项目并网发电，投资42万元、年收益4万元左右；完成榴溪村光伏项目建设并网发电；完成老竹集贸市场联建项目，年收益7.8万元。

【民生工作】 推进镇级民生实事项目建设，总投资达256.9万元。老竹镇曳岭脚、赤坑、榴溪（黄桂）公厕提升改造、曳岭脚至黄庄道路硬化、郑丰村郑坑村至走马岭道路硬化、后坑村小流域治理范围护栏建设、梁村村第一小区村庄道路硬化建设、徐庄村小黄弄新村道路硬化、徐庄村浅田村水库洪道便桥建设7个民生实事项目全部完成。核查低保低边户信息，退出低保56户60人，新增31户40人，低保对象502户630人，累计发放扶持资金2834511元。办理临时救助151人次，发放73600元。完成榴溪村文化礼堂修缮工程，徐庄村文化礼堂项目建设稳步推进，组织全镇开展弘扬践行“浙西南革命精神”活动，老竹镇文化站编撰了《状元蔡仲龙》的婺剧表演，开展送戏下乡12次，丰富老竹镇状元文化内涵。老竹镇共有信访积案8件，化解市级、区级信访积案各1件，化解乡镇级信访积案4件，全年未发生一起赴省进京信访案。开展“扫黑除恶”专项行动，开展业务知识培训、专题测试、线索排查等活动27场次，参与人数达4800人次，收集扫黑除恶线索4条，其中成案线索一条，成功办结中央督办案件一起，依法打击涉黑涉恶人员4人。结合“三服务”活动，化解各类苗头性问题60余起，历史遗留问题5个。

**老竹畲族镇各行政村基本情况表**

表20

| 村别 | 总户数(户) | 总人口(人) | 村民小组(个) | 耕地面积(公顷) | 其中 | | 林地面积(公顷) | 山林面积(公顷) | 村集体经济收入(万元) | 村双委成员(人) | 党员数(人) |
|---|---|---|---|---|---|---|---|---|---|---|---|
| | | | | | 水田(公顷) | 旱地(公顷) | | | | | |
| 曳岭脚 | 724 | 1509 | 14 | 133.88 | 111.24 | 22.64 | 267.89 | 436.05 | 35.67 | 8 | 66 |
| 榴溪 | 611 | 1345 | 14 | 190.31 | 99.73 | 90.58 | 380.04 | 359.97 | 64.12 | 5 | 53 |
| 新陶 | 709 | 1443 | 14 | 112.20 | 73.53 | 38.67 | 695.60 | 653.27 | 268.13 | 6 | 76 |
| 沙溪 | 317 | 677 | 6 | 47.53 | 28.93 | 18.59 | 232.13 | 221.47 | 22.62 | 6 | 34 |
| 老竹 | 852 | 2152 | 13 | 55.47 | 32.00 | 23.47 | 334.60 | 161.67 | 100.79 | 8 | 82 |
| 后坑 | 495 | 1158 | 9 | 80.40 | 58.33 | 22.07 | 413.87 | 406.33 | 18.28 | 6 | 52 |
| 周坦 | 736 | 1682 | 10 | 131.07 | 101.33 | 29.73 | 620.20 | 583.33 | 18.62 | 7 | 75 |
| 郑丰 | 242 | 518 | 8 | 37.53 | 20.53 | 17.00 | 576.73 | 559.47 | 26.29 | 6 | 19 |
| 梁村 | 603 | 1339 | 9 | 77.53 | 59.33 | 18.20 | 448.47 | 300.31 | 28.14 | 7 | 41 |
| 徐庄 | 1007 | 2361 | 20 | 99.33 | 69.53 | 29.80 | 911.27 | 713.00 | 18.56 | 6 | 84 |
| 丁公 | 348 | 760 | 6 | 45.41 | 29.53 | 15.88 | 56.67 | 211.33 | 14.00 | 6 | 39 |
| 赤坑 | 546 | 1150 | 16 | 93.51 | 49.67 | 43.85 | 1012.40 | 968.80 | 38.42 | 7 | 55 |
| 合计 | 7190 | 16094 | 139 | 1104.18 | 733.70 | 370.48 | 5949.86 | 5575.00 | 653.64 | 78 | 676 |

## 丽新畲族乡

**【概　况】** 2019年，丽新畲族乡总面积83.22平方千米，境内东西宽11.2公里，南北长14.6公里。辖9个行政村、68个自然村，106个村民小组。全乡总户数5107户，总人口10688人，有外出人口4759人，畲族人口占全乡总人数的21%左右。2019年，全乡耕地面积13721.4亩，山林面积92527.35亩，是个粮林并举的重点乡。

## 丽新畲族乡各行政村基本情况表

表21

| 名称（村） | 村域面积（公顷） | 户数（户） | 人口（人） | 农村经济总收入（万元） | 农村经济总费用（万元） |
|---|---|---|---|---|---|
| 上塘畈 | 342.22 | 480 | 1008 | 40.74 | 33.32 |
| 黄弄 | 546.58 | 655 | 1455 | 64.95 | 21.67 |
| 咸宜 | 460.95 | 682 | 1489 | 100.15 | 34.62 |
| 畎岸 | 633.90 | 963 | 2122 | 50.56 | 32.33 |
| 黄岭上 | 1307.69 | 604 | 1257 | 44.91 | 25.42 |
| 山村 | 695.83 | 300 | 643 | 30.84 | 17.42 |
| 马村 | 335.66 | 360 | 731 | 30.08 | 13.57 |
| 白岸口 | 1527.10 | 540 | 1108 | 37.79 | 7.86 |
| 吾赤口 | 2049.65 | 433 | 875 | 46.77 | 20.69 |
| 合计 | 7899.58 | 5017 | 10688 | 446.79 | 206.9 |

2019年，全乡有上塘畈、山村、咸宜三个民族村，畲族人口主要分布在上塘畈、山村、咸宜、黄弄、白岸口等5个行政村的18个自然村，其中上塘畈村共有畲族人口占全村总人口的95%，称为“浙江畲族第一村”。

**【垃圾分类有效实施】** 新建两个垃圾减量化资源化站房并投入使用，日资源化处理能力达1000公斤。通过健全奖励机制、完善配套设施,建立畲娃宣传员、分级督导员、垃圾收集员队伍，实现了全方位宣传、多层级督导、无死角收集，将垃圾分类植入百姓日常生活，成为垃圾分类“常态长效、共建共享”的示范乡。

**【两违拆除全面开展】** 全力开展“基本无违建区”创建工作。行政执法日常巡查，发放各类整改、停工通知和现场制止、劝阻违法行为共计84次。开展拆违行动，拆除非法占用耕地3600平方米，共完成拆除15266.5平方米，完成总任务数的101.78%。上缴违建罚款总额60.23万元，完成总任务数的150.57%。

**【水陆环境优化升级】** 持续5个月对全乡秸秆焚烧进行宣传巡查，大气环境有效提升。开展全民护水活动，整改小微水体，排污（水）口及其他问题27个，启动丽新—老竹污水处理厂项目建设，全乡农村生活污水治理实行委托第三方专业运维，水环境质量持续改善。实施抚育和补植面积500亩，共补植珍贵彩色树种苗木18900株，山林生态资源得到修复性改善。

**【农业产业不断转型】** 流转土地1900多亩，种植绿色果蔬300余亩，近50余个品种，年增加农民收入520万元。新发展茶园200多亩，茶产量50多吨，产值1000多万元，水稻种植面积达1000多亩，水果、中药材等产业种植面积2000多亩，实现产值500多万元。

**【工业产业增效显著】** 全乡工业产值超过1亿元，增加规上企业一家。争取6个企业结对帮扶5个村，整合各类帮扶资金1163.3万元，进一步强化了产业发展的载体支撑力量。引导各村向东港小学等项目投资村级发展资金780万元，年均收益率达8%，惠及9个村，助力全乡各村提前完成全省“欠发达地区2022年村集体经营性收入达到8万元”的“消薄”任务，所有村完成2020年村集体经营性收入10万元的整体布局。

**【第三产业蓄势待发】** 新建海拔600米以上绿色有机农林产品基地1300多亩；新培育旅游地商品3家；新培育“丽水山耕”合作主体2家。农家乐总投资规模达到1700万元，全年累计接待游客

8.92万人次，直接营业收入825万元。黄弄、黄岭上创成A级景区村、吾赤口村创成AA级景区村，目前，全乡9个村已创成7个景区村。引进丽水蚂蚁搬家文旅公司，计划投资11亿元，实施“丽水生态客厅”综合体项目。

**【落实一批民生实事】** 通过“畲乡论坛”收集、梳理村级各类发展意见建议150余条，共纳入项目库事项47个。票决产生的十项民生实事及省、市、区四级的民生实事项目均全部完成。审批新建房屋53户，落实45户危旧房改造资金；完成3350户农房确权测绘工作，登记发证2129本；全年共发放各类扶贫救助资金300万余元。

**【完善一批基础建设】** 完成徐岸农田机耕路硬化工程，咸宜至畎岸公路修缮工程，马村办公楼修缮工程，黄弄、白岸口文化礼堂建设项目，民族团结园项目，黄岭上、山村、马村、吾赤口四个村饮用水达标提标工程，黄弄、咸宜两个放心家宴厨房项目。完成197公顷高标准基本农田建设项目，1.5公里绿道项目，土地规划局部调整6.86公顷，丽新小学和上塘畈、黄弄、咸宜村乡村两级避灾中心提升改造。

**【化解一批矛盾纠纷】** 全面落实推广“黄泥墩经验”，实施阳光票决事项44个。开展法制教育，落实“一村一法律顾问”制度，为村务与群众提供法律服务。全面开展“扫黑除恶”专项斗争，成功化解历时13年的滩坑移民信访案件，成为全区唯一信访积案连续两年“清零”的乡镇(街道)。

**【民族招牌更加亮眼】** 完成咸宜占湾畲族特色村寨二期项目，咸宜占湾村被评为中国第三批少数民族特色村寨。山村村成功创建丽水市四星级文化礼堂，丽新被评为浙江省农村文化礼堂建设示范乡镇(街道)。畲族歌舞、民族体育竞技、彩带编织等传统文化纳入丽新小学校本课程。编排畲族舞蹈12支，参加各类文化演出，魅力畲乡的民族招牌得到进一步弘扬。全年新增乡贤17名，累计入库村级乡贤280余位，9个村均覆盖村级乡贤组织，2名乡贤受到市委市政府表彰，被评为丽水市新时代乡贤工作成绩突出乡镇。

**【红色价值更加突出】** 结合弘扬践行“浙西南革命精神”系列活动，充分挖掘郑和斋、陈俊等革命烈士事迹和革命战争年代曳岭片区“青帮会”等群众组织配合中国工农红军挺进师开展斗争的红色故事，结合现代乡贤身上根植的家国情怀，与丽新民族小学联合编纂《红之延 畲乡贤》精品课程，将丽新乡贤文化与浙西南革命精神紧密结合，荣获区级精品课程荣誉称号。

**【爱国教育丰富多彩】** 与丽新小学共同举办了“我向国旗敬个礼 同心共筑中国梦”系列主题活动，组织青少年开展为祖国母亲唱首歌、与国旗同框活动，观看阅兵式，积极引导少年儿童把爱国热情、报国之志融于学习实践之中。

## 黄村乡

**【概　况】** 2019年，黄村乡总面积86.042平方千米，辖11个行政村、51个自然村、142个村民小组。全乡总户数5848户，总人口11704人。耕地面积348公顷；山林面积7391公顷；园地面积680公顷。全乡实现工业销售产值2740万元，比上年增长0.003%。财政总收入3764.746万元，财政总支出3932.54万元。上缴国税、地税2389.44万元。乡所属工业企业共有24家，其中大部分为小水电和毛竹加工厂。全乡企业职工共有162人，工业总产值2740万元，比2018年增长0.003%。承包耕地面积361.13公顷，其中流转面积132公顷。农民专业合作社16个，成员数380个，家庭农场1家。年出栏生猪、牛、羊909头、家禽15920羽。特色农业快速发展，郑村生态白茶产业产量稳步提升，品牌效益进一步显现，茶农取得大幅度的增收；黄村土面品牌进一步叫响，销售渠道进一步拓展，销售产量达4万多公斤，较上一年度增产50%以上；黄村土蜂蜜、黄村杨梅、皂坑麻糍、白笋等一批特色农产品进一步发展，成为农民增收致富的药产业。依托黄村丰厚的山水资源底蕴和小城镇环境整治、河道整治、绿道建设、美丽乡村打造等项目建设带来的美丽生态环境，主动谋划文化旅游活动的开展，成功创成AAA旅游区域(乡镇)。落实帮扶政策，全乡落实低保597户、保障843人，发放低保救助金460万元；精准开展困难群众医疗救助，及时申报医疗救助资金；全年开展临时救助54人次，发放救助资金9.42万元；纳入城乡基本医保5651人、参保率达98.43%；开展危旧房改造36户，保障群众生活。推进干部结对、党员联户等机制，采取“因户施策、一户一策”，综合运用产业帮扶、转移帮扶、救助(托底)帮扶等举措。做好信访维稳工作，彻底化解碧苑移民和黄岭搬迁两大历史积案，全年共化解信访积案4起。做好信访稳控工作，细致排摸、严密防控，做好全国两会、省两会等重要敏感节点工作。全年未发生一起赴省进京等非访事件，实现了“小事不出村、大事不出乡，矛盾不上交”。

**黄村乡各行政村基本情况表**

表22

| 村名 | 户数(户) | 人口(人) |
|---|---|---|
| 黄村村 | 1375 | 2602 |
| 黄泥墩村 | 534 | 1104 |
| 戈割村 | 580 | 1035 |
| 和垟村 | 331 | 647 |
| 天堂村 | 323 | 645 |
| 池岭村 | 327 | 720 |
| 郑村村 | 305 | 674 |
| 严鸟村 | 792 | 1666 |
| 汇村村 | 613 | 1204 |
| 皂坑村 | 327 | 668 |
| 金鸟村 | 344 | 741 |
| 合 计 | 5848 | 11704 |

**【生态农业发展】** 推动和探索生态农业的创新发展，推动郑村白茶的自制深加工，开展绿茶炒制和红茶的加工，着力做长产业链条，稳步提升农民收益。2019年，郑村茶叶种植产业亩均产值达1.1万元，通过绿茶、红茶深加工提升收益20%。推动池岭村云翁种养殖合作社多元创新，发展竹荪菌种植、“飞鸡”养殖、高山蔬菜等新项目，不断扩大产业规模，推进绿色农业的快速发展。重点挖掘培育精品项目，立足黄村山水资源优势，推进中华土蜂、天堂山猕猴桃、匣头香榧、和垟坑溪鱼等一大批特色农业种养殖项目的壮大发展，逐步积聚生态农业发展驱动力。

**【乡村旅游项目】** 依托黄村天然泳场的优势，推进黄泥墩、黄村民宿、农家乐项目的建设。推动黄泥墩村“梦里水乡.欢乐谷”旅游开发项目的重组整合，保障好项目整合的相关政策处置，推动项目有序步入正轨。推进李村饮用水水泵房、横山桥、下陆桥、黄泥墩岩头碧水湾乡村旅游项目的水毁修复工程建设，推动和推销皂坑古民居、下陆尚书文化、天堂山景区等乡村旅游资源的开发，引进有实力有创意的企业注资开发旅游项目，深化全域旅游特色发展。

**【“双增”工作】** 按照农村发展、农民增收的发展要求和消除经济薄弱村的任务目标，推进双增项目落实落地。盘活乡村沉睡资源资产，推进河道经营权、集体山林、闲置房产和用地的发包，全年各村增加经营收入达25.44万元。做好增收项目的落地，服务和保障好双增项目实施，确保岩头碧水湾、池岭村企结对、方记土面等双增项目的建设和扩建工作稳步推进。谋划农民增收新项目，洽谈引进竹林流转承包项目，谋划光伏联建、土面加工扩建、水质提升维护等项目，进一步提高村集体经营性收入，壮大村集体实体经济，全乡各村年度消薄任务全面完成。

**【垃圾分类工作】** 按照省市区重点工作部署，开展农村垃圾分类宣传，通过集中宣讲、入户宣传、上门指导等方式，共计发放垃圾分类宣传资料8000余份，开展各类生态环境保护活动60余次，全年发动党员群众参加各类环境保护活动5320人次，群众生态保护意识不断增强。

**【民生工程】** 按照省市区党委政府的部署，全速落实严鸟、戈割等五个村的农村饮用水达标提标工程，全部按时完成验收并投入使用。开展危旧房排查排险和修复，全年共完成危旧房改造37户5300平方米，排险拆除危旧房39户5600平方米，有效保障群众住房安全。推进农村道路安防工程，全年完成11条公路安全设施的安装，共计46.6千米，保障群众出行安全。

【便民服务工作】 推进“四个平台”建设和“最多跑一次”改革，规范乡村网格化管理，做好网格员适岗培训，推进干部上门服务、驻村干部代办和网格员代办等工作机制，全心全意做好为民服务工作。在推进农村宅基地及农房确权登记办证工作中，实施主要领导负责，成立工作专班，村干部、网格员全面代办，全年完成农房确权办证870户。推进应急救援管理、安全生产、交通安全、食品安全、防汛防灾等各项工作，响应上级防灾预警，开展隐患排查、人员转移、抢险救灾等工作，确保不发生重大安全事故和群体性事件，全力保障群众生命财产安全。

【信访工作】 主动担当属地责任，直面矛盾不回避，开展矛盾纠纷化解工作，顺畅信访接待通道，推行班子领办制度，做好信访维稳工作。全乡化解重点信访矛盾纠纷9件，化解省市区信访积案5件，化解率100%。在处置瓯碧园群访事件中，强化领导，紧密分工，全面排查，上门服务，做到稳中可控，有序推进安置房分配交房工作。在推进水质提升工程中，走访、分析矛盾、动员力量、潜心化解，理清思路、依法推进，得到圆满化解。在处置碧苑移民积案中，顺利完成补偿款分配和农田发包工作，历时十年的信访积案得到彻底化解。在全国两会、省两会等敏感节点，采取排摸底数、信息预警、责任落实、加强化解等措施，较好的维护社会稳定。

【扫黑除恶】 坚持以“扫黑除恶治乱”为要求，坚决的贯彻中央和省市区委的决策部署，落实专项工作的重点部署，建立健全工作体制机制，夯实乡村两级干部责任。开展声势浩大的宣传发动，共计在全乡悬挂标语97条；开展线索排摸、举报受理、深入调查等工作，将扫黑除恶工作推向深处。

【服务群众工作】 持续推进以问政于民、问计于民、问需于民为目的的组团下访活动，结合服务“三服务”活动，主动联合相关职能部门，走实群众路线，察民情、听民意、解民忧，共收集意见问题324条，完成落实144条，较好地解决了一批农村问题和群众困难。

【基层队伍建设】 以主题教育为重点，推动基层党建常态化建设，规范支部活动，深入开展“三会一课”“主题党日”等活动，创新开展农村党员“红色银行”管理机制，进一步强化党员管理，充分发挥先锋模范作用。全年共开展党建自查自纠工作4次，主题党日活动232次，其中领导干部到村上党课35次。做好后进村整转工作，通过领导联系、部门帮扶、驻村指导等，有效推进矛盾化解、违纪处置、干部教育培训、群众走访等举措，后进党组织得到顺利整转。

（林梦隆）

# 文件选编

## 中共丽水市莲都区委<br>关于开展“不忘初心、牢记使命”主题教育的<br>实施意见

莲委发〔2019〕31号

根据中央、省委、市委的部署和要求，区委决定，以县处级以上领导干部为重点，在全区党员中开展“不忘初心、牢记使命”主题教育。为高标准高质量开展好主题教育，引导全区广大党员干部大力弘扬践行新时代“红船精神”、浙江精神、浙西南革命精神，以“莲都作为”落实“丽水之干”担纲“丽水之赞”，努力在更高起点上推动高质量绿色发展，现提出如下实施意见。

一、准确把握总体要求

莲都是习近平总书记“两山”理念、特别是“尤为如此”重要嘱托的先行实践地，是中国革命老根据地。全区各级党组织要以更高政治站位，充分认识开展“不忘初心、牢记使命”主题教育的重大意义。要把深入学习贯彻习近平新时代中国特色社会主义思想作为根本任务，全面把握守初心、担使命，找差距、抓落实的总要求，坚持抓思想认识到位、抓检视问题到位、抓整改落实到位、抓组织领导到位，充分借鉴运用第一批主题教育的成功经验，以彻底的自我革命精神解决违背初心和使命的各种问题，解决群众最关心最直接最现实的利益问题，努力实现以下目标。一是理论学习有收获。在原有学习的基础上，更加深刻感悟习近平新时代中国特色社会主义思想在浙江的萌发和实践历程，不断加深对伟大思想重大意义、科学体系、丰富内涵的理解，进一步增强贯彻落实的自觉性坚定性，提高运用党的创新理论指导实践、推动工作的能力。二是思想政治更坚定。坚决落实习近平总书记强调的理想信念是共产党人精神之钙、必须对党绝对忠诚的要求，牢固树立“四个意识”，坚定“四个自信”，把好总开关，不折不扣落实习近平总书记重要指示批示精神，真正把“两个维护”落细落实、见诸行动。三是干事创业强本领。始终牢记习近平总书记“丽水之赞”的厚爱和期望，把主题教育中激发出来的改革热情、进取精神和工作智慧转化为做好各项工作的强大动力，求真求变，提升本领，加快建设现代化生态经济体系，走出一条变道超车、绿色跨越、高水平全面建设

小康社会的创新之路。四是为民服务解难题。自觉践行习近平总书记提出的以人民为中心的发展思想，把群众观点、群众路线深深植根于思想深处，落实到具体行动。全面落实联系服务群众长效机制，切实解决好群众操心事、烦心事、揪心事，不断增强人民群众获得感、幸福感、安全感。五是清正廉洁作表率。深入贯彻习近平总书记坚定不移推进全面从严治党向纵深发展的庄严宣示，引导党员干部公正用权、依法用权、为民用权、廉洁用权，知敬畏、存戒惧、守底线，全力建设政治清明、政府清廉、干部清正、社会清朗的清廉莲都。

主题教育在全区各级机关及其直属单位、国有企业、中小学校等企事业单位，乡镇、街道和村、社区，非公有制经济组织、社会组织等基层组织中开展，从2019年9月开始，11月底基本结束。

二、突出主题教育重点

区四套领导班子要按照中央主题教育领导小组《关于切实抓好第一批主题教育学习教育、调查研究、检视问题、整改落实工作的通知》（教组发〔2019〕4号）要求，抓好四项重点措施，确保取得实效。乡镇、街道、区直单位等领导班子参照实施。

科级以上领导干部必须争当学懂弄通做实习近平新时代中国特色社会主义思想的表率，争当忠诚使命、求是挺进、植根人民的表率，聚焦学习贯彻习近平新时代中国特色社会主义思想这条主线，开展学习教育、调查研究、检视问题、整改落实，统筹安排、有机融合、一体推进。

1. 学习教育的基本要求。一是原原本本学。通读《习近平关于“不忘初心、牢记使命”重要论述选编》，认真学习党章、《习近平新时代中国特色社会主义思想学习纲要》，深入学习习近平总书记在“不忘初心、牢记使命”主题教育工作会议、中央政治局第十五次集体学习、中央和国家机关党的建设工作会议和在内蒙古考察并指导开展“不忘初心、牢记使命”主题教育时的重要讲话，重点学习习近平总书记对本地本领域工作的重要指示批示精神。党委（党组）要有适当的督促检查和评学的措施。二是集中研讨学。党委（党组）要以理论学习中心组、读书班等形式进行集中自学和研讨，对自学工作进行专门部署，领导干部要排出自学计划和书目，带头自学，带头研讨并撰写读书心得，起示范表率作用。集中学习可以连续安排、也可以分专题安排，时间不少于5天，期间要安排一定时间进行集中自学。区委举办专题读书班，对领导干部进行集中轮训。三是结合实际学。认真学习党史和新中国史，大力弘扬新时代“红船精神”、浙江精神，研阅《浙西南革命精神普及读本》和学习资料，依托浙西南革命根据地丰富的红色资源和全市上下推进高质量绿色发展的生动实践，开展“初心之行”“使命之行”。选树“担当作为好支书”“两优一先”等先进典型，注重运用攻坚克难的典型案例开展学习。

2. 调查研究的基本要求。紧紧围绕贯彻落实习近平新时代中国特色社会主义思想、习近平总书记重要指示批示精神和党中央决策部署，围绕解决本单位存在的突出问题和群众反映强烈的热点难点问题，围绕“发展莲都、服务市区”“八大领域”“三服务”等方面开展调研，边调研边学习边对照检查。一是坚持问题导向。聚焦区委关于发展、改革、创新、开放、生态、民生、平安、党建等八大领域中的难点堵点，围绕市委赋予莲都建设全市政治、经济、文化、科创“四个中心”和“一带三区”发展核心带的新定位新要求，区级领导班子以“领办项目”为载体，乡镇街道班子以“住村联心”“组团下访”为抓手，区直部门班子以“项目攻坚”“走亲连心”为内容，列出重点课题开展调查研究。二是提高调研质量。增强前瞻性、针对性、操作性，把握好党委政府的工作大局、工作重点和群众关心的热点难点问题，常态化、制度化推进“大学习大调研大抓落实”活动和“服务企业服务群众服务基层”工作，对企业、群众和基层的诉求要主动回应、立说立行、立查立改。三是注重成果转化。紧密结合学习和调研成果，将调研形成的新观念、新方式、新角度和主题教育相结合，召开“发展莲都，服务市区”专题研讨会，凝聚共识，进一步明确莲都发展的历史方位、工作定位、价值地位。各级领导班子成员要紧密结合学习和调研，到联系单位上好党课。党课要突出针对性，讲清自己的学习体会、对初心使命的感悟、存在的差距不足、改进工作的思路措施等，注重调研成果的转化。

3. 检视问题的基本要求。按照习近平总书记关于主题教育的指示精神，对照党章党规，对照初心使命，通过自己找、群众提、集体议、上级点等方式，以刀刃向内的勇气和精神，查摆“理论武装上不够深不够透、思想政治上不讲纪律不守规矩、干事创业上不担当不作为、服务群众上作风不实本领不高、廉洁自律上修身不严形象不佳”等方面问题和自身差距。一是列出问题清单。从主题教育一开始，各级领导班子和领导干部要列出工作问题清单和个人问题清单，结合学习和调研不断修正完善。两张问题清单要一条一条列出问题，不搞官样文章，不硬性规定条数字数。二是认真听取意见。结合开展调查研究，通过谈心谈话、座谈访谈、书面问卷、网络征求等形式，敞开大门认真听取意见建议。领导班子成员之间、领导班子成员与分管部门负责同志之间要开展谈心谈话，相互听取意见建议。三是深刻检视反思。领导干部要召开对照党章党规找差距专题会议，结合对照党章党规查找的、巡视巡察和专项督查反馈的、长期信访积案中存在的、群众反映强烈的，以及谈心谈话指出的问题，把自己摆进去、把职责摆进去、把工作摆进去，从主观上、思想上进行深刻剖析反思。

4. 整改落实的基本要求。一是要突出整改的针对性。区分班子问题、个人问题，当下能改的问题，需要长期整改的问题，有针对性地抓好整改。二是要抓好“8+1”专项整治。清单化管理、项目化推进各单位存在的问题，定期通报工作进度、特色做法和存在问题，要列出几件主题教育期间能够解决的事关群众利益的实事，抓紧整改解决，以专项整治的效果检验主题教育的成效。区委常委会对专项整治进行专题分析研判，区级领导干部根据分工牵头抓好落实，各级领导班子和领导干部要对本部门本单位出现的问题主动认账担责，整改到位。三是要建立长效机制。各级党委（党组）要结合实际，领导班子要按照“四个对照”“四个找一找”的要求，开好专题民主生活会，有针对性地列出需要整治的突出问题，进行集中治理，整改落实情况要以适当方式向党员干部群众进行通报，并把主题教育中的好经验好做法用制度形式固定好、运用好、坚持好。

三、抓实基层党支部学习教育和检视整改

县处级以上领导干部和参照实施的领导班子以外的党员，要以党支部为单位参加主题教育。各党支部要突出听党话、跟党走的要求，在上级党组织统一安排的基础上，按照统分结合的原则，结合实际制定主题教育计划安排，主要依托“三会一课”、主题党日、民主评议党员等基本制度，把四项重点措施融入日常组织生活，融入“两学一做”常态化制度化。

1. 开展学习教育。组织党员以个人自学为主，采取看、听、读等多种形式，原原本本学习《习近平关于“不忘初心、牢记使命”重要论述摘编》等。通过召开党员大会、支委会、党小组会，交流学习体会，相互启发提高。集中学习可分月安排，总的时间不少于5天。党支部书记要讲一次专题党课或向所在支部党员报告一次个人学习体会。鼓励邀请联系单位领导干部、上级党组织负责人给党员作专题辅导。由区委统一安排，依托各级党校、党员干部教育培训基地等，对党支部书记进行一次轮训，重点学习习近平新时代中国特色社会主义思想和党中央、省委、市委关于主题教育的部署要求。要通过学习教育，使党员有新进步新领悟新收获，不断增强党性、提高素质。

2. 组织党员做好走访群众和征求意见等工作。奔着问题去，听取群众对本地本单位事业发展、对党员作用发挥、对强化支部政治功能的意见建议。农村党员要走访联系户，实现全覆盖。涉及到支部的意见建议，由党员收集汇总并向支部做好报告；涉及党员个人的意见建议，梳理出问题清单，作为检视整改的内容。

3.组织党员检视整改。组织党员对照党章规定的党员条件和义务权利，对照《中国共产党廉洁自律准则》《关于新形势下党内政治生活的若干准则》《中国共产党纪律处分条例》，对照浙西南革命精神，对照先进典型、身边榜样，对照群众提出的意见建议等，查找党的意识和党员意识、担当作为、服务群众、遵守纪律、作用发挥等方面的差距和不足，一条一条列出问题，一项一项整改到位。通过党员先锋岗、党员责任区，设岗定责、承诺践诺等，立足岗位，履职尽责。通过主题党日，每名党员至少参加一次志愿服务，为身边群众至少办一件好事实事，以实际行动践行初心和使命。主题教育结束前，党支部要召开一次专题组织生活会，开展“党性体验、民主评议”。岁末年初，各党支部要专门组织一次整改交流。

要大力推进基层党组织软弱涣散、村干部管理宽松软、党员失联失管、党内基本制度落实不到位、党建主体责任缺失等突出问题的整治，深化开展“整乡推进、整县提升”，全面建强党的基层组织 。

四、强化分级分类指导

坚持从实际出发，针对不同层级、不同领域、不同对象特点，把主题教育的任务具体化精准化差异化，科学合理作出安排，改进组织指导方式，保证学习教育全覆盖，增强主题教育效果。

1.分类把握着力点。全区要围绕做好稳增长、促改革、调结构、惠民生、防风险、保稳定等工作，着眼推动我区改革发展稳定的突出问题、党的建设的紧迫问题、企业群众和基层急难愁盼的问题等开展主题教育。区直单位要聚焦精神不振、能力不足、作风不实等问题检视整改。乡镇、街道要重点解决贯彻落实上级决策部署要求和服务群众“最后一公里”问题。国企要把贯彻新发展理念、推动转型升级、加强党的建设等作为主题教育着力点。村和社区要聚焦乡村振兴、脱贫攻坚、基层治理、服务群众等找差距、抓落实。非公有制经济组织和社会组织要围绕健康持续发展，下大力气把党员组织起来、把党的工作开展起来、把职工群众凝聚起来，推动“党建强、发展强”。

2.创新方式方法。针对不同群体党员的实际，采取生动鲜活、喜闻乐见的方式，用好案例教育、微信公众号、微视频等，增强主题教育的吸引力和感染力。开展“忆初心·话传承·比担当”主题活动，鼓励党员结合学习心得体会讲一次微党课。深化浙西南革命精神弘扬践行活动，认真组织学习浙西南革命精神，组织开展“十百千”宣讲。采取书记领学、支部研学、班前班后学等方式，丰富学习形式，增强学习效果。流动党员通过流入地、流出地党组织相结合的方式参加主题教育，没有落实到位的可在返乡之际“补课”。对于年老体弱、行动不便、学习能力弱的党员可采取送学上门、结对帮学等形式组织参加主题教育。

3.抓好统筹融合。要把主题教育同改革发展稳定各项任务结合起来，同本部门本单位的中心工作结合起来，同岗位职责和当前正在做的事情结合起来，同确保全年红的重点工作结合起来，防止“两张皮”。要结合庆祝中华人民共和国成立70周年，把各级党组织和党员、干部在主题教育中激发出来的工作热情和奋斗精神，转化为做到“两个维护”、担当使命的实际行动，转化为做好各项工作的强大动力，推动全区各项事业稳中有进、持续向好，确保年度主要发展指标增幅位居全市前列，推动高质量绿色发展。

五、切实加强组织领导

区委成立“不忘初心、牢记使命”主题教育领导小组，领导小组下设办公室，负责日常工作。要充分发挥领导小组成员单位职能作用，形成齐抓共管合力。

1.压实领导责任。全区“不忘初心、牢记使命”主题教育在区委领导下开展。各级党组织要高度重视、精心组织，成立相应领导组织和工作机构，党组织书记负总责，切实抓好组织实施。教育、卫健、国资等主管部门要针对行业系统的特点，加强对学校、医院、国企的督促指导，上下联动、条块结合、防止脱节。领导机关、领导干部首先要抓好自身的教育，发挥“头雁效应”、做好示范表率。各级党组织书记要带头学、带头改、带头抓，坚持抓书记、书记抓，履行第一责任人职责。把开展主题教育情况作为领导班子和领导干部年度考核、党委（党组）书记抓基层党建工作述职评议考核的重要内容。

2. 强化督促指导。区委组建“不忘初心、牢记使命”主题教育巡回指导组，采取听取汇报、参加会议、随机抽查、座谈了解、个别访谈等方式，对各乡镇街道和区直单位主题教育活动从严从实加强督促指导，及时发现和解决问题。乡镇、街道要注重发挥联村（社区、企业）干部、“第一书记”等作用，加强对所辖基层党组织的指导。

3. 力戒形式主义。坚持以严实的作风开展主题教育，学习教育不对写读书笔记、心得体会等提出硬性要求；调查研究要加强统筹，防止扎堆调研、增加基层负担。检视问题不能大而化之、隔靴搔痒，不避重就轻、避实就虚，不以工作业务问题代替思想政治问题；整改落实要防止搞纸上整改、虚假整改、数字整改，防止以简单问责代替整改责任落实，不能在整改中产生新的问题。对主题教育中可能出现的各种问题，要提前预判、有效防范。对搞形式、走过场的，要严肃批评，通报曝光，促其改正。

4. 注重宣传引导。要坚持宣传先行、舆论先导、声势先造，充分运用新闻报道、言论评论、典型宣传等形式，发挥主流媒体和新兴媒体作用，大力宣传中央和省委、市委、区委部署要求，加强正面宣传和舆论引导，及时反映主题教育的进展成效，营造开展主题教育的良好氛围。

附件：区委“不忘初心、牢记使命”主题教育领导小组组成人员名单

# 区委“不忘初心、牢记使命”主题教育领导小组组成人员名单

组　　长：徐光文　市委常委、区委书记

副 组 长：宋珍花　区委常委、纪委书记、监委主任

陶旭峰　区委常委、宣传部长、区委办主任

常务副组长：陈永超　区委常委、组织部长

成　　员：胡　军　区人大常委会机关党组书记、办公室主任

郭晓波　区府办党组书记、主任

王金友　区政协机关党组书记、秘书长、办公室主任

陈江涛　区纪委副书记、区监委副主任

王东华　区委组织部常务副部长

魏　俊　区委组织部副部长

王伟平　区委组织部副部长、区直机关党工委书记

梁永光　区委组织部副部长，区人力社保局党组书记、局长

留红伟　区委宣传部副部长(分管日常工作)

徐伟乐　区委政法委副书记(分管日常工作)

周慧霞　区府办副主任，区机关事务管理局党组书记、局长

陆朝霞　区委党校常务副校长

章金宝　区发改局党组书记、局长

李小富　区教育局党组书记、局长

徐屈霞　区财政局党组书记、局长

吴丽云　区卫健局党组书记、局长

钟勇军　区国资办党组书记、主任

领导小组下设办公室，陈永超同志兼任办公室主任，王东华同志兼任办公室常务副主任，施海勇、魏俊、陈一娟、陈雯雯、吴祥宇同志任办公室副主任。

# 中共丽水市莲都区委　丽水市莲都区人民政府关于落实农业农村优先发展总方针推动“三农”高质量绿色发展的实施意见

莲委发〔2019〕48号

各乡镇党委、政府，各街道党工委、办事处，区直各单位：

今明两年是我区在全市率先高水平全面建成小康社会的决战决胜期，是全面实施乡村振兴战略的攻坚期，也是“三农”高质量绿色发展的战略机遇期。根据省委、省政府《关于落实农业农村优先发展总方针 推动“三农”高质量发展的若干意见》和市委、市政府《关于落实农业农村优先发展总方针 推动“三农”高质量绿色发展的实施意见》要求，以“莲都作为”落实“丽水之干”担纲“丽水之赞”，现就推动全区“三农”高质量绿色发展提出如下实施意见。

一、实施品质宜居行动，着力绘就美丽乡村新画卷

1.强化乡村规划引领。围绕打造莲青缙市域发展核心带，按照“城乡一盘棋、建设大花园”的要求，加快编制莲都区乡村振兴战略规划，完善具有莲都特色的“村庄布点规划-村庄建设规划-村庄设计-农房设计”规划设计层级体系，争创省级农房建设试点区。持续推进“千万工程”，着力打造最美生态村庄。稳妥开展撤村建居和村规模调整优化，按照生产空间集约高效、生活空间宜居适度、生态空间山清水秀的要求，建设各具特色、千姿百态的美丽乡村。

2.打造美丽乡村升级版。深入开展农村人居环境综合整治行动，高标准打造美丽乡村精品示范线路，争创省级美丽乡村示范区。深化农村“厕所革命”，加快农村生活垃圾分类，实现农村生活垃圾覆盖面达到65%以上，推进农村生活污水处理设施标准化运维，到2020年实现标准化运维全覆盖。深化开展“无蚊村”试点建设项目，推进丽新畲族乡“无蚊乡”试点创建。完成全区9个乡镇（街道）的小城镇环境综合整治。加快推进历史文化（传统）村落保护的科学化、规范化。

3.严守乡村生态底色。严守“生态保护红线、环境质量底线、资源利用上线”三条红线，保护好“山水林田湖”生命共同体，完善耕地保护共同责任机制，强化耕地保护责任目标考核，完善耕地保护补充机制，确保永久基本农田数量不减、质量不降。深入开展秸秆综合利用和禁烧专项行动。持续推进森林康养行动。深化农业面源污染治理，完善农药化肥管控体系，扩大禁限目录范围，农药管控基本达到欧盟标准。启动以村为基本单元的全域生态产品评价，建立健全GDP和GEP双核算、双评估、双考核工作机制。

二、实施产业振兴行动，大力培育生态经济新引擎

4.打造乡村振兴特色产业带。主动融入创建国家生态产品价值实现机制试点，推进农村一、二、三产融合发展。大力发展农村新产业新业态，打造一批有活力、有效益、可持续的乡村振兴特色产业带。推进农旅、文旅、体旅、森旅、工旅、科旅等产业深度融合，优化旅游供给质量和供给结构，大力发展乡村旅游。大力发展乡愁产业，打造地域特色鲜明的乡愁产业带。提

升沙溪、咸宜等少数民族村寨建设水平,打造民族乡村振兴经济文化示范带。组团打造符合莲都特色的来料加工产业带,不断提升莲都来料加工的竞争优势。配合做好浙江(丽水)农村电子商务创新发展示范区建设,继续培育电子商务专业村,深入开展莲都特色社交电商集群试点,大力发展“新零售”。编制水经济发展规划,引进、培育一批水经济市场主体,开发高科技含量、高附加值的水产业、水产品,构建水经济发展体系。

5.推动生态精品农业转型升级。主动融入创建浙江(丽水)农业绿色发展先行示范区建设,优化农业产业结构和布局结构,争创国家现代农业产业园和省级农高区。加强农产品质量安全监管,深化农产品质量安全追溯体系建设,2019年争取将500家以上规模主体纳入主体信息库管理,区级以上规模主体和“丽水山耕”合作主体实现二维码追溯全覆盖。落实重大动植物疫源疫病监测预警制度,做好“非洲猪瘟”等重大动物疫病防控,坚决打赢松材线虫病防治攻坚战。深化“三位一体”农合联改革,推进特色产业农合联规范化建设,提高农民组织化程度和农业生产标准化、集约化、规模化经营水平。提高小农户生产经营能力,实现小农户与现代农业发展有机衔接。

6.打响农业农村品牌。做好与“丽水山耕”生态农产品、“丽水山景”乡村旅游、“丽水山居”田园民宿等“山上”文章的有机衔接,推进莲都区域公用品牌建设。加快建设“600”绿色有机农产品示范基地。加快构建以“丽水山耕”品牌为母品牌,区域公用品牌和企业品牌为子品牌的农产品品牌体系;持续实施农业品牌振兴计划,深入挖掘处州白莲、丽早香、山水、处州莲宝等莲都原有区域公用品牌历史文化,品牌价值,以品牌带动农产品溢价,促进农业生产效益提升,推动莲都品牌农产品“走出去”,扩大品牌农产品在“一带一路”国家影响力。继续开展“丽水山居”示范项目创建,打造一批“小而美”“小而精”“小而特”的示范项目,推出一批莲都特色乡村旅游线路产品。充分挖掘莲都特色的自然景观和历史文化(传统)村落资源,打造一批在国内有知名度的“丽水山景”,带动乡村旅游业发展。

三、实施富民强村行动,深入推进农民幸福指数新提高

7.持续推进精准扶贫行动。深入实施十大富民增收行动,今年力争农村常住居民人均可支配收入增长10%以上。实施“低收入农户高水平全面小康计划”,深入推进精准扶贫。全面推进“大搬快聚富民安居”工程,争创“大搬快聚富民安居”工程示范区,统筹抓好搬迁后农民就业、农房利用、土地综合整治和生态修复等工作,真正让高山深山地区的农民群众“搬得下、搬得出,稳得住、稳得久、富得起、富得快”。切实抓好省、市、区、乡镇四级结对帮扶制度,梳理扶贫政策清单,强化政策精准对接,抓好扶贫项目建设。持续实施运用商业保险助推扶贫工作,不断提高低收入农户抵御风险和恢复再生产能力。完善最低生活保障制度、城乡居民基本养老保险制度,加大大病医疗救助、疾病应急救助力度。加大对家庭困难学生的精准资助,推进家庭经济困难学生营养改善提升。加强贫困劳动力职业技能培训和岗位援助,稳步提高农民就业创业能力。

8.全面消除集体经济薄弱村。按照省里“消薄”工作三年行动计划要求,认真对照省委巡视组反馈问题整改要求,全面整合消薄资源,坚决打赢“消薄”清零战,到2019年底全区所有行政村集体年收入达到10万元,经营性收入达到5万元以上。建立健全长效帮扶机制和自身造血机制,推动“消薄”工作标准化、规范化,坚决防止“数字消薄”。强化农村集体资产管理,组织开展农村集体资产清查、核实、审计,促进村级财务规范运行。组织实施集体经济发展项目,巩固提升经济薄弱村已有发展成效。深入实施村企结对帮扶专项行动,因村施策,加大统筹力度,推动飞地抱团、项目资源更多向集体经济薄弱村倾斜。

9.持续推进农村金融改革。积极探索生态产品价值实现新

机制途径。实施“金融+”工程，完善城乡一体化信用体系，确保农村金融服务站活跃度保持95%以上。建立健全政策性融资担保体系，积极发挥农村政策性融资担保的作用，支持小微企业和“三农”发展。完善农村产权融资服务体系，创新涉农贷款抵质押方式，开展农房抵押、土地经营权抵押、林权抵押和农民集体资产股权抵押、公益林收益权抵押贷款等农村产权融资担保体系建设，逐步扩大涉农担保品范围。创新“三农”保险产品，推动涉农保险扩面提质增量。

四、实施基层善治行动，构建“三治融合”新风尚

10.强化农村基层党组织的领导作用。全面实行村级党组织书记区委备案管理制度。实施农村“头雁工程”和整固提升行动计划，培养选拔政治强、能带富、善治理的村党组织带头人。加强农村党组织对自治组织、集体经济组织、社会组织的统一领导，推进党对农村新领域新区域的“双覆盖”。深化农村党员“十条红线”管理，稳妥做好不合格党员处置工作。推广“住村联心”“组团下访”“黄泥墩经验”“雅溪自联会”等特色品牌，落实村党员干部“联系不漏户、党群心贴心”制度，推行党员家庭户亮牌等做法，完善农村志愿服务体系建设。加快区、乡、村社会组织服务中心建设，推进“最多跑一次”改革向乡村延伸。

11.全面弘扬践行浙西南革命精神。加强浙西南革命精神学习、传播和弘扬践行，深入挖掘红色文化资源精神价值和发展价值，为乡村振兴注魂、赋能、立根。加快“红绿”融合发展，构建红色产业高质量发展体系，打造全国“红绿”融合发展的独特品牌。把红色乡村振兴作为全区乡村振兴工作的重中之重和优先位置，在要素配置上优先满足，在资源条件上优先保障，在公共服务上优先安排，推动全区红色乡村全面振兴，实现红色资源价值转换。坚持以红带绿、以红兴村、以红扬文、以红惠农，培育一批红色乡村示范乡镇、红色乡村示范村和红色美丽乡村精品线路。

12.加强乡村治理体系建设。完善自治法治德治“三治融合”乡村治理体系，打造乡村治理现代化先行区。创建“红色网格”，把党组织、党员干部队伍建设融入网格治理，提升党建引领基层社会治理水平。深入开展“扫黑除恶”专项斗争，依法严厉打击农村黑恶势力，深挖彻查“保护伞”和涉黑涉恶腐败问题。依法加大对农村非法宗教活动和境外渗透活动打击力度，依法制止利用宗教干预农村公共事务，加强民间信仰事务管理。全面推进农村假冒伪劣食品治理工作，确保农村食品安全。深入推进清廉村居建设。全面推进公共法律服务实体、热线、网络三大平台建设，规范提升乡村公共法律服务体系。发挥乡贤的影响力优势，化解社会矛盾纠纷，鼓励乡贤助力乡村治理。

五、实施组织保障行动，营造首善担当新氛围

13.全面落实三级书记抓乡村振兴制度。建立健全党委统一领导、政府负责、农村工作部门统筹协调的乡村领导体制，落实三级书记抓乡村振兴的工作机制。落实乡村振兴指挥部议事规则，推进中期评估、年度报告制度和专家咨询、绩效考核、工作督查制度。把乡村振兴工作纳入党组织书记抓基层党建问题、任务、责任“三张清单”，作为党组织书记“党建政绩档案”和党建责任“离任评审”重要内容，常态化开展乡村书记擂台赛。建立党政领导班子和领导干部推进乡村振兴的实绩考核制度，将考核结果作为选拔任用领导干部的重要依据。

14.落实农业农村优先发展政策导向。优先满足“三农”发展要素配置，改变农村要素单向流出格局，推动资源要素向农村流动。充分发挥乡镇“四个平台”和全科网格的作用，优先考虑“三农”干部配备，把优秀干部充实到“三农”战线，提升基层一线干部学习运用落实政策的能力，选拔熟悉“三农”工作的干部充实各级党政班子。配齐配强农口干部，加强扶贫帮扶工作组和农村工作指导员（第一书记）选派工作。优先满足“三农”发展土地需求，建设用地指标要优先安排用于乡村振兴。提高土

地出让收入用于农业农村比例，加大土地跨区域平衡和城乡增减挂指标交易收入用于乡村振兴的力度。优先保障“三农”资金投入，坚持把农业农村作为财政优先保障领域和金融优先服务领域，公共财政更大力度向“三农”倾斜。整合设立“乡村振兴专项资金”，确保力度不减弱、总量有增加。

15.完善“三农”高质量绿色发展体系。完善指标体系，加快推动城乡结构向全面融合转变、农业生产向提质提效转变、农村建设向特质全域转变、农民生活向品质品位转变。完善政策体系，营造支持保护精准有力、体制机制顺畅高效、微观主体充满活力的制度环境。完善工作体系，建立健全协同推进机制、项目推进机制、动态运行机制、绩效评价运用机制，加快推进工作落实。完善评价体系，建立分级分类绩效评价制度，开展年度综合绩效评价和分领域绩效评价。完善统计体系，健全统计监测机制，为“三农”高质量绿色发展提供科学依据。完善标准体系，提高工作规范化、标准化水平。

中共丽水市莲都区委
丽水市莲都区人民政府
2019年12月13日

附件

## 莲都区“三农”高质量绿色发展指标体系（2019—2020年）

| 序号 | 主要指标 | 2019年目标值 | 2020年目标值 | 责任单位 |
|---|---|---|---|---|
| 1 | 农业增加值增幅 | 2.5% | 2.5% | 区农业农村局 |
| 2 | 新增绿色食品认证面积（亩） | 1150 | 1150 | 区农业农村局 |
| 3 | 提标改造粮食生产功能区（万亩） | 0.6416 | 0.5645 | 区农业农村局 |
| 4 | 粮食综合生产能力（亿斤） | 1.274 | 1.274 | 区农业农村局 |
| 5 | 新培育市级农业龙头企业（个） | 2 | — | 区农业农村局 |
| 6 | 新增生态精品农业示范乡镇（个） | 1 | — | 区农业农村局 |
| 7 | 累计培育农产品地理标志（个） | 2 | 2 | 区农业农村局 |
| 8 | 新培育社会化服务组织（个） | 35 | 35 | 区农业农村局 |
| 9 | 千村河道渔业覆盖村数（个） | 80 | 80 | 区农业农村局 |
| 10 | 累计创建美丽牧场（个） | 19 | 21 | 区农业农村局 |
| 11 | 累计培育“丽水山耕”背书产品（个） | 161 | 190 | 区农业农村局 |
| 12 | “丽水山耕”年销售额（亿元） | 9.3 | 11.6 | 区农业农村局 |
| 13 | 省级农产品质量安全例行监测合格率 | 0.99 | 0.99 | 区农业农村局 |
| 14 | 培育乡村振兴产业带（个） | 1 | 1 | 区农业农村局 |
| 15 | 累计培育农产品旅游地商品（个） | 115 | 135 | 区农业农村局 |
| 16 | 累计建成A级景区村（个） | 70 | 85 | 区文广旅体局 |
| 17 | 累计培育旅游风情小镇（个） | 1 | 1 | 区文广旅体局 |
| 18 | 累计培育电商专业村（个） | 4 | 4 | 区经济商务局 |
| 19 | 累计培育“红色乡村”示范乡镇（个） | 1 | 4 | 区农业农村局 |
| 20 | 累计培育“红色乡村”示范村（个） | 5 | 6 | 区农业农村局 |
| 21 | 累计培育产业融合示范基地（个） | 1 | 1 | 区文广旅体局 |
| 22 | 累计建成旅游地商品购物场所（家） | 完成市里下达任务 | 完成市里下达任务 | 区文广旅体局 |
| 23 | 累计培育电子商务亿元村（个） | 1 | 2 | 区经济商务局 |
| 24 | 新创建“丽水山居”示范项目（个） | 5 | 5 | 区农业农村局 |
| 25 | 发放来料加工费（亿元） | 2.49 | 完成市里下达任务 | 区妇联 |
| 26 | 乡村旅游人次增幅 | >10% | >10% | 区文广旅体局 |
| 27 | 乡村旅游营业收入增幅 | 20% | 20% | 区文广旅体局 |
| 28 | 完成高素质农民培训（人次） | 250 | 200 | 区农业农村局 |
| 29 | 培训农村实用人才（万人次） | 0.267 | 0.12 | 区农业农村局 |

| 序号 | 主要指标 | 2019年目标值 | 2020年目标值 | 责任单位 |
| --- | --- | --- | --- | --- |
| 30 | 创建乡村振兴示范实训基地(个) | 2 | 完成市里下达任务 | 区农业农村局 |
| 31 | 农村居民人均可支配收入增幅 | 10% | 9.5% | 区农业农村局 |
| 32 | 低收入农户人均可支配收入增幅 | >10% | >10% | 区农业农村局 |
| 33 | 村集体经济年收入10万元、经营性收入5万元以上的村占比 | 100% | 100% | 区农业农村局<br>区委组织部 |
| 34 | 农村家庭最低生活保障标准(元/年) | 9240 | 9960 | 区民政局 |
| 35 | 核销地质灾害隐患点(个) | 2 | — | 市自然资源和规划局莲都分局 |
| 36 | 培育乡村振兴精品路(条) | 1 | — | 区农业农村局 |
| 37 | 农田灌溉水有效利用系数 | 0.574 | 0.581 | 区水利局 |
| 38 | 累计建成美丽河湖(条/个) | 1 | 1 | 区水利局 |
| 39 | 农作物秸秆综合利用率 | 94% | 95% | 区农业农村局 |
| 40 | 农村清洁能源利用率 | 71% | 73% | 区农业农村局 |
| 41 | 累计培育美丽乡村风景线(条) | 7 | 7 | 区农业农村局 |
| 42 | 累计培育美丽乡村示范乡镇(个) | 5 | 6 | 区农业农村局 |
| 43 | 累计培育美丽乡村特色精品村(个) | 14 | 17 | 区农业农村局 |
| 44 | 创树市级花园城镇、启动省级美丽城镇(个) | 完成市里下达任务 | 完成市里下达任务 | 区建设局 |
| 45 | 小城镇环境综合整治达标比例 | 100% | 100% | 区建设局 |
| 46 | 累计培育省级及以上美丽宜居示范村数(个) | 14 | 15 | 区建设局 |
| 47 | 农村生活污水处理设施标准化运维(个) | 13 | 69 | 区建设局 |
| 48 | 创建市级绿化示范村(个) | 4 | 3 | 区农业农村局 |
| 49 | 创建森林康养特色小镇(个) | 1 | / | 区农业农村局 |
| 50 | 累计启动历史文化(传统)村落重点村项目建设(个) | 4 | 4 | 区农业农村局 |
| 51 | 农村生活垃圾分类村覆盖率 | 65% | 80% | 区农业农村局 |
| 52 | 创建“一村万树”示范村(个) | 3 | 3 | 区农业农村局 |
| 53 | 累计建成优质公益林(万亩) | 完成市里下达任务 | 完成市里下达任务 | 区农业农村局 |
| 54 | 新增农村饮用水达标人口(万人) | 4.6 | 2.8 | 区水利局 |
| 55 | 农村居民合格饮用水覆盖率 | 82% | 96% | 区水利局 |
| 56 | 乡镇(街道)综合文化站效能建设达标率 | 100% | 100% | 区文广旅体局 |
| 57 | 义务教育标准化学校达标率(%) | 92.86% | 92.86% | 区教育局 |
| 58 | 创建省级现代化成校(个) | 1 | 1 | 区教育局 |

| 序号 | 主要指标 | 2019年目标值 | 2020年目标值 | 责任单位 |
|---|---|---|---|---|
| 59 | 村卫生室规范化率 | 40% | 50% | 区卫健局 |
| 60 | 乡镇（街道）居家养老服务中心覆盖面 | 60% | 70% | 区民政局 |
| 61 | 建成规范化残疾人庇护机构（家） | 9 | 1万人常住人口以上乡镇（街道）各1家 | 区残联 |
| 62 | 创建无障碍示范村（个） | 1 | 1 | 区残联 |
| 63 | 建设村级农村物流服务点（个） | 52 | — | 区交通运输局 |
| 64 | 开展中小学校结对帮扶（个） | 7 | 10 | 区教育局 |
| 65 | 建设和改造提升农村公路（公里） | 136 | 55 | 区交通运输局 |
| 66 | 农村公路优良中等路率 | 90% | 91% | 区交通运输局 |
| 67 | 累计建成美丽渡口（个） | 6 | 6 | 区交通运输局 |
| 68 | 河道综合整治（公里） | 8 | 4 | 区水利局 |
| 69 | 累计完成水库除险加固（座） | 1 | 0 | 区水利局 |
| 70 | 累计完成病险山塘整治（座） | 2 | 0 | 区水利局 |
| 71 | 实施乡村全域土地综合整治和生态修复工程（个） | 1 | 3 | 市自然资源和规划局莲都分局 |
| 72 | 高标准农田占永久基本农田的比例 | 40% | 50% | 区农业农村局 |
| 73 | 完成零星散乱农村建设用地复垦面积（亩） | 85 | 85 | 市自然资源和规划局莲都分局 |
| 74 | 新增高标准农田（万亩） | 1.26 | 1.26 | 区农业农村局 |
| 75 | 新植珍贵树（万株） | 35.24 | 29.37 | 区农业农村局 |
| 76 | 培育农创客（个） | 30 | 5 | 区农业农村局 |
| 77 | 培育提升示范合作社（个） | 2 | 2 | 区农业农村局 |
| 78 | 培育提升示范家庭农场（个） | 6 | 6 | 区农业农村局 |
| 79 | 大学生创业典型（个） | 4 | 4 | 区农业农村局 |
| 80 | 产业农合联会员平均经营性收入增幅 | 12% | 12% | 区供销社 |
| 81 | 符合登记条件的农村宅基地及住房确权发证率 | 完成市里下达任务 | 完成市里下达任务 | 区农业农村局 |
| 82 | 土地流转促增收（万元） | 160 | 180 | 区农业农村局 |
| 83 | 落实股份经济经营体制创新试点村（个） | 30 | — | 区农业农村局 |
| 84 | 益农信息社行政村覆盖率 | 96% | 98% | 区农业农村局 |
| 85 | 新增林地流转（万亩） | 1 | — | 区农业农村局 |
| 86 | 涉农贷款增长率 | 8% | 9% | 区府办 |
| 87 | 农业保险覆盖面 | 完成市里下达任务 | 完成市里下达任务 | 区农业农村局 |

| 序号 | 主要指标 | 2019年目标值 | 2020年目标值 | 责任单位 |
|---|---|---|---|---|
| 88 | 累计创成省级农业“机器换人”示范基地(个) | 1 | 2 | 区农业农村局 |
| 89 | 乡镇(街道)乡贤联谊组织规范化建设覆盖率 | 30% | 70% | 区委统战部 |
| 90 | 农信机构普惠金融签约率 | 25.60% | 28.60% | 莲都农商银行 |
| 91 | 农业招商引资额(亿元) | 1.4 | 1.4 | 区农业农村局 |
| 92 | 培育市级示范性“青创农场”(个) | 1 | 1 | 团区委 |
| 93 | 累计建成善治示范村(个) | 32 | 48 | 区农业农村局 |
| 94 | 农村文化礼堂建设(个) | 122 | 146 | 区委宣传部 |
| 95 | 小城镇文明行动(个) | 13 | — | 区委宣传部 |
| 96 | 累计建设乡村梦剧场(乡村春晚示范基地)(个) | 3 | — | 区文广旅体局 |
| 97 | 创建市级民主法治村(社区)(个) | 28 | 18 | 区司法局 |
| 98 | 创建省级民主法治村(社区)(个) | 4 | 2 | 区司法局 |
| 99 | 县级以上文明村镇建成率 | 71.20% | 78% | 区委宣传部 |
| 100 | 每万户籍人口注册全科医生数(名) | 4.1 | 4.2 | 区卫健局 |
| 101 | 开展特色产业创业培训(人) | 550 | 550 | 区人力社保局 |
| 102 | 新培育高质量就业村(个) | 24 | 24 | 区人力社保局 |
| 103 | 评选百名“创业新秀”(名) | 10 | 10 | 区人力社保局 |
| 104 | 累计开发村公益性岗位(个) | 125 | 125 | 区人力社保局 |
| 105 | 全区化肥使用减少量(实物量)吨 | 1200 | 1500 | 区农业农村局 |
| 106 | 全区农药使用减少量(实物量)吨 | 15 | 20 | 区农业农村局 |
| 107 | 建成绿道(公里) | 110 | 30 | 区发改局 |

# 中共丽水市莲都区委办公室　丽水市莲都区人民政府办公室关于印发丽水市莲都区打造山海协作升级版工程实施方案（2018—2022年）的通知

莲委办发〔2019〕11号

各乡镇党委、政府，各街道党工委、办事处，区直各单位：

《丽水市莲都区打造山海协作升级版工程实施方案（2018—2022年）》已经区委区政府研究同意，现印发给你们，请认真贯彻执行。

中共丽水市莲都区委办公室
丽水市莲都区人民政府办公室
2019年3月6日

# 丽水市莲都区打造山海协作升级版工程实施方案(2018—2022年)

实施山海协作工程是我省实施“八八战略”、统筹区域协调发展的重大举措。为贯彻落实《中共浙江省委 浙江省人民政府关于深入实施山海协作工程促进区域协调发展的若干意见》(浙委发〔2018〕3号)文件精神,结合《义乌市人民政府 莲都区人民政府关于打造山海协作升级版合作框架协议》《江北区人民政府 莲都区人民政府关于打造山海协作升级版合作框架协议》相关内容,打造莲都区与义乌市、宁波市江北区山海协作升级版工程,特制定实施方案如下:

一、总体要求

深入贯彻落实党的十九大精神和省第十四次党代会、省委十四届二次全会精神,坚持以“八八战略”为总纲,牢固树立创新、协调、绿色、开放、共享发展理念,按照高质量发展要求,通过拓展和落实莲都区与义乌市、宁波市江北区等地山海协作工程框架协议,加快推进莲都与结对地在重大基础设施、生态产业、资源、教育、卫生、文化、科技、人才、招商等领域的深度合作,全力打造山海协作工程升级版,为新时期打造区域协调发展“浙江样板”作出新的贡献。

二、目标任务

按照政府推动、市场运作、优势互补、合作共赢的原则,进一步丰富两地山海协作内涵、拓展山海协作平台、深化山海协作机制,构建形成两地政府、企业和其他社会力量广泛参与的协作体系,形成常态化资金流、人才流等要素资源双向流动机制,创新实施一批极具代表性的山海协作项目和绿色产业发展平台,不断提升莲都的特色产业竞争力、创业创新驱动力、生态环境支撑力、公共服务保障力和群众增收能力,确保与全省同步实现“两个高水平”发展目标。

三、合作内容

(一)推进产业项目合作。

1.加强基础设施建设合作。把握国家实施“一带一路”、长江经济带和大湾区、大花园、大通道、大都市建设的战略契机,围绕莲都“融入创新区,建设中心园”的中心任务,积极谋划一批交通、水利、能源、旅游等重大基础设施项目,积极引进金华义乌和宁波江北等地龙头企业,实施山海协作基础设施项目的开发与合作,每年不少于1个。

牵头单位:区发改局

责任单位:区财政局、区交通运输局、区水利局、区文化和广电旅游体育局

2.突出八大产业项目合作。立足自身发展资源优势,重点围绕信息、环保、健康、旅游、时尚、文化、金融、高端装备制造等八大产业,谋划和引进一批符合产业导向、能带动和促进莲都生态经济发展的产业合作项目,合力打造一批有影响力和竞争优势的特色产业基地。发挥异地商会资源,积极吸引省内经济强县(市、区)企业的入驻。力争每年引进山海协作产业项目资金15亿元以上。

牵头单位:区经合办

责任单位:区财政局、区经济商务局、区卫生健康局、区文化和广电旅游体育局、丽水工业园区管委会、区金融办、区工商联

3.加强农业项目合作。共同推进莲都省级现代农业园区建设。支持鼓励义乌市、江北区相关企业到莲都投资智慧农业,发展生态循环农业,建设特色农产品生产加工基地和现代化种植养殖基地;支持鼓励义乌、江北的农业龙头企业入驻莲都,建立“公司+基地+ 农户”经营模式,带动农民增收。

牵头单位:区农业农村局

责任单位:区经济商务局

4.突出生态工业项目合作。开展产需对接、产用结合和产业链上下游整合,推动莲都传统工业企业与义乌特色产业集聚区

的嫁接，学习江北“北岸智谷”“江北智造”等工作品牌和发展模式，助推企业转型升级，以推动万洋低碳智造小镇建设为平台，积极引进食品加工、装备制造、电气电子和轻工产品智造等新兴产业，助力莲都区生态工业的崛起。

牵头单位：区经济商务局

责任单位：丽水工业园区管委会

5. 加强农旅融合项目合作。结合全域旅游发展示范区建设，合理有序开发利用农业资源、林业资源、田园景观、农耕文化，建设一批休闲农业示范园。结合乡村振兴计划，利用空心村资源，依托传统村落和民俗风情遗存，推出一批农家乐和精品民宿山海协作招商项目。建立健全合作机制，开展农家乐（民宿）客源引导、品牌打造，促进农家乐（民宿）特色化、差异化、规范化发展，打造一批农家乐和精品民宿。谋划一批精品乡村旅游线路，推动农旅融合发展，带动低收入群众增收致富。

牵头单位：区农业农村局

责任单位：区文化和广电旅游体育局、各乡镇（街道）

（二）创新平台合作载体

1. 积极推进山海协作产业园共建。深化莲都—义乌山海协作产业园建设，按照新一轮五年规划要求，围绕“精准发力、提质提效”的工作主线，重点在推动园区建设、项目招商、产业转移、政策优化和管理创新上取得新成效，到2022年，基本完成万洋低碳智造小镇和郎奇—白桥康养旅游小镇开发与建设。以莲都区电商创业创新综合体建设为载体，鼓励义乌市电商龙头企业参与园区运营管理，做精做强莲都-义乌电商共建产业园。积极开展生态旅游文化产业园（文化创意产业园）建设，丰富山海协作产业园发展内涵。

牵头单位：丽水工业园区管委会

责任单位：区经合办、区文化和广电旅游体育局、区经济商务局、瓯度委

2. 发展“飞地”经济。与结对地探索共同设立山海协作产业引导基金。积极在义乌、宁波谋划莲都电商物流园、总部经济创业园、小微企业孵化园或科技创新园等“飞地”建设。借鉴各地山海协作“飞地”经济模式消薄的成功经验，积极谋划推进“飞地”产业园区共建，带动村集体经济发展。

牵头单位：区经合办

责任单位：区财政局、区国资公司、区农业农村局、区经济商务局

3. 实施人才科技合作。依托义乌市、江北区等经济强市（区）的人才创业创新基地、科技创新园的优势，建立莲都人才科研平台或招引窗口，引进培育高层科技人才和创新人才，促进人才共引，实施人才共育。积极开展干部队伍培训交流，实施干部和专业技术人员的互派，提升干部队伍素质。

牵头单位：区委组织部

责任单位：区人力社保局、区科技局、区科协、丽水工业园区管委会

4. 开展劳务就业合作。开展与结对地的劳务培训、转移就业合作交流，建成一批实用技能山海协作培训基地。积极开展用工需求对接，鼓励具有一定职业技能适合企业用工需求的剩余劳动力向结对地转移就业。开展来料加工信息平台建设，实现信息共享，鼓励义乌企业在莲都建立来料加工基地。力争每年组织开展山海协作就业培训或促进劳动力就业2000人次以上。

牵头单位：区人力社保局

责任单位：区农业农村局、区经济商务局、区妇联

5. 开设“一带一路”窗口。依托义—新—欧班列，推进莲都与义甬舟大通道的无缝对接，拓展莲都农特产品营销网络。在“一带一路”捷克站等义乌海外市场设立莲都精品馆，搭建跨境贸易服务平台。利用义乌展会城市的优势，支持莲都企业参与义博会等展会营销。力争每年在结对地建立莲都绿色农产品、土特产销售窗口或平台1个以上。推动古堰画乡巴比松油画与义乌市场资源的对接，拓展油画供销市场，提升一批绿色农产品、土特产等品牌产品市场占有率。

牵头单位：区经合办

责任单位:区经济商务局、区农业农村局、瓯度委

(三)加强社会事业合作。

1. 巩固农村消薄。加强农村结对帮扶,选取一批生态好、资源足、环境美、文化深的特色村庄,实施乡镇(街道)、村村、村企的结对合作,开展互助交流学习和资源推广,为莲都乡村提供资金、技术、人才等支持,助力巩固农村消薄成果。每年重点围绕由村集体实施的,有利于推动农村人居环境改善、促进村集体经济发展和带动群众增收的项目,打造一批山海协作援建项目,确保每年扶持促增收或社会事业项目不少于5个。

牵头单位:区农业农村局

责任单位:区财政局、区经合办,各有关乡镇(街道)

2. 实施旅游互惠。开展莲都—义乌的特色旅游宣传,将莲都乡村生态游和义乌购物游相结合,打造一批精品旅游线路。研究实施两地市民免门票等旅游权益共享机制,鼓励两地旅游协会、旅游企业开展旅游市场营销合作,适时推出乡村旅游、自驾游系列优惠产品,促进两地旅游新产品培育和信息互通,智慧旅游建设成果共享,精选一批农家乐(民宿)示范点,纳入两地工会山海协作疗养基地。

牵头单位:区文化和广电旅游体育局

责任单位:区农业农村局、区总工会

3. 开展科教文卫互动。促进科技、教育、文化、卫生医疗等各民生事业领域的合作与交流。积极与义乌市、江北区高校、科技创新企业和科研院所开展研发合作。深化校际合作,推动与义乌共建校(园)长、名师实训基地,开展校长、教师互派挂职锻炼,选派优秀教师到对口学校结对帮扶培训或支教等,探索合作办学机制。加强“山”“海”文化交流,开展文化互动,举办文化“走亲”、“戏剧互访”等多种形式文化走亲活动,促进人文交流,助力文化惠民工作,确保每年不少于2次。创新两地名医交流机制,实施医院远程合作和医疗援助,实现医疗资源共享,推动医疗下乡和医联体建设,不断提升医疗卫生服务水平。力争在科教文卫各个领域每年达成合作项目1个以上。

牵头单位:区委宣传部

责任单位:区教育局、区文化和广电旅游体育局、区卫生健康局、区科技局

四、实施步骤

(一)准备阶段(2018年1月-6月)成立丽水市莲都区深化山海协作工程领导小组,由区委主要领导任组长,区政府主要领导任常务副组长,常务副区长、分管副区长任副组长,有关部门单位主要领导任成员。领导小组下设办公室,建立由领导小组办公室牵头,各成员单位分工负责的1+X工作体系。健全山海协作联席会议制度,每年召开联席会议不少于2次。

(二)实施阶段(2018年7月—2019年12月)。全面推进莲都区与义乌市、江北区的合作对接落实。由各部门分条分线细化任务和合作内容,与对口部门进行交流,以项目为抓手,推进各项合作的具体化,争取到2019年底实施一批优质项目。

(三)持续深化阶段(2020年—2022年)。续写好全省“八八战略”大文章,持续深化与义乌市、江北区等结对地的战略合作,进一步完善协作机制,拓宽合作领域,突出产业合作、园区共建、飞地打造、公共服务保障等合作重点,促进一、二、三产融合发展,着力打造理念更先进、内涵更丰富、成效更明显的山海协作升级版。

五、保障措施

(一)加强组织领导。充分认识深化莲都与义乌、江北等地的山海协作,打造山海协作升级版的重要意义。各单位要对照职责,将“深化山海协作”工作纳入重要议事日程,落实分管领导和具体联系人,制定实施方案,做到有目标、有计划,按照时间节点要求,稳步推进各项工作。

(二)健全交流机制。每年由区委区政府主要领导牵头,赴结对市开展高层互访至少1次。健全由主要领导牵头、相关部门参与的联席会议制度,定期召开联席会议,协调解决重要问题,研究决定重大事项。各单位要根据任务清单,加强与义乌市、江北区对口部门的交流,年初明

确工作目标，细化结对任务，签订结对任务书，努力打造一批示范项目。

（三）强化要素保障。各部门要认真研究出台有效的产业、人才、资金、技术等要素转移引导政策。以企业需求为导向，提高服务效率，加快项目推进速度。对山海协作重大项目给予政策倾斜，对贡献突出的有关企业家或社会团体给予奖励或荣誉。财政部门根据工作推进情况做好经费保障。

（四）营造合作氛围。加大活动宣传力度，在两地营造全面山海协作的浓厚氛围，推动山海协作工作进一步深化。将山海协作工程作为对外宣传的重要内容，进行系列化、常态化的宣传。抓好双方互访、“两会”和重大节庆等有利时机，大力宣传山海协作工程；注重总结工作中的好经验、好做法，积极向上报送专题信息。

（五）严格督查考核。建立信息通报、部门联席、考核等制度。加大对山海协作工作的督促检查力度，实施一季一报，各责任单位每季度将工作推进情况交牵头单位汇总，每季度末25日前由牵头单位以书面形式报送区深化山海协作领导小组办公室（联系电话：0578-2025905）。

# 中共丽水市莲都区委办公室　丽水市莲都区人民政府办公室关于印发《莲都区教育提质行动工作方案（2019—2022年）》的通知

莲委办发〔2019〕97号

各乡镇党委、政府，各街道党工委、办事处，区直各单位：

现将《莲都区教育提质行动工作方案（2019—2022年）》印发给你们，请结合实际认真贯彻执行。

中共丽水市莲都区委办公室

丽水市莲都区人民政府办公室

2019年11月15日

# 莲都区教育提质行动工作方案（2019—2022年）

为提升我区教育发展水平，加快莲都教育现代化建设，推动教育优质均衡发展，努力让每个孩子都能享有公平而有质量的教育，根据国家、省、市、区对教育工作的决策部署和《丽水市教育提质行动计划（2019—2022年）》精神，结合莲都教育实际，特制订本工作方案。

一、指导思想

以习近平新时代中国特色社会主义思想为指导，深入贯彻落实全国、全省、全市教育大会精神，坚持党对教育事业的全面领导，积极回应人民群众对高质量教育的期盼，全面落实教育优先发展战略，加快教育现代化区创建，推动莲都教育实现高质量发展，努力培养德智体美劳全面发展的社会主义建设者和接班人。

二、总体目标

基本建成以提高教育质量为导向的管理制度和工作机制，基本形成适应新时代素质教育要求的高素质教师队伍，基本构建促进学生全面发展的人才培养模式，确保教育教学质量、教育均衡发展指数、教育现代化指数等各项教育指标位居全市前列，力争全省中上。

三、工作举措

（一）推动内涵提升，落实立德树人新任务

1. 党建引领提升。实施党组织领导下的校长负责制试点改革，并在试点基础上全面推行，推动学校管理体制机制改革创新。深入推进“清廉学校”建设，实施“清明政风”“清净校风”“清正教风”“清新学风”四大建设工程，努力营造教育政治新生态。大力弘扬践行“浙西南革命精神”，积极推进红色文化进校园，把党建工作与浙西南革命精神高度融合，形成亮点特色。

2. 德育品牌提升。推进社会主义核心价值观内化于心，外化于行，教育引导学生树立远大理想、强化国家认同、具备良好品德。深化中小学文明校园创建活动，实现文明校园全覆盖。加强校园文化建设，创新莲都区未成年人道德文化节内容，培育和践行社会主义核心价值观。立足于丽水红色、生态、乡土教育资源，积极开展“红+绿”精品课程征集活动，打造莲都德育品牌课程。大力开展心理健康教育、法治教育、生态文明教育，构建德育教育新常态，形成德育特色。将60个“莲都知行”中小学生实践基地打造为“绿谷知行”实践基地。加强心理健康教育和校内外家长学校建设，学校心理健康辅导室、社区家长学校实现100%覆盖。

3. 素质发展提升。树立健康第一理念，积极开展大课间活动和学生体质健康测试，保障学生每天一小时体育锻炼时间，学生掌握1至2项运动技能。义务教育阶段学生体质健康合格率达到95%以上，中小学生总体近视率在2018年的基础上每年降低1个百分点以上。深化以“莲都之春”“莲都之秋”“莲都之光”为载体的文艺、书画、科技赛事活动，学生掌握1至2项艺术特长。开齐开足体育、美育和综合实践课程，大力倡导劳动教育，推进“莲都知行”中小学研学实践活动。认真落实国家“中小学生减负30条”，巩固提升校外培训机构的整治成果，切实减轻学生课业负担和考试压力。

（二）保障优先发展，构建教育公平新格局

4. 扩大基础教育资源供给。加快教育项目建设，满足日益增长的学位需求，有效破解城区资源紧缺、超标准班额、超规模办学等问题。实施教育资源扩量工程，新建幼儿园5所，新增幼儿园学位1410个；新建小学4所，新增小学学位7020个。

5. 加快学前教育优质普惠发展。加大学前教育公共财政投入，全面落实学前教育生均经费制度、民办幼儿园扶持奖补制度，健全学前教育成本分担机制，规范办园行为，提升保教质量，到2022年，基本建成“规范、均衡、优质”的区域学前教育公共服务体系。大力发展公办或普惠性民办幼儿园，公办幼儿园覆盖率达到50%以上，普惠性幼儿园覆盖率达到85%以上，等级幼儿园覆盖面达到98%以上，其中一二级幼儿园覆盖面达到62%以上。

6.促进义务教育优质均衡发展。推进义务教育学校标准化建设，改善办学条件，配备小学科学工具箱，加大实验仪器、体育、美术、音乐等教学设备建设力度，促进学校之间校舍和设施设备配置的基本统一。实施“互联网+教育”，推进城乡学校“同步课堂”“网络研修”，让城乡师生共享优质教育资源，提升农村教育质量。实施初中“壮腰”工程，组建“教研联盟”，推进“共研、共测、共建”，构建分层走班教学新模式，有效解决初中生学业分化问题，提高初中教育质量。到2022年，标准化学校比例达到95%，数字校园建设覆盖率达100%，优质教育资源覆盖面达到80%，义务教育学业水平质量监测达到全省中上水平。

7.推动民办教育规范健康发展。认真实施《莲都区财政扶持民办教育发展实施办法》，鼓励引导优质民办学校走品牌化、特色化发展之路，构建多元化办学格局。实施“一校一策”，推进薄弱民办学校提质。实施以奖代补政策，鼓励民办学校改善办学条件、提升学校内涵。进一步健全民办学校内部治理机制，依法加强对民办教育的日常监管，建立民办学校财务定期报告、审计制度。加强民办学校教师队伍建设，确保师资水平逐步提升，着力推动全区民办教育迈上新台阶，到2022年，实现薄弱民办学校办学条件全面达标，教育质量大幅提升。

8.加强成人教育和终身教育。完善成人(社区)继续教育网络，加快构建终身教育体系，以建设全民学习、终身学习的学习型社会为目标，推进“浙江省现代化成人学校”建设，培育和打造“浙江省成教品牌”项目。以构建“学分银行”制度体系为抓手，加强成人技术技能和文化素养培训，使培训人数达当地常住人口总数的5%以上，培训成果信息全部录入“学分银行”平台系统。

9.关爱学生全面健康成长。加大对家庭困难学生的精准资助，加强农村留守儿童关爱保护工作，保障进城务工人员随迁子女依法接受义务教育的权利。推进学生营养改善提升工程，将城区学校家庭经济困难学生和进城务工人员子女家庭经济困难学生纳入营养餐保障范围，城乡家庭经济困难学生营养餐每人每天再增加一杯牛奶、一个鸡蛋。积极推进学校食堂智慧化管理，实现学校食堂智慧化管理平台和300人规模以上食堂视频监控全覆盖。改善学生学习环境，为中小学教室安装空调，覆盖率达80%以上。

(三)深化教育改革，聚增教育竞争新动力

10.深化集团化办学模式改革。完善优质教育资源共享机制，继续推进“名校(园)+新校(园)”的集团化办学模式，到2022年，组建6个学前教育集团和3个小学教育集团，覆盖12所幼儿园和10所小学，制定幼儿园、小学集团化办学绩效奖励政策。制订并实施小学生阅读指导书目和阅读量基本标准，实现“书香校园”建设全覆盖。

11.深化义务教育课程改革。加强学校课程建设，研发校本课程，进一步完善学校课程结构，大力推进素质教育。加强课堂教学改革，全面推进精准教学，积极探索各学段各学科精准教学模式，探索“轻负高质”新路径新方法。基于网络平台开展集体备课、主题研修、教学诊断等活动，提升教师执教能力。完善莲都区教育监测数据库，与市里共建题库、数据库、微课等资源库，积极使用省市教育资源公共服务平台、第三方智慧教学平台等资源，为提升教育教学服务。

12.深化教育综合治理改革。健全教育目标管理机制，完善教育绩效管理制度，建立以德智体美劳全面发展为目标，以促进教育公平、提高教育质量为主线的学校发展性评价体系。深化教育评价改革，加强评价员队伍建设，建立评价改革试点学校，建构“二维四模”诊断改进机制，以数据驱动教育教学改革。深化教育质量监测结果应用，培育、提炼、推广“全国义务教育质量监测结果应用区”典型经验。加强督学队伍建设，坚持督政、督学并重，深化实施“两代表一委员”督政督学制度，提高依法行政、依法治教水平。推进校园安全网格化、清单化、信息化“三化”管理，构建学校安全管理工作新格局。

13.深化山海协作升级转型。深化莲都与义乌、嘉兴、宁波教育合作交流，全面开展名师结对培养，与义乌、嘉兴、宁波的特级教师开展师徒结对活动，每年派出20名左右的校(园)长、青年干部到义乌、嘉兴挂职锻炼，促进后备干部、骨干教师的成长。深化校际结对帮扶合作，全面推动中小学(幼儿园)与市外知名学校(幼儿园)一对一结对，实现课程、教材、师资等优质资源深度共享。创新人才培养模式，建立优秀学生研学、学科竞赛等帮扶合作机制，提高优秀学生培养能力。

(四)强化队伍建设，激发人才队伍新活力

14.强化师德师风建设。健全师德建设长效机制、教师诚信教育制度、师德承诺践诺制度，构筑覆盖中小学、幼儿园师德师风建设制度体系，推动师德建设常态化长效化。评选师德先进，树立师德典范。开展“最美乡村教师”评选活动，鼓励乡村教师扎根基层，助力农村教育教学质量提升。制定《莲都区中小学幼儿园教师师德考核负面清单》，依法依纪严惩师德失范、学术不端等问题，强化师德考评。

15.强化教师素质提升。注重智慧教育专题培训，坚持教育理念先行，创新教师培训方式，借助大数据“东风”，提升教师信息技术应用能力，实现教师“变道”发展。实施分层分类培训，确定“新五格”(入格—合格—定格—升格—风格)培训层级，明确定向培养目标，提高培训的匹配度和实效度。加大区级教坛新苗、新秀、学科带头人的梯级培养力度，积极培养优质全科教师。引进优秀教师，制定优秀中小学、幼儿园教师准入和招聘的管用办法，设立教师招聘绿色通道，引进“双一流”高校毕业生、师范类本科优秀毕业生60名和硕士生12名。吸引区外名优教师、校长来莲都从教。

16.实施“新三名”工程。加大名校长、名班主任、名教师的培养力度，大力开展区级、校级“新三名”工程评比，培养草根名师，拓宽教师发展渠道。培养名校长12名、名班主任40名、名教师200名。加大名师工作室建设力度，组建区级名师工作室35个。依托名师工作室，以师养师，以师育师，加速培养名优骨干教师。成立名师农村工作室，发挥名师工作室农村定向培养和提质帮扶，将农村学校或薄弱学校教育提质作为名师工作室考核的重要内容。建立教师激励奖励机制，不断提高教师地位和待遇，让教师有更多的获得感和幸福感。

17.推进教师管理体制改革。实施中小学校长职级制改革，构建四级六档的校长职级序列，引导中小学校长走职业化、专业化发展道路，形成“流动能进能出，职级能上能下，待遇能高能低”的校长管理机制。深化“待聘教师”管理改革，加强待聘教师管理，积极探索待聘教师成长机制、补充机制和考核淘汰机制，建立待聘教师个人档案，做好待聘教师的上岗培训、教研指导、业务提升、工作考核等工作。继续实施中小学教师“区管校聘”管理改革，逐步推进中小学教师职称自主评聘改革，建立中小学教师“适岗竞聘”机制，引导“能者上、庸者下”。建立教师“积分制”管理机制，形成正确的教师成长导向，激活教师发展内驱力。提高幼儿园待聘教师待遇水平，经聘用上岗的幼儿园待聘教师工资待遇，从2020年1月份开始，按上一年度市区全社会单位在岗职工年平均工资标准的130%核定(不包括单位缴纳的“五险一金”)。完善中小学教师待遇保障机制，出台《莲都区教育局直属事业单位、学校月度年度考核奖励实施办法(试行)》，确保中小学教师平均工资收入水平不低于当地公务员平均工资收入水平。

四、保障机制

(一)加强领导,健全机制

坚持党对教育事业的全面领导,健全党委统一领导、党政齐抓共管、部门各负其责的教育领导体制,确保党的路线方针政策在中小学、幼儿园得到贯彻落实。强化政府履行优先发展教育事业的职责,在经济社会发展规划上优先安排教育、财政资金投入上优先保障教育、公共资源配置上优先满足教育和人力资源开发需要。加强教育工作的统筹协调,强化部门协同工作机制,各单位要结合各自职能充分发挥作用,为教育改革发展提供有力支撑、创造有利条件。

(二)加大投入,强化保障

财政部门要依法加大对教育经费的投入,完善各级教育预算拨款制度,健全各级各类教育经费精准投入机制。机构编制部门要加强对各类事业编制的统筹,优先向教师队伍倾斜。人力资源部门要完善和创新教师招聘、人才引进等配套政策制度,为教师职称和岗位设置提供政策支持。发展改革部门要把教育项目纳入政府性基本建设项目投资计划。自然资源部门要在控制性详细规划中落实教育布局规划并保障教育用地。建设部门要对教育项目建设给予优先保障。

(三)强化考核,营造氛围

加大督导考核力度,将教育提质行动实施情况纳入区委、区政府工作责任制考核。发挥教育督导职能,健全督政、督学、评估监测三位一体的教育督导体系,建立教育提质督查制度,及时跟踪督促教育提质进展。教育部门制定量化、细化的考核指标体系,强化目标管理考核。加大教育工作宣传,广泛宣传教育优先发展的重要性和教育改革发展取得的新成就,动员社会各方力量共同关心和支持教育,营造教育改革发展的良好氛围,弘扬全社会尊师重教的良好风气。

附件:莲都区教育提质行动工作计划清单

附件

## 莲都区教育提质行动工作计划清单

| 工作任务 | | 序号 | 2019年计划 | 到2022年目标 | 责任单位 |
|---|---|---|---|---|---|
| | 促进学生全面发展 | 1 | 创建各级文明校园3所 | 实现文明校园全覆盖 | 区委宣传部、区教育局 |
| | | 2 | 社区家长学校或家庭教育指导中心覆盖率达到60% | 社区家长学校或家庭教育指导中心100%覆盖 | 区妇联、乡镇(街道)、区教育局 |
| | | 3 | 打造“绿谷知行”中小学生实践基地15个以上 | 打造“绿谷知行”中小学生实践基地60个 | 区教育局、区文广旅体局、市生态环境局莲都分局、区人力社保局、市自然资源和规划局莲都分局、区建设局 |
| | | 4 | 义务教育阶段学生体质健康合格率达到93.5%以上 | 义务教育阶段学生体质健康合格率达到95%以上 | 区教育局<br>区卫健局 |
| | | 5 | 中小学生总体近视率在2018年的基础上每年降低1个百分点以上。 | 中小学生总体近视率在2018年的基础上每年降低1个百分点以上。 | 区教育局<br>区卫健局 |
| | | 6 | 中小学生运动技能、艺术特长达标率分别达到75%、70%以上 | 中小学生运动技能、艺术特长达标率分别达到90%、85%以上 | 区教育局 |
| | | 7 | 创建各级劳动实践教育学校4所 | 各级劳动实践教育学校全覆盖 | 区教育局 |
| 推进基础教育优质均衡 | 优化基础教育资源供给 | 8 | 完成幼儿园建设项目2个，新增幼儿园学位600个；完成小学建设项目1个，新增小学学位2160个 | 实施教育资源扩量项目，新建、改(扩)建幼儿园5所，新增幼儿园学位1410个；新建、改(扩)建小学4所，新增小学学位7020个 | 区教育局、区发改局、区财政局、区建设局、市自然资源和规划局莲都分局 |
| | | 9 | 公办园覆盖面达到28%以上 | 公办园覆盖面达到50%以上 | 区教育局 |
| | | 10 | 普惠性幼儿园覆盖面达到83%以上 | 普惠性幼儿园覆盖面达到85%以上 | 区教育局 |
| | | 11 | 等级幼儿园覆盖面达到96%以上 | 等级幼儿园覆盖面达到98%以上 | 区教育局 |
| | 促进弱势教育群体健康成长 | 12 | 应助尽助 | 实现家庭经济困难学生应助尽助 | 区教育局、区民政局、区农业农村局 |
| | | 13 | 城区义务教育学校家庭经济困难学生纳入“营养改善计划”，城乡义务教育学校家庭经济困难学生营养餐每人每天再增加一杯牛奶和一个鸡蛋，实现全覆盖 | 推进学生营养改善提升工程 | 区教育局、区财政局、区民政局、区农业农村局 |
| | 全面提升办学条件 | 14 | / | 义务教育标准化学校比例达95%及以上 | 区教育局、区发改局、区财政局、区建设局 |

| 工作任务 | | 序号 | 2019年计划 | 到2022年目标 | 责任单位 |
|---|---|---|---|---|---|
| | | 15 | 乡村小规模学校和乡镇寄宿制学校全部达到省定基本办学标准 | 加强乡村小规模学校和乡镇寄宿制学校建设 | 区教育局<br>区财政局 |
| | | 16 | 完成1所义务教育薄弱民办学校办学条件提升 | 实现义务教育薄弱民办学校办学条件全面达标 | 区教育局<br>区财政局 |
| | | 17 | 覆盖80%以上教室 | 改善学生学习环境，为中小学教室安装空调 | 区教育局<br>区财政局 |
| | | 18 | 智慧校园覆盖率20% | 智慧校园全覆盖 | 区教育局 |
| 深化教育改革和管理创新 | 推进幼儿园、小学集团化办学 | 19 | 组建1个学前教育集团 | 组建3个学前教育集团 | 区教育局 |
| | | 20 | 省一二级幼儿园覆盖面达到58% | 省一二级幼儿园覆盖面达到62% | 区教育局 |
| | | 21 | 7所幼儿园开展木制玩游戏试点 | 实现木制玩教具游戏活动全覆盖 | 区教育局 |
| | | 22 | — | 组建3个小学教育集团 | 区教育局 |
| | | 23 | 9所学校结对帮扶 | 中小学校结对帮扶实现全覆盖 | 区教育局 |
| | | 24 | 城区公办小学、公办初中建成书香校园 | 实现书香校园建设全覆盖 | 区教育局 |
| | 实施初中“壮腰”工程 | 25 | （全市评选10所左右初中强校） | （全市培育40所初中强校，初中优质资源覆盖面达到80%） | 区教育局 |
| | 深化山海协作工程 | 26 | 名校长培养对象11名，名教师培养对象100名 | 运用山海协作平台，培养名校长、名教师 | 区教育局 |
| | 深化教育管理改革 | 27 | 中小学校幼儿园“三化”管理覆盖率达到80%（其中小规模民办幼儿园要求网格化、清单化两化覆盖） | 中小学实施校园安全“三化”管理，中小学校幼儿园“三化”管理覆盖率达到90% | 区教育局 |
| 加强教师队伍建设 | 突出师德师风建设 | 28 | （全市评选市优秀教师80名左右；评选市优秀班主任50名左右；评选市优秀校长10名左右；评选市优秀教育工作者20名左右。评选丽水市杰出教师10名左右，评选丽水市农村教师突出贡献奖10名左右） | 评选“优秀教师、优秀班主任、优秀校长”等模范人物 | 区教育局 |
| | 引进优秀教师 | 29 | 引进“双一流”高校毕业生、师范类本科优秀毕业生15名、硕士生3名 | 引进“双一流”高校毕业生、师范类本科优秀毕业生和硕士生 | 区教育局、区人力社保局、区财政局 |
| | | 30 | 委托定向培养5人 | 委托定向培养 | 区教育局<br>区委编办 |

| 工作任务 | | 序号 | 2019年计划 | 到2022年目标 | 责任单位 |
|---|---|---|---|---|---|
| | 强化名师、名校(园)长培养 | 31 | 根据县推荐,由市遴选确定10人 | (全市培养省级名师100人) | 区教育局、区人力社保局、区财政局 |
| | | 32 | 全区“绿谷名教师”占专任教师比例达到2.8%以上 | (全市培养“绿谷名教师”4000名左右) | 区教育局、区人力社保局、区财政局 |
| | | 33 | 全区遴选“绿谷名校长”培养对象12人 | 全市培养“绿谷名校(园)长”200名左右 | 区教育局、区人力社保局、区财政局 |
| | | 34 | 举行启动仪式,制定各工作室具体实施方案,各工作室按照研修计划开展研修活动,将名师工作室的研修活动、精品课堂和教学经验全部呈现在名师智慧空间,让名师与普通教师能够在空间进行教学研讨、答疑解惑 | (全市组建40个市级名师工作室,开通“名师智慧空间”,建立名师工作室主持人联系帮扶学校、学科制度) | 区教育局 |
| | 推进教师管理体制改革 | 35 | 试行教师“积分制”管理。完善中小学教师待遇保障机制,提高幼儿园待聘教师待遇水平,确保中小学教师平均工资收入水平不低于当地公务员平均工资收入水平 | 推行教师“积分制”管理 | 区教育局、区人力社保局、区财政局 |
| 优化教育规划布局 | 编制教育资源布局规划 | 36 | 完成规划编制 | 根据人口变动趋势,各地测算到2035年的教育资源配置情况,编制教育资源布局规划,为制定《教育现代化2035行动纲要》奠定基础 | 区教育局、市自然资源和规划局莲都分局、区发改局、区财政局、区建设局 |
| | 摸清教师队伍需求情况 | 37 | 完成需求测算 | 根据资源配置情况,各地测算到2035年教师需求情况,制定教师培养和引进计划(学前、义务教育阶段教师以本市院校培养为主,高中阶段教师以市外引进为主),为制定《教育现代化2035行动纲要》奠定基础 | 区教育局、区委编办、区人力社保局 |

# 丽水市莲都区人民政府关于进一步加强单位内部控制建设的通知

莲政发〔2019〕19号

各乡镇人民政府，各街道办事处，区政府直属各单位：

为进一步严肃财经纪律，加强单位内部控制，预防和惩治财经领域违纪违法行为，促进清廉莲都建设，根据《中华人民共和国预算法》、《中华人民共和国会计法》及其实施细则、财政部《行政事业单位内部控制规范（试行）》（财会〔2012〕21号）、《审计署关于内部审计工作的规定》（审计署令第11号）等有关规定，现结合我区实际，就进一步加强单位内部控制建设有关事项通知如下：

一、全面落实单位内部控制建设主体责任

加强内部控制建设是落实全面从严治党主体责任、防控行政风险和廉政风险的重要手段。党的十八届四中全会提出："对财政资金分配使用、国有资产监管、政府投资、政府采购、公共资源转让、公共工程建设等权力集中的部门和岗位实行分事行权、分岗设权、分级授权，定期轮岗，强化内部流程控制，防止权力滥用。"各单位是内部控制建设的责任主体，各单位负责人对本单位内部控制的建立和有效实施负责。要通过健全内控制度、完善内控机制、强化内控监督、落实内控建设的组织和人员保障，全面防范和管控经济活动的风险，切实保证经济活动合法合规、资金资产安全和使用有效、财务信息真实完整，有效防范舞弊和预防腐败，提高内部管理水平，达到用制度管权、管人、管钱的目的。

二、全面加强单位内部控制体系建设

（一）建立健全内部管理制度。各单位要按照财政部《行政事业单位内部控制规范（试行）》的有关要求，按照全面性、重要性、制衡性、适应性原则，对内部经济活动进行全面梳理，系统分析业务风险，深入查找风险点，完善风险应对策略，建立健全相应的内部管理制度。要建立健全内部财务管理、预算管理、收入支出、政府采购、资产管理、项目建设、合同管理、债务管理等重要经济活动的内部管理制度，完善内部控制监督制度，确保关键节点风险可控可管。

（二）建立健全议事决策机制。要建立健全集体研究、专家论证和技术咨询相结合的议事决策机制。凡属"三重一大"范围的重大事项决策，应经单位领导班子集体研究决定。严禁任何个人单独决策或者擅自改变集体决策意见，防止"一言堂""一支笔"。重大经济事项的认定标准根据有关规定和本单位实际情况确定，一经确定，不得随意变更。

（三）完善内部控制制衡机制。要在单位内部的部门管理、职责权限、业务流程等方面建立相互制约和相互监督的机制，确保管理科学、权责对等、运行有效、监督有力。涉及单位内部资金收支、政府采购、资产管理、项目建设、对外投资等的关键岗位，要实行不相容岗位相互分离。要根据会计业务需要，设置会计机构，配备财务人员，或者在有关机构中设置会计人员并指定会计主管人员；不具备设置条件的，应当委托经批准设立的从事会计代理记账业务的中介机构代理记账。严禁会计、出纳岗位"一肩挑"。不得由一人办理货币资金业务的全过程，不得由一人管理收付款项所需的全部印章及网银U盾。内部控制关键岗位工作人员应实行轮岗机制；不具备轮岗条件的，应当采取内部专项审计等监督控制措施。要加强关键岗位工作人员的业务培训和职业道德教育，不断提升其业务水平和综合素质。

三、全面加强重点环节控制

（一）加强部门预算管理。要加强预算编制、审批、执行、决算、评价与公开等全过程管理，发挥预算对经济活动的管控作用。部门预算的编制要做到程序规范、方法科学、编制及时、内容完整、项目细化、数据准确。要强化预算约束，严格按照批复的预算科目、项目、金额执行，不得随意调整预算，不得截留、挪用资金，未经批准不得改变项目或资金用途。各主管部门要加强对所属单位预算收支的监管。

（二）加强资金收支监管。单位的各项收入、支出，要按照《预算法》的要求纳入部门预算管理。严格执行“收支两条线”，严禁以任何形式截留、坐支或者私分，严禁设立账外账和“小金库”。要遵循“从严从简、依法依规、实事求是、公开透明”的原则，加强支出管理。严格执行公务支出开支标准，规范公务开支行为。严格支出报销流程，加强经费支出内部审批、审核、支付、核算等关键环节的内部控制，防止虚报、冒领、挪用财政资金的行为。严格执行各专项资金使用管理办法。单位使用公务卡结算的，应当按照公务卡使用和管理有关规定办理。实行国库集中支付的，应当严格按照财政国库管理制度有关规定执行。

（三）加强政府采购管理。严格执行政府采购法律法规及管理制度，建立预算编制、政府采购和资产管理等部门或岗位之间的相互协调和制约机制，加强对政府采购预算编制、计划执行、采购过程组织、合同签订、履约验收、资金结算等全程管理。严禁无计划采购、拆分项目规避采购、超预算采购等行为。要规范政府采购程序，严格按政府采购目录、采购限额标准要求和项目特点，合法合理地选择采购方式，按照备案的“政府采购预算执行确认书”，通过政采云平台实施采购，切实堵塞管理漏洞，提高政府采购绩效。

（四）加强建设项目管理。各单位应当建立与建设项目相关的审核机制，对项目建议书、可行性研究报告、概预算、竣工决算报告进行审核把关。要合理设置岗位，明确内部相关部门和岗位的职责权限，确保项目可行性研究与项目决策、概预算编制与审核、项目实施与价款支付、竣工决算与竣工审计等不相容岗位相互分离。要按照国家有关规定组织建设项目招标工作，并接受有关部门的监督，严禁规避招投标等违规行为。严格按有关规定加强概（预）算管理，防范项目随意超概（预）算。要根据审批单位下达的投资计划和预算，对建设项目资金实行专款专用，严禁截留、挪用和超批复内容使用资金。要加强与建设项目承建单位的沟通，准确掌握建设进度，加强工程款支付审核，按照规定办理工程款结算。实行国库集中支付的建设项目，单位应当按照财政国库管理制度相关规定支付资金。建设项目竣工后，应当按照规定的时限及时办理竣工决算，组织竣工决算审计，并根据批复的竣工决算和有关规定办理建设项目档案和资产移交等工作。

（五）加强单位合同管理。要对合同实施归口管理，明确合同的授权审批和签署权限，妥善保管和使用合同专用章。建立财务部门与合同归口管理部门的沟通协调机制，实现合同管理与预算管理、收支管理相结合。严禁签订含有超越职权范围的承诺或者义务性规定的合同，严禁以行政机关名义提供任何形式的担保或者参与经商办企业。严格根据合同履行情况办理价款结算，相关的合同作为账务处理的依据。

（六）加强单位资产管理。严格执行国有资产管理有关规定，强化对资产配置、使用和处置等关键环节的管控，切实解决资产账实不符、闲置浪费、资产流失等问题。建立单位资产台账，加强资产的实物管理。定期清查盘点资产，确保账实相符；发现不符的，要及时查明原因，并按照相关规定处理。

（七）加强账户资金管理。加强单位银行账户审批、备案等管理工作，严格按照规定的审批权限和程序开立、变更和撤销银行账户。加大单位银行账户清理力度，从严控制预算单位银行账户数量。严格执行账户管理、竞争性存放规定，规范资金存放。财政部门和预算单位资金存放涉及开立银行账户的，应当严格执行财政专户和预算单位银行账户管理制度有关规定。加强货币资金的核查控制。要指定不办理货币资金业务的会计人员定期和不定期抽查盘点库存现金，核对银行存款余额，核对是否账实相符、账账相符。对发现的问题，按照相关规定处理。

（八）加强财务人员管理。各单位要加强财务人员的管理和监督，严格按照财务工作制度有关规定，以实际发生的经济业务事项为依据，做好各项日常会计核算工作，杜绝弄虚作假和违规开户记账，确保财政会计信息的合法、真实、准确、及时、完整。财务人员若参与投资期货、股票、基金、贵重金属等活动并发生高风险性事项，必须在发生之日起5日内向单位负责人书面报告。领导干部不得利用职权或职务的影响要求下属或服务管理对象为其融资提供担保或借贷。

四、全面加强监督检查

（一）强化单位内部监督。各单位要加强对内部控制建立与实施情况的内部监督检查和自我评价。要认真贯彻落实《浙江省内部审计工作规定》《浙江省人民政府关于进一步加强内部审计工作的意见》精神，建立内部审计制度，组织开展内部审计工作。各主管部门应当及时向本级审计机关报备年度内部审计工作计划及审计报告。建立健全审计发现问题整改机制，明确被审计单位主要负责人为整改第一责任人。对内部审计发现的问题和提出的建议，被审计单位应当及时整改，并将整改结果书面告知内部审计机构。

（二）强化部门合力监督。将单位内部控制建设及实施情况作为纪检监察、审计监督、财政监督的重要内容，加强监督检查；区国资办要加强对区属国有企业内部控制建设及实施情况的监督检查。重点要加强对履行管理责任情况、落实“三重一大”集体研究决策情况、不相容岗位相互分离情况、执行关键岗位轮岗制度及内审工作开展情况等方面的检查，着重关注预算管理、收支管理、账户及账户资金安全、政府采购管理、资产管理、项目建设管理、专项资金管理、合同管理等经济活动情况。纪检监察机关要加大对财经领域违法违纪问题的查处力度。强化巡察监督、审计监督、财政监督、国资监管等结果运用，加强督促整改，确保发现的问题得到有效解决。

（三）强化责任追究力度。领导班子主要负责人为第一责任人，其他成员根据工作分工，对职责范围内的工作负主要领导责任。主要负责人、有关领导干部或者相关人员违反财经法纪和内部控制规定问题的，按照“一岗双责”“一案双查”的规定，由有关机关或部门按照职责和权限调查处理，一经查明事实，依法依规追究责任。

丽水市莲都区人民政府

2019年5月31日

# 丽水市莲都区人民政府<br>关于加强政府性债务管理的实施意见

莲政发〔2019〕31号

各乡镇人民政府，各街道办事处，区政府直属各单位：

《莲都区人民政府关于加强政府性债务管理的实施意见》已经区委、区政府同意，现印发给你们，请认真贯彻执行。

丽水市莲都区人民政府

2019年12月27日

# 莲都区人民政府关于加强政府性债务管理的实施意见

为规范全区政府性债务管理工作，防范和化解债务风险，坚决打好防范化解重大风险攻坚战，根据《国务院关于加强地方政府性债务管理的意见》（国发〔2014〕43号）、《财政部关于做好2018年地方政府债务管理工作的通知》（财预〔2018〕34号）、《浙江省人民政府关于进一步加强地方政府性债务管理的实施意见》（浙政发〔2016〕17号）、《浙江省委办公厅 浙江省人民政府办公厅关于严控地方政府性债务的意见》（浙委办发〔2017〕88号）和《浙江省人民政府关于地方政府性债务风险管控与化解的意见》（浙政发〔2017〕27号），结合本区实际，特制定本实施意见。

一、总体目标和基本原则

（一）总体目标。要树立正确的政绩观，坚持新发展理念，按照高质量发展的要求，合理控制政府债务增量，坚决遏制违法违规举债，建立终身问责、倒查责任机制。逐步消化存量隐性债务，合理控制全区政府性债务规模，有效防范和化解全区政府性债务风险。

（二）基本原则。一是分清责任。明确政府和企业的责任，全区政府性债务不得通过企业举借，切实做到谁举借谁偿还、风险自担。政府与社会资本合作的，依法承担相关责任。二是规范管理。全区政府性债务实行规模控制，将全区政府性债务分类纳入预算管理，实现“借、用、还”相统一。三是防范风险。强化风险预警和防控，牢牢守住不发生区域性和系统性风险的底线。

二、强化责任意识，发挥主体作用

（一）明确责任主体。区政府是本地区政府性债务管理的责任主体，政府主要负责人是本地区政府性债务管理的第一责任人。区政府对所举借的债务负有偿还责任，并落实政府性债务管理职责，合理控制举债规模，高度重视、积极防范和化解政府性债务风险，牢牢守住不发生区域性系统性风险的底线。

（二）严格归口管理。财政部门作为全区政府性债务的归口管理职能部门，负责完善债务管理制度，加强管理机构建设，强化债务管理措施，做好政府债务的规模控制、限额管理、预算管理、统计分析和风险监控等各项工作，及时预警和通报地方政府性债务风险监控信息。

（三）加强协调配合。发改、财政、审计、金融等部门要加强协调配合，共同做好政府性债务管理工作。发改部门要加强政府投资计划和项目审批管理，从严审批新开工项目；财政部门要加大对违规举债及债务风险的监控力度，规范管理，防范风险，提高债务资金使用效益；金融监管部门要加强督促引导，制止金融机构违法违规提供融资以及要求区政府及其所属部门违法违规提供担保；审计部门要充分发挥对我区政府性债务的审计监督作用，促进区政府性债务管理规范和资金有效使用。使用政府债务资金的部门和单位要切实履行职责，加强协调配合，全面加强政府性债务资金预算、使用和内控等各项管理工作，使我区政府性债务资金更好地服务我区经济社会发展。

三、强化分类管理，规范举借行为

（一）规范政府债务举借行为。区政府确需举借债务的，只能通过区财政部门举借，按程序向省财政厅申请，由省财政厅采取发行政府债券方式代为举借；各乡镇、街道、区直行政机关和承担行政职能的事业单位及公益一类事业单位不得举借任何债务。除法律另有规定外，地方政府及其所属部门不得为任何单位和个人的债务以任何方式提供担保。

（二）实行债务分类管理。政府债务分为一般债务和专项债务。一般债务是指为没有收益的公益性事业发展举借的、主要以一般公共预算资金偿还的政府性债务；专项债务是指为有一定收益的公益性事业发展举借的、主要以对应的政府性基金预算资金或专项收入偿还的政府债务。

（三）加快创新融资体制机制。进一步拓宽投融资渠道，合理运用政府和社会资本合作（PPP）模式，鼓励社会资本通过特许经营等方式参与基础设施和公用事业项目建设营运；政府可以单独出资或与社会资本共同出资方式设立各类投资基金，依法实行市场化运作管理，引导社会资本投资经济社会发展的重点领域和薄弱环节，政府可适当让利；政府可结合财力可能设立或参股担保公司（含各类融资担保基金公司），构建市场化运作的融资担保体系，鼓励政府出资的担保公司依法依规提供融资担保服务，政府依法在出资范围内对担保公司承担责任。

除国务院另有规定外，参与政府和社会资本合作（PPP）项目、设立政府出资的各类投资基金时，政府不得以任何方式承诺回购社会资本方的投资本金、不得以任何方式承担社会资本方的投资本金损失、不得对有限合伙制基金等任何股权投资方式额外附加条款变相举债、不得以政府购买服务方式承诺对PPP项目投资或其产出的公共产品和服务进行回购和要约收购、不得以任何方式向社会资本方承诺最低收益。

（四）切实推进政府融资平台公司转型。政府要加快推动融资平台公司的转型工作，不得要求融资平台公司新增政府债务，转型后的融资平台公司承担市场化主体责任。加快推进有经营收益和现金流的“实体类”融资平台公司转型，对只承担公益性项目融资任务、主要依靠财政性资金偿还债务的政府融资平台公司，按照法定程序予以撤销；对兼有公益性项目建设和商业运营职能的政府融资平台公司，通过兼并重组等方式整合归并同类业务，转型为基础设施、公用事业、土地开发、城市运营、商业运营等领域市场化运作的国有企业，依法合规开展市场化融资，服务实体经济发展。

（五）加强政府或有债务监管。妥善处置政府负有担保责任和可能承担一定救助责任的或有债务。对确需依法代偿的或有债务，政府要将代偿部分的资金纳入预算管理，并依法对原债务单位及有关责任方保留追索权；对因预算管理方式变化导致原偿债责任性质变化为财政资金、相应确需转化为政府债务的或有债务，在不突破限额的前提下，经省政府批准后转化为政府债务。对违法违规担保的或有债务，要重新明确责任，依法解除担保关系。新发生的或有债务，要严格限定在依法担保的外债转贷范围内，并根据担保合同依法承担相关责任。要切实加强或有债务的统计分析和风险防控，做好相关监管工作。

（六）积极稳妥化解存量隐性债务和坚决遏制隐性债务增量。要按照分类管理，逐步消化的原则，明确隐性债务偿债主体，科学合理编制隐性债务消化计划，妥善解决在建项目后续资金来源等问题，妥善处理好加快发展与管控风险的关系，坚决守住不发生区域性财政风险的底线。坚决制止实施和使用PPP模式、政府投资、政府购买服务、专项建设基金中发生违法违规行为（如名股实债、违法担保 、承诺回购等），绝不允许新增各类隐形债务。

四、强化规模控制，规范预算管理

（一）政府性债务实行规模控制。全区政府债务余额依法实行限额管理，一般债务和专项债务规模均需纳入限额管理，不得突破省财政厅批准的限额。区财政局在省财政厅下达的限额内，统筹考虑债务风险、财力状况和建设投资需要等因素提出区政府债务限额建议，经区政府同意并提请区人大常委会批准。

（二）严格举债程序。对于确需政府举借新增债券的项目，相关主管部门报送项目等材料，报区财政局审定。区财政局在省财政厅批准的限额内，提出新增债券建议，经区政府同意后，报省财政厅，由省财政厅代为举借。

（三）严格债务资金使用管理。政府债务资金只能用于公益性资本支出或适度归还存量债务，不得用于经常性支出。

政府债务收入由区财政局统一管理，新增债务收入按照批准的资金用途支付给债券资金使用部门。

对于债务资金使用部门，债务资金的使用要与举债项目严格对应，确保专款专用，并符合预算法等有关法律法规规定。

（四）将政府债务分类纳入预算管理。将一般债务收支纳入一般公共预算管理，将专项债务收支纳入政府性基金预算管理。区财政局对省财政厅下达的新增政府债务限额，编制预算调整方案，经区政府同意后报区人大或其常委会批准。

对2014年底经清理甄别确定的或有债务中，确需依法代偿的部分债务，要将代偿部分的资金纳入预算管理。

区财政局应在预算内及时安排资金，确保还本付息。

（五）全面落实债务资金实施绩效管理。建立健全“举债必问效、无效必问责”的政府债务资金绩效管理机制，推进实施地方政府债务项目滚动管理和绩效管理，加强债务资金使用和对应项目实施情况监控。应按照轻重缓急顺序合理安排使用债务资金，地方政府债务资金只能用于公益性资本支出，不得用于经常性开支，要优先保障在建工程项目建设，根据项目管理要求开展绩效评价，提高债务资金使用绩效。

五、强化风险防控，建立应急机制

（一）建立债务风险预警及应急处置机制。区财政局应定期测算政府债务率，评估全区债务风险状况，进行风险预警。债务风险进入高风险区时，不得新增政府债务，并制定分年度的化解债务风险工作方案，采取积极措施，加大偿债力度，逐步降低风险。债务风险相对较低时，要合理控制债务规模和增长速度。

落实偿债责任和风险防控责任，制定应急处理预案。出现偿债困难时，要通过控制项目规模、压缩公用经费、处置存量资产等方式，多渠道筹集资金偿还债务。

（二）严肃财经纪律。各债务资金使用单位要加强政府债务资金管理，不得以支持公益性事业名义将政府债务资金用于经常性支出或楼堂馆所建设，不得挪用政府债务资金或改变债务资金用途；不得违规干预金融机构等正常经营活动，不得强制金融机构等提供政府融资。对违法违规举债或担保、违规使用政府债务资金等行为，要严肃追究相关责任人责任。

六、完善统计报告，建立公开机制

完善全区政府性债务统计分析报告制度，加强以全区政府性债务的动态监测。

建立地方政府债务限额及债务收支情况随同预算公开的常态机制。政府债务要主动接受同级人大常委会和社会监督，定期向社会公开政府债务限额、余额以及本级政府债务的种类、举借、使用、偿还等情况。政府债务限额提请同级人大常委会审议批准后，向社会公开。新增债务限额使用情况及使用债券资金项目的建设情况要及时向社会公开。审计部门要将债务审计结果及时向社会公开。

# 丽水市莲都区人民政府办公室关于印发《丽水市莲都区人民政府2019年政府工作报告及十方面民生实事责任分解》的通知

莲政办发〔2019〕25号

各乡镇人民政府，各街道办事处，区政府直属各单位：

《丽水市莲都区人民政府2019年政府工作报告责任分解》和《2019年十方面民生实事任务分解》已经区政府研究同意，现印发给你们，请认真对照目标任务，全力以赴抓落实。

附件：1. 2019年政府工作报告责任分解

2. 2019年十方面民生实事任务分解

丽水市莲都区人民政府办公室

2019年5月13日

附件1

## 莲都区2019年政府工作报告责任分解

| 分类 | 项目 | 序号 | 主要内容 | 责任领导 | 牵头单位 | 责任单位 |
|---|---|---|---|---|---|---|
| 主要指标 | 地区生产总值 | 1 | 地区生产总值增长7%左右 | 常务副区长 | 区发改局 | 各主要经济单位 |
| | 规上工业增加值 | 2 | 区本级规上工业增加值增长8% | 俞丽威 | 区经济商务局 | 丽水工业园区管委会、各乡镇(街道) |
| | 服务业增加值 | 3 | 市区服务业增加值增长7.5%左右 | 常务副区长 | 区发改局 | 区委宣传部、区文广旅体局、区财政局、区统计局、区建设局、区交通运输局、区经济商务局、区司法局、区公安分局、区金融办 |
| | 区属固定资产投资 | 4 | 区属固定资产投资增长12% | 常务副区长 | 区发改局 | 各主要经济单位、各乡镇(街道) |
| | 研发经费支出 | 5 | 研发经费支出占GDP比达到1.7% | 张玉洁 | 区科技局 | 各主要经济单位、各乡镇(街道) |
| | 社会消费品零售总额 | 6 | 市区社会消费品零售总额增长9% | 俞丽威 | 区经济商务局 | 区文广旅体局、区市场监管局、区农业农村局、各乡镇(街道) |
| | 一般公共预算收入 | 7 | 一般公共预算收入增长7.5% | 常务副区长 | 区财政局 | 各主要经济单位、各乡镇(街道) |
| | 城镇居民人均可支配收入 | 8 | 城镇居民人均可支配收入增长8.5% | 俞丽威 | 区人力社保局 | 各乡镇(街道) |
| | 农村居民人均可支配收入 | 9 | 农村居民人均可支配收入增长10%左右 | 卢 进 | 区农业农村局 | 区统计局、区发改局、区经济商务局、各乡镇(街道) |
| | 各项约束性指标 | 10 | 各项约束性指标达到上级要求 | 俞丽威 | 市生态环境局莲都分局 | 区发改局、区经济商务局、区治水办等单位、各乡镇(街道) |
| 聚力项目提速,全力集聚有效投资新动能 | 以项目建设扩大有效投资 | 11 | 深入实施“4+1”投资新政,确保区属交通投资、生态环境和公共设施投资、高新技术产业投资、民间投资分别增长12%以上 | 常务副区长 | 区发改局 | 区交通运输局、市生态环境局莲都分局、区科技局、区经济商务局、各乡镇(街道) |
| | | 12 | 继续推行区领导领办重大项目机制 | ★常务副区长<br>各项目领办领导 | 各项目牵头单位 | 各项目责任单位 |
| | | 13 | 紧盯大花园大通道大产业大平台建设,持续谋划一批具有带动和支撑作用的旗帜性项目,储备一批有梯度、不断档、可持续的重大项目 | 常务副区长 | 区发改局 | 区直各单位、各乡镇(街道) |

| 分类 | 项目 | 序号 | 主要内容 | 责任领导 | 牵头单位 | 责任单位 |
| --- | --- | --- | --- | --- | --- | --- |
| | | 14 | 加快推进万洋低碳智造小镇基础设施PPP等建设项目，万洋低碳智造小镇（二期）等省市县长项目落地开工 | 俞丽威 | 万洋低碳智造小镇指挥部 | 区发改局、区建设局、市生态环境局莲都分局、丽水工业园区管委会、市自然资源和规划局莲都分局 |
| | | 15 | 灵康杏福康旅小镇等省市县长项目落地开工 | 郭巧燕 | 区卫生健康局 | 区文广旅体局、区发改局、区建设局、市生态环境局莲都分局、区征收办、市自然资源和规划局莲都分局、太平乡 |
| | | 16 | 加快推进联守青少年校外教育营地建设项目 | 郭巧燕 | 瓯度委 | 区旅投公司、大港头镇 |
| | | 17 | 加快推进郎奇—白桥康养旅游小镇建设项目 | 郭巧燕 | 区文广旅体局 | 区发改局、碧湖镇 |
| | | 18 | 争取丽龙高速南山互通至丽新工程（一期）完工通车，全力配合丽水机场、瓯江航道、衢丽铁路、水东综合交通枢纽等重大交通项目建设 | 卢 进 | 区交通运输局 | 区发改局、区建设局、市自然资源和规划局莲都分局、相关乡镇（街道） |
| | | 19 | 大力开展历史遗留项目破难攻坚行动 | 常务副区长 | 区发改局 | 区直相关单位，相关乡镇（街道） |
| 聚力项目提速，全力集聚有效投资新动能 | 以精准招商带动有效投资 | 20 | 全面完成万洋低碳智造小镇（一期）招商工作 | 俞丽威 | 万洋低碳智造小镇指挥部 | 区经合办、区经济商务局、丽水工业园区管委会 |
| | | 21 | 文化创意产业招商工作取得突破性进展 | 郭巧燕 | 区文创办 | 区文广旅体局、区经合办、瓯度委、东西岩管委会、区旅投公司、大港头镇 |
| | | 22 | 古堰画乡争取落地高端精品酒店1个以上 | 郭巧燕 | 瓯度委 | 区旅投公司、大港头镇 |
| | | 23 | 全年引进大项目10个，实际利用内资33亿元，实际利用外资1200万美元 | 俞丽威 | 区经合办 | 招商引资各责任单位 |
| | 以要素集聚保障有效投资 | 24 | 稳妥有序完成新一轮市区财政体制改革 | 陈 豪 | 区财政局 | 区税务局 |
| | | 25 | 进一步加强财政资金的调度和管理，提高资金使用绩效 | 陈 豪 | 区财政局 | — |
| | | 26 | 加大重点工作招项争资力度，争取更多中央预算内投资项目 | 常务副区长 | 区发改局 | 区财政局、区直相关单位 |
| | | 27 | 争取省财政新增地方政府债券资金3亿元以上 | 常务副区长 | 区财政局 | — |

| 分类 | 项目 | 序号 | 主要内容 | 责任领导 | 牵头单位 | 责任单位 |
|---|---|---|---|---|---|---|
| | | 28 | 鼓励区建投、区旅投、区国资三大国有公司主动对接市场，切实提升自主经营的能力和水平 | 常务副区长 | 区国资办 | 区国资公司、区建投公司、区旅投公司 |
| | | 29 | 推进“五未”土地大清查大处置，加大城乡建设用地“增减挂钩”推进力度和存量闲置、低效土地的收储力度，盘活农村闲置宅基地和闲置用地，切实提高土地利用效率 | 蔡毓良 | 市自然资源和规划局莲都分局 | 区建设局、区征收办、市综合行政执法局莲都分局、丽水工业园区管委会、各乡镇（街道） |
| | | 30 | 积极推进生态“坡地村镇”建设 | 蔡毓良 | 市自然资源和规划局莲都分局 | 区农业农村局、各乡镇（街道） |
| | | 31 | 积极推进土地整治，完成垦造水田1200亩、旱地800亩，启动全域土地综合整治与生态修复工程3个 | 蔡毓良 | 市自然资源和规划局莲都分局 | 区农业农村局、区水利局、市生态环境局莲都分局、各乡镇（街道） |
| | | 32 | 加强土地出让管理，完成商住用地出让500亩、工业用地出让1200亩 | 蔡毓良 | 市自然资源和规划局莲都分局 | 区发改局、区财政局、丽水工业园区管委会、各乡镇（街道） |
| 聚力产业提质，大力培育生态经济新引擎 | 大力推动生态农业做优做强 | 33 | 积极推动国家农高区创建 | 张玉洁 | 区科技局 | 区农业农村局、碧湖镇 |
| | | 34 | 积极推动省级农业绿色发展先行区创建，争创全国绿色畜牧业示范县 | 卢　进 | 区农业农村局 | 各乡镇（街道） |
| | | 35 | 新建茶叶、食用菌、蔬菜等产业标准化示范园区3个，创建省市粮食绿色高产示范方5个，新增“600”绿色有机农林产品基地5万亩 | 卢　进 | 区农业农村局 | 市自然资源和规划局莲都分局、区水利局、各乡镇（街道） |
| | | 36 | 加快华统智能化畜禽产业链项目实施进度 | 卢　进 | 区农业农村局 | 碧湖镇、联城街道 |
| | | 37 | 创建省级农业龙头企业、示范性农民专业合作社、示范性家庭农场3个（家） | 卢　进 | 区农业农村局 | 相关乡镇（街道） |
| | 大力推动生态制造业发展壮大 | 38 | 万洋低碳智造小镇开工建筑面积70万平方米以上，实现投产企业50家以上 | 俞丽威 | 万洋低碳智造小镇指挥部 | 区经济商务局、区经合办、丽水工业园区管委会、区建设局、市自然资源和规划局莲都分局 |
| | | 39 | 建立企业梯度培育清单，力争新上规企业15家以上整治“低散乱”企业25家以上 | 俞丽威 | 区经济商务局 | 丽水工业园区管委会、市生态环境局莲都分局 |

| 分类 | 项目 | 序号 | 主要内容 | 责任领导 | 牵头单位 | 责任单位 |
| --- | --- | --- | --- | --- | --- | --- |
| | | 40 | 大力实施“凤凰行动”“雏鹰行动”，积极培育细分市场的“专精特新”“隐形冠军”“小巨人”企业 | 俞丽威 | 区经济商务局 | 丽水工业园区管委会、区科技局、区市场监管局、区金融办 |
| | | 41 | 力争新上市企业1家以上，培育亿元企业2家以上 | 俞丽威 | 区金融办 | 区发改局、区财政局、区经济商务局、区市场监管局、丽水工业园区管委会 |
| | | 42 | 大力开展服务民营企业活动，建立企业帮扶“白名单”制度，全面落实降本减负政策，为企业减负3亿元以上 | 俞丽威 | 区经济商务局 | 区行政审批中心、区财政局、区税务局、区减轻企业负担工作领导小组其他成员单位 |
| | | 43 | 推进政银企深度合作，梳理企业融资“三张清单”，落实小微企业信贷“增氧计划”和“滴灌工程” | 俞丽威 | 区金融办 | 区经济商务局、各金融机构、各乡镇(街道) |
| 聚力产业提质，大力培育生态经济新引擎 | 大力推动三次产业融合发展 | 44 | 打造一批集农事躬耕体验、农业休闲观光、民族风情展示、科普教育活动于一体的农旅融合企业、基地和农产品园区 | ★卢　进<br>郭巧燕 | 区农业农村局 | 区文广旅体局、区科协、市自然资源和规划局莲都分局、区水利局、各乡镇(街道) |
| | | 45 | 高标准推进万洋低碳智造小镇融合发展，加快落地全国首个箱包工旅融合项目 | 俞丽威 | 万洋低碳智造小镇指挥部 | 区发改局、区建设局、丽水工业园区管委会、区文广旅体局 |
| | | 46 | 精心筹备“巴比松国际研讨会”，高水平举办“古堰画乡艺术节” | 郭巧燕 | 瓯度委 | 区委宣传部、区文广旅体局、区机关事务管理局、区旅投公司、大港头镇 |
| | | 47 | 高水平“莲都100越野赛”等旅游推介活动 | 郭巧燕 | 区文广旅体局 | 区委宣传部、区农业农村局、大港头镇、峰源乡 |
| | | 48 | 争创省级全域旅游示范区 | 郭巧燕 | 区文广旅体局 | 省全域旅游示范区创建领导小组其他成员单位 |
| | | 49 | 推动油画产业“一体化”“全链式”发展，文化产业增加值增长12%以上 | 郭巧燕 | 瓯度委 | 区文创办、区文广旅体局、区旅投公司、大港头镇 |
| | | 50 | 推进媒体融合发展 | 郭巧燕 | 区委宣传部 | 区文广旅体局 |
| | | 51 | 完成区级融媒体中心建设 | 常务副区长 | 区委宣传部 | 区发改局、区财政局、区招投标中心 |
| | | 52 | 积极推动浙西南革命文化资源的保护、利用和开发 | 郭巧燕 | “浙西南革命精神”弘扬践行活动领导小组办公室 | “浙西南革命精神”弘扬践行活动领导小组成员单位、区直相关单位，各乡镇(街道) |

| 分类 | 项目 | 序号 | 主要内容 | 责任领导 | 牵头单位 | 责任单位 |
|---|---|---|---|---|---|---|
| | | 53 | 完成三岩寺红色景区规划编制 | 郭巧燕 | 区旅投公司 | 区文广旅体局、区发改局、太平乡 |
| | | 54 | 谋划大港头铁工厂抗战文化项目 | 郭巧燕 | 区旅投公司 | 区文广旅体局、区发改局、瓯度委 |
| | | 55 | 主动对接中核(浙江)军民融合发展基金,推动军民融合深度发展 | 常务副区长 | 区国资办 | 区财政局、区国资公司 |
| 聚力产业提质,大力培育生态经济新引擎 | 大力推动科创产业和数字经济加快发展 | 56 | 谋划建设科技创新服务综合体 | 常务副区长 | 区发改局 | 区科技局 |
| | | 57 | 实现高新技术产业增加值增长10%以上 | 张玉洁 | 区科技局 | 区统计局、区财政局、区经济商务局、丽水工业园区管委会 |
| | | 58 | 全年新增国家高新技术企业3家、省科技型中小企业11家 | 张玉洁 | 区科技局 | 区经济商务局、区经合办、丽水工业园区管委会 |
| | | 59 | 强化院地协作,全面深化与丽水学院等高等院校的战略合作全年新增院士工作站、博士后工作站1家以上 | 张玉洁 | 区科协 | 区委人才办、区科技局、区人力社保局 |
| | | 60 | 主动对接长三角研究院,加快科研成果在莲都转化落地 | 张玉洁 | 区科技局 | 区经济商务局、丽水工业园区管委会 |
| | | 61 | 创新人才机制,建设高技能人才队伍,推动人才资源向莲都集聚 | 俞丽威 | 区委人才办 | 区委人才工作领导小组其他成员单位 |
| | | 62 | 全年新设市场主体增长12%以上、新设企业增长15%以上 | 斯基根 | 区市场监管局 | 区经济商务局、各乡镇(街道) |
| | | 63 | 全面推进“数字莲都”建设 | 常务副区长 | 区发改局 | 区委办、区府办、区经济商务局、区科技局,相关职能部门 |
| | | 64 | 出台数字经济五年行动计划 | 俞丽威 | 区经济商务局 | 区发改局、区科技局、区市场监管局、区金融办 |
| | | 65 | 推进产业数字化和企业上云,确保数字经济核心产业增加值增长12%以上,上云企业累计超过1000家 | 俞丽威 | 区经济商务局 | 区科技局、区市场监管局、丽水工业园区管委会、各乡镇(街道) |
| 聚力生态提标,着力绘就美丽城乡新画卷 | 大力提升生态环境美誉度 | 66 | 争创省级生态文明建设示范区 | 俞丽威 | 市生态环境局莲都分局 | 创建省级生态文明建设示范区领导小组各成员单位、各乡镇(街道) |
| | | 67 | 持续推进工业废气、餐饮油烟整治,确保市区空气环境质量稳中向好 | 俞丽威 | 市生态环境局莲都分局 | 区市场监管局、丽水工业园区管委会、市综合行政执法局莲都分局、各乡镇(街道) |

| 分类 | 项目 | 序号 | 主要内容 | 责任领导 | 牵头单位 | 责任单位 |
|---|---|---|---|---|---|---|
| | | 68 | 持续推进燃煤锅炉整治 | 常务副区长 | 区发改局 | 市生态环境局莲都分局、市综合行政执法局莲都分局、区经济商务局、区市场监管局、各乡镇(街道) |
| | | 69 | 持续推进建筑扬尘整治（征迁区块的建筑扬尘整治由区征收办牵头） | 敖正东 | 区建设局 | 各建设项目行业主管部门、区征收办、区环卫局、市综合行政执法局莲都分局、各乡镇(街道) |
| | | 70 | 疏堵结合推进秸秆禁烧 | 卢 进 | 区农业农村局 | 市生态环境局莲都分局、市综合行政执法局莲都分局、各乡镇(街道) |
| | | 71 | 烟花爆竹禁燃禁放 | 常务副区长 | 区公安分局 | 各乡镇(街道) |
| | | 72 | 全面落实“水十条”重点任务，深入推进饮用水源地保护工作，确保饮用水水源地水质达标率和交接断面水质达标率100% | 俞丽威 | 市生态环境局莲都分局 | 区治水办、区水利局、各乡镇(街道) |
| | | 73 | 深入推进“污水零直排区”创建 | 虞海雄 | 区治水办 | 区“五水共治”领导小组其他成员单位、各乡镇(街道) |
| | | 74 | 深入推进畜禽养殖污染等工作 | 卢 进 | 区农业农村局 | 区水利局、市生态环境局莲都分局、各乡镇(街道) |
| | | 75 | 深入开展土壤污染详查，加强土壤环境风险管控和土壤污染预警，推行企业进场、退场土壤检测机制，实现污染地块安全利用率不低于92% | 俞丽威 | 市生态环境局莲都分局 | 区经济商务局、区农业农村局、市自然资源和规划局莲都分局、各乡镇(街道) |
| | | 76 | 加强有害固废、污泥固废的处置监管，严厉打击固体废物非法转移、倾倒和处置等行为 | 俞丽威 | 市生态环境局莲都分局 | 区环卫局、市综合行政执法局莲都分局、各乡镇(街道) |
| | | 77 | 加强生活固废的处置监管，严厉打击固体废物非法转移、倾倒和处置等行为 | 敖正东 | 区环卫局<br>区建设局 | 区农业农村局、市综合行政执法局莲都分局、市生态环境局莲都分局、各乡镇(街道) |
| 聚力生态提标，着力绘就美丽城乡新画卷 | 大力提升生态环境美誉度 | 78 | 加强建筑固废的处置监管，严厉打击固体废物非法转移、倾倒和处置等行为 | 敖正东 | 区建设局 | 区环卫局、市生态环境局莲都分局、市综合行政执法局莲都分局、各乡镇(街道) |
| | | 79 | 全面完成“大棚房”专项清理整治 | 卢 进<br>★蔡毓良 | 区农业农村局、市自然资源和规划局莲都分局 | 区建设局、市综合行政执法局莲都分局、各乡镇(街道) |

| 分类 | 项目 | 序号 | 主要内容 | 责任领导 | 牵头单位 | 责任单位 |
|---|---|---|---|---|---|---|
| | | 80 | 大力推进绿化造林、平原绿化和美丽林相工程，全力做好松材线虫病综合防治工作 | 卢 进 | 区农业农村局 | 区松材线虫病防御指挥部其他成员单位，各乡镇（街道） |
| | 大力推进美丽城镇品质化 | 81 | 完成市区城中村改造60万平方米以上 | 蔡毓良 | 区征收办 | 市自然资源和规划局莲都分局、区建设局、市综合行政执法局莲都分局、城区各街道 |
| | | 82 | 分配安置房13万平方米 | 蔡毓良 | 区征收办 | 市自然资源和规划局莲都分局、区建设局、市综合执法局莲都分局、城区各街道 |
| | | 83 | 力争创成“基本无违建区” | 敖正东 | 区三改一拆办（市综合行政执法局莲都分局） | 区建设局、市自然资源和规划局莲都分局、区经济商务局、区征收办、区“三改一拆”领导小组其他成员单位、各乡镇（街道） |
| | | 84 | 提升市区环卫保洁一体化水平 | 敖正东 | 区环卫局 | 城区各街道 |
| | | 85 | 巩固全国文明城市创建成果 | 敖正东 | 区创建办 | 全国文明城市创建领导小组其他成员单位、城区各街道 |
| | | 86 | 高标准完成碧湖小城镇环境综合整治，巩固小城镇环境综合整治成效 | 敖正东 | 区镇治办 | 小城镇环境综合整治领导小组其他成员单位、各乡镇 |
| | | 87 | 高标准推进古堰画乡品质化提升和特色小镇建设，力争古堰画乡创5A取得重大进展 | 郭巧燕 | 瓯度委 | 古堰画乡创5A领导小组其他成员单位、古堰画乡小镇建设领导小组其他成员单位 |
| | | 88 | 特色小镇建设通过省级验收命名 | 常务副区长 | 区发改局 | 瓯度委 |
| | | 89 | 加快碧湖第二污水处理厂、雅溪自来水厂等项目进度 | 敖正东 | 区建设局 | 区发改局、区建投公司、碧湖镇、雅溪镇 |
| | | 90 | 大港头、碧湖工业园区、高溪综合供能服务站等项目开工建设 | 常务副区长 | 区发改局 | 区国资公司、市自然资源和规划局莲都分局、大港头镇、碧湖镇 |
| 聚力生态提标，着力绘就美丽城乡新画卷 | 大力推动乡村建设景区化 | 91 | 高质量完成桃碧线、S328省道景观提升工程 | 常务副区长 | 区发改局 | 区建投公司、区旅投公司、区农业农村局、区建设局、市综合行政执法局莲都分局，区六边办、碧湖镇、大港头镇 |
| | | 92 | 高品质建设碧湖平原绿道网，完成绿道建设里程142公里 | ★常务副区长<br>卢 进 | 区发改局 | 区交通运输局、区建设局、区建投公司、区农业农村局、区水利局、市自然资源和规划局莲都分局 |

| 分类 | 项目 | 序号 | 主要内容 | 责任领导 | 牵头单位 | 责任单位 |
|---|---|---|---|---|---|---|
| | | 93 | 新建、改建农村公路140公里，争取北埠至堰后公路、洪渡互通至黄村公路开工 | 卢 进 | 区交通运输局 | 区发改局、区建设局、市自然资源和规划局莲都分局、各乡镇（街道） |
| | | 94 | 农村生活垃圾分类覆盖面达到65%以上 | 敖正东 | 区农业农村局 | 区环卫局、区经济商务局、各乡镇（街道） |
| | | 95 | 农民饮用水提升改造惠及人口4.2万 | 卢 进 | 区水利局 | 区发改局、市生态环境局莲都分局、区农业农村局、市自然资源和规划局莲都分局、各乡镇（街道） |
| | | 96 | 打造美丽乡村风景线1条以上 | 卢 进 | 区六边办 | 区“六边三化三美”领导小组其他成员单位、相关乡镇（街道） |
| | | 97 | 创建A级景区村20个以上 | ★郭巧燕<br>卢 进 | 区文广旅体局 | 区农业农村局、各乡镇（街道） |
| | | 98 | 启动新陶、港口等7个历史文化村落项目建设 | 卢 进 | 区农业农村局 | 区文广旅体局、区建设局、相关乡镇（街道） |
| | | 99 | 基本完成官桥、官岭、西溪等9个传统村落项目 | 敖正东 | 区建设局 | 相关乡镇（街道） |
| 聚力改革深化，不断增强绿色发展新动力 | 深化推进“最多跑一次”改革 | 100 | 实现所有民生和企业事项实现网上办理，70%以上民生事项实现“一证通办”，60%以上政务服务事项实现“掌上办理” | 斯基根 | 区跑改办 | 区“最多跑一次”改革领导小组其他成员单位、各乡镇（街道） |
| | | 101 | 推进工程建设领域审批制度改革，实施投资项目在线审批监管平台3.0版，力争实现企业投资项目竣工验收前审批“最多90天” | 敖正东 | 区建设局 | 市自然资源和规划局莲都分局、区发改局、区行政审批中心、市生态环境局莲都分局、区水利局、区交通运输局 |
| | | 102 | 推动“标准地”改革扩面提升，省级平台工业项目“标准地”供地率100%，省级以下平台新批工业用地“标准地”占比不低于30% | ★斯基根<br>俞丽威 | 区发改局 | 区跑改办、区建设局、市自然资源和规划局莲都分局、市生态环境局莲都分局、区经济商务局、丽水工业园区管委会 |
| | | 103 | 深化商事制度改革，深入开展“减证便民”行动 | 斯基根 | 区市场监管局 | 区“最多跑一次”改革领导小组其他成员单位、各乡镇（街道） |
| | 深化生态产品价值实现机制建设 | 104 | 积极参与生态资产产权、生态产品交易市场、生态产品价值核算评估和质量标准认证等方面的体制机制改革 | ★常务副区长<br>俞丽威<br>卢 进 | 区发改局 | 市生态环境局莲都分局、区市场监管局、区农业农村局、区水利局、区金融办 |

| 分类 | 项目 | 序号 | 主要内容 | 责任领导 | 牵头单位 | 责任单位 |
|---|---|---|---|---|---|---|
| | | 105 | 创新发展以生态产品为核心生产要素的利用型产业，加快形成山地特色生态农业、森林康养产业、“古村复兴”示范工程等多条生态产品价值实现路径 | ★常务副区长<br>郭巧燕<br>卢进 | 区发改局 | 区文广旅体局、区建设局、市生态环境局莲都分局、区农业农村局、市自然资源和规划局莲都分局、各乡镇(街道) |
| | | 106 | 挖掘典型案例10个以上 | 常务副区长 | 区发改局 | 区直相关单位、各乡镇(街道) |
| 聚力改革深化，不断增强绿色发展新动力 | 强化乡村振兴制度供给 | 107 | 推动部省共建乡村振兴示范县试点取得实效 | 卢进 | 区农业农村局 | 区乡村振兴指挥部其他成员单位、各乡镇(街道) |
| | | 108 | 深化全国农村集体产权制度改革试点，基本完成农村宅基地确权颁证 | 蔡毓良 | 市自然资源和规划局莲都分局 | 市综合行政执法局莲都分局、各乡镇(街道) |
| | | 109 | 持续深化“三位一体”农合联改革，建立健全农合联执委会体制机制，推进产业农合联规范化建设，完善农民合作基金制度 | 卢进 | 区供销社 | 区农业农村局、各乡镇(街道) |
| | | 110 | 积极推进金融支持乡村振兴改革试验区创建，发展绿色金融，创新政保合作，强化金融对乡村振兴的配套服务 | 俞丽威 | 区金融办 | 区财政局、各乡镇(街道) |
| | | 111 | 推进新时代文明实践中心建设，打通宣传、教育、服务农村群众“最后一公里” | 郭巧燕 | 区文明办 | 区文广旅体局、区农业农村局、区民政局、各乡镇(街道) |
| | 深化对外开放合作 | 112 | 全面深化与义乌市、宁波江北区山海协作，打造山海协作工程升级版 | 斯基根<br>★俞丽威 | 区经合办 | 区山海协作工程领导小组其他成员单位 |
| | | 113 | 高质量开展莲都—剑阁东西部扶贫协作，全力助推剑阁县在2019年实现脱贫摘帽 | ★常务副区长<br>雷成<br>阎维萍 | 区发改局 | 区对口支援合作帮扶工作领导小组其他成员单位 |
| 聚力民生改善，积极创造幸福美好新生活 | 推进就业增收富民 | 114 | 认真落实优先就业系列政策，为高校毕业生、城镇就业困难人员、返乡创业务工人员、低收入农户等各类群体提供就业创业平台，新增城镇就业2400人以上 | 俞丽威 | 区人力社保局 | 区妇联、团区委、区发改局、区经济商务局、区农业农村局、区委组织部(区人才办)、各乡镇(街道) |
| | | 115 | 加快瓯碧园、花街安置小区项目建设进度，启动碧湖魏村地块安置小区建设 | 卢进 | 区农业农村局 | 市自然资源和规划局莲都分局、区建设局、区建投公司、联城街道、碧湖镇 |

| 分类 | 项目 | 序号 | 主要内容 | 责任领导 | 牵头单位 | 责任单位 |
| --- | --- | --- | --- | --- | --- | --- |
| | | 116 | 深入实施低收入农户收入倍增计划和“八个万元”系列富民增收行动，确保农民收入增幅持续快速增长 | 卢 进 | 区农业农村局 | 区妇联、团区委、区残联、区慈善总会、区红十字会、区人力社保局、区经济商务局、区民政局、各乡镇(街道) |
| | | 117 | 加强农村集体“三资”管理，推进集体经济物业等强村项目，巩固“消薄”成果，逐步化解村集体债务 | 卢 进 | 区双增办 | 区纪委、区委组织部、区机关事务管理局、区财政局、区审计局、区农业农村局、区供销社、区国资公司、各乡镇(街道) |
| 聚力民生改善，积极创造幸福美好新生活 | 完善公共服务惠民 | 118 | 开工建设长岗背小学、碧湖三小，投入使用东港小学、城中公寓幼儿园、碧湖中心幼儿园 | 郭巧燕 | 区教育局 | 区建投公司、区财政局、岩泉街道、紫金街道、碧湖镇 |
| | | 119 | 新增小学学位2160个、幼儿园学位420个 | 郭巧燕 | 区教育局 | |
| | | 120 | 争创省教育基本现代化区 | 郭巧燕 | 区教育局 | 创省教育基本现代化区领导小组其他成员单位 |
| | | 121 | 扎实推进“健康莲都”建设，全国健康促进区建设项目通过省级验收持续深化医药卫生体制改革，强化重大疾病防控和卫生应急保障 | 郭巧燕 | 区卫生健康局 | “健康莲都”领导小组其他成员单位、区医疗保障局 |
| | | 122 | 市区医联体建设实现基层医疗机构全覆盖 | 郭巧燕 | 区卫生健康局 | 区委编办、区财政局、区人力社保局、各乡镇(街道)、区人民医院 |
| | | 123 | 加强助残服务能力建设，全年建设规范化乡镇、社区残疾人庇护中心9个 | 卢 进 | 区残联 | 区财政局、区民政局、区慈善总会、区红十字会、各乡镇(街道) |
| | | 124 | 深入实施全民健身工程，新建社区多功能运动场3个，新增小康体育村升级工程11个 | 郭巧燕 | 区文广旅体局 | 相关乡镇(街道) |
| | | 125 | 新建农村文化礼堂24个以上 | 郭巧燕 | 区委宣传部 | 各乡镇(街道) |
| | | 126 | 健全社区工作机制，提升社区管理水平，适时启动撤村建居工作 | 郭巧燕 | 区民政局 | 区城乡社区建设领导小组其他成员单位、区撤村建(并)居领导小组其他成员单位、各乡镇(街道) |
| | | 127 | 深入开展养老服务质量建设专项行动，新建乡镇(街道)居家养老服务中心6个、社区嵌入式养老护理机构4个 | 郭巧燕 | 区民政局 | 区卫生健康局、区发改局、区建设局、区应急管理局、各乡镇(街道) |

| 分类 | 项目 | 序号 | 主要内容 | 责任领导 | 牵头单位 | 责任单位 |
|---|---|---|---|---|---|---|
| | | 128 | 建立健全全覆盖、保基本、多层次、可持续的社会保障体系，扩大社保政策覆盖面，实现城乡应保尽保 | 俞丽威 | 区人力社保局 | 各乡镇(街道) |
| 聚力民生改善，积极创造幸福美好新生活 | 深化平安建设安民 | 129 | 持续推进"基层治理四平台"建设，逐步接入平安建设、统一政务咨询、电子政务等服务功能，强化线上线下互动 | 斯基根 | 区委政法委 | 区委组织部、区府办、区市场监管局、市综合行政执法局莲都分局、各乡镇(街道) |
| | | 130 | 加大"雅溪自联会""黄泥墩经验"推广力度，提升基层治理水平 | 常务副区长 | 区委政法委 | 区委组织部、区委宣传部、区司法局、各乡镇(街道) |
| | | 131 | 完善应急救援管理体系，加强应急救援力量建设，提升防灾减灾救灾能力 | ★常务副区长<br>俞丽威 | 区应急管理局 | 各乡镇(街道) |
| | | 132 | 继续开展放心消费创建，建设放心消费示范单位100家、城乡放心农贸市场3家，巩固省食品安全区创建成果 | 斯基根 | 区市场监管局 | 食品安全委员会其他成员单位、各乡镇(街道) |
| | | 133 | 加强药品安全监管，确保群众用药安全 | 斯基根 | 区市场监管局 | 区卫生健康局、各乡镇(街道) |
| | | 134 | 强化"无欠薪"建设，争创省级"无欠薪区" | 俞丽威 | 区人力社保局 | "莲都无欠薪"领导小组其他成员单位、各乡镇(街道) |
| | | 135 | 进一步加强政府债务管理，持续开展债务风险防范化解行动 | 陈 豪 | 区财政局 | 区直各单位、各乡镇(街道) |
| | | 136 | 加强企业"两链"风险防范化解，强化金融风险处置 | 俞丽威 | 区金融办 | 区委政法委、区公安分局、区经济商务局 |
| | | 137 | 持续推进信访秩序专项整治，深入开展信访积案"歼灭战"，争创"无信访积案区" | 孙蓓蕾 | 区信访局 | 区委政法委、区公安分局、区司法局、区民政局、区法院、区检察院、各乡镇(街道) |
| | | 138 | 持续推进"扫黑除恶"专项斗争，严密防范、依法打击各类违法犯罪行为 | 常务副区长 | 区公安分局 | 区纪委、区委组织部、区委宣传部、区委政法委、区法院、区检察院、区司法局、各乡镇(街道) |
| 全面加强政府自身建设 | 政治坚定，清醒干事 | 139 | 深入开展"大学习大调研大抓落实"活动 | 陈 豪 | 区府办 | 区直各单位、各乡镇(街道) |
| | 高效施政，担当干事 | 140 | 加快区大数据中心建设 | 斯基根 | 区府办 | 区发改局 |
| | | 141 | 确保十方面民生实事、十大攻坚克难事项、十大示范工程高质量推进 | 常务副区长 | 区府办 | 区直相关单位、各乡镇(街道) |

| 分类 | 项目 | 序号 | 主要内容 | 责任领导 | 牵头单位 | 责任单位 |
|---|---|---|---|---|---|---|
| | 不忘初心，为民干事 | 142 | 深耕基层、深入群众、深蹲企业，切实帮助解决最关心、最直接、最现实的利益问题 | ★常务副区长<br>俞丽威 | 区“三服务”活动办 | 区直各单位、各乡镇(街道) |
| | 依法依规，规矩干事 | 143 | 认真办理人大代表建议和政协委员提案 | 常务副区长 | 区政府督查室 | 区直各单位、各乡镇(街道) |
| | | 144 | 严格执行重大行政决策法定程序 | 陈　豪 | 区府办 | 区直各单位、各乡镇(街道) |
| | | 145 | 加强规范性文件审查和重大合同管理 | 陈　豪 | 区司法局 | 区直各单位、各乡镇(街道) |
| | | 146 | 推进政务公开，发挥新媒体作用，让权力在阳光下运行 | 常务副区长 | 区府办 | 区直各单位、各乡镇(街道) |
| | 廉洁自律，干净干事 | 147 | 严格遵守中央八项规定实施细则和省委省政府“36条办法”，坚决杜绝“四风”问题隐形变异、反弹回潮 | 陈　豪 | 区府办 | 区直各单位、各乡镇(街道) |
| | | 148 | 切实强化政府系统重点领域、重点单位、重点岗位的风险管控 | 陈　豪 | 区纪委 | 区直各单位、各乡镇(街道) |
| | | 149 | 切实强化政府系统重点领域、重点单位、重点岗位的审计监督 | 陈　豪 | 区审计局 | 区直各单位、各乡镇(街道) |
| | | 150 | 严控“三公”经费，严控一般性支出，努力降低行政成本 | 陈　豪 | 区财政局 | 区直各单位、各乡镇(街道) |

注：1. 责任领导栏中标“★”为第一责任领导，其他领导共同作为该事项的责任领导；

2. 上述重点责任单位为推进该项工作的主要单位，不包含所有涉及的单位。

附件2

## 2019年区十方面民生实事责任分解

| 实事项目 | 主要事项 | 责任领导 | 牵头单位 |
|---|---|---|---|
| 一、完善农村饮用水基础设施 | 推进农村饮用水达标提标工程，惠及人口4.2万 | 卢 进 | 区水利局 |
| | 完成老竹镇自来水厂提标改造，开工建设雅溪镇自来水厂 | 敖正东 | 区建设局 |
| 二、提升居家养老服务能力 | 新建乡镇（街道）级居家养老服务中心6个，新建社区嵌入式养老护理机构4个 | 郭巧燕 | 区民政局 |
| 三、提升防灾减灾救灾能力 | 新建、改建避灾安置场所10个，避灾安置场所规范化率达到30% | 常务副区长 | 区应急管理局 |
| 四、深化城乡生活垃圾分类处理 | 市区垃圾分类收集覆盖面达到85%以上，农村生活垃圾分类处理建制村覆盖率达到65%，创成高标准垃圾分类小区5个 | 敖正东 | 区垃圾分类办 |
| 五、加强助残服务能力建设 | 建设规范化乡镇、社区残疾人庇护中心9家 | 卢 进 | 区残联 |
| 六、加强城乡水环境治理 | 创建“美丽河湖”3条以上，完成中小河流整治8公里以上，清除淤泥5.5万立方米以上 | 卢 进 | 区水利局 |
| 七、完善消防安全设施 | 推进电动车集中停放和充电设施建设，新安装集中充电设施（插口）2000个；完成老旧小区消防设施增配改造28个 | 常务副区长 | 区应急管理局（区消防大队） |
| 八、推进综合供能服务站建设 | 开工建设大港头、碧湖综合供能服务站项目，完成高溪综合供能服务站项目前期工作 | 常务副区长 | 区发改局 |
| 九、提升基础教育发展水平 | 开工建设长岗背小学、碧湖三小，投入使用东港小学、碧湖中心幼儿园、城中公寓幼儿园，新增小学学位2160个、幼儿园学位420个 | 郭巧燕 | 区教育局 |
| 十、持续改善农村交通出行条件 | 新建和改造提升农村公路140公里，南山互通至丽新公路（一期）项目完工，推进洪渡互通至黄村公路（仙渡至黄村段）、北埠至堰后公路建设；启动农村公路危桥改造3座 | 卢 进 | 区交通运输局 |

# 丽水市莲都区人民政府办公室
# 关于印发《莲都区乡村振兴战略规划》
# （2018—2022年）的通知

莲政办发〔2019〕45号

各乡镇人民政府，各街道办事处，区政府直属各单位：

《莲都区乡村振兴战略规划》（2018—2022年）已经区政府第37次常务会议审议通过，现印发给你们，请结合实际，认真贯彻落实。

丽水市莲都区人民政府办公室

2019年11月26日

# 莲都区乡村振兴战略规划(2018—2022年)

## 前　言

实施乡村振兴战略,是党的十九大作出的重大决策部署,是以习近平同志为核心的党中央着眼于推进“四化同步”、城乡一体化发展和决胜全面建成小康社会作出的重大战略决策,是新时代做好“三农”工作的新旗帜和总抓手。

为描绘好战略蓝图,强化规划引领,科学有序推动乡村产业振兴、人才振兴、文化振兴、生态振兴和组织振兴,根据《中共中央 国务院关于实施乡村振兴战略的意见》(中发〔2018〕1号)、《乡村振兴战略规划(2018—2022年)》(中发〔2018〕18号)、省委省政府《全面实施乡村振兴战略高水平推进农业农村现代化行动计划(2018—2022年)》(浙委发〔2018〕16号)、市委市政府《关于全面实施乡村振兴战略争当中国特色乡村振兴排头兵行动计划(2018—2022年)》(丽委发〔2018〕1号)、区委区政府《关于全面实施乡村振兴战略高质量建设大花园中心园实施意见》(莲委发〔2018〕1号)等精神,特编制《莲都区乡村振兴战略规划(2018-2022年)》。

## 目　录

4.打造文化事业和文化产业发展新高地

（九）实施乡村治理行动，构建乡村治理新体系

1.加快推进乡村治理“三治融合”

2.全面提升乡村治理能力

3.建设平安乡村

（十）实施组织保障行动，营造首善担当新氛围

1.加强党对农村工作的全面领导

2.突出基层党建引领

3.强化“三农”工作队伍建设

4.拓宽乡村振兴引才通道

四、保障措施

（一）强化投入保障

（二）加强督查监督

（三）营造舆论氛围

附图：1.区域生态功能区划图；

2.区域空间布局图；

3.城乡体系规划图；

4.第一产业空间发展引导图

5.旅游发展规划图

6.莲都区历史文化（传统）村落分布图

附表：莲都区乡村振兴战略规划建设项目表（2018—2022年）

**一、振兴基础和发展态势**

（一）现实基础

多年来，莲都区始终以习近平总书记“尤为如此”重要嘱托和“三农”思想为根本遵循，始终把解决好“三农”问题作为区委区政府工作重中之重，持续加大强农惠农富农政策力度，扎实推进农业现代化和美丽乡村建设，“八八战略”落实十五年以来特别是近五年以来，全区农业长足发展，农村环境全面改善，农民获得感显著提升，农村家庭人均年收入“4600元以下”贫困现象全面消除，城乡居民人均可支配收入连续30年走在全市前列，为实施乡村振兴战略奠定了良好基础。

1. 农村经济势头良好

2017年全区实现农业总产值28.32亿元，连续25年稳居全市第一。五年来，全面深化农业三区（粮食生产功能区、现代农业园区、农产品加工园区）建设，累计在碧湖、老竹、丽新、雅溪等乡镇建成粮食生产功能区5万亩，争取并实施国家级农业综合开发现代农业园区项目，完成省级现代农业综合区建设，获批创建省级现代农业园区和省级农业科技园区，加快推进碧湖农产品加工园区建设。蔬菜、水果、畜禽养殖等传统农业主导产业稳步发展，特色小水果、高山蔬菜、中药材等生态特色产业加速发展，观光农业、休闲农业、创意农业等新业态不断呈现。丽新茶叶精品园、老竹白莲精品园被评为全国农村创业创新园区（基地），成功列为中央畜禽粪污综合利用社会化服务试点县、全省首批畜牧业绿色发展示范县，荣获“全国第二批无公害农产品生产示范基地县”等称号，处州白莲成功注册为国家地理证明商标，累计通过“三品”认证农产品154个，建成“丽水山耕”合作基地145个。农旅、文旅融合步伐加快，创成省级农家乐特色乡镇1个、省级农家乐特色村6个、省级农家乐特色点5个，四星级农家乐15家，五星级农家乐2家，被评为全国休闲农业和乡村旅游示范县。深入实施电子商务进万村工程，发展电商网店（企业）1700余家，培育出“倪老腌”“咕咕鲜”等一批知名电商。

2. 乡村品质持续优化

统筹推进“千村示范、万村整治”“六边三化三美①”等一揽子工作，创成省级美丽乡村示范乡镇大港头镇和老竹镇2个、省级特色精品村6个、市区两级美丽乡村示范村46个、AAA级景区村7个、农房改造建设示范村和美丽宜居示范村13个，其中利山村被农业部列为全国首批“美丽乡村”创建试点乡村，成功创建“无违建先进区”；有序推进“瓯江滨水”丽浦线（碧湖镇—大港头镇）、新50省道风景线（联城街道—碧湖镇）、“括苍古韵·秀丽好溪”330国道线（紫金街道—岩泉街道）、“秀丽宣平”港前线（联城街道—丽新乡）四条风景线。农村公路累计建成1001公里，乡村公路安全设施完善率达到100%，农村客运“村村通”工

① 六边三化三美：“六边”指公路边、铁路边、河边、山边、城边、村边；“三化”指洁化、绿化、美化；“三美”指城美、村美、房美。

程全面完成，新能源汽车租赁布点实现乡镇（街道）全覆盖。完成大港头自来水厂、高溪水库除险加固主体工程、老竹溪后坑段综合治理等一批乡村民生水利设施。

3. 强村富民成效显著

启动实施全面消除集体经济薄弱村三年行动计划，截至2017年底全区共消除集体经济薄弱村101个，完成省定三年任务的85.6%，132个村实现村财增收。深入实施“千万农民素质提升工程”“低收入农户收入倍增计划”，继续巩固消除“4600”成效，建立健全成效帮扶机制。2017年实现农村居民人均可支配收入19327元，连续29年居全市首位，同比增长9.8%，其中，2017年全区低收入农户人均可支配收入为11067元，增幅16.3%。2017年全区城镇常住居民人均可支配收入和农村常住居民人均可支配收入比为1.79∶1，小于全市平均水平。

4. 社会事业蓬勃发展

落实教育优先发展战略，创成全国义务教育基本均衡县。全面推进“五保合一”大社保体系建设，实现城乡居民养老、医疗保险制度全覆盖，城乡低保实现应保尽保。积极推进居家养老服务，累计建成城乡社区居家养老服务照料中心234个，基本实现城乡社区全覆盖。致力提升基层医疗卫生服务能力，老竹、太平、黄村、峰源等4个乡镇被评为省级卫生乡镇，创成省卫生应急工作示范区。大力发展乡村文化，基层综合性文化服务中心、小康体育村实现全覆盖，累计建成农村文化礼堂67个，通济堰被列入首批世界灌溉工程遗产名录，老竹镇被评为省文化强镇，“丽水鼓词”入选国家非物质文化遗产名录，完成22个历史文化（传统）村落建档工作，下南山村入选全省首批历史文化村落保护利用重点村典型案例，保定村被评为浙江传统戏剧特色村，堰头村被评为全国生态文化村。

5. 生态环境持续向好

太平乡、大港头镇等10个乡镇获得国家级生态乡镇命名，老竹镇、大港头镇、碧湖镇被评为省级森林城镇，峰源省级自然保护区获批设立，北埠村等8个村被评为省森林村庄，括苍古道被评为“浙江最美森林古道”，完成港口村、堰头村等6个示范村“一村万树”建设。创建实施莲都区联城街道竹道村和仙渡乡仙里村2个村为浙江省社会主义新农村气象防灾减灾标准化示范村。深入推进“五水共治”，全面打赢全境剿灭劣Ⅴ类水攻坚战，创成“清三河”达标县，“养猪上楼”入选农业部“五大治污”模式，农村生活污水治理设施运维管理工作全省优秀。启动农村生活垃圾分类处理和城市生活垃圾分类智能化试点建设，连续两年被评为全省农村生活垃圾治理工作优胜县（市、区）。2017年莲都区生态环境质量公众满意度首次排名全省第一。

6. 乡村活力得到增强

深化农村产权制度改革，完成208个村经济合作社股份合作制改革，农村土地承包经营权确权登记颁证被列入全省整县制推进试点。率先在全市设立莲都区农村土地承包经营权流转服务中心，并增挂莲都区农村产权制度改革管理服务中心牌子，实现农村产权交易分中心乡镇（街道）全覆盖。被评为全国农村集体“三资”管理示范县，入选全国农村集体产权制度改革试点单位。深化农村金融改革，完成莲都农商银行改制，小额贷款公司、民间融资服务中心、村级担保互助社等一批农村新型金融组织先后成立。深化投融资体制改革，成立古堰画乡旅投公司，古堰画乡小镇被评为全国深化城镇基础设施投融资模式创新试点镇。组建成立农合联服务中心、农合联资产经营公司。在全省率先开展财政补助资金股权化改革。

（二）问题不足

在“三农”事业不断发展的同时，我区发展不平衡不充分问题在乡村仍然最为突出，主要表现在：乡村蕴含的生态产品多重价值尚未得到充分发挥，农产品附加值不高，农业产业链亟待拓展；农业龙头带动能力偏弱，农民增收后劲不足，新型职业农民队伍建设亟须加强；农村交通、教文卫等民生领域欠账较多，城乡融合发展水平亟待提升；土地、资金、人才等制约仍然突出，城乡之间要素合理流动机制亟待健全；农村少数干部难以适应新时代新要求，农村基层党建存在薄弱环节，乡村治理体系和治理能力亟待强化。

（三）发展态势

从国家层面看，党的十九大首次把乡村振兴提升到战略高度，乡村振兴战略写入党章，为我们在新时代做好“三农”工作指明了方向。从省级层面看，全省大湾区大花园大通道大都市区建设将推动区域协同、山海协作，发挥大都市区引领作用，打通区域联系大通道，加快全域景区化，有利于优化全省乡村振兴格局。从政策供给看，当前国家正在大力推进供给侧结构性改革，实施创新驱动发展战略，推动大众创业、万众创新，必将激发新一轮创业创新活力，进一步释放农村发展潜能。从发展进程看，当前国内新型工业化、城镇化、信息化和农业现代化正在协同推进，现代农业先进模式、技术和装备的涌现，物联网和信息技术的普及推动农业农村供给升级。从消费层面看，城乡居民对农业农村的需求日益多元化、高级化、个性化，有利于农村电商、创意农业、乡村旅游等乡村新业态发展，为乡村振兴、农业转型升级开辟了新的市场空间。从设施基础看，高速公路、高速铁路、高速宽带网络拉近了城乡距离，“四好农村路”建设正提升乡村通勤效率，更多社会资源投入乡村发展。

总之，推进美丽乡村建设，实施乡村振兴战略，是解决全区人民日益增长的美好生活需要和不平衡不充分的发展之间矛盾的必然要求，是实现“两大历史使命”奋斗目标的必然要求，是实现全区人民共同富裕的必然要求。我们必须立足区情农情，把握新时代发展大势，厚植“秀山丽水、画乡莲都，诗画田园、养生福地”的生态优势、“首善之区、千年州府”的区位人文优势，切实增强责任感使命感紧迫感，举全区全社会之力，以更大的决心、更高的目标、更强的力度，在全市率先高水平谱写新时代乡村全面振兴新篇章。

## 二、指导思想与主要目标

（一）指导思想

高举习近平新时代中国特色社会主义思想伟大旗帜，大力弘扬和践行“浙西南革命精神”，以“莲都作为”落实“丽水之干”担纲“丽水之赞”，坚持把乡村振兴作为莲都高水平全面建成小康社会的奠基工程，按照“产业兴旺、生态宜居、乡风文明、治理有效、生活富裕”总要求，以“发展高质量、全市挑大梁、区域走前列”为价值追求，以农业供给侧结构性改革为主线，以5个“十百万”为核心目标，大力实施乡村振兴十大行动、十大工程，首善担当、争创一流，走超常规振兴、率先振兴、特色振兴之路，全力建设全市乡村大花园中心园，高水平推进农业农村现代化，努力打造乡村振兴的浙江样板、国家示范，奋力开辟“绿水青山就是金山银山”新境界。

（二）基本原则

——坚持党的领导、农民主体。毫不动摇地坚持和加强党对农村工作的领导，突出以人民为中心的发展思想，充分尊重农民意愿，切实发挥农民在乡村振兴中的主体作用，把维护农民群众根本利益、促进农民共同富裕作为出发点和落脚点，促进农民持续增收，不断提升农民的获得感、幸福感、安全感。

——坚持以城带乡、融合发展。加快建立健全以城带乡、城乡融合发展体制机制和政策体系，推进城乡基础设施、公共服务、要素市场、社会保障、劳动就业等一体化发展，提升农村资源配置效率，调动全社会力量投身乡村振兴。

——坚持全面振兴、注重个性。重新审视和挖掘乡村多种功能和价值，全面推动乡村产业振兴、人才振兴、文化振兴、生态振兴、组织振兴。科学把握乡村的差异性和发展走势分化特征，注重分类施策、典型引路、特质发展。

——坚持绿色引领、品质发展。深化理解“两山”理念的发展内涵，准确把握农民群众日益增长的美好生活需求，努力将变乡村生态要素为生产要素、生态价值为经济价值、生态优势为发展优势，推动乡村发展质量变革、效率变革、动力变革，高质量发展乡村经济、打造品质乡村生活。

——坚持改革创新、激发活力。不断深化农业农村供给侧结构性改革，不断强化科技创新，不断激活主体、激活要素、激活市场，努力开辟乡村就业创业新天地，加快构建起支撑乡村全面振兴的现代化生态经济体系，把莲都的绿水青山源源不断地变为广大农民的金山银山。

（三）发展目标

到2020年：乡村振兴十大行动计划（2018—2022）稳步实施，乡村振兴在全市率先取得实质性进展，制度框架和政策体系基本形成，提前一年在全市率先高水平全面建成小康社会、全面消除集体经济薄弱村。

到2022年：乡村振兴取得重大进展，“两山”转换通道加速打开，全市“乡村大花园中心园”的地位基本确立，部省共建乡村振兴示范省先行区建设取得较大突破，成功创建国家乡村振兴示范区。重点实现5个“十百万”：成功打造十个乡村振兴精品村、十个农旅融合综合体、十条乡村旅游精品线路、十大乡村精品会客厅、十个空心村活化样板；提升百个新型农业主体、创建百个A级景区村、打造百村善治示范、累计建成百个三星级以上文化礼堂、培养百名兴村能人；实现农旅融合万亩示范、农村新产业新业态队伍新增万人、农民异地搬迁万人、有劳动能力低收入农户收入人均万元新增、农民收入人均万元新增。

到2035年：乡村振兴在全市率先取得决定性进展，与全省同步实现农业农村现代化。全区“两山”通道全面打开，农业结构得到根本性改善，乡村生态经济成为全区发展的重要引擎，“乡村大花园中心园”更富意境，乡村美好生活更有质感，共同富裕迈出坚实步伐；城乡基本公共服务均等化与全省同步实现，城乡融合发展体制机制更加完善；乡风文明达到新高度，乡村治理体系和治理能力实现现代化，成为“美丽中国”的璀璨明珠。

**莲都区乡村振兴战略规划主要指标**

表1

| 分类 | 序号 | 主要指标 | 单位 | 2017年基期值 | 2020年目标值 | 2022年目标值 | 属性 |
|---|---|---|---|---|---|---|---|
| 产业兴旺 | 1 | 农业增加值 | 亿元 | 18.95 | 20.7 | 22 | 预期性 |
| | 2 | 农产品“三品一标”个数 | 个 | 163 | 200 | 230 | 预期性 |
| | 3 | 休闲农业和乡村旅游接待人次 | 万人次 | 332 | 450 | 550 | 预期性 |
| | 4 | 来料加工产业加工费 | 亿元 | 2.23 | 2.5 | 2.6 | 预期性 |
| | 5 | 培育电子商务专业村 | 个 | 1 | 3 | 5 | 预期性 |
| 生态宜居 | 6 | A级景区村庄占比 | % | 12 | 30 | 48 | 预期性 |
| | 7 | 美丽乡村特色精品村累计个数 | 个 | 6 | 15 | 21 | 预期性 |
| | 8 | 对生活垃圾进行分类处理的村占比 | % | 37.5 | 50 | 100 | 预期性 |
| | 9 | 农村卫生厕所普及率 | % | 96.5 | 100 | 100 | 预期性 |
| | 10 | 省美丽宜居示范村比例 | % | 7.18 | 10 | 12 | 预期性 |

续表1

| 分类 | 序号 | 主要指标 | 单位 | 2017年基期值 | 2020年目标值 | 2022年目标值 | 属性 |
|---|---|---|---|---|---|---|---|
| | 11 | 美丽乡村风景线创建累计条数 | 条 | 4 | 5 | 6 | 预期性 |
| 乡风文明 | 12 | 农村文化礼堂建成村占比 | % | 32.2 | 63 | 85 | 预期性 |
| | 13 | 省级文明村和乡镇占比 | % | 3.31 | 8 | 10 | 省约束性 |
| | 14 | 美丽庭院创建比例 | % | 11.8 | 20 | 25 | 预期性 |
| | 15 | 历史文化(传统)村落保护规划编制率 | % | 100 | 100 | 100 | 预期性 |
| 治理有效 | 16 | 市级以上民主法治村占比 | % | 17.3 | 50 | 60 | 预期性 |
| | 17 | 全科网格建设达标率 | % | — | 100 | 100 | 预期性 |
| | 18 | 党群服务中心(活动场所)规范提升村占比 | % | — | 80 | 95 | 预期性 |
| 生活富裕 | 19 | 城乡居民收入比 | % | 1.79 | 1.78 | 1.76 | 约束性 |
| | 20 | 农村居民人均可支配收入 | 元 | 19327 | 25300 | 30000 | 预期性 |
| | 21 | 低收入农户人均可支配收入 | 元 | 9954 | 12000 | 15000 | 省约束性 |
| | 22 | 消除集体经济薄弱村完成率 | % | 85.5 | 100 | 100 | 预期性 |
| | 23 | 农村饮水安全水质综合达标率 | % | 85.48 | 90 | 95 | 预期性 |

三、主要任务

(一)实施产业振兴行动,培育乡村发展新动能

乡村振兴,产业兴旺是重点。坚持以供给侧结构性改革为主线,加快生态精品农业在融合中拉长产业链、补强创新链、提升价值链,努力实现由农业大区向农业强区转变。

1.大力发展生态精品农业

加强与省农业“12188”工程①对接,深化农业“三区”②建设,高标准开展省级现代农业园区、省级农业科技园区建设,推动省级农业高新技术产业示范区创建,完成国家农业综合开发现代农业园区试点项目,到2022年建成特色农业强镇1—2个、田园综合体1个以上,形成亿元级示范性农业全产业链1条以上。落实粮食安全责任制,保护好5万亩粮食生产功能区,创成省级“放心粮油示范县”。巩固蔬菜、水果、茶叶等主导产业提升工程;实施中药材、小水果、畜牧业等特色产业培育工程;以种植业“生态茶园、精品果园、放心菜园、特色菌园、道地药园”等五园创建为抓手,打造一批省级种植业高质量发展示范基地;积极谋划“水经济”,引导培育溪鱼、饮料等产业。坚持三产融合、科技

① 农业“12188”工程,建成100个一二三产业深度融合的省级现代农业园区、200个集产业园科技园创业园功能于一体的农业可持续发展示范园、100个特色农业强镇、80条单条产值10亿元以上的示范性农业全产业链,保护好800万亩粮食生产功能区。

② 农业“三区”:“三区”指粮食生产功能区、现代农业园区、农产品加工园区。

创新、生态循环、主体创业、产村联动，创建省级农业绿色发展先行示范区。实施畜牧业转型升级绿色发展行动计划，提升畜禽养殖废弃物资源化利用水平，建立病死动物无害化处理机制，争创全国畜牧业绿色发展示范县，创建省级美丽牧场15家以上。

| 专栏1：莲都区农业空间发展引导 |
| --- |
| 区域：碧湖平原地区以粮食、蔬菜、特色水果、食用菌种植等为主导产业，山区乡镇以油料、茶叶、水果等经济作物种植为主导产业。<br>海拔：逐步形成海拔400米以下区域低山丘陵主导产业集聚区，海拔400—800米区域绿色特色农业产业带，海拔800米以上区域高山高端精品农产品产业带的“一区两带”产业新格局。 |

2.培育提升新型农业主体

以农民专业合作社质量提升整县推进全国试点为契机，实施百个新型农业主体提升工程，到2022年累计培育经省市认定的骨干农业龙头企业30家、规范化农民合作社（含联合社）50家、示范家庭农场50家、农创客50名以上，鼓励有实力的龙头企业主动对接金融市场，加快建设知识型、技能型、创新型农业经营者队伍。规划建设莲都区农产品集散中心，规范建设农产品临时疏导点。改善小农户生产设施条件，提高个体农户抵御自然风险能力。发展多样化的联合与合作，提升小农户组织化程度。鼓励新型经营主体与小农户建立契约型、股权型利益联结机制，带动小农户专业化生产。健全农业社会化服务体系，大力培育新型服务主体，加快发展“一站式”农业生产性服务业。加强工商企业租赁农户承包地的用途监管和风险防范，健全资格审查、项目审核、风险保障金制度，维护小农户权益。

3.高水平推进质量兴农、绿色兴农

加强农产品质量安全执法监管，健全莲都绿色农业标准体系，推广全程标准化生产和全产业链安全风险管控，开展国家有机产品示范区创建、标准化农业基地示范创建，确保实现“一保二创三高于”[①]目标。加强源头治理，把规模生产经营主体全部纳入农产品质量安全追溯平台管理，建设以追溯到责任主体为基本要求的追溯示范点，保障“舌尖上的安全”。加强农药化肥禁限用监管，推进化肥购销实名登记信息化，力争2020年达到欧盟标准。重点培育秸秆资源化利用企业，争创秸秆全域利用省级试点县。着力构建现代生态循环农业发展体系和农业可持续发展长效机制，打造全国生态循环农业先行区。

4.强化品牌强农建设

实施农业品牌提升行动，加快形成以区域公用品牌、企业品牌、大宗农产品品牌、特色农产品品牌为核心的农业品牌格局。继续推进无公害农产品、绿色食品、有机产品、农产品地理标志“三品一标”认证，重点构建“处州莲宝”“山水”等区域公用品牌体系，加快培育个性品牌，加强与“丽水山耕”品牌联动打造。强化品牌质量管控，健全品牌目录制度，实行动态管理。完善品牌创建激励保护机制，加大各类品牌展销，鼓励推介优质品牌。推动品牌农产品“走出去”，扩大品牌农产品在“一带一路”国家影响力。

5.提升农业科技支撑力

健全农科教产学研联盟，深化农技推广体系改革，推行“产业+团队+项目+基地”推广模式，形成一站式农业科技转化推广服务链。强化农业机械化和农机装备的政策支持，推动农业“机器换人”“设施增地”。推进智慧农业平台建设，打造5个以上数字农业示范园，累计建成15个以上现代农业科技示范基地，创建省级数字农业试点县。加快现代工业技术、科技服务等成熟技术在农业领域的应用和转

① 农产品质量安全“一保二创三高于”：“一保”指确保不发生重大农产品质量安全事件；“二创”指创建农业追溯的监管品牌，创建农产品质量安全诚信体系；“三高于”指农产品抽检合格率、群众满意度、农产品“三品”认证率分别高于全省平均水平。

化。积极发挥科技乡贤作用，优化科技特派员支农政策机制，打造科技特派员支农工作升级版。

6.加快发展农产品加工业

实施农产品精深加工行动计划，依托碧湖农产品加工区等平台，到2022年形成新增加工供地300亩以上，加快发展以自然、绿色、有机、健康（休闲、养生）产品为发展方向，以功能性特色食品、绿色食品、有机食品、保健食品为主的食品产业，努力打造全市农产品加工中心。加大农产品加工类企业招商引资力度，鼓励农业企业引进国内外先进的工艺技术和管理理念，重点培育食用菌、果蔬、畜禽、茶叶、中药材等农产品加工业，发展生态休闲食品、保健养生食品，开发精深产品。大力发展产地初加工，支持新型农业经营主体推广应用技术成熟、经济适用的产后贮藏、保鲜、分级清选、包装、烘干等产地初加工设施、设备，降低农产品产后损失率，提高商品化率和入市品级。

7.推进农村一二三产业融合发展

根据“一轴两核五区”全域旅游布局，以推进农旅融合为主线，扎实推进农业园区与旅游景区、农业主体与旅游主体、农业品牌与旅游品牌深度融合，串联“乡村旅游集散中心—景区旅游接待中心—乡村会客厅—乡村驿站”四级乡村旅游导览通路，镌画乡村“农旅大花园”美好生活盛景，到2022年创建100个A级景区村、10个农旅融合综合体、1—2个农旅融合集聚区、1万亩农旅融合示范、10条乡村旅游精品线路、10条乡村精品绿道。创新“农业+”“互联网+”发展模式，培育“莲宝微平台”“乡村文创总部”“共享农机/民宿/农场”“三避三养微度假”等新平台新经济新业态。加强通济堰申报全国农业重要文化遗产工作，打造“鱼跃文化”“磨幻菇林”“畲寨风情园”“康养基地”“红色文旅”等一批农文旅融合项目，加快农业园区AAA级景区创建。继续实施农产品转化为旅游地商品行动计划，打造一批农产品加工旅游示范基地，积极研发“文创伴手礼”，力促乡村传统手工艺业态复兴。推进乡村传统商贸业态升级，到2022年建成并提升改造农村电商服务站点230个，电商专业村5个。

专栏2:农村一二三产业融合发展重点

◆农旅融合培育。到2022年，建成乡村旅游集散中心即丽水“两山”会展中心，形成四级乡村旅游导览通路，创成含10个以上AAA级的100个A级景区村，建成莲都园、鱼跃酿造、莲丰享等10个农旅融合综合体，创成碧湖诗画田园、老竹—丽新畲乡风情等1—2个农旅融合集聚区，建成“碧湖-大港头-老竹-丽新”万亩农旅融合示范，建成古堰画乡、风情东西、古道问今等10条乡村旅游精品线路，创成碧湖平原绿道、环东西岩休闲绿道、港周线绿道等10条乡村精品绿道(其中省级精品绿道2条以上)。

◆新平台新经济新业态培育。结合丽水“一机游”开发形式各样的“莲宝微平台”，驱动莲都乡村旅游深度触网、深度体验；结合瓯江文化创意产业带建设，搭建乡村产业总部经济发展，共绘“丽水山居图”，积极打造“乡村文创总部”；大力发展乡村共享经济，搭建共享农机具线上调度平台，实施闲置资源激活计划，利用乡村闲置房屋、田园、山地、湖泊、林地资源等，打造共享民宿、共享农场；积极发展“三避三养(避暑避霾避寒、养生养心养老)+微度假”新模式。

◆打造农业景区。以龙头企业、专业化合作社为主体，推进碧湖鱼跃文化产业园、百兴菇业魔幻菇林、莲丰享等农业园区3A级景区创建，联动打造农旅融合集聚区。

◆农产品转化为旅游地商品三年行动计划。引进台湾农业文创理念，拓展农产品转化旅游地商品深度与广度，到2022年，全区累计培育农产品旅游地商品及其主体各120个以上，旅游地商品营销额占农业一产产值比重达到28%。

◆农村电子商务。完善莲都电子商务创业创新综合体建设，加快形成电商产业集群式效益；培育农业O2O，完善冷链物流，加快生鲜产品、特色乡村食品等网上营销，到2022年建成并提升改造农村电商服务站点230个，电商专业村5个。

（二）实施城乡融合行动，构筑以以城带乡新格局

乡村振兴，城乡融合是路径。充分发挥中心城区的辐射作用，按照生产空间集约高效、生活空间宜居适度、生态空间山清水秀的要求，统筹促进城乡、产业、文化、旅游四位一体融合发展、特色发展。

1. 科学规划城乡空间

强化区域国土资源空间管控，全域落实环境功能区划，科学划定城镇、农业、生态空间及生态保护红线、永久基本农田、城镇开发边界；加强生态保护红线监管，理清生态保护红线区内的正面清单，确保生态红线内面积不减少、功能不降低。坚持"多规合一"，注重景城联动、景村联动、镇村联动、城乡一体，加强与新一轮土地利用总体规划修编及丽水市城市总体规划的有效衔接，科学编制莲都区乡村建设规划。按照"一江双城三片①"的城乡空间结构，从城乡互动关系、产业发展规律入手，依托中心城区、城镇范围内和周边的村庄形成的"城-村"片区、"镇-村"片区，以及风景名胜区范围内和周边村庄形成"景区-村"片区，规划构筑"1+2+2+5+N"即城—镇(乡)—中心村—基层村的"金字塔"形城乡体系结构。

| 专栏3："1+2+2+5+N"城乡体系结构 |
| --- |
| ◆"1"：指由岩泉街道、紫金街道、白云街道、万象街道、联城街道、南明山街道构成的"中心城区"；<br>◆"2"：指由碧湖镇、大港头镇构成的2个"中心镇"；<br>◆"2"：指由峰源乡、老竹畲族镇构成的2个"特色乡镇"；<br>◆"5"：指由雅溪镇、太平乡、仙渡乡、黄村乡、丽新构成的5个"一般乡镇"；<br>◆"N"：指区域范围内的N个景区村，包括紫金街道的开潭村，碧湖镇的堰头村、周巷、保定村、概头村、三峰村、河口村、白桥村、白口村，大港头镇的大港头村、石候村、河边村、利山村；老竹镇的沙溪村、新屋村、梁村，丽新乡的黄弄村、马村、黄岭上村，峰源乡的赛源村、夏庄村，黄村乡的天堂村、黄泥墩村，等等。 |

2. 分类推进乡村发展

顺应乡村发规律和演变趋势，根据不同乡村的发展现状、区位条件、资源禀赋等，按照集聚提升、融入城镇、特色保护、搬迁撤并的思路，因村制宜、精准施策，分类推进乡村发展。

集聚提升类村庄。对现有中心村和仍将继续保留的一般村庄，结合村庄资源禀赋和比较优势，进一步强化农业、工贸、休闲旅游等特色产业支撑，大力发展乡村美丽经济。重点支持美丽宜居示范村、特色农产品村、淘宝村、民宿精品村、农民艺术村、创客村等专业特色村发展，树立村庄特色品牌优势，打造一批可复制、可推广的"未来乡村"样板村。从基础设施建设、公共服务设施配套、村庄环境整治、特色风貌塑造等方面有序推进村庄改造提升，加快村庄"五位一体"公共服务中心建设。

| 专栏4："未来乡村"建设策引 |
| --- |
| ◆未来乡村的定位：未来乡村是乡村发展的高级形态，是"处处是花园"的具体诠释和直观体现。它是人与自然高度融合、城市化与逆城市化双向流动、农耕文明与传统文化交相辉映，资源共享、万物互联、交通发达、美丽幸福的诗意家园，是承载乡愁和寄托情感的丽水山居图。<br>◆未来乡村的建设标准：人口规模、交通条件、住房安排、土地要素、乡村产业、配套设施、乡村环境、经济收入、养老服务、幸福测评等方面。<br>◆莲都五型未来乡村打造：将乡村发展演变规律与乡村休闲旅游崛起相结合，根据不同乡村的发展现状、区位条件、资源禀赋等，因村制宜、精准施策，按古典型(以下南山村为代表)、丝源型(以大港头村为代表)、避暑型(以赛坑村为代表)、红旅型(以新屋村为代表)和民族型(以沙溪村为代表)等分类实施建设，升级打造"丽水山耕""丽水山居""丽水山景""三山融合"美丽经济新业态，创建"互联网+"三农先行区，促进乡村多元生态价值叠加释放，引领休闲乡村发展。 |

城郊融合类村庄。对城区、镇区近郊所在地的村庄，结合城镇化和村庄自身发展需要，加快城乡产业融合发展、基础设施互联互通和公共服务共建共享。重点加强村庄服务城市产业发

① 一江双城三片："一江"指瓯江，"双城"指南城和北城，"三片"指规划区由北向南形成的北部生态涵养功能片、中部城镇集聚发展片、南部生态涵养功能片三大片区。

展、承接城市功能外溢、满足城市消费需求的能力，加快村庄治理向城镇管理水平看齐，注重保留乡村空间形态和风貌特色。引导已纳入城市规划范围的村庄逐步完成改造并融入城区，继续推进城中村、城郊村的有机更新，加快向城市社区转变。

专栏5：丽水市莲都区历史文化（传统）村落一览表

| 类别 | 数量 | 村落名称 |
| --- | --- | --- |
| 中国传统村落 | 13 | 官桥村、官岭村、赛源村、库川村、龚山村、库坑垟村、夏庄村、堰头村、西溪村、西坑村、梅田村、联济村、梁村 |
| 省级历史文村 | 14 | 莲房村、雅义村、库川村、古井村、南山村、白口村、大港头村、西黄村、余岭村、庞山村、皂坑村、沙溪村、新陶村、曳岭脚村 |
| 一般村落 | 50 | 同心村、雨伞岗村、岱后村、里东村、潘百村、玉田村、巨溪村、梅田村、黄畈村、枫树湾村、皂坑村、汇村村、严鸟村、郑村村、天堂村、下土夭村、徐庄村、下林村、白前村、武村村、路湾村、黄泥井村、开潭村、榴溪村、老竹村、上塘畈村、咸宜村、吾赤口村、白岸口村、畎岸村、黄岭上村、瑶畈村、苏港村、郎奇村、龙岩村、石牛村、下叶村、红圩村、里河村、九龙村、上阁村、下街村、碧一村、行口村、上街村、联济村、保定村、北埠村、利山村 |

特色保护类村庄。对历史（传统）文化村落、少数民族特色村寨、特色景观旅游名村、地理标志产品原产地村等自然历史文化特色资源丰富的村庄，全面保护传统村落格局、自然生态肌理、历史风貌等整体空间形态，严格保护文物古迹、历史建筑、传统民居、民族村寨、农业生产遗迹等自然历史文化遗产，尊重原住居民风俗习惯和生活方式。在保护村庄完整性、真实性、延续性的同时，合理兼顾特色资源开发利用，积极发展乡村旅游等特色产业，适度推进村庄改造提升。

搬迁撤并类村庄。对位于生存条件恶劣、生态环境脆弱、自然灾害频发等地区的村庄，以及规划不再保留的空心村、城中村，在尊重村民意愿的基础上实施撤村并点、整体搬迁，搬迁撤并后的村庄原址因地制宜进行退耕还林还草还湿、开垦地造林。

3. 深入开展示范创建

推进乡镇有机更新，深化小城镇环境综合整治，落实“街长制”、建立“巡查制”，完善小城镇边界区域治理，优化小城镇基础服务功能，健全长效管理机制，到 2019年，全区9个乡镇环境质量全面改善、服务功能持续增强、管理水平显著提高；到2022年创建4个以上省级样板乡镇。实施“六边三化三美”升级行动，高标准实现“六边三化三美”全域覆盖；以“一环、一国、两高、两省、三县”[①]两路两侧的环境整治为重点，深入推进六边整治，建设一批路景、文景、水景、田景、林景花园，匠心铸就“步步有美景、处处皆景区”乡村大花园中心园的美丽画卷。在完成美丽乡村示范县创建基础上，到2022年创建市级美丽示范风景线6条，省级乡村振兴精品村10个以上。

4. 强化平台集聚牵引

强化以城带乡促共建。优化市区共建共融共享机制，进一步提升中心城市、特色城镇对乡村的牵引作用，引导产业和人口向城镇集聚，促进城区功能公共服务网络向乡村延伸。整体谋划中心城区、碧湖平原、瓯江轴线、环东西岩沿线、北部山区等平台。制定特色小镇规划设计编制标准，扎实推进碧湖小城市培育，高水平推进古堰画乡小镇、丽水万洋低碳智造小镇、碧湖水墨田园小镇、风情东西小镇等特色小镇建设，配合谋划“两

① 一环、一国、两高、两省、三县：一环：环城线。一国：330国道线。两高：高铁莲都段及高速沿线。两省：49省道、50省道、53省道。三县：丽武公路、桃碧线、上里线三条县道。

山”花园式会展中心项目。制定特色城镇精细化、智慧化管理行动方案。

全面实施“大搬快聚富民安居”工程。突出解危、集聚、生态，让群众彻底摆脱地质、气象等灾害威胁，摆脱地理条件对农民增收致富制约，强化精准帮扶，提升政策吸引力和推动力，到2019年底全市基本消除地质灾害隐患，到2022年完成农民异地搬迁1.9万人以上。按照“入城(县城)、入区(工业园区、旅游景区)、入镇(中心镇、特色小镇)”和“城市化标准、公寓式小区”的总体要求，加快联城、碧湖等安置小区建设，推进产业和就业岗位开发，助推搬迁农民收入提升。实施与迁入地同等的社保、医保、养老、就业、就学等政策，确保搬迁群众“自愿搬、能安居、可乐业”。

(三)实施品质宜居行动，舒展乡村花园新画卷

乡村振兴，生态宜居是关键。坚持拉高生态标杆，启动农村人居环境三年提升行动，大力推动乡村建设景区化，使画乡莲都成为丽水大花园的标志和向往地。

1. 提升乡村生态底色

统筹山水田林湖草系统保护与修复，加快推进全域土地综合整治与生态修复，推进生物多样性保护。主攻蓝天保卫战、碧水保卫战、净土保卫战“三大战役”，打赢农村环境污染防治攻坚战。开展森林城镇、绿化示范村创建，推动大山峰国家森林公园创建，推进珍贵彩色健康森林建设，继续实施“一村万树”三年行动，争取扩大乡村集体生态公益林面积，到2022年累计实施平原绿化1500亩、建设美丽林相40万亩。

2. 强化景观风貌管控

深入实施“千村精品、万村景区”工程，充分挖掘生态、人文、产业特色，整合资源，连片分批推进美丽乡村重点村建设。完善具有莲都特色的“村庄布点规划—村庄规划—村庄设计—农房设计”规划设计层级体系。遵循先规划、后许可、再建设的原则，按照有项目必设计、无设计不施工的要求，落实带方案审批制度，规划乡村建设规划许可管理。强化乡镇属地综合管理职责，联合基层规划、国土资源、综合行政执法等部门，加强跟踪监管。注重乡村特性挖掘与魅力重塑，综合提升田、水、路、林、居风貌，切忌百村一面、大拆大建。实施处州民居改造工程，建设一批具有乡土气息、江南韵味的特色民居。强调治旧与控新相结合，完善农民建房批后监管机制；围绕争创“基本无违建区”目标，深入推进“三改一拆①”，完善拆改结合、依法治违、源头管控长效机制。村庄规划设计的主要内容应纳入村规民约。鼓励乡镇统一组织实施村庄环境整治、风貌提升等涉农工程项目，支持村级组织和农村“工匠”带头人承接小型涉农工程项目。

3. 聚力实施“三大革命”

强力推进“垃圾革命”。加快建立城乡“四分四定”垃圾处理体系②，力争垃圾分类处理工作走在全市前列。到2022年全区农村生活垃圾分类基本实现全覆盖，建成一批生活垃圾分类示范村。巩固提升“污水革命”。巩固剿灭劣V类水成果，完善农村生活污水治理运行体系长效管理机制，提升扩面城乡生活污水治理能力。全力争创“污水零直排区”，持续开展“激浊扬清、碧水莲都”全民护水专项行动，争夺“大禹鼎”。推进中央畜禽粪污综合利用社会化服务试点县建设。健全完善河湖长制、滩长制、渠长制，推行树长制。深入推进“厕所革命”。全面提升改造和建设农村公厕，健全厕所布局，消除露天旱厕、棚厕，打造一批“洁美”型公厕，开展“最美公厕”评选，2022年农村无害化卫生厕所普及率100%。实施“公厕+互联网”行动、人性化公厕行动、厕所资源共享行动。健全厕所建管长效机制，探索以商建厕、以商养厕。

---

① 三改一拆：“三改”指旧住宅区、旧厂区、城中村改造；“一拆”指拆除违法建筑。

② 垃圾处理“四分四定”：指分类投放要定时、分类收集要定人、分类运输要定车、分类处理要定位。

| 专栏6:“三大革命”实施重点 |
| --- |
| ◆“垃圾革命”:(1)实施源头减量专项行动。从源头上控制垃圾产生,到2020年实现垃圾总量零增长。(2)实施回收利用专项行动。按照可持续发展要求,加大垃圾回收力度,促进资源化利用。(3)实施处置能力提升专项行动。完善垃圾处置规划,推进处置项目建设,提升垃圾处置技术,添置分类投放设施,配备与分类品种相匹配套的收运设施,建立符合环保要求,与分类需求相匹配的有害垃圾收运系统。(4)实施标准和制度建设专项行动。要认真落实城市市容和环境卫生管理条例、餐厨垃圾管理办法等地方性法规,加快建立完备的生活垃圾分类处理标准体系和制度,明确生活垃圾产生源及排放标准、城乡生活垃圾分类管理、设施建设考核评价等相关标准。(5)实施文明风尚专项行动。制定实施生活垃圾分类宣传引导行动计划,广泛宣传典型经验,推广样板示范,增强生活垃圾科学分类的正能量。 |
| ◆“污水革命”:强化监管主体责任,完善农村生活污水治理长效管理机制。加强农家乐、民宿等经营主体的污水治理,规范隔油池建设。推进农村污水处理设施提标改造,完善“五位一体”的区域农村生活污水治理设施运维管理体系,开展农村污水处理设施运维标准化试点。深入实施湖库塘清淤工程,建立健全轮疏机制,加强水系连通。创建全国农村生活污水治理示范县,推动城乡生活污水治理统一规划、统一建设、统一运行、统一管理。 |
| ◆“厕所革命”:树立“厕所即美容师”理念,适当建设和改造一批生态、星级公厕,健全景-城-村三类厕所布局体系。实施公厕提升改造工程,鼓励就地取材、生态设计,打造一批具有莲都元素的“特色主题公厕”,建设一批“洁美”型公厕,开展“最美公厕”评选。实施“公厕+互联网”行动,编制公厕电子地图,实现掌上搜索、精准定位。实施“人性化公厕”行动,适当配套残疾人卫生间、第三卫生间,实现免费提供手纸、wifi、充电设备、热水等功能。实施厕所资源共享行动,引导农家乐民宿、乡村宾馆、商户等制定厕所开放联盟文明公约,适当增加流动厕所,推进厕所资源开放共享。完善农村公厕日常运维管理补助机制,探索以商建厕、以商管厕、广告养厕。 |

（四）实施富民强村行动，开辟创业创新新天地

乡村振兴，增收创收是要求。千方百计增加农民收入，坚决打赢低收入百姓增收攻坚战，提前消除并巩固村集体经济薄弱村，发展壮大村集体经济，加快实现富民兴村步伐。

1. 促进农民收入持续普遍较快增长

深入实施“八个万元”系列增收富民行动、低收入农户收入高水平全面小康计划和第三轮少数民族低收入群众增收帮扶行动计划，持续抓好种植业、养殖业、外出务工经商“老三宝”，大力抓好农家乐民宿、农村电子商务、来料加工“新三宝”，继续完善资源资产助农户增收机制，加大“一亩山万元钱”“十箱万元”等精准扶贫项目实施力度，确保低收入农户收入增幅高于全区农民收入平均增速。实施低收入农户补充医疗保险制度，努力解决因病致贫问题。争取到2022年实现农村新产业新业态队伍新增万人、有劳动能力的低收入农户收入万元新增、农民收入万元新增。

| 专栏7:资源资产助农户增收引导重点 |
| --- |
| ◆健全工商资本“上山下乡”机制,支持农民带资源入股、带权益进城; |
| ◆推广“订单收购+分红”“土地流转+优先雇用+社会保障”“农民入股+保底收益+按股分红”等多种利益联结方式,让农户长期更多分享生态产业链增值收益; |
| ◆加大历史文化(传统)村落、畲寨等特色村落修复利用,实施“闲置农房激活计划”,提升打造一批特色主题“丽水山居”集聚带,促进生态文化增殖与农民增收; |
| ◆继续开展财政补助资金股权量化改革,完善涉农股份合作制企业利润分配机制,明确农民资源资产参与利润分配比例下限,探索实行农民负盈不负亏的分配机制。 |

2. 促进农村集体经济收入持续普遍较快增长

实施新型农村集体经济振兴行动，鼓励村级集体经济机制创新，转变村级集体经济经营方式，实现资源变资产、资金变股金、农民变股东，建立符合市场经济要求的集体经济运行新机制；做好典型示范引路，鼓励通

过发展物业经济、盘活固定资产、财政资金折股量化、集体入股开发、强村带弱村、光伏小康等方式，持续增强村级集体经济“造血”功能。深入消除集体经济薄弱村行动计划，深化山海协作，鼓励通过“飞地抱团发展”等模式最大化利用自然资源价值，整合推动优质项目资源向村集体输送，争取到2022年原省定村集体经济薄弱村经营性收入增加一倍。

3. 加强新型农民培训

实施莲都新农人素质提升三年行动，加快完善新型职业农民制度。坚持精准施教、分层培训，建立以定位、定向、定点为主要内容的乡村“三定”式培训机制。实施莲都“乡村能人”及“莲都管家”战略性计划，培养造就一批农作师、农商师、农匠师，一批农业职业经理人、超市经理人、民宿经理人、经纪人、乡村工匠、文化能人、非遗传承人等。加大乡村振兴师资队伍建设，从企业家、投资者、专业人才、科技特派员、新乡贤中遴选一批乡村振兴导师。推广莲都超市联盟方式，引导广大莲都新农人共创乡村生态业、共拓乡村大市场。

4. 促进就业创业

深化“结合新型城镇化开展支持农民工等人员返乡创业试点”，开展农民工返乡创业专项行动，更新完善外出人员信息库，加强政策供给、宣传引导、项目对接等，做好“妈妈式”服务，建立健全“引老乡、回故乡、建家乡”的机制，形成项目回迁、资金回流、人才回乡、文化反哺的良好局面，努力实现农民在离土不离乡中实现增收致富。抓好高校毕业生、城镇就业困难人员、农村转移劳动力等就业创业人群为重点，每年新增城镇就业1000人以上。健全覆盖城乡的公共就业服务体系，为难以实现转移就业且有劳动能力的农民提供社区(村)公益性岗位就业机会。激发农村各类要素的潜能和各类主体的活力，不断为农业农村注入新动能。

(五)实施改革兴村行动，激发乡村发展新活力

乡村振兴，深化改革是动力。坚守“不能把农村土地集体所有制改垮了、不能把耕地改少了、不能把粮食生产能力改弱了、不能把农民利益损害了”为底线，以完善产权制度和要素市场化配置为重点，推动新一轮乡村生产力大解放。

1. 深化农村经营体制改革

落实农村土地承包关系稳定并长久不变政策，衔接落实好第二轮土地承包到期后再延长30年的政策。全面完成土地承包经营权确权登记颁证工作，实现信息联通共享。引导农户依法采取转包、出租、互换、转让、入股等方式流转承包地，引导土地向种植大户、家庭农场、农民专业合作社、农业龙头企业等新型农业经营主体流转，规范流转土地经营权登记管理，促进农业适度规模经营与农业产业链延伸的有机结合。支持发展以村集体经济组织为主导的土地股份合作社，鼓励农户以土地承包经营权、林权等入股，保障农户共享增值收益。探索建立土地流转风险防范机制。深化农业社会化服务改革，建立健全政府购买农业公益性服务机制。

2. 深化农村土地制度改革

借鉴义乌等地经验，出台“三块地①”实施意见。加快“房地一体”的农村宅基地和房屋确权登记颁证。开展宅基地使用权租赁流转20年改革试点。建立依法公平取得、节约集约使用、自愿有偿退出的农村宅基地制度，探索宅基地“三权②”分置改革，在严格实行土地用途管制、严格禁止下乡利用农村宅基地建设别墅大院和私人会馆的基础上，适度放活宅基地和农民房屋使用权，支持村经济合作社以出租、联营、合作等多种方式盘活利用闲置宅基地和闲置农房。探索形成同权同价、同等入市、流转顺畅、收益共享的农村集体经营性建设用地入市制度。积极推广“坡地村镇”模式。实施乡村全域土地综合整治，合理配置农村各类土地资源要素，加强农村建设用地盘活利用。在符合土地利用总体规划前提下，

① 三块地：指农村土地征收、集体经营性建设用地入市及农村宅基地。

② 宅基地“三权”分置：指宅基地所有权、资格权、使用权，“三权”分置。

允许通过村土地利用规划，调整优化村庄用地布局，有效利用农村零星分散的存量建设用地；预留部分规划建设用地指标用于单独选址的农业设施和休闲旅游设施等建设。对利用收储农村闲置建设用地发展农村新产业新业态的，优先保障新增建设用地。

3．深化农村集体产权制度改革

抓好全国农村集体产权制度改革试点，及时总结提升改革试点中涌现的好经验、好典型。完善农村产权交易市场体系和交易规则，推进农村产权交易平台应用，建立产权登记备案制度。发挥村党组织对集体经济组织的领导核心作用，防止内部少数人控制和外部资本侵占集体资产。维护进城落户农民土地承包权、宅基地使用权、集体收益分配权，引导进城落户农民依法自愿有偿转让上述权益或交回集体；完善农民转化体制机制，建立健全支持农业转移人口市民化的财政政策。鼓励农民搬迁后的农村土地、山林等承包经营权整体流转到村集体，有条件的乡镇可以组建“三农”资源经营管理服务公司，承担收储、流转、经营管理等服务职能。深化林业综合改革和小型水利工程管理体制改革，积极开展河道经营权改革。积极引导开展村级生态资产评估工作，促进了农村生态资源向生产资本的转化。

4．深化“三位一体”农合联及国有涉农公司改革

健全规范农合联组织体系，整合搭建为农服务综合平台，开展“三位一体”农合联①示范创建，至2020年实现农业农合联在全区主导产业全覆盖。推进农合联资产经营公司市场化、实体化运行。引导农合联会员合作投资涉农产业和为农服务项目，形成以各类合作社为主体的新型合作经济发展格局。建立健全农合联农民合作基金运作机制，加快农民合作基金原始基金拨付，提高使用效益。引导农合联承担适合的相关服务，以政府购买服务的形式交由农合联承担。构筑农合联会员评信授信体系，实现会员信用评定和授信服务全覆盖、信用等级与授信金额挂钩。适时高起点整合国有涉农公司，新增空心村收储等战略业务单位，统整全区乡村产业链开发、消薄工作开展。

5．深化农村金融体制改革

实施乡村振兴战略金融服务工程，创新构建乡村绿色金融体系，争取“三权”抵押贷款②和农户信用贷款余额稳定增长。推动宅基地及房屋使用权抵押融资，激活农村土地要素，搞活宅基地使用权；提升林权抵押贷款直贷比重，拓展其他生态资产抵押融资，拓宽农民融资渠道。稳妥推进、规范发展农村资金互助组织，落实监管主体和责任。创新政银保合作机制，完善农业信贷担保体系，鼓励有条件的村组建村级合作担保组织。积极开展农房抵押、土地经营权抵押、林权抵押和农民集体资产股权抵押、公益林收益权抵押贷款、农机设备抵押贷款等农村产权融资担保体系建设，逐步扩大涉农担保品范围。推进农业政策性保险扩面、增品、提标，稳妥开展茶叶、杨梅气象指数等试点。

（六）实施服务提升行动，铸就乡村幸福新家园

乡村振兴，生活富裕是根本。坚持把增进民生福祉作为发展的根本目标，围绕农民群众最关心最直接最现实的利益问题，加快补齐民生短板，加快推进城乡公共服务均等化。

1．大力提升农村公共服务水平

优先保障教育投入，优先发展农村教育事业。深入实施基础教育“三年攻坚”行动，完成碧湖中学扩建、碧湖中心幼儿园迁建工程，启动碧湖三小和瓯碧园小区配套幼儿园项目建设。推进城乡教育均衡发展，启动实施教育集团化办学，实施义务教育班额控制行动，实施学前教育“三年行动计划”，与全省同步实现基本教育现代化。加快推进健康乡村建设。编制实施《健康莲都2030行动纲要》，深入推进

①“三位一体”农合联：指生产、供销、信用“三位一体”农民合作经济组织联合会。

②“三权”抵押贷款：指农户用农村土地承包经营权、农村居民房屋权和林权作抵押向银行申请贷款。

"双下沉、两提升"[①]行动，加快推进医联体建设，开展流动医院巡视诊疗，加快村级卫生室标准化建设；做实做优家庭医生签约服务，倡导优生优育。健全养老服务体系建设。推动农村敬老院基础设施改造升级，提升养老服务质量，引导养老机构公建民营；巩固提升农村居家养老服务照料中心，统筹推进医养结合工作，到2022年建成乡镇（街道）居家养老服务中心14个。加强农村残疾人公共服务供给，规范残疾人庇护机构建设，到2020年万人以上乡镇（街道）均建成1家，区残疾人综合服务中心投入使用。

2. 加强农村社会保障体系建设

完善社会保障体系，推进全民参保计划。健全参保缴费激励机制，到2022年力争基本养老保险达到 95%以上，基本医疗保险达到99%以上。完善统一的城乡居民基本医疗保险制度和大病保险制度，做好重特大疾病救助工作，逐步提高城乡居民基本医疗保险财政补助和个人筹资标准，提高大病保险统筹基金筹资标准，逐步提高医保报销比例以及最高支付限额。完善城乡居民基本养老保险制度，建立健全城乡居民基本养老保险待遇确定和基础养老金标准正常调整机制。继续完善被征地农民基本生活保障制度。加强社会保险基金监管，完善社会保险基金预算管理。健全农村留守儿童和妇女、老年人以及困境儿童关爱服务体系。加强低保规范化建设，做到"应保尽保、应退尽退"，实现动态管理。做好农村社会救助兜底工作。修订《丽水市莲都区最低生活保障管理实施办法》，完善最低生活保障对象认定方法，确保到2022年最低生活保障标准每人每年9000元以上。进一步完善残疾人社会保障，加强残疾人康复服务。

3. 切实保障农村公共安全

扎实推进城乡危旧房治理，全面推进城镇D级危房连片征收、回购处置、落实政策，全面完成农村C级危房治理改造。实施地质灾害隐患"解危清零"行动，完成雅溪里东村、碧湖郑山村工程治理项目，基本消除重大地质灾害隐患。加强食品药品安全监管，完善农产品质量安全追溯体系，健全动植物疫病防控体系，提升农业综合执法能力，提升建设放心农贸市场，按照"省食品安全区"创建要求深化落实。完善基层防汛防台、农村消防、气象为农公共服务体系，修订《莲都区自然灾害救助应急预案》，持续加强避灾场所规范化建设，确保规范率达30%，实现服务保障全覆盖。

（七）实施设施升级行动，夯实乡村发展新支撑

乡村振兴，基础设施是支撑。加快补齐以乡村交通等为重点的基础设施短板，为乡村多重价值变现提供有力支撑。

1. 实施交通先行战略

加快推进"莲都大环线"建设，全力打造"城乡半小时交通圈"。高水平建设"四好农村路"，加快推进仙渡至梅田、洪渡互通至黄村等公路建设，打造双源至岱后等红色公路，推进美丽经济交通走廊建设，加强通景公路美丽乡村风景线建设、改造和提升，到2022年实现农村公路提升改造、大中修、安全生命防护里程300公里，创建美丽公路2条。巩固建制村客运"村村通"成果，完善农村公共交通服务体系。加快建设"一核、双圈+放射网络" 的绿道网，构建绿色出行体系。

2. 完善水利设施建设

深入开展美丽河湖创建。实施高效节水灌溉和节水改造提升工程，全面加强农田水利设施建设。继续实施农村饮水安全提升工程，确保农村人口饮水安全。继续开展小流域综合治理，完成瓯江大溪治理工程莲都段、中小河流重点县建设，全面推进小安溪等流域综合治理、河湖库塘清淤，开展通济堰国家水利风景区创建，进一步完善基层防汛体系和防汛信息体系建设。

3. 提升能源保障水平

推进新一轮农村电网改造升级工程，加快城乡电力均等化进程，争取开展国家智能农村电网试点。建立健全乡村配电自

① 双下沉、两提升："双下沉"指医疗人才下沉、医疗资源下沉；"两提升"指基层医疗服务能力，提升群众就医满意度。

动化、充电站及充电桩等电动汽车充电网络。积极推进乡村生物质能、太阳能等可再生能源的开发利用。加快推进天然气利用，实施城镇天然气管网工程。

4. 普级提档智慧信息网络

实施数字乡村战略，开展“百兆宽带”入乡进村，实现乡村光纤网络、4G网络全覆盖，逐步推进5G网络在乡村推广应用；扶持电信网、广播电视网和互联网“三网”融合业务在农村地区推广应用；推进农村（社区）电子商务网络平台建设，健全农业农村信息综合服务体系。

（八）实施文化兴盛行动，焕发乡风文明新气象

乡村振兴，乡风文明是保障。坚持物质文明和精神文明一起抓，培育文明乡风、良好家风、淳朴民风，提升农民精气神，不断提高乡村社会文明程度。

1. 大力弘扬浙西南革命精神

紧密围绕“浙西南革命精神”的历史内涵和时代价值，按照传承性、本土性、融合性、高质量和补短板的要求，以弘扬浙西南革命精神、继承浙西南革命文化为核心，发挥各级爱国主义教育基地作用，将市区红色资源与仙渡、老竹、太平、雅溪、大港头等红色乡镇相联动，通过开展学习教育行动、宣传弘扬行动、史料丰富行动、党建提升行动和“红+绿”融合发展行动，使“浙西南革命精神”既体现历史全貌，又彰显莲都特色，以热火朝天的态势，大力传承红色基因、涵养红色文化、延续红色血脉，让“浙西南革命精神”绽放出灿烂的时代光芒，为“莲都作为”落实“丽水之干”提供强大精神源泉，致力打造浙西南革命精神弘扬引领区。

| 专栏8:“浙西南革命精神”传承与价值转化重点项目 |
|---|
| ◆一批史料遗存挖掘。全区开展一次红色资源调查，并形成莲都区红色资源信息库，对较为成熟的区重点红色旅游景区村深入进行资源分析和评价，形成专题报告；实行“红色+”开发利用计划，按有址可寻、有物可看、有史可讲、有事可说的要求，加快整理红色史记、人物传奇、故事等，将红色基因融入老区生产、生活各个方面，重塑红色精神家园。<br>◆一批红色文创采风活动。举办以弘扬践行“浙西南革命精神”为主题的文艺创作交流论坛、红色视觉艺术展、红色朗诵会、红色晚会，开展红色电影巡回放映，出版《红色记忆》作品集等系列文艺活动。<br>◆一条红色旅游线路。重点打造以北部山区红色遗址、遗迹富集的区域为核心，将大港头镇浙江铁工厂旧址，经老竹东西岩及新屋、太平三岩寺，北至雅溪岱后等景点串连成线。<br>◆一批“红旅”融合项目。重点打造三岩寺红色景区、新屋红旅融合、仙渡红色桃花小镇等项目，不断探索红+绿融合新模式，丰富“红色+”业态，促进区域全产业发展。<br>◆一批红色研学基地。北乡革命老区历史纪念馆、中共丽水县委旧址（岱后）纪念馆、南乡党性教育现场教学基地、东西岩青少年研学基地等。 |

2. 培育农村新时代新风尚

高标准推进新时代文明实践中心建设，以志愿服务的形式，开展经常性、面对面、农村群众喜闻乐见的文明实践活动。实施核心价值观融入行动，推进农村公益广告与环境相协调，开展优秀传统文化教育、身边好人学习、“好家风好家训代代传”等各类主题教育活动；弘扬普及耕读文化与慈孝文化，加强对耕读文化与慈孝文化资源的保护、研究与利用，推进耕读文化产业与养生养老产业发展；深化移风易俗行动，建立健全红白事理事会，修订完善乡规民约，广泛开展道德评议、村民评议等活动，倡导婚事新办、婚丧事简办，深化殡葬改革，推动形成勤俭节约、尊老爱老、崇尚科学的文明生活方式；推进文明村镇创建行动和小城镇文明行动，深入开展六星文明户、“美丽庭院”“绿色家庭”等创建，实现乡风文明建设常态化。

3. 传承并提升农村优秀传统文化

编制传统村落保护名录，建立“百村档案”，编撰“百村故事”，全面挖掘、整理和记载历史文化村落里的生态人居、经济社会、制度习俗、传统工艺、人物传记等文化遗存，记载和传承莲都乡村故事。实施传统村落复兴行动，开展古村落保护“百村千幢”行动，重点做好西溪、新陶、

古井等历史文化村落保护开发。推广拯救老屋行动、下南山古村复兴模式，实施“古村复兴工程”，盘活一批空心村、留守村、空巢村，打造10个以上空心村活化样板，实现文化传承、经济发展“双赢”。实施农家小吃振兴计划，聚力打响畲族“山哈大席”品牌，开展“舌尖上的莲都”美食评选活动。

4. 打造文化事业和文化产业发展新高地

深入推进基本公共文化服务标准化、均等化，实施“文化礼堂”扩量提质，抓好“天天乐”文体广场改造提升，深化乡村戏苑、乡村舞台、乡村标准体育运动场所等建设，推进文化礼堂“建、管、用、育”一体化，到2022年累计建成三星级以上文化礼堂百家。深化实施文化惠民工程、“四提升四覆盖”[①]全民健身工程，坚持公共文化体育场所免费开放制度化、常态化。鼓励“文化走亲”活动，打响乡村文化品牌，打造体育品牌赛事，形成乡村“30分钟文体圈”。推进文化创意产业发展，助力浙西南文化创意中心建设。加快地方文化、民间工艺、民俗传统与实体经济跨界融合，培育新型文化业态，打造一批乡村文化创意街区、文创部落、影视旅游基地。

| 专栏9:“文化礼堂”扩量提质实施重点 |
| --- |
| ◆推进目标:把农村文化礼堂作为高标准推进农村公共文化服务标准化均等化的重要载体，打造基层综合性文化服务中心“升级版”，到2022年，全区规模以上建制村基本实现农村文化礼堂全覆盖、建成三星级以上文化礼堂百家。 |
| ◆管理运行:建立村“两委”领导下的农村文化礼堂管理运行机制。推广建立农村文化礼堂理事会，完善理事会章程，规范理事会各项制度，吸纳村干部、新乡贤、文化骨干、创业成功人士等参与农村文化礼堂日常运行管理。鼓励乡镇(街道)建立农村文化礼堂交流协作机制，提升农村文化礼堂建设管理水平。 |
| ◆供给服务:围绕需求，建立“大菜单”制度，完善“文化订制”“淘文化”“你点我演”等服务模式，推行“互联网+”进礼堂，推进“送种赛”文化活动，探索市场化服务方式，推动教育教化、乡风乡愁、礼节礼仪、家德家风、文化文艺、法治宣传、科学普及等进农村文化礼堂。 |
| ◆礼堂文化培育:定期开展弘扬“最美”风尚活动，倡导良好家风，培育礼仪文化，创新发展乡贤文化。 |
| ◆队伍保障:加强农村文化礼堂管理员、志愿者、指导员队伍建设，要求管理员是懂文化、会管理、热心文化事业的，可以负责活动的组织协调和日常管理;要求各村对专职文化礼堂管理员的补助不低于运行管理考核合格后的奖补资金的20%。 |

(九)实施乡村治理行动，构建乡村治理新体系

乡村振兴，治理有效是基础。健全现代乡村社会治理体制，让农村社会既充满活力又和谐有序。

1. 加快推进乡村治理“三治融合”

完善自治、法治、德治相结合的乡村治理体系，创建无案件、无诉讼、无信访“三无”村，创成百个善治示范村。健全党组织领导的村民自治机制，推进村级事务阳光公开经常化、制度化、规范化和村规民约法治化、规范化、特色化;推行村党组织书记通过选举担任村委员会主任，注重通过法定程序把党员选为村民委员会、村经济合作社班子成员和村民代表。推进法治乡村建设，加强农村普法教育，建成市级民主法治村100个，省级民主法治村20个;以区公共法律服务中心为枢纽，完善城乡基本公共法律服务体系建设。深入挖掘乡村熟人社会蕴含的道德规范，开展道德讲堂、德育基地等载体建设，弘扬真善美，传播正能量，引导农民自我管理、自我教育、自我服务、自我提高，实现家庭和睦、邻里和谐、干群融洽。

2. 全面提升乡村治理能力

深化农村“最多跑一次”改革，将“放管服”改革向农村基层延伸，不断完善“党建统领+四个平台[②]+全

① 四提升四覆盖:指提升群众身边的体育场地建设水平，努力实现便民体育设施全覆盖;提升群众身边的体育组织水平，努力实现乡镇(街道)“1+5”体育社会组织网络全覆盖;提升群众身边的健身活动水平，努力实现常态化健身活动全覆盖;提升群众身边的健身指导水平，努力实现行政村(社区)社会体育指导员及乡镇(街道)体质测试网点全覆盖。

② 基层治理四平台:指“综治工作、市场监管、综合执法、便民服务”四平台。

科网格”基层治理模式，推进基层便民服务中心全部实现“一窗无差别受理”，打通基层政务服务最后一公里。加大“雅溪自联会”“黄泥墩阳光票决”等经验推广力度，提升基层治理水平。改进乡镇绩效管理和考核，归并精简考核项目。依法赋予乡镇（街道）履行职责必要的职权，实现乡镇（街道）权力清单和责任清单全面覆盖。推行农村小微权利清单制度，编制村级事务权利清单和负面清单。

3. 建设平安乡村

弘扬新时代“枫桥经验”，深化基层治安防控体系建设，继续实施好“雪亮工程”。实施综治基础建设提升工程，建设“一中心三站（室）”①综治基础建设示范点，持续完善平安网格创建。完善大调解体系建设，最大限度地化解和减少矛盾争议纠纷。深化定期会商点评、交办督办约谈等机制建设，强化维稳工作责任追究制，推动“平安”向“长安”迈进。深化实施反恐防暴、社会治安防控、农村道路交通安全等专项治理活动。深化扫黑除恶专项斗争，严厉打击各类涉黑涉恶违法犯罪行为。依法加大对农村非法宗教活动和境外渗透活动打击力度，依法制止利用宗教干预农村公共事务。

（十）实施组织保障行动，营造首善担当新氛围

乡村振兴，组织保障是前提。要切实把乡村振兴摆上优先位置，在干部配备上优先考虑，在要素配置上优先满足，在资金投入上优先保障，在公共服务上优先安排，把党管农村工作的要求落到实处。

1. 加强党对农村工作的全面领导

建立实施乡村振兴战略领导责任制，落实党政“一把手”第一责任人制度，三级书记抓乡村振兴，形成乡村振兴工作合力。优化机构设置和人员配置，整合设立乡村振兴研究指导中心，发挥其决策参谋、统筹协调、政策指导、推动落实、督导检查等职能。建立党政领导班子和领导干部推进乡村振兴战略的实绩考核制度，将考核结果作为选拔任用领导干部的重要依据。

2.突出基层党建引领

充分发挥乡镇（街道）党（工）委在实施乡村振兴战略中的引领作用，巩固和强化农村党组织在农村的领导地位。高质量推进新一轮“整乡推进、整县提升”工作，深化农村基层党建“三线三片”②示范带建设。实施农村头雁工程，突出加强农村基层带头人队伍建设，加强村组织干部精准考核，深入开展选树“双百”③示范典型活动，培养造就“百名兴村”能人。严格党内组织生活，全面落实“三会一课”④、支部主题党日等制度，深化农村基层党风廉政建设。探索建立党员参加组织生活“一本通”制度，破解党员教育管理难题。加强农村基层党员干部后备力量培养储备，注重在农村现有优秀人员、青年农民、在外农民工优秀分子中培养和发展党员。加强村务工作者队伍职业化建设，打造一支乡村振兴“一懂两爱”⑤铁军。落实村级组织运转经费，加强村级组织办公场所建设，提升乡镇、村级党群服务中心建设。严格按标准落实村干部基本报酬，建立健全与绩效考核相挂钩机制。

3.强化“三农”工作队伍建设

把“一懂两爱”作为基本要求，坚持严管与厚爱结合、约束与激励并重，加强“三农”工作干部队伍培

① 一中心三站（室）：“一中心”指乡镇（街道）社会治安综合治理工作中心；“三站（室）”指村、社区、规模企业综治工作站（室）。

② 三线三片：“三线”指风情东西线（老竹镇、丽新乡）、古道问今线（岩泉街道、白云街道）、瓯江滨水线（碧湖镇、大港头镇、联城街道、万象街道、紫金街道）；“三片”指红色北乡片（雅溪镇、仙渡乡、太平乡）、山水黄村片（黄村乡）、生态峰源片（峰源乡）。

③ 双百：“双百”指百个先进党支部、百名优秀党支部书记。

④ **三会一课**：“三会”指定期召开支部党员大会、党支部委员会和党小组会；“一课”指按时上好党课。

⑤ **一懂两爱**：“一懂”指懂农业；“两爱”指爱农村、爱农民。

养、配备、管理、使用,锻造一支懂农业、爱农村、爱农民的“三农”工作铁军。制定并实施“三农”干部培训计划,全面提升“三农”干部队伍能力和水平。拓宽“三农”工作部门和乡镇干部来源渠道。把到农村一线工作锻炼作为培养干部的重要途径,注重提拔使用实绩优秀的干部,形成人才向农村基层一线流动的用人导向。

4.拓宽乡村振兴引才通道

加强招才引智,促进各路人才“上山下乡”投身乡村振兴;实施新乡贤回归工程,吸引支持企业家、党政干部、专家学者、医生教师、规划师、建筑师等,通过下乡担任志愿者、投资兴业、包村包项目、行医办学、捐资捐物、法律服务等方式服务乡村振兴。支持科技人员下乡创业创新,推动农科教产学研联盟建设,推行“产业+团队+项目+基地”模式。全面建立城市医生教师、科技文化人员等定期服务乡村机制。实施乡村振兴新青年发展计划,开展“大学生乡村振兴创梦莲都”“百名乡贤助百村”“百家企业结百村”“百名干部进百村”等活动。

四、保障措施

(一)强化投入保障

加快形成财政优先保障、金融重点倾斜、社会积极参与的多元投入格局。持续加大力度,确保每年新增财力三分之二以上用于民生事业。优化财政供给结构,整合各部门线上支农资金,探索建立涉农资金统筹整合长效机制,完善以绿色生态为导向的财政支农政策体系。探索有效盘活农村闲置资源资产的路径和方式。加强用地支持,确保省下达的农民建房专项、异地搬迁(地质灾害)等指标全部用于乡村振兴建设,城乡建设用地增减挂钩指标、全域土地综合整治产生的指标优先满足乡村振兴建设中的农民建房、基础设施、公共服务设施、历史文化(传统)村落保护、休闲农业、设施农业等建设需要。建立健全财政扶持资金量化村集体经济股份的机制。出台农产品加工用地“标准地”制度。制定鼓励引导工商资本参与乡村振兴的指导意见,落实扶持政策,引导更多工商资本、金融资本、社会资本等投向农业农村。

(二)加强督查监督

各成员单位在本规划发布后,制定所承担任务的具体实施方案,明确工作职责,确保各项任务落到实处。定期开展督查考核和开展工作例会,通报规划落实情况和督查结果,破解难题,督促整改落实。健全乡村振兴项目资金规范管理的系列规章制度,工程项目建设和物资采购全面实行招投标,严格实行政府投资项目预决算评审机制;区纪委、区财政、区审计等部门联合加强监督,开展全程监管和绩效评价,确保项目资金使用管理规范、有序、高效,项目如期保质保量完成。

(三)营造舆论氛围

充分发挥村级组织和农民群众的主体作用,调动广大农民群众建设美好家园的主动性和积极性,按照共建共享的原则,鼓励村集体和农户按照量力而行、尽力而为的原则,出资投劳建设美丽家园。充分发挥电视、广播、报刊、网络等主流媒体的作用,展形式多样、生动活泼的宣传教育活动,总结宣传先进典型。充分发挥先进典型的示范带动作用,形成全社会关心、支持和监督乡村振兴的良好氛围。通过规划公示、专家听证、项目共建等途径,广泛动员和引导工商企业、民营企业家、华人华侨、爱心人士等参与乡村振兴。

附表

## 莲都区乡村振兴战略规划重点建设项目表（2018—2022年）

| 序号 | 项目名称 | 建设内容、建设目标或成效 | 建设起止年限 | 项目性质 | 投资额（亿元） | 2017年底前完成投资 | 2018年完成投资 | 责任单位 |
|---|---|---|---|---|---|---|---|---|
| （一） | 产业振兴工程 | | | | | | | |
| 1 | 莲都区华统股份畜禽产业链一体化建设项目（原丽水华统现代化生猪养殖项目） | 总用地面积700亩，项目建成后完工投产后，建成年出栏20万头生猪养殖基地，并建设年屠宰生猪50万头、禽1000万羽的畜禽屠宰厂1个 | 2018—2020 | 新建 | 7.5 | 0 | 0.39 | 区农业农村局 |
| 2 | 莲都区农业绿色发展示范先行创建工作 | 创建绿色有机产品笋竹和木本油料基地（笋竹基地：2018—2020年，分别是1.0、1.5、0.5万亩，建立示范基地20亩以上 木本油料基地：2018—2020年，分别是1.0、1.7、0.6万亩，建立示范基地20亩以上） | 2018—2020 | 新建 | 0.945 | 0 | 0.3 | 区农业农村局（林业局） |
| 3 | 莲都区兴林富民工程 | 示范推广"一亩山万元钱"模式基地（2018—2022年新建培育、辐射推广、巩固深化分别是：1800、3300、7000亩；2000、5300、7500亩；1900、5300、9500亩；2100、5300、10600亩；2200、6100、10700亩） | 2018—2022 | 新建 | 1.61 | 0.00 | 0.24 | 区农业农村局（林业局） |
| 4 | 莲都区畜牧业绿色发展示范县项目 | 新建美丽牧场4家，提升美丽牧场7家、莲都区优质畜禽产品销售中心及网络信息化平台建设、"猪小乖土猪养殖"助农增收项目 | 2018—2019 | 新建 | 0.0953 | 0 | 0.0495 | 区农业农村局 |
| 5 | 莲都区灵康一杏福康旅小镇 | 本项目地处丽水市莲都区小安溪流域太平乡 规划用地总面积约2000亩，其中建设用地约811亩，非建设用地约1189亩建设形成有共享智慧医疗、健康医护教育培训、国医国药文化、特色康养基地四大特色产业板块的康旅杏福小镇 | 2019—2023 | 前期 | 50 | 0 | 0 | 区卫健局 |
| 6 | 莲都区郎奇一白桥康养旅游项目 | 本项目位于莲都区碧湖镇，总用地2380亩，拟打造以幸福产业为主题的康养旅游小镇；一期总用地704亩，总建筑面积45.9万平方米；项目一期总投资31.41亿元 | 2018—2023 | 新建 | 36 | 0 | 6 | 区文广旅体局 |

| 序号 | 项目名称 | 建设内容、建设目标或成效 | 建设起止年限 | 项目性质 | 投资额（亿元） | 2017年底前完成投资 | 2018年完成投资 | 责任单位 |
|---|---|---|---|---|---|---|---|---|
| 7 | 农产品网络销售体系建设项目 | 搭建“莲都精选”农产品交易服务平台、打通莲都网销农产品公共仓储冷链通道、开展莲都区农产品电子商务人才培育、构建莲都区农产品电商公共服务体系 | 2018—2020 | 新建 | 0.06 | 0 | 0.02 | 区经济商务局（电商办） |
| 8 | 莲都区省级农业科技园区建设项目 | 规划总面积3000亩，总投资550万元，实施工厂化香菇栽培技术应用、二代碾米机研制及应用、热带水果新品种引进及试验示范、农业创新创业平台和农产品质检中心等项目 | 2018—2020 | 新建 | 0.055 | 0 | 0.04 | 区农业农村局 |
| 9 | 莲都区省级现代农业园区建设项目 | 规划总面积96平方公里，总投资11830万元，实施丽水山耕梦工厂项目（二期）、年产1400吨油炸休闲食品新建项目、润生苔藓生产基地（三期）等12个项目 | 2018—2020 | 新建 | 1.183 | 0 | 0.5 | 区农业农村局 |
| 10 | 莲都区原底自然村田园综合体项目 | 对原底自然村进行整村搬迁，项目总用地200亩，对原有自然村老房屋进行改造以及建设其他配套附属设施建设 | 2020—2021 | 前期 | 3 | 0 | 0 | 碧湖镇 |
| 11 | 莲都区老竹镇新屋村隐墅民宿项目 | 总用地面积3600平方米，总建筑面积1500平方米 | 2019—2020 | 前期 | 0.5 | 0.02 | 0.3 | 老竹镇 |
| 12 | 莲都区岩泉街道枫树湾村民宿特色村项目 | 新建民宿客房床位300多张，餐位350个，新建公厕2座、修建括苍古道2公里，新建人行铁索桥1座，修缮游客接待中心、购物中心及旅游配套设施 | 2016—2019 | 续建 | 0.31 | 0.3 | 0.01 | 区农业农村局 |
| 13 | 莲都区堰头村畲坑养心谷项目 | 新建民宿客房72个房间、108张床位，道路修建、池塘改造、停车场到池塘周边及后山小路道路硬化，路灯照明系统建设等 | 2016—2019 | 续建 | 0.21 | 0.2 | 0.01 | 区农业农村局 |
| 14 | 莲都区松坑口上县头民宿特色村项目 | 新建民宿客房109个床位，新增餐位120个，停车场、入口标牌、绿化提升、游步道等项目 | 2017—2020 | 续建 | 0.21 | 0.2 | 0.01 | 区农业农村局 |
| 15 | 莲都区大花园绿道建设项目 | 以全省大花园建设思路为指引，分乡野、滨水、林间绿道几种类型在全区范围内打造花园通道约400公里，串联主要乡镇、景区、古村落、农业采摘园，促进乡村旅游及农旅融合发展 | 2017—2021 | 续建 | 11.57 | 0.2 | 0.5 | 区发改局 |
| 16 | 莲都区农产品集散中心 | 在碧湖镇规划建设区农产品交易中心 | 2019—2022 | 前期 | 0.3 | 0 | 0 | 区农业农村局 |

| 序号 | 项目名称 | 建设内容、建设目标或成效 | 建设起止年限 | 项目性质 | 投资额（亿元） | 2017年底前完成投资 | 2018年完成投资 | 责任单位 |
|---|---|---|---|---|---|---|---|---|
| 17 | 仙渡乡红色桃花小镇 | 主要建设内容为北乡革命纪念馆建设、汝南旧家、天师岩抗战遗址等旧址保护利用、和合（仙渡）暴动红色旅游路线、红军路旅游路线（梅田古道）打造及产业培育等 | 2019—2022 | 新建 | 0.5 | 0 | 0 | 仙渡乡 |
| 18 | 三岩寺红色景区建设项目 | 环景区道路修缮提升,红色资源挖掘及纪念馆建设、大旗擎天景区攀岩及玻璃栈道建设、景区缆车建设、景区游客接待中心建设、野外露营基地建设、汤山梯田摄影基地建设、天师楼民宿综合体建设 | 2020—2025 | 谋划 | 1 | 0 | 0 | 太平乡 |
| 19 | 新屋红旅融合项目 | 该项目占地面积500亩,新屋红色旅游项目（一期）一期项目分峡谷红军闯关项目、高空拓展项目、山坡滑草、地道战红色营地、大草坪、红色照片墙、飞渡大峡谷等七大类 | 2018—2019 | 新建 | 0.5 | 0 | 0.2 | 老竹镇 |
| 20 | 莲都600高山健康小镇项目 | 在峰源乡海拔600米以上的地方建设健康小镇 | 2021—2024 | 谋划 | 10 | 0 | 0 | 区发改局 |
| （二） | 城乡融合工程 | | | | | | | |
| 1 | 莲都区小城镇环境综合整治工程 | 碧湖镇、大港头镇、老竹镇、丽新乡、黄村乡、雅溪镇、仙渡乡、峰源乡、太平乡等乡镇小城镇环境综合整治项目 | 2017—2021 | 续建 | 19.09 | 0.397 | 0.71 | 区建设局、各有关乡镇 |
| 2 | 莲都区美丽乡村建设项目 | 推进省级农村生活垃圾减量化资源化试点站房建设;开展美丽乡村重点村、美丽乡村示范乡镇等建设;推进全区历史文化村落得到有效保护和合理利用 | 2016—2020 | 续建 | 1.35 | 0.49 | 0.35 | 区农业农村局 |
| 3 | 丽水花街片区莲都安置小区（大搬快聚安置小区） | 规划用地面积96180平方米（约144.27亩），总建筑面积约117.85.18万平方米 | 2018—2021 | 新建 | 18 | 0 | 1 | 区"大搬快聚富民安居"工程指挥部办公室 |
| 4 | 莲都区万人下山脱贫碧湖安置小区项目（瓯碧园） | 总用地面积84063平方米（含通济堰1248.33平方米），总建筑面积185842.85平方米 | 2017—2019 | 续建 | 6.5 | 1 | 3 | 区"大搬快聚富民安居"工程指挥部办公室 |
| 5 | 莲都区魏村区块安置小区 | 安置小区位于碧湖魏村区块,总面积约165亩,拟建设安置小区,约可安置2000多户 | 2019—2021 | 前期 | 9 | 0 | 0 | 区"大搬快聚富民安居"工程指挥部办公室 |

| 序号 | 项目名称 | 建设内容、建设目标或成效 | 建设起止年限 | 项目性质 | 投资额（亿元） | 2017年底前完成投资 | 2018年完成投资 | 责任单位 |
|---|---|---|---|---|---|---|---|---|
| 6 | 莲都区老竹风情一条街安置区块 | 老竹镇安置区块位于风情一条街以东，共有200亩土地，拟分期建设安置小区 | 2020—2022 | 前期 | 10 | 0 | 0 | 区“大搬快聚富民安居”工程指挥部办公室 |
| 7 | 莲都区联城城郊农民新社区三期项目（里东安置小区） | 规划用地面积26918平方米，建筑面积4.85万平方米 | 2016—2018 | 续建 | 2.7 | 2.01 | 0.69 | 区“大搬快聚富民安居”工程指挥部办公室 |
| 8 | 莲都区中溪村地质灾害搬迁安置小区工程 | 总用地面积约40亩，区块内全部为搬迁安置房，共安排150间，建设给排水、路面、绿化等配套基础设施工程 | 2018—2019 | 新建 | 0.7 | 0 | 0.45 | 碧湖镇 |
| 9 | 莲都区碧湖镇郎奇—白桥区块安置小区工程 | 总用地面积约为16164平方米，建筑占地面积4356平方米，总建筑面积14374.8平方米，区块内全部为拆迁安置房，共安排121间 | 2017—2018 | 续建 | 0.4676 | 0.18 | 0.2876 | 碧湖镇 |
| 10 | 莲都区大港头新村及拆迁安置小区项目 | 主要建设室外道路、给排水管网、绿地、停车位及配套基础设施 | 2017—2019 | 续建 | 0.7031 | 0.15 | 0.15 | 大港头镇 |
| 11 | 莲都区大港头镇黄头庄安置小区配套基础设施项目 | 项目总用地面积12622.75平方米（含代征绿地6266平方米），其中安置区块道路面积6363.5平方米，绿化面积5175平方米，主要建设安置区块内配套道路工程、给排水管网、绿化及配套强弱电工程等 | 2018—2019 | 新建 | 0.1909 | 0 | 0.1 | 大港头镇 |
| 12 | 莲都区大港头高地区块安置小区项目 | 新建高地区块拆迁安置小区，用于安置坪地村拆迁户 | 2018—2019 | 新建 | 0.3 | 0 | 0.1 | 大港头镇 |
| 13 | “消薄”强村项目 | 通过区级统筹、乡镇联建、村级自建的多元化运作方式，开展实体化运作，对村集体经济发展项目进行统一委托管理运营，明晰股权利润分配方案，确保每村经营性收入达5万元以上 | 2018—2020 | 新建 | 1.3 | 0 | 0 | 区农业农村局 |
| （三） | 环境提升工程 | | | | | | | |
| 1 | 莲都区全域土地综合整治与生态修复工程 | 编制村土地利用规划；开展农用地综合整治；推进闲置浪费、低效利用建设用地整治；统筹推进生态环境整治修复；建立农村土地民主管理机制 | 2018—2022 | 新建 | 4 | 0 | 1 | 丽水市自然资源局莲都分局 |

| 序号 | 项目名称 | 建设内容、建设目标或成效 | 建设起止年限 | 项目性质 | 投资额（亿元） | 2017年底前完成投资 | 2018年完成投资 | 责任单位 |
| --- | --- | --- | --- | --- | --- | --- | --- | --- |
| 2 | 莲都区农村公厕改造工程 | 开展农村公厕改造提升工程，2018年完成427座，2019—2020年以省、市下达任务数为准 | 2018—2020 | 新建 | 0.15 | 0 | 0.06 | 区农业农村局 |
| 3 | 农村环卫设施提升改造工程 | 对全区乡镇环卫设施进行建设或改造提升 | 2018—2022 | 新建 | 0.5 | | 0.05 | 区环卫局 |
| 4 | 莲都区美丽林相建设工程 | 建设彩色健康（珍贵）林12万亩，木材战略储备林3.3万亩 | 2018—2020 | 新建 | 0.78 | 0 | 0.26 | 区农业农村局（林业局） |
| 5 | 莲都区林道路建设项目 | 建设林道路100公里/年 | 2019—2022 | 前期 | 0.15 | 0 | 0 | 区农业农村局（林业局） |
| 6 | 莲都区农村河塘清淤整治 | 完成清淤54万立方米 | 2018—2020 | 新建 | 0.3758 | 0.44 | 0.18 | 区水利局 |
| （四） | 增收创收工程 | | | | | | | |
| 1 | 莲都区城乡劳动者职业技能培训工程 | 5年内完成2500人次的城乡劳动者职业技能培训 | 2018—2022 | 新建 | 0.1 | 0 | 0.03 | 区农业农村局 |
| （五） | 乡村改革工程 | | | | | | | |
| 1 | 空心村活化项目 | 组织10个以上空心村活化，通过收储等方式，通过招商引资等方式，引入民宿、特色农业等业态 | 2018—2022 | 新建 | 0.5 | 0 | 0 | 区农业农村局 |
| 2 | 农村基层党建提升工程 | 对全区办公场所进行建设或改造提升 | 2018—2022 | 新建 | 0.6 | 0 | 0.1 | 区委组织部 |
| （六） | 公共服务工程 | | | | | | | |
| 1 | 莲都区人民医院改扩建项目 | 设置住院床位350张，新建医疗综合楼、感染科楼、食堂和职工宿舍等共32957平方米（不含地下建筑面积16480平方米），修缮面积约4233平方米 | 2018—2021 | 新建 | 2.53 | 0 | 0.7 | 区卫健局 |
| 2 | 莲都区丽云中心卫生院迁建项目 | 用地10亩，新建门诊楼、住院楼、公共卫生服务大楼、附属用房等总建筑面积约7000平方米，及配套设施 | 2018—2020 | 新建 | 0.405 | 0 | 0.25 | 区卫健局 |
| 3 | 莲都区碧湖镇中心幼儿园迁建工程 | 规模12个幼儿班，总用地面积7122.71平方米，总建筑面积4690平方米 | 2017—2018 | 续建 | 0.3524 | 0.1 | 0.2524 | 区教育局 |
| 4 | 莲都区碧湖三小新建工程 | 总用地面积36272平方米，建筑面积24700平方米，拟建36个班 | 2019—2021 | 前期 | 1 | 0 | 0 | 区教育局 |

| 序号 | 项目名称 | 建设内容、建设目标或成效 | 建设起止年限 | 项目性质 | 投资额（亿元） | 2017年底前完成投资 | 2018年完成投资 | 责任单位 |
|---|---|---|---|---|---|---|---|---|
| 5 | 莲都区全民参保计划 | 提高城乡居民养老保险和医疗保险参保率：2018年养老90%、医保98%；2020年养老95%，医保99%以上；2022年养老、医保稳定在95%、99%以上 | 2018—2022 | 新建 | 0.1 | 0 | 0.02 | 区人力社保局、区医疗保障局 |
| 6 | 莲都区碧湖镇新建便民服务中心工程 | 项目总用地面积约4.37亩，对原碧湖派出所对面地块用于建设便民服务中心，地下一层，地上4层，包括便民服务窗口、服务用房、配套用房以及其他配套附属设施建设 | 2019—2020 | 前期 | 0.35 | 0 | 0 | 碧湖镇 |
| 7 | 莲都区黄村乡便民服务中心建设 | 建筑面积3000平方米 | 2019—2020 | 前期 | 0.1 | 0 | 0 | 黄村乡 |
| 8 | 莲都区地质灾害隐患综合治理“除险安居”行动 | 为贯彻落实全省地质灾害隐患综合治理“除险安居”三年行动地质灾害综合治理各项工作，消除地质灾害隐患对人民群众生命财产的威胁，结合莲都区地质灾害防治工作实际，我区特制定了以避让搬迁为主，搬迁与治理相结合的“大搬快治”方案，计划用两年时间完成解危清零工作，其中完成避让搬迁项目21个，完成工程治理项目15个 | 2017—2019 | 续建 | 1 | 1 | 0 | 丽水市自然资源和规划局莲都分局 |
| 9 | 莲都区综合供能服务站项目 | 在大港头、碧湖工业园区、高溪、岩泉、丽新等五个区块，各建设集电能、天然气及清洁油品等供给服务为一体的交通能源供应站五座；站内建站房、罩棚、加油岛、充电桩和相关配套服务设施等 | 2019—2020 | 前期 | 1 | 0 | 0 | 区国资公司 |
| （七） | 设施提升工程 | | | | | | | |
| 1 | 丽水市莲都区北埠至堰后农村公路改造提升工程 | 公路等级三级（改建），总里程4.91公里，路基宽度7.5米 | 2019—2021 | 前期 | 0.7 | 0 | 0 | 区交通运输局 |
| 2 | 莲都区“四好农村路”提升改造项目 | 建设提升改造工程160公里，路面维修工程161，安全生命防护工程305公里 | 2018—2020 | 新建 | 2.1136 | 0 | 0.6 | 区交通运输局 |

| 序号 | 项目名称 | 建设内容、建设目标或成效 | 建设起止年限 | 项目性质 | 投资额（亿元） | 2017年底前完成投资 | 2018年完成投资 | 责任单位 |
|---|---|---|---|---|---|---|---|---|
| 3 | 莲都区洪渡互动至黄村农村道路改造提升工程（仙渡至黄村段） | 公路等级三总里程18.95km，路基宽度7.5米 | 2019—2021 | 前期 | 1.63 | 0 | 0 | 区交通运输局 |
| 4 | 赤坑至彰口塘通景公路（连接东西岩与三岩寺） | 计划建设二级公路，路线全长5公里，路基宽度10米 | 2023—2027 | 谋划 | 2 | 0 | 0 | 区交通运输局 |
| 6 | 丽武公路至东西岩公路工程 | 计划实施里程3公里，路基宽度10米，按照二级公路标准建设，计划投资0.6亿元 | 2020—2022 | 谋划 | 0.6 | 0 | 0 | 区交通运输局 |
| 7 | 双港口至双源公路提升工程 | 项目实施里程11.413公里，路基7.5米 | 2020—2022 | 扩建 | 0.8 | 0 | 0 | 区交通运输局 |
| 9 | 临安至苍南公路莲都区大港头至峰源段改建工程 | 建设二级公路全长21.97公里 | 2022—2027 | 前期 | 11.8 | 0 | 0 | 区交通运输局 |
| 10 | 桃碧线（北互通一堰头）沿线改造工程 | 沿线外立面改造、文化墙建设、节点设置等 | 2019 | 谋划 | 1.8 | 0 | 0 | 区建投公司 |
| 11 | S328省道改造工程 | 省道两侧绿化提升、立面修缮、路口提升等 | 2019 | 谋划 | 0.3 | 0 | 0 | 区旅投公司 |
| 12 | 莲都区饮用水达标提标工程 | 完成联城街道城市管网延伸工程、仙渡乡水厂工程、老竹镇水厂工程、丽新乡水厂工程及各乡镇街道单村改造工程，涉及8.5万人 | 2018—2020 | 新建 | 1.1 | 0.066 | 0.06 | 区水利局 |
| 13 | 莲都区碧湖第二污水处理厂工程 | 项目总用地面积约39810.92平方米（约59.7亩）主要建设粗格栅及进水泵房、细格栅及曝气沉砂池、初沉池、应急池及调节池、膜格栅池、AAO生物池、MBR膜池、消毒池、污泥浓缩池、储泥池、脱水机房、水质仪表间、鼓风机房、变配电房、综合办公楼、传达室生、物除臭设施等构筑物和厂区内配套附属设施工程；厂区内工艺设备、电气设备、仪表、工艺管道、控制系统等设备安装；厂区外的污水管网和部分镇区污水管网改造以及村庄污水管网工程 | 2018—2020 | 新建 | 4.4674 | 0 | 1 | 碧湖镇 |

| 序号 | 项目名称 | 建设内容、建设目标或成效 | 建设起止年限 | 项目性质 | 投资额(亿元) | 2017年底前完成投资 | 2018年完成投资 | 责任单位 |
| --- | --- | --- | --- | --- | --- | --- | --- | --- |
| 14 | 莲都区老竹—丽新污水处理厂项目 | 项目总用地面积约15亩，总建筑面积约2000平方米，近期处理能力2850吨/日(其中老竹镇2500吨/日，丽新350吨/日)，远期处理能力4000吨/日建设内容为污水处理厂和污水管网改造建设内容 | 2019—2020 | 新建 | 0.8 | 0.1 | 0.5 | 区建设局 |
| 15 | 莲都区水库除险加固工程 | 赤坑水库、樟树源、棺材潭等3座水库除险加固 | 2017—2018 | 续建 | 0.2898 | 0.14 | 0.15 | 区水利局 |
| 16 | 莲都区中小河流治理重点县综合整治及水系连通试点项目(梁村溪项目区) | 治理河道长度共计10.12公里，疏浚河道1.18公里，新建护岸7.66公里，新建堤防1.36公里，加固护岸0.94公里，加固堤防0.23公里，新建游步道2.22公里，新建堰坝29座，改建、修整堰坝18座，新建机耕桥1座，新建渠(管)道1.3公里，新建池塘1处；建设4处生态景观节点 | 2018—2019 | 新建 | 0.2876 | 0 | 0.24 | 区水利局 |
| 17 | 莲都区水利工程标准化管理创建 | 完成中型水库、碧湖中型灌区、小型水库、山塘、堤防、水厂、水文站的标准化创建 | 2018—2020 | 新建 | 0.3206 | 0 | 0.1256 | 区水利局 |
| 18 | 莲都区碧湖中型灌区节水配套改造项目 | 修改造衬砌渠道20.36公里，修缮加固概闸7座，改造修缮人行便桥28座、踏步(河埠头)65座，排水管涵476座，渠道、水闸工程碑20座，渠道里程碑119座 | 2017—2018 | 续建 | 0.3127 | 0.15 | 0.1627 | 区水利局 |
| 19 | 丽水市莲都区宣平溪流域综合治理工程(后坑、曳岭脚段) | 治理河道7.7公里 | 2017—2018 | 续建 | 0.2995 | 0.18 | 0.1195 | 区水利局 |
| 20 | 莲都区太平港流域综合整治工程(雅溪镇区段) | 综合治理河道雅溪镇区段3.5公里，新建堰坝4座，加固改造堰坝2座 | 2018—2019 | 新建 | 0.3 | 0 | 0.2 | 区水利局 |
| 21 | 莲都区碧湖镇区强电序化项目 | 进行镇区范围内强电线路全域整治 | 2018—2019 | 新建 | 0.1 | 0 | 0.02 | 碧湖镇 |
| 22 | 莲都区碧湖镇区弱电序化项目 | 进行镇区范围内弱电线路全域整治 | 2018—2019 | 新建 | 0.1 | 0 | 0.02 | 碧湖镇 |
| 23 | 莲都区丽新畲族乡马村村乡村振兴示范建设 | 对项目区域内强电、弱电进行序化，改造道路、村内景观改造，改造525米滨水游步道，新建环村绿道1500米等 | 2020—2022 | 新建 | 0.1 | 0 | 0 | 丽新乡 |

| 序号 | 项目名称 | 建设内容、建设目标或成效 | 建设起止年限 | 项目性质 | 投资额（亿元） | 2017年底前完成投资 | 2018年完成投资 | 责任单位 |
| --- | --- | --- | --- | --- | --- | --- | --- | --- |
| 24 | 莲都区碧湖第二污水处理厂工程 | 项目总用地面积约39810.92平方米（约59.7亩）主要建设粗格栅及进水泵房、细格栅及曝气沉砂池、初沉池、应急池及调节池、膜格栅池、AAO生物池、MBR膜池、消毒池、污泥浓缩池、储泥池、脱水机房、水质仪表间、鼓风机房、变配电房、综合办公楼、传达室生、物除臭设施等构筑物和厂区内配套附属设施工程；厂区内工艺设备、电气设备、仪表、工艺管道、控制系统等设备安装；厂区外的污水管网和部分镇区污水管网改造以及村庄污水管网工程 | 2018—2020 | 新建 | 4.47 | 0 | 1 | 碧湖镇 |
| 25 | 莲都区大港头镇丽云路提升改造项目 | 对沿街建筑立面、人行道面层、行道树树池、人行道卵石花坛等进行改造 | 2018 | 新建 | 0.12 | 0 | 0.12 | 大港头镇 |
| 26 | 莲都区大港头镇至碧湖污水处理厂污水主管工程 | 全长8公里，主要建设污水重力管、压力管等，建成后近期污水输送量为3500立方米/天，远期输送量为7000立方米/天 | 2017—2018 | 续建 | 0.38 | 0.23 | 0.15 | 大港头镇 |
| 27 | 莲都区小安溪流域综合治理工程（岩蒙至洪渡段） | 治理河道4.73千米，新建堰坝3座，加固堰坝3座，改造堰坝5座，拆除堰坝2座，重建机耕桥2座，人行桥扩孔1座，新建水景观文化节点1处 | 2019—2020 | 新建 | 0.36 | 0 | 0 | 区水利局 |
| 28 | 莲都区小安溪流域综合治理工程（凤鸣段） | 治理河道长度共计2772米，治理河段修复加固堤防2.52米，新建堤防205.19米；拆建（改造）堰坝2座 | 2019—2020 | 新建 | 0.24 | 0 | 0 | 区水利局 |
| 29 | 莲都区严溪流域综合治理工程（上郑至洪口段） | 河道综合治理2公里 | 2019 | 新建 | 0.05 | 0 | 0 | 黄村乡 |
| 30 | 莲都区雅溪镇自来水厂工程 | 建设日供水约5000吨/天 | 2019—2020 | 新建 | 0.57 | 0 | 0 | 雅溪镇 |
| 31 | 莲都农村电网升级改造工程 | 通过持续实施农村电网升级改造，进一步完成农村电网网架，实现农村居民改造覆盖4万户，更好服务农村，保障乡村振兴战略电力供应 | 2018—2022 | 新建 | 1.5 | 0 | 0.3 | 区供电公司 |
| 32 | 巨溪自来水厂项目 | 完成新建5万立方米山塘1座，新建水厂1座，铺设管网等工程 | 2020—2021 | 新建 | 0.26 | 0 | 0 | 区水利局 |

| 序号 | 项目名称 | 建设内容、建设目标或成效 | 建设起止年限 | 项目性质 | 投资额（亿元） | 2017年底前完成投资 | 2018年完成投资 | 责任单位 |
|---|---|---|---|---|---|---|---|---|
| （八） | 文化兴盛工程 | | | | | | | |
| 1 | 莲都区万家文化礼堂引领工程 | 莲都区所有行政村文化礼堂全覆盖，共建成文化礼堂208家 | 2018—2022 | 新建 | 0.5 | 0 | 0.05 | 区委宣传部 |
| 2 | 历史文化村落与中国传统村落保护利用项目 | 完成第五批，续建第六批历史文化村落，启动第七批历史文化村落项目建设；完成雅溪镇西溪村等九个中国传统村落保护利用项目，包括饮用水改善、截污纳管、公厕、传统建筑修缮等 | 2016—2020 | 续建 | 0.87 | 0 | 0.412 | 区建设局 |
| 3 | 莲都区占湾特色村寨建设二期改造提升工程（建议改为民族村寨改造提升工程） | 对民族村进行美丽乡村和特色畲寨建设，全面提升基础设施建设，主要包括路口景观和道路路面改造、绿化面积、路口畲寨识别景观、生态停车场、村口小园林和畲族文化陈列馆等建设内容 | 2017—2022 | 续建 | 0.5 | 0.028 | 0.023 | 各乡镇街道 |
| 4 | 碧湖西乡抗战革命纪念馆及配套基础设施项目 | 主要建设金庸文化展示馆、抗战文化展示馆及配套基础设施 | 2018—2021 | 续建 | 3.78 | 0 | 0 | 碧湖镇 |
| 5 | 古堰画乡红色文化基地及基础设施配套项目 | 主要建设内容为浙江铁工厂旧址保护利用工程、古堰画乡红色文化展示中心项目和配套基础设施。 | 2019—2025 | 新建 | 1 | 0 | 0 | 瓯度委 |
| 6 | 岱后红色研学基地建设项目 | 2019年一期：红军路100万元，主道路界面改造提升、红色故居、红色广场、训练场（打靶及拓展训练场）、村庄环境改造、建筑立面改造提升（一期）等 2020年二期：红色纪念馆（村委办公楼、管理用房、老年活动中心）、建筑立面改造提升（二期）、红色古居（层内外修正改造）、红军路改造和景观设计、梯田景观（二期）、强弱电改造 | 2019—2022 | 新建 | 0.2 | 0 | 0 | 雅溪镇 |
| 7 | 浙江铁工厂旧址保护利用 | 编制保护规划、成立研究团体挖掘史料及文物遗存、实施旧址保护修缮工程、建立遗址保护公园，纳入古堰画乡景区的红色旅游的教育基地 | 2020—2025 | 谋划 | 0.3 | 0 | 0 | 大港头镇 |

| 序号 | 项目名称 | 建设内容、建设目标或成效 | 建设起止年限 | 项目性质 | 投资额（亿元） | 2017年底前完成投资 | 2018年完成投资 | 责任单位 |
|---|---|---|---|---|---|---|---|---|
| 8 | 东西岩中小学课外研学基地及配套基础设施建设项目 | 提升东西岩风景区游客接待中心区块设施和景区游步道，建设中小学课外研学基地，挖掘景区及其周边红色资源，开设红色主体研学课程 | 2019—2020 | 新建 | 0.5 | 0 | 0 | 东西岩管委会 |
| 9 | 丽水市官桥村崇孝颐养居项目 | 融旅居养老、休闲度假于一体，建筑面积26000平方米 | 2020—2021 | 谋划 | 1.5 | 0 | 0 | 联城街道 |
| （九） | 乡村治理工程 | | | | | | | |
| 1 | 莲都区乡村“雪亮工程” | 在每个村建造监控摄像头10个，全区208个村 | 2020—2022 | 谋划 | 0.6 | 0 | 0 | 区委政法委、区公安分局 |
| （十） | 组织保障工程 | | | | | | | |
| 1 | 莲都区农村党群服务中心规范提升工程 | 新建（改建）72个村级办公场所，修缮一批村级办公场所 | 2018—2022 | 新建 | 0.49 | 0 | 0.22 | 区委组织部、各乡镇街道 |
| 2 | 莲都区乡村基层组织运转经费保障工程 | 加强财政保障，确保村级组织运转经费按省定标准落实，并纳入财政预算，其中人口规模1500人以上的村级组织运转经费每年不少于10万元，其他村不少于5万元 | 2018—2020 | 新建 | 0.16 | 0 | 0.05 | 区委组织部、区财政局、各乡镇街道 |
| 合计 | | | | | 258.4163 | | | |